"十四五"金融学类专业规划教材·一流本科课程系列

河北省线上线下混合式一流课程建设项目

河北省本科课程思政建设项目

河北省高等教育教学改革研究与实践项目

智慧树在线教学资源

主编 郭江山

副主编 李吉栋 徐临 张超 赵灵蕴

金融工程理论与实务

立信会计出版社

图书在版编目(CIP)数据

金融工程理论与实务/郭江山主编. —上海：立信会计出版社,2022.9(2024.8重印)

"十四五"金融学类专业规划教材. 一流本科课程系列

ISBN 978-7-5429-7072-5

Ⅰ.①金… Ⅱ.①郭… Ⅲ.①金融学—高等学校—教材 Ⅳ.①F830

中国版本图书馆 CIP 数据核字(2022)第 132949 号

策划编辑　　张善涛
责任编辑　　张善涛　郭　光
美术编辑　　吴博闻

金融工程理论与实务

JINRONG GONGCHENG LILUN YU SHIWU

出版发行	立信会计出版社
地　　址	上海市中山西路 2230 号　　邮政编码　200235
电　　话	(021)64411389　　传　真　(021)64411325
网　　址	www.lixinaph.com　　电子邮箱　lixinaph2019@126.com
网上书店	http://lixin.jd.com　　http://lxkjcbs.tmall.com
经　　销	各地新华书店
印　　刷	苏州市古得堡数码印刷有限公司
开　　本	787 毫米×1092 毫米　　1/16
印　　张	29.5
字　　数	852 千字
版　　次	2022 年 9 月第 1 版
印　　次	2024 年 8 月第 4 次
书　　号	ISBN 978-7-5429-7072-5/F
定　　价	79.00 元

如有印订差错,请与本社联系调换

前　言

金融工程是20世纪80年代在西方发达国家出现的一门新兴学科，作为前沿交叉学科，金融工程深度融合了金融学、数学、信息科学、统计学等多门学科知识，运用工程思维与方法，创新设计金融衍生工具，创造性地解决经济活动中遇到的金融问题并有效降低金融风险。

河北经贸大学是河北省重点建设的骨干大学，是一所以经济学、管理学、法学为主，兼有文学、理学、工学和艺术学的多学科财经类大学，一直致力于创新型、复合型、应用型金融人才培养。金融学院本科课程"金融工程学导论"经过十多年的建设发展，2016年9月立项为校级精品开放课程；2019年6月，顺利通过学校精品开放课程验收，被评为学校精品开放课程。2020年，金融学专业被认定为国家级一流本科专业建设点后，按照相关规定和要求全力推进本课程建设，2020年立项为河北省线上线下混合式一流课程建设项目，2021年立项为河北省本科课程思政建设项目。金融工程专业教师也一直在探索与建设"金融工程学导论"课程的配套教材，最终形成本书和《金融工程与风险管理案例》。

本书以习近平新时代中国特色社会主义思想为指导，以新时代中国金融工程与风险管理实践为基础，重点研究金融衍生工具设计、定价及风险管理应用问题。全书共17章，每一章包括本章提要、学习目标、案例导读、思政建设、本章小结、练习题及答案。全书提供17次课程讲授的教案方案设计，特别是将课程思政建设与线上线下混合式教学方法有机融合。本书注重理论本质与理论思想，尤其强调理论联系实际，体现中国特色。

通过本书的学习，学生可以了解金融工程在现代市场经济中的作用，掌握无套利均衡分析的原理与方法并运用该方法为远期、期货、期权和互换进行合理定价并设计交易套利策略，熟悉运用衍生品进行金融投资及风险管理的方法和策略。同时本书融入课程思政内容，加强学生对党和国家一系列有关金融创新与系统性风险防范重要论述的理解与应用，引导大学生树立社会主义核心价值观。

本书在智慧树网站平台上拥有部分配套的在线教学资源(https://hikeweb.zhihuishu.com/hikeTch/meetClassList/10407352?VNK=8cad43f3)，支持学生在线课程的学习，提高学生学习的兴趣与效率。另外，本教材与《金融工程与风险管理案例》配合使用，教学效果会更显著。

本教材是2020年河北省线上线下混合式一流课程建设项目《金融工程学导论》、2021年河北省本科课程思政建设项目《金融工程学导论》、2019年河北省高等教育教学改革研究与实践项目《大学生在线开放课程学习质量研究》、2022年河北省高等教育教学改革研究与实践项目《新财经背景下高校赛教融合的路径选择与成效评估机制研究》的部分研究成果，同时也得到了这些项目资助。

本书在编写与出版过程中，得到河北省教育厅与河北经贸大学提供的支持，在此深表谢意。

另外,本书在编写时,参考了许多国内外的教材、研究成果,吸收了许多专家同仁的观点和案例,并在每章的参考文献进行重点标注。在此,特向在本书中引用与参考的已注明与未注明的教材、专著、报刊、文章的编者与作者表示诚挚的谢意。

本书由郭江山任主编,李吉栋、徐临、张超、赵灵蕴任副主编。郭江山负责全书总体框架设计、初稿写作以及最后总撰定稿。本书编写具体分工为:郭江山、马甜、秦蓉、郑晓慧、马娇阳(第一、十三、十四、十五、十六章);李吉栋(第八、十、十一章);徐临、桂亚、张译允,杜丽娜(第五、六、七章);张超(第九、十二、十七章);赵灵蕴(第二、三、四章)。

本书可作为高等院校经济类、管理类及数学类专业金融工程课程的本科、专科、研究生教材,还可用于金融与经济管理人员在职培训的教材和自学用书。

由于金融工程理论与实践发展日新月异,以及编者能力所限,书中恐仍存在错误与疏漏,敬请各位专家与读者批评指正。

最后,感谢河北经贸大学金融学院以及教务处各位老师的支持,感谢立信会计出版社在图书出版上提供的高质量专业服务。

编 者

2022 年 6 月

目　录

第一章　金融工程概论 ········· 001
第一节　金融工程概述 ········· 002
第二节　金融衍生工具 ········· 007
第三节　金融衍生工具定价方法 ········· 013
第四节　中国金融工程的发展 ········· 018
立德树人思考 ········· 022
本章小结 ········· 023
练习题 ········· 024

第二章　远期合约 ········· 026
第一节　远期交易概述 ········· 027
第二节　远期利率协议 ········· 032
第三节　远期外汇协议 ········· 042
第四节　远期外汇综合协议 ········· 050
立德树人思考 ········· 055
本章小结 ········· 056
练习题 ········· 056

第三章　期货市场与交易策略 ········· 058
第一节　期货交易 ········· 059
第二节　期货市场投资交易策略 ········· 069
第三节　期货的基本定价模型 ········· 078
立德树人思考 ········· 083
本章小结 ········· 084
练习题 ········· 085

第四章　商品期货 ········· 087
第一节　商品期货交易概述 ········· 087
第二节　商品期货的套期保值 ········· 094
第三节　商品期货套利交易 ········· 098
第四节　商品期货定价 ········· 102
立德树人思考 ········· 105
本章小结 ········· 106
练习题 ········· 106

第五章　国债期货 ········ 109
　第一节　国债 ········ 109
　第二节　中国国债期货 ········ 113
　第三节　短期国债期货 ········ 131
　立德树人思考 ········ 136
　本章小结 ········ 137
　练习题 ········ 138

第六章　股指期货合约 ········ 140
　第一节　股指期货 ········ 143
　第二节　中国股指期货 ········ 157
　立德树人思考 ········ 177
　本章小结 ········ 178
　练习题 ········ 178

第七章　外汇期货合约 ········ 185
　第一节　外汇与汇率 ········ 186
　第二节　外汇期货 ········ 195
　立德树人思考 ········ 205
　本章小结 ········ 206
　练习题 ········ 207

第八章　互换合约 ········ 210
　第一节　金融互换 ········ 211
　第二节　利率互换 ········ 213
　第三节　货币互换 ········ 218
　第四节　其他类型的互换 ········ 220
　立德树人思考 ········ 226
　本章小结 ········ 226
　练习题 ········ 227

第九章　期权市场 ········ 229
　第一节　期权内涵 ········ 230
　第二节　期权的发展历程 ········ 237
　第三节　期权交易机制 ········ 244
　立德树人思考 ········ 251
　本章小结 ········ 252
　练习题 ········ 252

第十章　期权定价原理 ········ 254
　第一节　期权价格及其影响因素 ········ 255
　第二节　二叉树定价模型 ········ 260
　第三节　布莱克-斯科尔斯期权定价模型 ········ 266

		立德树人思考	277
		本章小结	277
		练习题	278

第十一章　期权交易策略 … 281
　　第一节　标的资产与期权的组合 … 282
　　第二节　差价期权组合 … 283
　　第三节　混合期权策略 … 288
　　立德树人思考 … 291
　　本章小结 … 292
　　练习题 … 293

第十二章　奇异期权 … 295
　　第一节　奇异期权概述 … 296
　　第二节　合同条款变化期权 … 297
　　第三节　路径依赖期权 … 301
　　第四节　多因素期权 … 306
　　第五节　复合期权与打包期权 … 310
　　立德树人思考 … 311
　　本章小结 … 312
　　练习题 … 312

第十三章　结构化衍生工具 … 314
　　第一节　结构化衍生工具概述 … 315
　　第二节　期权类衍生工具 … 318
　　第三节　远期与期货类衍生工具 … 330
　　第四节　互换类衍生工具 … 334
　　立德树人思考 … 335
　　本章小结 … 336
　　练习题 … 336

第十四章　期权风险度量与对冲 … 338
　　第一节　Delta … 339
　　第二节　Gamma … 347
　　第三节　Theta … 349
　　第四节　Vega … 351
　　第五节　Rho … 353
　　立德树人思考 … 356
　　本章小结 … 357
　　练习题 … 357

第十五章　资产证券化与信用风险 … 361
　　第一节　资产证券化 … 362

第二节　信用风险 …… 365
　　第三节　次贷危机 …… 385
　　立德树人思考 …… 401
　　本章小结 …… 402
　　练习题 …… 402

第十六章　信用衍生工具 …… 405
　　第一节　信用衍生工具概述 …… 405
　　第二节　信用违约互换 …… 407
　　第三节　总收益互换 …… 413
　　第四节　担保债务凭证 …… 414
　　立德树人思考 …… 417
　　本章小结 …… 418
　　练习题 …… 419

第十七章　金融机构整体风险测度 …… 422
　　第一节　风险价值及其计算 …… 423
　　第二节　风险价值方法应用的案例 …… 436
　　第三节　风险价值法在金融风险管理中的应用 …… 444
　　第四节　风险价值法的局限及其最新进展 …… 450
　　立德树人思考 …… 454
　　本章小结 …… 455
　　练习题 …… 455

参考文献、阅读推荐与网络链接 …… 457

第一章 金融工程概论

【本章提要】

金融工程是20世纪80年代在西方发达国家出现的一门新兴学科。它将统计分析、数值计算、计算机技术、网络与通信技术等运用于金融领域,使金融问题的解决朝着科学化、工程化的方向发展。金融工程的发展不但将金融科学的研究推进到一个新的发展阶段,也对金融产业乃至整个经济领域产生了广泛的影响。本章首先介绍金融工程和金融工具的概念,然后分析金融衍生工具特征及金融衍生工具定价方法,最后介绍中国金融工程的发展历程。

【学习目标】

1. 理解金融工程的概念与特征。
2. 掌握四大基本金融衍生工具的概念、原理与定价方法。
3. 了解金融工程研究方法。
4. 了解金融工程的发展背景、推动因素与应用领域。
5. 了解中国金融衍生工具市场发展历程与未来前景。

【思政理念】

1. 金融活,经济活;金融稳,经济稳。经济兴,金融兴;经济强,金融强。①
2. 深化金融供给侧结构性改革必须贯彻落实新发展理念,强化金融服务功能,找准金融服务重点,以服务实体经济、服务人民生活为本——六个"要"。②
3. 引导警惕所谓的"金融创新"骗局。
4. 依法纳税教育。

【案例导读】

1984年11月,德莱克塞尔投资银行帮助阿莱商品公司公开发行600万股股票,按当时的市场情况,投资银行认为阿莱的股票仅能以每股6美元左右的价格出售,而老股东不愿意以每股低于8美元的价格出售普通股。为此,投资银行在发行时设计了可售回股票,即阿莱商品公司的普通股与看跌期权同时出售。普通股的售价是每股8美元,看跌期权则是给予投资者在两年之后按8美元的价格将其持有的普通股出售给发行公司的权利。在这两年内投资者无权行使该权利,只有在满两年时,即1986年11月,投资者才能行使期权。这样,投资者在这两年的投资至多损失时间成本——利息。1984年11月15日,阿莱公司的股票在美国证券交易所(ASE)上市。当天股价跌至7.625美元。在新股的适应期内,阿莱的股票迅速下挫至每股6美元——这正是

---

① 2019年2月22日,习近平主持中共中央政治局第十三次集体学习。
② 2019年2月22日,习近平主持中共中央政治局第十三次集体学习。

德莱克塞尔投资银行的预测值。其后的一年半内,该股票始终在 6 美元左右徘徊。1986 年 8 月 16 日,阿莱公司董事会接受了公司的中层经理提出的管理层收购方案。这些经理斥资 4 870 万美元,以每股 10 美元的价格购买阿莱公司的股票。于是,在其可售回股票的执行期内,阿莱公司的股价在 9~10 美元之间盘整,"售回权"没被执行。

投资银行通过在普通股股票发行中引入可回售条款(看跌期权),很好地解决了由于信息不对称导致的公司原股东与外部投资者的估值分歧,平衡了两者之间的利益关系,顺利地解决了该公司的股票发行问题。该案例是金融工程的典型案例,体现了金融工程的核心主题:创造性地解决金融问题。

"金融工程师"的称谓起始于 20 世纪 80 年代初的伦敦金融界。区别于传统的金融理论研究和金融市场分析人员,金融工程师更加注重金融市场交易与金融工具的可操作性,将最新的科技手段、规模化处理方式(工程方法)应用到金融市场上,创造出新的金融产品、交易方式,从而为金融市场的参与者赢取利润、规避风险或完善服务。

金融工程师通常受雇于投资银行、商业银行、证券公司、各种各样的其他金融中介机构以及非金融性质的公司。由于金融工程师具备一系列专业化的、仅凭技术所无法达到的素质,并且由于金融创新的速度超过了市场产生称职金融工程师的能力,金融工程师总体上供不应求,职业发展前景光明。

第一节　金融工程概述

金融工程是一门融现代金融学、数理方法、工程方法与信息技术于一体的新兴交叉学科。无套利假定和相对定价法是金融工程具有标志性的分析方法。尽管历史不长,但金融工程的发展在把金融科学的研究推进到一个新阶段的同时,对金融产业乃至整个经济领域都产生了极其深远的影响。由于本章具有高度概括性,建议读者在学习完全书之后,再次通读本章,将会对金融工程有更深刻的认识。

一、金融工程的概念

提到"工程"(engineering)一词,大家往往想到的就是机械工程、建筑工程等日常生活中常见的名词。以机械工程为例,它是一门涉及利用物理定律为机械系统做分析、设计、生产及维修的工程学科,需要对基础科学原理有牢固的知识,并利用这些知识去分析静态和动态物质系统,创造、设计实用的装置、设备、器材、器件、工具等。可见,工程一词的含义具有两个方面:一是将几个要件组成一个复杂的系统,与特殊的工具或器材一同工作;二是为获得某种功能上的完善而进行相应的调整。

那么金融工程(financial engineering)又是什么呢?对于金融行业来说,需要考虑两个重要因素:风险和收益。根据工程的概念,金融工程的第一层含义是利用市场上已有的金融工具(包括基础工具和衍生工具),并加以有效组合,从而规避和管理市场风险,并保证可能的收益;相应的第二层含义就是寻找市场或交易对手的价格漏洞,通过套利的方式赚取收益,提升金融市场的效率。

金融学发展经历了描述性金融、分析性金融和金融工程三个阶段。诞生于 20 世纪 80 年代的金融工程作为一门学科的时间毕竟还不是很长,因此理论界和实务界对于金融工程的概念和内容等问题的认识也不尽相同。不同学者的研究角度或侧重内容不尽相同,所以金融工程有着多种不同的定义。下面是几个具有代表性的观点:

(1) 美国学者约翰·芬纳蒂(John Finnerty,1988)认为,金融工程将工程思维引入金融领域,综合地采用各种工程技术方法(主要有数学模型、数值计算、网络图解、仿真模型等)设计、开发和实施新型的金融产品,创造性地解决各种金融问题,具体包括创新性金融工具和金融过程的设计、开发和运用以及对企业整体金融问题的创造性解决方略。该定义中的"创新"和"创造"这两个词值得重视,它们具有三方面的含义:①对已有的观念做出新的理解和应用,如将期货交易推广到以前没能涉及的领域,发展出众多的期权及互换的变种等;②金融工程领域中金融产品的创造,如创造出第一个零息票债券、第一个互换合约等;③对已有的金融产品和手段进行重新组合,以适应某种特定的情况,如远期互换、期货期权、互换期权的出现等。

(2) 国际金融工程师学会常务理事马绍尔(Marshall)等(1992)认为芬纳蒂的上述定义对金融工程的研究范围作出了准确的概括。在此基础上,他们对定义中所述的金融产品作了进一步的阐述。他们认为金融产品既包括所有在金融市场交易的金融工具,如股票、债券、期货、期权、互换等金融商品,也包括金融服务,如结算、清算、发行、承销等。设计、开发和实施新型的金融产品的目的也是创造性地解决金融问题,因此金融问题的解决也可看作是金融产品。

(3) 英国学者洛伦兹·格利茨(Lawrence Galitz, 1995)认为:"金融工程运用金融工具重新构造现有的金融财务状况,使之具有所期望的特性(即收益/风险组合特性)。"这一定义指出金融工程在于实现某种特定的财务目标。例如,对于不同背景的筹资者,设计符合其还款条件的筹资方案。对于各种风险偏好的投资者设计出承担不同风险,以及预期获利也不同的投资方案等。

(4) 美国罗彻斯特大学西蒙管理学院教授克里弗·史密斯(Clifford W. Smith)和大通曼哈顿银行的经理查尔斯·史密森(Charles W. Smithson)认为:金融工程创造的是促成"非标准现金流"的金融合约。它主要是指用基础的资本市场工具组合而成的新工具的过程。

在社会经济生活的发展过程中,市场和客户对金融服务的个性化需求越来越多,新的金融产品也越来越向个性化方向发展,金融工程要解决的问题是为客户量体裁衣,设计出非标准的现金流工具。

从上述定义可以看出:金融工程是以一系列现代金融理论作为基础,运用一定的金融工具和技术,分析客户的金融服务需要,设计出创新性的金融产品和创造性的解决方案。本书将金融工程定义为:金融工程是以现代金融理论为基础,运用金融技术,依据风险态度和效率需求,设计创新性的金融产品和创造性的解决方案。

本定义包括3个要素:①金融工程是以一系列现代金融理论作为基础;②金融工程运用一定的金融技术,是为了满足特殊需要而出现的;③金融工程是一个过程,其结果是产生创新性的金融产品和创造性的解决方案。

二、金融工程的主要内容

设计、定价与风险管理是金融工程的主要内容。产品与解决方案设计是金融工程的基本内容,也是解决金融问题的重要途径。从本质上说,产品设计就是对各种证券风险收益特征的匹配与组合,以达到预定的目标。产品设计完成之后,准确的定价是关键所在。定价合理才能保证产品的可行。

风险管理是金融工程的核心。事实上,衍生证券与金融工程技术的诞生,都是源于市场主体管理风险的需要。例如,最初的农产品远期与期货,是农场主担心农产品价格变动风险的产物。20世纪70年代以来金融衍生产品和现代金融工程技术的兴起,是各国汇率浮动、利率管制放松、石油和其他商品价格波动的结果。随着经济与金融的发展,风险管理已成为现代金融的支柱,也成为金融工程最重要的内容之一。面对风险,金融工程有两个选择:①用确定性来代替风险;②去掉对自己不利的风险,保留对自己有利的风险。对于第一种选择,常用的金融工具有远期合约、期货合约和互换合约。它们在未来市场价格变动对投资者不利的情况下,通过金融工具交易上的盈利,来弥补市场价格变动造成的亏损,从而获得确定性成本或收益。对于第二种选择,常用的金融工具是期权合约。它们在未来市场价格变动对投资者不利的情况下,可以通过期权合约的盈利来弥补亏损,同时在未来市场价格变动对投资者有利的情形下,通过放弃行使权利的方式,保留对自己有利的风险。

三、金融工程的主要工具

产品与方案的设计与实现离不开"原材料"。在金融工程中,"原材料"主要可分为两大类:基础性产品与金融衍生产品。基础性产品主要包括股票、债券、外汇、贵金属、大宗商品、农产品、信用等(在本书中,我们主要讨论以金融资产作为标的资产的衍生产品)。金融衍生产品则可分为远期、期货、互换和期权4类。

(1) 远期是指双方约定在未来的某一确定时间,按确定的价格买卖一定数量的某种标的资产的合约。

(2) 期货则是在交易所集中交易的标准化的远期产品。

(3) 互换是两个或两个以上当事人按照商定条件,在约定时间内交换一系列现金流的合约。

(4) 期权则是指赋予其购买者在规定期限内按双方约定的价格购买或出售一定数量某种标的资产的权利的合约。

它们之所以被称为"衍生产品",是因为其价值取决于合约标的资产的价格,是其标的资产的衍生品。其中,远期、期货与互换的买卖双方在交易初期都无须支付交易费用之外的其他费用,只需支付保证金作为履行合约的担保,只有期权的买方在交易初期才需支付期权费,因此这些衍生产品的重要特点之一就是低成本与高杠杆性,即只需一定的资金便可进行放大金额的交易。这些衍生产品是本书的重点,读者将在下面的章节中对它们有充分的了解。

尽管只有4种基本衍生产品,但就像普普通通的水泥与砖瓦因设计与结构不同,可以建成无数种不同样式的建筑物一样,因组合方式不同、结构不同、比重不同、头寸方向不同、挂钩的市场要素不同,这些基础产品和衍生产品所能构造出来的产品也是变幻无穷的。正是这个原因,这门技术与学科才被称为"金融工程"。

四、金融工程的主要技术手段

金融工程是典型的交叉型学科与技术。在金融工程中,既需要风险收益关系、无风险套利等金融思维和技术方法,又需要"积木思想"(即把各种基本工具组合形成新产品)和系统性思维等工程思维,还需要能够综合采用各种数理和工程技术方法如数学建模、数值计算、网络图解和仿真模拟等处理各种金融问题。由于数据处理和计算高度复杂,金融工程还必须借助编程和信息技术的支持。除了需要计算机网络及时获取和发送信息外,还需要先进的计算机硬件和软件编程技术的支持,以满足大量复杂的模拟与计算的需要。因此,金融工程被认为是一门将工程思维引入金融领域,融现代金融学、数理和工程方法与信息技术于一体的交叉学科。

五、金融工程的特点

"工程"是指将科学及数学原理应用于实际领域,如设计、制造、运作更加经济和高效的结构、机器、程序和系统。工程体现如下特征:①科学技术和数学原理在实际领域中的应用;②追求经济和高效,工程含有"优化"的含义。由此我们可以将金融工程学的特点总结为以下5个方面。

(1) 应用性。金融工程是用来解决金融问题的,是将工程思维和方法应用于金融领域,因此,金融工程师应该具备应用性思维,善于发现和分析现实问题。脱离金融实践的理论研究不属于金融工程的范畴。

(2) 创造性和创新性。金融工程师解决金融问题不是沿袭原有的手段和方法，而是运用新的产品、新的手段，对金融问题的创造性解决。因此，金融工程师应该具备创造性和创新性思维，不拘泥于传统思维，善于思考和创新。

(3) 优化性。金融工程师所提出的解决方案应该比原有方案更加的优化，能够创造更多的价值，更好地满足用户的需求。对金融问题的优化解决，需要用到新型的金融工具或金融产品，或者是新的金融策略，或者是对金融问题的创造性分析与描述等。

(4) 综合性。金融工程是金融学科与工程学科的交叉学科，是多学科的综合。金融工程师的职责是解决现实的金融问题，现实问题受多种因素的综合影响，因此金融工程师需要掌握多学科的知识。

(5) 量化性。尽管金融工程师解决金融问题并不是必须使用定量方法，不能为了定量而定量，定量分析只是为解决问题服务的，但量化工具和方法是金融工程师的常用方法。在整个社会科学版图中，金融领域恐怕是最适合定量分析的。在美国华尔街，有很多物理、数学专业的博士在金融市场上大展身手。

六、金融工程的作用

人们对金融衍生证券与金融工程技术发展的评价一直是毁誉参半。时至今日，越来越多的人认识到金融工程是一柄双刃剑，结果究竟是好是坏，全然取决于如何运用。2007 年发端的全球金融危机与不少金融机构滥用金融衍生产品有关。同时，20 世纪 70 年代以来金融业所经历的前所未有革命性创新和加速发展，与同时期发展起来的金融衍生证券及金融工程技术密不可分。下面列举金融工程的作用中最受人关注的 3 个方面。

(一) 变幻无穷的新产品

费雪·布莱克(Fischer Black)曾说："有了衍生产品，你几乎可以拥有任何想要的报酬形态。只要你可以把它画在纸上，或者以语言文字描述出来，就有人可以为你设计出任何你想要的报酬形态的衍生性产品。"现实的金融市场正是如此。各种基础性证券、4 种衍生证券以及它们之间的不同组合，可以构造出无穷多种产品，满足不同市场状况下的特定需求。除了第一代衍生产品外，各国金融市场上还相继出现了第二代、第三代金融衍生品，如期货期权、方差互换、波动率期权等。另外，衍生品的条款也日趋灵活，以满足定制化需求，如奇异期权。同时，为了满足大众日益增长的财富管理需求各种结构性产品(structured products，即由不同基础性证券与衍生证券组合形成的混合型金融工具)也层出不穷。例如，可转债既可视为债券与期权的组合，也可以看作是股票与期权的组合；名义本金相同的浮动利率债券多头与利率互换空头可以构造出固定利率债券，如果利率互换空头的名义本金为浮动利率债券名义本金的两倍，则它们的组合可以构造出反向浮动利率债券等。除此之外，还有收益与股价(股票指数)联动的产品、所支付利息有最高和(或)最低限制的债券、所支付收益取决于标的汇率落在事先设定区间内的天数的产品等。这些结构性产品通常是在特定的市场状况下为满足投资者特定的风险收益需求而发行的，其产品数量之多、品种之丰富不胜枚举，没有人能够精确地对其进行统计与完全描述。在 20 世纪 90 年代以前，金融产品主要与利率、汇率、商品价格等市场风险相联系；90 年代以后，信用衍生产品迅速发展，又为国际金融市场增添了更多的投资品种。

(二) 更具准确性、时效性和灵活性的低成本风险管理

风险始终是金融市场中最受关注的问题之一，金融工程技术的发展为风险管理提供了创造性的解决方案。具体来看，金融工程对风险管理的影响体现在两个方面：

1. 金融工程推动了现代风险度量技术的发展

现代风险度量技术包括久期、凸性和希腊字母等风险敏感性分析指标,还包括VaR、情景分析、压力测试等整体风险测度指标和现代信用风险模型等风险技术。与传统的风险度量技术相比,这些现代风险度量技术的最大特点是具有更高的精确度,能够为进一步的风险管理起到准确的数量化指示作用。

2. 衍生产品是风险分散与对冲的最佳工具

衍生产品与其标的产品的风险源是相同的,因此希望对冲标的产品风险的交易者,往往可以通过衍生产品的相反头寸进行风险管理。归纳起来,与传统的风险管理手段相比,衍生品具有3个特征:

(1) 具有低成本优势。这与衍生产品交易的高杠杆性质有关。衍生产品交易操作时往往只需缴纳一定比例的保证金或少量的期权费,付出少量资金即可操作大额交易,定期进行差额结算,动用的资金相对于保值的对象而言比例很低,从而大大降低了风险管理的成本。对于场内交易的衍生产品而言,交易的集中性和标准化还降低了寻找交易对手的信息成本和交易本身所需的费用,并降低了流动性成本。

(2) 具有更高的准确性和时效性。在一个定价合理的市场上,特定到期时间的衍生产品价格与其标的资产价格之间满足一定的计算公式和相对关系。因此交易者只要选择适当到期时间的衍生产品,并根据衍生产品与标的资产之间的内在关系计算出风险对冲的操作方向与操作数量,就可以实现相对准确和针对特定期间的风险管理。

(3) 具有很大的灵活性。例如,期权的购买者可以获得履约与否的权利。又如,完成交易匹配和风险对冲之后,交易者还可以随时根据需要对场内交易的衍生产品头寸进行平仓,对风险管理策略进行调整。这些显然都是传统的风险管理工具无法实现的。除此之外,利用衍生产品进行风险管理通常无须动用原先的标的资产头寸,而是通过衍生产品头寸的建立来抵消风险,无须影响与原有交易对手的业务关系,因而具有很大的灵活性优势。

(三) 风险放大与市场波动

衍生产品的高杠杆性质使得投资者只需动用少量资金,就可操作数倍乃至数十倍于自有资金的金融衍生品交易。这种"准无本杠杆化交易"在大大降低套期保值者和套利者的风险管理成本和套利成本的同时,使得投机成本更为低廉,大大增加了投机者的数量、规模和投机的冲动。从本质上说,杠杆性投机交易实际上是以放大的风险换取高回报的。高风险既可能让投资者获得远高于资本的收益,也可能意味着远高于资本的损失。如果交易者判断失误或在操作中出现差错,高杠杆带来的损失往往是惊人的。

回顾历史上发生的多例金融衍生产品损失案例,人们发现造成金融衍生产品投资失利的原因主要包括:①监控不当;②模型选择与模型参数设定不合适;③风险管理工具不合适;④市场波动超出预期;⑤风险暴露头寸过大;⑥欺诈行为;⑦违约风险。例如,1995年的巴林银行就是由于交易员权限过大,银行内部控制不力造成巨额损失;1993年美国Procter & Gamble公司和Gibson's Greetings公司则都是因为公司管理层对其介入的利率互换交易不了解而面临巨额的亏损;美国桔县财政由于在债券市场上的亏损而破产,是交易员滥权和超乎预期的市场变化的结果;德国MG公司在石油期货合约上的巨额亏损,则主要是避险工具选择错误和市场变化超过预期的结果;2007年的金融危机则被认为是对信用风险衍生证券使用过度,信用风险不断放大所致。

本节对金融工程的概念进行了深入详细的分析。可以看到,有时金融工程被理解为一门学科,有时被理解为一门技术,有时则被理解为一个解决方案或产品。总的来看,金融工程的特点在于综合运用现代金融学、数理和工程方法与信息技术,运用各种基础产品和衍生产品,设计、开发和应用新型的金融产品,以达到创造性地解决、规避金融问题、管理风险的根本目标。

第二节 金融衍生工具

一、远期合约

(一)远期合约的产生

远期交易最早起源于农业生产活动。以美国为例,芝加哥利用地理优势成为美国重要的农产品集散中心,但是由于农产品生产的季节性特点,供求矛盾常常会引起价格波动。一般来说,每年的夏季和秋季农产品涌入芝加哥各类农产品市场,供过于求,导致农产品价格下降;春季和冬季由于仓储量不足,农产品出现暂时性不足,价格上升,使消费者受到损失。在此背景下,芝加哥出现了农产品中间商,在收获季节收购农产品,在非收获季节发往外地,缓解了农产品的供求矛盾,减少价格波动。同时,农产品中间商为了降低价格波动风险,会提前与粮食加工商和销售商签订第二年春季的供货合同,确定供应价格和数量,这一行为就是远期交易。在远期交易中,中间商来年应收账款是确定的,因此会在收获季将供货合同抵押给银行获得抵押贷款,获得资金流以便在收获季节收购农产品,如图1-1所示,t代表收获季签供货合同时间,T代表第二年春天交货时间。

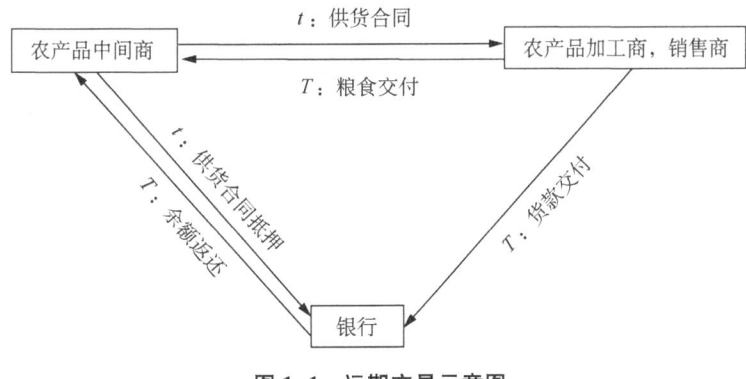

图1-1 远期交易示意图

因此,远期交易降低了农产品价格波动,将当前需求和预期收益结合起来,缓解了供求矛盾,提高了收益的确定性和资金融通的效率。20世纪70年代以后,布雷顿森林体系的瓦解加剧了利率和汇率的波动,使远期交易得到快速发展,出现了远期利率协议、远期汇率协议等新的交易品种,为远期合约带来新的发展活力。

(二)远期合约的概念

1. 远期合约的定义

金融远期合约又称为金融远期、金融远期合约、金融远期交易,是指交易双方分别承诺在将来某一时刻以约定价格买入或卖出一定数量某种资产的合约。与远期合约相对应的是即期合约,也就是钱货两清的交易方式。

2. 与远期合约相关的概念

(1)标的资产。远期合约中用于交易的资产称为标的资产,包括交割标的资产的质量和数量。标的资产可以是农产品、石油等实物资产,也可以是股票、债券等金融资产。

(2)多头和空头。在远期合约中,同意将来在某一特定的事件按照约定价格买入资产的一方被称为多头,即远期合约的买方;同意将来在某一特定的事件按照约定价格卖出资产的一方被称为空头,即远期合约的卖方。远期合约不需要在交易所交易,每种远期合约中的多头和空头都是相互了解的,且远期合约唯一。

(3) 到期日。远期合约确定的交割时间就是到期日,到期后交易双方需要进行交割。

(4) 交割价格。远期合约中约定买卖双方在未来买卖标的资产的价格称为交割价格。交割价格是交易双方协商或谈判确定的,合约一旦签订就不可变动。随着时间的推移,标的资产的现货价格会发生变动,这会导致合约的价值对交易双方是不确定的,一般来说,远期价格与交割价格并不相等。

(5) 交割地点。远期合约中规定的交割场所就是交割地点。

(6) 远期升水和远期贴水。与远期合约对应的合约是即期合约,与远期价格对应的价格是即期价格。远期价格体现的是基于当前信息对未来信息的无套利预期,是使当前远期合约价值为零的交割价格。远期价差是远期价格与即期价格的差。远期价格高于即期价格为远期升水,远期价格低于即期价格为远期贴水,远期价格等于即期价格为平价。此外,由于远期价格和现货价格联系紧密,远期外汇通常用远期升贴水进行报价。

远期价格 = 即期价格 + 远期价差
远期价格 = 即期价格 + 升贴水报价

专栏 1-1

案例分析:远期合约

在河北省,一个生产玉米的种粮大户担心玉米价格下跌给他带来损失,而玉米加工厂厂主担心未来玉米价格上涨使他成本增加。假设该种粮大户是这家玉米加工厂的玉米供应商,这样双方都有锁定明年玉米价格、防范玉米价格风险的需要,他们可以签订如下玉米远期合约:

2021年11月1日,种粮大户向玉米加工厂交割规定品质的玉米50吨,交割价格为2 000元/吨,交割地点为玉米加工厂的仓库。

此时,玉米加工厂为该远期合约的多头,种粮大户为该远期合约的空头,规定品质的玉米为标的资产,2021年11月1日为到期日,交割价格为2 000元/吨,交割地点为玉米加工厂的仓库。如果交易双方都按时履约,就可以锁定2021年11月1日的玉米价格,防范玉米价格风险,种粮大户可以安心生产玉米,不必为玉米价格的波动担心;玉米加工厂也可以安心加工玉米,不必为成本增加而担心。

(三) 远期合约的价值与损益

1. 远期合约的价值

(1) 远期理论价格。远期理论价格是指在特定时期和特定条件下,远期合约价值为0时的交割价格,即无套利均衡价格。

(2) 远期市场价格(远期价格)。远期市场价格是指实际交易中交易双方标的商品未来的价格。

(3) 远期合约价值。远期合约价值是指远期合约本身的价值,即远期实际价格与理论价格之差。远期市场的均衡状态是指远期合约的实际价格与理论价格相等,远期合约价值为0。

在签订远期合约时,交易双方的交割价格应该等于远期价格,即远期合约价值为0,否则就会发生套利行为。在远期合约的存续期内,由于标的资产的价格发生变化,远期合约会出现正或负的值。

2. 远期合约的损益

远期合约的存续期内,远期合约的价值会随着标的资产的变化发生改变。如图 1-2 所示,K 代表远期合约的交割价格,T 为远期合约的到期时间,S_T 是远期标的资产在时间 T 时的价格。在合约到期前,远期合约交易双方都有执行合约的权利和义务。

左图代表远期合约多头执行合约的损益情况,多头由于执行了合约,可以支付交割价格 K 从合约空头方获得一单位的标的资产,多头直接在现货市场出售获得 S_T 的收入,即可以获得 $S_T - K$ 的价差($S_T - K > 0$ 时获得收益,$S_T - K < 0$ 时遭受损失),多头每一单位标的资产的到期损益为 $S_T - K$。

右图代表远期合约空头执行合约的损益情况,空头由于执行了合约,可以出售一单位标的资产给多头获得 K 的收入,如果空头在现货市场出售资产将获得 S_T 的收入,即获得 $K - S_T$ 的价差($K - S_T > 0$ 时获得收益,$K - S_T < 0$ 时遭受损失),空头每一单位标的资产的到期损益为 $K - S_T$。

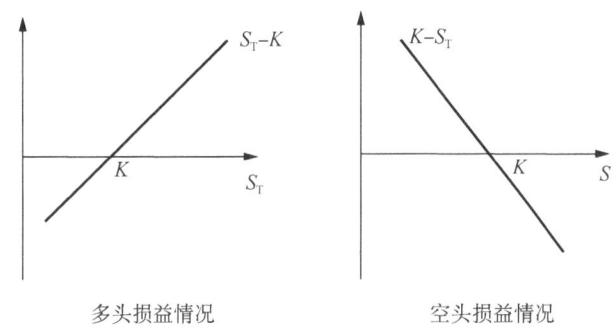

图 1-2 远期合约交易双方到期损益

(四) 远期合约的特点

1. 非标准化合约

合约的规模和内容按交易者的需要而制定,不像期货、期权那样具有标准化合约。在签订合约时,交易双方根据情况决定交易的时间、地点、价格、数量等,灵活性强,有利于满足交易双方的个性化需求。

2. 现金和实物交割

远期合约买卖双方约定在未来的某一特定日期交易一定质量和数量的商品,合约 90% 以上最终要进行实物交割,只有很少一部分是平仓代替实物交割,因此其投机程度大大减少,"以小博大"的可能性被降至最低。

3. 无需保证金

金融远期主要在银行间或银行与企业间进行,不存在统一的结算机构,价格无日波动的限制,只受普通合约法和税法的约束,因此无须支付保证金。

4. 存在信用风险

远期合约交易双方都面临对方违约的风险。远期合约在场外交易,没有交易所进行监管,且在签订合约时不需要保证金,当到期价格对一方不利时,这一方可能会拒绝交易,产生信用风险。

5. 流动性差

合约本身具有不可交易性,即一般不能像期货、期权那样可以随意对合约进行买卖。远期合约一般由买卖双方直接签订,或者通过中间商签约。合约签订后,要冲销原合约,除非与原交易者重新签订合约或协议且订明撤销原合约。因此,远期合约流动性较差。

二、期货合约

(一) 期货交易的产生

期货交易最初是从商品远期交易经过合约的标准化而来的。由于远期合约的高违约性和低流动性,1848年成立的芝加哥商品交易所对远期合约进行规范,在交易所内进行规范化的远期合约交易,即期货交易。期货交易不再以实物交割为主,而是对合约本身进行标准化,并在到期前不断转让,交易目的是商品所有权的价格风险的转嫁。

1971年,布雷顿森林体系瓦解,浮动汇率制产生,各国的汇率波动风险增加,芝加哥商品交易所组织了国际货币市场,开始提供外汇的期货合约交易,由此金融期货开始出现。1982年,芝加哥商品交易所发行了第一个股票指数期货产品标准普尔500指数期货合约,由此,各种衍生金融工具迅速发展,推动了衍生金融工具的巨量增长。

(二) 期货合约的概念

期货合约是由交易所设计,规定缔结合约的双方在将来的某一时间和地点按照合约规定的价格交割一定数量和质量的实物商品或金融产品,并经过国家的监管机构审批后方可上市交易的一种标准化合约。它是基于标的资产未来确定价格的可交易标准化合约。期货合约的持有人可通过交收现货进行对冲交易来履行或解除合约义务。

(三) 期货交易的特点

1. 标准化合约

期货合约的标的商品数量、质量、交货时间、交货地点等条款都是既定的,是标准化的,这也是期货合约区别于远期合约的一个方面。

2. 交易所交易

期货合约是在期货交易所的组织下成交的,具有法律效力,而价格又是在交易所的交易厅里通过公开竞价方式产生的(国外有些市场采用公开叫价方式,而我国均采用电子交易方式)。交易双方不直接接触,而是各自与交易所的清算部或专门的清算公司结算,期货交易所会为在交易所内达成的交易提供财务和合约履行上的担保。

3. 保证金交易

期货交易实行保证金交易,即交易者只需按期货合约价格的一定比率(通常为5%~15%)交纳少量资金作为履行期货合约的财力担保,并在交易过程中维持一个最低的履约保证金水平,便可参与期货合约的买卖,这样的交易具有杠杆效应。为了给期货合约的旅行提供财务担保,随着期货合约交割时间的临近,保证金水平也会不断提高,如果到期时交易者未平仓,就需要根据合约规定进行实物交割。

4. 逐日盯市制度

期货交易由交易所实行逐日结算,而不是到期一次性结算。结算部门在每日闭市后计算、检查保证金账户余额,对所有客户的持仓根据结算价进行结算,有盈利的划入,有亏损的划出。

5. 不以实物交割为目的

交易者进行期货交易的目的一般不是为了得到实物,而是为了套期保值和投机。期货交易中进行实物交割的比例只有1%~3%,大多数是以对冲平仓方式了结交易。

(四) 期货合约与远期合约比较

期货合约和远期合约都是在交易时约定在将来的某个时间某个地点按约定条件买卖一定数量的某种标的物的合约,它们之间也存在一些区别,如表1-1所示。

表 1-1 期货合约和远期合约的比较

项目	期货合约	远期合约
标准化程度	标准化合约	非标准化合约
交易场所	交易所内	没有固定场所
价格确定方式	场内公开竞价	交易双方谈判确定
履约方式	场内平仓结清	实物交割
违约风险	几乎为零	违约风险很高
结算方式	逐日盯视,每日结算	到期交割清算,期间不进行清算

三、互换合约

(一) 互换的产生与发展

现代互换是在平行贷款和背对背贷款的基础上发展起来的。平行贷款是20世纪70年代在英国出现的,一些公司为逃避外汇管制,在不同国家的两个母公司分别在国内向对方公司在本国境内的子公司提供相同金额的本币贷款,承诺在到期日各自归还所借货币。平行贷款存在信用风险问题,因为其包含两个独立的贷款协议,权利和义务不联系,一方出现违约时另一方不能解除履约义务,为解决平行贷款带来的信用风险问题,背对背贷款产生了。背对背贷款是指两个国家的公司相互直接贷款,贷款币种不同但是币值相等,贷款到期日相同,各自支付利息,到期各自偿还原借货币。背对背贷款只签订一个贷款协议,明确双方若一方违约,另一方可以不履行义务,降低了信用风险。背对背贷款只是一种贷款行为,还不是互换,在法律上会产生新的资产和负债。随后,互换应运而生,由于互换是资产的交换或负债的交换,其现金流的流出和流入都是互为条件的,不会改变资产负债结构,因此受到广泛欢迎。

互换的形式有货币互换、利率互换和股权互换。最著名的货币互换出现在1981年,世界银行需要瑞士法郎等绝对利率水平较低的货币,IBM公司需要筹集美元以便与美元资产匹配。世界银行筹集美元的成本低于IBM公司,IBM公司发行瑞士法郎的筹资成本低于世界银行,世界银行和IBM公司可以根据自己的优势通过互换获得需要的资金,从而降低筹资成本。利率互换出现在1982年,学生贷款市场协会发行了中期固定利率债券,由投资银行做中介,将利息支付互换成3个月国债收益为标准的现金流。股权互换首次出现在1989年,主要用来替代在股票市场上的直接投资。

以上所说的互换是通常意义下的金融互换,另外还有一种国家之间签署的货币互换协议,常常以中央银行为主体对两个国家间的本币互换。我国政府近年来多次开展此类业务,2008年以来,中国人民银行与36家境外央行签署了双边本币互换协议,额度超过3.3万亿人民币。

(二) 互换合约的概念

国际清算银行(BIS)将互换定义为买卖双方在一定时期内交换一系列现金流的合约。具体来说,互换是指买卖双方按照约定的条件,在约定时间交换不同金融工具一系列支付款项和收入款项的合约。实际上,远期合约就是一种简单的互换合约,双方约定在未来某一刻进行现金流的互换,而一般的互换合约会在今后若干时间多次交换现金流。

互换是按需定制的,只要交易双方愿意,从互换的内容到形式都可以完全按照需要设计,完全满足了客户需求。

(三) 互换合约的特点

1. 表外交易

商业银行在不改变资产负债表的情况下,应用金融互换,为商业银行带来业务收入或减少经营风险。

2. 场外交易

互换合约与远期合约类似，不是标准化合约，双方可以根据自己需要制定互换内容和形式，满足客户的特定需求。因此，互换交易是场外交易，比交易所交易的其他金融工具更适合投资者需求。

3. 期限灵活

互换合约一般是2~20年，期限较长，是期货、期权等交易无法达到的，因此互换适用于资产负债的长期管理。

4. 交易成本低

互换协议只需要签订一次，就可以在以后很多年内进行多次交换支付。如果签订远期合约就必须签订多次，所以互换协议的交易成本较低。

5. 流动性较强

互换合约可以使交易双方在不出售原始资产或负债的情况下，改变原有的资产或负债的收益和风险特征，这对于流动性较差的资产负债来说很重要。互换市场具有一定的流动性，可以出售或中途废止，流动性强于远期合约。

6. 无政府监管

互换交易是场外交易，从市场交易受管制的情况来看，在互换市场上实际不存在政府监管，相对而言，期货等金融工具受政府监管较多。

（四）互换合约的功能

1. 风险管理

互换可以管理资产负债组合中的利率风险和汇率风险。互换将风险集中、对冲或者重新分配，更好地满足投资者的不同需求，使其根据各种风险大小和自己偏好有效配置资金。如在利率频繁变动的市场上，某企业发行了固定利率债券，当利率有下降趋势时，它可以在不改变债券现状的情况下，通过利率互换将债券的固定利率转换为浮动利率，减少债息支出。

2. 套利

金融互换可以在全球市场之间进行套利，一方面降低了筹资者的融资成本，另一方面促进了全球金融市场的一体化。

3. 逃避金融管制

金融互换是表外业务，在不改变资产负债表的情况下为企业带来收入，同时可以逃避外汇管制、利率管制以及税收限制。

四、期权合约

（一）期权合约的概念

期权合约是一种赋予期权购买者在规定期限内按约定价格买入或卖出一定数量的某种资产的权利的合约。交易双方约定的价格称为执行价格或敲定价格，购买或出售的资产称为标的资产。期权买方有权利而无义务，在获得权利之后有决定是否执行交易的权利，可以根据市场情况，在合约的有效期内决定是执行还是放弃合约；期权卖方则无权利且需要承担义务，在买方希望行权时，必须履行义务。在这种情况下，期权买方在签订合约时需要支付给卖方一定的期权费，以补偿卖方的损失，期权费也称权利金或期权价格。

（二）期权合约的特点

1. 在到期日前履约

期权合约是一种权利，这种权利的交易有很强的时间限制，必须在合约规定的到期日前或某特定的履约日行使,否则失去这一权利。

2. 买卖双方的权利和义务不对等

期权买方有权利在规定时间内根据市场行情选择是否执行权利,期权卖方必须根据买方的决定履行相应义务。因此,买方承担的最大损失是期权费,而当执行合约时,可能获得的收益是没有上限的;卖方获得的最大收益是期权费,而当买方执行合约时,遭受的损失是无限的。

3. 期权合约是一种零和博弈

卖方的收益是买方的损失,卖方的损失是买方的收益。当市场有利于买方时,买方的收益是无限的,当市场不利于买方时,买方的损失是有限的;相对而言,卖方的收益是有限的,损失是无限的。

4. 保证金制度对双方的要求不同

期权合约的交易双方权利和义务不对称,导致双方在保证金制度上要求不一致。买方需要支付一定的期权费给卖方来弥补卖方的损失;卖方有履行合约的义务,存在违约风险,需缴纳一定的保证金。

期权和期货的区别见表1-2。

表1-2 期权和期货的区别

项目	期货	期权
权利义务对称性	期货合约双方被赋予相应的权利和义务,这种权利和义务只能在当期日行使,除非用相反的合约抵消	期权合约赋予买方权利,卖方无任何权利,只能在对方履约时履行对应买卖标的物的义务
履约保证	买卖双方需缴纳保证金	买方缴纳期权费;在场内市场,卖方需要缴纳保证金,场外市场卖方是否缴纳保证金取决于当事人的意见
盈亏特点	交易双方的盈亏是无限的	买方的亏损是有限的(期权费),收益是无限的(看涨期权)或有限的(看跌期权);卖方的收益是有限的(期权费),亏损是无限的(看涨期权)或有限的(看跌期权)
标的物	期权不能作为期货的标的物	一般可以作为期货标的物的几乎都可以作为期权标的物。期货、期权也可作为期权的标的物
保值效果	期货的套期保值将不利风险和有利风险都转移出去	期权的套期保值只把不利风险转移出去,而把有利风险留给自己
标准化	标准化	场外交易是非标准化;在交易所交易的现货期权和所有的期货期权是标准化的

第三节 金融衍生工具定价方法

金融衍生工具定价一般来讲就是主持方(通常为银行或具有交易资质的金融机构)按照一定的规则对客户所报出的价格,这一报价即为合约中的协议价格,有时称为敲定价格,该协议价格通常称为理论价格或理论定价。合约价格、协议价格、执行价格等都是同一个含义。例如,在远期合约中即是远期交割的协议价格,在期货中即表现为标的资产的协议买入价格或卖出价格。需要特别注意的是,在期权中为期权买入价格或卖出价格,即期权费,而不是期权合约中的期权标的资产买入或卖出的执行价格。

衍生产品定价是协议报价,它与市场的交易价格不同。可以说,二者一致是偶然的,不一致则是经常的。这是因为,合约一旦达成,协议价格在合约有效期内一般是不变的;而交易价格是受产品供求关系等其他诸多要素影响的,是不确定的、经常变化的,或者高于协议价格,或者低于协议价格。衍生产品的价值或者投机、投资机会正是在市场价格与协议价格的背离中凸显出来的。这也正是定价的深刻意义,即定价是为了发现产品价值,发现产品价值被市场误定而存在套利机会或投机机会的可能。

合理报价就是价格对交易双方都是可接受的,也就是对双方来讲市场按照这一理论定价在合约签订时是不存在套利机会的。那么如何才能做出合理报价或定价呢?如何才能做到在市场不存在套利机会下即达到均衡条件下做出报价呢?达到上述所要求的报价方法有多种,如无套利定价法、风险中性定价法、状态价格定价法和金融积木分析法等,下面就几种常见的方法进行介绍。

一、无套利定价方法

假设有两个投资项目 A 和 B。A 项目投资 1 000 万元,预期一年可获 400 万元利润,收益率为 40%;B 项目,预期每年可获 600 万元利润,收益率为 60%。问在有效率的市场条件下,B 项目的投资成本应为多少(即要求为 B 项目投资现值定价)?

我们先来假设 B 项目投资现值也为 1 000 万元,看看市场会出现什么现象?显然此时 A 项目和 B 项目的期初投资成本相同,而 B 项目预期收益 600 万元,多于 A 项目的 400 万元利润。这时市场的投资者都会抓住机会抢先投资 B 项目,很快就把 B 项目的原材料成本推高,使得收益率下降,比如下降到 50%。即若一年后要获得相同的 600 万元利润,必须增加期初投资成本到 1 200 万元。这一现象将继续持续下去,直到 A 项目和 B 项目的收益率同为 40%,此时 B 项目的期初投资成本将增加到 1 500 万元。在一个高效率市场上,这一过程可能瞬间完成,即 A 项目定价为 1 000 万元投资成本,则 B 项目投资定价为 1 500 万元。此为无套利定价。

套利是指利用一个或多个市场存在的价格差异,在不冒任何损失风险也即投资者无须增加新的资金投入的情况下,获取利润的行为。无套利指的是金融市场不存在套利机会,即市场有效。在有效的金融市场上,如果存在套利机会,那么套利者就可以构造套利组合(买进低估的金融资产,卖出被高估的金融资产),从而使得被低估的金融资产的需求增加,价格上升;被高估的金融资产的供给增加,价格下降,直到套利机会消失。也就是说,在有效的金融市场上,金融资产的合理价格是这个价格使得市场不存在无风险套利机会,这是无套利均衡分析的基本思想,或者称为无套利定价原理。

根据无套利均衡分析的基本思想,在有效的金融市场上,任何一项金融资产的定价应当使得利用该项金融资产进行无风险套利的机会不复存在。换言之,如果某项金融资产定价使得套利机会存在,那么该资产的定价就不合理,而且套利活动会促使该资产的价格发生变化,直到套利机会消失,市场重新回到无套利均衡状态。

下面再举一例说明无套利价格的概念。

【例 1-1】 假设货币市场上美元和斐济元的即期利率分别为 20%、10%。在外汇市场上,即期美元对斐济元比价为 1∶2;一年的远期汇率报价为 1∶2。初步分析,美元利率远远高于斐济元利率,因此可能获利的操作是:借入斐济元,换成美元,投资拆放美元,再换回斐济元。能否套利还不能确定,不妨按以下操作试一试。

假设套利者按照上述思路在期初做了以下几件事情。
(1)借入 2 斐济元,利率为 10%,一年后须偿还 2.2 斐济元的本息。
(2)在即期市场上用 2 斐济元换取 1 美元,20% 利率,存款一年,到期获本息 1.2 美元。
(3)同时远期卖出 1.2 美元,换回斐济元。

在到期时,套利者将1.2美元的本息按远期汇率换成2.4斐济元,偿还2.2斐济元的本息后,获利0.2斐济元。这种套利活动的进行,势必会使斐济元的利率上升,美元的利率下降,美元即期汇率上升,美元远期汇率下跌。进而达到套利利润消失,市场达到均衡。这时的远期价格即为无套利价格。

本题中如果美元的远期汇率比即期汇率贴水8.35%,即美元对斐济元的远期汇率应为1:1.833。因为$1.2\times1.833\approx2.2$。借斐济元投资美元的利差收益只能偿还斐济元的本息。这样,套利者利润为0,即无套利利润。因此,如果依题意给出的即期利率、即期汇率的条件,报价方应该以1:1.833的价格进行远期汇率报价,签订合约。

二、风险中性定价法

(一)风险中性假设

风险中性是指对风险持中立的态度,既不厌恶风险也不喜好风险,对风险的大小无所谓。风险中性型的投资者对所有资产所要求的预期收益率都一样(即无风险收益率),并不要求风险补偿,而不管其风险状况如何。

现代金融学认为,理性的市场参与者都属于风险厌恶型,且对风险的厌恶程度不同。对于有风险资产的预期收益率,其要求有风险补偿,对风险越厌恶,其要求的风险补偿越高。而风险喜好者不仅不要求风险补偿,还会为了追逐风险而愿意付出一定的代价(即风险折扣),是典型的赌徒心理。

在一个假想的风险中性的世界,所有的市场参与者都是风险中性的,这个世界里的所有资产,不管其风险如何,其预期收益率都是无风险收益率。那么,若对一个问题的分析根本不涉及市场参与者是否厌恶风险或喜好风险,则该问题的结果就不会涉及风险补偿或风险折扣问题。于是,在此基础上可以得出一个合乎逻辑的假设,即风险中性假设:如果对一个问题的分析过程与投资者的风险偏好无关,那么可以将该问题放到一个假想的风险中性的世界中进行分析,所得到的结果在真实的世界中也应当成立。

(二)风险中性定价原理

利用风险中性假设可以大大简化金融资产的定价问题。因为在风险中性的世界里,所有投资者都是风险中性的,其对所有资产的预期收益率都是无风险利率,而且所有资产现在的均衡价格都是该资产未来预期值用无风险利率折现后的现值。这就是利用风险中性假设给资产定价的基本原理。值得注意的是,虽然风险中性假设仅仅是一个人为假定,但只要该问题的分析过程与投资者的风险偏好无关,那么通过这种假定所获得的结论不仅适用于投资者风险中性情况,也适用于投资者厌恶风险的所有情况,因而成为衍生产品定价中的一个重要原理。

【例1-2】 假设一种不支付红利的股票目前的市价为10元,在3个月后,该股票价格要么是11元,要么是9元。假设现在的无风险年利率等于10%(连续复利),试计算一份3个月期协议价格为10.5元的该股票欧式看涨期权现在的价值。

利用风险中性假设对金融产品定价,核心环节是构造出风险中性概率(风险中性概率是风险中性世界中的概率,而不是真实的概率),然后按照风险中性概率算出未来收益的预期值,再以无风险利率折现。

首先,根据股票价格3个月后的变化11元或9元,计算出该股票欧式看涨期权到期时(3个月后到期)的价值为0.5或0。

其次,计算风险中性概率。风险中性世界中,假定该股票上升的概率为P,下跌的概率则为$1-P$,则该股票未来现金流的预期值为$11P+9(1-P)$,将其按照无风险利率折现获得的现值

就是股票目前的市价,即:

$$e^{-0.1\times 0.25}[11P+9(1-P)]=10(元)$$

计算出风险中性概率:$P=0.6266$

再次,计算风险中性世界中期权 3 个月后收益的预期值,即:

$$0.5\times 0.6266+0\times 0.3734=0.3133$$

最后,计算期权现在的价值 c。根据风险中性定价原理就可以求出该期权现在的价值为:

$$c=e^{-0.1\times 0.25}(0.5\times 0.6266+0\times 0.3734)=0.31(元)$$

三、状态价格定价法

如果未来时刻有 N 种状态,而这 N 种状态的价格都知道,那么只要知道某种资产在未来各种状态下的回报状况和市场无风险利率水平,就可以对该资产进行定价,这就是状态价格定价技术。状态定价法中的"状态",指的是特定资产的价格在未来可能出现的结果,每一种结果都是相应的状态。基础的套利定价法用简单的单个证券、证券组合与自融资策略去复制相应的金融资产;而状态价格定价法则是设想了一种虚拟的基本证券,用这种虚拟的证券去复制其他的证券。这种虚拟资产,在一种特定状态发生时的未来的净现金流量恰好为 1,在其他的状态发生时的未来的净现金流量是 0。这两种基本证券构成了未来市场可能出现的 2 个基,因为任意资产在未来的价格都是基本证券潜在净现金流量的线性组合。

【例1-3】 A 是有风险证券,其目前的价格是 P,1 年后其价格要么上升到 uP,要么下降到 dP。这就是市场的两种状态:上升状态(概率是 q)和下降状态(概率是 $1-q$)。

以 r 表示无风险利率,假设 $d<1+r<u$。记 $\bar{r}=1+r$,如果 r_A 是证券 A 的预期收益率(即收益率的数学期望值),记 $\bar{r}_A=1+r_A$,那么有:

$$\bar{r}_A=\frac{quP+(1-q)dP}{P}=qu+(1-q)d$$

可以算出收益率的方差和标准差是:

$$\sigma^2(\bar{r}_A)=q(1-q)(u-d)^2$$

$$\sigma(\bar{r}_A)=[q(1-q)]^{\frac{1}{2}}(u-d)$$

1 个单位(如 1 元)无风险证券,1 年后无论出现哪种情况,其市场价值都应当是 $\bar{r}=1+r$。

现定义一类与状态相对应的假想的证券,称为基本证券。基本证券 1 在 1 年后证券市场上升时价值为 1,下跌时价值为 0;基本证券 2 恰好相反,在市场上升时价值为 0,在下跌时价值为 1。基本证券 1 现在的市场价格是 π_u,基本证券 2 的价格是 π_d。

现在可以用基本证券来复制上述有风险证券 A。购买 uP 份基本证券 1 和 dP 份基本证券 2 组成一个假想的证券组合。该组合在 1 年后无论发生什么情况,都能够产生和证券 A 一样的现金流,该证券组合是证券 A 的复制品。由无套利均衡分析可知,复制与被复制证券现在的市场价格应当相等:

$$P=\pi_u uP+\pi_d dP \text{ 或 } 1=\pi_u u+\pi_d d$$

与此同时,通过购买 1 份基本证券 1 和 1 份基本证券 2 构成的证券组合,1 年后无论市场出现何种状态,这个证券组合的市场价值都将是1元。这是一项无风险投资,由无套利均衡分析可知,其收益率应该是无风险收益率 r,否则会存在无风险套利机会,于是:

$$\pi_u + \pi_d = \frac{1}{1+r} = \frac{1}{\bar{r}}$$

所以:

$$\pi_u = \frac{\bar{r} - d}{\bar{r}(u-d)}, \pi_d = \frac{u - \bar{r}}{\bar{r}(u-d)}$$

由上式可以看出,基本证券1和基本证券2目前的市场价格由证券A1年后的状态价格所决定。基本证券除了可以复制证券A,还可用来复制其他证券,从而为其他证券定价。

四、金融积木分析法

(一) 金融积木分析法的原理

积木分析法又称模块分析法、分解组合分析法,是指将各种基本金融工具(包括基本的原生工具如股票和债券,也包括基本的衍生工具如远期、期货、期权、互换等)看作零部件,采用各种不同的方式组装起来,创造出具有特殊流动性和收益风险特征的新型金融产品,以满足客户需要。也可以通过"剥离",把原来捆绑在一起的金融/财务风险进行分解,还可以分解后再重新组合。无论多复杂的金融产品和工具,都可以分解成各种基本的金融工具,把它们视为各种基本金融工具的组合。

在图1-3中,有6种图形,可被视作积木,分别代表6种金融工具。金融工程师们通过创造性思维活动,将任意两个或多个积木进行自由组合或分解,形成更复杂或更简单的金融工具,以达到某种特定的目的。例如,在图1-3的上半部分,在横线上面部分,左面图形表示资产多头交易,右面图形表示资产看涨期权的多头(上面的线段)和看跌期权的空头(下面的线段)。这一部分图形表明若把某种资产的看涨期权和看跌期权组合在一起,可以形成该资产的多头交易。与此类似,处在横线以下左面的图形表示资产的空头交易,它可以运用多头看跌期权和空头看涨期权来组合。

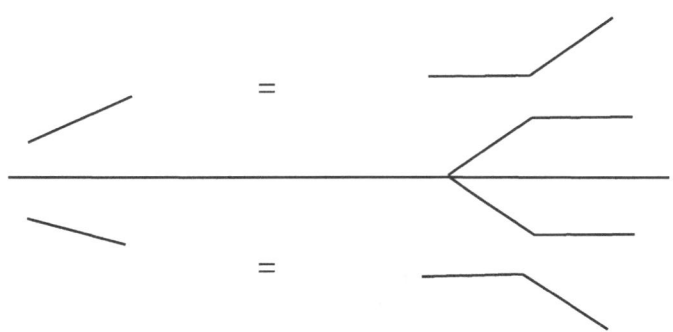

图1-3 金融工具的组合分解

(二) 6种基本的金融积木

积木分析法中的积木包括股票、债券等原生工具和远期、期货、期权、互换等衍生工具。金融工程中基本的积木主要有6种,如图1-4所示,分别为资产(以股票为例)多头、资产(以股票为例)空头、看涨期权多头、看涨期权空头、看跌期权多头和看跌期权空头。图中横轴表示金融资产价格变化(ΔP),纵轴表示金融工具价值变化(ΔV)或损益。

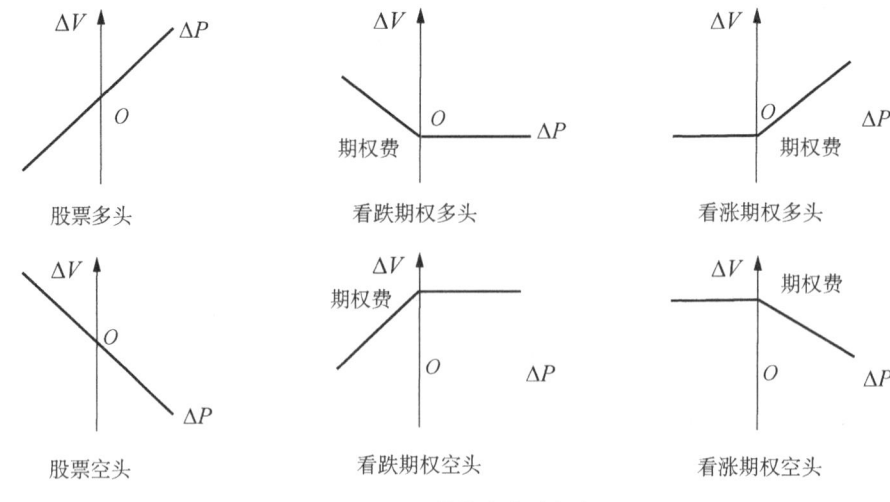

图 1-4　6 种基本金融积木

第四节　中国金融工程的发展

一、中国衍生工具市场发展历程

中国金融衍生工具市场从 20 世纪 90 年代开始发展,以 1990 年 10 月 12 日郑州粮食批发市场的开业为标志,至今已经走过了三十多年的发展历程。商品期货市场建立不久,我国就推出了早期的金融期货,包括外汇期货、国债期货、股票指数期货、认股权证等金融衍生品。根据市场形势和发展状况,可以把我国的金融衍生工具市场发展进程划分为以下 3 个阶段。

(一) 初步尝试阶段:1992 年 6 月～1995 年 5 月

1992 年 6 月 1 日,上海外汇调剂中心率先推出外汇期货,进行人民币与美元、日元的汇率期货交易,但当时的汇率期货交易并不活跃,并且存在许多违法经营活动。1993 年,上海外汇调剂中心停止人民币汇率期货交易。1995 年,中国外汇交易中心开始试行人民币远期交易,但是也没有取得成功。1993 年 3 月,海南证券交易中心推出了 8 个品种的股票指数期货交易,标的物为深圳综合指数和深圳 A 股指数,但是由于存在严重的投机行为,仅仅运营半年时间就全部平仓停止交易。1992 年 12 月,上交所首先向证券公司推出了国债期货交易,并于 1993 年 12 月正式推出了我国第一张国债期货合约,进一步向全社会公众开放。而后北京交易所、广州商品交易所、武汉证券交易所等地共计 13 家证券交易所或证券交易中心相继开办了国债期货交易。

(二) 停滞阶段:1996 年 6 月～2004 年

到 1995 年,各地挂牌的国债期货合约已达 60 多个品种,但是由于投机气氛浓厚,出现了"327 国债事件"等严重违规操作现象,造成价格异常波动,市场极度混乱。1995 年 5 月,中国证监会发布《关于暂停国债期货交易试点的紧急通知》,我国金融衍生工具市场的初步尝试以失败而告终,在 1996 年 6 月以后进入了停滞阶段。

(三) 恢复发展阶段:2005 年至今

2005 年 5 月 16 日,中国人民银行发布《全国银行间债券市场债券远期交易管理规定》,6 月 15 日,中国工商银行和兴业银行做成首笔银行间市场债券远期交易。这是我国银行间市场首只真正的衍生产品,也标志着我国金融衍生品市场恢复发展的开始。2005 年 8 月,中国人民银行发布了《关于扩大外汇指定银行对客户远期结售汇和开办人民币与外币掉期业务有关问题的通知》,建立银行间人民币远期市场,并正式引入人民币远期询价交易,初步形成有代表性的国内人民币远期汇率。债券远期交易和远期外汇的推出,标志着场外金融衍生品市场的开始。此后,陆续推出了人民币结构性理财产品、人民币利率互换以及人民币外汇掉期。

2005年,我国证券市场的首只统一指数——沪深300指数发布。次年4月,沪深300指数被认定为首个股指期货标的。2006年9月8日,国内以金融期货交易为目标的中国金融期货交易所(简称中金所)在上海挂牌成立。2006年10月30日,股指期货仿真交易启动。2010年1月8日,国务院原则上推出股指期货和开展融资融券试点,4月,正式推出股指期货交易。2013年8月6日,上海证券交易所通知券商将正式组织开展个股期权全真模拟交易。2013年9月6日,国债期货正式在中国金融期货交易所上市交易。2013年9月,郑州商品交易所开展白糖期货期权全真模拟交易。2015年又推出10年期国债期货交易,并开启上证50ETF期权交易,为经济转型升级提供方向性和波动性风险管理工具。2018年8月17日,2年期国债期货在中国金融期货交易所成功挂牌上市,标志着我国已基本形成覆盖短中长期的国债期货产品体系。2019年12月23日,沪深300ETF期权、沪深300股指期权等共3只期权新品种正式上市交易。其中,上交所、深交所各推出一只沪深300ETF期权,中金所推出的是沪深300股指期权,为境内首只股指期权品种。三大交易所同步推出沪深300ETF期权和沪深300股指期权,有利于优化市场平衡机制,完善多层次市场体系,促进资本市场健康发展。

二、中国衍生工具现状

(一) 期货期权

随着中国市场经济的推行和对外开放的扩大,中国期货市场规模不断扩大,上海的中国金融期货交易所的股指期货的交易量也有显著增长,虽然该交易所于2010年才推出沪深300指数合约,但该合约一直持续稳定增长。从本质上看,期货衍生品市场的发展,其推动力始终是为了更好地满足实体经济和金融改革对资本市场日益多样化的需求,集中反映了资本市场由基本的投融资功能向资产定价、资产管理及相应的流动性和风险管理功能逐步扩展的发展方向。

就商品期货而言,国内期货品种逐步形成了覆盖农产品、金融、能源、化工、林木等国民经济重要行业的产品体系。期货市场在服务实体企业,增强金融管理能力,提升企业竞争力方面的作用日益凸显,一些企业重视利用商品期货市场进行套息保值、管理风险、锁定成本,有效规避了现货交易的风险,实现了稳定经营。国际农产品期货和金属期货交易量可以从侧面反映这种需求。商品期货市场的发展逐渐成为中国经济增长的晴雨表。经证监会批准,可以上市交易的期货品类有以下种类:

(1) 上海期货交易所:铜、铝、锌、天然橡胶、燃油、黄金、螺纹钢、线材、铅。

(2) 大连商品交易所:大豆(黄大豆1号、黄大豆2号)、豆粕、豆油、塑料、棕榈油、玉米、PVC、焦炭期货。

(3) 郑州商品交易所:硬麦、强麦、棉花、白糖、PTA、菜籽油、籼稻、甲醇等。

我国商品类衍生产品的交易,特别是商品期货,从量上已经跃居世界前列,而且在部分品种,如锌、铜、铝、白糖、大豆、豆粕、强麦、玉米、棕榈油和菜籽油等期货上,已经具有定价权或者重要影响力。

国债期货自2013年9月上市以来,单月成交量和持仓量甚至远低于股指期货单日的量,市场容量极为有限。2015年,10年期国债期货合约在上海的中国金融期货交易所正式上市交易,填补了中国内地债券市场长期避险工具的空白。

中国期货行业协会相关资料显示,2020年中国期货市场(指中国境内期货及期权市场,不包括中国港澳台地区)高速发展,成交量创历史新高,连续两年大幅增长;在全球场内衍生品市场中,中国四家期货交易所的成交量排名稳中有升;在农产品、金属和能源三类品种的成交量排名中,中国期货品种包揽农产品前十名、金属前四名;期货期权品种加速推出,衍生品体系更加完善;期货公司资本实力增强,经纪业务收入大幅增长。2020年,中国期货市场成交61.53亿手和437.53万亿元,同比分别增长55.29%和50.56%;中国期货市场成交量占全球期货市场总成交量的13.2%,较2019年占比11.5%提升了1.7个百分点。2020年,中国期货市场加快新品种上市步伐,全年一共上市了12个品种包括4个商品期货品种、8个商品期货期权品种。截至2020年年底,中国期货与衍生品市场上市品种数量达到90个。

(二) 外汇衍生品

中国衍生品市场主要依赖于外汇产品,占年总量的80%,利率衍生品占年总量的20%,其他场外衍生产品占很少的比例。虽然中国场外衍生产品市场发展迅速,但从产品数量、流动性、市场结构和存在的基础设施看,目前仍是不成熟的市场。

一国的外汇市场通常分为两个交易层次:第一层次是零售市场,第二层次是批发市场。在我国,机构和个人在零售市场上通过外汇指定银行买卖外汇,而银行、非银行金融机构以及非金融企业经批准成为银行间外汇市场的会员,进入批发市场交易。我国主要外汇交易业务集中在银行间外汇市场。

1. 银行间外汇市场产品创新

从银行间外汇市场产品发展看,2005年汇改以来,我国银行间外汇市场持续进行产品创新。2005年推出人民币外汇远期交易,2006年推出人民币外汇掉期交易,2007年推出人民币外汇货币掉期交易,2011年推出人民币外汇期权交易。目前已拥有即期、远期、掉期、货币掉期和期权等衍生产品,并具有以下几大特点。

(1) 境外机构入市。2016年1月,银行间外汇市场在放开境外央行类机构和人民币清算行入市的基础上,进一步加大对境外交易主体的开放力度,允许符合条件的人民币购售业务境外参加行入市,参与境内银行间外汇即期、远期、掉期、货币掉期及期权交易。

(2) 银行间外汇交易时间延长。为便利境外机构交易,自2016年1月起,银行间市场外汇交易时间延长至北京时间23:30,覆盖欧洲交易时段。在夜盘交易时段(16:30~23:30),人民币汇率中间价及浮动幅度、做市商报价等市场管理制度仍然适用,交易后处理及市场服务支持时间也相应延长。

(3) 人民币外汇直接交易业务增加。2016年,人民币外汇直接交易业务继续平稳快速发展,银行间外汇市场先后推出人民币对南非兰特、韩元、沙特里亚尔和阿联酋迪拉姆4组货币对的直接交易。

(4) C-Forward业务推出。2016年5月3日,交易中心在现有银行间外汇交易系统的C-Trade模块上,针对人民币外汇远期交易,推出以双边授信为基础、报价自动匹配、结合点击成交的C-Forward交易模式。目前,C-Forward提供人民币对美元的固定期限和固定交割日两种人民币外汇远期交易品种。现有人民币外汇远期会员无需另外申请,在完成授信、风控和清算等方面的准备工作后即可参与C-Forward交易。

(5) 期权组合交易推出。2016年7月4日,银行间外汇市场在现有外汇期权产品的基础上,推出了期权组合交易。目前,期权组合交易共包括6个产品,分别是看涨期权价差组合、看跌期权价差组合、风险逆转期权组合、跨式期权组合、异价跨式期权组合和蝶式期权组合。期权组合交易的推出极大地丰富了银行间外汇期权市场交易种类。从交易量看,期权组合成交活跃,目前日均交易量超过25亿美元,在期权市场的份额保持在67%以上。

(6) 交易冲销业务推出。2016年3月,国家外汇管理局批准交易中心试点开展银行间外汇掉期冲销业务。7月15日,交易中心在银行间外汇市场成功组织首轮外汇掉期冲销业务。在市场交易主体方面,银行间外汇市场参与者包括银行、财务公司、基金证券公司等非银行金融机构及企业集团。银行包括大型商业银行、政策性银行、股份制商业银行、城市商业银行、外资银行、境外银行(境外清算行)、农村商业银行和合作银行、农村信用社以及村镇银行。

2. 外汇理财产品创新

从银行对个人业务的外汇产品发展看,在银行对机构和个人业务方面,从2003年底外汇理财产品诞生至今,国内各家商业银行不断创新外汇理财产品,根据期限不同可以将个人外汇理财产品分为短期和长期产品;根据收益不同可以将个人外汇理财产品分为固定收益和浮动收益产品。还有运用金融工程技术,将固定收益产品与衍生品组合在一起而形成的结构性外汇产品,该类业务特点就是产品的收益率通常取决于挂钩标的表现。

三、中国金融衍生工具市场发展前景

我国的金融衍生工具市场近几年发展迅速,鉴于利率市场化进程加快、人民币汇率形成机制逐渐完善与基础金融市场规模扩大等原因,其发展前景非常可观。

(一) 大力发展现货市场是场外金融衍生品市场发展的前提

从国外金融衍生品市场发展的历程来看,无论是成熟的市场还是新兴市场,其发展都是以活跃的现货市场为基础。场外衍生品是现货市场衍生出来的,现货资产则服务于实体经济需要。基础产品与衍生品相辅相成,缺一不可。现货市场价格的大幅波动,是场外衍生品推出和发展的诱因,美国首先推出汇率衍生产品,是由于外汇市场的剧烈波动,而日本金融衍生品先推出股指期货是由于日本股市的大幅震动。衍生产品是以基础资产为标的而设计的,如果没有活跃的现货市场做支撑,场外衍生品市场就难以做大。

(二) 优先发展股指期货和利率期货是衍生品推出的路径选择

发达国家衍生品市场的发展是以农产品为开端,之后沿着金融期货自然演进,而新兴市场经济国家和发展中国家,则往往由于其新型的证券市场与国际证券市场处于相对分割的状态,股指运行相对独立,导致投资者对于运行股指期货避险的需求较为强烈。

同时为吸引海外投资者,需要提供些避险工具,加之新兴市场的资本市场规模飞速扩展又为股指期货提供了规模基础。新兴市场国家都谨慎地发展金融衍生品市场,在严密认真论证的基础上,借鉴和吸收金融衍生品市场发展的经验教训,结合本国情况,一般都是以股权类衍生品作为发展的突破口,首先推出有良好基础市场支持的股指期货,经过试点为投资者积累管理经验,再推出股指期权和个股期权,使股权类衍生品市场逐步深化;利率衍生品则主要以国债期货作为突破口。

(三) 成熟的机构投资者是金融衍生品市场发展的推动力量

从各个衍生品市场的市场主体机构可以看出,做市商之间的交易量往往在市场总交易量中占了重要地位。做市商作为市场流动性的提供者,自身面临着较大的风险敞口,他们主要通过做市商间的市场来调整风险暴露。所以为了做大市场,就必须完善做市商制度,进行市场分层,大力发展做市商间市场,提高做市商报价的积极性、主动性。

非金融机构作为衍生品市场的最终需求者,激发他们的积极性,能够有效地提高市场的深度和活跃程度。中国作为新兴市场,机构投资者还不成熟,对较为复杂的衍生品业务还不熟悉,并且机构内部风控制度不够完善,难以应对衍生品市场较大的市场风险。要大力培育中国机构投

资者,加强衍生产品业务相关培训,要求机构投资者在从事衍生品交易时建立完善的风控体系等。

(四)完善的制度是交易所良好运行的保障

在金融衍生品市场交易过程中,存在大量的信息不对称现象,这些信息不对称行为及其引发的逆向选择和道德风险使金融衍生工具原本较高的金融风险愈发被人为放大。制度作用的一条重要途径是以减少人们经济活动的风险来增进经济效益。

建立和完善各种市场规则正是防范和化解金融衍生工具的微观风险,并从源头上控制工具宏观风险的制度基础。作为发展中国家交易所衍生品市场的建设,要充分享受后发性利益给市场带来的好处,做好充分的制度准备,从而节约成本、减少风险,加速衍生品市场发展步伐。

在较为成熟的市场中,政府监管淡化,逐渐形成以自律监管为主的监管框架;而新型的市场,在发展初期往往以政府监管为主,并通过建立专门的市场自律组织,为市场行为制定指引和标准,同时也担任着在市场成员和政府监管机关之间进行沟通的重任。

(五)逐渐推进金融衍生品市场国际化进程是增强竞争力的重要体现

衍生品的国际化水平体现了一国金融在国际范围的广度和深度,是该国金融产业在国际范围内竞争力的重要体现。中国经济有巨大的规模和较快的发展速度,中国经济的发展需要吸引海外的资金进入中国,而中国高储蓄率和社会逐步老龄化也使中国资本有走出去的压力和动力。这些资金都有对定价和避险的需求。

中国可以通过借鉴先进国家的经验走跨越式发展的道路,先在国内金融某些趋于成熟细分市场推出与这一市场相关的衍生品,在这些成熟的衍生品交易达到一定规模和流动性后就可以推出以国外资产或指数为标的的衍生品。同时,在推进中国衍生品市场国际化的进程中,要积极防范国际投机资本对中国开放的衍生品市场的冲击。

 立德树人思考

习近平:走出中国特色金融发展之路

习近平在2019年2月22日主持中共中央政治局第十三次集体学习发表了重要讲话。他指出,金融是国家重要的核心竞争力,金融安全是国家安全的重要组成部分,金融制度是经济社会发展中重要的基础性制度。改革开放以来,我国金融业发展取得了历史性成就。特别是党的十八大以来,我们有序推进金融改革发展、治理金融风险,金融业保持快速发展,金融改革开放有序推进,金融产品日益丰富,金融服务普惠性增强,金融监管得到加强和改进。同时,我国金融业的市场结构、经营理念、创新能力、服务水平还不适应经济高质量发展的要求,诸多矛盾和问题仍然突出。我们要抓住完善金融服务、防范金融风险这个重点,推动金融业高质量发展。

习近平强调,金融要为实体经济服务,满足经济社会发展和人民群众需要。金融活,经济活;金融稳,经济稳。经济兴,金融兴;经济强,金融强。经济是肌体,金融是血脉,两者共生共荣。我们要深化对金融本质和规律的认识,立足中国实际,走出中国特色金融发展之路。

习近平指出,深化金融供给侧结构性改革必须贯彻落实新发展理念,强化金融服务功能,找准金融服务重点,以服务实体经济、服务人民生活为本。要以金融体系结构调整优化为重点,优化融资结构和金融机构体系、市场体系、产品体系,为实体经济发展提供更高质量、更有效率的金融服务。要构建多层次、广覆盖、有差异的银行体系,端正发展理念,坚持以市场需求为导向,积极开发个性化、差异化、定制化金融产品,增加中小金融机构数量和业务比重,改进小微企业和"三农"金融服务。要建设一个规范、透明、开放、有活力、有韧性的资本市场,完善资本市场基础性制度,把好市场入口和市场出口两道关,加强对交易的全程监管。要围绕建设现代化经济的产业体系、市场体系、区域发展体系、绿色发展体系等提供精准金融服务,构建风险投资、银行信贷、债券市场、股票市场等全方位、多层次金融支持服务体系。要适应发展更多依靠创新、创造、创意的大趋势,推动金融服务结构和质量来一个转变。要更加注意尊重市场规律、坚持精准支持,选择那些符合国家产业发展方向、主业相对集中于实体经济、技术先进、产品有市场、暂时遇到困难的民营企业重点支持。

习近平强调,实体经济健康发展是防范化解风险的基础。要注重在稳增长的基础上防风险,强化财政政策、货币政策的逆周期调节作用,确保经济运行在合理区间,坚持在推动高质量发展中防范化解风险。

习近平指出,防范化解金融风险特别是防止发生系统性金融风险,是金融工作的根本性任务。要加快金融市场基础设施建设,稳步推进金融业关键信息基础设施国产化。要做好金融业综合统计,健全及时反映风险波动的信息系统,完善信息发布管理规则,健全信用惩戒机制。要做到"管住人、看住钱、扎牢制度防火墙"。要管住金融机构、金融监管部门主要负责人和高中级管理人员,加强对他们的教育监督管理,加强金融领域反腐败力度。要运用现代科技手段和支付结算机制,适时动态监管线上线下、国际国内的资金流向流量,使所有资金流动都置于金融监管机构的监督视野之内。要完善金融从业人员、金融机构、金融市场、金融运行、金融治理、金融监管、金融调控的制度体系,规范金融运行。

习近平强调,要把金融改革开放任务落实到位,同时根据国际经济金融发展形势变化和我国发展战略需要,研究推进新的改革开放举措。要深化准入制度、交易监管等改革,加强监管协调,坚持宏观审慎管理和微观行为监管两手抓、两手都硬、两手协调配合。要统筹金融管理资源,加强基层金融监管力量,强化地方监管责任,做到抓小抓早、防微杜渐。要建立监管问责制,由于监督不力、隐瞒不报、决策失误等造成重大风险的,要严肃追责。要解决金融领域特别是资本市场违法违规成本过低问题。要提高金融业全球竞争能力,扩大金融高水平双向开放,提高开放条件下经济金融管理能力和防控风险能力,提高参与国际金融治理能力。要培养、选拔、打造一支政治过硬、作风优良、精通金融工作的干部队伍。

[《人民日报》(海外版),2019年2月25日,第1版]

思考:

1. 如何理解"金融活,经济活;金融稳,经济稳。经济兴,金融兴;经济强,金融强。经济是肌体,金融是血脉,两者共生共荣"。

2. 如何理解防范化解金融风险特别是防止发生系统性金融风险,并举例说明。

本章小结

1. 金融工程的特点在于综合运用现代金融学、数理和工程方法与信息技术,运用各种基础产品和衍生产品,设计、开发和应用新型的金融产品,以达到创造性地解决规避金融问题、管理风险的根本目标。

2. 金融衍生基础工具主要包括远期、期货、互换与期权4种类型。

3. 金融衍生工具报价方法包括无套利定价法、风险中性定价法、状态价格定价法和金融积木分析法。

4. 中国的金融衍生工具市场发展进程的3个阶段。

练习题

一、单选题

1. 关于远期合约,以下表述错误的是( )。
   A. 远期合约是一种最简单的衍生品合约
   B. 衍生合约是一种标准化合约
   C. 远期合约流动性通常较差
   D. 远期合约不能形成统一的市场价格

2. 下列关于期权的描述,不正确的是( )。
   A. 期权的买方要付给卖方一定数量的权利金
   B. 期权是一种选择权
   C. 期权买方到期应当履约,不履约需缴纳罚款
   D. 期权买方在未来买卖标的物的价格是事先规定好的

3. 下列关于期权权利金的描述,不正确的是( )。
   A. 期权的权利金又称期权价格、期权费
   B. 期权的权利金由内含价值和时间价值两部分组成
   C. 期权的权利金是为标准化的变量,由市场而定
   D. 时间价值是指立即履行期权合约时可获取的总利润

4. 在金融期货交易中,大多数期货合约采取( )的结算方式。
   A. 对冲   B. 实物交割   C. 现金交割   D. 转手交易

5. 下列各项中,属于风险中性定价原理的假设前提的是( )。
   A. 所有投资者都是风险中性的
   B. 所有证券的预期收益率都等于无风险利率
   C. 所有现金流都可以通过无风险利率进行贴现求得现值
   D. 以上选项均正确

6. 下列关于风险中性定价法说法中不正确的是( )。
   A. 风险中性假设下,不需要额外的收益来吸引投资者承担风险
   B. 风险中性假设下,所有现金流可以通过无风险利率进行贴现求得现值
   C. 风险中性假设下,所有证券的预期收益率等于无风险收益率
   D. 风险中性假设是仅仅为了定价方便而给出的人为假定,仅适用于严格风险中性的情况下

二、多选题

1. 学习金融工程的基本目的和意义有( )。
   A. 尽量让你少亏损——金融风险的规避和管理
   B. 帮你发现市场或对手的缺陷而盈利——寻找逃离机会
   C. 通过金融创新——直接创造价值
   D. 帮助你学会理财

2. 金融工程的定义有( )。
   A. 洛伦兹·格里茨:金融工程是指运用金融工具重新构造现有的金融状况,使之具有所期望的特性(即收益/风险组合特性)
   B. 约翰·芬纳蒂:金融工程将工程思维引入金融领域,综合地采用各种工程技术方法和科学方法(主要有数学模型、数值计算、仿真模型等)设计、开发和实施新型的金融产品,创造性地解决各种金融问题
   C. 马绍尔:所指的金融产品是广义的,它包括所有在金融市场交易的金融工具,也包括金融服务。金融问题的解决也看作创新一个金融产品

D. 史密斯和史密森：金融工程创造的是促成"非标准现金流"的金融合约。它主要是指用基础的资本市场工具组合而成的新工具的过程

3. 金融工程的主要内容包括（　　）。
   A. 有关金融风险管理的理论
   B. 金融衍生产品的定价
   C. 新型金融产品（包括衍生产品）的开发与新型金融手段的开发
   D. 如何理财

4. 金融工程的特征包括（　　）。
   A. 应用性　　　B. 创造性和创新性　　　C. 优化性　　　D. 综合性
   E. 量化性

5. 金融衍生工具有（　　）。
   A. 远期合约　　B. 期货合约　　　C. 互换合约　　　D. 期权合约

6. 金融衍生工具的定价方法有（　　）。
   A. 无套利定价法　B. 风险中性定价法　C. 状态价格定价法　D. 金融积木定价法

7. 金融衍生产品包括（　　）。
   A. 互换合约　　B. 期权合约　　　C. 期货合约　　　D. 远期合约

8. 金融期货主要包括（　　）。
   A. 货币期货　　B. 利率期货　　　C. 股票期货　　　D. 股票指数期货

9. 下列关于无套利定价理论的说法中正确的有（　　）。
   A. 无套利市场上，如果两种金融资产互为复制，则当前的价格必相同
   B. 无套利市场上，两种金融资产未来的现金流完全相同，若两项资产的价格存在差异，则存在套利机会
   C. 若存在套利机会，获取无风险收益的方法有"高卖低买"或"低买高卖"
   D. 若市场有效率，市场价格会由于套利行为做出调整，最终达到无套利价格

三、辨析题

1. 无套利定价理论的基本思想是，在有效的金融市场上，一项金融资产的定价，应当使得利用其进行套利的机会为零。（　　）
2. 风险中性假设仅仅是为了计算方便给出的假设，因此仅适用于风险中性的市场。（　　）

四、计算题

1. 假定外汇市场美元兑换斐济元的即期汇率是1美元换1.8斐济元，美元利率是8%，斐济元利率是4%，试计算一年后远期无套利的均衡汇率是多少？
2. 银行希望在6个月后对客户提供一笔6个月的远期贷款。银行发现金融市场上即期利率水平是：6个月利率为9.5%，12个月利率为9.875%，按照无套利定价思想，银行为这笔远期贷款索要的利率是多少？

五、简答题

1. 简述远期合约、期货合约、期权合约、互换合约的区别。
2. 互换合约的功能是什么？
3. 简述风险中性假设的含义。
4. 简述无套利定价的基本思想。

六、论述题

比较分析风险中性定价与无套利均衡定价的基本思想。

第二章 远期合约

【本章提要】

本章首先介绍了远期合约的概念,它可能因交易而异,因此成为非标准化实体,这意味着远期合约可以根据被交易的资产、到期日期和交易金额进行定制。其次,介绍了远期合约的用途。最后,分别介绍了远期利率协议、远期外汇协议和远期外汇综合协议这三种常见的远期合约。

【学习目标】

1. 了解远期合约的含义及相关概念。
2. 掌握远期利率协议的交易原理和应用。
3. 掌握基于无套利均衡原理的远期利率计算方法。
4. 掌握远期汇率的定价,传统外汇业务的开展以及远期外汇综合协议。
5. 掌握外汇远期在投机和套期保值中的运用。

【思政理念】

1. 引导学生坚持制度自信。
2. 大学生应该做好人生规划。
3. 认识中国脱贫攻坚的伟大意义。
4. "一带一路"倡议。

【案例导读】

2015年,我国银行间债券市场推出了标准债券远期,填补了银行自营等机构无法参与国债期货的空白,丰富了我国利率衍生品的合约品种。标准债券远期是指在银行间市场交易的,标的债券、交割日等产品要素标准化的债券远期合约。2015年4月7日,中国外汇交易中心和上海清算所正式推出人民币标准债券远期业务,该业务通过外汇交易中心交易处理平台达成;2015年11月30日,外汇交易中心和上海清算所开始通过X-Swap系统提供标准债券远期交易服务。

在标准债券远期上市之前,中国市场上的利率衍生品主要包括国债期货、利率互换、债券远期和远期利率协议等,其中国债期货属于场内衍生品,由中国金融期货交易所提供集中交易服务,其余三类属于场外衍生品,在中国外汇交易中心银行间本币交易系统达成交易,标准债券远期上市进一步丰富了场外衍生交易产品。

与之前已经推出的人民币债券远期和远期利率协议(FRA)相比,标准债券远期通过产品的标准化设计主要解决了交易的可执行性问题。债券远期和FRA因为较难找到首期交易时间、到期交割时间和标的物完全一样的交易对手而成交稀少,即使首期成交,如果期间因策略调整而需要平仓或者加仓,一般也较难实现。标准债券远期通过产品的标准化设计解决了上述问题。

标准债券远期作为一种新型的金融衍生品,相比传统远期合约而言,具有很多的优点。那么到底什么是远期,它具有怎样的性质和作用,带着这些问题,我们来进行这章的学习。

第一节 远期交易概述

远期交易是双方约定在未来某时刻(或时间段内)按照现在确定的价格进行交易。远期合约是交易双方在场外市场上通过协商,按约定价格(称为"远期价格")在约定的未来日期(交割日)买卖某种标的金融资产(或金融变量)的合约,它是 20 世纪 80 年代初兴起的一种最基础的金融衍生产品。

远期交易采用了一对一交易的方式,交易事项可以协商确定,较为灵活,金融机构或大型工商企业通常利用远期交易作为风险管理手段。但是,远期交易的非集中场外交易方式,同时也可能带来相对较高的流动性风险和对手违约风险。

与远期交易相对应的概念,还有现货交易、期货交易。现货交易是"一手交钱、一手交货",即以现款买现货方式进行交易;期货交易是在交易所进行的标准化的远期交易,但交易双方并不知道也不需要知道交易对手的情况。

在现实世界中,很难清晰界定现货交易与远期交易,也经常看到现货交易中普遍存在交易合约订立之后一段时间内才进行结算的例子。例如,在很多股票交易所中,买卖成交后并不立即进行资金和证券的清算和交收,而是在几个交易日内完成结算程序。此外,尽管期货交易双方也可能到期进行合约的结算,但多数情况下,期货合约并不进行实物交收,而是在合约到期前进行反向交易、平仓了结。

一、远期市场的特征

19 世纪 70 年代,第一个外汇远期市场诞生于维也纳。但是,远期市场的真正兴起是在布雷顿森林体系结束后。当时,各国汇率风险加剧,外汇远期合约于 1973 年应运而生。目前,远期利率协议和远期外汇协议占到远期市场名义本金金额的 90% 以上,商品远期合约的市场规模相对狭小。

远期合约是在将来某一指定时刻以约定价格买入或卖出某一产品的合约。外汇远期合约在市场上非常流行,许多大的银行都雇用了外汇现货及远期合约的交易员。现货交易员进行马上就要交割的交易,远期交易员进行在将来某时刻交割的交易。表 2-1 给出 2019 年 7 月 17 日某跨国银行提供的英镑对美元汇率的买入及卖出价格,兑换单位是 1 英镑可兑现的美元数量。

表 2-1 2019 年 7 月 17 日美元/英镑现货及远期合约的买入及卖出价

	买入价	卖出价
现货	1.638 2	1.638 6
1 个月远期	1.638 0	1.638 5
3 个月远期	1.637 8	1.638 4
6 个月远期	1.637 6	1.638 3

表 2-1 中第 1 行显示该银行准备以每英镑 1.638 2 美元的价格在现货市场(即马上交割)买入英镑,同时这家银行也准备以每英镑 1.638 6 美元的价格在现货市场卖出英镑;表中第 2 行显示该银行准备在 1 个月后以每英镑 1.638 0 美元的价格买入英镑,同时也准备在 1 个月后以每英

镑1.6385美元的价格卖出英镑;表中第3行显示该银行准备在3个月后以每英镑1.6378美元的价格买入英镑,同时也准备在3个月后以每英镑1.6384美元的价格卖出英镑。这些报价是为了大型交易而设定的(零售客户所遇到的外汇买入卖出价差远大于表2-1中所示的数据)。根据表2-1的数据,一个大企业也许愿意6个月以后以1亿英镑的价格向银行卖出1.6376亿美元,这一交易可以作为公司对冲策略的一部分。

通过以上的分析,我们可以看出,远期合约是适应规避现货交易风险的需要而产生的。远期市场的交易机制可以归纳为两大特征:分散的场外交易和非标准化合约。远期合约不在交易所交易,而是在金融机构之间或金融机构与客户之间通过谈判后签署。其交易主要是私下进行的,基本不受监管当局监管。由于不在交易所集中交易而是由交易双方具体谈判商定细节,双方可以就交割地点、交割时间、交割价格、合约规模、标的物的品质等细节进行谈判,以便尽量满足双方的需要。

作为场外交易的非标准化合约,远期的优势在于灵活性很大,可以根据交易双方的具体需要签订远期合约,比较容易规避监管。但相应地,远期合约也有其明显的缺点。

(1) 由于远期合约一般在场外市场交易,没有固定的、集中的交易场所,不利于信息交流和传递,不利于形成统一的市场价格,市场效率较低。

(2) 由于每份远期合约千差万别,这就给远期合约的流通带来较大不便,因此远期合约的流动性较差。

(3) 远期合约的履约没有保证,从合约签订到交割期间不能直接看出履约情况,风险较大。当价格变动对一方有利时,对方有可能无力和无诚意履行合约,因此远期合约的违约风险较高。

二、远期市场交易工具与方式

远期合约主要可以分为商品远期交易和金融远期交易。

(一) 商品远期交易

1. 商品远期交易的概念

商品远期交易是指客户与银行约定,在未来某一确定时间,按照约定的交易标的、价格及数量进行商品买卖,并以现金差额交割(不进行实物交割)的交易合约。商品运期交易属于商品类衍生交易产品的范畴。

我国国内大宗商品远期交易市场目前的交易品种从农产品、能源再到原材料,数量品种众多。这些品种包括了大蒜、辣椒、玉米、绿豆、棉花、红小豆、白糖等农产品,包括了黑色、有色、稀有等金属,包括了焦炭、原油、成品油、天然气等能源,包括了PVC、苯乙烯、甲醇、甲苯、二甘醇、化肥等化工品,还包括蚕丝、丝绸、棉纱等纺织原料。

2. 大宗商品远期交易特点

(1) 由实体市场转向电子市场。随着电子商务的不断深化,国内大宗商品逐渐由实体市场向电子市场渗入,近年国内大宗商品电子盘交易发展迅猛,全国兴起了开展电子盘交易的热潮。

(2) 交易市场数量众多且规模庞大。目前可查的由部委或者地方政府批准的、比较活跃的中远期交易市场有80家左右,分布在北京、上海、天津、江苏、浙江、广东、广西、湖南、湖北等省市。据有关机构发布的统计数据显示,截至2017年底,我国大宗商品电子类交易市场共计1969家,实物交易规模超过30万亿元。

3. 业务案例

【案例2-1】

中国某企业A是一家纺织加工企业,以棉花、涤纶和其他新型纤维为主要原料,生产纯棉、化纤的各类纱线与面料，集棉花采购、纺纱、织布、销售于一体，产品销往各类服装企业。该企业棉花货源主要来自进口，在国际市场棉花价格波动的情况下，棉花进口价格难以确定，面临进口成本波动的风险，对企业财务管理造成不利影响。

2020年4月9日，根据公司2020年6月进口100万磅棉花的计划，为规避价格上涨风险，客户与中国某银行叙做棉花商品远期交易，挂钩标的为ICE棉花2020年7月期货合约，远期买入价格为0.532 9美元/磅，交易量100万磅。

2020年6月12日商品远期交易到期时，根据商品远期合约约定，以合约价格和到期日当天结算价的差额进行现金交割。

当日ICE交易所公布的棉花2020年7月期货合约结算价为0.597 6美元/磅（该价格也是商品现货参考价格），高于商品远期合约价格0.532 9美元/磅，某银行向客户支付期货结算价和商品远期价格的差额6.47万美元[(0.597 6－0.532 9)美元/磅×100万磅]。

同时在现货市场，客户以0.597 6美元/磅的现货价格进口棉花100万磅，因此客户的进口成本仍为：0.597 6－0.064 7＝0.532 9美元/磅。

【案例2-2】

中国某企业B是一家铜冶炼企业，主要从事有色金属矿产采选、冶炼、压延加工及自产产品的出口、销售，主要产品有电解铜、铁精砂、铜材等，销往下游基本金属深加工企业。在国际市场基本金属价格剧烈波动的情况下，面临销售价格大幅波动的风险，对企业财务管理造成不利影响。

2020年1月2日，根据公司在2020年3月销售3 000吨电解铜的计划。为规避价格下跌风险，客户与银行叙做铜商品远期交易，挂钩标的为LME铜3个月标准远期合约，远期卖出价格为6 215美元/吨，交易量3 000吨。

2020年3月31日商品远期交易到期时，根据商品远期合约约定，以合约价格和到期日当天结算价的差额进行现金交割。

当日LME交易所公布的铜现货合约官方结算价为4 797美元/吨（该价格也是商品现货参考价格），低于商品远期合约价格6 215美元/吨，工商银行向客户支付官方结算价和商品远期价格的差额425.4万美元[(6 215－4 797)美元/吨×3 000吨]。

同时在现货市场，客户以4 797美元/吨的现货价格销售铜产品3 000吨，因此客户的销售价格仍为：4 797＋1 418＝6 215美元/吨。

（二）金融远期合约

根据基础资产划分，常见的金融远期合约包括4个大类。

1. 股权类资产的远期合约

股权类资产的远期合约包括单个股票的远期合约、一揽子股票的远期合约和股票价格指数的远期合约3个子类。

2. 债权类资产的远期合约

债权类资产的远期合约主要包括定期存款单、短期债券、长期债券、商业票据等固定收益证券的远期合约。

3. 远期利率协议

远期利率协议（forward rate agreement，FRA）是交易双方签订的锁定远期虚拟借贷利率的协议。1983年银行业为了管理其资产负债的利率风险开发出这种远期合约。

远期利率协议的交易双方约定在未来某个日期按约定利率借贷一笔数额和期限预先确定的名义本金。双方选择一种市场基准利率作为参考利率，通常是同业拆借利率（如LIBOR）、银行优惠利率、短期国库券利率等。协议中约定的固定利率称协议利率,实际上就是远期利率。名义贷款人是协议的卖方,名义借款人是协议的买方。在交割日(也即名义资金借贷开始的日期),名义贷款人并不向名义借款人实际转移借贷资金,双方只是根据协议利率和参考利率之间的差额以及名义本金额,由交易一方向另一方支付结算金。如果参考利率高于协议利率,协议的卖方向买方给予偿付,如果参考利率低于协议利率,则由买方向卖方进行偿付。

协议的买方参与交易的目的是对冲利率上升造成一笔实际借款的成本损失,或者是并无现实的借款需求,而是预期未来利率将会上升,借此进行投机。协议的卖方则是为了避免利率下降导致其投资收益或贷款利息的损失,或者是预期利率将会下降,试图获取投机利润。

4. 远期外汇合约

远期外汇合约(forward exchange contract,FEC)是外汇买卖双方约定在未来某个日期按约定的远期汇率、币种、金额进行交割的合约。远期外汇交易是指外汇交易双方先签订交易合约(远期汇率合约),但并不立即进行货币的转移,而是约定在未来某一时间以约定汇率完成货币的转移。

常见的远期外汇交易有 30 天远期、90 天远期和 180 天远期。远期外汇交易由于固定了未来某一日的汇率,为进口商、银行和套利者提前固定了未来的现金流量,具有贸易避险、金融避险、增大商业银行盈利空间、强化中央银行干预外汇市场能力等作用。

远期外汇交易的目的主要是为了规避汇率变动的风险。最基本的交易策略是套期保值(hedging),指交易者基于自身持有的一笔外币资产或负债,卖出或买进与之数额相同、期限一致、币种相同的一笔远期外汇,使这笔资产或负债的价值不受汇率变动的影响。例如,美国某进口商 3 个月后要支付一笔 30 万英镑的货款,为了避免在此期间英镑汇率上升带来的风险,他可以买入 30 万英镑的 3 个月期汇,远期汇率为 1 英镑=1.501 0 美元。假设 3 个月后英镑即期汇率上升到 1 英镑=1.506 0 美元,则进口商可以按预先确定的远期汇率交割,付出 45.03 万美元买入 30 万英镑,用以支付货款,由此可避免 1 500 美元的损失。出口商也可通过远期交易避免出口中的外汇风险。在实践中,为了评估外币套期保值合同的成本与收益,套期保值者必须掌握一些量化其面临的未来即期汇率不确定的方法,而这需要计算远期汇率落在不同区间的可能性。

本书重点介绍远期利率协议和远期外汇合约。

三、中国远期市场发展

(一) 中国远期市场现状

远期交易是金融市场运用较为普遍的规避利率风险的金融衍生工具,与现货交易的根本区别在于延迟了标的交割时间。广义上的金融远期合同,包括远期利率协议、期货、互换和期权。在国内债券市场,远期交易在大概念上包括远期债、二级市场的远期交易和预发行制度。

按照交易方式、场所的不同,远期金融合同可分为场内集中交易和场外交易两种方式。其中,期货和期权这两种交易方式都已制度化、标准化,通常按照集中竞价方式分别在期货交易所和期权交易所安排上市交易;远期利率协议、互换通常在场外交易,在西方市场基本不属于期货交易法律所管辖的范围。在美国,债券远期交易的场外交易(柜台买卖)制度,源于 1974 年的《商品交易法修正案》(Commodity Exchange Act),这一规定通过将国债远期交易排除在期货交易的适用范围外,使远期交易得以在场外进行。而日本债券远期交易的制度化,是在 1992 年日本证券业协会实施债券远期交易规定后才开始的。在市场建设方面,我国国内远期交易基本与国际接轨,银行间市场的远期交易由中国人民银行监管,属于场外交易的组成部分。

在西方成熟债券市场中,远期交易作为一种必要和正常的交易机制存在着。一般来说,远期交易最主要的经济效益在于提供了避险手段,并为市场参与者增加了买卖时机的弹性;而市场主管机构、机构内控部门最关注的是市场中买空卖空的投机气氛是否太浓,且随着交割期限的延续,是否会增加价格波动引发的市场风险以及违约交割带来的信用风险。从国外的经验来看,为有效规避自身的买卖风险,交易双方都会审慎选择交易对象,并且定期重新审核机构间往来的授信额度,因而,对交易风险的控制必然会使远期交易的市场集中度较高,交易的代理也集中在几家大机构手中。

我国的远期交易可以追溯到春秋时期,但是现代化的远期协议合约是在20世纪末才开始起步的。1997年,中国银行开始进行远期结售汇试点,2003年四大国有商业银行全面展开远期结售汇业务。在亚洲金融危机后,离岸市场出现了人民币无本金交割远期(NDF)。2005年,我国进行人民币汇率机制改革,中国人民银行正式建立人民币远期市场。2005年6月,中国人民银行推出了银行间市场第一个利率衍生产品——人民币债券远期交易,并逐步引导投资者利用基础性衍生产品去管理风险。债券远期的推出,为市场投资者提供了规避利率风险的工具,意味着我国金融衍生产品市场继1995年终止交易所国债期货后首次放开,标志着我国场外金融衍生产品市场迈出了开创性的一步。2007年,我国正式推出人民币远期利率协议。至2019年,国内债券市场已建立起做市商制度(15家机构做市商)和结算代理制度(43家结算代理行),以活跃二级市场,但由于市场流动性不足,金融机构拘囿于"持有到期"的盈利模式,使得在资金来源上占主导地位的国有银行代理交易金额不高,市场中自营交易额要高于代理金额。所以,在现阶段国内金融市场的运作方式下,二级市场流动性不足导致远期交易不活跃,这是市场发育的问题,与某些市场人士提出的利率结构问题(短期利率太低)、机构内部资金管理粗放等因素关系不大。

目前,与我国证券市场直接相关的金融远期交易是全国银行间债券市场的债券远期交易。该交易从2005年6月15日起开始在全国银行间同业拆借中心进行,中心为市场参与者提供债券远期交易报价、交易和信息服务,并接受中国人民银行的监管。交易者可通过专线交易系统进行电子交易,也可以通过电话、传真等方式自行询价,确定交易。债券远期交易数额最小为债券面额10万元,交易单位为债券面额1万元。债券远期交易共有8个期限品种,期限最短为2天,最长为365天,其中7天品种最为活跃。交易成员可在此区间内自由选择交易期限,不得展期。

银行间市场债券远期交易的推出,为金融机构债券组合管理、利率风险管理和结构性产品创新提供了基础的衍生产品,也为将来在交易所市场恢复债券期货交易积累了经验,是一项具有重要意义的金融创新。为降低远期债券交易的违约风险,目前我国的交易规则还部分引进了期货的交易制度,允许交易双方协商缴纳一定数量的保证金。

(二)国内远期交易发展的可能途径

远期交易方式必须准确定位,才能激发市场参与者的真实需求,真正在市场中发挥作用,这是开发、推广金融工具的基本之道。在国内,银行占主导地位的金融业的经营哲学不是"交易",二级市场的流动性也不强,所以,远期交易不能单纯定位于"二级"市场。从国内现阶段资本市场和金融工具发展阶段来看,融资性需求强于交易型需求,即伴随融资行为的金融工具可能比单纯的交易型金融工具更具有生命力。例如,很多研究人员在开发信用工具、开拓风险交易市场过程中,基本会向金融机构推广两种产品:①人民币贷款的信用违约互换工具(CDS);②附带融资性质的信用联结票据(CLN)。大多数情况下,金融机构往往会对融资性质的信用产品表现出较为浓厚的兴趣。

今后,随着公司金融业务发展的减缓,商业银行资金总体上会趋于宽松,其对债券发行市场的参与程度将普遍高于二级市场,这样,国内远期交易方式很有可能会从一级市场中找到立足点。在债券发行市场上,当作为债券发行的影子价格的远期交易价格相对失衡时,会出现套利行为促使它迅速恢复正常价位,从而避免出现债券发行利率与二级市场利率存在几十个基点利差的情况,有利于市场利率的稳定。

纵观美国国债市场的发展,债券发行前的预发行制度,即一级市场的远期交易方式,对债券市场起到了积极的作用,长期作为市场"稳定器""过滤器"存在。事实上,国内债券市场利率震荡的基本表现是一级市场利率不断拉动二级市场,二级市场利率持续牵引一级市场利率。而预发行交易的活跃,一方面能够起到直接稳定一级市场利率,最终减缓二级市场利率变化速度的作用;另一方面,市场参与者在附带融资的权利交易中,实现了债券的分销,便于形成新的盈利模式。所以,现阶段远期交易在一级市场更具生命力,出于对融资的旺盛需求和追逐,市场参与者会在一级市场更多地介入远期交易。

(三)标准化产品受关注

在银行间利率衍生品市场创新发展过程中,近年来推出并不断优化的标准债券远期颇受各方关注。

正如我们在本章开始介绍的引例,2018年3月,外汇交易中心会同上海清算所优化推出标准债券远期现金交割机制,该业务通过外汇交易中心交易处理平台达成,由上海清算所提供集中清算服务。

标准债券远期是在银行间市场交易的,以流动性最好的国开债为标的债券,合约面额、交割日等产品要素标准化的债券远期合约,其具有交易公开、透明、连续的特点,能够为市场提供更为及时、有效的价格信号,促进债券市场的价格发现。标准债券远期的推出为各种类型市场参与主体提供了主动管理利率风险、增加套期保值、丰富投资策略的有效利率衍生品工具。

标准债券远期定价机制简单透明,与国开债现券价格走势贴合,便于多种交易策略发挥,为商业银行等金融机构提供了基于国开债的利率风险管理工具。从市场看,优化后的标准债券远期交易逐步活跃,商业银行、证券公司等机构以及非法人产品参与积极性提高。

2018年新优化推出的标准债券远期,是以国开债为标的的标准化利率衍生品,未来可能会考虑以资金利率为标的的标准化利率衍生品。标准债券远期自2018年优化后,市场反馈较好的主要原因在于:①优化了可交割券选择机制,将每个合约的可交割券精简锁定为待偿期内当季最活跃的两只国开债,提升了远期合约和国开债现券的联动性;②优化了虚拟券价格计算方式,采用市场公允的中债估值作为到期结算价,使得定价方式更加透明清晰,降低了价格操纵风险。

第二节 远期利率协议

一、远期利率协议概述

(一)远期利率协议的概念

远期利率协议(forward rate agreement,FRA)是一种远期合约,主要在场外进行交易。远期利率协议是指交易双方(客户与银行或两个同业银行之间)确定的未来某一时间内远期利率的买卖协议。在远期利率协议中,事先规定了一个将来一定时间点(指利息起算日)开始的一定期限的协议利率,并规定以某一市场利率为参考利率,在协议规定的交割日(即将来的利息起算日),按规定的协议利率、期限和本金额,由当事人一方向另一方支付协议利率与参照利率利息差的贴现额。

远期利率协议是防止国际金融市场上利率变动风险的一种保值方法。远期利率协议保值 1983 年产生于伦敦金融市场,是为了管理远期利率风险和调整利率不相匹配而进行的金融创新之一,并迅速被世界各大金融中心接受。随着远期利率协议的广泛应用,1984 年 6 月在伦敦形成了远期利率协议市场。远期利率协议保值,是在借贷关系确立以后,由借贷双方签订一项远期利率协议,约定起算利息的日期,并在起算利息之日,将签约时约定的利率与伦敦银行同业拆借利率(LIBOR)比较。倘若协议约定利率低于 LIBOR 利率,所发生的差额由贷方付给借方。如果协议约定利率高于 LIBOR 利率,则由借方将超过部分付给贷方。运用远期利率协议进行保值,既可以避免借贷双方远期外汇申请的繁琐,又可以达到避免利率变动风险的目的。而这种业务本身并不是一种借贷行为,不出现在银行的资产负债表上,因此不必受到政府管制条例的约束。目前,国际上主要的远期利率协议市场仍然是伦敦市场,其次是纽约市场。

2007 年 10 月 8 日中国人民银行发布了 2007 年第 20 号公告,正式公布了《远期利率协议业务管理规定》,自 11 月 1 日起,即可开展远期利率协议业务。中信银行股份有限公司与汇丰银行达成了第一笔人民币远期利率协议,该交易本金为 2 亿元人民币,参考利率是 3 个月 SHIBOR。目前,我国主要的远期利率协议的品种为:1×4、2×5、3×6、4×7、5×8、6×9 等。

远期利率协议交易具有以下几个特点:①具有极大的灵活性,作为一种场外交易工具,远期利率协议的合同条款可以根据客户的要求"量身定做",以满足个性化需求;②并不进行资金的实际借贷,尽管名义本金额可能很大,但由于只是对以名义本金计算的利息的差额进行支付,因此实际结算量可能很小;③在结算日前不必先支付任何费用,只在结算日发生一次利息差额的支付——远期利率协议。

(二) 远期利率协议的结构原理

1. 即期利率与远期利率

远期利率协议交易的远期利率,和即期利率并不相同。即期利率是指从现在到未来某一时间段内的利率。在图 2-1 中,r_1 和 r_2 分别是从现在到 T_1 和 T_2 时刻的即期利率。远期利率则是从未来某一时点到更远时点期间的利率。在图 2-1 中,r_f 是指从 T_1 到 T_2 这一段时间的远期利率。

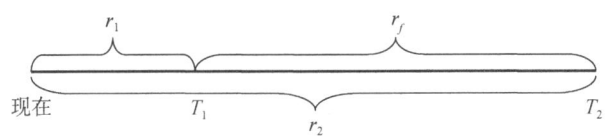

图 2-1 即期利率与远期利率

2. 远期利率协议的结构原理

在习惯上,买方是指通过远期利率协议回避利率上升风险的交易者;卖方是指通过远期利率协议来回避利率下降风险的交易者。所以,远期利率协议的买方多是准备未来于某日期借入资金的经济主体,即未来的债务人。买方持有远期利率协议多是为了防止未来利率上升带来更多的利息负担。相反,远期利率协议的卖方,通常是准备在未来某日期贷出资金的经济主体,即未来的债权人。卖方之所以卖出远期利率协议,是为了现在就锁定将来贷出资金的利率,防止利率下降造成利息收入减少。

在远期利率协议签订后,交割时,如果参考利率高于协议利率,则卖方向买方支付参考利率与协议利率差额;如果市场利率低于协议利率,买方向卖方支付协议利率与参考利率差额。

(三) 远期利率协议的相关术语

(1) 交易日,是指签订远期利率协议的日期。

(2) 即期日,是指交易日后的两天,即协议开始生效的日期。

(3) 交割日,也称起息日、结算日,是指交易双方结算其中一方向另一方所应支付利率的日期,即名义贷款或存款的开始日。

(4) 基准日,又称利率确定日,通常为交割日的前两个工作日。在这一天,交易双方将确定参考利率的大小。

(5) 到期日,是指协议中确定的名义贷款或存款的最后一天。

(6) 协议期限,是指在交割日与到期日之间的天数。

(7) 名义本金,是远期利率协议买卖双方确定支付差额的基础。之所以称为名义本金,是因为这个本金是观念上的本金,在实际交易中并不发生真正的资金转移。由于远期利率协议没有标准化的特征,因此名义本金往往由交易双方自由协定。在目前的国际金融市场中,一份远期利率协议的名义本金可能达到5 000万美元,甚至更高。

(8) 协议利率,是指交易双方商定的,合约期价的远期利率。应当说,协议利率实际上是一种固定利率。

(9) 参考利率,是一种市场利率,在远期协议利率签订时,无法对其进行准确判断。参考利率多采用银行同业拆借利率的平均利率作为标准。在国际金融市场上,远期利率协议的参考利率主要是 LIBOR。在中国,远期利率协议的参考利率是经中国人民银行授权的全国银行间同业拆借中心等机构发布的银行间市场具有基准性质的市场利率或中国人民银行公布的基准利率,究竟选哪一种由交易双方共同约定。

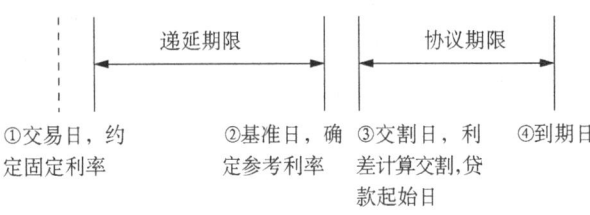

图 2-2 远期利率协议主要时间点示意图

(10) 交割额,是在交割日那天,协议一方交给另一方的金额。交割额由协议利率与参考利率之差计算得出。

在图 2-2 中,详细描绘了远期利率协议中重要日期之间的清晰关系。

我们结合例 2-1,具体看一下远期利率协议中涉及的相关合约要素。

【例 2-1】 假设今天是2021年2月1日,中国某公司 A 在3个月后(5月1日)会启动一个1年(2021.05.01~2022.05.01)的项目,A 需要借款100万元作为启动金,借款期限为1年。

作为借款方,A 最怕的是利率上升,这样会支付更多的利息导致其融资成本大大上升。为了避免这样的事情发生,A 想提前锁定利率,在今天与公司 B 签订协议并 B 商议好在3个月(5月1日)后,无论市场利率情况如何,A 都以6.5%的利率向 B 借这100万元,借期为1年,到2022年5月。在今天签订这个合约时,双方都不需要任何支付费用。

在这个案例中,如果我们忽略 T+2 的交易成交时间差,d_1 则为2月1日(合约签订日),d_3 为5月1日(合约起始日),d_4 为明年5月1日(合约到期日)。

假设现在过去了3个月,来到了时间点5月1日,市场利率浮动成了6.8%(floating rate,实时利率)。由于 A 提前向公司 B 签订了这个合约,A 可以以6.5%(forward rate,合约利率)的利率借到这笔钱。通过这个合约,A 赚到了这个0.3%的利率差(6.8%-6.5%)。

也就是说,A 能比别人以更低的成本借到钱。这个差额将会由公司 B 在到期日支付给 A。每1元都可以以0.3%更低利率借到的 A,相当于在合约到期可以收益:100万元×0.3% = 3 000元。

这个时候值得注意的是:

(1) 鉴于此刻 A 是借款方,A 付的是约定好的利率6.5%,收到的是浮动的实时利率6.8%。如果是出款方(假如是公司 B),那么其盈亏计算将会相反,此刻 B 就亏钱。

(2) 此刻我们计算出来的 A 的3 000元的收益是合约到期日时点的收益。大家都知道在金融的世界里,今天的100元是不等于明天的100元的。想要算出一年后的3 000元在此刻值多少钱的话,那我们就需要用我们的折现因子折现(也就是在后文中提到的结算金的计算)。

(3) 不是所有的合约都是一年期,有些合约3个月、6个月甚至以天数计算,这是要将收益按照相应的天数比例进行计算。

接下来,我们来看结算金的计算方法。在交割日,如果浮动利率(在基准日确定的参考利率)高于协议利率,则远期利率协议的买方可以得到浮动利率与固定利率之间的差价;反之,如果浮动利率低于协议利率,则远期利率协议的买方必须向对方支付浮动利率与固定利率之间的差价。双方交割金额的计算公式为:

$$L=\frac{(i_r-i_c)\times M\times(T-t)}{1+i_r\times(T-t)}$$

式中,i_r 为参考利率;i_c 为协议约定的固定利率;M 为名义本金数额;$T-t$ 为协议期限。

【例2-2】 中国某公司在3个月后需要一笔资金,金额500万美元,期限6个月。公司预计市场利率可能会上涨,为锁定资金成本,该公司向银行买入3×9 FRA。银行报价的协议固定利率为"5.20%~5.50%",参考利率为LIBOR。根据报价,双方成交的固定利率为5.5%,名义本金500万美元。

3个月后,LIBOR利率果然上涨,6个月期的LIBOR利率为5.65%,则该公司可以获得的结算金额为:

$$L=\frac{(i_r-i_c)\times M\times(T-t)}{1+i_r\times(T-t)}=\frac{(5.65\%-5.5\%)\times 5\ 000\ 000\times 0.5}{1+5.65\%\times 0.5}=3\ 646.97(美元)$$

我们进一步分析该公司利用远期利率协议规避利率风险的结果。3个月后公司收到银行支付的利差3 646.97美元,按照市场利率5.65%借入为期6个月的资金4 996 353美元(≈5 000 000−3 646.97),在期末需要支付利息:4 996 353×5.65%×0.5≈141 147美元,这样折合公司的利息成本为:4 996 353+141 147−5 000 000=137 500美元,融资利率为:137 500/5 000 000/0.5=5.5%。

二、远期利率协议的定价原理

确定远期利率协议的价格,实际上就是如何确定合约利率。在金融市场是有效的情况下,根据无套利均衡分析,我们可以得出以下结论,远期利率协议的合约利率与远期利率相等。那么,银行在提供远期利率协议报价时,他们的远期利率是如何确定的呢?根据无套利均衡原理,远期利率隐含在给定的即期利率之中,如果我们已经确定了即期利率曲线,那么所有的远期利率就可以根据即期曲线求得。下面我们首先通过例2-3来说明不同期限的即期利率和远期利率之间的均衡关系。

【例2-3】 3个月的即期利率为4%,12个月的即期利率为6%,3个月后执行的9个月期的远期利率是多少?

我们考虑银行的两种投资策略:第一种策略是先投资3个月,利率4%,同时卖出远期利率协议FRA3×12,锁定远期投资利率;第二种策略是直接投资12个月。如果市场不存在套利机会,则两种路径的结果是相同的,如下图所示。

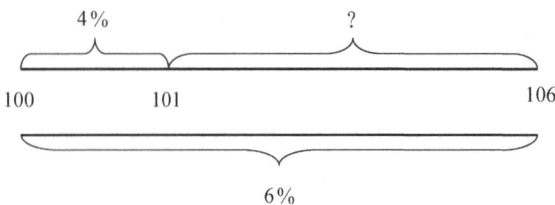

根据这种均衡关系,可以得出远期利率的计算公式为:

$$(1+4\% \times 0.25) \times (1+i_F \times 0.75) = 1+6\%$$

$$i_F = \frac{1+6\% - (1+4\% \times 0.25)}{(1+4\% \times 0.25) \times 0.75} = 6.6\%$$

如果远期利率高于6.6%,如为8%,投资者的套利策略为:

(1) 将100元以4%的利率投资3个月,期末为101元。

(2) 卖出一个8%利率的FRA 3×12,本金101元,3个月后交割FRA 3×12,再按照当时的市场利率投资101元,投资9个月,相当于在当前锁定投资收益率8%。

(3) 以6%的利率贷款100元,期末还款106元。

期末的现金流入为:$101 \times (1+8\% \times 0.75) - 106 = 1.06$,如下图所示。

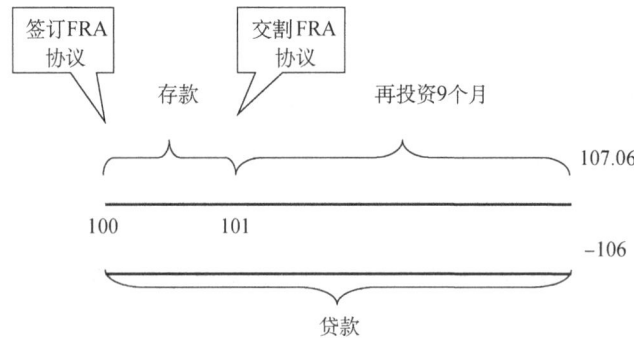

如果远期利率低于6.6%,如为6%,投资者的套利策略为:

(1) 以4%的利率贷款100元,期限为3个月,到期时还款101元。

(2) 买入一个6%利率的FRA 3×12,本金101元,3个月后交割FRA 3×12,再按照当时的市场利率贷款101元,期限9个月,相当于在当前锁定贷款利率6%。

(3) 将100元以6%的利率投资一年,期末现金流为106元;

期末现金流为:$106 - 101 \times (1+6\% \times 0.75) = 0.445$,如下图所示。

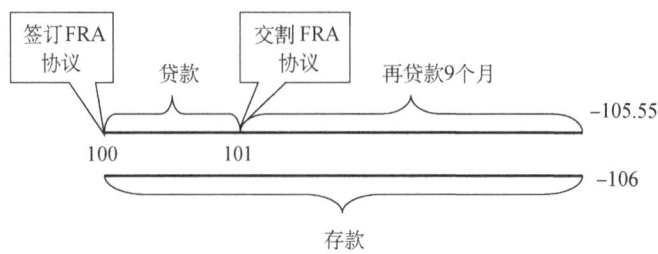

写出基于无套利均衡原理的远期利率的一般计算公式为：

$$r_f = \frac{N_l \cdot r_l - N_s \cdot r_s}{(N_l - N_s) \cdot [1 + (N_s \cdot r_s)/B]}$$

式中，r_f 为远期利率；r_s 为期限较短的利率；r_l 为期限较长的利率；N_s 为期限较短的天数；N_l 为期限较长的天数；P 为款项的本金数额；B 为基础天数（按一年360天计算）。

三、远期利率协议的应用

（一）谁使用远期利率协议

远期利率协议以所有可自由兑换的货币进行交易，特别是美元、欧元、日元、瑞士法郎和英镑。伦敦是远期利率协议主要的交易中心。一般的交易名义本金额从1 000万美元到1亿美元不等，但也可以进行更高或更低金额的交易。流动性较小的货币交易规模通常较小。

大多数交易在银行之间进行，因为远期利率协议是一种用于锁定短期利率风险的金融工具，而且金融机构相比非银行机构而言，这种风险暴露头寸更大。但是，一些大公司也使用远期利率协议。

（二）为什么使用远期利率协议

与其他利率衍生工具相似，当利率波动更为剧烈或未来利率变动的方向和幅度都不确定时，远期利率协议就会得到更广泛的运用。

远期利率协议可在多个方面得到运用：银行或其他机构如果有浮动利率的借款，或预期在未来短时间内将有借款，可以买入远期利率协议来对冲掉利率上升的风险。买入远期利率协议就可以锁定有效借款成本；银行或其他金融机构如果浮动利率的投资，或预期在未来将进行短期投资，可以卖出远期利率协议来对冲利率下降的风险。卖出远期利率协议就定了有效投资收益；银行的短期贷款和借款不匹配时，也可以运用远期利率协议来锁定利率的不利变动（向上或向下）引发的风险；在非常偶然的情况下，银行对远期利率协议的错误定价会产生套利机会。其他机构可以通过买入或卖出被错误定价的远期利率协议来获得套利利润。可以想象，机构也通过买入或卖出远期利率协议来进行投机，希望在合约利率和结算利率的有利变动中获得利润。

与利率期货相比，远期利率协议的优势在于它可以根据客户的特殊需要制定条款，特别是名义本金金额、货币币种和结算日。远期利率协议的主要优点和缺点如表2-2所示。

表2-2　远期利率协议的主要优点和缺点

优点	缺点
远期利率协议是场外交易的金融工具，可以根据客户的特殊需要协商订立	不能在场内进行交易
不必事先支付任何费用	是必须执行的合约，在结算日要进行结算（这点与利率期权不同）
在结算日之前不必支付任何金额 不必进行资金的实际借贷	比类似的利率期货合约要贵。如果没有特殊要求，一般会选择利率期货合约

【例2-4】 某公司预期在未来的3个月内将借款100万美元，借款的时间为6个月。该公司准备以伦敦同业拆借利率（LIBOR）获得资金。现在LIBOR利率为6%，公司希望筹资成本不高于6.5%，为了控制筹资成本，该公司与B银行签署了一份远期利率协议。

最终协议约定的利率为6.25%，名义本金100万美元，协议期限为6个月，自现在起3个月内有效。这在市场上被称作3×9远期利率协议。协议规定，如果3个月有效期内市场的LIBOR

高于6.25%,协议的B银行将向该公司提供补偿,补偿的金额为利率高于6.25%的部分6个月期的利息。如果在3个月有效期内,利率低于6.25%,该公司将向B银行提供补偿,补偿的金额则为利率低于6.25%部分6个月期的利息。如果在3个月有效期内规定利率正好为6.25%,则双方都不必支付补偿。这样,无论在有效期内市场利率发生什么样的变化,该公司都锁定了自己所需的利率。

如果在有效期内,6个月期贷款利率涨了,比如涨到7%,该公司就可以从B银行方获得3 750美元(0.75%×1 000 000×6/12)的补偿。这样该公司在市场上虽然是以7%的利率借的资金,但是考虑到所得到的补偿,实际的利率被控制在6.25%的水平上。

案例分析与讨论:

1. 如果3个月后市场利率没有如该公司预计地上升,远期利率协议将会使该公司额外增加一笔利息支出,对这个问题你怎么看。

2. 银行为什么要为该公司提供远期利率协议的交易,其交易目的是什么。

(三) 远期利率协议的应用范围

1. 对冲利率上升的风险

某一机构如果有浮动利率借款,或者是预期将来有短期或浮动利率的借款,可以锁定未来利率确定日或贷款展期日与交易日之间利率上升的风险。

【例2-5】 某机构有2 500万美元的浮动利率借款。借款利率每6个月重新设定一次,下一个利率实施日在6个月后。该机构支付的利率为美元LIBOR加50个基点。从现在开始的6个月期限内,将支付6.25%的年利率。该机构不愿在任何6个月的期限内支付超过7%的借款成本,但是它担心在未来的几个月内利率有上升的风险。

因此,它考虑购买一份6×12的远期利率协议来对冲掉未来6个月内利率上升的风险,并锁定6个月借款的有效成本。美元的即期LIBOR为6个月利率:5.75%,12个月利率为5.81%,从事远期利率协议交易的银行报出的卖价为:对于6×12,名义本金为2 500万美元的远期利率协议,利率为6.47%。

分析:由于该机构以LIBOR加50个基点的利率借款,一份利率为6.47%的远期利率协议可以将期限在6×12的有效借款成本锁定为6.97%。这在该机构能够承受的最大借款成本范围以内。

假设利率上升,并进一步假设远期利率协议的结算日与借款的利率重设日重合,6个月的即期利率为7.25%。该机构在其后6个月的借款利率为6.75%(LIBOR+50个基点)。

该机构将从出售远期利率协议的银行收到一笔补偿支付,该笔金额以远期利率协议的利率6.47%和参考利率7.25%的差价0.78%为计算基础。

借款成本(在6个月借款期末所支付的利息)	7.75%
补偿支付(在6个月借款期初应收到的金额)	−0.78%
有效借款成本	6.97%

购买远期利率协议来对冲借款成本上升的风险的弊端在于远期利率协议锁定了借款的成本,这意味着如果利率在交易日到结算日这段时间内下降,该机构将不能从市场上较低的借款利率中获得任何好处。

2. 远期利率协议系列

某机构可能会持有定期展期的浮动利率借款。它可以通过购买远期利率协议系列在每一个展期日对冲掉利率升高的风险。远期利率协议系列指在同一个交易日买卖的一系列远期利率协议,并具有一系列的未来利率期限。例如,假设某一机构持有 5 000 万欧元的浮动利率借款,其利率每 3 个月重设一次。该机构决定运用远期利率协议来锁定未来两年内的借款成本。要做到这一点,可以购买一个远期利率协议系列。每一份远期利率协议将锁定不同计息期限内的借款成本,这取决于交易日的远期利率协议利率。

3. 对冲利率下降的风险

某机构如果持有浮动利率投资,或预期在未来做出短期投资,可以卖出一份远期利率协议来锁定现在至未来利率确定日这段时间内利率下降的风险。

【例 2-6】 某机构预计在 3 个月后将收入 1 000 万英镑,并计划在货币市场上将这笔钱投资 6 个月。该机构担心在未来 3 个月内利率将会有大幅度地下降。

它可以通过卖出一份名义本金为 1 000 万英镑 3×9 的远期利率协议来对冲利率下降的风险。此举将锁定未来的收益,收益大小取决于远期利率协议的利率。

4. 借贷款的不匹配

一家银行可以运用远期利率协议来对冲短期借贷头寸的不匹配所带来的利率风险。

【例 2-7】 某一家银行借入 6 000 万美元的 3 个月贷款,利率为 5.50%。同时银行贷出了 6 000 万美元的 1 个月贷款,利率为 5.60%,并希望在此后的 2 个月内重新贷出这笔贷款。

这样就产生了从现在时刻到第一个月月末这段时间内利率下降的风险。当银行把 6 000 万美元加上 1 个月贷款累计的利息重新贷出时,就会面临这样的风险。银行至少需要足够的钱来支付 3 个月后的借款利息。

假设 1 个月的借款期限为 31 天,3 个月的借款期限为 91 天。

3 个月贷款要支付的利息为:60 000 000×5.5%×91/360=834 166.67 美元。

1 个月贷款将收到的利息为:60 000 000×5.60%×31/360=280 000.00 美元。

银行需要更多的利息收入,即 554 166.67 美元(834 166.67-280 000)才有能力偿还 3 个月贷款的利息。在 1 个月后银行可以贷出的钱有 60 280 000 美元。

第 1 个月和第 3 个月之间,也就是 60 天的计息期限内的最小利息收益率应该为:
$$R=(554\ 166.67/60\ 280\ 000)\times(360/61)=5.43\%$$

银行可以据此寻找卖出 1×3 远期利率协议的合适报价:60 280 000 美元。任何高于 5.43% 的利率将完全锁定借贷款交易中的利润。

5. 套利机会

套利包括利用相关金融工具或市场之间定价的差异来获得即时或者确定的利润的机会。套利机会出现后将很快消失,因为市场会做出迅速地调整来消除错误的定价。

【例 2-8】 一家银行以欧洲银行同业拆放利率借入欧元。3 个月欧洲银行同业拆放利率的即期水平为 4.25%,银行可以将这笔资金以 4.12% 的利率进行 1 个月的投资,同时有机会以 4.32% 的利率卖出一份 1×3 的远期利率协议。3 个月期限为 91 天,1 个月期限为 30 天。

分析:银行可以:

以 4.25% 的利率借款 3 个月,借款成本为:4.25%×91/360	−1.074 306%
以 4.12% 的利率投资 1 个月,投资收益为:4.12%×30/360	0.343 333%
卖出一份 1×3 的远期利率协议,收益为:4.32%×61/360	0.732 000%
净收益	0.001 027%

例 2-8 当中的数字可能有些极端,但是,存在的机会使银行可以通过借入 3 个月欧洲银行同业

拆放利率的借款,贷出1个月欧洲银行同业拆放利率的贷款的同时卖出1×3的远期利率协议来迅速获得利润。产生这样的套利机会是因为远期利率协议被错误定价,协议中的利率应该低一些。

6. 远期利率协议的投机

理论上,远期利率协议可以被用于未来短期利率走势的投机。某一机构如果要对非预期的利率上升进行投机,可以买入远期利率协议;要对非预期的利率下降进行投机,可以卖出远期利率协议。投机者不需要负担任何交易成本,而且在结算日之前,不需要支付或收到任何现金。

地方法规可能会禁止用于投机目的的远期利率协议交易,例如,在英国就有这方面的法律限制。然而,当买卖远期利率协议用于对冲标的资产或投资的风险暴露的交易理由因为某些原因而不存在时,这种交易就变成了投机行为。

(四)远期利率协议的安排

1. 远期利率协议通常由银行或大型的非银行机构使用

一家希望安排一份远期利率协议的机构常常会接触一家或数家在远期利率协议市场上进行竞价的银行。另外一种选择是通过货币市场上的经纪商来获得最有利的利率,而不必在开始就透露自己的身份。远期利率协议在电话中协商,具体细节由书面确认,然后由客户签字,以正式合约的形式发布。在英国,远期利率协议的正式标准合约由英国银行家协会制定,合约中的条款就是人们所熟知的FRABBA条款。

2. 中止远期利率协议

远期利率协议是一种场外交易的合约。因为它不在交易所交易,所以它的市场化程度不高。一个已经购买或出售了远期利率协议的机构随后可能会发现,在结算日之前不再需要远期利率协议了,并打算中止它。有两种方法中止远期利率协议:通过与作为远期利率协议交易对象的银行协商中止;与其他银行协商。

反向交易中止意味着以相反的方向交易一份远期利率协议,即卖出远期利率协议来消除已购买的远期利率协议,或买入远期利率协议来消除已卖出的远期利率协议。新的远期利率协议与原有的远期利率协议具有相同的计息期限,利率是在市场上可得到的即期利率。

【例2-9】 在6月1日,某机构买入一份3×6的远期利率协议,名义本金为2 000万英镑。1个月后,该机构发现它不再需要远期利率协议了,并决定通过反向交易中止协议。可以通过两种方式达到这个目的:

该机构可以与出售远期利率协议的银行接触。该银行被要求提出一个2×5的远期利率协议的利率报价以中止原有协议,新的协议具有与原有3×6的协议相同的结算日。结算两份远期利率协议的净支付额在两份协议利率差额的基础上进行。中止协议的支付额有可能立刻支付,而不必等到2个月后这两份协议的结算日才进行。

如果该机构不满意银行提供的中止条款,也可以接触另一家银行,并卖出一份与原有3×6的远期利率协议相同结算日和名义本金的2×5远期利率协议。两份远期利率协议都将在2个月后结算。远期利率协议的中止锁定了该机构必须支付或收取的净金额,它消除了从协议中止之日到结算日这段时间内因利率不利变动带来的不良影响。

四、中国远期利率协议案例分析

(一)广发银行人民币远期利率协议

1. 业务概述

远期利率协议是一项利率避险工具,在合约签订的同时,即对其项下的交易利率予以固定。双方约定未来某段时间的协定利率和市场利率,在清算日时,如果市场利率高于协定利率,则远期利率协议的卖方应向买方支付市场利率与协定利率间的差价;反之,如果在清算日,市场利率低于协定利率,则由买方向卖方支付市场利率与协定利率间的差价。

2. 业务特色

(1) 锁定未来某一段期间之利率风险。

(2) 节省资金成本:仅就利息差额部分交割,不牵涉本金交收。

(3) 具灵活性:在远期利率合约未到期之前,还可以反向操作,以结清原合约。

(4) 远期利率协议既可以用来锁定借款的利率(适用于资金融入方),也可以用来锁定资金运用的利率(适用于资金融出方)。要锁定借款的利率,可以买入远期利率协议,要锁定资金运用的收益,可以卖出远期利率协议。

3. 业务案例

A公司的资金管理人于4月1日时预知3个月后将有一笔1 000万美元的收入入账,同时预测美元利率将下降,故向银行卖出3×6的远期利率协议(即合约期间为从合约日期起的3个月后至合约日期起6个月后),协定利率为1.182 5%。远期利率协议的内容如下:

卖方:A公司

买方:银行

合约金额:USD10 000 000.00

合约日期:4月4日

交割日:7月6日

到期日:10月6日

利率确定日:7月4日

远期利率协议的价格:1.182 5%

合约期间:92天

若7月4日市场利率如预期般下跌为1.002 5%,则银行需要向A公司支付协定利率1.182 5%与市场利率1.002 5%之间的差价,具体金额计算如下:

$$[10\,000\,000 \times (1.182\,5\% - 1.002\,5\%) \times 92/360]/(1 + 1.002\,5\% \times 92/360) = 4\,588.25(美元)$$

即7月6日银行将支付A公司的利息差额为4 588.25美元。也就是说,A公司由于运用远期利率协议进行避险,尽管未来利率下降,在银行支付差额部分后,公司资金运用的利息收入仍维持在原利率水平。

(二) 中国工商银行人民币远期利率协议

1. 业务简述

人民币远期利率协议,是指客户与银行约定在未来某一日,交换在约定名义本金基础上分别以合同利率和参考利率计算利息的金融合约。其中,人民币远期利率协议的买方支付以合同利率计算的利息,卖方支付以参考利率计算的利息。目前人民币远期利率协议浮动端利率为3个月SHIBOR利率等。

2. 适用对象

具有自身需求的金融机构和以套期保值为目的非金融机构均是人民币远期利率协议业务的客户。

3. 功能特点

该产品是最基础的利率衍生产品,结构清晰简洁,要素灵活。客户可通过该产品规避短期利率波动的市场风险,锁定企业融资成本。也可利用金融市场存在的套利机会,通过基础产品和远期利率协议交易的组合,降低企业融资成本。

4. 特色优势

(1) 有竞争力的产品报价。工行作为人民币远期利率协议交易的做市商,拥有专业的交易团队和丰富的经验,具备灵活的定价机制和较强的同业竞争力,能够提供最优的产品价格。

(2) 个性化的产品设计。工行在设计上能够灵活多变,可根据市场需求按照产品期限、结构等要素进行灵活组合,满足客户需求,达到锁定或降低筹资成本的目的。

(3) 持续的动态管理。工行可定期为客户提供交易的评估报告,结合市场行情和客户需求提供后续的动态管理服务。

5. 申办流程

(1) 客户评估。客户应首先接受工行的尽职调查、信用评级、授信核定等工作,填写《客户评估表》。

(2) 签署总协议。客户通过工行评估后,与工行签订《中国工商银行代客风险管理业务协议》。

(3) 客户交易申请。客户向工行提交《交易申请书》,工行向客户出示《客户确认书》,就交易条款、挂钩指标、现金流情景分析、市值及影响因素、市值潜在损失等因素向客户进行风险提示,客户应对风险提示内容等事项进行书面确认。

(4) 客户交易确认。分行向总行提交委托,经总行确认成交后,由分行向客户出具《交易证实书》,以此作为正式交易凭证反馈给客户。

6. 注意事项

目前人民币远期利率协议交易名义本金的最小金额不低于 500 万元,最小递增单位 10 万元,交易期限至少为 1 个月,最长不超过 1 年。

7. 风险提示

客户叙做的远期利率协议可能因为利率的波动产生浮动盈亏。当交易体现为亏损时,客户终止将承担相应的损失。但如果远期利率协议与套期保值的基础资产完全匹配,远期利率协议的浮动盈亏不会影响管理的有效性。

8. 业务案例

某企业客户计划 3 个月后融入一笔以 3 个月 SHIBOR 利率为基准的短期资金。因担心 SHIBOR 利率上涨,客户与工行叙作人民币远期利率协议交易,向工行支付固定利率 4.40%,从工行收取浮动的 3 个月 SHIBOR 利率,与原贷款成本对冲。

第三节 远期外汇协议

一、远期外汇协议的概念

(一) 远期汇率

汇率变动是经常性的,在外贸交易往来中,时间越长,由汇率变动所造成的风险就越大,而进出口商从签订买卖合同到交货、付款又往往需要相当长时间(通常达 30 天~90 天,有的更长),因此,进出口商有可能因汇率变动而遭受损失。进出口商为避免汇率波动所带来的风险,就想尽办法在收取或支付款项时,按成交时的汇率办理交割。

【例 2-10】 日本出口公司 J 向美国公司 A 出口一批产品,应收款项 10 万美元,产品成本 1 200 万日元,约定 3 个月后付款。双方签订买卖合同时的汇率为 USD1=JPY130。按此汇率,日本公司 J 可兑换 1 300 万日元,扣除成本,日本公司 J 获得利润 100 万日元。但 3 个月后,若美元汇价跌至 USD1=JPY128,则日本公司 J 只能兑换 1 280 万日元,比按原汇率计算少赚了 20 万日元;若美元汇价跌至 USD1=JPY120 以下,则日本公司 J 将会亏本。可见美元相对贬值或日元相对升值将对日本出口公司造成风险。因此日本出口公司 J 在签订买卖合同时,可以和日本银行签订 3 个月后,按 USD1=JPY130 的汇率,把 10 万美元兑换为日元的协议,那么到 3 个月后,日本公司 J 将收取 1 300 万日元的货款,从而规避了汇率变动的风险。

【例 2-11】 中国香港进口公司 H 向美国公司 B 进口一批产品,应付款项 10 万美元,约定 3 个月后交付款,如果买货时的汇率为 USD1=HKD7.81,则该批货物价款为 78.1 万港元。但 3 个月后,美元升值,港元对美元的汇率为 USD1=HKD7.88,那么这批商品价款就上升为 78.8 万港元,进口商得多付出 0.7 万港元。如果美元再猛涨,涨至 USD1=HKD8.00 以上,中国香港进口商进口成本也猛增,甚至导致经营亏损。所以,中国香港进口公司 H 为避免遭受美元汇率变动的损失,在签订买卖合同时,可以和美国的银行签订 3 个月后,按 USD1=HKD7.81 的汇率,把 78.1 万港元兑换为 10 万美元的协议,那么到 3 个月后,付款为 78.1 万港元,从而规避了汇率变动的风险。

对于进出口公司来说,外贸交易面临汇率波动带来的成本增加或收益降低的风险,因此利用协议来规避汇率风险是理想的解决办法,远期外汇协议就是基于这种思路的产品创新。

远期汇率(forward exchange rate),是指在将来某一确定的日期,将一种货币兑换成另一种货币的比价。

对远期汇率定价,需要综合考虑货币市场和外汇市场。在外汇市场和货币市场充分流动的条件下,远期汇率和即期汇率的差异可以充分反映交易货币的利率差异。一般来说,远期汇率的水平取决于 3 个因素:即期汇率的水平、两种交易货币的利差以及远期期限的长短。

【例 2-12】 假定银行与某公司达成协议,在 1 年后向公司出售 100 万人民币以换取港元。银行现在如何确定这笔远期外汇交易的价格——远期汇率。

银行 1 年后的交易日必须有 100 万元人民币,所以银行以现行汇率买入人民币,并以存款形式存入货币市场,存款期限为 1 年;同时,银行从货币市场借入港元为购买即期人民币融资,港元的借期也是 1 年。1 年后,银行再从该客户处以人民币兑换港元来归还港元借款,并保证交易后换回的港元不亏。

【例 2-13】 假定金融市场上有关的金融变量数据信息如下:

即期汇率:S	7.980 0(港元/人民币)
人民币年利率:r_1	5%
港元年利率:r_2	4%

计算远期汇率 F。

解:计算远期汇率的依据是无套利原则,计算的基础是即期利率和即期汇率。思路如下:

即期市场交易	远期市场交易
借入港元(即期利率 r_2)	取出人民币(本金+利息)
港元兑换人民币(即期汇率 S)	人民币兑换港元(远期汇率 F)
人民币存入银行(即期利率 r_1)	港元归还(本金+利息)

分析:假定当前时刻在本国借款,在外国投资,当前时刻借入 1 单位本币;
(1) 在即期市场兑换成外币为 1/S。

(2) 买入外国货币，期限为 d 天，到期收益为 $\left(1+r_1\times\dfrac{d}{360}\right)\times\dfrac{1}{S}$（用外币表示的）。

(3) 将上述外币价值在 d 时刻兑换回本币为：$\left(1+r_1\times\dfrac{d}{360}\right)\times\dfrac{F}{S}$。

(4) 在 d 时刻归还本币贷款本息和：$\left(1+r_2\times\dfrac{d}{360}\right)$。

当货币市场与外汇市场达到均衡时，有：

$$\left(1+r_1\times\dfrac{d}{360}\right)\times\dfrac{F}{S}=\left(1+r_2\times\dfrac{d}{360}\right)$$

将上式变化得到：

$$F=S\times\dfrac{1+r_2\times\dfrac{d}{360}}{1+r_1\times\dfrac{d}{360}}$$

这个公式就是远期汇率定价公式。

例 2-13 中，设银行借入 P 单位港元，银行借入港元兑换为人民币后存入银行 1 年后的本息和应该等于最终港元归还的本息和：

$$\dfrac{P}{S}\times\left(1+r_1\times\dfrac{d}{360}\right)\times F=P\times\left(1+r_2\times\dfrac{d}{360}\right)$$

简化得：

$$F=S\times\dfrac{1+r_2\times\dfrac{d}{360}}{1+r_1\times\dfrac{d}{360}}$$

所以远期汇率为：

$$F=S\times\dfrac{1+r_2\times\dfrac{d}{360}}{1+r_1\times\dfrac{d}{360}}$$

$$=7.9800\times\dfrac{1+4\%\times\dfrac{360}{360}}{1+5\%\times\dfrac{360}{360}}$$

$$=7.9040$$

（二）远期外汇交易

1. 远期外汇交易的概念

远期外汇交易（forward exchange transactions）又称期汇交易，是指交易双方在成交后并不立即办理交割，而是事先约定币种、金额、汇率、交割时间等交易条件，到期才进行实际交割的外汇交易。

合约签订时，需交纳不低于 10% 的保证金。常见期汇交易期限一般为 1 个月、2 个月、3 个月、6 个月，一般不超过 12 个月，超过 1 年的超远期交易极为少见。

2. 远期外汇交易的分类

远期外汇交易根据交割日是否固定，分为两种类型：

（1）固定交割日的远期外汇交易（fixed forward transaction），指按合约规定交割时间的远期交易。固定方式的交割期以星期和月份为单位，如1个星期、2个月（60天）、6个月（180天）等，实际交易中大部分远期外汇交易属于此形式。

（2）选择交割日的远期外汇交易（optional forward transaction），也称择期远期外汇买卖，指交易的一方可在某一时间（成交日的第3天起至约定的期限内的任何一个营业日），要求交易的另一方，按照双方约定的远期汇率进行交割的交易。

3. 远期汇率的报价方式与计算

在远期外汇交易中，外汇报价较为复杂。因为远期汇率不是已经交割，或正在交割的实现的汇率，它是人们在即期汇率的基础上对未来汇率变化的预测。远期汇率的报价方法通常有两种：

（1）直接报价法，报出直接远期汇率（outright forward rate），即直接报出不同期限的远期外汇买卖实际成交的买入汇率和卖出汇率。日本和瑞士外汇市场均采取这种报价方式。一般银行对零售客户也是采用这种报价方式。

如：

	即期	1个月远期
USD/CHF	0.877 3/0.877 6	0.868 3/0.869 6

（2）点数标价法，就是报出远期差价（forward margin，又称掉期点数 swap points）。远期汇水是指远期汇率与即期汇率的差额。若远期汇率大于即期汇率，那么这一差额就称为升水（premium），反之则称为贴水（discount），若远期汇率与即期汇率相等，那么就称为平价（at par）。一般称1个基本点（basic point, BP）为1点。对大多数外汇而言，其美元标价法都为四位小数点，如上述的USD/CHF：0.877 3/0.877 6，1点（point）＝0.000 1。唯独日元为两位小数，如USD/JPY：101.87/101.89，此时1点（point）＝0.01。升水与贴水在不同的情况，代表不同的意义。在远期外汇市场，升水是指远期点数必须加到即期汇率，贴水是指远期点数必须由即期汇率中扣除。

报价法则："前小后大，升水往上加；前大后小，贴水往下减"。

【例 2-14】 已知 USD/JPY 的即期和远期汇率报价如下：

	即期	3个月远期
USD/JPY	101.87/101.89	100/105

求远期汇率。

解：3个月远期 USD/JPY

$$101.87 + 1.00 = 102.87（美元买入价）$$
$$101.89 + 1.05 = 102.94（美元卖出价）$$

即美元汇日元3个月远期 USD/JPY＝102.87/102.94。

【例 2-15】 已知 GBP/USD 的即期和远期汇率报价如下：

	即期	3个月远期
GBP/USD	1.687 6/1.687 8	231/228

求远期汇率。

解：3个月远期 GBP/USD

$$1.6876 - 0.0231 = 1.6645(美元买入价)$$
$$1.6878 - 0.0228 = 1.6650(美元卖出价)$$

即英镑兑美元3个月远期 GBP/USD=1.6645/1.6650。

(三) 远期外汇合约

按照远期的开始时期划分，远期外汇合约又分为直接远期外汇合约（outright forward foreign exchange contracts，OFFE）和远期外汇综合协议（synthetic agreement for forward exchange，SAFE）。普通的远期外汇协议是在当前时刻由买卖双方确定未来某一时刻按约定的远期汇率买卖一定金额的某种外汇。

1. 直接远期外汇合约

直接远期外汇合约是指规定交易双方以一个确定（locked-in）的汇率和交割时间进行交易，允许交易者在特定日期或日期范围内买入或卖出一种货币的合约。它实际上仅是双方的一种约定，在签约时任何一方不需要向另一方支付任何款项。之前讲的远期外汇交易就是交易直接远期外汇合约。实质上交易公司方以放弃未来即期汇率可能对己方的有利变化为代价，从而锁定固定的收益或成本。银行方则主要是为公司提供融资服务而获得服务费用。

例如，一个法国公司向中国供应商买入材料，被要求在当前交易时刻首付款项总额的一半，另外一半在6个月后支付。首付款可由即期汇率交易完成，为了规避货币风险，法国公司可以同时与银行签订一份6个月后的直接远期外汇合约把未来汇率锁定。

2. 远期外汇综合协议

远期外汇综合协议是对未来利率差变化或互换点数差变化进行保值或投机的双方所签订的一种远期协议。我们在本章第四节中会详细介绍。

二、远期外汇协议的应用

外汇远期的主要应用是为规避汇率风险的投资者提供套期保值工具，以及为市场创造套利交易和进行投机的机会，下面我们主要介绍运用外汇远期的套期保值策略和投机策略。

(一) 套期保值

外汇远期市场上的套期保值主要是指国际经贸交往中的债权人和债务人为防止其预计收回的债权或将要支付的债务因计价货币贬值或升值而蒙受损失，将汇率风险控制在一定程度内，便在远期市场上做一笔与现货市场头寸相反、期限对称、金额相当的外汇远期交易，以达到保值的目的。它同样可以分为买入套期保值和卖出套期保值。

【例2-16】 加拿大某出口企业A公司于2月向美国B公司出口一批价值为1 000 000美元的商品，用美元计价结算，4个月后取得货款。为减小汇率风险，A公司拟在IMM做外汇远期套期保值以减小可能的损失。2月和6月的加元现货与远期价格如下所示：

	2月	6月
CA 现货价格	$0.8634/CA	$0.9104/CA
6月份 CA 远期价格	$0.8650/CA	$0.9116/CA

尽管A公司担心的是未来美元相对加元贬值，但由于IMM外汇远期合约中美元仅是报价货币，而不是交易标的货币，因此不能直接做卖出美元进行套期保值，而必须通过买入加元远期

来达到相同的目的。A公司的套期保值交易如下所示：

	现货市场	远期市场
2月	4个月后将会收到1 000 000美元货款，其当前价值为1 158 212加元，以\$0.865 0/CA计算的预期4个月后该笔货款的价值为1 156 069加元	以\$0.865 0/CA的价格买入12份（每份100 000加元）6月份加元远期合约，总价值为1 038 000美元
4个月后	收到1 000 000美元货款，按当前的现货价格\$0.910 3/CA可以转换为1 098 539加元	以\$0.911 6/CA的价格卖出12份6月份加元远期合约，总价值为1 093 920美元
盈亏状况	亏损：57 530加元（1 156 069－1 098 539）	盈利：55 920美元＝61 430加元
总头寸盈亏	净盈亏：3 900加元	

（二）投机

投机是指投资者根据其对未来市场走势的预测和判断，在预测价格将要上升时先买后卖，或在预测价格将要下跌时先卖后买以赚取买卖价差的行为。外汇期货市场的投机是指投资者根据其对未来市场走势的预测和判断，通过买卖外汇期货合约，从中赚取差价并承担风险的行为。主要可分为单笔头寸投机和价差头寸投机。

1. 单笔头寸投机

单笔头寸投机可以分为多头投机和空头投机。

（1）多头投机。多头投机是投机者预测外汇远期价格将要上升，从而先买后卖，期望低价买入，高价卖出对冲。若价格上升便盈利，否则就受损。

【例2-17】 某年6月5日，IMM9月份澳元远期价格为\$0.901 2/AUD，某投机者预测澳元远期将进入牛市，于是买进2份9月份澳元远期合约。7月15日，澳元远期价格果然上升至\$0.907 6/AUD，该投机者此时卖出对冲平仓，共盈亏如下：

$$(0.907\ 6 - 0.901\ 2) \times 125\ 000 \times 2 = 1\ 600(美元)$$

在不计算手续费的情况下，该投机者以澳元远期的多头投机交易中获利1 600美元。

（2）空头投机。空头投机是指投机者预测外汇远期价格将要下跌，从而先卖后买，期望高价卖出，低价买入对冲。若价格下跌便盈利，否则就受损。

【例2-18】 某年2月5日，IMM3月份英镑远期价格为\$1.521 7/GBP，某投机者预测英镑远期将进入熊市，于是卖出4份3月份英镑远期合约。2月14日，英镑远期价格果然下跌至\$1.519 8/GBP，该投机者此时买入2份3月份英镑远期合约对冲平仓。此后，英镑远期进入牛市，3月3号，英镑远期价格上升到\$1.522 0/GBP，该投机者马上再买入2份3月份英镑远期合约对冲平仓，共盈亏如下：

$$(1.521\ 7 - 1.519\ 8) \times 62\ 500 \times 2 = 237.5(美元)$$
$$(1.521\ 7 - 1.522\ 0) \times 62\ 500 \times 2 = -37.5(美元)$$

在不计算手续费的情况下，该投机者以英镑远期的空头投机交易中获利200美元。

一旦投机者预测不准确，将承担相应的损失。可见，单笔头寸投机的关键是对未来远期价格的判断。

2. 价差头寸投机

由于单笔头寸投机的风险极大,所以外汇远期市场上有相当部分的投机都属于价差头寸投机。与其他远期一样,外汇远期的价差头寸也可以分为商品内价差和商品间价差。

(1) 商品内价差投机。同种买入并卖出远期品种的不同交割月份合约,如买入3月份英镑远期合约同时卖出6月份远期合约。

(2) 商品间价差投机。同时买入并卖出两个不同远期品种的合约。对那些认为可以预测两个不同远期品种价格之间的相对变化,但不能预测任何一种远期的价格变化的投资者有吸引力。

【例2-19】 8月12日IMM英镑的现货和远期价格如下所示:

BP现货价格	$1.448 5/BP
9月份BP远期	$1.448 0/BP
12月份BP远期	$1.446 0/BP
次年3月份BP远期	$1.446 0/BP
次年6月份BP远期	$1.447 0/BP

某投机者预计未来英镑相对美元将会贬值,但又害怕单笔头寸投机过大的风险,所以决定卖出1份价格相对高估的次年3月份BP远期,同时买入1份价格相对低估的12月份BP远期合约,建立一个价差头寸来达到其投机获利的目的。

假设12月11日,市场上12月份BP远期的价格下跌为$1.431 3/BP,次年3月份BP远期的价格下跌为$1.425 3/BP。若投机者此时对冲平仓,结束所有头寸。则12月份BP远期合约的亏损为:

$$25\,000 \times (1.431\,3 - 1.446\,0) = -367.50(美元)$$

但次年3月份BP远期合约却盈利为:

$$25\,000 \times (1.446\,0 - 1.425\,3) = 517.50(美元)$$

因此,总获利150美元。

三、中国远期外汇协议案例分析

(一) 中国远期外汇市场的发展

我国银行间市场的人民币外汇远期交易产生于2005年8月,主要的货币是人民币对美元等。人民币外汇远期交易的产生和发展和2005年、2010年的两次人民币汇率改革中规避市场风险的需求具有紧密关系。2007年8月和2011年,货币掉期开始分别在我国银行间外汇市场和银行对客户的市场进行交易,2011年外汇掉期曲线、美元隐含利率曲线等外汇衍生品市场基准体系陆续推出,标志着我国外汇市场的基础衍生产品体系基本形成。

我国外汇远期市场并没有发展出人民币无本金交割市场。但是,一些学者对此均予以了呼吁。2006年国家外汇管理局出台政策,禁止国内商业银行和其他金融机构参与境外的NDF市场交易。尽管如此,境外的NDF市场依然可以通过多重途径影响人民币外汇远期交易。未来,随着人民币汇率市场化和资本项目可兑换进程的发展,建立连接境内市场和境外市场、场内市场和场外市场的外汇远期市场体系将成为重要的发展方向。

(二) 我国远期外汇市场的特点

1. 交易结构多样化

在银行间市场,外汇掉期交易比直接的外汇远期交易更为活跃。在外汇远期交易中,以1个月以内期限和1年期限为主要交易品种。1个月以内的外汇远期产品主要是用于满足银行间现金流调配,价格对人民币、美元资金面敏感。1年期则反映远期掉期市场的风险水平。

2. 交易系统创新

2015年,中国外汇交易中心推出了C-SWAP交易平台,为银行间外汇掉期提供了崭新的渠道。C-SWAP可以满足会员对标准化掉期产品的交易需求,交易系统采用撮合成交的方式,可以提高成交效率和流动性。

3. 交易者以银行为主

据中国外汇交易中心统计,2015年人民币外汇远期的会员分布中,55%为外资银行,35%为中资银行,8%为财务公司,证券公司和基金公司各占1%。

4. 强化审慎监管

2015年8月,中国人民银行发布《关于加强远期售汇宏观审慎的通知》,规定代客远期售汇业务的金融机构和财务公司应缴存20%的外汇风险准备金。

(三) 中国工商银行远期外汇买卖合约规则

1. 业务简述

远期外汇买卖,是指工行为对公客户提供的,通过与工行签订合约,约定在未来某一日(至少两个工作日后)进行两种外币买卖的币种、汇率和金额,并在到期日按约定办理资金交割的业务。

远期外汇买卖的约定汇率为即期汇率加(减)一定的掉期点数,不存在期权费、手续费等交易费用,为客户节约了交易成本,能够帮助客户提前确定未来日期的外汇买卖汇率,锁定汇率风险,规避由于未来汇率变动给客户带来的潜在损失。

2. 适用对象

以套期保值或投资为目的的法人客户,包括境内企事业单位、国家机关、社会团体以及有外汇币种兑换、交易或汇率风险管理需求的中资企业境外分支机构、境外政府、主权基金、外资机构和境外企业等,以及在境外依法注册且符合中国法律要求和监管政策可开展本产品交易的客户。

3. 特色优势

(1) 卓越的定价能力。工行是国际银行间外汇市场最具影响力的参与者之一,是中国银行间外汇市场的做市商银行,有能力为客户提供及时、优质的报价及交易服务。

(2) 个性化的产品设计。工行远期外汇买卖支持美元、日元、欧元、英镑、澳大利亚元、新加坡元、加拿大元、新西兰元等多币种,可根据客户现金流灵活设置产品期限,可根据客户需求设计个性化业务方案。

4. 业务示例

场景:收付汇+远期汇率交易

某分行为A公司办理代客欧元美元远期汇率交易

(1) 客户需求:A公司为一家大型进出口企业,未来有欧元收汇和美元付汇需求,希望可以将欧元收汇换成美元对外支付并锁定换汇汇率。

(2) 交易结构:工商银行与A公司叙做远期汇率交易,将欧元转化为美元。1个月后,A公司向工商银行支付1 000万欧元,工商银行按事先约定的远期汇率1.100 0支付A公司1 100万美元。

(3) 交易结果：A 公司通过办理远期汇率交易，将欧元换美元汇率成本锁定为 1.100 0，规避了汇率波动风险。

5. 风险提示

客户办理外汇买卖交易之前应充分认识并完全理解可能遇到的各类风险。以下仅为中国工商银行基于目前市场情况和外汇买卖产品特点列举的主要风险种类和对风险因素的客观分析，并不保证涵盖外汇买卖的全部风险种类，同时也不代表中国工商银行对市场情况的预测。

(1) 政策风险。外汇买卖是根据当前相关法律法规和监管规定设计的产品，如遇国家宏观政策、法律法规或监管规定发生变化，可能影响到客户正常买卖外汇，并可能造成业务关停，进而导致客户受到损失。

(2) 市场风险。受全球相关外汇市场影响，如外汇买卖交易价格发生不利波动，可能导致客户受到损失。

(3) 流动性风险。如因市场流动性原因中国工商银行交易报价价差扩大，客户可能面临不利情况。

(4) 操作风险。客户因泄露身份识别信息、误使用身份认证方式或操作失误等原因，可能造成不必要损失。

(5) 不可抗力及突发事件风险。受自然灾害、战争等不能预见、不能避免、不能克服的不可抗力事件影响，或受国际上各种政治、经济、突发事件等因素的影响，或受通信故障、系统故障、电力中断、市场停止交易等意外事件或金融危机、国家政策变化等因素的影响，可能对客户正常办理外汇买卖交易造成影响，进而可能使客户受到损失。

第四节 远期外汇综合协议

一、远期外汇综合协议的概念及相关要素

远期外汇综合协议(SAFE)产生于 20 世纪 80 年代，是指双方约定买方在结算日按照合同中规定的结算日直接远期汇率用第二货币向卖方买入一定名义金额的原货币，然后在到期日再按合同中规定的到期日直接远期汇率把一定名义金额的原货币出售给卖方的协议(见图 2-3)。

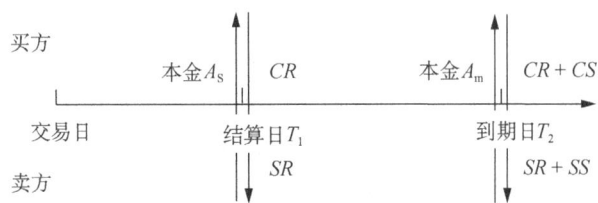

图 2-3 远期外汇综合协议交易图

从定义可以看出，远期外汇综合协议也就是从未来某个时点起算的远期外汇协议，即当前约定未来某个时点的远期汇率。远期外汇综合协议实际上是名义上的远期对远期掉期交易。远期外汇综合协议是对未来远期差价进行保值或投机而签订的远期协议。

SAFE 有买方和卖方。买方是指在交割日购买基础货币，并在到期日在名义上售出的一方，卖方则持有与之相反的头寸。SAFE 和远期利率协议一样，买方和卖方只是指名义上现金流动的方向，而不是指最先促成这笔交易的一方。当双方开始同意执行一份 SAFE 时，就约定了这笔交易将要执行时的名义上的汇率。在交割日，一方支付给另一方一笔交割金额。

SAFE 的要素如下：

(1) 交易双方同意进行名义上的远期——远期货币互换，并不涉及实际的本金兑换。

(2) 名义上互换的两种货币分别称为原货币(primary currency)和第二货币(secondary currency)。名义上在结算日进行首次兑换，在到期日进行第二次兑换。

(3) 在交易日确定两次互换的名义本金，确定合约汇率和结算汇率。

(4) 买方首次兑换买入第一货币，第二次兑换出售第一货币；卖方则相反。

与 SAFE 有关的时间概念包括交易日、结算日和到期日。在交易日，要确定结算日和到期日两次兑换的本金数额；确定两次兑换的汇率，包括结算日汇率即合约汇率(CR)，到期日汇率即合约汇率＋(远期)合约差额(CS)。在结算日前，要确定两次兑换日实际通行的市场汇率，包括结算日汇率即结算汇率(SR)，到期日汇率即结算汇率＋(远期)结算差额(SS)。

二、远期外汇综合协议的分类

通常，根据交割方式的不同，SAFE 可以划分为两种：

(1) 汇率协议(exchange rate agreement，ERA)。

(2) 远期外汇协议(forward exchange agreement，FXA)。

ERA 针对的是协议远期汇差 CS 和市场报出的远期汇差 SS 之间的差额，因此交割数额只决定于交割日和到期日之间的远期汇差；FXA 则不仅与 CS 和 SS 之间的差额有关，还与汇率变动的绝对水平有关，即与 CR 和 SR 有关。

在实践中，应该用 ERA 和 FXA 中的哪种协议往往要视具体情况而定。如果希望对传统的外汇掉期交易进行避险，可以选择使用 FXA，这是因为由此得到的报酬能够精确地反映潜在的风险。如果仅仅是面临利差波动的风险，则可以使用 ERA，原因是 ERA 将汇率波动的大部分影响都避开了。

下面给出 ERA 和 FXA 的结算金的计算方法：

$$ERA = A_m \times \frac{CS - SS}{1 + \left(i \times \dfrac{D}{360}\right)}$$

$$FXA = A_m \times \frac{(CR + CS) - (SR - SS)}{1 + \left(i \times \dfrac{D}{360}\right)} - A_s \times (CR - SR)$$

式中，i 为第二货币的利率；D 为 SAFE 的合约期；A_s 为原货币结算日名义本金额；A_m 为原货币到期日名义本金额。大多数远期汇率综合协议中 $A_s = A_m$。SAFE 一般以原货币表示名义本金额，而以第二货币表示结算金数额；结算金＞0，卖方补偿买方；结算金＜0，买方补偿卖方。

以 ERA 为例，标价总是对银行方有利为原则，无论银行作为 SAFE 产品的买方还是卖方。

例如：银行对一份"1×4" ERA 标价为：156/162。买入价($CS=156$)指报价方(银行)买入第一货币的远期价格。卖出价($CS=162$)指报价方(银行)卖出第一货币的远期价格。

【例 2-20】 假定 USD/GBP 汇率行情如下：

	基本点标价	完全标价
即期汇率	1.900 5～1.901 5	1.900 5～1.901 5

(续表)

	基本点标价	完全标价
3月期	35~38	1.904 0~1.905 3
6月期	230~234	1.923 5~1.924 9

解：CR 交叉相减得：

3月期	35~38	6月期	230~234	CS	192~199

作为 ERA 的买方，银行在结算日买入英镑的 CR 报价，期望 CR(1.904 0)越小越好，同时银行在到期日卖出英镑的 CS 报价，期望 CS(1.924 9)越大越好。作为 ERA 的卖方，银行的期望则相反。

三、远期外汇综合协议的报价

SAFE 与其他金融商品的报价方式相同。在被要求提供报价时，做市商通常既报出买价，又报出卖价。例如，在为 1×4 英镑/美元 ERA 报价时，通常的答复是"158/162"。在这里的报价时"卖价/买价"。在这个报价中，做市商愿意以 158 个基点卖一份 1×4 汇率协议，或者以 162 个基点买入。看起来，这种情形与通常的"低买高卖"相反，需要特别注意。

对此的解释可以从 SAFE 的定义和结算金的计算公式中得到。在每一个公式中，都有一个主要的公式 $X_C - X_R$。X 也许是换汇汇率或者是直接汇率，这取决于我们使用的是 ERA 还是 FXA。正的交割数额意味着买方能获利。第一个词汇是协议汇率，它早在交易日那天就确定下来，以特定的价格 X_C 买入 SAFE 的投资者希望 SAFE 的汇率会下降，从而 $X_R < X_C$，结算金金额为正数。换句话说，投资者就可以从 SAFE 中获利，遵循的是"高买低卖"的策略。

与此相反的是，在远期利率协议的定义中包含有式 $r_R - r_C$。在这种情况下，远期利率协议的买方将价格固定在 r_C 上，随后希望利率会上升，使得 $r_R > r_C$。这就是通常所说的"低买高卖"法则。

如果 SAFE 以相反的方式被定义，也就是说，购买一份 SAFE 是指在到期日（而不是交割日）购进初级货币，计算结算金的公式将与原来的公式相反，SAFE 遵循的是更为直观的交易方法。当然，究竟如何算则，还要根据实际情况来确定。

四、远期外汇综合协议与远期利率协议的异同

通过前面的阐述，我们可以发现，远期外汇综合协议与远期利率协议的最大区别在于，前者的保值或投机目标是两种货币间的利率差以及由此决定的远期差价，后者的目标则是一国利率的绝对水平。

但两者也有很多相似之处：

（1）两者标价方式都是 $m \times n$，其中 m 表示合同签订日到结算日的时间，n 表示合同签订日至到期日的时间。

（2）两者都有 5 个时点，即合同签订日、起算日、确定日、结算日、到期日，而且有关规定均相同。

（3）名义本金均不交换。

五、外汇掉期及案例分析

（一）外汇掉期交易

掉期（swap）交易是外汇市场普遍存在的交易。我们通常可以将掉期交易定义为交易双方在

交易日达成约定,在一前一后两个不同的交割日进行方向相反的两次货币交换的过程。在第一次货币交换中,一方按照约定的汇率用基础货币交换次级货币;在第二次货币交换中,该方再按照另一约定的汇率,用次级货币交换回基础货币。可以看出,掉期交易在实质上是一笔即期外汇交易和一笔远期外汇交易的结合。在掉期交易中,有一系列设计要素,如交割日(又称作起息日)、掉期汇率等。

每笔掉期交易包含一个近端期限和一个远端期限,分别用于确定近端交割日和远端交割日。这两个期限可以是标准期限(例如,1个月、1年),也可以是非标准期限。

近端交割日是第一次货币交割的日期,远端交割日是第二次货币交割的日期。

按照交割日的不同,掉期交易分为即期对远期掉期交易(spot-forward)、远期对远期掉期交易(forward-forward)和隔夜掉期交易,其中隔夜掉期交易包括 O/N(over-night)、T/N(tomorrow-next)和 S/N(spot-next)三种类型,如表 2-3 所示。

表 2-3 我国掉期交易分类

期限	全称	近端起息日	远端起息日
O/N	over-night	T	T+1
T/N	tomorrow-next	T+1	T+2
S/N	spot-next	T+2	T+3
1W	spot-one week	T+2	即期起息日之后 1 周
1M	spot-one month	T+2	即期起息日之后 1 个月
1Y	spot-one year	T+2	即期起息日后 1 年

资料来源:中国外汇交易中心产品指引。

(二)中国建设银行外汇掉期案例

1. 业务示例

某贸易公司收到货款 500 万美元,当前该公司需将货款兑换为日元用于支付上游日本企业货款,同时公司需从美国进口原材料,并将于 3 个月后支付 500 万美元的货款。此时,公司可以采取以下措施:叙做一笔 3 个月美元兑日元外汇掉期,近端卖出 500 万美元,买入相应的日元,3 个月远端买入 500 万美元,卖出相应的日元。通过上述交易,公司可以轧平其中的资金缺口,达到规避风险的目的。

2. 产品优势

(1) 相当于一笔即期交易与一笔远期交易的结合;产品设计灵活。可根据客户对币种、期限等要素的个性化需求进行产品设计。

(2) 客户根据对当前及未来的外汇收支状况和对汇率市场的预期,通过该业务规避外汇风险、解决客户币种错配的问题。

3. 办理流程

(1) 建设银行与客户签订《中国建设银行汇率交易总协议》。

(2) 建设银行业务办理人员落实客户相关交易担保或担保减免手续。

(3) 客户向建设银行提交《中国建设银行汇率交易申请书》及附件,建设银行向客户进行充分的风险揭示后执行交易;开通网银汇率掉期功能的客户可以通过建设银行企业网上银行提交外汇掉期申请及查询,审核通过后在柜面办理具体业务交易(无需再至柜面填写交易申请书)。

(4) 产品存续期间,建设银行通过建行系统对交易进行市值重估,并根据重估结果向客户追加交易担保或担保减免等,客户也可以在产品存续期间委托银行进行提前履约、提前违约、提前展期等,银行也可以根据具体情况进行强制平盘。

(5) 到期日,银行同客户进行资金交割,到期交割的政策审核程序与即期结售汇相同,如客户无资金进行交割,需委托银行进行违约、展期等,银行也可以根据具体情况进行强制平盘。到期交割的政策审核程序与即期结售汇相同。

(三) 人民币对外汇掉期的实例操作

2011年国家外汇管理局日前发出通知称,人民币对外汇期权交易将从4月1日起正式"开闸",这意味着,企业的汇率避险工具箱中又多了一种选择。

人民币外汇货币掉期,是指在约定期限内交换约定数量人民币与外币本金,同时定期交换两种货币利息的交易协议。据了解,这个约定数量称作外汇掉期的合约金额或名义金额。名义金额固定的掉期为普通掉期,大部分外汇掉期的名义金额在合约中予以确定。国际市场上也不乏名义金额随其他市场参数变化而变化的掉期合约,这些掉期合约属于第二代掉期或奇异掉期。利息交换则指双方定期向对方支付以换入货币计算的利息金额,可以固定利率计算利息,也可以浮动利率计算利息。

假定某中国企业需要一笔200万美元的款项,并需要占用90天。虽然该企业可向银行贷款得到这些资金,但成本较高。通过与银行做一笔外汇掉期交易,该企业可降低成本并达到同样的效果。该企业与银行进行的人民币外汇货币掉期交易的过程如下。

首先,企业以商定的汇率e_1,向银行支付等值于200万美元的人民币,即$2\,000\,000/e_1$元人民币,同时,银行支付200万美元给该企业。

其次,双方商定掉期点数为d,掉期汇率(掉期汇率是在即期汇率的基础上,根据交易双方对相应货币增贬值程度,增加或降低一定幅度,该幅度即掉期点数)为$e_1+d/1\,000=e_2$。企业将以汇率e_2把美元换回人民币。在90天后,该企业向银行返还200万美元,银行则向其支付$2\,000\,000/e_2$元人民币。企业在掉期交易开始时向银行支付了$2\,000\,000/e_1$元人民币,在交易结束时拿回$2\,000\,000/e_2$元人民币,两者之间的差额反映出人民币与美元在这90天中的利率差以及人民币升值所带来的成本。

倘若该企业不进行人民币外汇货币掉期交易,同时假设借贷无须支付利息,那么在上述例子中,如果人民币对美元升值低于d,该企业承担的因汇率波动带来的损失将少于掉期交易中必须支付的差额;如果人民币对美元贬值,该企业甚至能获利。但是,如果人民币对美元升值幅度超过d,该企业将承担很大的汇率风险。专家表示,外汇掉期交易可以让企业锁定汇率风险,避免因汇率剧烈波动而可能带来的巨大损失,其代价是牺牲可能的获利机会。

《通知》自2011年4月1日起实施。3月1日,美国银行上海分行与其一企业客户签订了4笔人民币外汇货币掉期交易,本金合计约800万美元,交易期限为1年,交换利率为客户收取人民币固定利率3.00%,同时支付美元固定利率。

从银行的角度看,对利率敏感型的对公外汇存款客户,银行则往往会推荐其执行"掉期存款",而该项存款的本质则亦是一笔掉期交易。例如某对公客户的一笔100万澳元存款,其随时要保持待命支付状态,故一般情况下企业只能被迫将该资金置于活期账户内,而目前银行普遍提供的澳元活期存款利率只有0.25%。通过一笔当日卖出澳元买入日元、次日买入澳元卖出日元的交易,在同样能够保证客户澳元头寸流动性的背景下,经过掉期点的折算,其在目前阶段居然能够获得接近3%的利率水平,收益率陡增10倍有余。

除了代客交易职能外,外汇掉期交易亦能解决银行自身货币错配的问题。例如随着澳元汇率在过去半年多巨幅下跌并逐渐企稳后,客户将外币资产配置于澳元的动机逐渐加强,这导致银行澳元存款水平随之大幅提升。不过与此同时,境内外币贷款的主要币种仍是美元,一定程度上显示了近期银行外币存贷业务的货币错配状况。这时候掉期交易又可以发挥作用了,银行往往会通过银行间市场执行即期卖出澳元买入美元(匹配美元贷款)、对应澳元平均存款期限去买回澳元卖出美元(匹配收回美元贷款及澳元存款到期)。

(中国资金管理网)

 立德树人思考

习近平在脱贫攻坚表彰大会上的讲话

2021年2月25日,在全国脱贫攻坚总结表彰大会上,习近平庄严宣告:我国脱贫攻坚战取得了全面胜利。习近平强调,经过全党全国各族人民共同努力,在迎来中国共产党成立一百周年的重要时刻,中国脱贫攻坚战取得了全面胜利,现行标准下9 899万农村贫困人口全部脱贫,832个贫困县全部摘帽,12.8万个贫困村全部出列,区域性整体贫困得到解决,完成了消除绝对贫困的艰巨任务,创造了又一个彪炳史册的人间奇迹! 这是中国人民的伟大光荣,是中国共产党的伟大光荣,是中华民族的伟大光荣。

习近平强调,伟大事业孕育伟大精神,伟大精神引领伟大事业。脱贫攻坚伟大斗争,锻造形成了"上下同心、尽锐出战、精准务实、开拓创新、攻坚克难、不负人民"的脱贫攻坚精神。脱贫攻坚精神,是中国共产党性质宗旨、中国人民意志品质、中华民族精神的生动写照,是爱国主义、集体主义、社会主义思想的集中体现,是中国精神、中国价值、中国力量的充分彰显,赓续传承了伟大民族精神和时代精神。全党全国全社会都要大力弘扬脱贫攻坚精神,团结一心,英勇奋斗,坚决战胜前进道路上的一切困难和风险,不断夺取坚持和发展中国特色社会主义新的更大的胜利。

习近平表示,时代造就英雄,伟大来自平凡。在脱贫攻坚工作中,数百万扶贫干部倾力奉献、苦干实干,同贫困群众想在一起、过在一起、干在一起,将最美的年华无私奉献给了脱贫事业,涌现出许多感人肺腑的先进事迹。在脱贫攻坚斗争中,1 800多名同志将生命定格在了脱贫攻坚征程上,生动诠释了共产党人的初心使命。脱贫攻坚殉职人员的付出和贡献彪炳史册,党和人民不会忘记,共和国不会忘记。各级党委和政府要关心关爱每一位牺牲者亲属,大力宣传脱贫攻坚英模的感人事迹和崇高精神,激励广大干部群众为全面建设社会主义现代化国家、实现第二个百年奋斗目标而披坚执锐、勇立新功。

习近平指出,乡村振兴是实现中华民族伟大复兴的一项重大任务。要围绕立足新发展阶段、贯彻新发展理念、构建新发展格局带来的新形势、提出的新要求,坚持把解决好"三农"问题作为全党工作重中之重,坚持农业农村优先发展,走中国特色社会主义乡村振兴道路,持续缩小城乡区域发展差距,让低收入人口和欠发达地区共享发展成果,在现代化进程中不掉队、赶上来。全面实施乡村振兴战略的深度、广度、难度都不亚于脱贫攻坚,要完善政策体系、工作体系、制度体系,以更有力的举措、汇聚更强大的力量,加快农业农村现代化步伐,促进农业高质高效、乡村宜居宜业、农民富裕富足。

习近平指出,回首过去,我们在解决困扰中华民族几千年的绝对贫困问题上取得了伟大历史性成就,创造了人类减贫史上的奇迹。展望未来,我们正在为全面建设社会主义现代化国家的历史宏愿而奋斗。全党全国各族人民要更加紧密地团结在党中央周围,坚定信心决心,以永不懈怠的精神状态、一往无前的奋斗姿态,真抓实干、埋头苦干,向着实现第二个百年奋斗目标奋勇前进!

(《中国新闻网》,2021年2月25日)

思考：
1. 中国脱贫攻坚战取得了全面胜利的积极意义是什么？
2. 如何理解中国特色社会主义制度的优势，并举例说明。

本章小结

1. 远期利率协议是一种远期合约，买卖双方商定将来在一定时间点开始的一定期限的协议利率，按照约定的名义本金，由当事人一方向另一方支付协议利率与参照利率利息差的贴现额。

2. 远期利率与即期利率之间存在无套利均衡关系，在远期利率交易中，可以根据无套利均衡原理确定远期利率。

3. 远期汇率是指在将来某一确定的日期，将一种货币兑换成另一种货币的比价。

4. 点数标价是报出远期差价。远期汇水是指远期汇率与即期汇率的差额。

5. 远期外汇交易又称期汇交易，是指交易双方在成交后并不立即办理交割，而是事先约定币种、金额、汇率、交割时间等交易条件，到期才进行实际交割的外汇交易。

6. 远期外汇综合协议是对未来利率差变化或互换点数差变化进行保值或投机的双方所签订的一种远期协议。

练习题

一、单选题

1. 远期合约中的违约风险是指（　　）。
   A. 因一方无法履行合约义务而对另一方造成的风险
   B. 只有远期多头会面临违约风险
   C. 只有在交割时支付现金的远期空头会面临违约风险
   D. 典型的远期具有盯市的特点，会降低违约风险。

2. 关于套利组合的特征，下列说法错误的是（　　）。
   A. 套利组合中通常只包含风险资产
   B. 套利组合中任何资产的购买都是通过其他资产的卖空来融资
   C. 若套利组合含有衍生产品，则组合通常包含对应的基础资产
   D. 套利组合是无风险的

3. 买入一单位远期，且买入一单位看跌期权（标的资产相同、到期日相同）等同于（　　）。
   A. 卖出一单位看涨期权　　　　　　B. 买入标的资产
   C. 买入一单位看涨期权　　　　　　D. 卖出标的资产

4. 在"1×4FRA"中，合同期的时间长度是（　　）。
   A. 1个月　　　　B. 4个月　　　　C. 3个月　　　　D. 5个月

5. 一份交割方式为实物交割的股票组合远期合约的多头（　　）。
   A. 须在将来以远期价格购买股票组合
   B. 如果合约期内股票资产价格上升，则能获得收益
   C. 必须在远期合约到期时交割股票组合
   D. 如果在合约期内股票资产价格下降，则能获得收益

6. 一位基金经理管理着一个较大的资产组合，在标准普尔500指数为1 000时，他卖出了一份

价值10 000万美元的远期合约以对冲股市风险。当前指数为940,而在合约到期时指数为950。到期日该经理( )。

A. 因为股指上升了1.052 63%,所以他将支付105 263美元

B. 将收到500万美元

C. 必须支付在合约期间股票指数的红利

D. 将收到对方付款,金额相当于50乘以到期日合约的乘数

7. 下列关于外汇期货合约的表述,错误的是( )。

A. 外汇远期合约可以以实物交割或现金结算的方式交割

B. 一份外汇远期合约可以用于对冲将来外汇支付所蕴含的汇率风险

C. 如果本币在合约期内升值,则外汇远期合约的多头将遭受损失

D. 一般而言,对升值货币做多的一方将在到期日获得正收益

8. 假设市场完美无摩擦,标的资产价格为35.5美元,远期价格为38.0美元,期限为1年。年无风险利率为5%,则套利利润为( )。

A. 0.725美元   B. −0.725美元   C. −0.5美元   D. 0.5美元

9. 一只股票现价为30美元,预计在第20天和第65天将分别支付0.3美元红利。无风险利率为5%。远期股票合约期限为60天。假定在第37天时,股票价格为21美元,则那时远期合约的价值为( )。

A. 对多头价值为+8.85美元   B. 对空头价值为+8.85美元

C. 对多头价值为+9.00美元   D. 对空头价值为+9.00美元

10. 考虑一份基于墨西哥比索的远期合约,面值为100万,远期价格为0.082 54 USD/Peso。在到期日之前60天,美国的无风险利率为5%,而墨西哥的无风险利率为6%,此时的汇率为0.082 11USD/Peso。该合约多头的价值最接近( )。

A. −553美元   B. 553美元   C. −297美元   D. 297美元

二、简答题

1. 简述远期合约的构成要素及其与合约损益的关系。
2. 什么是远期汇差?阐明远期汇率与即期汇率的关系。
3. 什么是远期外汇综合协议(SAFE)?交易者在什么情况下会买入SAFE或卖出SAFE?
4. 请说明远期外汇综合协议和远期利率协议的区别和联系。
5. 说明远期利率协议的特点。交易者在什么情况下选择做FRA的多头(买方)和空头(卖方)。

第三章　期货市场与交易策略

【本章提要】

期货市场的产生早于远期市场,无论是哪种期货合约,其本质均是一种标准化的、在受严格监管的期货交易所按一定规则(如盯市、保证金等)和流程交易的远期资产。随着市场功能的演进,期货市场已经不再简单地局限在管理资产风险,其还成为资产配置的重要选择。本章介绍了期货交易的概述和期货市场投资交易策略。

【学习目标】

1. 了解期货合约的含义及相关概念。熟悉期货合约在合约规模、交割时间、交割地点、最小变动价位及每日价格波动幅度等方面的规定。
2. 了解期货合约和其他金融产品的区别。
3. 了解期货市场的交易规则。熟悉期货市场的组织结构,掌握期货交易所、期货清算所的功能。
4. 了解期货市场的管理体系户。
5. 理解期货交易流程以及期货交易风险管理制度。
6. 掌握期货的定价。

【思政理念】

1. 坚持底线思维着力防范化解重大风险。①
2. 坚定金融监管制度自信。
3. 中国期货市场的发展,正在以自身特有的方式发出"中国声音",产生"中国影响"。
4. 坚定改革开放不动摇。

【案例导读】

2020年9月18日,上海期货交易所与挪威浆纸交易所举办了纸浆期货交割结算价授权协议签约发布仪式。经中国证监会批准,上期所将纸浆期货交割结算价授权挪威浆纸交易所,用于其上市以上期所纸浆期货交割结算价为基准进行现金结算的期货合约,此次交割结算价授权开创了中国期货市场"两个第一次":第一次授权境外交易所直接使用境内期货品种交割结算价;第一次向境外交易所输出中国期货合约标准。

我国是世界上最大的商品木浆消费国和进口国,每年从欧美地区进口大量纸浆。上期所纸浆期货自2018年11月上市以来,交易量和持仓量持续攀升,企业参与度和国际影响力逐步加

---

① 2019年1月21日,习近平在省部级主要领导干部坚持底线思维着力防范化解重大风险专题研讨班开班式上发表重要讲话。

大。国际纸浆贸易企业可以参考期货价格作为出口定价依据,具有参与和运用我国期货市场套期保值和风险管理的需求。

协议签署后,挪威浆纸交易所计划于当地时间9月21日挂牌上市上海纸浆期货合约。在上海纸浆期货合约中,标的物为上期所纸浆期货合约,采用美元计价,以上期所纸浆期货交割结算价为基准扣除适用增值税后转换为美元价格进行当月合约现金交割。

"全球正处在一个高度动荡的市场环境中,需要准备应对未来的不确定性。"挪威浆纸交易所首席执行官表示,此次合作上市新产品,展现了双方长远的战略合作前景。纸浆市场高度国际化,而美国、欧洲和中国等国家和地区的金融监管政策存在一定差异,造成产业客户跨市场风险管理存在不便利性,双方此次合作将拉近彼此市场间距离,更便于全球产业客户规避风险。

通过这个案例我们可以看出,中国期货市场价格将首次在国际金融市场直接应用,这也代表着我国期货市场的发展进入了一个新阶段,那么到底什么是期货,我们通过本章来详细了解。

第一节 期货交易

一、期货概述

(一)期货合约

1. 期货合约的概念

期货合约(futures contract)是指在将来某一时间以约定价格买入或卖出某一资产的合约。

世界上有许多进行期货交易的交易所。期货交易所为人们提供了在将来买入或卖出某资产,并且在今天提前进行交易的便利。假定现在是3月份,某个纽约的交易员指示他的经纪人买入5 000蒲式耳玉米,资产交割时间在7月份,经纪人会马上将这一指令通知芝加哥交易所。同时,假定另一位在堪萨斯的交易员指示经纪人卖出5 000蒲式耳玉米,资产交割时间也是7月份,其经纪人也会马上将客户的指令通知芝加哥交易所。这时双方会商定某个交易价格,交易成交。

在这一交易中,同意买入资产的纽约交易员被称为进入了一个期货的长头寸(long futures position)或称多头;同意卖出资产的堪萨斯交易员被称为进入了一个期货的短头寸(short futures position)或称空头。这里的交易价格被称为期货价格(future price)。假定这一期货价格为每蒲式耳300美分,与其他金融产品的价格类似,这一价格也是由市场供求关系来决定的。在某一特定的时刻,如果有更多人想卖出而不是买入7月份玉米期货,那么价格将会下跌,这时会有新的买家进入市场,从而使得买方与卖方达到平衡。同理,如果有更多的人想买入而不是卖出7月份玉米期货,那么价格将会上涨。

有关期货的交易规则,例如说保证金要求、每日结算程序、交易过程、佣金、买卖差价和交易结算中心的角色将在第二节讨论。我们在这里暂时假设在以上讨论的例子中,纽约的交易员同意在7月以300美分每蒲式耳买入5 000蒲式耳玉米,而堪萨斯的交易员同意在7月以300美分每蒲式耳卖出5 000蒲式耳玉米。双方进入合约,如图3-1所示。

期货价格和现货价格有所不同,现货价格(spot price)是立即(或几乎立即)交割的,期货价格是在将来某一时刻交割的价格,这两者通常不等。在以后的章节,我们会看到期货价格可能大于或小于现货价格。

2. 期货合约的用途和特点

期货合约可以看作是远期价格协议的一种类型。期货交易中有两方参与交易:买方和卖方。双方同意在协商好的未来某一时刻买入/卖出一定数量的物品,也就是交割和结算。在期货合约

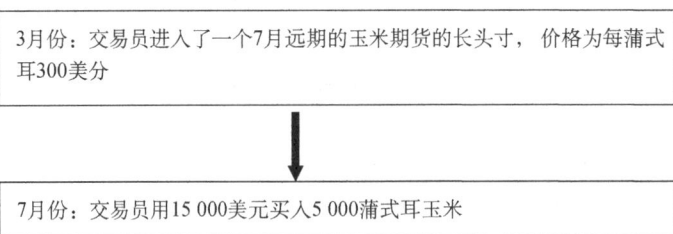

图 3-1 一个期货合约(假定合约被持有至到期日)

订立时,交割的价格就已经确定了。

期货是为了交易价格风险而订立的。期货合约中,区别于场外交易的远期合约或远期价格协议的特点在于:期货合约在期货交易所内进行交易;它们是基于标的物品的标准化合约。除了结算日期之外,对于在特定期货交易所交易的某种标的物品的期货合约,都具有相同的特定条款。特别是对于同一种标的物品,所有期货合约都有特定的数量和质量标准;期货合约的特定条款以及它们的结算日/交割日,都由所在的期货交易所制定。期货的交易规则和程序也由期货交易所制定。

期货市场必须有很高的流动性。在给定的结算日之前,期货合约的交易要有庞大的交易规模。一个具有流动性的市场之所以重要,是因为在每一时刻的期货交易中,都必须保证有可能找到愿意买卖的人作为交易对象;市场价格必须一直保持在公平价格。

(二) 期货市场与期货交易所

期货市场可追溯到 19 世纪 60 年代的芝加哥谷物市场,当时的谷类价格波动非常剧烈,供给和需求的变动往往出乎意料,价格的波动引发了极大的商业风险,这些合约最初就是用来满足农场主和商人的需要。首先让我们站在农场主的角度,在某年 4 月份,一个农场主预计在 6 月份要收获一定数量的谷物,对于农场主而言,6 月份的谷物价格存在一定的不确定性。在收成不好的年份,谷物会卖出很好的价格,尤其是在农场主不急于卖出谷物时,价格会更高;但另一方面,在收成好的年份,谷物可能会被廉价大甩卖。因此,农场主及其家庭面临很大的风险。

接下来让我们站在一家公司的角度来考虑:该公司对于谷物有持续的需求,同时也面临价格风险。在某些年份,谷物的供应十分充足,这时价格就会很便宜;而在其他年份,谷物奇缺,这时价格就会很昂贵。因此,农场主及这家公司在 4 月份(甚至更早)商定价格就很有意义。这种关于谷物的期货合约会帮助交易双方消除因将来谷物价格的不确定性而带来的风险。

我们也许会问,这家公司在当年的其他时间对谷物的需求是怎样的。收获季节一过,谷物就要被存放到下一个季节。将谷物储存以后,公司不再面对任何价格风险,但要付出储存费用。但是如果谷物是由农场主或其他人来储存,这家公司及储存者都会面临将来谷物的价格风险。因此,期货合约在消除风险过程中有着十分明显的作用。

(1) 芝加哥期货交易所(CBOT)。芝加哥交易所成立于 1848 年,该交易所将农场主及商人汇集到一起。最初,CBOT 的职能是将交易谷物进行数量及质量标准化。几年以后,在 CBOT 出现了最初的期货合约,那时这类合约也被称为将至合约(to-arrive contract)。投机者很快对这种合约产生了兴趣,并发现这种合约对交易谷物本身是一个很好的替代。CBOT 现在提供关于许多标的资产的期货合约,其中包括玉米、大麦、大豆、豆粕、豆油、小麦、长期国债及短期国债等。

(2) 芝加哥商品交易所(CME)。芝加哥商品交易所成立于 1874 年,该交易所提供黄油、鸡蛋、家禽及其他易腐农产品的交易。在 1898 年,黄油及鸡蛋交易商从 CPE 中退出,成立了芝加哥黄油及鸡蛋交易所(Chicago Butter and Egg Board)。在 1919 年,这一交易所被更名为芝加哥商品交易所(CME),并对期货交易进行了改组。自那以后,CME 开始提供许多商品的期货,包括猪肉(1961)、活牛(1964)、活猪(1966)及奶牛(1971)。在1982年,该交易所引入了关于标准普尔500股指的期货。

1972年,芝加哥商品交易所开始交易外汇期货。目前,期货交易的币种包括英镑、加元、日元、瑞士法郎、澳元、墨西哥比索、巴西雷亚尔、南非兰特、新西兰元、俄罗斯卢布、欧元等。欧洲美元期货在CME交易也十分普遍(这一合约是针对将来短期利率而设定,本书后续章节将有详述)。CME也引入了关于气候及房地产的期货合约。

(3) 电子交易。传统上,期货合约的交易是通过公开喊价系统(open-outcry system)来进行的。这一系统需要交易员聚集在交易大厅(并称为交易池),并通过一套复杂的手势来表达交易意向。在我们前面所讨论的实例中,交易大厅的一个交易员可能代表纽约某个想在7月份买入玉米的投资者,而另一个交易员可能代表堪萨斯州某个想在7月份卖出玉米的投资者。

交易所已逐渐采用电子交易(electronic trading)来代替公开喊价系统。在电子交易中,交易员需要将其交易指令输入计算机,然后计算机会促成买卖双方的交易。世界上大部分期货交易所都采用全电子化交易,交易所的电子交易平台促成了算法交易模式的增长,有时又叫黑箱交易、自动交易、高频交易或机械交易。这种交易用计算机程序来完成,通常不需要人为的介入。

(三) 期货投资的特点

期货投资的特点包括以下五个方面:

(1) 以小博大。投资商品期货只需要交纳5%～20%的履约保证金,就可控制100%的虚拟资金。

(2) 交易便利。由于期货合约中主要因素如商品质量、交货地点等都已标准化,合约的互换性和流通性较高。

(3) 信息公开,交易效率高。期货交易通过公开竞价的方式使交易者在平等的条件下公平竞争。同时,期货交易有固定的场所、程序和规则,运作高效。

(4) 期货交易可以双向操作,简便、灵活。交纳保证金后即可买进或卖出期货合约,且只需用少数几个指令在数秒或数分钟内即可达成交易。

(5) 合约的履约有保证。期货交易达成后,须通过结算部门结算、确认,无须担心交易的履约问题。

(四) 期货的种类

期货交易标的物品的范围很广,主要可以划分为商品期货和金融期货两大类。正如我们前面所介绍,商品期货是期货交易的起源品种。商品期货交易的品种随着交易发展而不断增加。从传统的谷物、畜产品等农产品期货,发展到各种有色金属、贵金属和能源等大宗初级产品的期货交易。

1. 商品期货

1) 农产品期货

农产品是最早构成期货交易的商品,包括:

(1) 粮食期货,主要有小麦期货、玉米期货、大豆期货、豆粕期货、红豆期货、大米期货、花生仁期货等。

(2) 经济作物类期货,有原糖、咖啡、可可、橙汁、棕榈油和菜籽期货。

(3) 畜产品期货,主要有肉类制品和皮毛制品两大类期货。

(4) 林产品期货,主要有木材和天然橡胶期货。

2) 有色金属期货

目前,在国际期货市场上上市交易的有色金属主要有10种,即铜、铝、铅、锌、锡、镍、钯、铂、金、银。其中金、银、铂、钯等期货因其价值高又称为贵金属期货。

有色金属是当今世界期货市场中比较成熟的期货品种之一。目前,世界上的有色金属期货交易主要集中在伦敦金属交易所(LME)、纽约商业交易所和东京工业品交易所。尤其是伦敦金属交易所期货合约的交易价格被世界各地公认为是有色金属交易的定价标准。我国上海期货交易所的铜期货交易近年来成长迅速。目前铜单品种成交量已超过纽约商业交易所,居全球第二位。

3) 能源期货

能源期货开始于1978年。作为一种新兴商品期货品种,其交易异常活跃,交易量一直快速增长,目前仅次于农产品期货和利率期货,超过了金属期货,是国际期货市场的重要组成部分。原油是最重要的能源期货品种,目前世界上重要的原油期货合约有纽约商业交易所的轻质低硫原油、伦敦国际石油交易所的布伦特原油期货合约等4种。

2. 金融期货

金融期货的产生早于金融远期市场。随着市场功能的演进,金融期货市场已经不再简单地局限在管理资产风险,其还成为资产配置的重要选择。按基础工具划分,金融期货主要有3种类型:外汇期货、利率期货、股票类期货。另外,芝加哥期货交易所还开设有互换的期货、消费者物价指数期货(该交易所将其归类为利率期货)和房地产价格指数期货。关于金融期货的内容我们在后面几章会详细介绍,这里,我们只简要介绍一下金融期货的定义及其与其他金融资产之间的区别。

1) 外汇期货

外汇期货又称货币期货,是以外国货币(外汇)为基础工具的期货合约,主要用于规避外汇风险,是金融期货中最先产生的品种。外汇期货交易一般在货币交易所进行,合约到期后主要采用实物交割的方式完成交易,而投资者只需通过银行转账即可完成交割手续。

外汇期货交易自1972年在CME所属的国际货币市场(IMM)率先推出后得到了迅速发展。以CME为例,上市品种不仅包括以美元标价的外币期货合约(如欧元期货、日元期货、瑞士法郎期货、英镑期货等),还包括外币对外币的交叉汇率期货(如欧元对日元、欧元对英镑、欧元对瑞士法郎等)以及CME自行开发的美元指数期货(CME.S INDEX)。2005年,CME推出了以美元、日元、欧元报价和现金结算的人民币期货及期货期权交易,不过,由于人民币汇率并未完全实现市场化,这些产品的交易并不活跃。

2) 利率期货

利率期货,是指以债券类证券为标的物的期货合约,它可以回避银行利率波动所引起的证券价格变动的风险。按照合约标的的期限,利率期货可分为短期利率期货和长期利率期货两大类。短期利率期货是指期货合约标的的期限在1年以内的各种利率期货,即以货币市场的各类债务凭证为标的的利率期货均属短期利率期货,包括各种期限的商业票据期货、国库券期货及欧洲美元定期存款期货等。长期利率期货则是指期货合约标的的期限在1年以上的各种利率期货,即以资本市场的各类债务凭证为标的的利率期货均属长期利率期货,包括各种期限的中长期国库券期货和市政公债指数期货等。

相对于商品期货及其他金融期货,利率期货有如下特点:

(1) 利率期货的标的物不是利率,而是和利率密切相关的债权债务工具。例如,外汇期货的标的物是某种货币,但10年期国债期货合约的标的物不是10年期利率,而是10年期国债。

(2) 利率期货价格与实际利率呈反向变动。利率期货价格和利率反向变动的关系非常直观,利率越高、利率期货的价格越低,利率越低、利率期货的价格越高。

(3) 利率期货的交割方法比较特殊。利率期货主要采取现金交割方式,有时也有现券交割。现金交割是以银行现有利率为转换系数来确定期货合约的交割价格。短期利率期货主要采取现金交割方式,中长期利率期货(主要是国债期货)则主要采用现券交割的方式。

3) 股票类期货

股票类期货是以单只股票、股票组合或者股票价格指数为基础资产的期货合约。

(1) 单只股票期货最早出现于20世纪80年代末,是以单只股票作为基础工具的期货,买卖双方约定在合约到期日以约定的价格买卖规定数量的股票。股票期货实行现金交割——买卖双方只需要按规定的合约乘数乘以价差,盈亏以现金方式进行交割。为防止操纵市场行为,交易所通常只选取流通盘较大、交易比较活跃的股票推出相应的期货合约,并且对投资者的持仓数量进行限制。以中国香港交易所为例,目前有42只上市股票有期货交易。

(2) 股票组合的期货是以标准化的股票组合为基础资产的金融期货。CME基于美国证券交易所交易所交易基金(ETF)的期货最具代表性。

(3) 股票价格指数期货也称股指期货,是以某种股票指数为基础变量的期货合约,双方交易的是一定时期后的股票指数价格水平。股指期货主要是为规避股市的系统性风险而产生,股指期货的交易单位等于基础指数的数值与交易所规定的每点价值(合约乘数)之乘积,通过现金结算差价来进行交割。中国金融期货交易所于2010年4月16日正式推出的沪深300指数期货,就是以沪深300指数为标的物的股票类期货。目前沪深300指数期货的合约乘数(指每个指数点对应的人民币金额)为300元/点,如果沪深300指数期货报价为3 000点,那么沪深300指数期货合约面值为:3 000点×300元/点=900 000元。

3. 金融期货与商品期货的区别

金融期货与商品期货的区别包括以下几个方面。

(1) 金融期货没有实际的标的资产(如股指期货等),而商品期货交易的对象是具有实物形态的商品,如农产品、金属等。

(2) 金融期货的交割具有极大的便利性。商品期货的交割比较复杂,除了对交割时间、地点、交割方式都有严格的规定以外,对交割等级也要进行严格划分。而金融期货的交割一般采取现金结算,因此要简便得多。此外,即使有些金融期货(如外汇期货和债券期货)发生实物交割,但由于这些产品具有同质性,故基本上不存在运输成本。

(3) 金融期货和商品期货在有效期和价格方面都存在较大差异。有些金融期货适用的到期日比商品期货要长,美国政府短期国库券的期货合约有效期限可长达数年。此外,商品期货的标的是实物商品,虽然商品期货对应的价值区间可从商品生产成本、运输成本、资金成本、交割成本并结合供求关系加以确定,但因现货市场一般没有权威和唯一的现货价作为参考,且现货价存在信息滞后和真实性问题,因此,商品期货存在应以那个地区的现货价作为分析基准价,才能更好地判断商品期货合理价格区间的问题。商品期货价格理论上应是所有地区现货价的函数(尽管无法表达),但投资者难以考虑所有地区的现货价。因此,可能出现部分地区的现货价因局部因素的影响,相对期货价格的升贴水偏离了根据历史数据分析的合理区间,从而导致根据该地区现货价作为基准价的投资者作出错误判断。

(4) 持有成本不同。将期货合约持有到期满日所需的成本费用即持有成本,包括3项:贮存成本、运输成本、融资成本。各种商品需要仓储存放,需要仓储费用,金融期货合约不需要贮存费用。如果金融期货的标的物存放在金融机构,则还有利息,例如,股票的股利、债券与外汇的利息等,有时这些利息会超出存放成本,产生持有收益(即负持有成本)。

(5) 金融期货的交割价格盲区大大缩小。在商品期货中,由于存在较大的交割成本,这些交割成本给多空双方均带来一定的损耗。在金融期货中,由于不存在运输成本和入库出库费,这种价格盲区就大大缩小了。

(6) 金融期货中逼仓行情难以发生。在商品期货中,有时会出现逼仓行情,它通常表现为期现价格存在较大的差异,并且超过了合理的范围。更严重的逼仓是操纵者同时控制现货和期货。金融期货中逼仓行情之所以难以发生,首先是因为金融现货市场是一个庞大的市场,庄家不易操纵;其次是因为强大的期现套利力量的存在会埋葬那些企图发动逼仓行情的庄家。此外,一些实行现金交割的金融期货,期货合约最后的交割价就是当时的现货价,这等于是建立了一个强制收敛的保证制度。

(五) 期货交易与其他金融交易的区别

1. 期货交易与现货交易的区别

(1) 交易对象不同。现货交易的对象主要是实物商品,期货交易的对象是标准化合约。因此,期货不是货,而是关于某种商品的合同。

(2) 交易目的不同。现货交易的目的是获取或让渡商品的所有权,是满足买卖双方需求的直接手段。期货交易一般不是为了获得实物商品,套期保值者的目的是转移现货市场的价格风险,投机交易者的目的是从期货市场的价格波动中获得风险利润。

(3) 交易的场所和方式不同。现货交易一般不受交易时间、地点、对象的限制,交易灵活方便,随机性强,可以在任何场所与对手交易。期货交易必须在高度组织化的期货交易所内以公开竞价的方式进行。

(4) 结算方式不同。现货交易主要采用到期一次性结清的结算方式,同时也有货到付款方式和分期付款方式等。期货交易实行每日结算,交易双方必须缴纳一定数额的保证制金,并且在交易过程中始终要保持一定的保证金水平。

2. 期货交易与远期交易的区别

(1) 交易对象不同。期货交易的对象是交易所统一制定的标准化期货合约。远期交易的对象是交易双方私下协商达成的非标准化合同。远期合同代表两个交易主体的意愿,交易双方通过一对一的谈判,就交易条件达成一致意见而签订远期合同。

(2) 功能作用不同。期货交易的主要功能是规避风险和发现价格。远期交易的合同缺乏流动性,所以其价格的权威性、分散风险的作用大打折扣。

(3) 履约方式不同。期货交易有实物交割与对冲平仓两种履约方式,其中绝大多数期货合约都以对冲平仓形式了结。远期交易最终的履约方式是实物交收。

(4) 信用风险不同。期货交易以保证金制度为基础,实现每日结算制度,信用风险较小。远期交易从交易达成到最终完成实物交收有很长一段时间,此间市场会发生各种变化,各种不利于履约的因素都有可能出现,信用风险较高。

(5) 保证金制度不同。期货交易有特定的保证金制度;远期交易是否收取或收取多少保证金,由交易双方协商。

3. 期货市场与证券市场的区别

(1) 目的不同。期货市场的基本功能是规避价格风险和价格发现;证券市场则是企业筹资,提供投资渠道。

(2) 交易对象和目的物不同。期货交易的对象是交易所统一制定的标准化期货合约,其交易对象的标的物是农产品、金属、能源等产品;证券交易对象为股票,标的物为上市公司。

(3) 交易特点不同。期货市场具有做空机制,目前中国证券市场仅可以通过融券业务做空。

(4) 付款方式不同。期货市场采取保证金交易制度,证券市场须交纳全额资金。

(5) 持有时间不同。期货交易中对合约的持有时间有限制,证券交易中的股票持有时间没有限制。

(六)期货市场的功能

1. 回避价格风险的功能

期货市场最突出的功能就是为生产经营者提供回避价格风险的手段。即生产经营者通过在期货市场上进行套期保值业务来回避现货交易中价格波动带来的风险,锁定生产经营成本,实现预期利润。也就是说,期货市场弥补了现货市场的不足。

2. 发现价格的功能

在市场经济条件下,价格是根据市场供求状况形成的。期货市场上来自四面八方的交易者带来了大量的供求信息,标准化合约的转让又增加了市场流动性,期货市场中形成的价格能真实地反映供求状况,同时又为现货市场提供了参考价格,起到了"发现价格"的功能。

3. 有利于市场供求和价格的稳定

首先,期货市场上交易的是在未来一定时间履约的期货合约。它能在一个生产周期开始之前,就使商品的买卖双方根据期货价格预期商品未来的供求状况,指导商品的生产和需求,起到稳定供求的作用。其次,由于投机者的介入和期货合约的多次转让,使买卖双方应承担的价格风险平均分散到参与交易的众多交易者身上,减少了价格变动的幅度和每个交易者承担的风险。

4. 节约交易成本

期货市场为交易者提供了一个能安全、准确、迅速成交的交易场所,提高交易效率,不发生"三角债",有助于市场经济的建立和完善。

二、期货市场的规则与运作方式

(一)期货交易的概念

期货交易是在期货交易所对特定商品的"标准化合约"(即"期货合约")进行买卖的一种交易方式。期货合约对商品质量、数量、交货时间、地点都做了统一的规定,唯一的变量是商品的价格。

在期货市场中,大部分交易者买卖的期货合约在到期前,又以对冲的形式了结。也就是说买进期货合约的人在合约到期前,又可以将期货合约卖掉;卖出期货合约的人在合约到期前,又可以买进期货合约来平仓。先买后卖或先卖后买都是允许的。期货交易是在现货交易基础上发展起来的、通过在期货交易所内成交标准化期货合约的一种新型交易方式。交易遵从"公开、公平、公正"的原则。买入期货称"买空"或称"多头",亦即多头交易;卖出期货称"卖空"或"空头",亦即空头交易。期货交易的买卖又称在期货市场上建立交易部位,买空称作建立多头部位,卖空称作建立空头部位。开始买入或卖出期货合约的交易行为称为"开仓"或"建立交易部位",交易者手中持有合约称为"持仓",交易者了结手中的合约进行反向交易的行为称"平仓"或"对冲",如果到了交割月份,交易者手中的合约仍未对冲,那么,持空头合约者就要备好实货准备提出交割,持多头合约者就要备好资金准备接受实物。一般情况下,大多数合约都在到期前以对冲方式了结,只有极少数要进行实货交割。

(二)期货交易制度和流程

1. 期货交易制度

期货交易制度有广义和狭义之分。广义的期货交易制度包括期货市场管理的一切法律、法规、交易所章程及规则。狭义的期货交易制度仅指期货交易所制定的经过国家监管部门审核批准的《期货交易管理条例》及以此为基础产生的各种细则、办法、规定。与现货市场、远期市场相比,期货交易制度更加复杂和严格,以保证期货市场的高效运转。

(1)保证金制度。保证金制度是期货交易的特点之一,是指在期货交易中,任何交易者必须按照其所买卖金融期货合约价值的一定比例缴纳资金,用于结算和保证履约。

中国金融期货交易所规定:沪深 300 指数期货的最低交易保证金为合约价值的 12%。在实际操作中,保证金可以分为结算准备金和交易保证金。结算准备金是交易所会员(客户)为了交易结算,在交易所(期货公司)专用结算账户预先准备的资金,是未被合约占用的保证金;交易保证金是会员(客户)在交易所(期货公司)专用结算账户中确保合约履行的资金,是已被合约占用的保证金。

(2)每日无负债结算制度。期货交易所实行每日无负债结算制度,又称"逐日盯市"。它是指每日交易结束后,交易所按当日结算价结算所有合约的盈亏、交易保证金及手续费、税金等费用,对应收应付的款项同时划转,相应增加或减少会员的结算准备金。每日无负债结算制度可以将风险控制在一个交易日以内。

(3)涨跌停板制度。涨跌停板制度,又称每日价格最大波动限制,即指期货合约在一个交易日中的交易价格波动不得高于或者低于规定的涨跌幅度,超过该涨跌停幅度的报价将被视为无效,不能成交。涨跌停板一般是以合约上一交易日的结算价为基准确定的。沪深 300 指数期货的每日价格最大波动为上一个交易日结算价的 ±10%。

(4)持仓限额制度。持仓限额制度是指交易所规定会员或客户可以持有的,按单边计算的某一合约持仓的最大数额。实行持仓限额制度的目的在于防范操纵市场价格的行为和防止期货市场风险过于集中于少数投资者。

中国金融期货交易所规定:对客户某一合约单边持仓实行绝对数额限仓,持仓限额为 600 张;对从事自营业务的交易会员某一合约单边持仓实行绝对数额限仓,每一客户号持仓限额为 600 张;某一合约单边总持仓量超过 10 万张的,结算会员该合约单边持仓量不得超过该合约单边总持仓量的 25%。

(5)大户报告制度。大户报告制度是与持仓限额制度紧密相关的又一个防范大户操纵市场价格、控制市场风险的制度,是指当交易所会员或客户某品种某合约持仓达到交易所规定的持仓报告标准的,会员或客户应向交易所报告。交易所可以根据市场风险状况公布持仓报告标准。通过实施大户报告制度,可以使交易所对持仓量较大的会员或投资者进行重点监控,了解其持仓动向、意图,对于有效防范市场风险有积极作用。

(6)交割制度。交割是指按照期货交易所的规则和程序,期货合约到期时,交易双方将合约所载标的物的所有权按规定进行转移,或者按规定结算价格进行现金差价结算,了结到期末平仓合约的过程。以标的物所有权转移进行的交割为实物交割,按结算价进行现金差价结算的交割为现金交割。一般来说,商品期货以实物交割为主,金融期货以现金交割为主。

(7)强行平仓制度。强行平仓制度是指当会员、投资者违规时,交易所对有关持仓实行平仓的一种强制措施。强行平仓制度也是交易所控制风险的手段之一。我国期货交易所规定以下情况应予以强行平仓:①当会员结算准备余额小于零,并且未能在规定时限内补足的;②持仓量超出其限额的;③因违规受到交易所强行平仓处罚的;④根据交易所的紧急措施应予以强行平仓的;⑤其他应予以强行平仓的。

(8)风险准备金制度。风险准备金制度,是指交易所从收取的会员交易手续费中提取一定比例的资金,作为交易所担保履约的备付金的制度。

(9)信息披露制度。信息披露制度是指期货交易所按有关规定,定期公布期货交易有关信息的制度。披露信息主要包括在交易所期货交易活动中产生的所有上市品种的期货交易行情、各种期货交易数据统计资料、交易所发布的各种公告信息以及其他应披露信息。

2. 期货交易流程

一个完整的期货交易流程包括开户、下单、竞价、结算、平仓或交割等环节。在实际操作中,大多数期货交易都是通过对冲平仓的方式了结履约责任，进入交割环节的比重非常小，所以交割环节并不是交易流程中的必经环节。

(1) 开户。投资者需要与符合规定的期货公司签署风险说明书和期货经纪合同，并开立期货账户。客户在办齐一切手续之后，将按规定缴纳开户保证金。客户资金到账后，即可进行期货交易。但当客户保证金不足时，要及时追加保证金，否则将被强制平仓。

具体的开户流程如下：阅读"期货交易风险说明书"——选择交易方式，约定特殊事项——签订"期货经纪合同书"——申请交易编码及确认资金账号——打入交易保证金并确认已到账——开始交易。

(2) 下单。下单，是指投资者在每笔交易前向期货公司下达交易指令，说明拟买卖合约的种类、方向、数量、价格等的行为。交易指令主要包括市价指令、限价指令和交易所规定的其他指令。交易指令的报价只能在价格限制之内，且当日有效；在指令成交前，客户可以提出变更和撤销。下单方式主要包括书面下单、电话下单、网上下单、自助终端下单等4种。

(3) 竞价。竞价方式主要有公开喊价方式和计算机撮合成交两种方式，我国的各家期货交易所均采用计算机撮合成交方式。公开喊价属于传统的竞价方式，通常有两种形式：①连续竞价制（动盘），是指场内交易者在面对面地公开喊价，表达各自买进或卖出合约的要求；②一节一价制，是指把每个交易日分为若干节，每节交易中一种合约只有一个价格。

随着信息技术的发展，越来越多的交易所采用了计算机撮合成交方式。计算机交易系统一般将买卖申报单以价格优先、时间优先的原则进行排序，当买入价大于、等于卖出价则自动撮合成交，撮合成交价等于买入价（BP）、卖出价（SP）和前一成交价（CP）三者中居中的一个价格。开盘价和收盘价由集合竞价产生，集合竞价采用最大成交量原则。

(4) 结算。结算是指根据交易结果和交易所有关规定对会员、投资者的交易保证金、盈亏、手续费及其他有关款项，进行计算、划拨的业务活动。期货交易的结算，由期货交易所统一组织进行。目前，中国金融期货交易所实行会员分级结算制度，其会员由结算会员和非结算会员组成，期货交易所只对结算会员结算，向结算会员收取和追收保证金；而结算会员则对非结算会员进行结算、收取和追收保证金。对客户的账户结算、收取和追收保证金，由期货公司负责。

(5) 平仓或交割。平仓是指投资者通过买入或者卖出与其所持有的期货合约的品种、数量相同但交易方向相反的合约，以此了结交易的行为。平仓时，期货交易的总收益或总损失将变为现实。平仓机制使期货合约作为管理价格风险或价格投机的金融工具具有了更大的灵活性。只要期货合约市场具有一定的流动性，头寸就可以在任何时刻以公平的价格被平仓。

交割是指投资者在合约到期时通过现金结算方式了结交易的行为。中国金融期货交易所的股指期货合约采用现金交割方式，规定股指期货合约最后交易日收市后，交易所以交割结算价（到期日沪深300指数最后2小时算术平均价）为基准，划付持仓双方的盈亏，了结所有未平仓合约。

三、中国期货市场发展

为了适应社会主义市场经济的发展，我国不断建立健全期货市场的内部结构及制度规范，深入推进期货市场。

(一) 中国期货交易所

1. 上海期货交易所

上海期货交易所是依照有关法规设立的，履行有关法规规定的职责，受中国证监会集中统一监督管理，并按照其章程实行自律管理的法人。上海期货交易所目前上市交易的有黄金、铜、铝、锌、螺纹钢、线材、燃料油、天然橡胶等8种期货合约。

2. 大连商品交易所

大连商品交易所成立于1993年2月28日,是经国务院批准的5家期货交易所之一。目前,经中国证监会批准,大连商品交易所正式上市交易的品种是玉米、黄大豆1号、黄大豆2号、豆粕、豆油、棕榈油、线型低密度聚乙烯和聚氯乙烯。

3. 郑州商品交易所

郑州商品交易所成立于1990年10月12日,是经国务院批准成立的国内首家期货市场试点单位,在现货交易成功运行2年以后,于1993年5月28日正式推出期货交易。1998年8月,郑州商品交易所被国务院确定为全国3家期货交易所之一。目前经中国证监会批准交易的品种有小麦、棉花、白糖、菜籽油、PTA和早籼稻。

4. 中国金融期货交易所

中国金融期货交易所是经国务院同意,中国证监会批准,由上海期货交易所、郑州商品交易所、大连商品交易所、上海证券交易所和深圳证券交易所共同发起设立的金融期货交易所。中国金融期货交易所于2006年9月8日在上海成立。

5. 广州期货交易所

2021年4月19日,广州期货交易所揭牌仪式举行。设立广州期货交易所是落实党中央国务院决策部署,健全多层次资本市场体系、服务粤港澳大湾区和国家"一带一路"建设的重要举措。下一步,证监会将指导广州期货交易所,坚定不移贯彻新发展理念,立足服务实体经济、服务绿色发展,坚持市场化、法治化、国际化方向,以产品、制度、技术创新为引领,积极稳妥推进期货市场建设,更好服务我国生态文明建设和经济高质量发展。

(二) 中国期货市场中的监管机构及行业自律机构

中国证监会是对期货市场进行监督管理的职能部门。其主要职责有:草拟监管期货市场实施细则;审核期货交易所的设立、章程、业务规则、上市期货合约并监管其业务活动;审核期货经营机构、期货清算机构、期货投资咨询机构的设立及从事期货业务的资格并监管其业务活动;分析境内期货交易行情,研究境内外期货市场;审核境内机构从事境外期货业务的资格并监督其境外期货业务活动。

期货行业协会是依法设立的全国期货行业自律性组织,为非营利性的社会团体法人。协会接受中国证监会和国家社会团体登记管理机关的业务指导和管理。期货行业协会发挥政府与期货行业间的桥梁和纽带作用,为会员服务,维护会员的合法权益;坚持期货市场的公开、公平、公正,维护期货业的正当竞争秩序,保护投资者利益,推动期货市场的健康稳定发展。

(三) 中国期货的盈亏和交割结算

期货成交和交割需要进行结算。结算是对交易保证金、盈亏、手续费、交割货款和其他有关款项进行计算、划拨的过程。我国期货交易所的结算业务是由交易所结算部承担。期货交易所结算部负责统一结算、保证金管理及结算风险的防范。中国金融期货交易所的结算流程是,期货交易所结算部门在每一交易日结束后,对结算会员的盈亏、交易收费、交易保证金等款项进行结算。结算会员根据交易所结算部分的结算结果对非结算会员和客户进行结算,同样也是结算盈亏、交易收费、交易保证金等款项。非结算会员则对自己的客户结算。下面简单介绍盈亏结算和交割结算的原理。

1. 盈亏结算

期货合约的当日盈亏结算,包括平仓盈亏和持仓盈亏。

(1) 当日盈亏＝平仓盈亏＋持仓盈亏。

(2) 平仓盈亏＝平仓历史盈亏＋平仓当日盈亏。

(3) 平仓历史盈亏＝[(卖出平仓价－上一交易日结算价)×卖出平仓量]＋[(上一交易日结算价－买入平仓价)×买入平仓量]。

(4) 平仓当日盈亏＝[(当日卖出平仓价－当日买入开仓价)×卖出平仓量]＋[(当日卖出开仓价－当日买入平仓价)×买入平仓量]。

(5) 持仓盈亏＝历史持仓盈亏＋当日开仓持仓盈亏。

(6) 历史持仓盈亏＝[(上一日结算价－当日结算价)×卖出历史持仓量]＋[当日结算价－上一日结算价×买入历史持仓量]。

(7) 当日开仓持仓盈亏＝[(卖出开仓价－当日结算价)×卖出开仓量]＋[当日结算价－买入开仓价×买入开仓量]。

在股指期货合约结算中需要将合约乘数放入计算公式,与买卖数量相乘,以便计算具体的盈亏数额。

2. 交割结算

交割结算包括交割货款的计算、交割货款的收付方式以及交割结算的盈亏处理等内容。

交割货款的计算。交割货款以交割结算价为基础。交割结算中,会员进行交割应当按规定向交易所交纳交割手续费。交割手续费从结算准备金中扣除。

国债期货的交割货款计算方法是：

$$交割货款＝交割数量×(交割结算价×转换因子＋应计利息)×(合约面值/100)$$

其中,应计利息为该可交割国债上一付息日至交割日之间的债券利息。例如,上次债券发行方支付利息是在110天前,那么债券持有者现在卖出债券时应得到这110天的利息,这部分利息就是应计利息。

第二节 期货市场投资交易策略

一、套期保值交易策略

(一) 套期保值

套期保值(hedging)是指交易者在期货市场买进(卖出)与现货市场上经营的基础性资产数量相当,期限相近,但交易方向相反的相应的期货合约,以期在未来某一时间通过卖出(买进)同样的期货合约,来抵补这一商品或金融资产因市场价格的波动所带来的实际的价格风险。

利用金融期货合约进行套期保值的内在逻辑关系在于,期货价格和现货价格在运动方向上保持趋同,也就是两者的合二为一性。套期保值者通过在两个市场上相反的两笔交易活动,使一个市场上的亏损必为另外一个市场上的盈利所弥补,达到保护现货和锁定成本的目标。

例如,某一资产当前的价格是 a,3 个月的期货价格是 $a＋b$,3 个月到期时现货价格上涨了 c,如果期货价格也相应上涨了 c,那么通过方向相反的两组买卖,结果如表 3-1 所示。

表 3-1 套期保值交易策略

时间	现货价格	期货价格
初始日	a(买进)	$a＋b$(卖出)
3 个月到期日	$a＋c$(卖出)	$a＋b＋c$(买进)

(续表)

时间	现货价格	期货价格
结果	盈利 c	亏损 c

(二) 套期保值的类型

1. 空头套期保值

空头套期保值(short hedge),指交易者通过持有期货的空头来对其现货资产进行保值。我们看到,交易者持有某一资产,期内就面临着价格下降波动的风险,但如果卖出期货就可以达到用期货市场的盈利来弥补现货市场的亏损的目标。相反,若该资产的现货价格上升出现盈利,则期货市场就会亏损,最终两者相抵,也同样达到了保值的目的。

2. 多头套期保值

多头套期保值(long hedge),指交易者通过持有期货的多头来对现货市场的资产进行保值。假如交易者有资产需要在未来的某一时期卖出,它可以在期货市场上买进与该资产数量相等的期货,以防止交付资产时因价格上升而遭受损失。这样无论市场价格如何变动,现货和期货一亏一盈,盈亏相抵,达到了保值的效果。

3. 交叉套期保值

交叉套期保值(cross hedge),指用来进行套期保值交易的期货合约的基础资产不同于被保值的资产。使用交叉套期保值,是由于市场没有与交易者持有的基础性资产匹配的期货合约,使得交易者只能选择与基础资产相关性较强的期货合约进行保值。使用交叉套期保值会产生另一种风险——交叉套期保值风险。这就需要投资者采取有效措施,尽量减少风险,但交叉套期保值风险从根本上还是无法消除的。

(三) 套期保值交易

1. 最佳的套期比率

最佳的套期比率(hedge ratio)。在决定用何种期货合约作为套期保值的工具之后,套期保值者还必须要确定用多少张这样的期货合约才能达到预期的套期保值目标。套期比率就是持有期货合约的头寸大小与风险暴露资产大小之间的比率。一般认为,套期比率应为1.0。但实际中很多情况都不是这样,1.0的比率有时不仅占用了不必要的资金,加大了融资成本,而且由于敞口头寸不匹配,达不到预期的保值效果。

2. 不断展期的套期保值

不断展期的套期保值,是指有时套期保值的到期日比所有可供使用的期货合约的交割日期都要晚。如何解决这样一种套期保值期限不匹配的问题呢? 套期保值者可以将该套期保值组合向前进行展期。具体的做法是:将一个期货合约平仓的同时持有另一个到期较晚的期货合约头寸,不断地进行建仓和平仓,直到套期保值的到期日为止。

例如,2002年3月,某美国公司由于出售一批货物到英国,预计货款要到2003年8月才能收到。于是计划运用套期比率为1.0的向前延展的套期保值。市场显示只有最近6个月合约的流动性最强,其套期保值的效果最好。因此,公司出售了2002年9月份到期的期货合约。2002年8月,它将套期保值向前展期为到2003年3月份到期的期货合约。2003年2月,它将套期保值向前展期为到2003年9月份到期的期货合约。

设在2002年3月份,美元的汇率为 \$1.610 0/£;2003年8月份,美元的汇率下跌到了 \$1.546 0/£。假定2002年9月份卖空的外汇期货合约的价格为 \$1.600 0/£,以 \$1.580 0/£ 的价格进行平仓,每英镑获利 \$0.020 0 美元;2003年3月份卖空的外汇期货合约的价格为

$1.578 0/£,以 $1.568 0/£ 的价格进行平仓,每英镑获利 $0.010 0 美元;2003 年 9 月份卖空的外汇期货合约的价格为 $1.566 0/£,以 $1.556 0/£ 的价格进行平仓,每英镑获利 $0.010 0 美元。在本例中,期货合约获得每英镑 0.040 0 美元的盈利,作为对汇率下降了 0.064 0 美元的补偿。如果期货交易活跃的话,我们希望可以将汇率锁定在 2003 年 9 月份的那个期货合约。因此,我们可以看出展期的套期保值能部分地对资产进行保值。

3. 有关展期期货套期保值的经典案例

虽然向前延展的套期保值可以部分地对基础资产进行保值,但它对公司现金流的影响是巨大的,有时会给公司财务管理方面带来诸多问题。例如 20 世纪 90 年代初,德国的 Metall Gesellschaft 公司(简称 MG 公司)就因做展期期货合约而导致公司巨额亏损。

MG 公司以高于市场价格 6～8 美分的固定价格向其客户出售了一个 5～10 年的热油和汽油供应巨额合约。为了对这份供货合同进行保值,MG 公司采用了向前延展的套期保值方法,其具体做法是:使用一些短期期货合约多头来对冲风险,在期货合约到期后不断进行展期。但实际情况是:1993 年年底,世界能源市场低迷,国际市场上的原油价格不断下跌,石油产品价格猛烈下跌,该公司的多头短期期货合约形成了巨额浮动亏损,按"逐日盯市"规则,必须补交保证金。而且当时的能源市场也一反经常现货升水的情况而呈现了期货升水,基差对该公司十分不利,再加上交易所又提高了初始保证金,这样形成的巨额保证金和合约滚动展期的成本给 MG 公司带来了很大的现金流出压力,就公司本身而言无法进行支付。积极主张套期保值策略的 MG 成员认为,这些短期的现金流可以由长期固定价格合约最终实现的正值现金流抵消。然而,公司的高层和银行家们担心这笔巨额的现金流出,会给公司带来灭顶之灾。最后公司还是平仓了所有的期货合约,不仅如此,还与其客户协商放弃了固定价格供油合约。最后的结果是 MG 公司损失了 13.3 亿美元。

(四) 进行套期保值交易前的决策

作为一种风险管理的有效工具,套期保值可以给各经济主体带来很多好处,但在有些情况下,进行套期保值完全就是多此一举。为了尽可能地实现套期保值的目的,在做出套期保值决策时要充分地考虑以下几点。

1. 对所面临的风险做出评估以及确定套期保值目标

应尽可能地对自己所面临的风险做出充分的估计和准确的预测。主要包括对风险性质、风险大小以及发生的概率和影响。在认为有必要进行套期保值时,要确定套期保值的目标。在利率期货中,保值目标是目标利率;在外汇期货中,保值目标是目标汇率;在股指期货中,保值目标是目标股指。

2. 进行保值成本比较分析

与其他的风险管理工具一样,套期保值也是要付出一定成本的。因此,不是所有的资产所有者或即将成为所有者的主体都需要进行套期保值。一般来说,只要价格波动不利带来的风险值大于套期保值成本的资产就值得进行套期保值。相反,那些市场价格波动比较稳定或对经济主体来说价格的运动趋势正向有利的方向变动的资产,就没有必要进行套期保值了。

套期保值的成本主要包括:①手续费;②必须缴存的交易保证金及追加保证金的利息;③机会成本。前两者是必然发生的费用,机会成本则是为防止价格变动带来的损失而付出的成本,这部分成本随行情变化,难以精确计算。

我们在进行成本比较分析时,主要是进行净风险值和保值交易必需费用之间的比较。净风险值是价格不利变动所带来的损失总额的预计值,其计算公式为:

净风险值 = 所要进行交易的资产按市价计算的值 × 价格升(降)变动可能性的百分比预测值 × 价格升(降)的幅度的百分比预测值

可将两者进行权衡后做出决策。

3. 把握进入和退出市场的时机

在做出套期保值决策之后,就需要密切观察市场的变化,把握进入市场和退出市场的时机。由于套期保值者在现货市场和期货市场上持有仓位,而现货价格和期货价格又具有趋同性,因此,对套期保值者而言,直接影响其保值效果的最根本因素是基差变动的情况。进入市场和退出市场的最有利的时机是市场出现最有利的基差的时候。

4. 坚持对等相对的原则

对等相对是指期货交易和现货交易要匹配。我们要坚持的原则是:交易方向相反,品种相同或紧密相关,数量遵循最佳套期比率,交割月份相同或相近。

二、套利交易策略

(一) 套利交易的原理

套利交易也叫价差交易,是指在买入或卖出某种期货合约的同时,卖出或买入相关的另一种合约,并在某个时间将两种合约同时平仓的交易方式。套利是利用不同市场之间的不合理价格差异来谋取低风险利润的一种交易方式。其中不合理的价差关系主要包括:同种商品在现货市场和期货市场间不合理的价格关系,由此产生期现套利的机会;同种商品在不同交易所之间的不合理的价格关系,由此产生跨市套利的机会;同一市场、同种商品期货合约在不同交割月份之间的不合理的价格关系,由此产生跨期套利的机会;同一市场、同一交割月份的相互关联的商品期货合约之间不合理的价格关系,由此产生跨商品套利的机会。

套利交易不同于单向式投机交易,它是在买进一种期货合约的同时卖出另一种期货合约的组合交易,其实质是对不同合约的价差进行投机。通常买卖的两种合约价格联动性很强,且价差变动有规律可循,因此一旦正常的价差关系出现反常变化,套利者就可以抓住机会进行套利交易。由于套利交易不是利用绝对价格水平变化,而是利用相对价差关系,并且同时建立买卖方向相反的投机头寸,两种价格变化又具有高度的正相关关系,因此一种期货合约交易亏损,会被另一种期货合约的盈利弥补,这就使得总投机头寸的风险变小。利用套利交易进行投机所承担的风险小于单项式投机的风险。

(二) 套利交易的方式

从套利交易的操作方式来看,套利可以分为期现套利、跨市套利、跨商品套利和跨期套利,后3种也被称为套期图利或价差套利。

1. 期现套利

理论上,期货价格是商品未来的价格,现货价格是商品目前的价格,按照经济学上的同一价格理论,两者间的差距,即"基差"(基差=现货价格-期货价格)应该等于该商品的持有成本,如运输成本、质检成本、仓储成本等。一旦基差与持有成本偏离较大,就出现了期现套利的机会。期现套利主要包括正向买进期现套利(正向套利)和反向买进期现套利(反向套利)两种。

(1) 正向套利。当期货价格大于现货价格,并且超过持有成本时,套利者可以买入现货,同时卖出期货合约,待合约到期时,用所买入的现货进行交割。价差收益扣除买入现货后发生的持仓成本之后还有盈利,就形成了套利利润。

(2) 反向套利。当现货价格大于期货价格,并且超过持有成本时,套利者可以实施反向期现套利。套利者可以卖出现货,买入相关期货合约,待合约到期时,用交割获得的现货来补充之前所卖出的现货。价差亏损小于节约的持仓成本,因而产生盈利。

【例 3-1】 7 月 20 日佳木斯大豆现货市场价格为 3 200 元/吨,大连商品期货交易所 9 月份大豆合约价格为 3 450 元/吨,基差为－250 元。套利者认为这个价差远高于交割费用,可以进行期现套利。经过计算,从佳木斯购入现货,然后转抛大连商品交易所的基本费用(运费、仓储费用、质检费用、交割费用等)为 180～200 元/吨。期现套利可盈利 50～70 元/吨。

2. 跨市套利

跨市套利是指在某个交易所买入(或卖出)某一交割月份的某种商品期货合约,同时,在另一个交易所卖出(或买入)同一交割月份的同种商品期货合约,以期在时机有利时分别在两个交易所对冲所持合约获利。

由于地域间的差异,不同交易所的相同标的商品的期货合约价格会存在一定的差异,这种差异被称为空间基差。一般来说,同种商品在不同交易所之间的价格会有一个稳定的空间基础,如果在短时间内出现价差异常变大,估计在未来某个时期价差会恢复正常。这时套利者可以买进价格相对偏低的交易所的期货合约,卖出价格相对偏高的交易所的期货合约而获利。

【例 3-2】 套利者对堪萨斯城交易所(KCBT)和芝加哥期货交易所(CBOT)12 月份小麦期货合约价格进行分析后,认为 KCBT 的小麦期货价格相对偏低,于是买入 KCBT 的 12 月份小麦期货合约,卖出同日 12 月份 CBOT 12 月份小麦期货合约,进行跨市套利。一个月后,两个交易所的期货价格差异恢复正常,交易者在套利交易中获利,具体操作如下。

交易时间	CBOT	KCBT	价差
7 月 1 日	卖出 12 月份小麦期货合约 1 手,价格 7.7 美元/蒲式耳	买入 12 月份小麦期货合约 1 手,价格 7.5 美元/蒲式耳	0.2 美元/蒲式耳
8 月 1 日	买入 12 月份小麦期货合约 1 手,价格 7.65 美元/蒲式耳	卖出 12 月份小麦期货合约 1 手,价格 7.55 美元/蒲式耳	0.1 美元/蒲式耳
结果	0.05 美元/蒲式耳	0.05 美元/蒲式耳	0.1 美元/蒲式耳

3. 跨商品套利

跨商品套利是指利用两种不同的但相互关联的商品之间的期货合约价格差异进行套利交易,即买入某一交割月份某种商品的期货合约,同时卖出另一相同交割月份、相互关联的商品期货合约,以期在有利时机同时将这两种合约对冲平仓而获利。

跨商品套利必须具备以下条件:①两种商品之间应具有关联性与相互替代性;②交易受同一因素制约;③买进或卖出的期货合约通常在相同的交割月份。

例如,燕麦、玉米套利是比较流行的一种跨商品套利。燕麦、玉米有着大致相同的价格变动趋势,它们都是重要的粮食作物,同时也都可用作饲料原料。由于用途基本相同,价格变动的趋向也基本相同,表现为大趋势上同升同降,这使得燕麦和玉米的跨商品套利成为可能。其套利的基本策略是,若两商品期货的价差为正,当预计价差扩大时,入市买进价高商品期货,同时卖出价低商品期货;当预计价差缩小时,则可采用相反的策略,即入市时卖出价高商品期货,同时买进价低商品期货。

【例 3-3】 燕麦和玉米价差变化有一定的季节性,一般而言,燕麦价格高于玉米价格。每年 5 月、6 月、7 月是燕麦收割季节,燕麦价格降低会引起价差缩小,每年 9 月、10 月、11 月是玉米收获季节,玉米价格下降会引起价差扩大。某套利者认为今年燕麦和玉米会遵循这一规律,于是进行套利,具体操作如下。

交易时间	燕麦期货	玉米期货	价差
7月1日	买入12月份期货合约1手，价格4.55美元/蒲式耳	卖出12月份期货合约1手，价格3.24美元/蒲式耳	1.31美元/蒲式耳
8月1日	卖出12月份期货合约1手，价格4.77美元/蒲式耳	买入12月份期货合约1手，价格3.36美元/蒲式耳	1.41美元/蒲式耳
结果	0.22美元/蒲式耳	−0.12美元/蒲式耳	0.1美元/蒲式耳

4. 跨期套利

跨期套利是指利用同一交易所、同种商品的近月合约与远月合约的不合理价差进行的套利交易。跨期套利最常见的3种交易形式是：牛市套利、熊市套利和蝶式套利。

(1) 牛市套利。牛市套利，即买近卖远，指套利者在买入近月合约的同时卖出远月合约，在未来将二者同时平仓以结束套利。在价格看涨的市场上，如果近期月份合约价格的上升幅度大于远期月份合约上涨幅度，在价格看跌的市场上，如果近期月份合约价格的跌幅小于远期月份合约价格下跌幅度，交易者可以通过在买入近期月份合约的同时卖出远期月份合约而进行牛市套利。

【例3-4】 在3月份的时候，某套利者认为7月份大豆期货合约和11月份大豆期货合约的价差水平异常，预期未来现货大豆价格看涨会带动期货价格上涨，且7月大豆期货价格将比11月大豆期货价格上涨更快，于是决定买进7月份期货合约，卖出11月份期货合约进行牛市套利。具体如下。

交易时间	7月份大豆期货合约	11月份大豆期货合约	价差
3月8日	买入7月份期货合约1手，价格5.65美元/蒲式耳	卖出11月份期货合约1手，价格5.01美元/蒲式耳	0.64美元/蒲式耳
5月10日	卖出7月份期货合约1手，价格5.95美元/蒲式耳	买入11月份期货合约1手，价格5.14美元/蒲式耳	0.81美元/蒲式耳
结果	0.30美元/蒲式耳	−0.13美元/蒲式耳	0.17美元/蒲式耳

(2) 熊市套利。熊市套利，即卖近买远，指套利者卖出近月合约的同时买入远月合约，在未来将二者同时平仓结束套利。熊市套利在做法上正好与牛市套利相反。在价格看涨的市场上，如果近期月份合约价格的上升幅度小于远期月份合约上涨幅度，在价格看跌的市场上，如果近期月份合约价格的跌幅大于远期月份合约价格下跌幅度，交易者可以通过卖出近期月份合约的同时买入远期月份合约而进行熊市套利。

【例3-5】 在2月份，某套利者认为5月份大豆期货合约和7月份大豆期货合约的价差水平异常，预期未来大豆期货合约价格下降，且5月份大豆期货价格将比7月份大豆期货价格下降更快，于是决定卖出5月份期货合约，买进7月份期货合约进行熊市套利，具体如下。

交易时间	5月份大豆期货合约	7月份大豆期货合约	价差
2月10日	卖出5月份期货合约1手，价格5.65美元/蒲式耳	买进7月份期货合约1手，价格5.90美元/蒲式耳	−0.25美元/蒲式耳
3月20日	买进5月份期货合约1手，价格5.35美元/蒲式耳	卖出7月份期货合约1手，价格5.85美元/蒲式耳	−0.50美元/蒲式耳
结果	0.30美元/蒲式耳	−0.05美元/蒲式耳	0.25美元/蒲式耳

(3) 蝶式套利。牛市套利和熊式套利同时买卖两个合约,即近月合约和远月合约,而蝶式套利在牛市套利和熊市套利的基础上,将两种套利结合起来进行套利,由两个方向相反、共享居中交割月份合约的跨期套利组成。蝶式套利的原理是套利者认为中间月份合约的价格相对于两旁合约来说,一边表现价差过小,一边却表现为价差过大,未来能够趋向正常。

【例3-6】 1月5日,某套利者打算在上海期货交易所进行跨期套利,他观察到7月份、8月份、9月份的铜期货合约价格分别为36 700元/吨、36 860元/吨和36 920元/吨。某交易者认为7月份和8月份之间的价差过大,而8月份和9月份之间的价差过小,预计7月份和8月份的价差会缩小,而8月份与9月份的价差会扩大,于是该交易者以该价格买入5手7月份合约,卖出10手8月份合约,同时买入5手9月份铜期货合约。到了2月18日,3个合约的价格均出现不同幅度的下跌,7月份、8月份和9月份的合约价格分别跌至36 650元/吨、36 750元/吨和36 880元/吨,于是该交易者同时将3个合约平仓。在该蝶式套利操作中,套利者的盈亏状况如下。

交易时间	7月份铜期货合约	8月份铜期货合约	9月份铜期货合约
1月5日	买入7月份期货合约5手,价格36 700元/吨	卖出8月份期货合约10手,价格36 860元/吨	买入9月份期货合约5手,价格36 920元/吨
2月18日	卖出7月份期货合约5手,价格36 650元/吨	买入8月份期货合约10手,价格36 750元/吨	卖出9月份期货合约5手,价格36 880元/吨
结果	亏损50元/吨	盈利110元/吨	亏损40元/吨

三、投机交易策略

套期保值者之所以要进行期货交易,其目的是要把正常经营活动所面临的价格风险转移出去。那么,谁来承担这个风险呢?这就是另一类期货交易参与者——风险投资者,即投机者。投机者在期货市场中的交易行为包括投机和套期图利两大类,构成期货交易中的又一重要业务。

(一) 期货投机

1. 期货投机的概念

期货投机,是指基于对市场未来价格的预测和判断,买入或卖出某一期货合约,等待价位合适时对冲平仓以获取利润的交易行为。投机交易产生的基础主要是期货交易中实行的保证金制度,即交易者可以用少量本钱来做数倍于本钱的交易,以此来寻求获取高额利润的机会。同时,由于期货市场上商品价格波动非常频繁,获利机会甚多,对参与者也有很强的诱惑力。

2. 期货投机者的类型

根据交易部位,期货投机交易可分为多头期货投机、空头期货投机两类。多头期货投机,是指先买入期货合约,然后等待时机卖空对冲获利;空头期货投机,是指先卖空期货合约,然后等待时机买入对冲获利。根据交易量的大小,期货投机交易者可以分为大投机商和中小投机商。根据应用的价格走势预测方法,期货投机可分为基本分析派和技术分析派。

此外,按照投机者每笔交易的持仓时间,期货投机者可分为一般交易者(长线交易者)、当日交易者(短线交易者)、逐小利者(抢帽子者)和套期图利者。

(1) 一般交易者,又称部位交易者,投机者在买进或卖出期货合约后,通常持仓数日或数周、数月以上,待价格变化有利时,再将合约平仓。

(2) 当日交易者是指持仓时间为1天,即当天买进并卖出的交易者。他们一般对商品价格趋势把握不准,只关心当日行情的变化,随时将期货合约平仓。

(3) 逐小利者又称"抢帽子"交易者,即利用价格频繁波动赚取微利的投机者。和当日交易者一样,这类交易者很少将手中的合约保留到第二天。

在变化莫测的期货市场中,任何想从事当日交易的人都应小心谨慎。当日交易要求时间充足,精神高度集中,一心两用几乎必然导致失败。另外,当日交易代价会较大,短线交易交纳的手续费会很高。但是,尽管存在较大的开支和风险,越来越多的交易商愿意从事当日交易而不是长线交易。

3. 期货投机与赌博的区别

期货市场上的投机行为是市场经济发展的要求和必然结果。从经济角度看,期货投机与赌博截然不同,两者有本质的区别:

(1) 就风险本质而言,赌博是人为地制造出一种风险,参与赌博的风险是由于该赌局的设立而产生的。如果赌局不存在,则风险也将同时消失。而期货投机者所冒的风险本身就已经存在于商品生产和流通过程之中,即使投机者不参与,其风险也是客观存在的。投机者只是风险承担者,而不是制造出风险强加于社会。

(2) 就对社会贡献而言,赌博仅仅是赌博者个人之间的财富转移,它耗费了时间和资源,没有创造出新的价值,对社会没有贡献(但是,经批准注册登记的合法赌场,政府可以征收高额税金,作为财政收入的一项来源,某些国家和地区批准开设赌场的目的亦在于此);而期货投机者的存在承担了交易中的价格风险,加速了资金流转,提高了商品经营的有效性,对社会经济生活有一定的贡献。

4. 期货投机与套期保值的关系

从起源上看,期货市场产生的原因主要在于满足套期保值者转移风险、稳定收入的需要,这也是期货市场的主要经济功能之一。但是,如果期货市场中只有套期保值者,而没有投机者,套期保值者所希望转移的风险就没有承担者,套期保值也不可能实现。可以说,投机的出现是套期保值业务存在的必要条件,也是套期保值业务发展的必然结果。

投机者提供套期保值者所需要的风险资金。投机者用其资金参与期货交易,承担了套期保值者所希望转嫁的价格风险。投机者的参与,增加了市场交易量,从而增加了市场流动性,便于套期保值者对冲其合约,自由进出市场。投机者的参与,使相关市场或商品的价格变化步调趋于一致,从而有利于套期保值者的市场态势。所以,期货投机和套期保值是期货市场的两个基本因素,共同维持期货市场的存在和发展,二者相辅相成,缺一不可。

期货投机与套期保值的区别主要包括:①交易对象不同,投机交易以期货市场为操作对象,一般不涉及现货交割;②交易目的不同,投机交易的交易目的是利用价格波动获利;③交易方式不同,投机交易主要进行短期买空卖空和套利交易,做多做空无固定方向;④承担的风险不同,投机交易是以投机者自愿承担价格波动风险为前提的,风险的大小与投机者收益的多少直接相关。

5. 期货投机交易的基本原理

期货市场中的投机交易在原理上与一般的贸易活动中的投机行为相同,低价时买入,高价时卖出,从价格的差额中获利。期货投机的主要程序包括投机商利用所掌握的市场信息,对市场价格进行预测和判断,在市场行情看涨(看跌)时买入(卖出)合约,然后观察走势,待价位有利时对冲在手合约。

较之期货套利交易,期货投机交易在盈利方式、关注点、交易方式等三方面与其有所区别。在盈利方式上,期货套利交易是从不同的两个期货合约之间或不同市场之间的相对价格差异来获取利润,而期货投机交易只是利用单一期货合约价格的上下波动来获取利润。在关注点上,期货套利关注不同合约或不同市场之间的价差变化,而期货投机关注单一合约的价格变化。在交易方式上,期货套利是同一时间在不同合约之间或不同市场之间进行相反方向的交易,同时扮多头和空头的角色;而期货投机在一段时间内只进行单一方向的买或卖。

较之现货投机交易,期货投机交易的突出优势在于其双向交易机制增加了潜在的获利机会。投机者无须支付与商品全部价值相当的资金,也无须完成商品的储存、运输和交割等过程,而且期货投机既可以做多也可以做空(既可以通过低位买入、高位卖出以获取价差收益,也可以通过高位卖出、低位买入来获取价差收益);而现货投机交易,只能低位买入、高位卖出。

6. 期货投机的功能和作用

期货投机的积极作用主要体现在以下几方面。

(1) 承担价格风险。期货投机者承担了套期保值者力图回避和转移的风险,使套期保值成为可能。

(2) 提高市场流动性。投机者频繁地建立部位,对冲在手合约,增加期期货市场的交易量;这既使套期保值交易容易成交,又能减少由少数交易者进出市场所可能引起的价格波动。

(3) 保持价格体系稳定。各期货市场商品间价格和不同种商品间价格具有高度相关性,投机者的参与,促进了相关市场和相关商品的调节,有利于改善不同地区间价格的不合理状况,改变商品不同时期的供求结构,使商品价格趋于合理;有利于调整某一商品对相关商品的价格比值,使其趋于合理化,保持价格体系的稳定。

(4) 形成合理的价格水平。投机者在价格处于低水平时买进期货,使需求增加,导致价格上涨,在较高价格水平上卖出期货,使需求减少,这样又平抑了价格,使价格波动趋于平稳,从而形成合理的价格水平。

但是,期货投机也存在一定的消极作用。例如说,投机者可能会通过购买大量期货合约进行价格操纵,从而垄断期货市场;如果投机成分过浓,会对市场价格的波动起到推波助澜的作用;投机行为中存在不正当的内幕交易,如经纪商和交易所工作人员的舞弊等等,这对期货市场的健康发展不利。

(二) 期货投机交易的应用

1. 期货投机交易的类型

(1) 多头期货投机,即先买空期货合约,然后等待时机卖空对冲获利。

【例3-7】 一投机商通过分析,预测黄金期货看涨,于是在3月5日买入芝加哥期货交易所6月份黄金期货合约40张,共计4 000盎司,每盎司785美元。

两周后由于俄罗斯等主要生产国宣布当年黄金减产,因而黄金供给趋紧,导致金价上扬,3月22日,CBOT6月份黄金每盎司涨至789美元,该投机商抛出合约对冲。

	交易动作
3月5日	买空6月黄金期货合约40张,价格785美元/盎司
3月25日	卖空6月黄金期货合约40张,价格789美元/盎司
结果	盈利:4美元/盎司

交易商共获利:(389-385)×4 000=16 000美元。

(2) 空头期货投机,即先卖空期货合约,然后等待时机再补进对冲获利。

【例3-8】 某投机商预期原油价格可能下跌,于是在5月20日在纽约商业交易所卖出9月原油期货合约5张,共计50 000桶,每桶价格127.35美元。5天后,由于美国公布的经济不佳,引起油价下跌至每桶123.25美元,该交易商买入合约对冲其卖空合约,其交易情况如下表:

	交易动作
5月20日	卖空9月原油期货合约5张,价格127.35美元/桶
5月25日	买空9月原油期货合约5张,价格123.25美元/桶
结果	盈利4.1美元/桶

该投机商共盈利：(127.35－123.25)×50 000＝205 000美元。

2. 期货投机交易策略

实际交易中,并不是每个人每次都能准确地判断价格走势,有时常常会因为判断失误而导致巨大的亏损。因此,投机者在努力提高判断能力的同时,必须制定完善的交易策略,以减少投机失败带来的损失。投机者能否在投机中取得成功,既取决于其交易技巧、本人经验等,又取决于其正确的交易策略。

主要的期货投机交易策略有：

（1）充分了解所交易的商品和期货合约,知己知彼,百战不殆。投机者是市场信息的搜集者、市场价格变化的预测者、市场价格风险的承担者和市场流动性的制造者,因而首先必须对期货市场和期货合约有深入了解。在买卖合约时,最好只限制在所熟悉的一两种,同时合约数量切忌过多。

（2）确定合理的获利目标和最大亏损程度。价格变化通常是难以十分准确预测的,因此交易者应事先确定获利目标以及所能承受的最大亏损程度。在决定交易时,投机者必须将现实的和潜在的可获利战略相结合,确保获利的潜在可能性大于风险性,也就是潜在的利润大于其风险时才能交易。

（3）确定投入的风险资本,合理运用资金。投机者在确立了获利目标和亏损限度后,还要合理分配用于投机的资金。为降低风险,在手的未平仓合约应限制在自己可以完全掌控的数量之内,并为其他可能出现的新的交易机会留出一定数额的资金；同时要分散资金投入方向,不要把资金集中用于某一笔交易上。另外,只有当最初的交易部位被证明是可以获利的之后,才可以追加投资,并且追加投入的资金数额应低于最初的投入资金额,呈"金字塔形"加码。

（4）保持计划性和灵活性。投机者在交易前应制定切实可行的交易计划。在对冲时要按计划有条不紊地进行。同时,由于市场变化无常,还要具有灵活性和应变能力,做到既按计划行事,又不墨守成规。

第三节 期货的基本定价模型

在考虑期货合约时,应该区分投资资产(investment asset)和消费资产(consumption asset)。投资资产是众多投资者为投资目的而持有的资产,股票及债券显然为投资资产,黄金及白银也是投资资产。注意,投资资产并不是只能用来投资(例如,白银也有一些工业用途),但是这些资产一定要被众多投资者只为投资目的而持有。消费资产被持有的目的主要是为了消费而不是投资,消费资产的实例包括铜、石油及玉米等。

在本节我们将看到,对于投资资产,我们可以从无套利假设出发由现货价格及其他市场变量得出期货的价格,对于消费资产却做不到这一点。

一、不支付收益证券期货合约的价格

(一) 卖空交易

套利策略有时会涉及卖空(short selling)。这一交易策略是指卖出投资者并不拥有的资产。

这种交易对某些资产可行,但并不是对所有资产都可行。我们将以卖空股票来说明如何进行卖空交易。

假定某投资者想通过其经纪人卖空 500 股 IBM 股票,经纪人往往通过借入某位客户的股票,并将股票在交易所进行变卖来执行投资者的指令。投资者可以按其意愿随时持有这一卖空交易,其前提是经纪人可以随时借入股票。在将来某一时刻,投资者可以买入 500 股 IBM 股票并对卖空交易进行平仓,这些买入的股票是用于偿还在此之前借入的股票。当股票价格下跌时,投资者会有所盈利;而当股票价格上涨时,投资者会有所损失。如果经纪人借不到股票,即使投资者不愿意,他也不得不强行平仓。

在卖空交易中,投资者必须向经纪人支付所有的卖空资产的收入。例如,股票的股息和债券的券息等(这些收入是一般情况下卖空资产应得的收入),经纪人会将这些收入转入证券借出方的账户。假设某投资者在 4 月份股价为 120 美元时进入 500 股卖空交易。7 月份当股价为 100 美元时,对交易进行平仓。假定股票在 5 月份支付了 1 美元股息,在 4 月份卖空交易开始时,投资者收到 500×120=60 000 美元。在 5 月份,投资者支付 500×1=500 美元,在 7 月份交易平仓时投资者要支付 500×100=50 000 美元。投资者的净收益为:60 000−500−50 000=9 500 美元。

在卖空交易中,卖空方一定要在经纪人那里开立保证金账户,并在保证金账户中存入现金或其他可变卖证券,该账户是为了保证在股票价格上涨时卖空投资者不会违约,这与前文讨论的期货保证金类似。在账户刚刚开立时,投资者要投入一定的初始保证金,当市场变化对投资者不利时,也就是当借入股票的价格上涨时,投资者要投入附加保证金,投资者投入的保证金并不代表投资费用,因为经纪人会以投资者账户上的数量为基准支付利息,如果支付利息的利率对投资者不可接受,则投资者可在保证金账户中存入可变卖证券(如政府国债),以满足要求。

(二)假设与符号

本节假定,对于某些市场参与者而言,以下假设全部成立:①无交易成本;②对于所有交易净利润使用同一税率;③能够以同样的无风险利率借入及借出资金;④当套利机会出现时,他们会进行套利。

本节我们将要采用以下符号:

T—— 远期及期货的期限(以年为计);

S—— 远期及期货标的资产的现价;

F—— 当前的远期及期货价格;

f—— 远期及期货价值;

r—— 无风险零息年利率,这一利率的期限对应于期货的到期日(即 T 年以后),连续复利。

无风险零息年利率 r 在理论上是指,在无信用风险的前提下(即资金一定全被偿还的情况下),借入及借出资金的利率。

(三)无收益资产的期货价格确定

这里先考虑无收益资产的期货价格确定。无收益资产可以理解为无红利股票、零息债券等。为了给无收益资产进行定价,我们可以构筑两个可比较的组合:组合 A 是 1 单位资产的期货合约多头,单位资产的期货价格为 F;组合 B 是 1 单位标的资产多头组合。如果这两个组合的现值相等,则就可以用一个资产为另一个资产定价了。

组合 A:1 单位资产的远期合约多头(合约价值为 f)+一笔数额为 Fe^{-rT} 的现金。

组合 B:1 单位的标的资产(现价为 S)。

在组合 A 中,由于合约双方确定的 1 单位资产的远期价格为 F,因此现在多头就需要拥有的资金为 Fe^{-rT}。多头需要将 Fe^{-rT} 做无风险投资,这样期末就可以获得资金 F,通过履行合同进而获得 1 单位资产。

可以考虑,在远期合约到期时,两个组合的当前价值相等,即:

$$f + Fe^{-rT} = S \tag{3-1}$$

通常,一个公平的期货价格 F 就是使期货价值 $f=0$ 的交割价格,因此,我们可以得到期货资产价格公式为:

$$F = Se^{rT} \tag{3-2}$$

这符合常理。如果投资者在合约结束时需要持有 1 单位资产,可以选择现在就持有 1 单位现货资产,也可以选择持有 1 单位资产的期货多头(期货价格为 F),在合约到期时再获得资产。从无套利均衡分析方法的角度看,两个组合在未来均是 1 单位的资产,其终值也应该一样,即 $F = Se^{rT}$。

我们可以从套利的角度,再分析以上期货定价公式的合理性。

首先,如果交易对手报出的 T 期限的期货合约交割价格大于现货价格的终值,即 $F > Se^{rT}$,则套利者可以借入资金 S,买入 1 单位标的资产,同时建立一个期货价格为 F 的期货合约空头。等到合约到期时,套利者可以将手中的资产交付出去,获得收入为 F。这时需要归还的资金为 Se^{rT},那么,最后的套利利润将是 $F - Se^{rT}$。

其次,如果交易对手报出的 T 期限的期货合约交割价格小于现货价格的终值,即 $F < Se^{rT}$,则可以签订期货协议以 F 买入期货资产,并以 S 卖空标的资产,卖空资产的收益做无风险投资。在期货合约到期时,无风险投资的收益是 Se^{rT}。我们以其中一部分资金 F 交割买回卖空的资产。最后的套利收益会是 $Se^{rT} - F$。

这样,在套利机制下,金融资产的期货公平价格在合约签订时一定应当为 $F = Se^{rT}$。

(四) 不允许卖空

并不是所有的资产都可以用于卖空交易。但这种情形出现时,对以上结果不会有太多影响。为了导出式(3-2),我们并不需要对资产进行卖空。我们所需要的假设是这种资产必须被相当数量的投资者以投资目的持有(由定义知道,对于某个投资资产,这一假设一定正确)。如果期货价格太低,投资者会卖出资产并进入期货合约的长头寸。

假定某标的资产为黄金,并且假定没有贮存费用及中间收入。如果 $F > Se^{rT}$,投资者可以采取以下交易策略:

(1) 借入 S 数量的美元,利率为 r,期限为 T。
(2) 买入 1 盎司黄金。
(3) 进入规模为 1 盎司的黄金期货的短头寸。

在 T 时刻,1 盎司黄金的期货价格为 F,这时偿还贷款所需资金为 Se^{rT},投资者的盈利为 $F - Se^{rT}$。

接下来假设 $F < Se^{rT}$,这时拥有 1 盎司黄金的投资者可以采取以下交易策略:

(1) 以 S 的价格卖出黄金。
(2) 将所得资金以收益率 r 进行投资,期限为 T。
(3) 进入规模为 1 盎司的黄金期货的长头寸。

在 T 时刻,现金投资会涨至 Se^{rT}。投资者从期货合约中以 F 价格买入黄金,该投资者同一直持有黄金的投资者相比,所得额外盈利为 $Se^{rT} - F$。

类似于以上考虑的无股息股票,我们可以期望期货价格会得到调整以使得以上讨论的两种套利不再存在。这意味着式(3-2)一定成立。

二、支付已知现金收益证券期货合约的价格

(一)已知现金收益证券期货合约的价格

对于债券、股票、股指这些已知收益的金融资产的期货定价来说,也可以利用以上的基本原理进行定价。为此,我们可以构筑两个组合。

组合 A:1 单位资产的期货合约多头(期货价格为 F)+一笔数额为 Fe^{-rT} 的现金。

组合 B:1 单位资产(现价为 S)−期货合约对应的到期日前 1 单位资产所获收益的现值 I。

在组合 B 中,增加了一项内容,即 1 单位资产未来所获得收益的现值 I。这个也很容易理解:因为如果是前述的无收益资产,构筑组合 B 所需要花费的资金是 S;而如果是有收益资产,相当于未来收益的贴现值可以减少现有的构筑成本,这样看来,组合 B 的当前价值是 $S-I$。

在组合 A 中 Fe^{-rT} 可以按照期货约约定的价格 F 在期末买入 1 单位现货资产。很明显,组合 A 和组合 B 的构筑从最终结果上看,均可以持有 1 单位的现货资产。这两个组合在未来均是 1 单位现货资产,市场价值在未来相等。从现值看价值也应相等。也就是说 $Fe^{-rT}=S-I$。这样期货价格应为:

$$F=(S-I)e^{rT} \tag{3-3}$$

需要注意的是,期货合约交易的标的资产如果是债券,则 S 代表发票价格(现金价格),而不是市场上的净价报价,作为交割价格的 F 也是发票价格。这里的发票价格是指买方购买债券实际要支付的价格,即:发票价格=净价报价+应计利息。

其中,应计利息是上一付息日至交割日之间的债券利息。

【例3-9】 假如票面利率为 12% 的国债净价报价为 110.50 元,上一付息日是 99 天之前,下一付息日是 83 天之后。假设收益率曲线平坦,连续复利利率是 5%,国债期货合约到期时间还有 0.5 年,计算国债期货价格。

首先,计算买入债券的应计利息和发票价格 S。上次债券发行方支付利息是在 99 天前,那么债券持有者现在卖出债券时应得到这 99 天的利息。这 99 天的利息和票面利率、天数有关,具体的计算为:99/182×6=3.263 7 元。这样,发票价格=110.50+3.263 7=113.763 7 元。

其次,债券在远期货合约有效期内还会收到 1 次利息,每百元的利息收入是 6 元,6 元的现值是 $6e^{-rT}=6e^{-0.05\times81/365}=5.931\ 4$ 元。

在此基础上,可以计算国债期货价格为:

$$F=(S-I)e^{rT}=(113.763\ 7-5.931\ 4)e^{0.05\times0.5}=110.562\ 1(元)$$

不过,需要注意的是,这里计算的国债期货价格是发票价格,而非期货净价报价。

(二)黄金和白银的期货价格确定

持有黄金和白银并没有收益,但是会产生一定的储藏费用 U,可以看作是持有期间产生的负现金收益。这样,进行期货定价所构筑的可比较组合就会发生一定的变化。

组合 A:一份购买 1 单位黄金的期货合约多头(期货合约中确定的 1 单位黄金的期货价格为 F)+一笔数额为 Fe^{-rT} 的现金。

组合 B:1 单位现货黄金 (S)+黄金储藏成本的现值 U。

组合 B 中,购买 1 单位现货黄金的支出有两部分,一部分是 S,另一部分则是储藏成本。

组合 A 和组合 B 在期货合约结束时均可以获得 1 单位黄金,未来现货市场价值相等。从无套利均衡分析方法的角度看,组合 A 和组合 B 的现值也相等,即 $Fe^{-rT}=(S+U)$。则 1 单位黄金的期货价格为 $F=(S+U)e^{rT}$。

如果期货价格 F 和理论价格 $(S+U)e^{rT}$ 不吻合,交易者会进行套利交易,即当 $F>(S+U)e^{rT}$ 时,套利者需要借入资金买入现货黄金储藏起来,同时卖出期货黄金。在期货合约到期时,将手中的现货黄金交割出去,连本带息归还购买现货黄金和储藏黄金所借入的资金,即 $(S+U)e^{rT}$,所获得的利润是 $F-(S+U)e^{rT}$。当 $F<(S+U)e^{rT}$ 时,套利者需要卖出手中的现货黄金,将所得资金做无风险投资,同时买入期货黄金。在期货合约到期时,用投资所得资金交割买入现货。在此过程中,需要注意卖出现货黄金后,节约的储藏成本相当于增加了一份收入。因此,所获得套利利润是 $(S+U)e^{rT}-F$。

在套利交易的驱使下,将使等式 $F=(S+U)e^{rT}$ 成立。

【例 3-10】 假如黄金现货的价格是 245 元/克,储藏费用比率为每年 0.1%(国际上的黄金储藏费用比率通常为黄金价值的 0.05%~0.1%)。储藏费用立即支付。6 个月的无风险利率为 3.5%(假定该利率为 6 个月期的 SHIBOR,这一利率是连续复利利率)。根据这些条件,可以计算 6 个月后到期的黄金期货价格,即:

$$F=(S+U)e^{rT}=(245+245\times 0.1\%/2)e^{0.035\times 6/12}=249.449\,9\,(\text{元}/\text{克})$$

我们可以借此例子,对期现套利做具体化分析。

情形 1:如果市场上 6 个月后到期的黄金期货价格是 270 元/克。这时,套利者会设法套取期货和现货之间的价差利润。基本的手法如下:

第一步,借入资金,以 245 元/克的价格买入 1 000 克黄金并支付储藏费用,同时以 270 元/克的价格卖出 6 个月后到期的黄金期货。

在此过程中,需要借入的资金包含两个部分:①借入 245 000 元用以买入黄金;②借入 245 000×0.1%/2=122.5 元的资金用以支付储藏费用。这样一共需要借入 245 122.5 元。

第二步,在期货到期时将事先买入的黄金交割出去,这样可以获得收入 270 000 元。

(为方便分析,这里没有考虑交易佣金、交割成本、保证金成本等内容)。套利者可以利用这笔收入偿还借入的资金。由于最初借入了 245 122.5 元,因此需要归还银行:245 122.5× $e^{0.035\times 6/12}$ = 249 449.895 1 元。这时,可以获得的套利利润是:270 000−249 449.895 1 = 20 550.104 9 元。

情形 2:如果市场上的 6 个月后到期的黄金期货价格是 240 元/克,套利者可以采用的套利方法如下:

第一步,以 245 元/克卖出 1 000 克黄金现货,将所获得的资金进行无风险利率投资;同时以 240 元/克买入 1 000 克的 6 个月后的到期黄金期货。

第二步,在期货到期时,交割买回黄金。这笔套利的具体收益计算如下:

卖出 1 000 克黄金获得收入是 245 000 元,以无风险利率投资半年后的终值是:

$$245\,000\times e^{0.035\times 6/12}=249\,325.232\,5\,(\text{元})$$

由于卖出黄金,套利者节省的储藏费用的终值是:

$$122.5\times e^{0.035\times 6/12}=124.662\,6\,(\text{元})$$

这相当于套利者在半年后的收入是 249 449.895 1 元。套利者可以用这笔资金交割买回 1 000 克黄金,最后可获取的利润是:249 449.895 1−240 000=9 449.895 1 元。

三、支付已知收益率证券期货合约的价格

现在考虑期货合约的标的资产支付一个已知的收益率,而非既定现金收入的情形。这意味

着在中间收入支付时,其数量是资产价格的一定比例。假定某资产预计支付的收益率为5%,这可能意味着资产每年支付一次收入,其收入为资产价格的5%(这时收益率为每年复利);也可能意味着收入支付为一年两次,每次支付收入的数量等于资产价格的2.5%(这时收益率为每年复利两次)。

定义q为资产在期货期限内的平均年收益率,计算形式为连续复利。我们可以证明:

$$F = Se^{(r-q)T} \tag{3-4}$$

【例3-11】 考虑一份6个月期的期货合约,合约标的资产在6个月期限内预计提供的中间收入等于资产价格的2%。连续复利的无风险利率为10%,资产价格为25美元,此时$S=25$,$r=0.10$,$T=0.5$,收益率为每年4%(半年复利一次)。这一收益率在连续复利情形下为3.96%。因此$q=0.0396$。由式(3-4)得出,远期价格为:

$$F = 25e^{(0.10-0.0396) \times 0.5} = 25.77(\text{美元})$$

 立德树人思考

我国对外开放效果显著

"十三五"以来,我国坚持以开放促改革、促发展、促创新,不断完善市场配置资源新机制,探索开放型经济运行管理新模式,培育参与国际经济合作竞争新优势,构建互利共赢、多元平衡、安全高效的开放型经济新体制。

第一,利用外资规模和质量效益同步提升。我国不断完善准入前国民待遇加负面清单管理制度,放宽市场准入,扩大服务业开放,加强创新能力开放合作。同时,深化"放管服"改革,不断优化竞争公平、服务高效的营商环境,进一步增强了外商投资信心,我国营商环境世界排名由第78位上升到第31位,截至2019年累计实际利用外资超过2.2万亿美元。2020年我国成功应对新冠肺炎疫情冲击,引资规模创历史新高,实际利用外资1 443.7亿美元,增长4.5%;利用外资结构持续优化,高技术产业、高技术服务业吸收外资分别增长11.4%和28.5%,其中,研发与设计、科技成果转化分别增长78.8%、52.7%。我国超大规模市场给跨国公司带来了强大吸引力,2/3以上的外资企业持续盈利。

第二,"走出去"步伐更加坚实稳健。随着我国综合国力大幅跃升,国际产能合作持续推进,企业国际化经营水平显著提升,企业对外直接投资稳步发展。我国不断规范发展企业对外投资,引导境外投资企业支持东道国可持续发展,遵守国际通行规则。2020年我国对外全行业直接投资1 329.4亿美元,同比增长3.3%。2019年年末,我国对外直接投资存量近2.2万亿美元,较2015年年末翻一番。对外投资结构不断优化,租赁和商务服务、批发零售、金融、信息传输、制造和采矿等六大领域对外直接投资存量占80%以上。非公有经济控股主体已经成为我国对外投资的半壁江山,其中2019年对外投资占比达50.3%。国际并购日趋活跃,成为企业配置全球资源、实现国际化发展的重要方式。

第三,对外贸易国际竞争力显著提升。我国坚持自主创新战略,推动贸易高质量发展。在货物贸易方面,通过实施"五个优化""三项建设",培育255家外贸转型升级基地,设立105个跨境电商综试区等措施,同时多次下调进口关税,促进货物贸易由"大进大出"向"优进优出"转变。我国连续多年居货物贸易世界第一位。2020年我国在全球贸易大幅萎缩的情况下货物进出口总额32.16万亿元,增长1.9%。国际市场布局日趋多元化,2020年我国前五大贸易伙伴依次为东盟、欧盟、美国、日本和韩国,对上述贸易伙伴进出口分别增长7%、5.3%、8.8%、1.2%和0.7%。跨境电商、外贸综合服务、市场采购贸易等贸易新业态快速成长,2019年新业态进出口规模相当于2016年的3倍。2020年跨境电商进出口1.69万亿元,增长31.1%,促进了我国贸易增长。在服务贸易方面,我国不断完善服务贸易政策促进体系,放宽服务业市场准入,提升服务贸易便利化水平,促进数字贸易新业态发展,共设立全国服务贸易创新试点28个、服务外包示范城市31个、数字服务出口基地12个。服务贸易已经成为引领外贸转型升级的重要力量,我国连续多年位居服务贸易世界第二大国地位。

第四,"一带一路"国际市场新空间不断拓展。截至2020年年底,我国与138个国家和31个国际组织签署203份共建"一带一路"合作文件,战略对接、经贸合作以及科技、教育、文化、卫生等交流合作不断增强。2020年我国与"一带一路"沿线国家的货物贸易额1.35万亿美元,总量占比29.1%;我国企业在"一带一路"沿线对58个国家非金融类直接投资177.9亿美元,增长18.3%,总量占比16.2%,提升2.6个百分点;我国企业在"一带一路"沿线完成对外承包工程营业额911.2亿美元,总量占比58.4%。我国与沿线国家在港口、铁路、公路、航空、通信及电力、油气、新能源等基础设施和能源领域进行广泛合作,与40多个国家签署了产能合作协议。同时,与法国、日本等14个国家建立了第三方市场合作机制。

第五,自由贸易试验区和海南自由贸易港成为高水平对外开放新高地。目前,我国共设立21个自贸试验区,在对接高水平国际经贸规则、推动贸易投资自由化便利化、促进服务贸易创新发展、建设国际一流营商环境等方面不断探索,累计形成超过200项制度创新成果在全国复制推广。2018年4月,党中央决定支持海南逐步探索、稳步推进中国特色自由贸易港建设,分步骤、分阶段建立自由贸易港政策和制度体系,对于建设更高水平开放型经济新体制具有重要战略意义。海南将在贸易自由便利、投资自由便利、跨境资金流动自由便利、人员进出自由便利、运输来往自由便利、数据安全有序流动方面对接国际规则,逐步建立与高水平自由贸易港相适应、具有国际竞争力的税收制度,打造引领我国新时代对外开放的鲜明旗帜和重要开放门户。

第六,面向全球的自由贸易区网络不断拓展。目前,我国已与26个国家和地区相继签署了19个自贸协定,成为我国参与区域经贸合作的重要平台。尤其是2020年区域全面经济伙伴关系协定(RCEP)签署和中欧投资协定谈判正式完成,标志着我国自贸区战略取得重大突破。RCEP将促进亚洲区域供应链和价值链深度融合,为区域经济一体化注入强劲动力。中欧投资协定作为高标准协定将为双边企业投资合作开辟更广阔的市场,创造更优营商环境。

(中国发展网,2021年3月10日)

思考:

1. 谈一谈中国"一带一路"取得了哪些成就。
2. 我国对外开放取得重大成效,对我国经济的发展意义有哪些?

本章小结

1. 期货合约是指交易双方约定在未来某一特定时间,按约定条件买卖一定标准数量和质量资产的合约标的物的一种标准化协议。

2. 与普通的远期合约相比,期货合约在合约规模、交割时间、交割地点、最小变动价位及每日价格波动幅度方面有明确的规定。

3. 期货市场由交易所、清算所、交易者、期货公司组成。

4. 期货市场的管理体系包括:政府监管、行业自律管理、期货市场内部自律化管理。

5. 期货交易是通过交易者、期货公司、期货交易所和结算所这4个组成部分的有机联系进行的。

6. 为了对期货市场的高风险实施有效的控制，期货交易所制定了一系列的交易制度，如当日无负债结算制度、保证金制度、涨跌停板制度、持仓限额制度、大户报告制度、强行平仓制度、风险警示制度。

7. 期货交易主要有套期保值、套利和投机交易3种类型。

8. 可以利用无套利定价法为期货定价。

练习题

一、单选题

1. 期货市场为生产经营者提供了规避、转移或分散(　　)的良好途径。
   A. 信用风险　　　B. 经营风险　　　C. 价格风险　　　D. 投资风险

2. 期货合约是指由期货交易所统一制定的，规定在将来某一特定时间和地点交割一定数量和质量商品的(　　)。
   A. 非标准化合约　B. 口头合约　　　C. 书面合约　　　D. 标准化合约

3. 在芝加哥交易所按2005年10月的期货价格购买1份美国中长期国债期货合约，如果期货价格上升2个基点，到期日你将(　　)。
   A. 盈利20美元　　　　　　　　　　B. 损失20美元
   C. 损失2 000美元　　　　　　　　D. 盈利2 000美元

4. 当1份期货合约在交易所交易时，未平仓合约数会(　　)。
   A. 增加1份　　　　　　　　　　　B. 减少1份
   C. 不变　　　　　　　　　　　　　D. 以上都有可能

5. 下列不能利用套期保值交易进行规避的风险是(　　)。
   A. 农作物减产造成的粮食价格上涨
   B. 原油供给的减少引起的制成品价格上涨
   C. 利率上升使得银行存款利率提高
   D. 粮食价格的下跌使得买方拒绝付款

6. 期货合约中的唯一变量是(　　)。
   A. 价格　　　　　B. 数量　　　　　C. 质量　　　　　D. 交割月份

7. 在美国期货市场中，(　　)是指接受客户委托，代理客户进行期货、期权交易，并收取交易佣金的中介组织。
   A. 期货交易顾问　B. 期货佣金商　　C. 场内经纪人　　D. 助理中介人

8. 涨跌停板一般是以和约上一交易日的(　　)为基准确定的。
   A. 收市价　　　　B. 结算价　　　　C. 最高价　　　　D. 最低价

9. 在期货交易中，由于每日结算价格的波动而对保证金进行调整的数额称为(　　)。
   A. 初始保证金　　B. 维持保证金　　C. 变动保证金　　D. 以上均不对

10. 全球最著名、最普及的股指期货合约是(　　)。
    A. 标准普尔500指数期货合约　　　　B. 金融时报指数期货合约
    C. 纽约证交所综合指数期货合约　　　D. 道·琼斯指数期货合约

11. 利用预期利率的上升，一个投资者很可能(　　)。
    A. 在小麦期货中做多头　　　　　　　B. 出售美国中长期国债期货合约
    C. 买入标准普尔指数期货合约　　　　D. 在美国中长期国债中做多头

12. 若一种可交割债券的息票率高于期货合约所规定的名义息票率,则其转换因子(　　)。
    A. 大于1　　　B. 等于1　　　C. 小于1　　　D. 不确定

二、简答题

1. 远期合约与期货合约的相同和不同之处分别是什么?它们各自有哪些优点?
2. 请说明保证金和逐日结算制度是如何使期货交易者免于违约的。
3. 期货市场的主要功能有哪些?
4. 实物交割和现金结算有什么主要区别?哪些期货合约适宜现金结算?
5. 阐述股指期货的交易特征。
6. 期货交易的结清方式有哪些?

三、计算题

1. 一位投资者买了10份标准普尔500指数期货合约。3月10日该期货的结算价格为997.40,保证金账户的余额为86 450美元。3月11日该指数期货的结算价格为996.20,则当日的保证金账户余额为多少?
2. 一个投资者买入了2份冷冻橙汁期货合约,每份合约的合约规模为15 000磅。当前期货价格为每磅170美分;每份期货合约的初始保证金都为6 000美元,维持保证金都为4 500美元。价格如何变化会导致保证金催付?在什么情况下,可以从保证金账户中提取1 500美元?

第四章 商品期货

【本章提要】

商品期货交易是在现货交易基础上发展起来的,通过在期货交易所内成交标准化期货合约的一种新型交易方式。本章将介绍商品期货交易的各种基本情况,主要包括套期保值、套利交易,以及商品期货定价的原理和方法。

【学习目标】

1. 掌握商品期货交易的特征和程序。
2. 了解国内外主要商品期货交易中心基本情况。
3. 理解基差与套期保值的关系,掌握商品期货最优套期保值比率的计算及其应用。
4. 掌握4种商品期货套利方法。
5. 掌握商品期货定价的原理和方法。

【思政理念】

1. 坚持中国绿色经济发展道路。
2. 学习中国传统文化。
3. 警惕各种期货骗局。

【案例导读】

江西铜业2008年报披露,由于投资收益损失和存货跌价准备计提,2008年尽管其营业收入同比增长24.54%,至539.72亿元,但净利润却同比减少了49.60%,只有23亿元。导致江西铜业2008年净利润下滑的重要因素之一,是其在投资收益方面的损失。根据江西铜业的财务报告,其非有效套期保值的公允价值变动损失为3.913 17亿元,非有效套期保值投资损失为9.721 77亿元,截至2008年年底套保方面的已实现损失和未实现损失约为13.6亿元。另外,在不符合套期保值会计的未平仓商品期货合约,以及嵌入式衍生金融工具的公允价值变动方面,江西铜业的损失也同比增加了1.1亿元。

对于江西铜业在铜期货市场的巨额亏损,市场上对其交易策略的质疑主要集中于两个方面:第一,江西铜业的套期保值头寸为何是净多头;第二,该公司"买伦敦、卖上海"的交易策略是保值还是投机。带着这些问题,我们一起来学习商品期货的内容。

第一节 商品期货交易概述

一、商品期货交易的产生与发展

现代期货交易产生于19世纪中期的美国芝加哥。芝加哥是仅次于纽约和洛杉矶的美国第三大城市,芝加哥南面是美国的主要产粮区,所以芝加哥是美国农产品的集散地。当时由于粮食生产的季节性所带来的谷物供求之间的尖锐矛盾,使得谷物商和农场主承受了巨大的价格风险。于是,1848 年芝加哥的 82 位商人发起并组建了芝加哥期货交易所(Chicago Board of Trade, CBOT),给交易者提供了一个集中见面寻找交易对手的场所,交易双方通过签订远期合同,以事先确定销售价格,确保利润。1865 年,芝加哥期货交易所又推出了标准化的协议,将除价格以外所有的合同要素标准化,同时又实行保证金制度,交易所向立约双方收取保证金,做出履约保证。远期交易也随之发展成了现代期货交易。CBOT 通常被视为世界上第一个现代意义上的期货交易所,也是目前世界上最大的商品期货交易所。

商品期货是指标的物为实物商品的期货合约,也是最早的期货交易品种。其种类繁多,主要包括农副产品、金属产品、能源产品等几大类,是关于买卖双方在未来某个约定的日期以签约时约定的价格买卖某一数量的实物商品的标准化协议。商品期货交易,是在期货交易所内买卖特定商品的标准化合同的交易方式。

二、商品期货交易的特征和操作程序

商品期货交易是指交易双方在期货交易所买卖商品期货合约的交易行为。期货交易是在现货交易基础上发展起来的、通过在期货交易所内成交标准化期货合约的一种新型交易方式。交易遵从"公开、公平、公正"的原则。买入期货称"买空"或称"多头",亦即多头交易;卖出期货称"卖空"或"空头",亦即空头交易。期货交易的买卖又称在期货市场上建立交易部位,买空称作建立多头部位,卖空称作建立空头部位。开始买入或卖出期货合约的交易行为称为"开仓"或"建立交易部位",交易者手中持有合约称为"持仓",交易者了结手中的合约进行反向交易的行为称"平仓"或"对冲",如果到了交割月份,交易者手中的合约仍未对冲,那么,持空头合约者就要备好实货准备提出交割,持多头合约者就要备好资金准备接受实物。一般情况下,大多数合约都在到期前以对冲方式了结,只有极少数要进行实货交割。

(一) 期货交易的基本特征

为了使期货合约这种特殊的商品便在市场中流通,保证期货交易的顺利进行和健康发展,所有交易都是在有组织的期货市场中进行的。因此,期货交易便具有以下一些基本特征。

1. 合约标准化

期货交易具有标准化和简单化的特征,期货交易通过买卖期货合约进行,而期货合约是标准化的合约。这种标准化是指进行期货交易的商品的品级、数量、质量等都是预先规定好的,只有价格是变动的。这是期货交易区别于现货远期交易的一个重要特征。期货合约标准化大大简化了交易手续,降低了交易成本,最大限度地减少了交易双方因对合约条款理解不同而产生的争议与纠纷。

表 4-1 以芝加哥期货交易所(CBOT)的小麦期货合约为例,具体分析期货合约的各项标准化条款。

表 4-1　CBOT 小麦期货合约

交易单位	5 000 蒲式耳
最小变动价位	每蒲式耳 1/4 美分(每份合约 12.5 美元)
每日价格最大波动限制	每蒲式耳不高于或低于上一交易日结算价格 30 美分(每份合约 1 500 美元),现货月份无限制
合约月份	7 月、9 月、12 月,次年 3 月、5 月

(续表)

交易时间	芝加哥时间上午9:30~下午1:15,到期合约最后交易日交易截止时间为当日中午
最后交易日	合约月份15日的前一个交易日
交割等级	2号软红麦、2号硬红冬麦、2号黑北春麦和1号北春麦。其他替代品种的价格差距由交易所规定

资料来源:CBOT网站 http://www.cbot.com。

(1) 交易单位条款。每种期货合约都规定了统一的、标准化的数量和数量单位,统称"交易单位"或"合约规模"。例如,CBOT规定小麦期货合约的交易单位为5 000蒲式耳(每蒲式耳小麦约为27.24千克),每张小麦期货合约都是如此。如果交易者在该交易所买进1张(也称1"手")小麦期货合约,就意味着在合约到期日需买进5 000蒲式耳小麦。

(2) 质量和等级条款。期货合约通常都规定了统一的、标准化的质量等级,一般采用被国际上普遍认可的商品质量等级标准。例如,CBOT的小麦期货合约的交割等级就分4种:2号软红麦、2号硬红冬麦、2号黑北春麦和1号北春麦,其他替代品种的价格差距则由交易所规定。

(3) 交割期条款。期货合约对进行实物交割的月份也会做具体的规定,通常会规定几个不同的合约月份(即交割月份)供交易者选择。同时,交易所还必须指定在交割月份中可以进行交割的时间。对于许多期货合约,交割日期可以是整个交割月,具体在哪一天交割,则由空方选择。例如,CBOT为小麦期货合约规定的交割月份就有每年的7月、9月、12月,以及次年的3月和5月,交易者可自行选择交割月份进行交易,交割可以在交割月份的任何一个营业日内进行。这意味着,如果交易者买进某个月份的期货合约,那么,他就必须要么在该合约到期之前平仓结清头寸,要么则必须在合约到期时进行实物交割。

(4) 交割地点条款。期货合约通常还会为实物交割指定统一的实物商品交割仓库,以保证实物交割的正常进行。当可供选择的交割地点不止一个时,空方收取的价款有时会根据他所选择的交割地点进行调整。例如,CBOT小麦期货合约中,交割地点可以是芝加哥、托莱多或俄亥俄,买者可凭从卖者那收到的仓单到交割仓库中提取交割的小麦。

(5) 最小变动价位条款。期货合约中通常也规定了最小的价格波动值,即最小变动价位或称为"刻度值"(tick size)。期货交易中买卖双方每次报价时价格的变动必须是最小变动价位的整数倍。对CBOT的小麦期货合约而言,1个最小变动价位就是每蒲式耳为1/4美分,每份合约的规模为5 000蒲式耳,因此每份合约的最小变动价位就是12.50美元。

(6) 每日价格最大波动幅度限制条款。为了缓解突发事件或过度投机对市场造成的冲击,防止价格波动幅度过大使交易者蒙受过多的损失,维持市场的稳定性,交易所通常也对期货合约规定了每日价格最大波动限制,即交易日期货合约的成交价格不能高于或低于该合约上一交易日结算价的一定幅度,达到该幅度则暂停该合约的交易。例如,CBOT小麦合约每天的交易价格每蒲式耳不得高于或低于前一交易日结算价30美分,即每份合约1 500美元。

(7) 最后交易日条款。指期货合约停止买卖的最后截止日期。每种期货合约都有一定的月份限制,到了合约月份的一定日期,就要停止合约的买卖,准备进行实物交割。例如,CBOT规定,小麦期货的交易时间是每个交易日从芝加哥时间早上9:30到下午1:15,但到期合约最后交易日交易截止时间为当日中午。小麦合约的最后交易日为合约月份15日的前一个交易日。

尽管这些规定看起来似乎是对期货交易的高度限制,但实际上,正是由于期货合约的高度标准化,有助于市场参与者了解所交易的商品,也有助于期货合约的流通,从而大大促进了期货交易的发展。表4-2、表4-3给出了上海期货交易所天然橡胶合约的标准化细节。

表 4-2 上海期货交易所天然橡胶标准合约

交易品种	天然橡胶
交易单位	5 吨/手
报价单位	元(人民币)/吨
最小变动价位	5 元/吨
每日价格最大波动限制	不超过上一交易日结算价±3%
合约交割月份	1月、3月、4月、5月、6月、7月、8月、9月、10月、11月
交易时间	上午 9:00～10:15，10:30～11:30 下午 1:30～2:10，2:20～3:00
最后交易日	合约交割月份的 15 日(遇法定节假日顺延)
交割日期	合约交割月份的 16 日至 20 日(遇法定节假日顺延)
交割等级	标准品：1. 国产一级标准橡胶(SCR5)，质量符合国标 GB 8081～8090—87 2. 进口 3 号烟胶片(RSS3)，质量符合《天然橡胶等级的品质与包装国际标准(绿皮书)》(1979 年版)
交割地点	交易所指定交割仓库
交易保证金	合约价值的 5%
交易手续费	不高于成交金额的 1.5‰(含风险准备金)
交割方式	实物交割
交易代码	RU
上市交易所	上海期货交易所

表 4-3 天然橡胶期货合约交易保证金一览表

		某一期货合约持仓量 X (万手)			交割月份的第一个交易日起	交割月份的第六个交易日起	交割月份的最后交易日前一个交易日起
天然橡胶交易保证金比例		X>16	14<X≤16	12<X≤14			
	投机	20%	14%	12%	10%	15%	20%
	保值	20%	14%	12%	10%	10%	10%

2. 场所固定化

期货交易具有组织化和规范化的特征。期货交易是在依法建立的期货交易所内进行的，一般不允许进行场外交易，因此期货交易是高度组织化的。期货交易所是买卖双方汇聚并进行期货交易的场所，是非营利组织，旨在提供期货交易的场所与交易设施，制定交易规则，充当交易的组织者，本身并不介入期货交易活动，也不干预期货价格的形成。

3. 结算统一化

期货交易具有付款方向一致性的特征。期货交易是由结算所专门进行结算的，所有在交易所内达成的交易，必须送到结算所进行结算，经结算处理后才算最后达成，才成为合法交易。交易双方互无关系，都只以结算所作为自己的交易对手，只对结算所负财务责任，即在付款方向上，都只对结算所，而不是交易双方互相往来款项。这种付款方向的一致性大大地简化了交易手续和实货交割程序，而且也为交易者在期货合约到期之前通过做对冲操作而免除到期交割义务创造了可能。国际上第一个真正的结算所于1891年在明尼阿波利斯谷物交易所出现,并建立了严格的结算制度。

4. 交割定点化

期货交易实物交割只占一定比例,多以对冲了结。期货交易的对冲机制免除了交易者必须进行实物交割的责任。国外成熟的期货市场的运行经验表明,由于在期货市场进行实物交割的成本往往要高于直接进行现货交易的成本,故包括套期保值者在内的交易者多以对冲了结手中的持仓,最终进行实物交割的只占很小的比例。期货交割必须在指定的交割仓库进行。

5. 交易经纪化

期货交易具有集中性和高效性的特征。这种集中性是指期货交易不是由实际需要买进和卖出期货合约的买方和卖方在交易所内直接见面进行交易,而是由场内经纪人即出市代表代表所有买方和卖方在期货交易场内进行,交易者通过下达指令的方式进行交易,所有的交易指令最后都由场内出市代表负责执行。其交易简便,寻找成交对象十分容易,交易效率高,表现出高效性的特征。集中性还表现为一般不允许进行场外私下交易。

6. 保证金制度化

期货交易具有高信用的特征。这种高信用特征集中表现为期货交易的保证金制度。交易者在进入期货市场开始交易前,必须按照交易所的有关规定交纳一定的履约保证金,并应在交易过程中维持一个最低保证金水平,以便为所买卖的期货合约提供一种保证。保证金制度的实施,不仅使期货交易符合"以小博大"的杠杆原理,吸引众多交易者参与,而且使得结算所为交易所内达成并经结算后的交易提供履约担保,确保交易者能够履约。

7. 商品特殊化

期货交易对期货商品具有选择性。期货商品具有特殊性,许多适宜于用现货交易方式进行交易的商品,并不一定适宜于期货交易。这就是期货交易对于期货商品所表现出的选择性特征。适合做商品期货的商品需满足以下特点:①质量等级易于划分;②易于储存和运输;③价格波动大,有避险需求;④交易规模大,交易者众多。

(二)期货交易的基本操作程序

期货交易的完成是通过期货交易所、结算所、经纪公司和交易者这4个组成部分的有机联系进行的。

客户进入期货市场后,选择经纪公司和经纪人,具备开户条件,完成入市准备和开户程序后办理开户。当客户与经纪公司的代理关系正式确立后,就可根据自己的要求向经纪公司发出交易指令。经纪公司接到客户的交易订单后,须立即通知该公司驻交易所的出市代表,并记下订单上的内容,交给该公司收单部。出市代表根据客户的指令进行买卖交易。目前国内一般采用计算机自动撮合的交易方式。结算所每日结算后,以书面形式通知经纪公司。经纪公司同样向客户提供结算清单。若客户提出平仓要求,过程同前,最后,由出市代表将原持仓合约进行对冲(平仓),经纪公司将平仓后的报表送给客户。若客户不平仓,则实行逐日盯市制度,按当天结算价结算账面盈利时,经纪公司补交盈利差额给客户。如果账面亏损时,客户须补交亏损差额。直到客户平仓时,再结算实际盈亏额。最后对在交割日前未平仓的期货进行交割。

卖方交割流程为:交割预报——货物入库(交割仓库验收)——交割仓库或指定质检机构检验——交割仓库开具《标准仓单注册申请表》——到交易所办理标准仓单注册——到交易所交仓单——参与交割,获得货款和开具增值税发票。

买方交割基本流程为:交货款——领取《标准仓单持有凭证》——注销标准仓单,领取《提货通知单》——凭《提货通知单》到交割仓库办理出库手续—商品出库。交割货款结算实行一收一付、先收后付的原则,其交割货款的收付有两种方式:内转和银行划转。

(三)具体交易时间

以中国期货交易所为例。上海期货交易所、大连商品交易所、郑州商品交易所交易时间为每星期一至星期五,交易时间如表4-4所示。

表4-4 中国期货交易所交易时间表

	上交所	大交所	郑交所
集合竞价	8:55～8:59	8:55～8:59	8:55～9:00
撮合	8:59～9:00	8:59～9:00	8:59～9:00
连续交易	9:00～10:15 10:30～11:30 13:30～15:00	9:00～10:15 10:30～11:30 13:30～15:00	9:00～10:15 10:30～11:30 13:30～15:00
黄金白银夜盘	21:00～02:30		

注:客户下单时间为集合竞价时间和正常交易时间。在8:59～9:00竞价结束时间和交易所休市期间下单,交易系统将不接受指令,并视之为废单。

三、世界主要的商品期货交易所

在经济全球化的影响下,交易所之间出现了多次的合并和重组。世界上有影响力的商品期货交易所如表4-5所示。

(一)美国市场

美国市场的主要商品期货交易所包括芝加哥期货交易所(CBOT,以农产品和国债期货见长,2006年被CME并购)、芝加哥商品交易所(CME,因畜产品、短期利率欧洲美元产品以及股指期货而出名)、纽约商业交易所(NYMEX,以石油和贵金属最为出名)。

(二)英国市场

英国市场的主要商品期货交易所包括伦敦金属交易所(LME,主要交易基础金属)、国际石油交易所(IPE,主要交易布伦特原油等能源产品)、伦敦国际金融期货交易所(LIFFE,为美国以外最大的金融期货交易中心)。

(三)亚太市场

亚太市场的主要商品期货交易所包括东京工业品交易所(TOCOM,主要是能源和贵金属期货)、东京谷物交易所(TGM,主要是农产品期货)、香港期货交易所[HKFE,1976年12月成立,1977年5月营业,主要合约品种类型经历了从棉花、原糖、大豆(1979年),到黄金(1982年),再到金融期货(1986年)的演变]。

表4-5 世界主要期货交易所

交易所及其建立时间	主要合约类型			
	商品期货	外汇期货	利率期货	股指期货
芝加哥期货交易所(CBOT) 1848年	√		√	√
芝加哥商业交易所(CME) 1919年	√	√	√	√
堪萨斯市交易所(KCBT) 1856年	√			√

(续表)

交易所及其建立时间	主要合约类型			
	商品期货	外汇期货	利率期货	股指期货
纽约商业交易所(NYMEX) 1872年	√			√
伦敦国际金融期货交易所(LIFFE) 1982年	√		√	√
伦敦金属交易所(LME) 1877年	√			
法国国际期货交易所(MATIF) 1986年	√		√	√
多伦多期货交易所(TFE) 1983年				√
悉尼期货交易所(SFE) 1972年	√		√	√
东京谷物交易所(TGM) 1952年	√			
东京证券交易所(TSE) 1949年			√	√
新加坡国际货币期货交易所(SIMEX) 1984年	√	√	√	√
香港期货交易所(HKFE) 1977年	√	√	√	√

资料来源:根据各期《华尔街日报》整理而得。

四、我国商品期货交易中心

经国家审批确认的期货交易所包括上海期货交易所、大连商品交易所、郑州商品交易所和广州期货交易所,各所主要上市交易品种如表4-6所示。

表4-6 中国主要期货交易所上市交易品种

交易所	上市交易品种					
上海商品交易所	铜	铝	锌	天然橡胶	燃料油	黄金
	螺纹钢	白银	沥青	铅	线材	热卷
大连商品交易所	大豆	豆油	豆粕	玉米	LLDPE	棕榈油
	PVC	焦炭	焦煤	铁矿石	鸡蛋	胶合板
郑州商品交易所	小麦	棉花	白糖	菜籽油	PTA	籼稻
	甲醇	玻璃	菜籽	菜粕	动煤	粳稻

资料来源:Wind。

(一)上海期货交易所

上海期货交易所于1998年由上海金属交易所、上海商品交易所和上海粮油交易所合并而成,主要上市交易品种有铜、铝和天然胶。

(二)大连商品交易所

大连商品交易所于1993年11月成立,主要上市交易品种有大豆、豆粕。

(三)郑州商品交易所

郑州商品交易所于1993年成立,是我国第一个从事以粮油交易为主,逐步开展其他商品期货交易的场所,她的前身是中国郑州粮食批发市场,主要上市交易品种有小麦、优质强筋小麦。

(四)广州期货交易所

广州期货交易所于2021年4月19日挂牌成立。2021年5月,广州期货交易所两年期品种计划获中国证监会批准,明确将16个期货品种交由广期所研发上市,包括碳排放权、电力等事关国民经济基础领域和能源价格改革的重大战略品种,中证商品指数、能源化工、饲料养殖、钢厂利润等商品指数类创新型品种,工业硅、多晶硅、锂、稀土、铂、钯等与绿色低碳发展密切相关的产业特色品种,咖啡、高粱、籼米等具有粤港澳大湾区与"一带一路"特点的区域特色品种,以及国际市场产品互挂类品种。

第二节　商品期货的套期保值

期货交易和套期保值是商品交换发展到一定阶段的必然结果。为了满足对未来商品进行交换的需求,产生了期货交易;为了减少未来商品价格波动带来的风险,产生了套期保值的交易方式。套期保值是期货市场的基本功能之一,是期货市场产生和发展的基础。随着期货交易的发展,套期保值的内涵在不断地演化,经历了从传统概念的套期保值到基差逐利型套期保值,再到组合投资概念的现代套期保值的过程。

套期保值交易的目的是规避现货市场价格波动的风险,其中的基本原理在于:①在正常市场条件下,某一特定基础资产的期、现价格在同一供求关系的影响下,二者的价格变动趋势相同;②期货合约到期必须进行交割的制度规定,必然使得同一资产的期、现价格具有趋同性,即在期货合约临近到期时,期现价格的差异接近零。因此,如果同时在期货、现货两市场中进行相反的操作,必然会产生相互冲销的效果。套期保值实质上是一种对冲交易,是在"现货"与"期货"之间、近期和远期之间建立一种对冲机制,以使价格风险降低到最低限度。

一、套期保值类型

商品套期保值是指利用期货合约作为将来在现货市场上买卖商品的临时替代物,对其现在买进准备以后售出商品或对将来需要买进商品的价格进行保险的交易活动。以套期保值者在期货市场上的买卖方向,套期保值可分为买入套期保值和卖出套期保值两种基本类型。

(一)买入套期保值

"买入套期保值"又称"多头套期保值",是在期货市场购入期货,用期货市场多头保证现货市场的空头,以规避价格上涨的风险。其持有多头头寸,来为交易者将要在现货市场上买进的现货商品保值,因此又称为"多头保值"或"买空保值"。

买入套期保值的目的是为了防止日后因价格上升而带来的亏损风险。这种用期货市场的盈利对冲现货市场亏损的做法,可以将远期价格固定在预计的水平上。买入套期保值是需要现货商品而又担心价格上涨的投资者常用的保值方法,通常为加工商、制造商等所采用。例如,食用豆油加工企业在预计未来购买原材料大豆,可以预先买入大豆期货,进行买入套期保值,把未来的成本固定。

买入套期保值可以规避未来现货价格上涨的风险,同时,对于需要库存的商品,可节省仓储费、保险费和损耗费等。但是在套期保值的同时也就失去了由于价格变动而可能得到的获利机会。另外,还必须支付期货交易成本以及保证金账户资金冻结的银行利息。

(二)卖出套期保值

"卖出套期保值"又称"空头套期保值",是在期货市场卖出期货,用期货市场空头保证现货市场的多头,以规避价格下跌的风险。其持有空头头寸,来为交易者将要在现货市场上卖出的现货商品保值,因此又称为"卖空保值"或"卖期保值"。

卖出套期保值目的在于回避日后因价格下跌而带来的亏损风险,通常为农场主、矿业主等生产者和仓储业主等所采用。例如,农民预计未来收获大豆并卖出,可以预先卖出大豆期货,进行卖出套期保值,把未来的收益固定。

卖出保值可以规避未来现货价格下跌的风险。与买入保值相同,卖出保值的保值者失去了价格变动对自己有利时可以获得更高利润的机会,同时必须支付期货交易成本以及保证金账户资金冻结的银行利息。

二、基差与套期保值

(一) 基差的概念

基差是指被对冲资产的现货价格与用于对冲的期货合约的价格之差。即:

$$基差 = 现货价格 - 期货价格$$

由于期货价格和现货价格都是波动的,在期货合同的有效期内,基差也是波动的。基差有时为正(此时称为反向市场),有时为负(此时称为正向市场),因此,基差是期货价格与现货价格之间实际运行变化的动态指标。基差的不确定性被称为基差风险,降低基差风险实现套期保值关键是选择匹配度高的对冲期货合约。

(二) 基差对套期保值的影响

有时交易者在进行套期保值之时和结束套期保值之时,基差没有发生变化,即在这两个市场上的盈亏相反且数量相等。基差不变的套期保值称为完美套期保值。然而在实际交易中,完美型的保值是少见的。套期保值虽然可以大部分抵消现货市场的风险,但不能完全消除这种风险,主要原因就包括基差风险。

买入套期保值者希望基差缩小。现货价格和期货价格均上升,但现货价格的上升幅度小于期货价格的上升幅度,基差缩小,从而使得加工商在现货市场上因价格上升买入现货蒙受的损失小于在期货市场上因价格上升卖出期货合约的获利。现货价格和期货价格均下降,但现货价格的下降幅度大于期货价格的下降幅度,基差缩小,此情况请读者自行分析。

卖出套期保值者希望基差扩大。现货价格和期货价格均下降,但现货价格的下降幅度小于期货价格的下降幅度,基差扩大,从而使得经销商在现货市场上因价格下跌卖出现货蒙受的损失小于在期货市场上因价格下跌买入期货合约的获利。现货价格和期货价格均上升,但现货价格的上升幅度大于期货价格的上升幅度,基差缩小,此情况请读者自行分析。

三、套期保值交易策略

(一) 传统套期保值策略

传统套期保值理论是指在期货市场建立与现货市场方向相反、数量相等或相当的交易部位,从而当一个市场出现亏损时,另一个市场就会出现盈利,从而转移现货交易的价格波动风险。

这套理论基于2个假设:①同种商品的现货和期货价格在同一时空受相同经济因素的影响和制约,而具有相同的变化趋势;②现货和期货价格随着到期日的临近而趋于一致。

交易者要遵循4个原则:①交易方向相反;②商品种类相同;③商品数量相等;④时间相同或相近。传统套期保值理论解释了期货的最基本功能,传统套期保值模型的套期保值比例恒为1。在实践中,很多生产和贸易型企业都按照这个原则规避商品价格风险。

【例4-1】 3月份,某农场主预计6月份收获30吨大豆并出售,已知谷物现价为4 800元/

吨。期货市场上的大豆期货合约每份标准数量为 10 吨,最接近于 6 月份的是 7 月份到期的合约品种,现在的期货价格为 4 700 元/吨。农场主希望规避未来 3 个月可能出现的价格下跌的风险,进行空头套期保值,出售 3 份 6 月份期货合约。3 个月后,谷物成熟,假设谷物的市场价格下跌了,现货价格为 4 400 元/吨,6 月份期货价格为 4 300 元/吨。此时农场主以现货价格出售 30 吨大豆,同时平仓期货合约。收益计算如下:

现货市场收益:$(4\ 400-4\ 800)\times 30=-12\ 000$(元)

期货市场收益:$(4\ 700-4\ 300)\times 10\times 3=12\ 000$(元)

期货市场收益弥补了现货市场的损失,农场主出售 30 吨大豆实际得到了:$4\ 400\times 30+12\ 000=144\ 000$ 元,即通过套期保值,他成功地确保了谷物价格为 4 800 元/吨。

然而,影响期货市场的因素很复杂,期货和现货价格在合约到期临近时并不一定会趋于一致,有时候还会出现"倒挂"现象,即期货价格小于现货价格,这便是后来的"基差风险"。这种情况下,传统的套期保值理论就不能给出解释,更不能提出相应的估计套期保值比率的方法。

此外,需要说明的是,套期保值交易在为现货价格进行保险—锁定现货成本或现货收益的同时,也意味着放弃了进一步盈利的可能。因此,只有当市场面临较大不确定性,未来趋势难以判断时,套期保值策略的实施才有较大意义。此外,由于期货交易的对象是标准化产品,在实施套期保值交易策略的过程中,很可能难以找到与现货头寸在品种、期限、数量上均恰好匹配的期货合约,从而导致不能完全锁定未来现金流的风险。

(二) 最小方差套期保值策略

目前最为广泛使用的套期保值目标函数就是基于组合投资的最小方差套期保值策略。约翰逊(1960)最早提出了该目标函数,后伦塞(1996)和利恩(2006)对此进行不断改进和演化:他们使用套期保值资产组合的方差来衡量风险,通过期货与现货组合收益率的方差最小化来建立套期保值模型并求得最优套期保值比率。

对于一个持有一定资产现货的套期保值者,对冲意味着在期货市场上做相反的交易。假设一个对冲组合由一个单位的现货多头头寸和 h 单位的期货空头头寸组成,那么对冲组合的收益率为:

$$R_h = R_s - hR_f \tag{4-1}$$

式中,R_h 为对冲组合的收益率;R_s 为现货市场的收益率;R_f 为期货的收益率;h 为套期保值比例;hR_f 为期货市场收益率。

式(4-1)说明,由于套期保值者在期货市场与现货市场持有头寸的方向相反,期货与现货套期保值组合的收益率 R_h 是套期保值者所持有的现货收益率 R_s 与期货收益率 hR_f 之差。

该投资组合的风险由其对冲组合的收益率方差来衡量,如下所示:

$$\mathrm{Var}(R_h) = \mathrm{Var}(R_s) + h^2 \mathrm{Var}(R_f) - 2h\mathrm{Cov}(R_s, R_f) \tag{4-2}$$

式中,$\mathrm{Var}(R_h)$ 为期货与现货组合的收益率的方差;$\mathrm{Var}(R_s)$ 为现货收益率的方差;$\mathrm{Var}(R_f)$ 为期货收益率的方差;$\mathrm{Cov}(R_s, R_f)$ 为现货收益率和期货收益率之间的协方差;其他符号意义同上。

那么最小方差套期保值比率可以通过最小化组合收益的方差最终得到:

$$h = \frac{\mathrm{Cov}(R_s, R_f)}{\mathrm{Var}(R_f)} = \rho \frac{\sigma_s}{\sigma_f} \tag{4-3}$$

式中,ρ 为期货收益率与现货收益率的相关系数;σ_s 为现货收益率的标准差;σ_f 为期货收益率的标准差;其他符号意义同上。

式(4-3)就是最基本的最小方差套期保值的公式,从式(4-3)中可以看出,最小方差套期保值比率的实质是对现货价格波动和期货价格波动进行匹配,通过期货价格收益弥补现货价格的损失,最终达到期货与现货组合收益率波动最小的目标。

最小方差套期保值比的主要特点是易于理解及计算,只需要将历史数据的ρ、σ_s以及σ_f代入式(4-3),即可求解。

除了传统套期保值策略、最小方差套期保值策略外,还有基于GARCH模型的动态套期保值策略、随机波动(SV)最优套保比策略、采用数值分析方法来求解最优套保比等。

四、中国期货市场套期保值案例

2021年是钢铁行业大起大落的一年,钢铁行业面临原料成本高、环保压力大、国际竞争加剧等风险,钢材价格出现大幅波动,产业链特别是钢铁中下游企业对套期保值的需求更加强烈。位于长三角的一家中游加工企业——昆山福玛精密钣金有限公司(以下简称"昆山福玛"),近日给上海期货交易所(上期所)寄了一份感谢信,原因是其参与了上期所推出的一个创新金融工具,在原材料价格剧烈波动的情况下也得以实现稳健经营。

昆山福玛公司负责人表示,"昆山福玛公司主要从事造纸机械、食品机械、机器人零部件的制造加工,属于典型的中下游加工企业,产品大部分用于出口,生产原料以热轧卷板为主。公司的业务模式是采购原材料,加工后销售给下游客户。因此对原材料价格波动十分敏感,之前从未参与过期货等衍生品交易,原本只是抱着试试的态度参与期货稳价订单业务,没想到效果这么好。"据记者从上期所了解,目前已经有多家实体企业参与"期货稳价订单"业务,均取得了不错的保供稳价效果。

该业务的模式是由龙头企业向上下游提供货源,由期货风险管理公司通过衍生品转移价格风险,将"企业保供"与"期货稳价"有机结合。这一组合可以管理现货订单的价格风险,上游企业可通过场外期权交易锁定最低销售价,实现销售价"遇涨则涨、遇跌不跌",下游企业则可锁定最高采购价,实现采购价"遇涨不涨、遇跌则跌",实现"稳价"效果。

根据上期所处提供的消息,其与中国宝武钢铁集团欧冶云商股份有限公司合作推出的"期货稳价订单"业务,是上期所落实党中央、国务院关于"保供稳价"要求和中国证监会相关工作部署的最新实践,不仅能够帮助企业在钢材价格波动中防范风险,同时也有利于改变产业链上下游企业进行短期价格博弈的现状。具体实践中,生产加工企业通过欧冶云商下属的钢材现货贸易平台——上海钢铁交易中心进行钢材远期合同订单的签订,实现"保供"。在签订现货订单的同时,企业根据其自身的风险管理需求,通过交易中心的电子系统,向期货公司风险子公司购买相应的场外期权产品,形成"现货订单+期权"的组合,实现"稳价"。而期货公司风险子公司在卖出相应期权后,可以利用上期所的期货进行风险对冲。

以昆山福玛公司为例,根据生产需要,公司在上海钢铁交易中心以远期价格订到热轧卷板货源,为防止到期现货价格下跌,同时为订单加买"保险",即看跌期权。如果到期价格下跌,则获得相应跌幅的赔付。如果到期价格上涨,则仅付出期权费。通过购买"订单+保险"产品锁定未来最低销售价,实现销售价"遇涨则涨、遇跌不跌"。将"企业保供"与"期货稳价"有机结合,起到了用市场化手段稳产保供稳价的效果。赵琴告诉记者,"起初只是抱着试一试的心态,没想到效果这么好。一旦原材料价格下跌过大,那么看跌期权就能实现盈利,补偿了成品销售降价的亏损。"另外,目前在试点初期,上期所会对期权费给予一定比例的补贴,同时还专门派相关专家向企业普及宣传期货稳价知识。

南华期货负责人指出,"目前钢铁行业仍面临铁矿石等原料成本高、环保压力巨大、国际竞争加剧、市场动荡等风险,钢铁市场原材料价格或将出现大幅波动,并且目前国内钢材价格处于相对高位,钢企对钢材价格保值需求强烈。'期货稳价订单'这种创新的业务模式不仅实现了期现连动,还活络了钢铁生态圈的建设。"有企业怕跌,也有企业怕涨。为了满足不同企业的需要,上期所与欧冶云商在试点中设计了普通期权产品、限制性期权产品及阶段性期权产品等3种期权产品,每个产品的保障程度不同,相应的费用成本也有所差异,但均能对企业面临的价格风险起到一定程度的保障,根据产业上下游不同客户的保价需求实现"遇跌则跌、遇涨不涨"或"遇涨则涨、遇跌不跌"等保价效果。

(上海期货交易所)

第三节 商品期货套利交易

套利交易是指利用相关市场或相关合约之间的价差变化,在相关市场或相关合约上进行方向相反的交易,以期价差发生有利变化而获利的交易行为。目前它是国际金融市场中的一种主要交易手段。由于其收益稳定,风险相对较小,国际上绝大多数大型基金均主要采用套利或部分套利的方式参与期货或期权市场的交易。随着我国期货市场的规范发展以及上市品种的多元化,市场蕴含着大量的套利机会,套利交易已经成为一些大机构参与期货市场的有效手段。

一、期货套利的盈利逻辑

套利交易实际上是一种价差交易,交易者关注的是市场之间或合约之间的相对价格水平,而非绝对价格水平。其理论基础在于经济学中的一价定律,即忽略交易费用的差异,同一商品只能有一个价格。

期货套利盈利的逻辑原理是基于以下几个方面:
(1) 同一(相关)商品,不同(同一)地点、不同(同一)时间对应都有一个合理的价格差价。
(2) 由于价格的波动性,价格差价经常出现不合理。
(3) 不合理必然要回到合理。
(4) 不合理回到合理的这部分价格区间就是盈利区间。

正是基于以上几个方面,才产生套利。套利者所做的就是当价差出现扭曲甚至严重扭曲的时候及时捕捉到机会,稳定地赚取这部分利润。

二、期货套利的种类

根据具体交易方式的不同,套利交易的种类主要有4种,分别是期现套利、跨期套利、跨商品套利和跨市场套利,如表4-7所示。

表4-7 期货套利的种类

期货套利	期现套利	正向套利
		反向套利
	跨期套利	牛市套利
		熊市套利
		蝶式套利
	跨商品套利	
	跨市场套利	

(一) 期现套利

期现套利是指利用期货市场和现货市场之间的价差变化进行套利的交易行为。期货市场和现货市场紧密相连,根据期货市场的制度设计,期货价格在合约到期日应该会与现货市场标的商品的价格大致相等。但实际行情中期货价格常受多种因素影响而偏离其理论价格,与现货价格之间的差距往往出现过大或过小的情况,一旦这种偏离出现,就会带来在期货市场和现货市场之间套利的机会,我们把这种跨越期货市场和现货市场同时进行交易的操作称为期现套利,也叫指数套利。正常情况下,期现套利交易将确保期货价格和现货价格处于合理均衡状态。期现套利主要包括正向期现套利和反向期现套利。

期现套利比较繁琐,需要考虑的成本主要包括:交割整理成本、运输成本、发票、质检成本、入库成本、仓储成本。

期现套利交易不仅面临着风险,而且有时风险甚至很大。主要的风险包括:①现货组合的跟踪误差风险;②现货头寸和期货头寸的构建与平仓面临着流动性风险;③追加保证金的风险;④市场风险的不确定性和期货合约定价模型是否有效的风险。

由于面临这些成本和风险,在考虑成本和风险之后的套利收益率如果高于其他投资交易机会,那么期现套利活动才可能发生。因此,套利所面临的成本和风险与预期收益率将影响套利活动的效率和期现价差的偏离程度。

但是,期现套利仍然对现货市场和期货市场的均衡影响具有重要的意义。一方面,正因为现货市场和期货市场之间可以套利,使得期货的价格才不会脱离商品的现货价格而出现离谱的价格。期现套利也使现货价格更合理,更能反映现货市场的价格走势。另一方面,套利行为有助于期货市场流动性的提高。套利行为的存在不仅增加了期货市场的交易量,也增加了现货市场的交易量。市场流动性的提高,有利于投资者交易和套期保值操作的顺利进行。

既然要进行期现套利的操作,那么就需要确定在什么情况下能够进行无风险套利,也就是确定价差的合理水平。首先,要确定期货价格是否被高估或低估;其次,确定无套利区间,在该区间之外进行套利。

具体操作步骤如下:

(1) 计算期货的理论价格,估计期货合约无套利区间的上下边界。无套利区间的上下界确定与许多参数有关,例如贷款金额以及借贷利率、市场流动性强弱、市场冲击成本、交易手续费等。确定参数后代入公式即可得到适合自身商品的无套利区间。由于套利机会转瞬即逝,所以无套利区间的计算应该及时完成,实际操作中往往借助电脑程式化交易进行。

(2) 判断是否存在套利机会。通过监视期货合约价格与现货价格的价差走势,并与无套利区间进行比较,可以判断是否存在套利机会。只有当期现价差落在无套利区间上界之上或下界之下时,才出现可操作的套利机会。

(3) 确定交易规模。确定交易规模时应考虑预期的获利水平,交易规模大小对市场冲击的影响,交易规模过大会造成冲击成本高,从而使套利利润降低。

(4) 同时进行期货合约和现货交易。

(5) 监控套利头寸的盈亏情况,确定是否进行加仓或减仓操作。

在金融市场上实施套利行为非常方便和快速,这种套利的便捷性也使得金融市场上的套利机会存在时间上的短暂性。因为一旦有套利机会的存在,投资者就会很快实施套利,从而使得市场又回到无套利机会的均衡中。因此,无套利区间的确定决定了套利机会的开始和结束,需要应用无套利均衡对金融产品的期货价格进行预估。

【例 4-2】 在 5 月上旬,国内 PTA 现货价格在 6 250 元/吨左右,PTA 期货合约价格为 6 750 元/吨左右,价差为 500 元/吨。根据 1 年内历史数据计算,期现价差最大在 600 元左右,最小在 100 元左右,出现 200~300 元的次数最多,分析当前是买入现货,卖出期货的机会。假设套利成本包括:交易费 5 元/吨;出、入库费 20 元/吨;质检费 7 元/吨;仓储费 0.4 元/吨·天。买入现货,同时卖出期货。到 6 月上旬,PTA 现货价格在 6 050 元/吨左右,PTA 期货合约价格为 6 200 元/吨左右,价差只有 100 元/吨左右,卖出现货,买入期货平仓。

统计表如下:

	PTA 期货合约价格(元/吨)	PTA 现货价格(元/吨)	价差(元)
2014 年 5 月 5 日	6 750	6 250	500
2014 年 6 月 6 日	6 200	6 050	150
盈利	550	−200	350

收益计算如下:

固定费用:$5+20+7=32$ 元/吨。

仓储费:0.4 元/吨·天$\times 30$ 天$=12$ 元/吨。

资金利息:$(6\ 250+6\ 750\times 20\%)\times 5\%\times 1/12=31.7$ 元/吨。(假设期货保证金比率为 20%)

增值税:$(6\ 750-6\ 250)/1.17\times 17\%=73$ 元/吨。

总成本:$32+12+31.7+73=148.7$ 元/吨。

现货亏损:$6\ 050-6\ 250=-200$ 元/吨。

期货盈利:$6\ 750-6\ 200=550$ 元/吨。

总盈利:$550-200=350$ 元/吨。

净盈利:$350-148.7=201.3$ 元/吨。

(二) 跨期套利

跨期套利,指利用同一市场(即同一交易所)的同种商品但不同交割月份的期货合约的价差变化进行套利的交易行为,也即在同一交易所的同一期货品种的不同合约月份建立数量相等、方向相反的交易部位,并以对冲或交割方式结束交易。跨期套利交易形式是套利交易中最为普通的一种。

实际操作中,跨期套利可以分为牛市套利(bull spread)、熊市套利(bear spread)和蝶式套利(butterfly spread)3 种形式。

(1) 牛市套利。预期近期合约价格上涨幅度大于远期合约价格的上涨幅度,或近期合约价格下跌幅度小于远期合约价格下跌幅度,通过买入近期交割月份合约,同时卖出远期交割月份合约套利。

(2) 熊市套利。预期近期合约价格上涨幅度小于远期合约价格的上涨幅度,或近期合约价格下跌幅度大于远期合约价格下跌幅度,通过买入远期交割月份合约,同时卖出近期交割月份合约套利。

(3) 蝶式套利。预期中间交割月份的期货合约价格与两旁交割月份的合约价格之间的相关关系将会出现差异,利用 3 个不同交割月份的价差进行套利交易,它是由两个方向相反、共享居中交割月份合约的跨期套利组成。

导致不同合约月价格差的主要原因是资金不均衡作用和季节性因素,有时资金主要集中在某一个合约上角逐,使得合约的波动速度要明显地快于其他合约,这就意味着套利机会的来临。

同样一批货物从1个月保存到另外1个月,那么它对应的合理价格差价就是相关的存储费及资金利息等其他费用之和。如果月差超过正常差价,就有机会做买近月合约卖远月合约,如果月差特别小,就有机会做相反的操作。

跨期套利的最为明显的好处是容易掌握,考虑因素相对比较简单,而且结算在同一交易所进行,不需要划转资金,容易实现账面平衡。

【例4-3】 在2014年3月4日,沪金1410价格为267元/克,沪金1406价格为263.95元/克,价差为3.05元/克,正常价差在2.5元比较合理,出现买沪金1406,卖沪金1410的机会。2014年3月11日,沪金1410价格为263.85元/克,沪金1406价格为263.45元/克,价差为0.4元/克,卖出沪金1406,卖入沪金1410平仓,盈利2.65元/克,统计表如下:

	沪金1410(元/克)	沪金1406(元/克)	价差(元)
2014年3月4日	267	263.95	3.05
2014年3月11日	263.85	263.45	0.4
盈利	3.15	−0.5	2.65

2014年2月7日,沪铜1407价格为50 820元/吨,沪铜1406价格为50 920元/吨,价差为−100元,正常价差在200元比较合理,出现卖沪铜1406,买入沪铜1407的机会。2014年2月14日,沪铜1407价格为50 670元/吨,沪铜1406价格为50 620元/吨,价差为50元,买入沪铜1406,卖出沪铜1407平仓,盈利150元/吨,统计表如下:

	沪铜1407(元/吨)	沪铜1406(元/吨)	价差(元)
2014年2月7日	50 820	50 920	−100
2014年2月14日	50 670	50 620	50
盈利	−150	300	150

正向市场(远月价格比近月价格高)当价差过大时出现无风险套利机会,在这种情况下可以大胆地建仓。相反,当远月价格比近月价格低时就不能建仓,一定要根据具体情况而定。跨期套利是做得最多的一种套利方式,风险小,但收益也相对偏低,适合不是太偏好风险的投资者使用。

(三) 跨商品套利

跨商品套利是指利用两种不同的、但相互关联的商品之间的期货合约价格差异进行套利交易,即买入某一交割月份某种商品的期货合约,同时卖出另一相同交割月份、相互关联的商品期货合约,以期在有利时机同时将这两种合约对冲平仓获利。

跨商品套利通常有两种情况,一种是替代性(相关商品间)跨商品套利,另一种是产业链(原料和成品间)套利。相关商品间的跨商品套利有小麦与玉米、菜油与豆油、铜与铝等。原料和成品间的最典型的案例就是大豆提油和反向大豆提油套利。跨商品套利可在同一市场,也可在不同市场。对于同一市场的不同品种而言,主要考虑到两个合约之间的已经出现的价差和后期价差动态,从这个意义上来说,其与跨期套利没有什么两样。还有一种情况,那就是两个品种只是相关,而不是完全相同,基本面便有一定的差异,特别是在突变事件出现时将会对其中一个合约发生重大影响,而对另一个合约的影响却非常轻微,这就决定了价格之间相对运动的速度差异。能够正确把握这种差异者套利就能获得成功,否则就会失败。不同市场、不同品种之间的套利,除了要考虑同一市场不同品种之间套利所要考虑的一切因素之外,还要考虑不同市场之间的保证金划转时间、交易时差等因素,相对而言要复杂一些。

【例 4-4】 在 2014 年 5 月初,受收储政策预期影响,菜油期价突破上行,菜、豆油价差打破低位盘整格局开始拉大,5 月 5 日菜油 1407 和豆油 1407 价格分别为 7 308 元/吨和 6 802 元/吨,价差为 506 元/吨。从基本面而言,菜油库存最高,为三大油脂中较弱的一个;从交割角度而言,期货市场更多地反映进口菜籽压榨菜油的价格,而非国产菜籽压榨菜油。而进口菜籽压榨菜油相对于豆油的优越性并不高。预计菜、豆油价差将在一个比较长的时间段里保持 0~500 元/吨区间,出现买豆油 1407 同时卖菜油 1407 的机会。6 月 6 日菜油 1407 和豆油 1407 价格分别为 7 096 元/吨和 6 722 元/吨,价差变为 374 元/吨,卖出豆油 1407 同时买入菜油 1407 平仓,盈利 132 元/吨,统计表如下:

	菜油 1407(元/吨)	豆油 1407(元/吨)	价差(元)
2014 年 5 月 5 日	7 308	6 802	506
2014 年 6 月 6 日	7 096	6 722	374
盈利	212	−80	132

注:该套利是基于商品间消费上有很强的替代性。

(四) 跨市场套利

跨市场套利是指利用不同交易所上市交易的同种或类似期货合约的价差变化进行套利的行为。也即在两个不同期货交易所同时买进和卖出同一种同一交割月份的金融期货合约,以便在未来两合约价差变动有利时进行对冲获利。

在做跨市场套利交易时应注意影响市场间价格差异的几个因素:①运输成本,不同交易所因与商品产地、销地的距离不同,运输成本就不同,同种商品的合约价格自然会有差异;②交割品级的差异;③当地的供求状况。跨市套利既可在国内的不同交易所之间进行,也可以在不同国家的交易所之间进行。

在跨市场套利中,虽然套利在相同的品种之间展开,但因市场有别,所考虑的因素也较为复杂:除了价差水平、价差的相对运动趋势之外,还要考虑涨跌停板的因素、保证金水平、汇率、资金流动顺利与否等。虽然从理论上来说跨市场套利的盈利空间比较大,但考虑到目前的国家政策,很少有人可以在国外开立账户并自己解决外汇问题,所以做的人并不是很多。

(五) 商品期货套利总结

从实际操作方面看,套利主要有两种:一种是趋势套利,另一种是模型套利。趋势套利者主要参考两个相关合约的强弱表现来决策买强抛弱,理论基础是"价格沿趋势变动"。模型套利者主要参考两个相关合约的历史价差或比值来操作,理论基础是"历史会重演"。趋势套利者只看强弱,看趋势,不考虑价差或者比值,模型套利者只参考历史价差或比值,不关心强弱,两种都有各自的理论基础。但是如果把两者结合起来去分析,应该会取得更好的效果。

第四节 商品期货定价

商品期货标的物是商品,是看得见、摸得着的,与外汇期货、股指期货等金融期货不同。因此,在为商品期货定价时,我们应该先区分投资品商品和消费品商品。

(1) 投资品商品。投资品商品是为投资目的而持有的资产,例如,黄金和白银是投资品商品。注意投资品商品并不是只用来投资(例如,白银也有一些工业用途),但是这些商品一定是被众多投资者只为投资目的而持有。投资品商品可以通过套利讨论得出准确的商品期货价格。

(2) 消费品商品。消费品商品被持有的目的是消费而不是投资。对于消费商品,套利讨论只能给出期货价格的上限。

一、投资品商品期货定价

首先考虑类似黄金和白银这类投资品商品的期货价格。一般黄金生产商的对冲策略会造成一部分投资商要借入黄金,类似于中央银行这样的黄金持有者。在借出黄金时会索取利息,利息对应于黄金借出利率,对白银也是一样。因此黄金和白银会为其拥有者提供收入。在例4-5、例4-6、例4-7中,假设忽略这种收入,但需要考虑存储费用。实际投资中,黄金和白银在投资品中占了绝大部分。

在没有存储费用和中间收入时,T时刻的期货价格为:

$$F = S_0 e^{r(T-t)} \tag{4-4}$$

式中,S_0为商品现货t时刻的价格。

储存费用可被视为负收益。可以这样理解,如果持有期货合约中的标的物,是要付出存储费用的,但是期货合约的多头方是在未来交割时刻获得实物商品,期货合约的空头方不会免费为多头方保存实物,那么,这份期货合约的价值就应该包含这部分存储费用。假定U为期货期限之间所有储存费用的贴现值,则:

$$F = (S_0 + U) e^{r(T-t)} \tag{4-5}$$

如果储存费用与商品价格成正比,设u是每年的存储费用与剔除了资产中间收入的现货价格的比例,存储费用可以看作是负的红利收益率,则:

$$F = S_0 e^{(r+u)(T-t)} \tag{4-6}$$

【例4-5】 考虑1年期的黄金期货合约。假定黄金不提供中间收入,并假定每年储存黄金的费用为2美元/盎司,在年末收费。黄金的现货价格为1 275美元/盎司,对于所有期限的无风险利率均为5%。已知:

$$S_0 = 1\ 275 \quad r = 0.05 \quad (T-t) = 1 \quad U = 2e^{-0.05 \times 1} = 1.09$$

代入式(4-5),得:

$$F = (1\ 275 + 1.09) e^{0.05 \times 1} = 1\ 341.52(美元)$$

【例4-6】 期货价格太高的情形

假定市场上1年期黄金期货价格高于1 341.52美元/盎司,比如1 400美元/盎司,明显黄金期货价格被高估,应该想办法以现在高估了的黄金期货合约价格卖出黄金期货合约。套利者可以建立以下策略:

A:卖出1份1年期的黄金期货合约。
B:以无风险利率借入1 275美元,购买1盎司黄金。

1年后,期货合约到期,交割后套利者获得1 400美元的收入,同时需要支付之前借入的1 275美元的1年期债务的本息和,另外还得支付黄金的存储费用2美元。盈利为:

$$1\ 400 - 1\ 275 e^{0.05 \times 1} - 2 = 59.63(美元)$$

【例4-7】 期货价格太低的情形

假定市场上1年期黄金期货价格低于1 341.52美元/盎司,比如1 200美元/盎司,明显黄金期货价格被低估,此情况的套利方法请读者自己分析。

二、消费品商品期货定价

对于消费品商品,例如油、铜等,上面的公式需要重新讨论。假设式子的等式不成立,有:

$$F > (S_0 + U)e^{r(T-t)} \quad (4-7)$$

即期货合约被高估了,那么套利者可采用如下策略:

A:以无风险利率借入现金 $S_0 + U$,用来购买 1 单位期货合约标的物商品和支付存储费用。

B:卖出 1 份 1 单位商品的期货合约。

在时刻 T 时获得 $F - (S_0 + U)e^{r(T-t)}$ 的收益。对任何商品都可以采取这套策略套利。但是,当许多套利者都这样操作时,S_0 将上涨,而 F 将会下跌,直到不等式不再成立。式(4-7)不能长久地成立。

假设:

$$F_0 < (S_0 + U)e^{r(T-t)} \quad (4-8)$$

对于持有目的主要不是投资的商品来说,保留商品的库存是因为其有消费价值,而非投资价值。根据式(4-8),期货合约被低估,按照理性的套利者来说,他们应该积极卖出手头上持有的商品获得现金来买入这份被低估了的期货合约。但是持有者不会积极主动地出售商品来购买期货合约来套利,因为期货合约不能代替商品用于消费。因为毕竟期货合约不能消费,只有实实在在地持有该类商品的库存才能维持生产和消费的顺利进行,或从暂时的当地商品短缺中获利。因此,即便 $F < S_0 e^{(r+u)(T-t)}$,他们也可能仍然持有该商品库存,而不会出售该商品现货、购买该商品期货来进行反向套利,式(4-8)得以存在下去。

总的来说,由于式(4-7)不能长久地成立,而式(4-8)可以存在下去,那么对于消费目的的商品来说,消费品商品期货的定价为:

$$F \leqslant (S_0 + U)e^{r(T-t)} \text{ 或 } F \leqslant S_0 e^{(r+u)(T-t)} \quad (4-9)$$

三、考虑便利收益后的商品期货定价

如上面讨论的,商品使用者也许会感到持有商品比持有期货合约有好处。例如可以从暂时的商品短缺中获利或者维持生产顺利进行的能力,这些好处可称为商品的便利收益(convenience yield)。便利收益反映市场对未来商品获得性的预期。商品短缺的可能性越大、库存越低,则便利收益就越高。反之,若商品使用者拥有大量库存,则出现商品短缺的可能性就很小,便利收益会比较低。

假设,存储成本已知,其现值为 U,便利收益 y 可定义为:

$$Fe^{y(T-t)} = (S_0 + U)e^{r(T-t)} \quad (4-10)$$

若每单位的存储成本为现货价格的固定比例 u,则 y 定义为:

$$Fe^{y(T-t)} = S_0 e^{(r+u)(T-t)} \quad (4-11)$$

即:

$$F = S_0 e^{(r+u-y)(T-t)} \quad (4-12)$$

对于投资品而言,便利收益为 0,否则必然会出现套利机会。随着合约有效期的缩短,某些商品的期货(如大豆、肉、原油)价格降低。这种模式说明:对于某些商品而言,便利收益 y 小于 $r + u$。对于式(4-12),可以这样理解:因为持有商品有便利收益,预期可能会给持有者带来收益,那么拥有商品而卖出期货合约的投资者就有理由降低他出售的期货合约的价格,所以式子中是 $r+u-y$。

 立德树人思考

中国期货市场发展

2021年第17届中国国际期货大会在深圳召开,中国证监会副主席在会上做了相关报告。报告中着重指出,目前我国期货市场资金总量已突破1.2万亿元;《期货法》有望在2022年三读后发布;支持期货公司拓宽融资渠道,鼓励符合条件的头部公司上市;要推进碳排放权、新能源金属等期货品种创新工作。

报告主要分成两大部分,第一部分对2021年的期货市场现状进行了分析和总结。在2021年,我国期货市场实现了规模体量持续增长,市场建设不断深化。从市场容量和深度来看,目前我国期货市场资金总量已突破1.2万亿元,比2020年年末增长44.5%;越来越多产业客户和机构投资者利用期货市场管理风险、配置资产,投资者机构化趋势明显。从市场广度和多元化程度来看,目前我国场内期货期权品种达94个,生猪期货、花生期货、棕榈油期权、原油期权在2021年上市,主要产品的完整性进一步提高。交易所场外市场建设持续推进,仓单交易、商品互换、基差交易等场外业务模式不断丰富,机构间场外衍生品市场持续扩容。面向低碳经济的广州期货交易所正式揭牌成立,推出首只产品的各项准备工作顺利推进。同时,期货市场国际化稳步推进,商品期货期权国际化品种增至9个,新增商品期货、商品期权、股指期权三类品种向合格境外投资者(QFII和RQFII)开放;低硫燃料油期货境外提货业务顺利落地,"境内交割+境外提货"初步实现,拓展了期货市场服务实体经济跨境经营覆盖面。

同时,报告指出我国期货市场积极服务大宗商品稳产保供,市场功能日益显现,我国期货市场立足价格发现和风险管理两大功能,以市场化手段助力产业企业应对风险,为稳产、保供、稳价贡献力量。具体来说,一是充分发挥期货价格信号作用,明确和稳定市场预期。期货市场形成的未来价格序列,反映了市场主体对未来供求关系和价格走势的预期。比如今年上半年国际铁矿石价格涨幅较大,7月份国家出台了钢铁进出口的相关税收措施,并对钢铁产量实行适当调控。大商所铁矿石期货迅速对新的供求关系做出反应,期货价格快速下行,给钢铁行业和铁矿石现货市场提供了清晰的预期,助力行业企业及时对产供计划和价格做出合理调整。二是充分发挥风险管理功能,有效帮助实体企业利用衍生品工具应对价格波动风险。2021年铁矿石期货进一步贴近产业需求,适当下调了标准品铁品位,扩大可交割资源,优化了国内铁矿资源原材料供应结构。通过"期货稳价订单"试点,交易所和期货公司发挥合力,依托钢材龙头企业产能优势,由龙头企业向上下游提供货源,由期货风险管理公司通过衍生品转移价格风险,将"企业保供"与"期货稳价"有机结合,起到了用市场化手段稳产保供稳价的效果。三是服务中小微企业力度不断增强。

报告的第二部分对我国期货市场的发展方向进行了展望,提出我国要坚定信心推动期货市场建设,服务实体经济高质量发展。在党的十九届六中全会通过的《中共中央关于党的百年奋斗重大在就和历史经验的决议》强调,必须实现创新成为第一动力、协调成为内生特点、绿色成为普遍形态、开放成为必由之路、共享成为根本目的的高质量发展。报告指出,高质量发展势必要求市场在资源配置中发挥更大的作用,因此期货行业要着力营造"市场化、法治化、国际化"的发展环境,发挥好期货市场在资源配置中的重要作用,为我国经济高质量发展做出更大的贡献。具体来说,首先,我国期货市场要以期货立法为契机,进一步加强法治建设。其次,我国要加强市场建设,打造多元开放期货衍生品市场体系。一是完善品种规则体系。以产业链需求为导向,优化存量,做好增量,不断拓展已上市品种相关产业链新品种。二是持续优化做市制度。目前我国期货市场做市品种已达 70 个,占已上市品种数量的 74.5%,其中期货做市品种 47 个,期权做市品种 23 个。需不断扩大做市品种范围,动态评估做市效果;进一步丰富做市商数量和类型,着力培养做市队伍,提高专业报价机构在价格形成机制中的作用,进一步提高期货市场定价效率。三是加快场外衍生品市场建设。稳步扩大仓单交易试点品种,完善期现综合交易平台服务功能,加强与新兴科技、金融、仓储、物流等各方合作,强化产融联合,加快构建大宗商品生态圈,打造大宗商品交易中心和信息中心,促进场内场外协同发展,持续扩大期货衍生品服务实体经济覆盖面。四是持续扩大对外开放。继续扩大特定开放品种范围,深化已开放品种价格影响力,着力推动原油、PTA、铁矿石等重点品种在区域定价影响力上形成突破;拓展多元化开放模式,稳步推进海外交割库布局,逐步实现"交易端引进来,交割端走出去"。深入推进制度型开放,引入更多境外交易者参与国内市场,以更高水平开放促进期货行业质量和服务水平的提升。最后,该报告指出我国应该继续完善期货中介机构体系。期货公司作为连接期货市场和投资者的重要桥梁,期货公司功能定位及作用发挥直接影响到期货市场服务实体经济的能力和效果。从境外成熟市场经验来看,经纪商和交易商是期货中介服务机构的两大主要功能。要引导期货公司更多发挥交易商功能,促进期货经营机构经纪和其他业务共同发展。

(第一财经)

思考:
1. 你认为中国适宜推出碳排放权期货吗?其对中国绿色发展有何意义?
2. 你认为中国商品期货市场如何获得国际定价权?请以农产品或钢铁产品为例说明。

本章小结

1. 商品期货交易,是指交易双方在期货交易所买卖商品期货合约的交易行为。期货交易是在现货交易基础上发展起来的,通过在期货交易所内成交标准化期货合约的一种新型交易方式。

2. 商品套期保值是指利用期货合约作为将来在现货市场上买卖商品的临时替代物,对其现在买进准备以后售出商品或对将来需要买进商品的价格进行保险的交易活动。

3. 基差是指被对冲资产的现货价格与用于对冲的期货合约的价格之差。

4. 商品期货套利的种类主要有 4 种,分别是跨品种套利、跨期套利、跨商品套利和跨市场套利。

5. 投资品商品是为投资目的而持有的资产,例如,黄金和白银是投资品商品。

6. 消费品商品被持有的目的是为了消费而不是投资。对于消费商品,套利讨论只能给出期货价格的上限。

练习题

一、单选题

1. 首先推出生猪和活牛等活牲畜期货合约的是(　　)。
   A. 芝加哥期货交易所　　　　　　　B. 芝加哥商业交易所
   C. 纽约期货交易所　　　　　　　　D. 上海期货交易所

2. 关于合约交割月份,以下表述不正确的是(　　)。
   A. 合约交割月份是指某种期货合约到期交割的月份
   B. 某种期货合约交割月份的确定,一般由其生产、使用、消费等特点决定
   C. 目前各国交易所交割月份只有以固定月份为交割月这一种规范交割方式

D. 合约交割月份的确定,还受该合约标的商品的储藏、保管、流通和运输方式的影响
3. 某客户开仓卖出大豆期货合约20手,成交价格为2 020元/吨,当天平仓5手合约,成交价格为2 030元,当日结算价格为2 040元/吨。交易保证金比例为5%,则该客户当日平仓盈亏和持仓盈亏分别是( )。
   A. −500元,−3 000元
   B. 500元,3 000元
   C. −3 000元,−500元
   D. 3 000元,500元
4. 企业为了防范未来产品价格下跌,如果这种产品是期货品种,可以采用期货的( )交易。
   A. 多头保值   B. 空头保值   C. 多头套利   D. 空头套利
5. 第一张标准化的现代期货合约是1865年由( )推出的。
   A. CME   B. CBOT   C. LME   D. LIFFE
6. 在期货市场上,交易者只需按期货合约价格的一定比率交纳少量资金作为履行期货合约的财力担保,便可参加与期货合约的买卖,这种资金就是( )。
   A. 结算资金   B. 权利金   C. 保证金   D. 交易手续费
7. 期货合约要素中只有( )是变动的,其他要素均标准化了。
   A. 交易品种   B. 交割等级   C. 交易价格   D. 交易单位
8. 某投机者预计某商品期货远期价格相对其近期价格将上涨,他准备进行该品种的套利,他应该采用( )套利。
   A. 牛市   B. 熊市   C. 跨商品   D. 跨市场
9. 买期保值对冲时若基差变大,则该买期保值是( )保值。
   A. 亏损   B. 盈余   C. 完全   D. 都不是
10. 某投资者买空一份期货合约,保证金率为4%,若一周后,期货价格上涨10%,他对冲合约,如果不考虑交易费用,则他的投资收益率是( )。
    A. 4%   B. 50%   C. 150%   D. 250%
11. 采用现金交割方式的是( )期货。
    A. 大豆   B. 黄金   C. 白糖   D. 股票指数
12. 超过期货交易所规定的涨跌幅度的报价( )。
    A. 有效,但交易价格应调整至涨跌幅以内
    B. 无效,不能成交
    C. 无效,但可自动转移至下一交易日
    D. 将变为市价单
13. 我国铜期货合约的交易代码是( )。
    A. RU   B. CU   C. WT   D. M

二、多选题

1. 在国际市场上,商品期货合约的标的物包括( )等。
   A. 能源产品   B. 工业品   C. 畜产品   D. 农产品
2. 期货交易所指定交割仓库时,主要考虑指定交割仓库的( )。
   A. 所在地区的生产或消费集中程度
   B. 储存条件
   C. 运输条件
   D. 质检条件
3. 商品期货合约名称中一般注明( )。
   A. 交易所名称
   B. 交割标准品级
   C. 交割方式
   D. 品种名称
4. 确定商品期货合约交易单位的大小,主要应当考虑( )。
   A. 合约标的物的市场规模
   B. 交易者的资金规模
   C. 期货交易所大小
   D. 该商品现货交易习惯

5. 下列关于商品期货合约交易单位的说法,正确的有( )。
   A. 商品的市场规模较大,交易单位应该较大
   B. 商品的市场规模较大,交易单位应该较小
   C. 交易者的资金规模较大,交易单位应该较大
   D. 交易者的资金规模较大,交易单位应该较小

三、判断题

1. 一般来说,商品期货合约文本只列明其交易单位,而金融期货合约文本只列出其合约价值。( )
2. 大连商品交易所豆粕期货合约的最小变动价位是1元/吨,即每手合约的最小变动值是1元/吨×10吨=10元。( )
3. 最小变动价位如果过小,将会减少交易量,影响市场的活跃,不利于套利和套期保值的正常运作。( )
4. 报价单位是指在期货交易所的公开竞价过程中,对合约标的每单位价格报价的最小变动数值。( )
5. 期货合约各项条款的设计对期货交易有关各方的利益是至关重要的,但对期货交易是否活跃并无影响。( )

四、计算题

1. 某金属材料公司6月底从铝厂购进铝材1 000吨,价格为14 500元/吨,计划以批零平均价格15 000元/吨售出,平均商业毛利为500元/吨,计划经营期为2个月。从7月初行情来看,铝价向淡。为使该笔商业运作成功,决定采用期货保值。请分析:
   (1) 若选择9月铝期货,目前价格为15 200元/吨,交易单位为20吨/手,列出交易头寸。
   (2) 若至8月底,铝材平均售出价格为14 200元/吨,基差不变,计算交易总盈亏。
   (3) 若基差增大100元/吨,计算交易总盈亏。
   (4) 若基差缩小100元/吨,计算交易总盈亏。
2. 某公司购入500吨小麦,价格为2 000元/吨,为避免价格风险,该公司以2 040元/吨的价格在郑州期货交易所做套期保值交易,用小麦3个月后交割的期货合约做卖出保值并成交。2个月后,该公司以1 960元/吨的价格将该批小麦卖出,同时以1 980元/吨的成交价格将持有的期货合约平仓。计算该公司该笔保值交易的结果。

第五章 国债期货

【本章提要】

我国的国债期货尚处于新生期,和世界上一些发达国家相比,其完备性与普及性都有待进一步发展;其对于我国金融经济的重要意义,也有待于业内外进一步加深。本章先介绍国债的基础知识,再展开论述国债期货的基本内涵与外延。在学习的过程中,应重点关注国债期货的定价及应用,据此了解和掌握国债期货与其他金融产品的异同。

【学习目标】

1. 了解国债定价原理。
2. 了解国债收益率曲线的重要作用。
3. 掌握国债期货合约的定价原理,思考国债期货在新时代背景下应如何发展。
4. 掌握确定最便宜可交割债券的方法,运用国债期货合约进行交易。
5. 熟悉短期国债期货合约的交易策略。

【思政理念】

1. 坚定中国特色社会主义道路自信。
2. 坚持中国共产党的领导,走中国特色社会主义改革创新之路。
3. 开展大学生金融理财合法合规教育。

【案例导读】

2020年12月19日,第16届中国国际期货大会在深圳召开,大会主题为"凝心聚力谋发展 助力经济新格局"。大会以中国期货市场建立30周年、协会成立20周年为契机,深入贯彻落实党的十九届五中全会精神,紧密围绕在新发展阶段,期货行业如何深入贯彻新发展理念,构建新发展格局,在"加快构建以国内大循环为主体、国内国际双循环相互促进的新发展格局"中更好地发挥自身作用、作出积极贡献展开了交流研讨。

第一节 国 债

一、国债概述

国债是中央政府为筹集财政资金而发行的一种政府债券,是向投资者出具的,承诺在一定时期支付利息和到期偿还本金的债权债务凭证。由于国债的发行主体是国家,所以它具有最高的信用度,被公认为是最安全的投资工具。

国债本质上是一种国家债务,代表国家对国内、国外的负债,是国家财政收入的有偿形式,是反映国家与国债持有者之间的债务关系的凭证。通常,国债凭证可以分为两大类:借款凭证和债券凭证。借款凭证是反映国家和贷款人之间借贷行为而产生的债权债务关系的凭证,主要包括向中央银行、外国政府和国际金融机构的借款。债券凭证是反映国家和债券购买者之间债权债务关系的凭证,主要包括向国外投资者发行的可流通债券、向国内投资者发行的可流通债券以及向特定机构和居民个人发行的不可流通债券。

发达国家基本上采用发行债券的方式;发展中国家除发行债券外,还使用中央银行、外国政府借款和国家金融机构借款等方式。与借款凭证相比,国债采用债券凭证的形式具有更多的优势。债券凭证属于非个人债务,其性质是在政府(借款人)给定的条件下,所有遵守该条件的投资人(出借人)都有权成为债权人,而到底谁能最终成为债权人,只能通过一定的竞价来决定。这样就保证了国债发行价格的公平性,避免借款过程中的舞弊行为,减少国债发行时因委托-代理关系而导致的道德风险,降低委托-代理成本,保证国家和公众利益少受损失。另外,由于是非个人债务,债券凭证有统一的、标准的形式,易于被社会广泛认可,有利于发行和流通。因而,债券凭证日益成为国债的主要形式。

我国的国债专指财政部代表中央政府发行的国家公债,由国家财政信誉作担保,信誉度非常高,历来有"金边债券"之称。稳健型投资者喜欢投资国债。

国债可以按照债券形式、付息方式、利率决定方式和偿还决定期限等分为不同的种类。

(一) 按债券形式分类

我国目前发行的国债可分为储蓄国债和记账式国债。

储蓄国债是政府面向个人投资者发行、以吸收个人储蓄资金为目的、满足长期投资需求、不可流通且记名的国债品种。在持有期内,持券人如遇特殊情况需要提取现金,可以到购买网点提前兑取。按照记录债权形式的不同,储蓄国债又可分为凭证式国债和电子式储蓄国债。凭证式国债以"凭证式国债收款凭证"记录债权,电子式储蓄国债以电子方式记录债权。

记账式国债是以电子记账形式记录债权,由财政部面向全社会各类投资者发行,可以记名、挂失、上市和流通转让的国债品种。记账式国债的发行和交易均采用无纸化形式,所以效率高、成本低、交易安全性好。

(二) 按付息方式分类

按照利息支付的方式划分,国债可以分为贴现国债和附息国债。

贴现国债指券面上不附有息票,发行时按规定的折扣率,以低于债券面值的价格发行,到期按面值支付本息的国债。贴现国债的发行价格与其面值的差额即为国债的利息。由于是贴现发行,国债的利率一般不会印刷在国债票面上。

附息国债是指在券面上附有息票的国债,或是按照票面载明的利率及支付方式支付利息的国债。息票上标有利息额、支付利息的期限和债券号码等内容。附息国债的利息支付方式一般会在偿还期内按期付息,如每半年或一年付息一次。

(三) 按利率决定方式分类

按利率的决定方式,国债可以分为固定利率国债和浮动利率国债。固定利率国债是指在发行时即规定了票面利率,且票面利率在整个偿还期内不变的国债。固定利率债券不考虑市场利率变化的因素,因而其筹资成本和投资收益可以事先预计,不确定性较小,但债券发行人和投资者仍然必须承担市场利率波动的风险。

浮动利率国债是指发行时规定国债票面利率随市场利率定期浮动的国债,也就是说,国债利率在偿还期内可以进行变动和调整。浮动利率国债的利率通常根据市场基准利率加上一定的利差来确定。

(四) 按偿还期限分类

根据偿还期限的不同,国债可分为长期债券、短期债券和中期债券。一般说来,偿还期限在 10 年以上的为长期债券;偿还期限在 1 年(含 1 年)以上、10 年以下(含 10 年)的为中期债券;偿还期限在 1 年以下的为短期债券。

二、国债的定价原理

1962 年,麦尔齐在对债券价格、债券利息率、到期年限,以及到期收益率进行了研究后,提出了债券定价的 5 个定理。至今,这 5 个定理仍被视为债券定价理论的经典。

定理一:债券的市场价格与到期收益率成反比关系。到期收益率上升时,债券价格会下降;反之,到期收益率下降时,债券价格会上升。这一定理对债券投资分析的价值在于,当投资者预测市场利率将要下降时,应及时买入债券,因为利率下降,债券价格必然上涨;反之,当预测利率将要上升时,应卖出手中持有的债券,待价格下跌后再买回。

定理二:当债券的收益率不变,即债券的息票率与收益率之间的差额固定不变时,债券的到期时间与债券价格的波动幅度之间成正比。到期时间越长,价格波动幅度越大;反之,到期时间越短,价格波动幅度越小。

定理三:随着债券到期时间临近,债券价格的波动幅度减少,并且是以递增的速度减少;反之,到期时间越长,债券价格波动幅度增加,并且是以递减的速度增加。这一定理也可理解为,若两种债券的其他条件相同,则期限较长的债券销售价格波动较大,债券价格对市场利率变化较敏感;一旦市场利率有所变化,长期债券价格变动幅度大,潜在的收益和风险较大。

定理四:对于期限既定的债券,由收益率下降导致的债券价格上升的幅度大于同等幅度的收益率上升导致的债券价格下降的幅度。这一定理说明债券价格对市场利率下降的敏感度比利率上升更大,这将帮助投资者在预期债券价格因利率变化而上涨或下跌能带来多少收益时作出较为准确的判断,即对于同等幅度的收益率变动,收益率下降给投资者带来的利润大于收益率上升给投资者带来的损失。

定理五:对于给定的收益率变动幅度,债券的息票率与债券价格的波动幅度之间成反比关系。息票率越高,债券价格的波动幅度越小。这一定理告诉投资者,对于到期日相同且到期收益率也相同的两种债券,如果投资者预测市场利率将下降,则应该选择买入票面利率较低的债券,因为一旦利率下降,这种债券价格上升的幅度较大。值得注意的是,这一定理不适用于 1 年期的债券和永久债券。

国债的定价采用现金流贴现法,这是最基本的金融产品定价法之一,其基本思想是任何金融资产的内在价值都应该等于该资产未来现金流的现值。在这种方法下,所有金融产品定价的过程就是未来现金流贴现并加总的过程。因此,为国债定价,就需要估计未来发生的现金流及其发生的时点,并根据现金流发生的期限和风险确定相应的贴现率,再运用现值公式为将来的现金流一一贴现并加总。

因此,不含权的固定利率附息国债定价公式为:

$$P = \frac{c}{(1+y)} + \frac{c}{(1+y)^2} + \cdots + \frac{c+100}{(1+y)^n} \tag{5-1}$$

式中,c 为国债的利息;y 为国债的到期收益率;n 为国债的付息次数。

因此,对大多数不含权的固定利率附息国债来说,票息都是固定的,各期现金流都是固定的,期限也是固定不变的,而市场利率在不断变化中,所以国债价格变动的影响因素主要是贴现率 y 的变化。同时,国债定价公式中隐含的假定是,每期的利息收入仍然以一定的市场收益率进行再投资,因此总的来看,国债的投资风险体现为利率风险和再投资风险。

三、国债收益率曲线

收益率是指在一定时间内,投资回报占全部投入的百分比。它相当于按照当前的市场价格购买并持有到期满可以获得的年均收益率。对于不同到期时间的债券,到期收益率会有所不同。实际上,到期收益率本质上是由不同期限的零息债券收益率加权平均形成的。一般来说,时间越长,收益率越高。

国债收益率曲线是显示收益率与到期年限之间变动关系的曲线。国债收益率曲线是债券的定价基准,是债券投资者最重要的分析工具。它帮助了解国债市场的长短期供求关系,揭示市场利率的总体水平与发展变化,为政府发行国债,加强国债管理,制定和实施货币政策提供重要的依据。因此,构建一个合理的国债收益率曲线意义重大。

收益率曲线有两个特点:一是它反映了市场中确实存在利率随时间期限变化的关系;二是它综合了市场上所有品种(或具有代表性的品种群体)的价格,从而反映了市场整体的利率水平。国债价格与利率之间呈负相关的关系,国债收益率曲线是国债市场的"晴雨表"。

国债收益率曲线和国债期货之间有密切关系:

(1) 国债收益率曲线是国债期货交易的重要基础之一,因为国债收益率曲线是国债现货市场利率水平的"风向标"。国债在市场上交易的过程中,不同期限的国债会对应不同的到期收益率,从而形成了债券市场的基准利率曲线。该曲线是市场上各类利率产品合理定价的基础,所有其他的债券和金融资产均在这个曲线基础上,按照一定的风险溢价原则来确定合适的价格。

(2) 国债期货有利于完善国债收益率曲线,为国债收益率曲线引入了远期利率的发现机制,同时也改变了债券市场只有涨才能盈利的单向模式,有利于促进债券合理定价,也有利于建立更合理的收益率曲线。

从数学的角度看,收益率曲线是以时间为变量的收益率函数。实际上,无须复杂的数学计算,我们就能很清楚地通过收益率曲线看到债券的收益率如何随着时间的变化而变化。出于对未来利率市场的不同预期,市场中可能会形成水平、向上或者向下倾斜的收益率曲线。

在一般情况下,收益率曲线向上倾斜,即期限越长收益率会越高。原因是投资风险随期限变长而升高,长期投资者要求更高的收益率来补偿风险。陡直上升的收益率曲线一般出现在经济衰退后紧接着出现的经济扩张初期。此时经济停滞已经压低短期利率,一旦经济活动重新展开,对资本的需求不断增加,利率会开始加速上升,从而形成陡直的收益率曲线。倒挂的收益率曲线则代表收益率随着时间增长而不断下降,是一种短期收益率高于长期收益率的异常情况。可能的原因是债券的供给将减少,或者市场预期通货膨胀率在长期会下降,这两种预期都会压低收益率曲线后端的走势。

因为收益率曲线集合了各个期限债券的收益率,包含了市场对近期和远期利率的看法,所以收益率曲线的整体形状对未来经济或市场的走势有着重要的启示作用。

四、天数计算规则

应计利息的具体计算需要以一定的天数标准为基础。在大多数成熟的债券市场,天数是以"实际天数/实际天数"的方式来计算的。若利息每年支付一次,则从前一个票息支付日到售出日的实际天数除以相应一年的实际天数再乘以票面利率就是应计利息的值。

在市场上还有一些其他的天数计算惯例,最常见的是实际天数/360 和 30/360 这两种方式。实际天数/360 的方法是按实际的计息天数除以 360,这种天数计算惯例主要应用于存款、贴现债券、短期国库券和商业票据等。30/360 的方法假定每个月都有 30 天,例如,从 6 月 1 日到 8 月

15 日实际有 75 天,而按照 30/360 法,则有 74 天(6 月份还剩 29 天,7 月份计 30 天,8 月份有 15 天,共计 74 天)。此方法大多数应用于公司债券和利率互换的计算中。

第二节 中国国债期货

一、世界主要国债期货

根据标的国债期限不同,国债期货可以分为短期国库券期货、中期国债期货以及长期国债期货三大类。而最有代表性的就是在芝加哥商业交易所上市的 3 个月期的美国短期国库券期货、10 年期美国中期国债期货和美国长期国债期货(15 年以上)。世界主要国债期货合约及相应交易所如表 5-1 所示。

表 5-1 世界主要国债期货合约及相应交易所

国别	合约名称	交易所
美国	30 年期国债	芝加哥期货交易所
	10 年期国债	
	5 年期国债	
	2 年期国债	
	3 月期欧洲美元	芝加哥商业交易所
	90 天国库券	
英国	日本国债	伦敦国际金融期货交易所
	3 月期欧洲美元利率	
欧洲	瑞士国债	欧洲期货交易所
	欧元债券	
日本	10 年期国债	东京证券交易所
新加坡	新加坡元利率	新加坡交易所
	5 年期新加坡国债	
	10 年期新加坡国债	
	小型日本国债	
澳大利亚	3 年期国库券	悉尼期货交易所
	10 年期国债	
	90 天银行票据	

二、中国国债期货

2013 年 9 月 6 日,中国国债期货在阔别 18 年之后重返舞台,TF1312、TF1403、TF1406 三个合约在中国金融期货交易所重新上市交易。我国国债期货体系设计总体上既参考了成熟市场的设计,又结合我国债券市场的实际情况做出相应调整。表 5-2 为中金所公布的 5 年期国债期货合约表。

表 5-2 5 年期国债期货合约规格

项目	内容
合约标的	面额为 100 万元人民币,票面利率为 3% 的 5 年期名义标准国债
报价方式	百元净价报价
最小变动价位	0.005 元
合约月份	最近的 3 个季月(3、6、9、12 季月循环)
交易时间	上午交易时间:9:15～11:30 下午交易时间:13:00～15:15 最后交易日交易时间:9:15～11:30
每日价格最大波动限制	上一交易日结算价的 ±1.2%
最低交易保证金	合约价值的 1%
当日结算价	最后 1 小时成交价格按成交量加权平均价
最后交易日	合约到期月份的第二个星期五
交割方式	实物交割
交割日期	最后交易日后连续 3 个工作日
可交割债券	发行期限不高于 7 年、合约到期月份首日剩余期限为 4～5.25 年的记账式附息国债。

5 年期国债期货合约是标准化合约,主要条款分析如下:

1. 合约标的为名义标准券

国债期货合约最重要的变化是采用名义标准券作为交易标的。我国在 1992～1995 年国债试点期间以单一券种作为国债期货合约标的,导致可交割国债存量相对不足,交易过程中期货空方容易被逼仓。国际上,美国、英国、德国和日本等国家均采用名义标准券作为国债期货合约的标的。结合国内市场具体情况及国外市场经验,中金所的国债期货则以交割月第一个自然日剩余期限 4～7 年的一篮子固定利息国债群作为标的。交割标的物范围扩大,可有效地防止"多逼空"的恶性事件发生。

从发行情况看,5 年、7 年、10 年期国债属于财政部滚动发行的关键期限国债,是发行量最大的国债品种之一。

2. 合约面值

银行间债券市场的现券单笔成交金额多在 1 亿～2 亿元,交易所债券市场的国债单笔成交金额一般低于 100 万元。相比其他国家的主要产品,我国国债期货合约面值大于一般国际水平,准入门槛较高,一定程度上可抑制散户投机。

3. 票面利率

境外各交易所均将国债期货票面利率设定为接近现货市场收益率水平的整数倍。从我国历史数据上看,4～7 年国债收益率在过去 4 年中主要集中在 2.6%～4%,在 3% 的水平上下波动。根据境外国债期货设计惯例,并结合我国现货市场的收益率水平,中金所将 5 年期国债期货票面利率设定为 3%。

4. 合约月份

境外国债期货合约月份均采用季月循环。大部分的国家与地区采用最近的 3 个季月。另外,采用季月合约使合约数量不会太多,避免分散各合约的流动性,同时满足套期保值对短、中、长期不同期限利率风险规避的需要。按照国际惯例及债券市场的交易特性,我国国债期货合约采用3、6、9、12季月循环中最近的3个季月,降低春节、十一长假对国债期货价格波动的影响。

5. 最小变动价位

通过对比各国最小变动价位设计,参考银行间5年期国债现货日平均波幅的数据,中金所将最小变动价位设为0.002,一定程度上确保主要流动性提供者,即大型散户投资者而非机构投资者的参与程度。

6. 最后交易日与最后交割日

从我国国情上看,由于我国资金市场在季末容易出现异常波动,现货交易市场与银行间市场尚未实现完全连通,跨市场转托管的实际时间可长达2~3天,故最后交易日和最后交割日之间相隔3日。

7. 每日结算价

在当日结算价的设计上,美国采用的是最后30秒成交价格按成交量加权平均的方法,而中国采用的是最后1小时成交价格按成交量的加权平均,目的是降低投资者联合操纵市场的可能性。相较美国国债现货市场,中国国债现货市场的持有量更集中于少数大型的商业银行,更易于通过现货市场的持有规模影响期货市场的价格波动。

三、中国国债期货合约定价

因为不同的债券有不同的票面利率、到期期限,转换成国债期货对应的标的——3%票面利率、5年期限的虚拟标准券时,需要按照一定的比例进行转换,这个转换的比例就被称为转换因子。

从理想情况来说,不同的债券其价格通过转换因子得出,"标准价格"应该是相同的。但由于市场利率结构的变动以及各个品种流动性的差异等,有时会出现购买某种债券用于交割的成本较其他债券更低、更便宜,那么这种债券就成为"最便宜的可交割债券"。

(一) 转换因子

转换因子计算的规则是:将该债券的所有未来现金流按照3%贴现到国债期货交割日的现值。其具体计算公式如下:

$$CF = (1+r)^{-\frac{d}{y}} \times \left[C \times \sum_{t=0}^{n}(1+r)^{-t} + (1+r)^{-n} \right] - C \times \frac{y-d}{y} \tag{5-2}$$

式中,CF为转换因子;r为国债期货合约标准票面利率;C为以年利率表示的可交割国债票面利率;n为可交割国债在到期日之前的剩余期限完整年度;d为合约第三交割日与随后可交割国债第一次利息支付之间的实际天数;y为可交割国债在相邻两次利息支付期间的实际间隔天数。

从中国金融期货交易所的转换因子计算公式来看,转换因子的计算是精确到月,即不足1个月的剩余天数忽略不计。有些交易所在计算转换因子时,可交割债券的剩余期限是精确到季度,如芝加哥期货交易所。

在国债期货交割时,期货合约的买方向卖方支付购买债券的对价,支付金额的计算公式为:

$$支付金额 = 期货价格 \times 转换因子 + 累计利息$$

累计利息为该可交割国债现券从上次付息日到期货到期日的应付利息。

对于中国金融期货交易所5年期国债期货合约来说,转换因子实质上是面值1元的可交割国债在其剩余期限内的现金流,用3%的国债期货名义标准券票面利率贴现至最后交割日的净价(全价-应计利息)。计算转换因子的隐含假设是所有可交割债券的到期收益率均为3%,也就是说,转换因子计算的是当名义债券的市场价格等于面值时,可交割债券的理论价格是多少。

转换因子在合约上市时由交易所公布,其数值在合约存续期间不变。转换因子有如下几个特征:

(1) 每个可交割的国债现券对于某个国债期货合约的转换因子是唯一的,而且在整个交割周期里保持不变。

(2) 每个可交割的国债现券转换因子的大小与其息票率相对于国债期货的基准利率的大小有关。这个现象总结起来就是,如果息票率高于国债期货的基准利率,则转换因子大于1;相反,如果息票率低于国债期货的基准利率,则转换因子小于1。

(3) 同一个可交割的国债现券其转换因子随着合约月份的推移,其转换因子逐渐趋向于1。

(4) 对于同一种可交割债券,如果票面利率高于名义标的债券票面利率,近月合约对应的转换因子高于远月合约对应的转换因子;可交割债券票面利率低于名义标准券票面利率时,近月合约对应的转换因子低于远月合约对应的转换因子。

转换因子由交易所公布,在合约的交易周期内保持不变。表5-3列出了中国金融期货交易所发布的TF1406合约可交割国债和转换因子。

表5-3 TF1406合约的可交割国债和转换因子

序号	国债全称	票面利率	到期日期	转换因子
1	2005年记账式(十二期)国债	3.65%	2020-11-15	1.037 7
2	2008年记账式(十八期)国债	3.68%	2018-09-22	1.026 9
3	2009年记账式(三期)国债	3.05%	2019-03-12	1.002 2
4	2009年记账式附息(七期)国债	3.02%	2019-05-07	1.000 9
5	2009年记账式附息(十六期)国债	3.48%	2019-07-23	1.022 5
6	2009年记账式附息(二十三期)国债	3.44%	2019-09-17	1.021 2
7	2009年记账式附息(二十七期)国债	3.68%	2019-11-05	1.033 7
8	2010年记账式附息(二期)国债	3.43%	2020-02-04	1.022 2
9	2010年记账式附息(七期)国债	3.36%	2020-03-25	1.018 9
10	2010年记账式附息(十二期)国债	3.25%	2020-05-13	1.013 4
11	2010年记账式附息(二十四期)国债	3.28%	2020-08-05	1.015 6
12	2010年记账式附息(三十一期)国债	3.29%	2020-09-16	1.016 4
13	2010年记账式附息(三十四期)国债	3.67%	2020-10-28	1.038 4
14	2011年记账式附息(二期)国债	3.94%	2021-01-20	1.055 8
15	2011年记账式附息(八期)国债	3.83%	2021-03-17	1.050 3
16	2011年记账式附息(十七期)国债	3.70%	2018-07-07	1.026 5
17	2011年记账式附息(二十一期)国债	3.65%	2018-10-13	1.025 9
18	2012年记账式附息(五期)国债	3.41%	2019-03-08	1.017 8
19	2012年记账式附息(十六期)国债	3.25%	2019-09-06	1.011 9
20	2013年记账式附息(三期)国债	3.42%	2020-01-24	1.021 2
21	2013年记账式附息(八期)国债	3.29%	2020-04-18	1.015 2
22	2013年记账式附息(十五期)国债	3.46%	2020-07-11	1.025 2

(二) 最便宜可交割债券

通过转换因子的引入，不同的国债现券都可以"标准化"来对国债期货进行交割。从理想情况（各个剩余期限的市场利率都接近于国债期货设定的基准利率）来说，各个不同的可交割债券价格通过转换因子的调整，"标准价格"应该是相同的。但是，有些因素会导致各个可交割债券的交割价格并不相同：首先，计算转换因子时假设各个可交割债券的贴现率都是名义国债的票面利率3%，但实际的国债收益率可能并不等于3%；其次，受市场利率波动及债券流动性差异等因素的影响，各个债券的市场价格会随机变动；最后，计算转换因子时将债券剩余期限精确到月度或季度，这会产生计算误差。这时会出现购买某种债券用于交割的成本较其他债券更低、更便宜，那么这种债券就成为最便宜的可交割债券（CTD Bond）。由于可交割债券的选择权在于卖方，因此卖方可以通过计算买入当前各个可交割现券，以及它们的持有成本，来寻找到最便宜的可交割债券。

计算确定最便宜的可交割债券有两种方式：净基差法和隐含回购率法，先以净基差法为例进行分析。

国债基差，就是债券现货价格和期货价格与转换因子乘积的差：

$$B = P - (F \times CF) \tag{5-3}$$

式中，B 为国债现货和期货价格的基差；P 为每面值100元的国债的现货价格净价；F 为每面值100元的期货合约的期货价格；CF 为对应该期货合约和债券的转换因子。

而净基差就是扣除持有期收益的基差，即：净基差=基差-持有期收益。净基差值最小的那个债券，就是最便宜可交割债券。

接下来，我们来讨论确定最便宜的可交割债券的步骤。考虑一个买入债券现货、卖出债券期货合约的组合。如果市场上有若干种债券可供交割，使组合利润最大的现货债券就是最便宜可交割债券。

假设投资者在0时刻买进1份债券现货，并持有到期末的2时刻，同时他在0时刻卖出1个债券期货合约，最后在2时刻用持有的现货去交割卖出的期货合约。0时刻的现货价格为 P_0，期货价格为 FP_0，转换因子为 CF，0时刻的债券累计利息为 ACC_0，2时刻的债券累计利息为 ACC_2。从0时刻到2时刻的时间长度为 t，这段时间称为1时刻，包含多次利息获取过程。假设存在 N 期利息支付过程，每次支付的利息为 C_i，每一期的利息持有到2时刻的时间为 t_i，如图 5-1 所示。

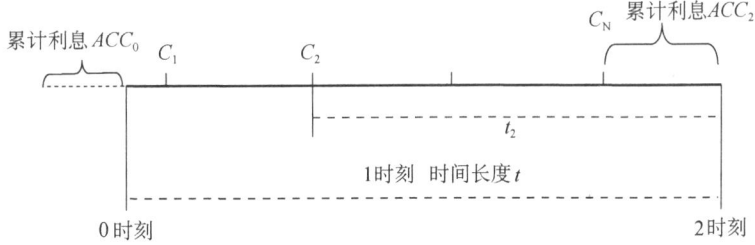

图 5-1 债券现货的利息支付过程

在0时刻买入现货债券，需要支付债券的现货价格为 P_0 和累计利息 ACC_0，在2时刻用现货债券交割期货合约，卖出现货债券，获得的支付金额为：期货价格×转换因子+累计利息。另外，在整个持有期间，购买现券的资金需要支付资金成本，假设无风险利率（国债回购利率）为 r，则现券全部支出为：$(P_0 + ACC_0) \times (1 + rt)$，持有现货债券可以获得利息，以及利息的再投资收益即利息的利息,即:$ACC_2 + \sum_{i=1}^{N} C_i(1+rt_i)$。

该组合在整个投资过程中的现金流如表 5-4 所示。

表 5-4 买入债券卖出期货策略的现金流

	期初现金流	期末现金流
0 时刻 (1) 借入现金 (2) 购买债券现货 (3) 用持有的债券回购融资	$P_0 + ACC_0$ $-(P_0 + ACC_0)$ 用回购获取的资金归还 (1)的借款	
1 时刻 获取债券利息		$\sum_{i=1}^{N} C_i(1+rt_i)$
2 时刻 (1) 归还回购资金 (2) 用现货交割期货		$-(P_0 + ACC_0)(1+rt)$ $FP_0 \times CF + ACC_2$
合计	0	$FP_0 \times CF + ACC_2 - (P_0 + ACC_0)(1+rt) +$ $\sum_{i=1}^{N} C_i(1+rt_i)$

所以该组合的利润为:

$$\pi = FP_0 \times CF + ACC_2 - (P_0 + ACC_0)(1+rt) + \sum_{i=1}^{N} C_i(1+rt_i) \tag{5-4}$$

在所有可交割债券中,利润最大的债券即为最便宜可交割债券。从式(5-4)可以看出,一个买入债券卖出期货合约的策略,其利润由 5 部分组成。其中,现金流入包括 3 部分:第一部分是期货交割时卖出债券的现金流,按照债券净价计算,为:$FP_0 \times CF$;第二部分是债券在持有期间的利息收入,对应于式(5-4)中的 $ACC_2 - ACC_0 + \sum_{i=1}^{N} C_i$,计算时可以用债券票面利率乘以持有时间来计算;第三部分是债券利息的再投资收益:$\sum_{i=1}^{N} C_i rt_i$。现金流出包括 2 部分:第一部分是购买债券支付的金额,按照债券净价计算,即 P_0;第二部分是购买债券支付金额的资金成本,为:$(P_0 + ACC_0) \cdot rt$。

【例 5-1】 2014 年 3 月 28 日,市场上有两种可供交割的债券,2013 年记账式附息(八期)国债和 2005 年记账式(十二期)国债,债券的相关数据如下。

国债名称	代码	年利率	剩余期限	净价(元)	应计利息(元)	全价(元)	到期日	付息方式	转换因子
2013 年记账式附息(八期)国债	101308	3.29%	6.06	93.2	3.11	96.31	2020-4-18	年付	1.015 2
2005 年记账式(十二期)国债	10512	3.65%	6.64	94.96	1.35	96.31	2020-11-15	半年付	1.037 7

2014 年 3 月 28 日的 TF1406 期货合约的价格为 92.53 元,交割日为 2014 年 6 月 18 日,假设

无风险利率为 3.5%。如果投资者构造一个买入现货债券,卖出期货合约的组合,计算各自用这两个可交割债券的利润分别是多少?

解:用这两个可交割债券的交割利润计算如下。

现金流内容	计算公式	债券 101308	债券 10512
到期卖出债券金额(元)	$FP_0 \times CF$	$92.53 \times 1.0152 = 93.936$	$92.53 \times 1.0377 = 96.018$
持有期间的利息(元)	债券票面利率×持有时间	$3.29 \times 82/365 = 0.739$	$3.65 \times 82/365 = 0.820$
利息再投资收益(元)	$\sum_{i=1}^{N} C_i r t_i$	$3.29 \times 3.5\% \times 61/365 = 0.019$	$1.8325 \times 3.5\% \times 34/365 = 0.006$
购买债券的金额(元)	$-P_0$	-93.2	-94.96
购买债券资金成本(元)	$-(P_0 + ACC_0) \cdot rt$	$-96.31 \times 3.5\% \times 82/365 = -0.757$	$-96.31 \times 3.5\% \times 82/365 = -0.757$
利润合计(元)		0.738	1.127

其中,债券利息再投资收益的计算如下:债券 101308 的到期日为 2020 年 4 月 18 日,每年付息一次,在组合的持有期间有一次利息支付,即 2014 年 4 月 18 日,在 2014 年 4 月 18 日该债券将支付 1 年的利息 3.29 元,所以该债券到期货到期日 2014 年 6 月 18 日的利息再投资收益为:$3.29 \times 3.5\% \times 61/365 = 0.019$ 元。债券 10512 的到期日为 2020 年 11 月 15 日,半年付息一次,付息日为 2014 年 5 月 15 日,在 2014 年 5 月 15 日支付半年利息 1.8325,该债券到期货到期日 2014 年 6 月 18 日的利息再投资收益为:$1.8325 \times 3.5\% \times 34/365 = 0.006$ 元。

在这两个债券中,2005 年记账式(十二期)国债(10512)的利润大于 2013 年记账式附息(八期)国债(101308),所以 2005 年记账式(十二期)国债是最便宜可交割债券。

在式(5-4)中,如果在期货合约到期日考察最便宜可交割债券,这时债券的利息、债券利息的再投资收益和购买债券的资金成本都等于 0,这时的交割利润为:

$$\pi = FP_0 \times CF - P_0$$

即期货价格乘以转换因子再减去债券价格(净价)。

最便宜可交割债券也可以通过计算隐含回购利率的方法来确定。投资者买入债券现货,卖出期货合约,用债券现货到期交割期货合约,最后获得的收益率即为隐含回购利率。每一个可交割债券都有一个对应的隐含回购利率,隐含回购利率最高的债券即为最便宜的可交割债券。

将式(5-4)变换整理就可以得到隐含回购利率的计算公式:

$$IRR = \frac{FP_0 \times CF + ACC_2 - (P_0 + ACC_0) + \sum_{i=1}^{N} C_i}{(P_0 + ACC_0) \cdot t - \sum_{i=1}^{N} C_i \cdot t_i} \tag{5-5}$$

如果期货合约持有期间没有利息支付,则隐含回购利率的计算公式为:

$$IRR = \frac{FP_0 \times CF + ACC_2 - (P_0 + ACC_0)}{(P_0 + ACC_0) \cdot t} \tag{5-6}$$

根据式(5-5),如果忽略可交割债券的累计利息,则:

$$IRR = \frac{FP_0 \times CF + ACC_2 - (P_0 + ACC_0)}{(P_0 + ACC_0) \cdot t} \approx \left(\frac{FP_0}{P_0/CF} - 1\right) \cdot \frac{1}{t} \quad (5\text{-}7)$$

近似来说,将可交割债券的债券价格除以转换因子,该数值越小,则隐含回购利率越高,该债券越有可能成为最便宜可交割债券。设债券的到期收益率为 y,债券面值为 M,可交割债券的转换因子为债券按照期货合约名义债券票面利率(我国目前的国债期货名义标的债券票面利率 3%)贴现的现值再除以面值,即:

$$\frac{P}{CF} = \frac{P(y)}{\frac{P(3\%)}{M}} \approx M \cdot \frac{P(3\%) - D_m \cdot P(3\%) \cdot (y-3\%)}{P(3\%)}$$

$$= M \cdot [1 - D_m(y-3\%)] \quad (5\text{-}8)$$

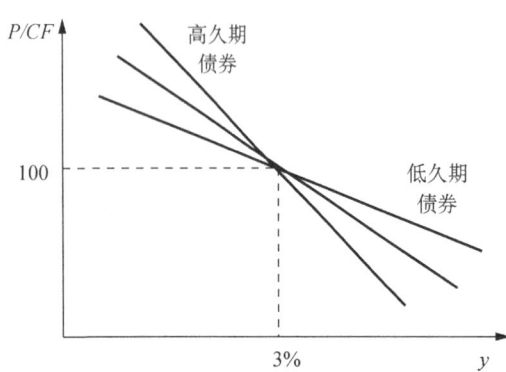

图 5-2 久期与最便宜可交割债券的关系

式中,$P(3\%)$ 为按照 3% 贴现率计算的债券价值;$P(y)$ 为按照到期收益率 y 贴现的债券价值;D_m 为可交割债券的修正久期。

可见,如果市场上债券到期收益率大于 3%,则期限越长的债券,越有可能成为最便宜可交割债券;反之,如果到期收益率低于 3%,则期限越短的债券越有可能成为最便宜可交割债券,如图 5-2 所示。

(三)国债期货的定价原理

同其他期货一样,国债期货的定价也是从现货价格出发,需要考虑资金成本、持有损益。同其他期货不同的是,国债期货需要额外考虑转换因子。

期货价格=(现货价格+融资成本-持有成本)/转换因子

国债期货的定价公式是:

$$IF = \frac{(S_0 + AI_0 - I_{(0,t)})(1+rt) - AI_t}{F} \quad (5\text{-}9)$$

式中,S_0 为最便宜可交割债券在 0 时刻的净价;AI_0 为 0 时刻应计利息;$I_{(0,t)}$ 为 0 到 t 时刻付出利息的现值;AI_t 为 t 时刻应计利息;F 为转换因子;r 为无风险利率;t 为国债期货的交割时间。

从式(5-9)我们可以看到,国债期货的价格受到最便宜可交割债券的影响,主要影响因素就是最便宜可交割债券的净价、交易日的应计利息、交割日的应计利息、在交易日到交割日这段时间内的利息收入和转换因子。其中,债券的净价、应计利息等债券的信息都是当最便宜可交割债券确定时就可以确定的,而无风险利率是参考市场上的国债和回购利率,转换因子也是由最便宜可交割债券确定的。因此,国债期货的价格就是由最便宜可交割债券确定的。

(四)不含期权的国债期货定价

在国债期货的最后交割日,国债的多头需要支付给空头一定的金额,又被称为期货的发票价格。发票价格就等于期货价格乘以卖方所选择的转换因子再加上该国债的应计利息。即:

发票价格=(期货价格转换因子)+应计利息

应计利息是指下一次付息日到最后交割日的交割国债的应计利息。

我们利用无套利定价的方法来计算国债期货的价格。t 时刻,构造套利组合:

(1) 以无风险利率 r 融资买入某只国债,买入价格为 $P_t + I_t$。

(2) 卖出 T 时刻到期的国债期货合约,价格为 F_t,持有到期并进行交割则这两个组合的现金流,如表 5-5 所示。

表 5-5　不含期权的国债期货定价表

		套利组合	合计
t 时刻现金流		0	0
T 时刻现金流	还款	$-(P_t+I_t) \times \left(1+r \times \dfrac{T-t}{365}\right)$	$F_t \times CF + I_T + \sum_k^n \dfrac{C}{f} \times$ $\left(1+r \times \dfrac{T-s_k}{365}\right) - (P_t+I_t)$ $\times \left(1+r \times \dfrac{T-t}{365}\right)$
	国债利息以及再投资收益	$\sum_k^n \dfrac{C}{f} \times \left(1+r \times \dfrac{T-s_k}{365}\right)$	
	期货发票价格	$F_t \times CF + I_T$	

按照无套利定价理论,在套利组合在 T 时刻的现金流贴现值应该等于初始时刻的现金流,因此可以得到:

$$F_t = \frac{P_t + (I_t - I_T) - \sum_k^n \dfrac{C}{f} \times \left(1+r \times \dfrac{T-s_k}{365}\right) + (P_t + I_t) \times r \times \dfrac{T-t}{365}}{CF} \tag{5-10}$$

式中,P_t 为 t 时刻的国债价格;I_t 为 t 时刻的国债的应计利息;r 为无风险利率;k 为结算日至交割日期间的付息次数;f 为 1 年的付息次数;C 为国债的票息。

按照上述公式,我们可以求出国债期货 TF1309 合约的理论价格,如表 5-6 所示。

表 5-6　国债期货 TF1309 合约的理论价格

时间	TFM1309（元）	理论 CTD	剩余期限	转换因子	隐含回购利率	到期收益率	久期	R007	期货理论价格（元）
2013-07-01	97.272	100 019.IB	6.986 3	1.026 7	3.80%	3.445%	6.271 5	5.449 8	98.335 2
2013-07-02	97.678	100 019.1B	6.983 6	1.026 7	4.08%	3.445%	6.268 8	4.759 2	98.527 4
2013-07-03	97.064	100 019.IB	6.797 3	1.017	4.67%	3.552 6%	6.155 9	4.234 3	97.657 4
2013-07-04	97.37	100 019.1B	6.978 1	1.026 7	2.98%	3.445%	6.263 3	3.955	98.258 5
2013-07-05	97.554	100 019.1B	6.975 2	1.026 7	3.81%	3.445%	6.260 5	3.805 5	98.233 1
2013-07-08	97.6	100 019.1B	6.967 1	1.026 7	4.63%	3.445%	6.252 4	3.668 4	98.067 7
2013-07-09	97.57	100 019.IB	6.964 4	1.026 7	4.76%	3.445%	6.249 6	3.607 9	97.995 2
2013-07-10	97.582	100 019.1B	6.941 6	1.026 7	6.85%	3.445%	6.246 9	3.604 4	97.612 6
2013-07-11	96.91	100 019.IB	6.958 9	1.026 7	4.45%	3.445%	6.244 2	3.831 1	97.421 9
2013-07-12	96.76	100 019.IB	6.956 2	1.026 7	4.67%	3.445%	6.241 4	3.811 4	97.221 8
2013-07-15	96.754	100 019.IB	6.947 9	1.026 7	4.77%	3.445 1%	6.233 2	3.810 3	97.178 7

(续表)

时间	TFM 1309 (元)	理论CTD	剩余期限	转换因子	隐含回购利率	到期收益率	久期	R007	期货理论价格 (元)
2013-07-16	96.692	100 019.IB	6.945 2	1.026 7	5.13%	3.445 1%	6.230 5	3.713 9	97.033 2
2013-07-17	96.342	100 019.IB	6.942 5	1.026 7	4.59%	3.620 3%	6.223	3.607	96.750 6
2013-07-18	96.29	100 019.IB	6.939 7	1.026 7	4.27%	3.620 3%	6.220 3	3.737 7	96.766 3
2013-07-19	96.322	100 019.IB	6.937	1.026 7	4.66%	3.620 4%	6.217 5	3.768 1	96.731 3
2013-07-22	96.086	100 019.IB	6.928 8	1.026 7	4.52%	3.620 6%	6.209 3	3.936 5	96.522 7
2013-07-23	96.05	100 019.IB	6.926	1.026 7	5.48%	3.620 6%	6.206 6	4.008	96.346 5
2013-07-24	96.724	100 019.IB	6.923 3	1.026 7	6.47%	3.620 7%	6.203 8	4.047 9	95.876 6

如果国债期货与股指期货一样,其标的资产为单一品种,则式(5-10)就是国债期货的合理定价。但是由于国债期货的标的是一篮子国债,国债期货的空头有选择哪种国债进行交割的权利(转换期权或质量期权),可以看到我们利用式(5-10)计算出来的理论价格与实际价格存在一定的误差,这个误差就是国债期货内涵期权的价值所在。

(五)国债期货内涵期权价值分析

国债期货与股指期货不同的是,期货的空头拥有用什么券进行交割以及在什么时间进行交割的权利。美国的国债期货主要包含了转换期权、时机期权和月末期权,而中金所的国债期货则主要是转换期权与时机期权,其中转换期权是最主要的部分。

在前面对国债期货理论价格的计算中,并没有考虑合约含有的期权价值,这会使得我们计算出来的理论价格要高于实际价格。包含期权的期货价格为:

$$期货价格 = (CTD 价格 - 持有收益 - 期权价值)/CTD 转换因子$$

国债期货转换期权的价值体现在收益率变动时,CTD券有可能发生变动带来的收益。假定目前市场收益率为 y_1(小于3%),CTD券为低久期国债1,如果某投资者持有国债1多头和期货空头的套利组合并在合约月份进行交割,则该组合的现金流参见表5-5。

如果在交割日收益率发生变动,上行至 y_2(大于3%),则由经验法则可以知道,CTD券将向高久期国债2转移,此时有以下两种操作方式:

(1)用国债B1进行交割。
(2)卖出国债B1,并买入国债B2进行交割。

具体选择哪种操作方式还需要考两者的收益的差异。对于操作方式1而言,期末的现金流为:

$$F \times CF_1 + I_{1T} + \sum_k^n \frac{C_1}{f_1} \times \left(1 + r \times \frac{T-s_k}{365}\right) - (P_{1t} + I_{1t}) \times \left(1 + r \times \frac{T-t}{365}\right)$$

对于操作方式2而言,期末的现金流为:

$$F \times CF_2 + I_{2T} + \sum_k^n \frac{C_1}{f_1} \times \left(1 + r \times \frac{T-s_k}{365}\right) - (P_{1t} + I_{1t}) \times \left(1 + r \times \frac{T-t}{365}\right) \\ + (P_{1T} + I_{1T}) - (P_{2T} + I_{2T})$$

操作方式2与操作方式1的期末现金流差异为:

$$F \times CF_2 + I_{2T} - (F \times CF_1 + I_{1T}) + (P_{1T} + I_{1T}) - (P_{2T} + I_{2T})$$
$$= F \times (CF_2 - CF_1) + (P_{1T} - P_{2T})$$

如果现金流差为正值,即操作方式 2 可以获利,则 CTD 的转移会带来额外的收益,即转换期权的价值。如果现金流为负值,则仍将用国债 B1 进行交割,即最终的现金流为两者的最大值,期权的实现值为:

$$\max[F_T \times (CF_2 - CF_1) + (P_{1T} - P_{2T}), 0]$$

为了进一步说明这一点,我们使用国债期货的仿真交易数据进行情景分析。以 5 年期银行间固定收益国债收益率为基准,并计算不同期限利率与基准利率之间的关系(β),如表 5-7 所示。我们首先计算期货合约的最后交易日的每种国债的价格,并用最后交割日之前的每种国债扣除持有收益的净价格来除以转换因子求得各国债的远期价格,最便宜交割国债也就是具有最低的不含有持有收益的净转换价格。由最便宜交割国债来计算出期货价格,据此来计算每种可交割国债的净基差(basis net of carry, BNOC)。

在 2013 年 7 月 31 日,最便宜可交割债券为 130015,其隐含回购利率为 1.42%。如果在 2013 年 9 月 13 日各收益率不发生变动,则最便宜可交割债券转换为 120016。由于在 9 月 13 日,130015 和 120016 的理论价格分别为 98.92 元与 97.75 元,则可以计算出 CTD 变动带来的现金流变动:

$$95.96 \times (1.0135 - 1.0279) + (98.92 - 97.75) = -0.2118(元)$$

由于这个变动是不利的,因此投资者不会改变 CTD 来进行交割。

而假定在最后交易日,收益率下行了 40 个 BP,CTD 券仍然是 120016,但交割的现金流有所不同,此时 130015 和 120016 的理论价格分别为 101.76 元和 100.25 元,CTD 变动带来的现金流变动为:

$$95.96 \times (1.0135 - 1.0279) + (101.76 - 100.25) = 0.1282(元)$$

表 5-7 各期限利率与基准利率变动关系

	4 年	5 年	6 年	7 年
β	1.21	1.00	0.84	0.74

前面我们仅仅计算了在收益率不变的情况下的转换期权的价值。为了在事前预测转换期权的价值,我们还需要对收益率的不同幅度的变动赋予一定的概率,从而求得期权价值的期望值。这个方法的核心是对可交割券收益率给出一个合理的概率分布。表 5-8 的数据根据 5 年期银行间国债收益率月数据统计得出,超过 80BP 的月收益率的变动月数为 0。

表 5-8 收益率变动情况下的国债期货期权价值

收益率变动(BP)	-80	-60	-40	-20	0	20	40	60	80
股权价值	0.5410	0.3001	0.1216	0.0000	0.0000	0.0000	0.0000	0.0000	0.0000
概率	1.46%	1.46%	9.49%	32.12%	45.99%	8.03%	0.73%	0.73%	0.00%

将期权价值乘上概率并贴现到 7 月 31 日就是当日的国债期货的期权价值,计算可得:0.02382/(1+4.99%×44/365)=0.02368 元。

四、国债期货应用

国债期货的交易可以分为投机交易、套利交易和套保交易。与其他金融衍生产品一样,国债期货合约的主要应用是为规避利率风险的投资者提供套期保值工具,以及为市场创造套利交易的机会。下面我们主要介绍运用国债期货合约的套利策略和套期保值策略。

(一) 投机交易

投机一词用于期货、证券交易行为中,是指根据对市场的判断,把握机会,利用市场出现的价差进行买卖,从中获得利润的交易行为。投机者需要对市场进行分析,温和的投机可以促进价格发现,减少价格波动。同股指期货一样,国债期货投机可以做多、做空,可做短线、中线和长线;投机需要分析市场判断走势,选择时机和分配资金。投机是有风险的。

投机者是期货市场的重要组成部分,是期货市场必不可少的润滑剂。投机交易增强了市场的流动性,承担了套期保值交易转移的风险,是期货市场正常运营的保证。

投机方式可以分为多头投机和空头投机。多头投机指投机者认为市场将出来有利于国债期货价格上升的因素时,买入国债期货,期待其价格上涨,买低卖高的策略;空头投机则相反,对市场看空的投机者卖出价格过高的国债期货,等待价格下跌买入回补以获利。

【例 5-2】 国债期货多头投机。

假设国债期货合约 TFxx12 价格 11 月 12 日 98.58 元,投机者买入 20 手,在 11 月 21 日等期货价格上涨至 99.002 元时抛出,投资者累计可以获利:$20 \times (99.002 - 98.58) \times 1\,000\,000/100 = 84\,400$ 元。

如果手续费为 800 元,则获得净利润 83 600 元。

【例 5-3】 国债期货空头投机。

假设国债期货合约 TFxx09 价格 7 月 12 日为 99.012 元,投机者卖空 30 手,在 7 月 19 日等期货价格下跌至 98.908 元时抛出,投资者累计可以获利:$30 \times (99.012 - 98.908) \times 1\,000\,000/100 = 31\,200$ 元。

如果手续费为 1 200 元,则获得净利润 30 000 元。

(二) 套利交易

套利交易,是指买入一种资产的同时,卖出另一种资产,并在未来将两种资产同时平仓的交易方式。可以看出,两种资产的头寸方向是相反的,一个做多,另一个要做空,交易者通过两者的价差波动获利。

这里所说的资产范围很广,可以是股票、债券、基金、期货、期权等。根据进行套利所使用的资产的不同,套利可以分为期现套利、跨期套利、跨品种套利等不同的类型。

前面所说的套利是最常见的套利方式,即同时持有两种资产,且两种资产的头寸方向是一多一空。现实中,还会有其他不同的套利方式。比如同时对多个资产进行操作,其中一部分的资产持有多头头寸,另一部分的资产持有空头头寸。又比如进行期权的套利,交易者同时持有看涨期权的多头和看跌期权的多头,进行跨式套利。两种资产的头寸方向都是多头,但仍然被看成套利交易。套利的形式多种多样,但最基础,同时也是最常见的套利方式,就是两种资产一多一空的交易方式。

运用国债期货的套利交易策略主要分为两种类型:第一种类型是指最便宜可交割债券与期货合约之间的套利,当期货合约价格高于理论价格时,在买入最便宜可交割债券的同时卖出国债期货合约。这种套利机会可以根据套利收益来判定,当套利收益高于套利成本时即可以实施套利交易,也可以计算隐含回购利率,当隐含回购利率高于临界值时可以启动套利策略。

第二种类型的套利交易策略是非最便宜可交割债券与期货之间的套利,也称为基差交易。基差等于现货价格减去期货价格。在国债期货的基差交易中,如果进行做多基差的操作,需要在做多现货的同时做空期货,如果做空基差,则在做空现货的同时做多期货。因此,期货和现货的头寸方向也是相反的。对于国债期货来说,其"名义标的资产"是5年期的票面利率3%的固定利率国债,但实际上由于期货合约的空头选择权(期货的空头可以指定任意符合交割要求的国债进行交割)的存在,国债期货的"实际标的"是"最便宜可交割债券"。

从理论上来说,如果可交割债券的到期收益率都相同,且均在3%以下,则久期最短的可交割债券是最便宜可交割债券;如果可交割债券的到期收益率都相同,且均在3%以上,则久期最长的债券为最便宜可交割债券。最便宜可交割债券的转换与市场利率有关,这就导致国债期货合约的价格与利率之间具有"负"的凸性关系,如图5-3所示。

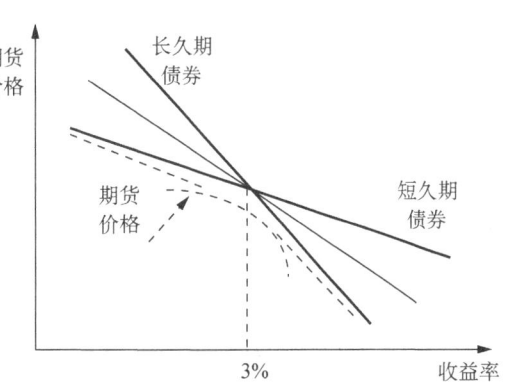

图5-3　国债期货价格的负凸性特征

加之债券价格与市场利率之间具有的正凸性的关系,不同期限的可交割债券与期货合约之间的基差变化就表现出一种期权的特征。久期较长的国债基差类似于一个国债价格的看涨期权,债券收益率下降到低于3%时,最便宜可交割债券被低久期债券代替,基差变大,如图5-4所示。

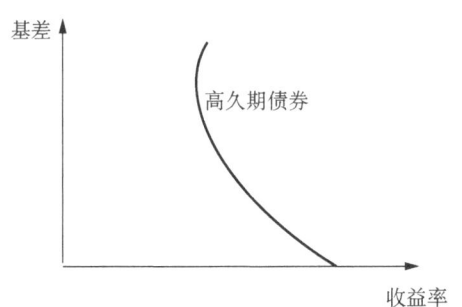

图5-4　高久期债券基差与收益率的关系

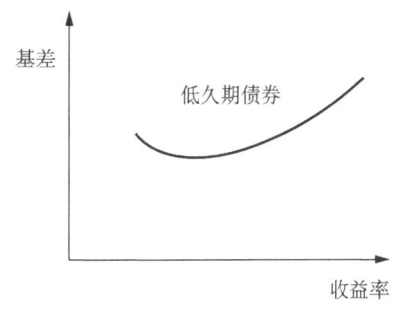

图5-5　低久期债券基差与收益率的关系

久期短的国债基差类似一个国债价格的看跌期权,当债券收益率从3%附近增加到高于3%时,最便宜可交割债券被长久期债券代替,久期变大,如图5-5所示。

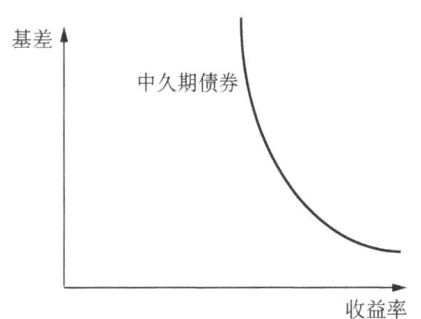

图5-6　中久期债券基差与收益率的关系

久期居中的国债基差类似一个国债价格的跨式期权,当债券收益率增大或减小时,基差都会变大,如图5-6所示。

基差交易的方向分买入基差和卖出基差。买入基差,即预期基差将会扩大的时买入。假设当前债券收益率在3%附近,如果预期未来债券收益率将上升,则可以买入低久期债券,同时卖出国债期货,类似于买入一个债券的看跌期权;如果预期未来债券收益率将下降,可以买入高久期债券,同时卖出国债期货,类似于买入一个债券的看涨期权;如果未来债券收益率的变化方向不确定,可以买入中久期债券,卖出国债期货,类似于买入一个债券的跨式期权。

卖出基差,即卖出(卖空)债券现货,同时买入相应比例的国债期货,当基差缩小可获利,其原理与买入基差交易刚好相反。

基差交易和一般的套利交易也有一些区别,主要体现在以下几个方面:

(1) 一般的套利交易,两种资产的数量比例是1:1,而基差交易时,期货和现货的数量比例是 CF:1。如果令国债期货和现货的数量比例是1:1,也可以进行交易,只不过这样的基差交易会存在一定的风险。

(2) 一般的套利交易,其损益曲线是线性的。基差交易中隐含了一个期权,因此其损益曲线是类似于期权的形态,理论上讲,进行基差多头交易,亏损有限收益无限,进行基差空头交易,盈利有限亏损无限。

(3) 一般的套利交易,在任何时刻进行交易,两种资产的数量比例都是固定的。举例来说,如果今天进行套利交易时比例是2:1,一年后进行套利交易的比例仍然是2:1;而进行基差交易时,期货和现货的比例是 CF:1,不同国债现货的转换因子 CF 不同,同一个国债对应不同到期日期货的 CF 也不同,因此在不同时刻进行基差交易,或者同一时刻使用不同的期货进行基差交易,期现的数量比例是不同的。

(三) 套期保值交易

套期保值,是把期货市场当作转移价格风险的场所,利用期货合约作为将来在现货市场上买卖商品的临时替代物,以期对冲未来买入或卖出现货商品或金融资产价格风险的交易活动。与商品期货套期保值类似,国债期货套期保值也是通过在期货市场上建立一定数量与现货交易方向相反的国债期货头寸,来抵消现在或将来所持有的国债期货价格变动带来的风险。因为在一般情况下,国债期货与国债现货的价格受相近因素的影响,所以它们的变动方向是一致的。因此,交易者只要在国债期货市场建立与国债现货市场方向相反的持仓,在国债市场价格发生变化时,就可以用一个市场上的盈利弥补另一个市场上的损失。

假设交易者打算买入某国债现货,但短期内由于种种原因暂时无法购买。我们将手中没有现货多头的状态定义为持有现货空头,这样会更好地理解后面的一些计算。如果到了未来实际购买时,国债现货价格出现上涨,会增加购买现货的成本,相当于持有现货空头后,由于价格上涨而导致亏损。如果未来现货价格下跌,节省了资金,相当于做空现货得到了收益。由于国债价格具有不确定性,交易者面临价格风险。为了规避价格风险,交易者可以在国债现货上进行做多操作,在将来实际购买现货前将期货卖出平仓。也就是说,现在先利用期货替代现货进行了买入操作。期货是保证金交易,交易者只需支付极低的保证金就可以持有期货合约。

当期货与现货的数量比例合适的时候,期货的价格变动与现货的价格变动大体一致。由于期货和现货的多空方向是相反的,两者的价格波动互相抵消,对于两者的总和来说,总资产几乎是不变的。也就是说,交易者利用期货规避了价格风险,锁定了现货的成本。

以上的操作叫作国债多头套期保值。国债空头套期保值和多头套保情况相反,是指交易者已经持有了国债现货,担心未来价格下跌,因此先行在国债期货上进行做空的操作方式。

套期保值有很多种分类方法,以上是根据套保的方向进行分类。

对于基本的套期保值,不管价格上涨还是下跌,都需要在期货上进行操作。而实际上,上涨和下跌这两种行情走势中,必然有一种行情对交易者有利,另一种行情对交易者不利。所以交易者可以选择在行情对其不利的时候进行套期保值,在行情对其有利的时候不进行套期保值。具体来说,空头套保者的手中持有现货,国债价格上涨对套保者有利,因此不需要进行套保,当国债价格下跌时对套保者不利,因此需要进行套保。这种根据行情选择是否进行套保的模式,叫作选择性套保。

在对行情的运行方向进行判断的基础上,可以进一步对行情走势的强弱程度进行判断,并以此来决定具体的套保数量。例如,对于空头套期保值来说,行情下跌时需要进行套保,当下跌趋势不是很明显时,可以建立少量的期货空头头寸;当下跌趋势非常明显时,可以增加期货的空头仓位,直至满仓。这种将套保仓位分批建仓的模式叫作分批套保。

在前面已经介绍过,当期货与现货的数量比例合适的时候,期货的价格变动与现货的价格变动大体一致。也就是说,选择合适的期货与现货的比例(以下简称套保比例),是决定套期保值效果的关键。计算套保比例的方法有很多种,不同的计算方式结果会有一定差异,对套保效果也会有一定影响。

对于基本的套期保值,一旦进行了操作,套保比例不会发生改变。实际上,由于国债价格存在凸性,当收益率变动时,期货和现货的价格变动并不同步。从严格意义上讲,任一时刻的套保比例都只是瞬时有效的,一旦价格发生改变,套保比例也会改变。因此,为了更好地实现套保效果,需要根据市场情况调整套保比例。这种调整套保比例的操作方式叫作动态套保。相应地,使用固定比例进行套保的方式叫作静态套保。

运用国债期货对债券资产进行套期保值,就是通过建立与现货资产相反的头寸,使期货合约的价值变化刚好与现货资产的价值变化相互抵消。设计期货合约套期保值策略的关键是计算需要买入或卖出的期货合约的数量,使现货资产与期货资产的价值变动刚好对冲。这里,我们需要用到两个用来衡量利率风险的重要概念:久期和基点价值。

久期的概念是麦考利首先提出的,它是以未来现金流现值比例作为权重计算的所有未来现金流到期期限的加权平均数,即:

$$D = \sum_{t=1}^{T} \left[\frac{PV(C_t)}{P} \cdot t \right] = \sum_{t=1}^{T} \left[\frac{C_t}{(1+y)^t} \cdot \frac{1}{P} \cdot t \right] \tag{5-11}$$

式中,P 为当前债券价格;y 为债券的到期收益率;T 为债券到期期限;C_t 为债券现金流;t 为现金流期限。

基点价值($DV01$)就是市场利率变动 1 个基点(0.01%)时债券价格的变化量。基点价值在收益率变化幅度很小的时候,可以很好地描述债券价格和收益率的变化关系。基点价值的计算方法为:

$$DV01 = -\frac{1}{10\,000} \frac{dP}{dy} \approx \frac{D_m \times P}{10\,000} \tag{5-12}$$

式中,D_m 为债券的修正久期,$D_m = \frac{D}{1+y}$。

在计算国债期货套期保值的合约数量时,基本的原则是使现货组合的价值变化与期货合约的价值变化相等,即:

$$套期保值的期货合约数量 = \frac{国债现货组合的价值变化}{每个国债期货合约价值变化}$$

一般业界经常应有两条经验法则:经验法则一即期货合约的 1 个基点价值等于最便宜可交割国债的 1 个基点价值除以其转换因子;经验法则二即期货合约的久期等于最便宜可交割国债的久期。由这两条经验法则衍生出来的两种计算套期保值比例的方法可以总结为:

一是运用 $DV01$,则:

$$套期保值的期货合约数量 = \frac{组合的 DV01}{期货合约的 DV01} = \frac{组合的 DV01}{\dfrac{CTD 债券 DV01}{CTD 债券的 CF}}$$

其中,CTD 债券的 $DV01$ 是指一个国债期货合约对应的 CTD 债券的基点价值。

二是运用久期,即:

$$\text{套期保值的期货合约数量} = \frac{\text{组合的久期} \times \text{组合价值}}{\text{期货久期} \times \left(\frac{\text{期货价格}}{100}\right) \times \text{合约面值}}$$

$$= \frac{\text{组合的久期} \times \text{组合价值}}{CTD \text{久期} \times \left(\frac{\text{期货价格}}{100}\right) \times \text{合约面值}}$$

可以看到,按照以上两个经验法则,在用国债期货对国债现货组合进行套保方案设计时,首先还是要寻找到期货合约所对应的最便宜可交割现券,并通过国债现货和该最便宜可交割债券建立关联性,进而得出套保方案。需要说明的一点是,这里的久期指的是修正久期的概念。

【例5-4】 投资者持有现货资产为国债1311,票面利率为3.38%,一年付息两次,到期日为2023年5月23日,剩余期限为9.1589年,2014年3月28日的市场价格为91.41元,应付利息为1.44元,全价为92.85元,该投资者持有1311国债10万张,价值为928.45万元。投资者想用TF1406合约对该债券组合做套期保值,期货合约价格92.53元,计算应该卖出的国债期货合约数量。

解:国债1311到期收益率为4.55%,修正久期为7.607。

1311债券的基点价值DV01为:

$$DV01 = \frac{D_m \times P}{10\ 000} = \frac{7.607 \times 91.41}{10\ 000} = 0.069\ 5$$

投资组合中包含10万张该债券,因此组合的基点价值为6 950元。

根据例5-1的计算,TF1406合约的最便宜可交割债券为2005年记账式(十二期)国债,该债券到期日2020年11月15日,票面利率为3.65%,2014年3月28日的债券价格为94.96元,半年付息一次,到期收益率为4.54%,修正久期为5.715年,该债券的基点价值为:

$$DV01 = \frac{D_m \times P}{10\ 000} = \frac{5.715 \times 94.96}{10\ 000} = 0.054\ 27$$

期货合约面值100万元,对应一个期货合约的CTD债券基点价值为542.7元,因此套期保值的国债期货合约数量为:

$$\text{套期保值的期货合约数量} = \frac{\text{组合的}DV01}{\frac{CTD \text{债券}DV01}{CTD \text{债券的}CF}} = \frac{6\ 950}{\frac{542.7}{1.037\ 7}} = 13.28$$

所以该投资者应该卖出13个国债期货合约进行套期保值。

如果用经验法则二,则套期保值的期货合约数量为:

$$\text{期货合约数量} = \frac{\text{组合的久期} \times \text{组合价值}}{CTD \text{久期} \times \left(\frac{\text{期货价格}}{100}\right) \times \text{合约面值}}$$

$$= \frac{7.607 \times 9\ 284\ 500}{5.715 \times \left(\frac{92.53}{100}\right) \times 1\ 000\ 000} = 13.35$$

五、中国国债期货合约案例分析

我国在1988年就开始了国债现券的流通试点,到1992年12月,上海证券交易所(上交所)又拉开了国债期货交易的序幕。最初由于国债期货交易只面对作为上交所会员的机构投资者开放,所以成交并不活跃。直到1993年10月,上交所进一步向个人投资者开放国债期货交易之后,国债期货才开始步入快速发展轨道。

然而好景不长,由于国债期货在市场环境、合约设计以及监管机制等方面均存在先天不足,在交易逐渐活跃的同时,市场上的投机气氛也越加浓厚,最终于1995年2月触发了著名的"327"严重违规操作事件。"327"事件对市场造成了沉重的打击,国债期货交易也因此在当年的5月戛然而止。

下面让我们来回顾一下这一中国金融发展史上的重要违规事件。

(一)"327"事件背景

1992年12月28日,上海证券交易所首先向作为其会员的机构投资者推出了国债期货交易。但由于国债期货不对公众开放,交投极其清淡,并未引起投资者的兴趣。1993年10月25日,上交所国债期货交易向社会公众开放。

327国债是指1992年发行的3年期国债92(3),1995年6月到期兑换,该券发行总量是240亿元人民币。1992~1994年中国面临高通胀压力,银行储蓄存款利率不断调高,国家为了保证国债的顺利发行,对银行存款和国债实行保值贴补,即在既定利率的基础上,对居民存款或国债收益进行补偿。保值贴补率由财政部根据通胀指数每月公布,而贴息是在保值贴补之外的利息补偿。

实行保值贴补后"固定利率"变成了"浮动利率",未来国债价格的"不确定性"使得国债期货的投机性陡然增强。在这个背景下,国债期货价格一改过去较为平稳的局面,开始出现较大的波动,交投也越来越活跃。1994年10月首次实行保值贴补后,国债期货"314"品种就曾经因此而发生过剧烈波动。

而这一次,关于财政部将对"92(3)券"贴息的消息,在春节前后已传得沸沸扬扬。伴随着传言,在"贴息"与"不贴息"之间产生了两大派系。市场上,出现了以财政部所属中国经济开发信托投资公司(简称中经开)为首的多头和以上海券商巨头万国证券、草根机构辽宁国发(集团)有限公司(简称辽国发)为首的空头。多头主力中经开作为财政部下属企业,有理由更了解财政部政策意向,认为通货膨胀短期内肯定控制不住,贴息也会成为现实;空头主力万国证券总经理管金生则认为宏观调控三大目标第一条就是治理居高不下的通货膨胀,因此没有可能再提高保值贴补率,而且财政部也没有必要为此多支付十多亿元的利息,使财政更加吃力。万国证券的观点代表了当时一批券商的看法,因此,他们把宝都押在做空上。因此,对通货膨胀率及保值贴补率的不同预期,成了327国债期货品种多空的主要分歧。

1995年2月,市场传闻327国债财政部可能要以148元的面值兑付,而不是132元。当时"327"现券年利率为9.5%,1995年7月份保值贴补率是13.01%。如果按此消息兑现,"327"的现券利率会由9.50%的利率提高到13%左右,327国债期货的到期价格将会提高,对空头来说大大不利。此时管金生已经在327国债期货上重仓持有空单。据说当时管金生曾经要求上交所总经理尉文渊为万国证券的持仓多开敞口,但遭到尉文渊的拒绝。而尉文渊并不知道的是,管金生的万国证券通过租借其他证券公司席位,此时已经在327国债期货上大大超出了规定持仓量。

1995年2月23日,财政部发布提高327国债利率的公告,百元面值的327国债将按148.50元兑付,这一纸公告彻底葬送了空头的命运。

(二)"327"事件经过

1995年2月23日上午一开盘,中经开公司率领的多方借利好掩杀过来,用80万口多单

(1口对应2万元面值现券)将前日148.21元的收盘价一举攻到148.50元,接着又以120万口攻到149.10元,又用100万口攻到150元,下午攻到151.98元。此时万国证券的同盟军辽国发在形势对空头极其不利的情况下由空翻多,将其50万口空单迅速平仓,反手买入50万口做多,如此大笔的平仓反手操作让327国债在1分钟内上涨了2元,10分钟后竟然上涨了3.77元!而此时327国债期货每上涨1元,万国证券就会有十几亿元的浮动亏损。

眼看多头就要取得最后的胜利,16时22分时,赌急了眼的管金生逆势而行,为避免巨额亏损做出了疯狂举措:大举透支卖出国债期货,做空国债。在手头并没有足够保证金的前提下,万国证券先以50万口空单把价位从151.30元袭到150元,然后连续用几十万口量级的空单把价位打到148元,最后用730万口的巨大空单,把价位打到147.40元。(按照上交所规定,国债期货交易1口为2万元面值的国债,730万口的卖单为1 460亿元,而当时327国债总共有240亿元。)当日开盘的多方全部爆仓,并且由于时间仓促,多方根本来不及有所反应,使得这次激烈的多空绞杀终于以万国证券的巨幅盈利(约42亿元)而告终。而另一方面,以中经开为代表的多头,则出现了等额的巨幅亏损。

1995年2月23日晚上10点,上交所在经过紧急会议后宣布:1995年2月23日16时22分13秒之后的所有交易无效,经过此调整当日国债成交额为5 400亿元,当日"327"品种的收盘价为违规前最后签订的一笔交易价格151.30元。这也就是说当日收盘前8分钟内空头的所有卖单无效,"327"产品兑付价由会员协议确定。上交所的这一决定,使万国证券的尾盘操作的盈利瞬间化为泡影。万国证券亏损56亿元人民币,濒临破产。

(三)"327"事件尾声

1995年2月24日,上交所发出《关于加强国债期货交易监管工作的紧急通知》,就国债期货交易的监管问题做出6项规定:从1995年2月24日起,对国债期货交易实行涨跌停板制度;严格加强最高持仓合约限额的管理工作;切实建立客户持仓限额的规定;严禁会员公司之间相互借用仓位;对持仓限额使用结构实行控制;严格国债期货资金使用管理。同时,为了维持市场稳定,开办了协议平仓专场。

1995年3月份全国"两会"召开之际,全国政协委员、著名经济学家戴园晨发言,要求对万国证券的违规予以严肃查处。5月17日,中国证监会鉴于中国当时不具备开展国债期货交易的基本条件,发出《关于暂停全国范围内国债期货交易试点的紧急通知》,开市仅2年6个月的国债期货无奈地画上了句号。中国第一个金融期货品种宣告夭折。

9月15日,上交所总经理尉文渊辞职。9月20日,国家监察部、中国证监会等部门都公布了对"327"事件的调查结果和处理决定:"这次事件是一起在国债期货市场发展过快、交易所监管不严和风险控制滞后的情况下,由上海万国证券公司、辽宁国发(集团)公司引起的国债期货风波。"决定认为,上海证交所对市场存在过度投机带来的风险估计严重不足,交易规则不完善,风险控制滞后,监督管理不严,致使在短短几个月内屡次发生严重违规交易引起的国债期货风波,在国内外造成极坏的影响。经过4个多月的深入调查取证,国家监察部、中国证监会等部门根据有关法规,对有关责任人分别做出了开除公职、撤销行政领导等纪律处分和调离、免职等组织处分,涉嫌触犯刑律的移送司法机关处理,对违反规定的证券机构进行经济处罚。

1996年4月,资不抵债的万国证券不得不与当年最强劲的竞争对手申银证券公司合并。1997年1月,管金生被上海市高级人民法院判处有期徒刑17年。"327"事件作为中国金融史上最大的违规事件之一,暴露了当时中国资本市场的诸多缺陷,为金融衍生品市场的发展敲响了警钟,同时也给我国金融监管和交易制度设计提供了重要的范本和案例。

1. 设想如果上交所不取消当日16时22分13秒之后的交易,最后的327国债期货交割将出现何种结果?

2. 当时的国债期货合约在设计上有哪些问题,谈谈你的看法。

第三节 短期国债期货

一、美国短期国债期货

在金融市场上,政府是一个重要的资金需求者。政府为了支持经济发展、平衡预算,发行了大量公债,包括期限在 1 年以内的政府短期公债。政府短期公债在英国和美国被称为国库券。国库券可追溯到 19 世纪 80 年代,英国是最先发行国库券的国家。19 世纪 70 年代,英国政府因给地方政府机构融资及建设苏伊士运河的需要,经常缺乏周转资金,于是英国政府接受经济学家沃尔特·拜基赫特的建议,发行一种证券。这种证券尽可能地接近商业汇票——以票据贴现方式发行,且每隔一定时间到期。这种由一国财政部发行的、期限在 1 年及 1 年以内的政府债券称为国库券。英国政府于 1887 年发行了国库券。美国的国库券是以英国的国库券为仿效对象的。第一次世界大战期间,美国财政部发行一种债券凭证给商业银行。其特点是:息票利率固定,每次发行的利率视市场情况予以调整,财政部直接售给商业银行,商业银行记入特别存款账户。后来在此基础上,1929 年 6 月美国国会通过法律授权发行国库券,1929 年 12 月进行第一次发行。世界许多国家纷纷仿效,国库券市场发展很快。

美国短期国库券是由财政部发行的一种短期债券,首次发行时间为 1929 年 12 月。由于短期国库券流动性高,加之由美国政府担保,所以其很快就成为颇受欢迎的投资工具。美国短期国库券的期限分为 3 个月(13 周或 91 天)、6 个月(26 周或 182 天)或 1 年不等。发行采用定期拍卖的方式,3 个月和 6 个月的国库券每星期一拍卖,1 年期的每个月的第三个星期拍卖,国库券都在星期四交割。与其他政府债券每半年付息一次不同,短期国库券按其面值折价发行,投资收益为折扣价与面值之差。

芝加哥商品交易所国际货币市场分部短期国库券期货合约的主要内容如表 5-9 所示。

表 5-9 短期国库券期货合约

标的资产	3 个月期美国国库券,面值 1 000 000 美元
交割月份	每年的 3 月、6 月、9 月、12 月
合约报价	100 美元减去贴现率
最小价格浮动幅度	1 BP(25 美元)
最后交易日	合约月份的第一交割日前的营业日
交割日	对应的现货月份的第 1 天
交易时间	7:20～14:00,最后交易日的上午 10:00 收盘

短期国库券期货合约是允许实物交割的期货合约。按照芝加哥商品交易所的规定,通知日(notification day)为交割月份第三次拍卖短期国库券之后的第二个营业日(第三个拍卖日就是交割月份的第三个星期二,通知日也就是交割月份的第三个星期三),这一天也是短期国库券期货合约的最后交易日。在通知日这天,愿意进行实际交割的持有空头或多头的交易者要通知清算所准备进行实际交割。这些多头头寸和空头头寸由清算所来配对,然后由清算所通知多头或空头者的银行,第二天进行付款或交货。

在短期国库券期货合约的报价中,期货合约的价格是按 100 美元减贴现率来报价的。需要注意的是,对于 3 个月期的短期国库券期货合约来说,合约报价与标的资产的市场报价是两个概念,它们是不相同的。

美国短期国库券是一种贴现债券,是以贴现率来报价的。假设短期国库券的价格为 P(贴现数额),则其报价为:$(360/n) \times (100-P)$。例如 3 个月国债的现金价格为 98 美元,则其报价为:$(360/90) \times (100-98) = 8$ 美元,即此国债的贴现率为 8%。它与国债收益率不同,该国债的收益率为:$(360/90) \times (100-98)/98 = 8.28\%$。期货合约报价为 100 美元减去相应的短期美国国库券的报价。对应于贴现率为 8% 的 3 个月国债,期货报价为:$100-8 = 92$ 美元(该期货合约对应的期货到期时的国债贴现率为 8%),而短期国库券期货标的物的市场价格为 98 美元。如果期货价格从 92 美元涨到 96 美元,合约规模为 100 万美元,则每个期货合约多头的盈利为 1 万美元,合约空头的亏损为 1 万美元。

二、欧洲美元期货

欧洲美元期货是一种以短期利率为基础的期货合约。其标的资产是欧洲美元定期存款,也即离岸账户持有的美元存款。欧洲美元并不是一种特殊的美元,它与美国国内流通的美元同质,具有相同的流动性和购买力,但不受美国境内金融机构的监管。从历史上看,欧洲美元始于第二次世界大战后,由于美国实施了援助欧洲的马歇尔计划,大量的美元存款流入欧洲,后来逐渐被人们称为欧洲美元银行存款。目前在美国境外储蓄的美元都可以被称为欧洲美元,因此欧洲美元并不一定与欧洲相关,而只是一种约定俗成的叫法。欧洲美元期货代表了市场对未来某个时点欧洲美元存款利率的看法。但是因为存款利率取决于银行、存款期限以及存款数额等多个因素,其变化范围很大。和其他的期货品种一样,欧洲美元期货有着标准化的合约,合约具体条款如表 5-10 所示。

表 5-10 欧洲美元期货合约条款

合约条款	内容
标的资产	本金价值为 100 万美元,3 个月到期的欧洲美元定期存款,在合约月份的第三个星期三进行现金结算
报价	IMM 价位:100 美元减去 3 个月伦敦银行同业拆借利率 3 月期 LIBOR 来进行合约月份第三个星期三的现货结算。例如,报价 97.45 美元意味着 3 月期 LIBOR 为 2.55%。1 个基点 = 0.01 个价格点 = 25 美元
最小变动价位 (最低价格波幅)	最近到期合约月份: 1 个基点的 1/4 = 0.002 5 价格点 = 6.25 美元/合约 所有其他合约月份: 1 个基点的 1/2 = 0.005 价格点 = 12.50 美元/合约 "新"的即月合约和到期的"旧"即月合约最后交易日在相同的交易日以 0.002 5 的价格增幅开始交易
合约月份	以 3 个月为季度周期(3 月、6 月、9 月、12 月)的最近 40 个月(即 10 年)再加上最近的 4 个"序列"月份(不属于 3 月份周期的月份)。10 年期交割的新 3 月季度合约月份因而在最近 3 月季度合约月份到期之后的第一个交易日上市
最后交易日	合约月份第三个星期三之前的第二个伦敦银行营业日。到期合约交易于最后交易日上午 11 点(伦敦时间)结束
头寸限制	无

(续表)

合约条款		内容
交易时间	公开喊价	星期一至星期五:7:20～14:00
	CME GLOBEX	星期日至星期五:17:00～16:00
行情代码	公开喊价	ED
	CME GLOBEX	GE
交易所规则		这些合约按照 CME 规则与条例挂牌交易并受其约束

从以上交易所规定的条款中,我们可以看到,欧洲美元期货合约的名义本金价值为 100 万美元,对应的存款期限为 3 个月,其潜在利率(3 月期 LIBOR)等于 100 美元减去合约价格。从时间上看,该合约是季度合约,清算月为 3 月、6 月、9 月和 12 月。中间也存在一些其他月份的合约,但都不具备很强的流动性。该合约的最后交易日为合约到期月份第三个星期三之前的第二个伦敦银行营业日。到期合约于最后交易日上午 11 点(伦敦时间)结束交易。

需要注意的是,虽然欧洲美元期货的报价方式与美国短期国库券期货的报价方式相同,但国库券期货的价格是 100 美元减去贴现率,而欧洲美元期货的价格是 100 美元减去收益率。贴现率和收益率是不等价的,两者之间不具有可比性。在比较两者的报价时,需要对贴现率和收益率进行换算,两者的换算公式为:

$$收益率 = \frac{贴现额}{贴现价格} \times \frac{360}{90} = \frac{贴现率 \times 90/360}{1 - 贴现率 \times 90/360} \times \frac{360}{90}$$

按照规定的合约规格和报价方式,欧洲美元期货合约的价值可以表示为:

$$P = 10\,000 \times [100 - 0.25 \times (100 - Q)] \tag{5-13}$$

式中,P 为合约价值;Q 为报价。

由于潜在利率(3 月期 LIBOR)是年化利率,而欧洲美元期货合约是季度合约,因此在式(5-13)中我们需要将潜在利率折算成季度利率。

从上式中不难看出,假设报价 Q 变化 0.01,则合约价值变化 $\Delta P = 25$。因此报价每变动 1 个基点会造成 25 美元的盈利或亏损。因为该期货合约的潜在利率等于 100 美元减去合约的标的价格,所以价格变动 0.01 美元等价于利率反向变动 0.01%。利率上升会使期货价格下降,因此合约的买方会遭受损失,而卖方获得利润。相反在利率下降时,买方会获得利润而卖方遭受损失。

从合约条款中我们还可以发现,欧洲美元期货是以现金结算的。采用现金结算是因为合约的标的资产比较抽象,结算时很难实现真正的"交割"。根据现金结算的规定,期货卖方会根据到期时的盈亏情况,支付或收取买方一定的金额。该金额是根据到期时的 3 月期 LIBOR 来确定的。

为了让读者有一个清晰的认识,我们以 2011 年 6 月到期、价格为 97.00 美元的欧洲美元期货合约为例,可以进行如下分析。

(1) 根据欧洲美元期货合约的报价方式,该合约潜在利率等于 100%−97%=3%。

(2) 利率的期限是 3 个月,因此,该欧洲美元期货合约是以 2011 年 6 月至 9 月的拆借利率作为基准的。

(3) 用该期货合约可以将未来的 3 个月期利率(2011 年 6 月至 9 月)锁定在 3% 的利率水

平上。

（4）如果潜在利率升高至3.01%，那么空头卖出的每份合约可获得25美元的收益，而多头买入的每份合约会亏损25美元，如果潜在利率跌至2.99%，则情况相反。

（5）假设在2011年6月到期时的3月期LIBOR为2.90%。如果之前交易了该合约，即把此时的3个月期LIBOR锁定在了3.00%，由于到期LIBOR低于3%，那么卖方要按每0.01%差值25美元的价格向买方支付现金，即：(3.00-2.90)×100×25=250美元。如果到期LIBOR高于3%，那么买方须向卖方支付一定的金额。读者可以发现，在到期时并没有本金交付的过程，双方只对差额进行了现金结算。

这个例子说明了欧洲美元期货的一个重要特点——它表明了市场对未来某时刻3月期LIBOR的看法，因为多空盈亏最终取决于合约到期日3月期LIBOR。除了欧洲美元期货以外，投资者也可以通过使用远期利率协议（FRA）来预测未来的LIBOR水平。远期利率协议在银行间市场交易，因而缺少交易所产品所具有的透明度和标准化等优点。不过远期利率协议的好处在于合约灵活，可以通过定制的方式来满足投资者的需求。另外，远期利率协议只在合约到期时交易，而不像期货需要逐日盯市结算。

3月期LIBOR是许多短期货的参考利率，包括浮动利率抵押贷款、多种类型的个人贷款等，其重要性不言而喻。此外，3月期LIBOR与联邦基金基准率也有着密切的关系，它也是美联储推行货币策的基础之一，所以欧洲美元期货的交易在一定程度上代表了投资者对未来美国货币政策及经济走势的判断。举个例子，在2010年6月时，如果一个投资者认为在接下来一年美联储将会因为通胀率的升高而提高利率水平，那么他可能会卖出2011年6月的欧洲美元期货来追求利率上升带来的利润。最后，由于LIBOR代表的是银行同业拆借市场的利率，它还与银行系统的运作情况有重要的联系。当银行系统运行不稳定时，LIBOR会急剧上升。

在定价上，欧洲美元期货的"公允价值"可以通过计算远期利率的方式计算出来。对于远期来说，我们可以通过把一次借贷拆分成两次连续的借贷，并使最终现金流相等求出远期利率。因此，如果把R_1看作是长期LIBOR，R_2是短期LIBOR，F是短期和长期之间的远期利率，则：

$$\left(1+\frac{R_1 \times Days_1}{360}\right)=\left(1+\frac{R_2 \times Days_2}{360}\right) \times \left(1+\frac{F \times Days_{fwd}}{360}\right)$$

$$F=\left[\frac{1+\frac{R_1 \times Days_1}{360}}{1+\frac{R_2 \times Days_2}{360}}-1\right] \times \frac{360}{Days_{fwd}}$$

这个远期利率F就对应着期货合约的公允价值$100-F$。例如，对于1份6个月之后到期的欧洲美元期货合约来说，这里的$Days_1$是9个月，而$Days_2$为6个月。这个例子中隐含的远期利率F就是6个月之后的3月期利率，也即$6M \times 3M$远期利率，因此读者可以根据市场上的R_1和R_2很容易算出F和对应的期货价值。由于欧洲美元市场有着巨大的规模和很高的流动性，因此除了金融危机这类极端情况外，由美元即期利率所导出的远期利率和欧洲美元期货所隐含的远期利率不会有太大的差别，否则就存在无风险套利机会。

三、短期国债期货应用

在西方发达国家，政府发行国库券的目的主要有4个：

（1）满足政府部门短期资金周转的需要。政府部门弥补长期收支差额可通过发行中长期公债来筹措，但政府收支也有季节性的变动，每一年度的预算即使平衡，其间可能也有一段时间资金短缺,需要筹措短期资金进行周转。此外,在长期利率水平不稳定时,政府也不宜发行长期公债,可发行短期国库券进行过渡。所以,财政部每次在决定国库券的发行规模时,它主要考虑以下因素要支付的到期的国库券规模、财政部近期所需要的现金规模、利率水平的高低及中央银行的货币政策目标。

(2) 为中央银行的公开市场业务提供可操作的工具。中央银行在公开市场上买卖国库券以影响利率和货币供应量,用这种手段来调节宏观经济,这就是公开市场运作。目前,国库券的发行数额增长很快。正因为我国发行的国库券规模太小,满足不了中国人民银行进行宏观调控的需要,中国人民银行才于2002年开始发行央行票据以回笼货币。

(3) 为市场提供一个无风险收益的基准。在金融市场中,不同的金融工具因风险不同应有不同的收益率曲线。在决定不同风险水平证券的收益率时,需要有无风险证券,以根据其利率来决定有风险证券的利率水平。由于国库券是风险最低、流动性最强的证券,最接近无风险证券的要求,所以各国都用它来作证券收益的基准。

(4) 为商业银行和其他储蓄机构提供作为第三准备金的工具。由于国库券流动强,易于变现,用国库券作为第二准备金成本低且灵活、方便。下面我们介绍运用短期国债期货合约的投机策略、套利策略和套保策略。

【例 5-5】 某投机商以 93.97 美元的价格购买了一份 12 月短期国债期货合约,该期货合约的面值为 100 万美元。实际操作中是用距离到期日 90 天来计算期货价格的变化。该投机商许诺购买面值 100 万美元的短期国债的价格为:

$$1\,000\,000 \times \left[1 - \frac{0.060\,3 \times 90}{360}\right] = 9\,849\,250(美元),$$

其中,$0.060\,3 = (100 - 93.97)/100$。

12 月中旬时利率上涨到 7%,该短期国债的最新报价为 93.00 美元。新的短期国债的价格为:

$$1\,000\,000 \times \left[1 - \frac{0.070\,0 \times 90}{360}\right] = 9\,825\,000(美元)$$

该投机商以为利率会下降而购买了期货合约,而利率却上升了,由此该投机商损失了:$9\,849\,250 - 9\,825\,000 = 24\,250$ 美元。

【例 5-6】 假设 45 天期短期国债的年利率为 10%,135 天期短期国债的年利率为 10.5%,还有 45 天到期的短期国债期货价格中隐含的远期利率为 10.6%(所有的利率均为连续复利率)。短期国债本身隐含的 45 天到 135 天中的远期利率为:$(135 \times 10.5 - 45 \times 10)/90 = 10.75\%$,这就高于短期国债期货价格中隐含的 10.6% 的远期利率。投资者应如何进行套利?

显然,套利者应在 45 天到 135 天的期限内以 10.6% 的利率借入资金并按 10.75% 的利率进行投资。这可以通过以下的策略来实现:

(1) 卖空期货合约。
(2) 以 10% 的年利率借入 45 天的资金。
(3) 将借入的资金购买 135 天的短期国债。

以上策略称为第 1 类套利。如果情况与此相反,即短期国债期货的隐含利率高于 10.75%,则运用第 2 类套利策略:

(1) 买入期货合约。
(2) 以 10.5% 的年利率借入 135 天的资金。

(3) 将借入的资金购买 45 天的短期国债。

此案例中第 1 类套利的期货合约的交易价格高于其正确的理论价格,套利者可以买入可交割债券或以短期国债利率或接近的利率借入资金,并在相应的期货合约上建立卖出头寸,进行套利。如果这种操作策略所获得的盈利大于对应时期内的为建立该头寸所需要的融资成本,这种交易就是有利可图的。第 2 类套利原理相同,操作相反。另外,为了验证短期国债市场是否存在套利机会,交易者经常计算所谓的隐含回购利率。如果隐含回购利率高于实际的短期国债利率,理论上就可能进行第 1 类套利。如果隐含回购利率低于实际的短期国债利率,理论上就可能进行第 2 类套利。

【例 5-7】 假定 8 月初期限 3 个月的市场利率为 8.75%,某企业此时准备在 9 月前投资于一个 200 万美元的项目。由于担心 9 月份利率会上升,从而因贷款成本的增加而蒙受损失。该企业打算进行期货交易,以规避预期利率提高带来的风险。由于期货交易成本很低,而且不存在违约风险,因此,投资经理在期货市场上卖出 2 份总价值为 200 万美元、9 月份到期的 90 天期国库券期货合约,IMM 指数为 91.25,收益率为 8.75%。如果 9 月份利率真的上升,期限 3 个月利率为 11%,IMM 指数下降为 89.00。投资者在现货市场上的融资成本增加了 11 250 美元,因而蒙受了损失。同时,在期货合约平仓的时候,由于利率提高,期货合约的价格与现货价格一样下跌,投资方买进合约所支付的价格低于卖出合约时所得到的价格,因此在结清期货交易时获得了 11 250 美元的利润。该企业融资的实际利率锁定在 8.75%:

$$\frac{55\ 000 + 11\ 250}{2\ 000\ 000} \times \frac{360}{90} \times 100\% = 8.75\%$$

其套期保值效果如下:

时间	现货市场	期货市场
8月1日	做出向银行贷款 200 万美元的计划,当时利率为 8.75%,利息成本为 2 000 000 × 8.75% × 3/12 = 43 750 美元	卖出两份 9 月份到期的 90 天期国库券期货合约,IMM 指数为 91.25,收益率为 8.75%,合约总价值为 1 956 250 美元
9月1日	企业贷款 200 万美元投资,期限 3 个月利率 11%,利息成本为 2 000 000 × 11% × 3/12 = 55 000 美元	买入两份 9 月份到期的 90 天期国库券期货合约,IMM 指数为 89.00,合约总价值为 1 945 000 美元
盈亏状况	在利率提高的情况下,企业由于融资成本提高而蒙受的损失 = 43 750 − 55 000 = −11 250 美元	在期货合约价格下降的情况下,企业进行期货交易的利润 = 1 956 250 − 1 945 000 = 11 250 美元
净盈亏	−11 250 + 11 250 = 0	

由于现货和期货价格完全同步变化,现货交易蒙受的损失正好由期货交易的利润所抵销,这样就达到了规避利率变化风险的目的。在此案例中,尽管市场利率由 8.75% 提高到 11%,但由于使用利率期货合约做了套期保值,该企业的实际贷款利率仍然锁定在 8.75%。反之,如果利率不升反降,他本来可以付出更小的融资成本,获得较低利率的借款,但由于做了套期保值,期货价格随现货价格同步上升,期货交易出现的亏损就会抵消现货市场上利率下降来的好处。在这种况下如果不进行套期保值,该企业的境况会更加有利。

立德树人思考

加强校园网贷整治工作

银监会、教育部等六部委《关于进一步加强校园网贷整治工作的通知》印发以来,各地加大对网络借贷信息中介机构(以下简称网贷机构)校园网贷业务的清理整顿,取得了初步成效。但部分地区仍存在校园贷乱象,特别是一些非网贷机构针对在校学生开展借贷业务,突破了校园网贷的范畴和底线,一些地方"求职贷""培训贷""创业贷"等不良借贷问题突出,给校园安全和学生合法权益带来严重损害,造成了不良社会影响。为了进一步加大校园贷监管整治力度,从源头上治理乱象,防范和化解校园贷风险,对于加强校园贷规范管理工作,该文件做出了如下通知:

(一)疏堵结合,维护校园贷正常秩序

为满足大学生在消费、创业、培训等方面合理的信贷资金和金融服务需求,净化校园金融市场环境,使校园贷回归良性发展。一方面,商业银行和政策性银行应在风险可控的前提下,有针对性地开发高校助学、培训、消费、创业等金融产品;另一方面,杜绝校园贷欺诈、高利贷和暴力催收等行为,未经银行业监督管理部门批准设立的机构不得进入校园为大学生提供信贷服务。

(二)整治乱象,暂停网贷机构开展校园网贷业务

各地金融办(局)和银监局要在前期对网贷机构开展校园网贷业务整治的基础上,协同相关部门进一步加大整治力度,杜绝网贷机构发生高利放贷、暴力催收等严重危害大学生安全的行为。现阶段,一律暂停网贷机构开展在校大学生网贷业务,逐步消化存量业务。

(三)综合施策,切实加强大学生教育管理

各高校要把校园贷风险防范和综合整治工作作为当前维护学校安全稳定的重大工作来抓,完善工作机制,建立党委负总责、有关部门各负其责的管控体系,切实担负起教育管理学生的主体责任。一是加强教育引导;二是建立排查整治机制;三是建立应急处置机制;四是切实做好学生资助工作;五是建立不良校园贷责任追究机制。

(四)分工负责,共同促进校园贷健康发展

各部门要高度重视校园贷规范管理工作,明确分工,压实职责,加强信息共享,形成监管合力。各地金融办(局)和银监局要加强引导,鼓励合规机构积极进入校园,为大学生提供合法合规的信贷服务。各地教育主管部门、各高校要切实采取有效措施,做好本地本校工作分层对接和具体落实,筑好防范违规放贷机构进入校园的"防火墙",加强风险警示、教育引导和校园管理工作。各地人力资源社会保障部门要加强人力资源市场和职业培训机构监管,依法查处"黑中介"和未经许可擅自从事职业培训业务等各类侵害就业权益的违法行为,杜绝公共就业人才服务机构以培训、求职、职业指导等名义,捆绑推荐信贷服务。

(中国政府网)

本章小结

1. 国债期货是指通过有组织的交易场所预先确定买卖价格并于未来特定时间内进行钱券交割的国债派生交易方式。国债期货属于金融期货的一种,是一种高级的金融衍生工具。

2. 美国短期国库券期货合约和欧洲美元存款利率期货合约是两个有代表性的短期利率期货品种。

3. 中长期国债期货是指以中期和长期的国债作为标的资产的期货合约采用实物交割的方式了结到期未平仓合约。为了避免"逼仓"现象,约定若干种符合条件的债券作为可交割债券。

4. 为换算不同可交割国债的比价关系需要计算各个可交割债券的转换因子。转换因子是以名义债券的票面利率作为贴现率计算的可交割债券现值除以债券面值。

5. 在所有可交割债券中使期货合约卖方的交割利润最大的债券是最便宜可交割债券。卖

方拥有选择最便宜可交割债券的权利。期货价格与最便宜可交割债券价格之间具有无套利均衡关系：当债券收益率高于名义债券票面利率时，高久期债券最可能成为最便宜可交割债券；当债券收益率低于名义债券票面利率时，低久期债券最可能成为最便宜可交割债券。

练习题

一、单选题

1. 下列关于国债期货最便宜可交割债券的描述中，正确的是（　　）。
   A. 市场价格最低的债券是最便宜可交割债券
   B. 市场价格最高的债券是最便宜可交割债券
   C. 隐含回购利率最低的债券是最便宜可交割债券
   D. 隐含回购利率最高的债券是最便宜可交割债券

2. 若国债期货到期交割价为100元，某可交割国债的转换因子为1.0043，应计利息为1元，其发票价格为（　　）。
   A. 99元　　　B. 99.43元　　　C. 100.43元　　　D. 101.43元

3. 标准的美国短期国库券期货合约的面额为100万美元，期限为90天，最小价格波动幅度为1个基点，则利率每波动1点所带来的1份合约价格变动为（　　）。
   A. 25美元　　　B. 32.5美元　　　C. 50美元　　　D. 100美元

二、多选题

1. "国债期货交割结算价×转换因子＋应计利息"，计算出来的数值是（　　）。
   A. 转换后该国债的价格
   B. 国债期货交割时卖方出让可交割国债时应得到的实际现金价格
   C. 可交割国债的出让价格
   D. 发票价格

2. 影响国债期货理论价格的因素有（　　）。
   A. 转换因子　　　　　　　　　B. 国债价格波动率
   C. 可交割国债价格　　　　　　D. 可交割国债持有成本

3. 下列关于最便宜可交割债券的说法中，正确的是（　　）。
   A. 买方拥有可交割国债的选择权
   B. 卖方拥有可交割国债的选择权
   C. 最便宜可交割债券的价格决定了国债期货合约的价格
   D. 隐含回购利率最高的国债就是最便宜可交割国债

三、辨析题

1. 国债期货基差多头交易策略是买入国债现货，卖出国债期货，待基差走强后平仓获利。
   （　　）

2. 在国债基差交易策略中，当预期基差波幅扩大时，可以采用做多基差。（　　）

3. 当债券的修正久期为6.75时，意味着市场利率上升1％，将导致债券价格上涨约6.75％。
   （　　）

四、计算题

1. 期货投资者购买了20手国债期货多头，成本价为98.3元。2天后，投资者卖出10年国债期货，价格为98.35元。在6天后，卖出10手国债期货，价格为98.39元，投资者累计收益是多少？

2. 假设用 2005 年记账式（十二期）国债交割 TF1406 合约，债券每年付息一次，票面利率 3.65%，利息支付日为每年的 11 月 15 日，期货价格为 92.53 元，转换因子为 1.037 7。计算期货交割的支付金额是多少？

3. 2014 年 3 月 28 日，TF1406 合约的价格为 92.53 元，是一种可交割债券，2013 年记账式附息（十五期）国债，票面利率为 3.46%，债券价格为 94.50 元（净价），应计利息为 2.47 元，全价为 96.97 元。该债券用于交割 TF1406 合约的转换因子为 1.025 2，债券到期日 2020 年 7 月 11 日。TF1406 合约交割日期为 2014 年 6 月 18 日。计算该债券的隐含回购利率是多少？

五、案例分析题

某混合型基金资产组合价值为 3 亿元，有 9 000 万元（30%）利率债，久期为 4，信用债为 1.5 亿元（50%），股票为 6 000 万元（20%），β 为 1.2。基金经理希望将利率债配置降低为 3 000 万元，维持久期 4，将信用债增加到 1.6 亿元，将股票增加到 1.1 亿元，将 β 改为 1.35。股指期货的 β 为 1，每手价值为 75 万元，国债期货的久期为 6，每手价值 98.5 万元。该基金经理需要进行哪些操作？

六、简答题

1. 简述期货套利的注意事项。
2. 简述期货投机交易的作用。
3. 简述期货投机交易中的杠杆风险。

七、论述题

论述最便宜可交割债券及其确定方法。

第六章 股指期货合约

【本章提要】

股指期货合约可以规避投资风险、降低股市波动率、抑制股市非理性波动,为投资者提供风险对冲工具;丰富不同的投资策略、改变股市交易策略一致性的现状,为投资者提供多样化的财富管理工具,以实现长期稳定的收益目标。本章介绍了股指期货的基本情况、中国股指期货的定价原理与股票指数期货的主要应用。

【学习目标】

1. 了解股指期货合约的基本概念,能够运用股指期货进行套期保值。
2. 理解股指期货定价原理,运用股指期货进行投机与套利分析。
3. 掌握股指期货的特点与交易规则。
4. 学会沪深 300 股指期货合约的相关内容。
5. 熟悉习近平新时代中国特色社会主义思想下的中国股指期货的种类与构成。

【思政理念】

1. 学习中国传统文化。
2. 严格遵守规章制度教育。
3. 理解习近平总书记为新时代深圳经济特区建设擘画了宏伟蓝图①。

【案例导读】

中国香港金融保卫战

1997 年下半年,美国金融大鳄索罗斯旗下的对冲基金在亚洲各国和地区发起了连番狙击,并获得了极大的成功,使泰国、马来西亚、印度尼西亚等国家和地区几十年来积存的外汇一瞬间化为乌有,由此引发了二战后对这些国家的政治、经济和社会生活各层面冲击最大的亚洲金融危机。1998 年 6 月到 7 月间,索罗斯把矛头对准了港元,开始有计划地向中国香港股市及期市发动冲击。

港元实行联系汇率制,联系汇率制有自动调节机制,不易攻破。但港元利率容易急升,而利率急升将影响股市大幅下跌。这样,只要事先在股市及期市做空,然后再大量向银行借贷港元,使港元利率急升,促使恒生指数暴跌,便可像在其他市场一样获得投机暴利。对冲基金在对香港金融市场进行冲击时,往往受制于香港金融监管部门的传统作法——提高短期贷款利率。而事实已经证明,在前 3 次冲击(1997 年 10 月、1998 年 1 月、1998 年 6 月)中,香港金融管理局的措施便是提高短期贷款利率,金融管理局主席任志刚也因此被戏称为"任一招"。

---

① 2020 年 10 月 14 日,习近平总书记在深圳经济特区建立 40 周年庆祝大会上讲话。

利率的上涨会提高投机的成本。在这次炒家冲击香港金融市场时,与以往最大的不同点就是,炒家没有进行即期拆借活动,而是预先屯集了大量的港元。这些港元来自多方面,但一个很重要的来源是一些国际金融机构 1998 年上半年在香港发行的 1 年至 2 年期的港元债券,总金额约为 300 亿美元,年利息为 11%。这些国际金融机构将这些港元掉期为美元,而借入港元的主要是一些对冲基金这些港元成为对冲基金攻击香港金融市场的低成本筹码,使投机者具备了在汇市进行套利的有利条件。而对冲基金又在外汇市场上买入大量的远期美元以平衡风险。索罗斯旗下的基金就持有总金额约 400 亿美元的买入合约,到期日为 1999 年 2 月。

自 1997 年 10 月以来,国际炒家 4 次在香港股、汇、期三市上下手,前 3 次均获暴利。1998 年 7 月底至 8 月初,国际炒家再次通过对冲基金接连不断地狙击港元,以期推高拆息和利率。很明显,他们对港元进行的只是表面的进攻,股市和期市才是真正的主攻目标。声东击西是索罗斯等国际投机者投机活动的一贯手段,并多次成功。1998 年 6、7 月,当恒生指数攀升至 8 000 点高位的时候,对冲基金大举做空恒指,建立了大量的恒指空仓头寸。对冲基金之所以建立恒指空仓,是因为它们预计港股在受到冲击后恒生指数必然会大幅下跌。而恒指期货合约的价格是每点 50 港元,也就是说,若建的是空仓,恒生指数每下跌 1 个点,就可以给做空者带来 50 港元的利润。

众所周知,1997 年 7 月 1 日,香港回归祖国。这是中华民族历史上的大事,开启了香港的新时代。但是,对国际炒家而言,这正好为他们兴风作浪提供了机会。香港的未来何去何从,香港的经济、社会会发生什么变故等一系列问题,不仅令局外人生疑,香港人也是心中没谱。而恒生指数代表香港金融市场,乃至整个香港经济、政治前景,就是香港经济的"晴雨表"。只要能动摇恒生指数,就能打击人们对香港经济的信心。在这种情况下,恒生指数大幅下挫很可能引起广大投资者盲目恐慌,从而达到坐收渔翁之利的目的。

国际投机者在证券市场上大手笔做空股票和期指,大幅打压恒生指数,使恒生指数从 10 000 点大幅度跌至 8 000 点,并直指 6 000 点。在山雨欲来的时候,证券市场利空消息满天飞。1998 年 8 月初,投机者大肆宣扬人民币将贬值 10%,其中,上海、广州等地的人民币黑市交易中曾跌到了 1 美元兑换 9.5 元人民币左右。投机者散播人民币将贬值的谣言,是想借此来影响人们对港元的信心。除此之外,投机者还大肆宣扬内地银行不稳定等谣言,其目的仍是为狙击港元创造心理条件,其手段真可谓无所不用。

有一家海外基金甚至开出了 1998 年 8 月 12 日香港联系汇率脱钩的期权。炒家们趁机大肆造谣,扬言"港元即将与美元脱钩,贬值 40%","恒指将跌至 4 000 点",云云。其目的无非是扰乱人心,制造混乱状态,然后趁机浑水摸鱼。8 月 1 日,恒生指数一度下跌 300 点,跌穿 6 600 点关口。

在压低恒生指数的同时,国际炒家在恒指期货市场积累大量淡仓。恒生指数每跌 1 点,每张淡仓合约即可赚 50 港元。而在 8 月 14 日的前 19 个交易日,恒生指数就下跌 2 000 多点,每张合约可赚 10 多万港元,收益之高令人震惊!

国际炒家在泰国、马来西亚的胡作非为,给这些国家的经济造成了毁灭性打击,可谓来者不善。所以,在分析、研究亚洲其他市场形势后,为了维持香港金融市场的稳定,香港特区政府决定调巨资迎战这些疯狂的国际炒家。

这是一场以金钱、智慧和魄力为武器的金融大战。无论是挑战者,还是应战者,都深知其成败所蕴含的利益与风险。

1998 年 8 月 5 日,炒家们一天之内抛售 200 多亿港元。香港金融管理局一反过去被动做法,运用香港财政储备如数吸纳,将汇市稳定在 1 美元兑换 7.75 港元的水平上,银行同业市场拆借利息也仅略有上升。

1998 年 8 月 6 日,炒家又抛售了 200 多亿港元,金融管理局再出新招不仅照单全收,而且将所吸纳的港元存入香港银行体系——从而起到了稳定银行同业拆借利息的作用,防止了因为拆息率一旦提高,股市下跌在所难免的局面。

8月7日,因已公布中期业绩的一些蓝筹股业绩不佳,导致股市大幅下跌,令恒生指数全日下跌212点,跌幅为3%。在此后的7日至13日这几个交易日中,香港特区政府继续采用吸纳港元的办法,以稳定同业拆息并进而达到稳定股市的目的。但由于炒家在股票市场上大肆做空,恒生指数最终还是跌到了6 600点附近的低位。

8月13日,恒指被打压到了6 660点后,港府组织港资、内地资金入市,与对手展开针对8月股指期货合约的争夺战。投机炒家要打压指数以配合做空期指,港府则要守住指数,迫使投机者事先高位空的合约无法于8月底之前如数套现。港府入市后大量买入国际炒家抛空的8月股指期货合约,将期指由入市前的6 610点推高到24日的7 820点,高于投资炒家7 500点的平均建仓价位,取得初步胜利。当日收市后,港府宣布已动用外汇基金干预股市与期市。

8月14日,香港特区政府正式参与股市和期市交易。香港特区政府为了维护港元,携巨额外汇基金进入股票市场和期货市场,与炒家进行直接对抗。港府向香港的中银、获多利、和升等多家证券行指示,大手吸纳恒生指数蓝筹股,表示不惜成本,务求将8月期指抬高600点。香港特区政府一反以往"积极不干预"政策,给机者造成了始料不及的沉重打击。

香港金融管理局直接入市干预期货股票市场,这在全球开放型资本市场上尚属首次。港府宣布已动用外汇基金干预股市与期市,令市场为之一惊。

接着,投机炒家鼓动如簧之舌,在全球范围内展开了一场攻击港府的舆论大战。与此同时,炒家们并不愿意俯首称臣,他们又一次玩起了"声东击西"的鬼把戏——于8月16日迫使俄罗斯宣布放弃保卫卢布的行动,造成8月17日美欧股市全面大跌,以期"围魏救赵"冲击恒生指数。然而,使他们大失所望的是,8月18日恒生指数有惊无险,在收市时只微跌13点。

初战得手,并不意味对手会弃城投降,因为离期指合约的交割还有时日,港府明白恶战还在后头。果然,从8月25日开始直至28日,双方展开了转仓战,港府的目的是迫使国际炒家为投机付出高额代价。

8月27日和28日,投机炒家在股票现货市场倾巢出动,企图将指数打下去。港府在股市死守的同时,经过几天惊心动魄的大战,在期货市场上将8月合约价格推高到7 990点,结算价为7 851点,比入市前高1 200点。8月27日、28日,港府将所有卖单照单全收,结果27日交易金额达200亿港元,28日交易金额达790亿港元。

但投机炒家并不善罢甘休,他们认为港府已经投入了约1 000亿港元巨资,资金压力与舆论压力使其不可能长期支撑下去,因而决定将卖空的股指期货合约由8月转仓至9月,想与港府打持久战。从8月25日开始,投机炒家在8月合约平仓的同时,大量卖空9月合约。与此同时,港府在8月合约平仓获利的基础上乘胜追击,使9月合约的价格比8月合约的结算价高出650点。

这样,投机炒家每转仓1张合约要付出3万多港币的代价。投机炒家在8月合约的争夺中,完全败走麦城。

1998年8月28日,是香港恒生指数期货8月合约的结算日,也是香港特区政府打击以对冲基金为主体的国际游资操控香港金融市场的第10个交易日。

双方经过前几个交易日的激烈搏杀后,迎来了首次决战。

上午10点整开市后仅5分钟,股市的成交额就超过了39亿港元。半小时后,成交金额就突破了100亿港元,到上午收市时,成交额已经达到400亿港元之巨,接近1997年8月29日创下的460亿港元日成交量历史最高纪录。

下午开市后,抛售有增无减,成交量一路攀升,但恒指和期指始终维持在7 800点以上。随着下午4点整的钟声响起,显示屏上不断跳动的恒指、期指、成交金额最终分别锁定在7 829点、

7 851 点和 790 亿港元上。

1998 年 8 月 28 日,对于众多国际炒家来说,是一个心痛的日子。这是香港特区政府自 1998 年 8 月 14 日入市干预以来的最高潮,也是香港特区政府针对炒家们惯用的汇市、股市、期市的主体性投机策略,"以其人之道,还治其人之身"所取得的重大胜利。香港特区政府将恒生指数从 8 月 13 日收盘的 6 660 点推高到 28 日的 7 829 点报收,并迫使炒家们在高价位结算交割 8 月份股指期货。在此之前,炒家们下注了大量 8 月份期指空仓。这样一来,即使他们转仓,成本亦很高,一旦平仓,则巨额亏损不可避免。"8·28"之战,港府取得了决定性胜利。但是,对国际炒家来说,期指转仓是可行性选择,更可能成为他们的"救命稻草"。因此,对香港特区政府说,"8·28"之战也只能算是阶段性胜利。港府决定,在 9 月份继续推高股指期货价格,迫使投机资本亏损离场。

9 月 7 日,香港金融管理局颁布了外汇、证券交易和结算的新规定,使炒家的投机大受限制。当日恒生指数飙升 588 点,以 8 076 点报收。加上日元升值、东南亚金融市场趋稳等一系列因素,使投机炒家的资金、换汇成本大幅上升,不得不败退离场:9 月 8 日,9 月合约价格升到 8 220 点。8 月底转仓的期指合约要平仓退场,每张合约又要亏损 4 万港元。至此,国际炒家见大势已去,纷纷丢盔弃甲,落荒而逃。

自入市以来,香港特区政府动用了 100 多亿美元,消耗了外汇基金约 13%,金额大大超过了 1993 年"英镑保卫战"中英国政府动用 77 亿美元与国际投机者对垒的规模,堪称一场不见硝烟的"战争"。

(黎龙焕、戚志敏,《热钱的偷袭:我们如何应对》)

第一节 股指期货

一、指数概述

(一) 指数的概念

指数,也称为股票市场指数或股票价格指数,它是由证券交易所或金融服务机构编制而成的指标性数字,用于表示股票市场全体个股或同一类个股的整体性变动情况。指数所反映的对象是全体个股或同一类个股,即它反映的是一个范围,而非个体。指数反映股票市场全体个股同一类个股的整体性变动情况;指数的重点内涵指数的样本空间和指数的计算方法。

(二) 指数的编制方法

对于指数,我们还有必要了解它的样本空间与计算方法。指数的样本空间是指在计算指数时被选取的个股的集合,这个集合既可以是所反映的股票市场中的全体个股,也可以是某一些个股(这些个股都是相关行业中有代表性的个股)。在进行指数计算时,无论采用选取全体个股的方法,还是选取局部个股的方法,都可以很好地反映出市场的综合运行情况。其中,采用选取全体个股的指数一般称之为"综合指数",例如,上证综合指数就是以上海证券交易所中上市的全体个股为采样空间;采用选取局部个股的指数一般称之为"成份指数",例如,深证成份指数就是以深圳证券交易所中上市的部分个股为采样空间。为了保证所选样本具有较好的代表性,在编制成份指数时,应综合考虑个股的行业代表性及个股的市价总值及成交量在全部上市股票中所占的比重。

指数的计算方法大体分为两类:①算术平均法;②加权平均法。

算术平均法的计算较为简单,它将所选取的所有个股的交易价格进行简单平均计算,只考虑股票的交易价格,而不考虑股票的股本规模及成交量等方面。这种计算方法有两个不足之处:①无法区分股票的重要程度,大盘股与小盘股地位同等,然而,在实际的市场中,大盘股的走势对股市的整体影响更大一些;②当个股实施转增、送股等方案时,由于股价出现断层现象,会使得指数前后的运行呈现不连续性。

加权平均法则不仅考虑股票的价格,还考虑股票的股本规模(即权重情况),在计算时,一般以流通股本数量作为"权值"。很明显个股的流通股本数量越大,则其权值越大,在指数中的分量也越重,加权平均法是当前各种指数计算中广为采用的方法。

(三) 指数的作用

在股票市场上,指数是用于衡量股票市场交易整体波动幅度和景气状况的综合指标,是投资者做出买卖决策的重要依据。指数的最大作用在于可以反映股票市场全部或其某一范围内的综合走势情况。例如,上证综合指数可以反映在上海证券交易所上市的全体A股及B股的综合走势,房地产板块指数则可以反映房地产板块所包含的全体个股的综合走势。

参与股市的投资者一般只是交易某只个股,指数似乎是一个较为飘忽的概念。然而,实际情况却并非如此。我们知道,股票市场是一个联动性极大的市场,大多数股票处于上涨状态说明市场人气较为旺盛,此时,投资者可以依据自己对个股的分析、判断积极展开短线买入操作,胜算较大。反之,当大多数股票处于下跌状态时则说明市场人气较为清淡,此时,投资者若对市场整体情况不了解,盲目展开短线操作则有可能损失惨重。因而,投资者需要一种可以反映市场整体性变化情况的指标,这就是指数产生的原因之一,其重要意义在于可以让投资者看清当前市场强弱,从而有效地指导投资者从事买卖交易。

(四) 国际著名指数

如果我们经常收看财经类的新闻,就会常常听到"道·琼斯工业平均指数""伦敦金融时报指数"等词语,它们反映了国际上相应股票市场的走势情况。随着全球经济的一体化,国际上成熟的股票市场对国内的股市走向也存在着不小的影响力。当美国、欧洲的股市出现大涨或大跌的走势时,国内的股市也往往受此影响而出现联动效应。了解这些指数,有助于我们加深对指数这一概念的了解。

1. 美国指数

美国是世界上最大的经济体,其股市的发展历史也极为悠久,在全世界中的影响力也是最大的。能够准确反映美股走势的股票市价格指数有3种,分别是道·琼斯工业平均指数、纳斯达克综合指数和标准普尔指数。

道·琼斯股票价格平均指数由《华尔街日报》和道·琼斯公司创建者查尔斯·道所创造,它反映了美国股市的走向,是全球范围内最具影响力的股票市场指数之一。它共分为4组:第一组为工业股票价格平均指数;第二组为运输业股票价格平均指数;第三组为公用事业股票价格平均指数;第四组为平均价格综合指数。其中以道·琼斯工业平均指数最为著名。目前,道·琼斯工业平均指数中的30种成份股是美国蓝筹股的代表。

美国的纳斯达克(NASDAQ)股票市场始建于1971年,是一个完全采用电子交易、为新兴产业提供竞争舞台、自我监管、面向全球的股票市场。一般来说,在纳斯达克挂牌上市的公司以高科技公司为主,如微软(Microsoft)、英特尔(Intel)、戴尔(Dell)等。正是这种特色,使得纳斯达克股票市场成为美国"新经济"的代名词,而纳斯达克综合指数就是反映纳斯达克证券市场行情变化的股票价格平均指数,其变化趋势在一定程度上反映了世界高新技术产业的发展趋势。

标准普尔股票价格指数由美国最大的证券研究机构标准普尔公司编制,是用于反映美国股票市场行情变动的股票价格平均数,也是美国股市中一种极为有影响力的指数。在标准普尔股票价格指数中,最重要的 4 种组合是工业股票组、铁路股票组、公用事业股票组和 500 种股票混合组。

2. 伦敦金融时报指数

英国是工业革命的诞生地,虽然其曾经的经济龙头地位早已被美国取代,但是它在世界经济舞台上仍占有极为重要的地位,英国的经济情况、股市情况都可以作为欧洲经济共同体的一个典型代表。伦敦金融时报指数是由英国最著名的报纸——《金融时报》编制并发布的,是反映英国股票市场走势的综合性指数。该指数分 3 种:第一种是由 30 种股票组成的价格指数,采用加权算术平均法,这也是通常所说的"伦敦金融时报指数";第二种是由 100 种股票组成的价格指数;第三种是由 500 种股票组成的价格指数。

3. 日经指数

第二次世界大战后,日本经济快速发展,曾一度成为世界上的第二大经济实体,这使得日本的股票市场具有很大影响力。日经指数由日本经济新闻社编制并公布,是反映日本股票变化情况的价格指数。日经指数可分为两种:一种是日经 225 种平均股价指数,从 1950 年 9 月开始编制,因其延续时间较长且所采样个股极具代表性而广为使用,媒体中所说的日经指数就是指它;第二种日经指数是日经 500 种平均股价指数,从 1982 年 1 月 4 日起开始编制。

4. 香港恒生指数

中国香港曾一度被称为亚洲四小龙之一,可见其经济实力之强。而且由于国内有不少大型企业既在 A 股市场上市,同时也在港股市场上市,这无形中就加大了 A 股与港股之间的联系,如中国石油、工商银行这样的大盘股若在港股市场中出现大涨或大跌走势,则势必直接影响到它们在 A 股中的走势。因而,港股走势也是我们应关注的。香港恒生指数由香港恒生银行于 1969 年 11 月 24 日开始发布,是反映香港股票市场价格走势的一种综合指标,恒生指数的样本空间是从全部 500 多家上市公司中选出的 33 家代表性的公司,这 33 只股票占香港股票市值的 63.8%且都是行业中的代表性个股。

(五) 国内股市的构成及相应指数

反映内地 A 股市场的指数有很多种,每一种指数都有其特定的涵盖范围及计算方法,沪深 300 指数仅是其中的一种指数。随着国内股指期货的诞生及发展,将会出现更多的指数成为股指期货合约的标的物。内地股市结构包括沪市(上海证券交易所中上市的全体 A 股及 B 股)和深市(深圳证券交易所中上市的全体 A 股及 B 股)。沪市由上证指数、上证 50 指数、上证 180 指数等反映;深市由深圳成份指数和中小板指数反映。我们将在下一节中详细介绍这些指数。

二、股指期货概述

股票指数期货合约保证在将来某时刻以既定价格向合约持有者提供既定的"指数"所代表的金额。合约标的资产是股票价格指数,因此,指数期货的主要特点是以现金结算,而不进行实物交割。

股票价格变动风险分为系统风险(即市场风险)和非系统风险(即个别股票的商业风险)。非系统风险可以通过证券组合多样化来分散,但股票分散化不能降低股市全面波动的影响。于是,1982 年 2 月,美国堪萨斯农产品交易所正式开办第一个股票指数期货,它以股票价格指数为标的,而股票价格指数是由成百上千的股票组成的参数,所以它基本消除了股价的不规则变动,仅反映股市走势,使大额投资者可专心应付系统风险。

(一) 主要股票指数期货合约

1. 标准普尔 500 指数期货(S&P500)

交易单位:500 美元×S&P500 股价指数。

交易地点：芝加哥商品交易所指数、期权市场（IOM）分部。

最小变化价位：0.05个指数点（每张合约25美元）。

每日价格波动限制：在开盘期间内，成交价格不得高于或低于前一交易日结算价格5个指数点。如果主要期货合约的价格在开市后10分钟时达到此停板额，交易将暂停2分钟，然后按新的开盘价重新开盘。

合约月份：3月、6月、9月、12月。

交易时间：8：30～15：15（芝加哥时间）。

最后交易日：最后结算价格确定日之前的那个营业日。

交割方式：按最后结算价格以现金结算。

最后结算价格：由合约月份第三个星期五报出的S&P500股价指数的构成股票的开盘价格确定。

2. 纽约证券交易所综合指数期货（NYSE）

交易单位：500美元×NYSE综合指数。

交易地点：纽约期货交易所（NYFE）。

最小变动价位：0.05个指数点（每张合约25美元）。

每日价格波动限制：无。

合约月份：3月、6月、9月、12月。

交易时间：9：30～16：15（纽约时间）。

最后交易日：合约月份的第三个星期四，如果该日不是NYFE或NYSE的营业日，则最后交易日即为该日的前一个营业日。

交割方式：合约到期时以现金结算。

最后结算价格：由构成NYSE综合指数的所有上市股票在合约月份之第三个星期五的开盘价格，经特别计算求得。

3. 主要市场指数期货（MMI）

交易单位：250美元×主要市场指数。

交易地点：芝加哥期货交易所（CBOT）。

最小变动价位：0.05个指数点（每张合约12.5美元）。

每日价格波动限制：不高于前一交易日结算价格80个指数点，不低于前一交易日结算价格50个指数点。

合约月份：最初3个连续月份及紧接着的3个以3月、6月、9月、12月循环的月份。

交易时间：8：15～15：15（芝加哥时间）。

最后交易日：合约月份的第三个星期五。

交割方式：根据主要市场指数收盘价格实行逐日结算，并于最后交易日根据主要市场指数的收盘价格实现现金结算。

4. 金融时报100种指数期货（FT-SE100）

交易单位：25英镑×金融时报100种指数。

交易地点：伦敦国际金融期货交易所（LIFFE）。

最小变动价位：0.5个指数点（每张合约12.5美元）。

合约月份：3月、6月、9月、12月。

交易时间：8：35～16：10（伦敦时间）。

最后交易日：交割月份第三个星期五的10：30。

交割日：最后交易日之后的第一个营业日。

交割方式:以交易所交割结算价为基础的现金结算。
交割结算价:最后交易日10:10至10:30之间金融时报100种指数的平均水平。

5. 日经225指数期货

交易单位:1 000日元×日经225指数。
交易地点:日本大阪证券交易所。
最小变动价位:10个指数点(每张合约10 000日元)。
每日价格波动限制:不高于或不低于前一交易日结算价格3%。
合约月份:3月、6月、9月、12月。
交易时间:9:00～11:15;13:00～15:15(东京时间)。最后交易日比平时早15分钟收盘。
最后交易日:结算日之前三个营业日。
结算日:合约月份之第十个(或第十一个)营业日。
结算价格:最后交易日收盘时该指数的收盘价格。
交割方式:按结算价格实行现金结算。

6. 日经225指数期货(新加坡)

交易单位:1 000日元×日经225指数。
交易地点:新加坡国际货币交易所。
合约月份:3月、6月、9月、12月。
最小变动价位:5个指数点(每合约5 000美元)。
每日价格波动限制:无。
交易时间:8:00～14:15(新加坡时间)。
最后交易日:合约月份的第三个星期三。
交割方式:现金结算。

7. 香港恒生指数期货

交易单位:50港元×恒生指数。
交易地点:香港期货交易所。
最小变动价位:1个指数点(每张合约50港元)。
每节价格波动限制:不高于或不低于上节收市指数500点,但现货月份除外。
合约月份:现货月份,现货月份随后的一个月份以及最近期的两个季末月份。
交易时间:星期一至星期五为交易日,每日分上、下节;9:15～12:00,13:00～16:15(香港时间)。到期合约月份在最后交易日收市时间为16:00。
最后交易:交割月最后第二个营业日。
结算日:最后交易日之后的第一个营业日。
结算方式:现金结算。
最后结算价格:以最后交易日当天以下时间所报指数点的平均值为基础,下调至最接近的整数指数点:联交所持续交易时段开始后的5分钟起,直至持续交易时段完结前的5分钟止,期间每隔5分钟所报的指数点,与联交所收市时所报的指数点。

(二) 股票指数期货的价格

大部分指数可看作支付红利的证券。这里的证券就是计算指数的股票组合,证券所付红利即为该组合的持有人收到的红利通过近似计算,可认为红利是连续支付的。设 q 为红利收益率,可得期货价格:

$$F = Se^{(r-q)(T-t)} \tag{6-1}$$

式中，S 为远期（期货）标的资产在时间 t 时的价格；T 为远期和期货合约的到期时间，单位为年；t 为现在的时间，单位为年。变量 T 和 t 是从合约生效之前的某个日期开始计算的，$T-t$ 代表远期和期货合约中以年为单位的距离到期的剩余时间；r 为 T 时刻到期的以普通复利计算的 t 时刻的无风险利率（年利率）。

【例 6-1】 一个 S&P500 指数的 3 个月期期货合约。假设用来计算指数的股票的红利收益率为每年 3%，指数现值为 400，连续复利的无风险利率为每年 8%，这里 $r=0.08$、$S=400$、$T-t=0.25$、$q=0.03$，则期货价格 F 为：

$$F = 400e^{0.05 \times 0.25} = 405.03$$

实际上，计算指数的股票组合的红利收益率一年里每周都在变化。例如，纽约股票交易所的大部分股票是在每年 2 月、5 月、8 月及 11 月的第一周付红利的。q 值应代表合约有效期间的平均红利收益率。用来估计 q 的红利应是那些除息日在期货合约有效期之内的股票的红利。

若分析者对计算红利的收益率不感兴趣，可以估计指数中股票组合将要收到的红利金额总数及其时间分布。这时股票指数可看成是指供已知收入的证券，式(6-1)可用来计算期货价格。这个方法对日本、德国、法国的指数很有效，因为这些国家里所有的股票都在相同的时间里支付红利。

若期货价格大于支付红利证券的价格，即 $F > Se^{(r-q)(T-t)}$，可通过购买指数中的成分股票，同时卖出指数期货合约而获利。若 $F < Se^{(r-q)(T-t)}$，则可通过相反操作，即卖出指数中的成分股票，买进指数期货合约而获利。这些策略就是指数套利（index arbitrage）。当 $F < Se^{(r-q)(T-t)}$ 时，指数套利通常由拥有指数成分股票组合的养老基金来进行；而当 $F > Se^{(r-q)(T-t)}$ 时，指数套利操作则通常由拥有短期资金市场投资的公司来进行。对于一些包含较多股票的指数，指数套利有时是通过交易数量相对较少的有代表性的股票来进行，这些代表性的股票的变动能较准确地反映指数的变动。指数套利经常采用程序交易（program trading）方法来进行，即通过一个计算机系统来进行交易。

式(6-1)对日经 225 指数的期货合约无效。设 S_F 代表日经 225 指数值，这是用日元衡量的组合的价值。而在芝加哥商品交易所（CME）交易的日经 225 指数期货合约的标的变量是价值为 $5S_F$ 美元值的变量，也就是说，期货合约的变量用日元计量，但却把它视为美元来处理。我们不可能投资于一个价值总是 $5S_F$ 美元的证券组合，最好的做法是投资于价值为 $5S_F$ 日元的组合，或者投资于价值为 $5QS_F$ 美元的组合，这里 Q 是指 1 日元的美元价值。因此，日经期货合约的标的变量是一个美元量，该变量不等于某个可交易证券的价格，因此我们无法通过套利讨论来推导理论上的价格，而需另辟蹊径。

（三）利用指数期货对冲

指数期货能用来对冲一些高度分散化股票组合的风险。由资本资产定价模型可知，股票组合的收益与市场收益之间的关系由参数 β 来描述，它是组合超出无风险利率的超额收益对市场超出无风险利率的超额收益进行回归得到的最优拟合直线的斜率。当 $\beta=1$ 时，股票组合的收益就反映了市场的收益；当 $\beta=2$ 时，股票组合的超额收益为市场超额收益的两倍；当 $\beta=0.5$ 时，股票组合的收益为市场收益的一半，依此类推。

假设我们希望对冲某股票组合在时间段 $(T-t)$ 里的价值变动风险。

$\Delta 1$：若投资于股票组合，在 $(T-t)$ 内每美元的变动；

$\Delta 2$：若投资于市场指数，在 $(T-t)$ 内每美元的变动；

S：股票组合的现值；
F：一个期货合约的现值；
N：对冲股票组合时，最佳的卖空合约数量。

一个期货合约的价值为指数乘以500。若S&P500的期货价格为400美元，则合约价值为：

$$400 \times 500 = 200\,000（美元）$$

从 β 的定义，近似可得 $\Delta 1 = \alpha + \beta \Delta 2$ 这里的 α 为常数。在时间 t 到 T 间股票组合的价格变动为 $S\Delta 1$，或 $\alpha S + \beta S \Delta 2$。

在此段时间里期货合约价格的变动近似为 $F\Delta 2$，即 $F\Delta 2$ 等于期货合约价格变动。所以：

$$\Delta 2 = 期货合约价格变动 \div F$$

将 $\Delta 2$ 代入 $S\Delta 1 = \alpha S + \beta S \Delta 2$，可得：

$$S\Delta 1 = \alpha S + \frac{\beta S}{F} \times 期货合约价格变动$$

从而组合价值变动中不确定部分近似为：

$$\beta \frac{S}{F} \times 期货合约价格变动$$

因此：

$$N = \beta \frac{S}{F}$$

【例6-2】 某公司想运用还有4个月有效期的S&P500指数期货合约来对冲某个价值为2 100 000美元的股票组合。当时的期货合约价格为300美元，该组合的 β 值为1.5。一个期货合约的价值为：

$$300 \times 500 = 150\,000（美元）$$

因而应卖出的期货合约的数量为：

$$1.5 \times \frac{2\,100\,000}{150\,000} = 21（张）$$

有效的股票指数对冲将使得对冲者的头寸近似以无风险利率增长。但投资者为什么要对冲合约以获利，而不选择卖掉组合然后将所得收入投资短期国债以取得相等收益呢？

一个可能的原因是：对冲者认为股票组合中的股票选择得很好，他可能对整个市场的表现很没有把握但坚信股票组合中的股票会比市场随机选择的股票组合表现出色（在适当调整组合的 β 值后）。采用指数期货来对冲转移了市场波动的风险，仅使对冲者股票组合超过市场的部分收益暴露于市场风险当中。

另一个可能的原因是：对冲者计划长期持有该组合，但在不确定的市场状况下短期内需要保护该头寸。若采用先卖掉组合，以后再买回的策略，可能会导致过高的交易费用。

运用指数期货能改变股票组合的 β 值。如例6-2，要将组合的 β 值从1.5减少到0，需要卖出21张合约；若要将 β 降到1，则只需要卖出21张合约的1/3即7张合约即可。要将 β 值从1.5上升至3，需要买入21张合约。依此类推，一般来说，要将组合的 β 值从 β 变到 β^*，当 $\beta > \beta^*$ 时，应卖出 $(\beta - \beta^*)\frac{S}{F}$ 张合约，当 $\beta < \beta^*$ 时，应买入 $(\beta - \beta^*)\frac{S}{F}$ 张合约。

三、股指期货的特点

（一）共同特征

股指期货与其他金融期货、商品期货具有一些共同的特征。

（1）合约标准化。期货合约的标准化是指除价格外，期货合约的所有条款都是预先规定好的，具有标准化特点，期货交易通过买卖标准化的期货合约进行。

（2）交易集中化。期货市场是一个高度组织化的市场，并且实行严格的管理制度，期货交易在期货交易所内集中完成。

（3）对冲机制化。期货交易可以通过反向对冲操作结束履约责任。

（4）每日无负债结算制度。每日交易结束后，交易所根据当日结算价对每一会员的保证金账户进行调整，以反映该投资者的盈利或损失。如果价格向不利于投资者持有头寸的方向变化，每日结算后，投资者就须追加保证金，如果保证金不足，投资者的头寸就可能被强制平仓。

（5）杠杆效应。股指期货采用保证金交易。由于需交纳的保证金数量是根据交易所中指数期货的市场价值来确定的，交易所会根据市场的价格变化，决定是否追加保证金或是否可以提取超额部分。

（二）专属特征

股指期货的专属特征有：

（1）股指期货的标的物为特定的股票指数，报价单位以指数点计价值。

（2）合约的价值以一定的货币乘数与股票指数报价的乘积来表示。

（3）股指期货的交割采用现金交割，不通过交割股票而是通过结算差价用现金来结清头寸。

（三）股指期货与商品期货交易的区别

（1）标的指数不同。股指期货的标的物为特定的股价指数，是金融指数期货，不是真实的标的资产；而商品期货交易的对象是具有实物形态的商品。

（2）交割方式不同。股指期货采用现金交割在交割日通过结算差价用现金来结清头寸（平仓）。而商品期货则采用实物交割（平仓），在交割日通过实物所有权的转让进行清算。

（3）合约到期日的标准化程度不同。股指期货合约到期日是标准化的股票指数价位，一般到期日在3月、6月、9月、12月等几种。而商品期货合约的到期日根据商品特性的不同而不同。

（4）持有成本不同。股指期货的持有成本主要是融资成本，不存在实物贮存费用，有时所持有的股票还有股利，如果股利超过融资成本，还会产生持有收益。而商品期货的持有成本包括贮存成本、运输成本、融资成本。股票期货的持有成本是低于商品期货的。

（5）投机性能不同。股指期货对外部因素的反应比商品期货更敏感，价格的波动更为频繁和剧烈，因而股指期货比商品期货具有更强的投机性。

（四）股票指数期货合约是以股票指数为基础的金融期货

股票指数由于是众多股票价格平均水平的表现形式，在很大程度上可以作为代表股票资产的相对指标。股票指数上升或下降表示股票资本增多或减少，这样，股票指数就具备了成为金融期货标的物的条件，利用股票指数期货可以规避股市波动所带来的系统性风险。

（五）股票指数期货合约所代表的指数必须是具有代表性的权威性指数

目前，由期货交易所开发成功的所有股票指数期货合约都是以权威的股票指数为基础。比如，芝加哥商业交易所的S&P500指数期货合约就是以标准普尔公司公布的500种股票指数为基础。权威性股票指数的基本特点就是具有客观反映股票市场行情的总体代表性和影响的广泛性。这一点保证了期货市场具有较强的流动性和广泛的参与性，是股指期货成功的先决条件。

(六)股指期货合约的价格是以股票指数的"点"来表示的

世界上所有的股票指数都是以点数表示的,例如,S&P500 指数 6 月份 260 点,260 点也就是 6 月的股票指数合约的价格。以指数点乘以一个确定的金额数值就是合约的金额。在美国,绝大多数股指期货合约的金额是用指数乘以 500 美元,例如,在 S&P500 指数 260 点时,S&P500 指数期货合约代表的金额为:260×500=130 000 美元。指数每涨跌 1 点,该指数期货交易者就会有 500 美元的盈亏。

(七)股票指数期货合约是现金交割的期货合约

股票指数期货合约之所以采用现金交割,主要有两个方面的原因:①股票指数是一特殊的金融虚拟资产,其变化非常频繁,而且是众多股票价格的平均值的相对指标,如果采用实物交割,势必涉及繁琐的计算和实物交接等极为麻烦的手续;②股指期货合约的交易者不愿意交收该股指所代表的实际股票,他们的目的在于保值和投机,而采用现金交割和最终结算,既简单快捷,又节省费用。

四、股指期货的交易规则

要游泳,先得弄清泳池有多深,对股指期货市场也是如此。投资者要想在股指期货市场中成功套利,就必须掌握股指期货的交易规则和交易制度,这是进入股指期货市场之前必须奠定的基础,只有跨过交易规则这个门槛,投资者才能顺利地在股指期货市场完成套利。

(一)双向交易和对冲机制

在前文中我们简单介绍过双向交易,其实在股指期货市场乃至期货市场中,双向交易一直与另外一个词——对冲机制形影不离。双向交易究竟是怎样操作的?对冲机制是什么?为什么一提到双向交易就会想到对冲机制呢?下面我们为读者一一解答这些问题。

1. 双向交易

双向交易也被称为买空卖空,它是指在股指期货市场中,投资者既可以以买进期指合约为交易的开端,也可以以卖出期指合约为交易的开端。为什么股指期货有这样的功能而股票没有呢?这是因为股指期货的标的物本身是一种虚拟物,也可以说是一种虚拟商品,因此在合约到期之前,投资者既可以以现金交割的方式完成交易,也可以通过归还标的物来完成交易。

2. 对冲机制

不管是商品期货还是股指期货,在交易的过程中,大部分的投资者在合约到期的时候都不会以实物交割的方式来履行合约,取而代之的是以与建仓时交易方向相反的交易来解除履约责任,这就是对冲机制。具体来说,对冲机制可以解释为买进建仓后以通过卖出相同合约的方式来解除履约责任;卖出建仓后以通过买进相同合约的方式解除履约责任。

相较于商品期货来说,股指期货的优势就在于即使不对冲也可以摆脱实物交割这种履约责任。虽然股指期货也需要承担履约责任,但是在交易日结束的时候,完全可以由交易所完成现金交割。

股指期货的双向交易制度以及对冲机制使更多的投机者参与期指交易,因为在股指期货市场中,投机者有双重获利的机会:期货价格上涨的时候可以通过做多来获利,而当期货价格下跌的时候可以通过做空来获利。并且在期货合约到期之前还可以以对冲来免除进行实物交割的责任,这在一定程度上也提高了市场的流动性。

(二)保证金制度

相对于股票市场来说,股指期货市场中的保证金制度是较为特殊的一项规章制度。其特殊之处就在于投资者不必以全额的形式买进标的物,也就是说保证金制度在一定程度上放宽了资金要求,这与股票市场中的大投资才有大收益截然不同。虽然从资金成本上来说,这对投资者是一种利好制度,但是保证金制度就真的是有百利而无一害吗?

1. 保证金制度的概念

股指期货实行的是保证金制度,投资者在交易的过程中不需要支付符合合约的全额资金,只需要支付一定比例的保证金便可以完成交易。这对于投资者来说,无异于在交易的过程中节省了大量的资金,增加了资金利用的灵活度,但是如果投资者仅是片面地认为保证金制度是有百利而无一害的,那么就大错特错了。

在股指期货的交易过程中,任何一个投资者都必须按照其买卖合约价值的一定比例来缴纳少量的资金,以此来作为履行期货合约的财力担保,才能参与到期货合约的买卖中去;在交易时期内,可以视价格的浮动来决定是否追加资金,这种制度就是保证金制度,而投资者按比例缴纳的资金就是保证金。保证金制度是:首先根据规定准备交易保证金,接着缴纳相应的保证金,最后参与股指期货合约交易。

2. 保证金制度细则

在中国的股指期货市场中,根据保证金性质的不同可以将其分为两大类:①结算准备金;②交易保证金。这两类保证金具有不同的属性。

1) 结算准备金

结算准备金一般由会员单位按照固定的标准向交易所缴纳,作为交易结算之前预先准备的资金。结算准备金是未被合约占用的资金,因此它可以为股指期货市场中的交易提供保障。根据规定,期货公司会员结算准备金最低余额不能低于 200 万元人民币,而非期货公司会员结算准备金最低余额不能低于 50 万元人民币。

当会员结算准备金余额大于零却小于结算准备金的最低额度时,交易所会通过系统向会员单位发出《追加保证金通知书》,并且在保证金未补充至最低余额时,禁止会员开新仓;如果会员结算准备金的余额小于零,那么交易所将通过系统向会员单位发出《追加保证金通知书》以及《强行平仓通知书》,在下一个交易日开市之前,如果会员单位没有依规定将余额补充至最低额度,那么交易所将会对该会员执行强制平仓。

2) 交易保证金

具体来说也可以细分为两种:①初始保证金;②追加保证金。

(1) 初始保证金。初始保证金指的是投资者在新开仓时应该缴纳的资金。不同交易额和不同的保证金比率会导致投资者缴纳的保证金有所不同。如果投资者在购入股指期货合约之后,因市场行情的变化导致产生了浮动盈亏,那么初始保证金中的资金就可以实时弥补亏损,形成一种资金保障制度。当产生浮动盈利的时候,将会使保证金账户余额增长;当形成浮动亏损的时候,则会使保证金账户余额减少。

为了应对 2015 年年中发生的股灾,中金所自 2015 年 9 月 7 日(星期一)结算时起,将沪深 300、上证 50、中证 500 股指期货各合约的非套期保值持仓的交易保证金标准,由合约价值的 30% 提高到 40%;沪深 300、上证 50、中证 500 股指期货各合约的套期保值持仓的交易保证金标准,由合约价值的 10% 提高到 20%。

(2) 追加保证金。追加保证金是指当保证金账户中的余额比规定最低余额低的时候,投资者必须在规定的时间内补充保证金,否则在下一个交易日有关机构将对其实施强行平仓。

3) 保证金制度优缺点

前文中我们曾提到过,保证金制度具有能够增加投资者资金使用灵活性的优点,但是这并不意味着保证金制度就完全没有缺点。

从资金成本角度考虑,保证金制度能够在一定程度上降低成本,但是在降低成本的同时,保证金制度的杠杆效应也增加了投资者面临的风险。

杠杆效应指的是当某一财务变量以较小幅度变动时,另一相关变量会以较大幅度变动的现象。在股指期货市场中,由于有保证金制度的存在,投资者可以通过缴纳一定比例的资金获得全额操作的权利。比如以100∶1的比例为例,如果投资者以100元的资金进行操作,那么当期指合约收益为1元的时候,其带来的收益就会变成10 000元。但是如果期指合约亏损1元,那么投资者需要承担的损失也会变成10 000元。在行情反复变化的时候,这样的风险会被大幅放大。因此,投资者应该对保证金制度进行充分了解后,再制定投资策略。保证金制度的优点是增加资金使用灵活程度,保证金制度的缺点是使投资者面临更大的风险。

(三) 每日无负债制度

可以说每日无负债制度是期货市场的一大标志性制度。在每日无负债制度的"督导"下,期货市场的交易才得以顺利发展并消除期货投资者的后顾之忧。因此,投资者如果想在股指期货市场中获利,就必须深入了解每日无负债制度。

每日无负债制度又被称为"逐日盯市制度"或者"每日结算制度"。具体来说,每日无负债制度是在每个交易日结束之后,通过交易所的系统计算出当日各个期货合约的结算价格,并核算出每一个会员的盈亏数额,以此来对会员的保证金做出及时调整。如果在结算后保证金账户中的余额低于最低限度,那么交易所便会通知会员追加保证金。每日无负债制度中的一系列流程是股指期货市场中每个交易日必须经历的,具体来说,其流程包括计算浮动盈亏(不可变现部分)以及计算实际盈亏(可变现部分)。

1. 每日无负债制度的两个主要流程

1) 计算浮动盈亏

浮动盈亏的计算公式为:

$$浮动盈亏 = (当天结算价 - 开仓价格) \times 持仓量 \times 合约单位 - 手续费$$

如果投资者或者会员单位的账户产生了浮动亏损,那么当保证金的数额无法维持没有平仓的合约,结算机构就会通知投资者或者会员单位在第二个交易日开市之前将差额补足,也就是前文提到过的追加保证金,如果投资者不追加,那么交易机构便有权实施强制平仓。如果投资者或者会员单位的账户产生了浮动盈利,除非将未平仓的合约予以平仓,将浮动盈利变为实际盈利,否则将不能提出该部分盈利。

2) 计算实际盈亏

多头实际盈亏的计算公式:

$$盈/亏 = (平仓价 - 买入价) \times 持仓量 \times 合约单位 - 手续费$$

空头盈亏的计算公式:

$$盈/亏 = (卖出价 - 平仓价) \times 待仓量 \times 合约单位 - 手续费$$

实际盈亏是投资者或者会员单位实行平仓后得到的收益或者亏损,如果是实际盈利,那么这部分盈利将会变为可提现盈利;如果是亏损,那么将直接扣除保证金账户内的相应金额。

2. 每日无负债制度的作用

(1) 通常情况下,股指期货行情在一个交易日内的波动幅度一般都会很大,如果以短时间的盈亏为强行平仓的依据,就很可能会引起大量的交易纠纷,除此之外还可能会导致市场中的交易根本无法正常进行。因此,结算部门在每个交易日闭市后进行结算,适时发布追加保证金的通知,可以更好地保证市场交易正常进行。

(2) 每日无负债结算制度在一定程度上在资金源头控制住了可能出现的风险,并且将这种控制风险的时间周期缩短到了一个相对最短的时间之内,提高了整个股指期货市场的流动性和时效性。

(3) 每日无负债结算制度对所有参与股指期货交易的账户所参与的不同品种、不同月份的合约分别进行结算,保证了每一个交易账户的盈亏都能得到及时、具体的反映。

(四) 涨跌停板制度

涨跌停板指的是某一个期货合约在某一个交易收盘前5分钟,形成了只有停板价位的买入申报、没有停板价位的卖出申报,或者只有停板价位的卖出申报、没有买入申报,并且无法打开停板价位的情况。在涨停板制度下,前一个交易日结算价格加上允许的最大涨幅等于当前交易日的上涨价格界限,俗称涨停板;前一个交易日结算价格减去允许的最大跌幅构成的下跌价格界限则为跌停板。因此,可以说涨跌停板决定了每个交易日合约价格波动的最大值。

1. 涨跌停板制度解读

在涨跌停板制度的限制下,如果股指期货合约在一个交易日中的交易价格波动超过了涨跌限制,那么超过涨跌幅度的报价将被视为无效报价,交易也无法成交。

通常情况下,股指期货合约的涨跌停板幅度为上一个交易日结算价格的10%。例如上一个交易日的结算价格为10元,那么当前交易日的涨停板界限为11元,而跌停板界限为9元。当到达合约最后交易日的时候涨停板幅度则调整为20%。

对于上市首日的季月合约来说,涨跌停板的波动比例则是20%。上市首日成交的合约,于下一个交易日恢复到10%的波动幅度;如果上市首日并没有成交,那么下一个交易日该合约的波动幅度便依旧为20%。

2. 涨跌停板制度 + 保证金制度

通过与保证金制度相配合,涨跌停板制度可以起到保障股指期货市场正常运转的作用,并全面促进股指期货市场发挥其特有的功能。

具体来说有以下几点:

(1) 涨跌停板制度可以有效控制、减缓因市场中的过度投机导致的对期货价格的冲击,给予市场一定的时间来充分化解可能出现的风险以及已经造成的影响,维护正常的市场秩序。

(2) 当市场中出现过度投机等异常现象的时候,通过调整涨跌板的限制幅度可以将市场中出现的风险尽可能地化解掉。例如,当交割月形成因连续没成交量致使价格跌停的单边市场时,通过对跌停板幅度的调整,可以适当减小价格下跌的速度和幅度,进而将交易所、投资者的损失控制在一定的范围之内。

(3) 涨跌停板制度可以确保股指期货的价格可以在合理的范围内运行,促使市场发挥价格发现功能。价格要想体现出市场供求关系,需要一定的反应时间,但是市场中的各种消息如果想要影响价格,需要的时间则非常短。通过涨跌停板制度,可以延长价格波动的时间,从而使市场能够体现出真正的供求关系。

3. 涨跌停板制度 + 每日无负债制度

如前文所述,每日无负债制度可以将当日的风险控制在一个交易日之内,但是如果在一个交易日里股指期货的价格发生了非常大的变化,那么对于投资者以及会员单位来说,产生的损失将会是非常巨大的。因此,为了确保投资者以及会员单位的保证金账户不会出现大面积亏损甚至是透支的情况,涨跌停板制度就有了存在的必要性。

4. 涨跌停板制度的一些内在缺陷

涨跌停板制度纵然有着诸多优点,但是这并不意味着涨跌停板制度就是完美无缺的。从投资的角度来说,涨跌停板制度依旧存在一些缺陷。投资者可能经常注意到这样的情况:当某一合约上涨至涨停板后,其买手数量就很可能大幅增加,也就是说在场外有很多人在排队等待买涨,这样的现象就容易使大投资机构钻空子,当期指价格上涨到一定高度后,掌握有大量合约的机构反手做空,就很容易从中获得大额利润。除此之外,从成本的角度来说,在一次跌停中损失的利润,很难以一次涨停扳回,反之亦然。但是不管是股指期货市场还是股票市场,没有一项制度可以确保投资者获利,因此,在进行投资的时候,投资者还需仔细考量,只有做到足够细心、谨慎方能将风险缩减到最小。

(五) 限仓和强行平仓制度

限仓制度和强行平仓制度是期货市场非常重要的组成部分。在股指期货市场中,顺利完成交易是成功获利的前提,而投资者要想顺利完成交易,就必须了解限仓和强行平仓这两种制度,没有它们的保驾护航,投资者很可能连建仓都无法完成。

1. 限仓制度

限仓制度与前文中提到的每日无负债制度类似,是期货交易所为了防止市场风险放大而制定的一项制度。它通过对会员单位以及投资者持仓的数量进行限制来减少个别投资者或者机构操纵市场的可能性。

交易所制定限仓制度的初衷就是根据会员所能承担的风险为标准,限制其交易规模。但是股指期货市场中的会员与投资者数量巨大,交易所又是如何判断他们的风险承受能力的呢?在交易所判断客户的风险承担能力时,有一项指标极为重要,这一指标就是前文中提到的保证金。一般情况下,交易所会根据客户投入的保证金数额,按照一定比例来限制该客户的持仓量最高上限。除此之外,交易所还会根据交割月份的远近,对客户进行持仓限额,总体来说,距离交割期越近的合约,其允许的持仓量就越小。

2015 年 4 月 10 日,《中国金融期货交易所沪深 300 股指期货合约交易细则》《中国金融期货交易所异常交易监控指引》由中金所修订后发布,其中沪深 300 股指期货持仓限额有所变动,持仓限额不再是之前的 1 200 手,而是调整至 5 000 手。

某投资者一个交易日内在单个产品所有合约上的买、卖开仓数量之和即为日内开仓交易量。从 2015 年 9 月 7 日起,中金所对股指期货产品日内开仓量也进行相应的限制,沪深 300、上证 50、中证 500 股指期货的投资者一旦对于某个期货合约的日开仓交易量超过 10 手即为异常交易。但是进行套期保值交易的投资者开仓量则不受此规定的约束。

2. 强行平仓制度

如果会员结算准备金的余额小于零,那么交易所将通过系统向会员单位发出《追加保证金通知书》以及《强行平仓通知书》,在下一个交易日开市之前,如果会员单位没有依规定将余额补充至最低额,那么交易所将会对该会员执行强制平仓。

相比每日无负债和限仓这类"温和"的制度,强行平仓制度是股指期货市场中为数不多的"霸王条款"之一。强行平仓制度指的是当会员单位或者投资者在闭市后出现保证金不足的情况,并且未在规定时间内补足保证金,或者当会员或客户的持仓数量超出规定的限额时,交易所或期货经纪公司为了防止风险进一步扩大,强制平掉会员单位或者投资者相应的持仓。具体来说,当会员单位或者投资者出现下列 4 种情况之一时,会被交易所实施强行平仓制度。

(1) 缴纳的交易保证金余额不足,并且未在规定的时间内补充至最低限额。
(2) 持仓量超出限仓制度规定的标准。
(3) 受到特殊情况影响,交易所启动紧急措施给予强行平仓。
(4) 因交易违规而受到交易所强行平仓处罚。

(六) 大户报告制度

大户报告制度起源于欧美商品期货市场。自期货交易被实施监管以来，政府机构就把防范价格被操控作为主要的监管目标之一。因此，大户报告制度应运而生，只要有监管机构的存在，就会有大户报告制度。

美国商品期货交易委员会(CFTC)成立于1975年，它是一个监管范围非常大的独立监管机构，包括美国本土以及国际农产品、金属期货市场、能源期货市场等都属于其监管范围。虽然如此，CFTC本身的规模却比较小，因此，它一直依赖大户报告制度作为均衡器。

中国的股指期货市场存在的时间比较短，但是也采用了这种先进的监管制度，以此来控制可能出现的风险。

1. 大户报告制度的含义

大户报告制度和限仓制度都是非常重要的控制交易风险、防止大户操控市场的手段。具体来说，大户报告制度是在会员单位或者投资者持有的某种合约的投机头寸达到了交易所规定的投机头寸量的80%以上的时候生效的。当会员单位或者投资者满足上述条件时，必须向交易所申报，其申报的内容包括开户情况、资金来源、交易动机等。交易所通过审查这些报告，就能够判断出大户是否存在过度投机以及操控市场的行为。从另一个角度说，大户报告制度监管大户的交易风险情况，在一定程度上也促进了市场的健康发展。

2. 大户报告制度的作用

大户报告制度是一个非常高效的管理工具，它可以让股指期货市场的监管机构及时地了解到可能要操控市场的所有大户的头寸。除此之外，当市场正常运行的时候，剧烈的价格波动很可能会造成市场被操控的假象，而大户报告制度能够使监管层较为清晰地看到价格波动的本质，以便能够及时推行适当的政策对市场进行调控。这不仅能使监管层及时、有效地应对市场突发状况，也能够极大化地发现市场问题，避免在市场没有存在严重问题时，错误地干预其正常的发展趋势。

3. 国外大户报告制度的运行

在国外期货市场，期货佣金商或者国外经济人（也被称为"报告公司"）每个交易日都需要向CFTC提交每日报告。在不同的规模的市场中，报告要求的水平也不相同。一般来说，小规模市场超过25手就需要报告，而像芝加哥商业交易所中的部分大型交易市场，这个额度就会提升到3 000手。

在每日报告中，除了关于头寸的数据，上交报告的单位还需要注明交割通知和期货转换等信息。就目前的情况来说，CFTC每天会收到包含这类信息的报告70 000余份，并且还有接受来自大约220家报告公司的165 000份期权头寸大户记录。

面对庞大的报告数据以及不断增加的报告数量，CFTC采用了多种方式来确保大户数据的准确性。在每一个交易日，每一个报告公司的大户数据都会被用来与交易所提供的结算会员的总头寸信息进行反复核查。一旦在这两种数据中出现了任何矛盾的地方，CFTC就可能会对报告公司或交易所进行调查，直到问题解决。另外，市场监管小组的成员也会定期去报告公司进行现场核查，并将核查数据与单位上交的数据进行比对。

在缜密、系统的流程操作下，大户报告制度能够充分反映出市场的情况，最终为监管机构制定适当的政策提供重要的参考标准。

【案例6-1】

在20世纪70年代初期，白银是电子工业和光学工业的重要原料，邦克·亨特和赫伯特·亨特兄弟企图从操纵白银的期货价格中获利。从1973年12月的2.90美元/盎司开始，白银价格开始上涨，此时亨特兄弟已经持有3 500万盎司白银的合约。在亨特兄弟的不断炒作下，仅两个月的时间,白银价格就上涨到了6.70美元/盎司。但当时墨西哥政府也囤积了大量白银,并且仅想以6.70美元/盎司的价格获利。于是亨特兄弟的计划在墨西哥政府的干预下破产,白银价格跌回4美元/盎司左右。

自此之后的4年间,亨特兄弟更加积极地买入白银,到1979年,他们通过不同的方式,伙同沙特阿拉伯的王室以及大经纪商大陆、阳光等公司控制着数亿盎司的白银。随后经过一系列操作,截至1980年1月21日,白银价格已经上涨至有史以来的最高价50.35美元/盎司,比1979年上涨了8倍多。这种疯狂的投机活动,造成白银的市场供求状况与生产和消费实际脱节,市场价格严重地偏离其价值。

如果当时美国资本市场的监管层能够及时发现这一问题,并且加以制止,那么也就不会产生这次历史上著名的市场操纵事件,由此也可以看出,大户报告不仅是一项制度,更是市场必须有的一种约束。

第二节 中国股指期货

一、合约的种类与构成

(一)中国主要股票价格指数

1. 上证指数

上证指数全称上海证券交易所综合股价指数,又称"沪指",是国内外普遍采用的反映上海股市总体走势的统计指标。上证指数由上海证券交易所编制,于1991年7月15日公开发布,上证指数以"点"为单位,基日定为1990年12月19日,基日指数定为100点。上海证券交易所股票指数的发布几乎是和股市行情的变化相同步的,它是我国股民和证券从业人员研判股票价格变化趋势必不可少的参考依据。

该股票指数的样本为所有在上海证券交易所挂牌上市的股票,其中新上市的股票在挂牌的第二天纳入股票指数的计算范围,其权数为上市公司的总股本。由于我国上市公司的股票有流通股和非流通股之分,其流通量与总股本并不一致,所以总股本较大的股票对股票指数的影响就较大,上证指数常常就成为机构大户造市的工具,使股票指数的走势与大部分股票的涨跌相背离。

1) 上证指数的种类

随着上海股票市场的不断发展,于1992年2月21日,增设上证A股指数与上证B股指数,以反映不同股票(A股、B股)的各自走势。1993年6月1日,又增设了上证分类指数,即工业类指数、商业类指数、地产业类指数、公用事业类指数、综合业类指数,以反映不同行业股票的各自走势。

至此,上证指数已发展成为包括综合股价指数、A股指数、B股指数、分类指数在内的股价指数系列。

2) 上证指数的计算方法

上证指数是一个派许公式计算的以报告期发行股数为权数的加权综合股价指数。

报告期指数=(报告期采样股的市价总值/基日采样股的市价总值)×100

市价总值=$\sum$(市价×发行股数)

其中,基日采样股的市价总值亦称为除数。

3) 上证指数的修正方法

(1) 当市价总值出现非交易因素的变动时,采用"除数修正法"修正原固定除数,以维持指数

的连续性,修正公式如下:

$$\frac{修正前采样股的市价总值}{原除数} = \frac{修正后采样的市价总值}{修正后的除数}$$

由此得到修正后的连续性,并据此计算以后的指数。

(2) 当股票分红派息时,指数不予修正,任其自然回落。

(3) 根据上海股市的实际情况,如遇下列情况之一,必须作修正:①新股上市;②股票摘牌;③股本数量变动(送股、配股、减资等);④股票撤权(暂时不计入指数)、复权(重新计入指数);⑤汇率变动。

新股上市:新股上市第二天计入指数,即当天不计入指数,而于当日收盘后修正指数,修正方法为:

$$\frac{当日的市价总值}{原除数} = \frac{当日的市价总值 + 新股的发行股数 \times 当日收盘价}{修正后的除数}$$

除权:在股票的除权交易日开盘前修正指数:

$$\frac{前日的市价总值}{原除数} = \frac{前日的市价总值 + 除权股票的发行股数 \times (除权报价 - 前日收盘价)}{修正后的除数}$$

撤权:在含转配的股票除权基准日,在指数的样本股票中将该股票剔除。

复权:在撤权股票的配股部分上市流通后第十一个交易日起,再纳入指数的计算范围。

4) 上证指数的发布

上证指数目前为实时逐笔计算,即每有一笔新的成交,就重新计算一次指数,其中采样股的计算价位(X)根据以下原则确定:

(1) 若当日没有成交,则:X＝前日收盘价。

(2) 若当日有成交,则:X＝最新成交价。

上证指数每天以各种传播方式向国内、国际广泛发布。

2. 上证180指数

上海证券交易所于2002年7月1日正式对外发布的上证180指数,是用以取代原来的上证30指数,基点为2002年6月28日上证30指数的收盘指数3 299.05点。新编制的上证180指数的样本数量扩大到180家,入选的个股均是一些规模大、流动性好、行业代表性强的股票。该指数不仅在编制方法的科学性、成分选择的代表性和成分的公开性上有所突破,同时也恢复和提升了成分指数的市场代表性,从而能更全面地反映股价的走势。统计表明,上证180指数的流通市值占到沪市流通市值的50%,成交金额占比也达到47%。它的推出,将有利于推出指数化投资,引导投资者理性投资,并促进市场对"蓝筹股"的关注。

上证180指数与通常计算的上证综指之间最大的区别在于,它是成分指数,而不是综合指数。成分指数是根据科学客观的选样方法挑选出的样本股形成的指数,所以能更准确地认识和评价市场。而综合指数包含了市场上所有的股票,在反映市场状况上就存在不少缺陷,比如目前上证综指采用全市场平均市盈率标准,将不少业绩差、规模小、股价过高的股票包含进来,导致较高的市盈率。据测算,上证180指数目前的市盈率约28倍,比上证综指38倍的市盈率降低了约10倍。

3. 上证50指数

上证50指数由上海证券交易所编制,于2004年1月2日正式发布,简称为上证50,指数代码000016,基日为2003年12月31日,基点为1 000点。

上证 50 指数是根据科学客观的方法,挑选上海证券市场规模大、流动性好的最具代表性的 50 只股票组成样本股,以综合反映上海证券市场最具市场影响力的一批优质大盘企业的整体状况。

4. 深证指数

深证指数由深圳证券交易所编制的股价指数,该股票指数的计算方法基本与上证指数相同,其样本为所有在深圳证券交易所挂牌上市的股票,权数为股票的总股本。由于以所有挂牌的上市公司为样本,其代表性非常广泛,且它与深圳股市的行情同步发布,它是股民和证券从业人员研判深圳股市股票价格变化趋势必不可少的参考依据。

现深圳证券交易所并存着两个股票指数,一个是老指数深圳综合指数,另一个是现在的深圳成分股指数。但从运行势态来看,两个指数间的区别并不是特别明显。

1) 深证指数种类

深圳证券交易所股价指数有:

(1) 综合指数。包括深证综合指数、深证 A 股指数、深证 B 股指数。

(2) 成分股指数。包括深证成份指数、成份 A 股指数、成份 B 股指数、工业类指数、商业类指数、金融类指数、地产类指数、公用事业类指数、综合企业类指数。

(3) 行业指数。

(4) 深证基金指数。

2) 基日与基日指数

深证综合指数以 1991 年 4 月 3 日为基日,1991 年 4 月 4 日开始发布。基日指数为 100。

深证 A 股指数以 1991 年 4 月 3 日为基日,1992 年 10 月 4 日开始发布。基日指数定为 100。

深证 B 股指数以 1992 年 2 月 28 日为基日,1992 年 10 月 6 日开始发布。基日指数定为 100。

成份指数类以 1994 年 7 月 20 日为基日,1995 年 1 月 23 日开始发布。基日指数定为 1 000。

深证基金指数以 2000 年 6 月 30 日为基日,2000 年 7 月 3 日开始发布。基日指数定为 1 000。

3) 深证指数的计算范围

纳入指数计算范围的股票称为指数股。

综合指数类的指数股是深圳证券交易所上市的全部股票。全部股票均用于计算深证综合指数,其中的 A 股用于计算深证 A 股指数;B 股用于计算深证 B 股指数。

成分股指数类的指数股(即成分股)是从上市公司中挑选出来的 40 家份股。成分股中 A 股和 B 股全部用于计算深证成份指数,其中的 A 股用于计算成份 A 股指数,B 股用于计算成份 B 股指数。成分股按其行业归类,其 A 股用于计算行业分类指数。

4) 深证指数的计算方法

综合指数类和成分股指数类均为派氏加权价格指数,即以指数股的计算日股份数作为权数进行加权计算。

(1) 两类指数的权数分别为:①综合指数类:股份数=全部上市公司的总股本数;②成分股指数类:股份数=成分股的可流通股本数。

(2) 指数计算公式是:

$$即日指数 = \frac{即日指数股总市值}{基日指数股总市值} \times 基日指数$$

指数股中的 B 股用上周外汇调剂平均汇率将港元换算人民币,用于计算深证综合指数和深证成份指数。深证 B 股指数和成份 B 股指数仍采用港元计算。

每一交易日集合竞价结束后,用集合竞价产生的股票开市价(无成交者取昨日收市价)计算开市指数,然后用连锁方式计算即时指数,直至收市。

(3) 每日连锁计算公式:

$$今日即时指数 = 上日收市指数 \times \frac{今日即时指数股总市值}{经调整上日指数股收市总市值}$$

指数股总市值＝指数股 A 股总市值＋指数股 B 股总市值
指数股 A 股总市值＝指数股 A 股股价×指数股 A 股之股份数
指数股 B 股总市值＝(指数股 B 股股价×指数股 B 股之股份数)×上周外汇调剂平均汇率

基金指数的计算方法与成分股指数计算方法相同,以在深交所直接上市新基金单位数(即可流通基金单位数)为权数。

5. 深证 100 指数

深证 100 指数(又称深证 100 总收益指数)是中国证券市场第一只定位投资功能和代表多层次市场体系的指数。由深圳证券交易所委托深圳证券信息公司编制维护,此指数包含了深圳市场 A 股流通市值最大、成交最活跃的 100 只成分股。深证 100 指数的成分股代表了深圳 A 股市场的核心优质资产,成长性强,估值水平低,具有很高的投资价值。

深证 100 指数是以深圳市场全部正常交易的股票(包括中小企业板)作为选样范围,选取 100 只 A 股作为样本编制而成的成分股指数,并保证中小企业成分股数量不少于 10 只,属于描述深市多层次市场指数体系核心指数。

深证 100 指数的功能定位主要就是向市场投资者(特别是机构投资者)提供客观的投资业绩基准和指数化投资标的,自发布以来该指数一直表现出良好的市场特性,并且在跌宕起伏的股市中得到验证;深证 100 指数每半年调整一次,合理的调整幅度和科学的调整方法保证成分股普遍质地优良,盈利能力强,业绩良好,不断提高指数组合的投资价值。

深证 100 指数发布以来得到越来越多投资者的关注,基于深证 100 指数的创新产品不断推出,如融通深证 100 指数基金、易方达深证 100 指数 ETFs、江南证券有限公司推出的深证 100 指数交易平台等,为深交所进一步开发指数衍生产品提供了有利支持。具有较高知名度和成熟度的深证 100 指数开始展现非常广阔的前景。

深圳证券信息有限公司推出的深证 100 指数是中国证券市场有史以来第一只由中立机构编制、管理和面向整个证券市场发布的股票指数,体现了指数公正、公开、客观、透明的原则,说明中国证券市场开始向国际化接轨迈出了历史性的一步。这是中国证券市场"与时俱进、开拓创新"的有益探索。

6. 沪深 300 指数

沪深证券交易所早在 1998 年开始就着手进行跨市场指数的研究工作,同期市场中多个中介机构也对跨市场指数进行了有益的探索。在此期间,沪深证券交易所都成立了研究跨市场指数的专门小组,对国内外主要指数的编制方法及其特点进行了详细的研究和借鉴,经历了两年多时间,初步形成了结合国内市场的特点的跨市场指数编制思路。2001 年至 2003 年中期,沪深证券交易所就指数编制方案、指数计算与发布、指数的管理等方面问题进行了充分交流,达成了联合编制和发布沪深 300 指数的共识。

其后,沪深证券交易所成立了编制跨市场指数的指数联合工作小组,着手进行跨市场指数的设计工作。指数工作小组在结合双方指数编制经验的基础上,就指数选样规则、样本调整方法、计算方法等技术问题进行了反复研究、比较和论证,最终在共同努力下,设计完成了既借鉴国际先进经验又结合国内实际情况的沪深 300 指数。在此期间,指数工作小组还就指数计算和发布的技术问题进行探讨,于 2004 年初开始进行指数试运行。2004 年以来,由沪深证券交易所分别进行每半年轮流担当主计算方和主发布方,指数样本也按照每半年一次调整的原则进行了 2 次样本调整。

2005 年 4 月 8 日正式推出为反映中国证券市场股票价格变动的概貌和运行状况,并能够作为投资业绩的评价标准,为指数化投资及指数衍生产品创新提供基础条件,由上海证券交易所和深圳证券交易所联合编制并发布了沪深 300 统一指数。

沪深 300 指数简称:沪深 300。指数代码:沪市 000300;深市 399300。

沪深 300 指数以 2004 年 12 月 31 日为基日,基日点位 1 000 点。

沪深 300 指数是由上海和深圳证券市场中选取 300 只 A 股作为样本,其中沪市有 179 只,深市 121 只。

样本选择标准为规模大、流动性好的股票。

沪深 300 指数样本覆盖了沪深市场 6 成左右的市值,具有良好的市场代表性。

沪深 300 指数期货的合约价值为沪深 300 指数期货报价点位与合约乘数的乘积。合约乘数是指每个指数点对应的人民币金额,目前被定为 300 元/点。假设某时点指数期货报价为 2 000 点,那么沪深 300 指数期货合约价值为:2 000 点×300 元/点=600 000 元。

根据我国股票市场历史数据分析及借鉴国际市场经验,在 2006 年 10 月 23 日中金所公布的《沪深 300 指数期货合约及相关细则征求意见稿》中,暂定沪深 300 指数期货合约的保证金比例为合约价值的 8%。假设按照这一比例,如果某日沪深 300 指数期货的结算价为 2 000 点,那么交易所收取的每张合约保证金为:2 000 点×300 元/点×8%=48 000 元。随后,在 2007 年 6 月 27 日发布施行的《中国金融期货交易所风险控制管理办法》中,规定股指期货合约最低交易保证金标准为 10%,那么在某日沪深 300 指数期货的结算价为 2 000 点时,交易所收取的每张合约保证金为:2 000 点×300 元×10%=60 000 元。期货公司可根据市场情况,通常要求投资者在交易所规定的保证金水平上适当加收一定比例。

沪深 300 指数期货的最小变动单位为 0.1 点,按每点 300 元计算,最小价格变动相当于合约价值变动 30 元。

沪深 300 指数期货同时挂牌 4 个月份合约,分别是当月、下月及随后的 2 个季月月份合约。如当月月份为 7 月,则下月合约为 8 月,季月合约为 9 月与 12 月,表示方式为 IF0707、IF0708、IF0709、IF0712,其中 IF 为合约代码,06 表示 2007 年,07 表示 7 月份合约。

最后交易日是指股指期货合约在到期月份进行交易的最后一天。在最后交易日收盘后,所有未平仓合约都应进入交割。沪深 300 指数期货合约的最后交易日为到期月的第三个星期五,同时也是最后结算日,当天收盘后交易所将根据交割结算价进行现金结算。如 IF0707 合约,该合约最后交易日为 2007 年 7 月 21 日。

沪深 300 指数期货在上午 9 点 15 分开盘,比股票市场早 15 分钟。9 点 10 分到 9 点 15 分为集合竞价时间。下午收盘为 15 点 15 分,比股票市场晚 15 分钟。最后交易日下午收盘时,到期月份合约收盘与股票市场收盘时间一致,其他月份合约仍然在 15 点 15 分收盘。

为了防止市场风险过度集中于少数交易者,防范操纵市场行为,交易所实行大户申报持仓标准和持仓限制制度。当投资者的持仓量达到交易所规定的水平时,投资者应通过结算或交易会员向交易所报告。交易所可根据市场风险状况调整持仓报告标准。

(二) 股指期货合约的结构

1. 标的指数

股指期货合约的物质基础是标的指数,首先必须要有一个反映股票市场价格运动的指数被设计为期货合约标的。标的指数计算的科学性、反映市场状况的客观性是股指期货市场功能得以实现的基本前提。

世界上有许多著名的股票价格指数,有的被选中为相应期货合约标的,有的没有被设计为期货合约标的,也有的期货合约是根据专门编制的股价指数为标的设计的。

2. 交易单位

股指期货的交易对象是股票价格水平变动的指标,股价指数的变动实质是股票平均价格进而代表股票市值的变动。正是从这个基础出发,人们将股价指数期货合约的交易单位定义为一定规模的市值,有时甚至直接将交易单位表述为合约单位或合约规模。

合理的交易单位在很大程度上决定了合约交易的成功与否。确定合约规模主要考虑流动性因素和交易成本因素。一般说来合约规模越大,流动性就越小,这是因为:①合约规模大,就会把数量众多的中小投资者排除在期指交易之外;②合约规模大,每张合约潜在风险就越大,从而使很多投资者望而却步;③从避险功能的角度出发,合约规模过大,广大中小投资者在现货市场从事的股票交易规模无法与合约规模匹配,起不到避险作用。如果合约规模过小,避险成本势必要加大,影响投资者利用期指交易避险的积极性。

(1) 最小变动价位。股票指数期货合约的最小变动价位是指合约交易中所允许的最小价格变动值,也称最小价格波动。最小变动价位通常以合约最小变动价位来标示,但以股指点数来解释和操作。

(2) 每日价格最大波动幅度限制。每日价格最大波动幅度限制又称为每日限价或每日交易停板额,是股指期货交易机制的重要组成部分,它是交易所规定的每种期货合约的当日价格波动幅度,目的是防止由于价格过分波动对期货市场造成冲击每日交易停板额是通过在交易合约的上日结算价的基础上增加或减少一定金额或幅度计算出来的。

(3) 合约月份。它是指股指合约到期的月份,一般根据交易对象的特点制定,股价指数期货合约的月份一般按季划分,如3月、6月、9月、12月四个季月,也有一年12个月的各月份都进行交割,合约月份为年月的。

(4) 最后交易日。即某一合约在到期月份中进行交易的最后一天。在最后交易日收盘后,所有未对冲平仓的持仓合约都应进入交割。最后交易日一般与股票市场当月的最后交易日对应。

(5) 交割日和结算日。即合约到期进行结算交割的具体时间,在最后交易日之后的某一具体日期。在股指期货交易中结算日为确定结算价的日子交割日是按结算价进行交割的日子。

(6) 交割方式与结算价。股票指数期货合约最终以现金方式交割,这是股票指数期货交易的显著特色。最后结算价也可用最后交易日或其前一个交易日现货市场的收盘价、最后交易日之后现货市场每5分钟价格的算术平均值等3类价格,其确定原则是有效避免市场操纵行为,参与计算最后结算价的交易天数尽量少,否则违背"最后结算价"的初衷。

(7) 交易时间。一般股指期货的交易时间与股票市场交易时间不一致,通常会使期指的交易时间比股票市场提前一段时间或延后一段时间。

二、股指期货合约定价

持有成本理论可以运用于各种期货产品的定价,只需要针对不同目标资产的特性加以修正即可。这里将利用持有成本理论,来定价股价指数期货。

股价指数是由众多股票加权组合而成的,常见的股价指数如标准普尔500指数(S&P500 Index)、日经225股价指数(Nikkei 225 Index),一般称为广基指数,亦即包括数百种以上的股票。股票一般都会有股利的分配,收到股利将减少持有现货的成本。因此,买入股价指数的持有成本就会等于股价指数乘以利率,再减掉所发放的股利。所以,根据持有成本理论,还有T期到期的

股价指数期货理论价格 F, 就可以修改成:

$$F = S(1+rT) - \sum_{t=0}^{T} D_t[1+r(T-t)] \quad (6-2)$$

式中，D_t 为在时点 t 有 D_t 元的股利收入；$[1+r(T-t)]$ 为在 t 时点 1 元在期满日的本利和；t 为现在的时间，单位为年。变量 T 和 t 是从合约生效之前的某个日期开始计算的，$T-t$ 代表远期和期货合约中以年为单位的距离到期的剩余时间。

但是，由于股价指数牵涉众多的股票，譬如 S&P 500 股价指数就是由 500 多种股票组成，要计算每种股票发放股利的时间及金额似乎较复杂、费时。一般采用股利率（dividend yield）的形式来表示。因此，股价指数期货的价格公式就可简单地写成：

$$F = S[1+(r-\delta)T] \quad (6-3)$$

以连续复利方式表示，式(6-3)可改写成：

$$F = Se^{(r-\delta)T} \quad (6-4)$$

式中，r 为年利率；δ 为连续复利形式的年股利率；T 为期货到期期限。

以下举例说明式(6-3)的应用。

【例 6-3】 假设股指数现货是 8 000 点，无风险利率是 6%，股指数股利率是 4%，那么，3 个月以后到期的股指期货目前的理论价格是多少点呢？

解：根据 $F = S[1+(r-\delta)T]$

则：

$$F = 8\,000 \times \left[1 + (6\% - 4\%) \times \frac{1}{4}\right]$$
$$= 8\,000 \times 1.005 = 8\,040$$

所以，3 个月以后股指期货的理论价格应该是 8 040 点。

一般指数期货的契约价值（俗称 1 手的价值），会等于期货的价格再乘以一个乘数，例如，S&P500 指数期货价格是乘以 250（S&P500 指数期货的合约价值本来为指数乘以 500 美元，在 1997 年 11 月已改为乘以 250 美元，其原因大概是 S&P500 指数已超过 1 000 点，合约价值高达 50 万美元，系为了降低每手合约价值以增加流通性之故）。目前小型 S&P500 指数期货的交易，其乘数为 50 美元，2008 年交易量为全球之首。大阪交易所的日经 255 指数期货是乘以 1 000，沪深 300 指数期货则乘以 300。

对股票指数期货进行理论上的定价，是投资者做出买入或卖出合约决策的重要依据。股指期货实际上可以看作是一种证券的价格，而这种证券就是指数所涵盖的股票所构成的投资组合。

同其他金融工具的定价一样，股票指数期货合约的定价在不同的条件下也会出现较大的差异。但是有一个基本原则是不变的，即由于市场套利活动的存在，期货的真实价格应该与理论价格保持一致，至少在趋势上是这样的。

为说明股票指数期货合约的定价原理，我们假设投资者既进行股票指数期货交易，同时又进行股票现货交易，并假定：

(1) 投资者首先构造出一个与股市指数完全一致的投资组合（即二者在组合比例、股指的"价值"与股票组合的市值方面都完全一致）。

(2) 投资者可以在金融市场上很方便地借款用于投资。

(3) 卖出 1 份股指期货合约。

（4）持有股票组合至股指期货合约的到期日，再将所收到的所有股息用于投资。

（5）在股指期货合约交割日立即全部卖出股票组合。

（6）对股指期货合约进行现金结算。

（7）用卖出股票和平仓的期货合约收入来偿还原先的借款。

假定在1999年10月27日某种股票市场指数为2 669.8点，每个点"值"25美元，指数的面值为66 745美元，股指期货价格为2 696点，股息的平均收益率为3.5%；2000年3月到期的股票指数期货价格为2 696点，期货合约的最后交易日为2000年的3月19日，投资的持有期为143天，市场上借贷资金的利率为6%。再假设该指数在5个月期间内上升了，并且在3月19日收盘时收在2 900点，即该指数上升了8.62%。这时，按照我们的假设，股票组合的价值也会上升同样的幅度，达到72 500美元。

按照期货交易的一般原理，这位投资者在指数期货上的投资将会出现损失，因为市场指数从2 696点的期货价格上升至2 900点的市场价格，上升了204点，则损失额是5 100美元。

然而投资者还在现货股票市场上进行了投资，由于股票价格的上升得到的净收益为：72 500－66 745＝5 755美元，在这期间获得的股息收入大约为915.2美元，两项收入合计6 670.2美元。

再看一下其借款成本。在利率为6%的条件下，借得66 745美元，期限143天，所付的利息大约是1 569美元，再加上投资期货的损失5 100美元，两项合计6 669美元。

在上述例子中，简单比较一下投资者的盈利和损失，就会发现无论是投资于股指期货市场，还是投资于股票现货市场，投资者都没有获得多少额外的收益。换句话说，在上述股指期货价格下，投资者无风险套利不会成功，因此，这个价格是合理的股指期货合约价格。

由此可见，对还有 T 期到期的股价指数期货理论价格（F）主要取决于3个因素：现货市场上的市场指数（I）、在金融市场上的借款利率（R）、股票市场上股息收益率（D）。即：

$$F = I + I \times (R - D) = I \times (I + R - D) \tag{6-5}$$

现在我们用上面假定的1999年10月27日给出股票指数2 669.8点，代入式(6-5)计算在给定利率和股息的条件下的股指期货价格为：

$$F = 2\ 669.8 \times (1 + 6\% - 3.5\%) \times 143/365 = 2\ 695.95$$

同样需要指出的是，式(6-5)给出的是在前面假设条件下的指数期货合约的理论价格。在现实生活中要全部满足上述假设存在着一定的困难。①在现实生活中再高明的投资者要想构造一个完全与股市指数结构一致的投资组合几乎是不可能的，当证券市场规模越大时更是如此；②在短期内进行股票现货交易，往往使得交易成本较大；③由于各国市场交易机制存在着差异，如在我国目前就不允许卖空股票，这在一定程度上会影响到指数期货交易的效率；④股息收益率在实际市场上是很难得到的，因为不同的公司、不同的市场在股息政策上（如发放股息的时机、方式等）都会不同，并且股票指数中的每只股票发放股利的数量和时间也是不确定的，这必然影响到正确判定指数期货合约的价格。

从国外股指期货市场的实践来看，实际股指期货价格往往会偏离理论价格。当实际股指期货价格大于理论股指期货价格时，投资者可以通过买进股指所涉及的股票，并卖空股指期货而牟利；反之，投资者可以通过上述操作的反向操作而牟利。这种交易策略称作指数套利。然而，在成熟的市场中，实际股指期货价格和理论期货价格的偏离，总处于一定的幅度内。例如，美国S&P500指数期货的价格，通常位于其理论值的上下0.5%幅度内，这就可以在一定程度上避免风险套利的情况。

对于一般的投资者来说,只要了解股指期货价格与现货指数、无风险利率、红利率、到期前时间长短有关。股指期货的价格基本是围绕现货指数价格上下波动,如果无风险利率高于红利率,则股指期货价格将高于现货指数价格,而且到期时间越长,股指期货价格相对于现货指数出现升水幅度越大;相反,如果无风险利率小于红利率,则股指期货价格低于现货指数价格,而且到期时间越长,股指期货相对于现货指数出现贴水幅度越大。

三、股指期货应用

股指期货主要用途之一是对股票投资组合进行风险管理。股票的风险可以分为两类:①与个股经营相关的非系统性风险,可以通过分散化投资组合来分散;②与宏观因素相关的系统性风险,无法通过分散化投资来消除,通常用 β 系数来表示。例如 β 值等于1,说明该股或该股票组合的波动与大盘相同;如 β 值等于1.2说明该股或该股票组合波动比大盘大20%;如 β 值等于0.8,则说明该股或该组合的波动比大盘小20%。通过买卖股指期货,调节股票组合的 β 系数,可以降低至消除组合的系统性风险。

另一个主要用途是可以利用股指期货进行套利。套利,就是利用股指期货定价偏差,通过买入股指期货标的指数成分股并同时卖出股指期货,或者卖空股指期货标的指数成分股并同时买入股指期货,来获得无风险收益。套利机制可以保证股指期货价格处于一个合理的范围内,一旦偏离,套利者就会入市以获取无风险收益,从而将两者之间的价格拉回合理的范围内。

此外,股指期货还可以作为一个杠杆性的投资工具。由于股指期货保证金交易,只要判断方向正确,就可能获得很高的收益。例如保证金为10%,买入1张沪深300指数期货,那么只要股指期货涨了5%,就可获利50%,当然如果判断方向失误,期指不涨反跌了5%,那么投资者将亏损本金的50%。

(一)指数期货可参与大盘走势

如果预期未来大盘会下跌,可以买进股价指数看跌期权。同样地,对于一些影响整个市场的总体交易信息,例如政治、经济、通货膨胀、汇率的升贬值、利率的调升,可以借由买卖股价指数期货来获利。看涨股票大盘则买入股指期货;反之,看空股票大盘则可以卖空股指期货。

(二)指数期货可作为证券组合保险之用

证券组合保险(portfolio insurance)是利用卖出股价指数期货或买入股价指数看跌期权,来规避股价下跌对整个拥有的现货股票证券组合价值的影响,使整个证券组合有一个保证最低的资产价值。例如,持有一个和市场指数相同走势的指数基金的经理人,因怕股价下跌,造成其基金价值的下跌,理论上他可以把所有股票卖掉,但因为交易成本太大,及大量卖出股票会造成价格下跌,因此他可以借由卖空指数期货,或买进指数看跌期权来规避股价下跌的影响。当股票市场下跌时,手中所握有的证券组合会有损失,但由于卖出指数期货,因此一边损失、一边得利,便可以使证券组合的报酬维持在某一水平。

简单的对冲比率为证券组合的市值除以每手期货合约的价格。例如,目前S&P500指数为8 000点,则每手指数期货价值为200万美元(8 000×250),如果手中拥有2 000万美元的证券组合,便可以卖空10手期货来对冲。证券组合保险卖空期货合约数计算公式如下:

$$投资组合保险期货合约数 = \frac{投资组合价值}{每口期货价值}$$

但是,由于证券组合和指数期货的变动方向并非百分之百关联,也就是指数上涨1%,证券组合可能上涨超过1%,或不足1%,因此,需要采用最小风险对冲法,即求出最适对冲比率 β。假设期货上涨1%,证券组合上涨1.2%,即表示 β 为1.2,所以需要买入:10手×1.2=12手,才可以

完全对冲。因此,最小风险对冲法的期货合约数公式修正如下:

$$投资组合保险期货合约数 = \beta \times \frac{投资组合价值}{每口期货价值}$$

式中,β 为证券组合对于期货价格的敏感程度,也就是当期货上涨1%时,证券组合会上涨或下跌多少百分比。

(三) 指数期货可作为指数套利的工具

期货的套利策略,即买入相对低估的期货,卖出相对高估的现货;或反之买入相对低估的现货而卖出相对高估的期货。指数套利是一种指数期货的套利交易策略,其原理是如果股价指数期货价格违反了持有成本理论,那么借由买入相对低估的股价指数期货,同时卖出股价指数的个股;或者是卖出相对高价的股价指数期货,同时买入股价指数的个股,来赚取之间的差价。指数套利将使指数期货价格接近持有成本理论价格。

例如,假设某股现货指数是 7 100 点,根据持有成本理论 12 月到期的期货价格是 7 120 点。但是期货市价是 7 080 点。因此,期货相对低估,套利者可以买入相对低估的期货,同时卖空相对高估的个股股票进行套利。到期时,股价指数期货的价格会等于现货的价格。因此,套利者就可以赚得 40 点的利益。假设 1 点以 200 元计算,40 点等于 8 000 元。反之,如果期货的市价是 7 150 点,那么,期货的市价是相对高估了,套利者就可以买进相对低估的股票,卖空相对高估的期货,进行高套利策略,而会有 30 点的套利利润,等于 6 000 元。当然,指数套利尚需考虑交易成本,只有套利利润大于交易成本才会吸引套利的交易。此外,有些市场有平盘以下不能放空股票的限制,或法人不能放空股票的限制,都会影响指数套利的进行。

(四) 指数期货可作为资产配置之用

股价指数期货还可以被用来做资产配置。资产配置就是将证券组合中不同资产的比重加以改变。例如证券组合中可能有 80% 投入股票,20% 投入无风险债券;或是 50% 放在股票上,50% 放在无风险债券上等。持有成本理论公式告诉我们,期货价格等于现货价格再加上持有成本。假设在股价指数中不考虑股利率,那么持有成本就是无风险利率,所以,股价指数期货等于股票现货再加上无风险债券,因此,买入个别的股票,同时卖出股价指数期货,就可以合成一个无风险的短期国债。

$$买入股票(指数) + 卖出指数期货 = 买入无风险债券$$

因为买进股票卖出期货的组合是一个无风险证券组合,因此无风险证券组合应该赚得无风险利率,类似一个合成的短期国债。如果一个基金经理人拥有和大盘指数同样走势的股票,并预期未来股价可能下跌,而想把所有的资金移转到债券,比较单纯的想法就是把所有的股票卖掉,然后将钱投资到无风险的债券或短期国债。但是,要同时卖掉如此多的股票,可能交易成本相当高,同时也会造成市场价格下跌。此时,基金经理人可以在期货市场上卖出股价指数期货,那么,结合已有的现货头寸,就创造了一个合成的短期国债头寸。

同样地,我们可以将上式移项得到合成的股票头寸就等于无风险债券加上股价指数期货。

$$买入无风险债券 + 买入指数期货 = 买入股票(指数)$$

例如,某一个基金经理人拥有债券的证券组合,如果他预期未来大盘将会上涨,则他有两个做法:将债券卖掉然后将钱投资到股票市场;或者是在股价指数期货市场买进股价指数期货,和债券头寸合成一个股票的证券组合头寸。

(五) 指数期货可与指数期权或指数期货期权搭配

股价指数期货还可以和股价指数期权的看涨期权看跌期权互相搭配。关于股价指数期权的看涨期权看跌期权期货等价理论,我们知道指数期权的看涨期权看跌期权相对价格会等于指数期货减掉执行价格的折现;或者,指数期权的相对价格等于期货减掉执行价格的折现,计算公式为:

$$C - P = (F - K)\mathrm{e}^{-rT} \tag{6-6}$$

因此,基于看跌看涨期权平价关系,这些产品可以透过等价理论来复制。例如可以经由买进指数期货并卖出某一部分比率的债券,经由不断地调整来复制指数看涨期权。同样地,也可以经由卖空指数期货与买入债券,经由不断地调整来复制和指数看跌期权一样的报酬,或是经由买入指数期货与指数看跌期权来复制指数看涨期权。式(6-6)中的 C、P 除了是指数看涨期权、看跌期权之外,也可以是指数期货看涨期权及指数期货看跌期权。因此,指数期货看涨期权、指数期货看跌期权及指数期货,也可以互相搭配复制。

(六) 股票指数期货的市场功能及交易优势

1. 股指期货的市场功能

股指期货与其他实物期货同样具有价格发现功能和风险转移功能,此外它还有资产转换的功能。

由于股指期货的交易成本较低,其对市场中信息变化的反应迅速。人们对交易标的的价格预期会很快传递到现货市场,因而股指期货交易有利于促使股票价格迅速达到新的均衡状态。另外,当股票指数期货的市场价格与其合理定价偏离很大时,就会出现股票指数期货套利活动,套利活动的作用会使得股指向合理水准靠拢。

股指期货为股票市场提供了对冲风险的工具。如前所述,为了规避股票组合的跌价风险,可以通过卖出股票指数期货合约,即做空股指期货与做多股票组合的交易策略来规避风险大大降低了股票资产的避险成本。

通过股指期货的资产转换功能,很容易合理配置资金,用很少的交易费用完成拟合实际投资股票的效果。不同的投资者具有不同的市场偏好,有的投资者只想获得股票市场的平均收益,有的投资者只看好某一类股票,如能源类股票等,为了满足这些不同的需求,同一个股票市场可能有多种股票指数。人们可以通过交易不同的股票指数来拟合满足自己需求的股票投资效果。这样,当市场出现短期上涨机会时,机构可以运用股指期货迅速完成所期望股票组合的投资效果。当市场出现短暂不景气时,投资机构可以借助指数期货,把握时机离场,无须抛售准备长期投资的股票。

2. 股指期货的交易优势

股票指数期货交易与实际买卖股票相比具有下述明显优势:

(1) 交易费用较低。股票现货交易包括印花税、佣金等多项费用,如果购买多种股票(一般股指期货的成分股都包括几十种甚至上百种的股票)则需要多笔的税费和佣金费用,交易成本相当高。相反,股票指数期货交易的费用是相当低的。股票指数期货交易的成本一般包括交易佣金、用于支付保证金的机会成本和可能的税项。各个国家还会有许多不同的优惠条件,如美国一笔股指期货交易(包括建仓并平仓的完整交易)收取的费用只有 30 美元左右;在英国期货合约是免印花税的,并且购买指数期货只进行一笔交易(包括平仓)。一般市场普遍认为股票指数期货交易费用约为股票交易费用的 10% 左右。

(2) 自由卖空交易。即使在国际成熟股票市场上,也并非人人都可以做股票的卖空交易,只有可以从他人手中借到股票,才可以进行卖空交易。例如,在英国只有证券做市商才能借到英国股票;美国证券交易委员会规则规定,投资者借股票必须通过证券经纪人进行,还得缴纳一定数量的相关费用。因此,卖空交易也并非人人可做。而国际股票市场对股票指数期货交易没有卖空限制,从开展股指期货的初衷来看,卖空机制正是规则所鼓励的。事实上,在国际股票指数期货市场上确实时刻存在大量的卖空头寸。

(3) 较高的资金杠杆。股票指数期货合约与其他实物期货合约一样,一般具有较高的资金杠杆比率。可以节约投资者的资金,用较少的资金完成所期望的较大规模的投资效果。

(4) 市场流动性强。基于上述多种因素,指数期货市场比股票现货市场具有明显的流动性强的特征。市场流动性强对各类机构投资者(如各类共同基金、养老基金、保险基金)而言是极为重要的,使得机构投资者可以用较少的交易费用和对市场的较小的影响达到自由出入,从而完成自身的投资期望。

四、中国股指期货合约案例分析

【案例6-2】

买入股指期货套期保值

一、案例资料

某投资者在2006年3月22日已经知道在5月30日有300万元资金到账可以投资股票,他看中A、B、C三只股票,当时的价格分别为10元、20元和25元,准备每个股票投资100万元,可以分别买10万股、5万股和4万股。由于行情看涨,担心到5月底股票价格上涨决定采取股票指数期货锁定成本。假设经统计分析3只股票与沪深300指数的相关系数 β 为1.3、1.2和0.8,则其组合 β 系数 $= 1.3 \times 1/3 + 1.2 \times 1/3 + 0.8 \times 1/3 = 1.1$。3月22日沪深300指数的现值为1 050点,5月30日沪深300指数的现值为1 380点。假设3月22日6月份到期的沪深300指数期货合约为1 070点,5月30日6月份到期的沪深300指数期货合约为1 406点。那么该投资者需要买的期货合约数量 $= 3\,000\,000/(1\,070 \times 300) \times 1.1 = 11$ 手。具体操作如下所示:

日期	现货市场	期货市场
2006年3月22日	沪深300现货指数1 050点。预计5月30日300万元到账,计划购买A、B、C三只股票,价格分别为10元、20元和25元	以1 070点开仓买入11手6月到期的沪深300指数期货,合约价值为:$11 \times 1\,070 \times 300 = 353.1$ 万元
2006年5月30日	沪深300现货指数上涨至1 380点,A、B、C三只股票价格上涨为14.2元、27.68元和31.4元,仍按计划数量购买,所需资金为406万元	以1 046点平仓卖出11手6月到期的沪深300指数期货,合约价值为:$11 \times 1\,046 \times 300 = 463.98$ 万元
损益	资金缺口为106万元	盈利110.88万元
状态	持有A、B、C股票各10万股、5万股和4万股	没有持仓

二、案例分析

该投资者已经知道在月底将收到一笔资金,且打算将资金投资3只股票,但在资金来到之前,该投资者预期股市短期内会上涨,为了便于控制购入股票的价格成本,他先在股指期货市场上以相关系数比例计算出的合约数量购买了股票指数期货合约,预先固定将来购入股票的价格,资金到后便可运用这笔资金进行股票投资。尽管股票价格上涨可能使得股票购买成本上升,但提前买入的股指期货的利润能弥补股票购买成本的上升。由操作流程我们可以看到期货市场上的盈利基本弥补了现货市场上股票上涨所带来的损失,达到了很好的套期保值效果。

注意:此案例中计算期货合约数量的公式是:期货合约数量＝现货总价值/(期货指数点×每点乘数)×β系数,这是进行完全对冲的套期保值的计算方法,投资者还可以根据自己的需要进行部分对冲的套期保值,根据对β值大小的需求决定期货合约的数量。

【案例6-3】

卖出股指期货套期保值

一、案例资料

某位投资者持有升华拜克(600226)股票,在2004年8月1日时持有的升华拜克股票收益率达到10%,鉴于后市情况不明朗,下跌的可能性很大,决定利用沪深300股指期货进行套期保值。假定其持有的升华拜克现值为50万元,经过测算,升华拜克与沪深300指数的β系数为1.1。8月1日现货指数为1 282点,1月份到期的期指为1 322点。那么该投资者卖出期货合约数量:

$$期货合约数量＝现货总价值/(期货指数点×每点乘数)×β系数$$

本例卖出期指合约数为:500 000(1 322×300)×1.1＝1.387,即1张合约。12月1日,现指跌到1 182点,而期指跌到1 217点,两者都跌了约7.8%,但该股票价格却跌了:7.8%×1.1＝8.58%,这时候该投资者对买进的1张股指期货合约平仓,期指盈利:(1 322－1 217)×300×1＝31 500元;股票亏损:500 000×8.58%＝42 900元,两者相抵净亏损了11 400元。

如果到了12月1日,期指和现指都涨5%,现指涨到1 346点,期指涨到1 388点,这时该票上涨:5%×1.1＝5.5%,投资者买合约平仓后,期指亏损:(1 388－1 322)×300×1＝19 800元,股票盈利:500 000×5.5%＝27 500元,净盈利7 700元。

二、案例分析

从这个例子可以看出,当做了卖出套期保值以后,如果股价如预测的那样下跌了,那无论股票价格如何变动,股票的损失都会部分或全部被股指期货上的盈利所弥补,甚至还会有净盈利,这时卖出套期保值策略实现了规避风险的目的。

但如果后市股价与预测的相反,反而上涨了,则卖出股指期货合约的策略刚好做反了,像这个例子中的第二个结果,本来股票上盈利了27 500元,而由于预测失误,股指期亏损了19 800元,抵消掉了股票上的部分盈利,此时卖出套期保值策略不适当。

(一)股指期货的基差策略

影响股指期货套期保值效果的主要风险除了β值风险(即现货投资组合与指数期货之间的相关性强弱程度问题相关性越高,套期保值效果越好),还有基差风险。若基差值(指数的现货价格及期货价格的差距)在套期保值间维持不变,则套期保值者可以达到完全对冲的效果,但在套期保值期间往往会出现基差变动的风险,包括基差绝对值变大和基差绝对值变小两种可能,便会出现不完全对冲,基差的改变越大,不能对冲的风险就越大,进而套期保值的效果越差。

【案例6-4】

基差变化对买入套期保值策略效果的影响

我们用案例6-2中的例子来解释基差策略

在期初时(2006年3月22日),沪深300现货指数是1 050点,期货指数是1 070点,基差点数是－20。在期末时(2006年5月30日),沪深300现货指数是1 380点,期货指数是1 406点,基差点数减少到－26。由于基差变小,期货市场上的盈利不仅完全弥补了现货市场上股票的亏损,还出现了净盈利。

其实,股指期货的套期保值策略中的基差策略和商品期货是同样的道理,对于买入股指期货的套期保值策略,基差变小更有利,所以当基差较强并有减弱趋势,股指期货价格也为买者所满意时,可选择买入套期保值交易操作。反之,当基差较弱,并有转强趋势,股指现货价格也为买者所满意的,可考虑买入现货,结束套期保值。

【案例6-5】

股指期货套期保值

一、案例资料

沪深300股指期货于2006年10月开始模拟交易。我们选择2007年7月、8月的数据为样本来分析中国A股市场存在的基差风险。股指期货交易一般只推出当月、下月和随后2个季月4张合约。由于每个期货合约都有到期日,因此其期货价格是不连续的。每一个月份的期货合约都有一定的生命周期,为克服期货价格的在7月、8月的不连续性,我们选择IF0709合约。

IF0709合约现货价格和期货价格的走势基本一致,这也反映了现货和期货受同样因素影响的本质原因。但从波动幅度上看,沪深300指数现货价格的波动在3 537.43～5 296.81点之间波动,波幅达1 759.38点,同期IF0709期货价格在3 879.00～5 375.20点之间波动,波动幅度达1 496.20点,比现货价格的波动幅度略小一些。

在IF0709合约样本区间内,沪深300数基差的变化在-1 050.34～-68.79点之间,幅度达981.55点,占沪深300指数波动幅度的55.70%,相比现货指数的波动情况,期货的波动相对比较小,但基差的波动还是比较明显的。这说明在我国股指期货推出之初投资者面临的基差风险还是很大,传统的套期保值策略所面临的风险较大,因此有必要探讨更先进的套期保值策略。通过测算,最后我们选择用效用最大化套期保值方法计算出的套期保值率为1.284 0,来计算需交易的期货合约数量。

保值开始股票组合的总市值和IF0709股指期货价格情况如下:

日期	项目	数值
保值开始	股票组合的总市值	1 222 929 606元
2007年6月19日	IF0709股指期货价格	4 622.20元

则期货合约数量:

$$N = h \frac{N_t}{Q_f} = 1.284\,0 \times [1\,222\,929\,606 \div (4\,622.20 \times 300)] = 1\,132.39$$

所以需卖出1 132份股指期货合约进行套保。

由于在套期保值前两周多,市场并没有发生趋势性变化,整个套保组合的β值、套保效率、基差均在允许范围之内,因此没有对期货头寸进行调整。但在7月6日,大盘下跌至3 500多点后,下午强力反弹,说明市场人气正在恢复,于是基金经理果断决定结束套期保值。本次保值的盈亏情况如下:

	套保开始	套保结束	盈亏
现货头寸	1 222 929 606元	1 107 407 870元	-115 521 736元
期货头寸	1 569 699 120元	1 487 108 400元	82 590 720元

(续表)

	套保开始	套保结束	盈亏
总盈亏	—	—	−32 931 016 元

二、案例分析

从案例盈亏情况可以看出,在保值期间,由于如投资者所料,大盘出现了较大幅度的下跌,该股票组合在现货头寸出现了较大的亏损(亏损 115 521 736 元),但是由于该投资者进行了保值措施,在期货头寸盈利 82 590 720 元,所以,最后损失减少为 32 931 016 元。即期货盈利能够弥补现货损失的 70% 以上,套期保值效果还是比较显著。这个案例中的基差在缩小,因此使得投资者的亏损没有完全被股指期货的盈利所弥补,出现了净亏损,但总比没有进行卖出股指期货套期保值策略好。

对于卖出股指期货套期保值策略,基差变大更有利,因此,为减少基差风险,交易者应该选择性地套期。当卖出套期交易者对当前的股指期货价格满意,并预期基差将会增强时,应该考虑做卖出套期保值。同样,当预计基差将转弱,并且当前价格仍有利润,结束卖期保值,卖出现货,买入期货平仓。另外,基差交易可根据预先商定好的现货价格进行交易,以确保目标利润。

(二) 股指期货的投机策略

沪深 300 股指期货与股票交易相比具有双向交易、高杠杆性、高流动性和低交易成本的特点。

(1) 双向交易。不论处于牛市还是熊市,都可以通过股指期货交易——多头或空头的投机策略来实现投资盈利。

(2) 高杠杆性。目前沪深 300 指数期货保证金比率为 2%,那么投资杠杆最高可达 8.3 倍。同时这种投资杠杆是没有任何资金成本的。唯一的要求是基于当日无负债结算的前提,必须保留一定的现金流以备追加保证金。

(3) 高流动性。股票或股票指数的投资通常受制于可流通的股票市值规模大小,而双向开仓和 $T+0$ 交易方式使得股指期货投机不存在这一局限性。

(4) 低交易成本。期货交易的手续费一般在合约价值的万分之五左右,而股票交易的成本在千分之几左右,因此期货的交易成本极低。沪深 300 指数期货很好地体现出了大品种的优势如价格相对稳定,受操纵的可能低,流动性好这些都是对取得投机成功非常重要的条件。

投资者的杠杆率最高可达 8.3 倍,这对投机者来说是非常有吸引力的。如果投资者对期货走向判断比较准确,就可以以较少的资金获得高额的回报。当然,杠杆是一把双刃剑,判断正确的时候可以放大收益,判断错误的时候也可以放大损失。由于期货实行逐日结算的盯市制度,每天的盈亏都在当日收盘后结算。如果投资者杠杆放得过大,即便是投查者对期货在较长时间价格走势判断准确,如果期货在短期内反向走强,就会损失大量保证金。如果投资者不能满足保证金追加要求,就会被强行平仓而爆仓出局。这种惨重损失,在期货市场上屡见不鲜。

【案例 6-6】

多头投机策略

在 2009 年底,投资者张三凭直觉认为股市春节之后将暴涨,李四则看空后市。于是张三在主力合约 IF1003 报价 3 333 点时,买进 1 张合约,李四则卖出同样的合同。在 3 月到期的一个月之内的任何一个交易日,这张合约的价格就像股价一样会上下波动,如果到了 3 350 点,张三就获利:$(3\ 350-3\ 333)\times 300=5\ 100$ 元(手续费忽略)。张三只要支付:$3\ 333\times 300\times 12\%=119\ 988$ 元的保证金,而不是 99.99 万元全额资金,收益率为 4.25%。当然,李四判断失误,如果不止损等到 3 350 点买入平仓,那就损失 5 100 元。不过,由于 T+0 交易机制,何时买入平仓李四有很强的自主性。通常情况下当李四发觉苗头不对,可能早已平仓出局了。

【案例 6-7】

股指期货投机

经过对市场的充分分析,一位投资者得出结论:他认为中国股票市场在今后两周内会上涨:2006 年 12 月 8 日,该投资者以 1 840 点的股指期货价格在市场上进行交易,买入沪深 300 指数 0703 期货合约 10 份,该合约于 2007 年 3 月 16 日到期。

如果投资者计划在到期前平仓,假定沪深 300 指数期货价格上涨,投资者就能按照较高价格出售,获得的收益扣除买入时的交易成本后即为利润。

为了控制风险,投资者必须不间断地分析市场,并在需要的时候追加保证金或立刻平仓。追加保证金金额是根据中国金融期货交易所规定的保证金比率乘以合约价值计算得出的,当时保证金比率为 8%,合约价值是股指期货的点位乘以合约乘数,合约的乘数为 300 元/点。

根据市场变动情况,到 2007 年 3 月 15 日,投资者决定在 2 035 点的水平上平仓,初始保证金及追加保证金也返还给投资者。

由于沪深 300 指数的变化与投资者预期相符合,投资者投资的 10 份 0703 期货合约在短期内获得了 585 000 元的利润。如果按支付的保证金金额计算,回报率超过 100%。

我们也可以利用沪深 300 指数期货合约倍数来计算利润:

$$10 \times 300 \times 195 = 585\ 000(元)$$

反之,如果投资者预计未来一段时期股票指数会下跌,因此决定采取熊市策略,则可以建立股指期货空头头寸,先期售出期货合约,若未来期货价格走势符合投资者预期,投资者即可通过在较低的价格买入相同数量期货合约平仓获利,具体计算过程与建立多头头寸类似。

由于股指期货实行保证金交易,交易金额较保证金成倍放大,在决定采取什么样的交易策略时,投资者应该一开始就设定能够承受的每笔交易亏损的上限。在出现该亏损情况后,投资者应该坚决平仓,避免发生难以承受的损失。为了说明这个问题,我们以 2007 年 5 月 30 日的行情为例。

假若 5 月 29 日,投资者在沪深 300 股指期货 IF0709 卖出合约,1 118 000 元用来做空 IF0709,那会是什么结果呢?

5 月 29 日,IF0709 开盘价 5 188 点,最高价 5 249 点。假定投资者空单的价位在最高价上是 5 249 点。做一手空单需要 15.7 万元左右的保证金。那么 111 800 元,最多可以做 7 手。

现在,假设投资者 5 月 29 日在 IF0709 合约上,以 5 249 点的价位卖出 7 手,投入保证金 1 102 290 元,到 5 月 30 日平仓。

5 月 30 日 IF0709 最低价 4 620 点,收盘价 4 679 点。同样假定投资者在最低价上把那 7 手合约买回了,这一操作赚了:5 249−4 620=629 点。

因此,赚了:300×629×7=1 320 900 元。实际上我们不可能在最低点买入在最高点卖出的。

这 132 万元,就是投资者在"5.30"大跌行情中赚的钱,而投入的资金是 110 多万元,就是说,在 5 月 29 日到 5 月 30 日两天的时间里,投资者的收益率近 120%,这是股票市场上不可能做到的,这也是股指期货投机的魅力。

【案例6-8】

爆 仓 案 例

一、案例资料

崔先生是10年"股龄"的老股民。2006年10月30日,他开始在长江期货进行仿真交易,账户虚拟资金是100万元,保证金比例10%。

仿真交易开始后,当时投资者一哄而上抢着做多,IF0611合约以1 450点左右开盘后,行情被一路推高,很快被拉高到1 520多点,崔先生也顺势在1 529点价位买入,开仓21手。每手开仓保证金是45 870元(1 529×300×10%),这一次操作保证金占用就达到963 270元(45 870×21)。基本上就是"满仓操作"了。

在崔先生买入IF0611合约的第二天,因为技术指标严重超买,在做空力量的打压下,期价下跌,尾市以1 467点报收,当天结算价1 464点。

第一天收市后,崔先生的账户的浮动亏损就达到40.95万元,另外,21手持仓保证金需要90多万元,结算后账户权益仅剩58万元左右,当时保证金不足。

当天结算后,期货公司向崔先生发出了追加保证金的通知,通知崔先生第二天开市后,自行减仓,否则将会面临强行平仓的风险。第二天开市后,被强行平仓,崔先生平仓亏损达到20多万元。

二、案例分析

尽管正如崔先生预料,IF0611合约行情一路走高,在经历第二天下跌后,后市又回涨了,但由于该投资者没有正视股指期货保证金交易产生的风险放大效应,不注意资金管理,满仓操作,遇到行情波动,保证金不足,不但没有赚到本该赚到的钱,反而因强行平仓产生了20多万元的亏损。

五、股指期货的套利策略

期货指数与现货指数维持一定的动态联系,但是有时期货指数与现货指数会产生偏离,当这种偏离超出一定的范围时(无套利定价区间的上限和下限),就会产生套利机会。利用期货指数与现货指数之间的不合理关系进行套利的交易行为叫无风险套利,即期现套利。利用期货合约价格之间不合理关系进行套利交易的称为价差交易。价差分为跨期、跨市和跨品种套利。

(一) 股指期货期现套利

股指期货期现套利是针对股指期货合约与现货指数之间的价格差(基差)所进行的交易,由于股指期货市场与股票现货市场相关度很高,因而期现套利交易很大程度上规避了市场趋势变动的风险。更重要的是,受益于股指期货现金交割制度,期货与现货的价差在交割日必定收敛为0,二者价格差的最终变动方向确定,因而期现套利交易所面临的风险很低。

套利策略的构建:

套利交易中股指期货合约是现成的,但市场上并不存在股票指数这种现货,因此套利者必须构建一个组合来模拟复制股票指数现货。

运用完全复制法构建股指现货,复制与交易过程繁杂且复制效果并不理想,现实中采用ETF或成分股组合复制效果往往更好。规模偏小的资金一般宜用ETF组合模拟复制,资金规模较大的投资者宜选用成分股模拟。

【案例6-9】

期 现 套 利

2007年1月16日至1月19日,根据沪深300指数与仿真沪深300指数期货合约IF0702的

5分钟走势:

1月16日收盘后,进行初步计算,IF0702合约的理论价格不超过2 400元,如果沪深300指数不大幅飙升,则IF0702合约的理论价格不会有太大的升幅。而且1月19日是仿真沪深300指数期货合约IF0701的最后交易日,随着IF0701合约的到期交割,IF0702合约的时间价值将变得越来越少。

但1月17日,IF0702合约的基差在继续扩大,到1月17日上午10:30前后甚至到达了不可思议的800点上下。这是绝对不合理的。

假设当时某投资者手中有一个市值1亿元的投资组合与沪深300指数的走势高度正相关,且β系数为0.90。则该投资者的期现套利方案如下:

在IF0702合约的基差扩大到600点以上时,分批开仓卖出1F0702合约100手,均价为3 000点左右,在期货市场的总市值控制在9 000万元左右。随着IF0702合约到期日的逐步临近,沪深300指数与IF0702合约的基差必定会缩小。届时,就可以实现平仓套利了。

由于当日和次日IF0702合约的基差大幅回落,实际上该投资者不必持有股指期货合约到最后交易日,在基差大幅回落后即可在期货市场平仓。

假设该投资者在IF0702合约的基差回落至400点左右时在股指期货市场买进平仓,则本次期现套利的利润在600万元以上[(600-400)×300×100]。

(二) 股指期货跨期套利

【案例6-10】

沪深300指数仿真合约的跨期套利

一、案例资料

通过对仿真合约及沪深300指数的行情分析,我们探讨仿真合约价格的走势及其价差的变动情况。观察2008年4月21日至2008年6月20日沪深300指数与各仿真合约的价格走势。后发现,4月21日是合约IF0805的首个交易日,5月16日是其交割日,6月20日为合约IF0806交割日。

可以得到以下沪深300指数与各仿真合约价格走势的3个特征:

(1) 仿真合约与沪深300指数走势基本一致,且当月合约价格在最后交易日向现货趋近。
(2) 在沪深300指数上升趋势中,近月合约价格的升幅小于远月合约价格的升幅。
(3) 在沪深300指数下降趋势中,远月合约价格的降幅大于近月合约价格的降幅。

沪深300指数与各仿真合约价差对比基本上呈现以下两个特征:

(1) 除当月合约与下月合约的价差、两季月合约的价差变动较小外,其余4个合约的价差变动都比较大。
(2) 当月合约与季月合约的价差变动较下月合约与季月合约的大;其中,以当月合约与第二季月合约的价差变动最大。

根据以上的分析可知,各仿真合约价格随沪深300指数变化而变化,并呈现一定的规律。以下分别用实际例子说明买入套利和卖出套利在股指期货中的应用。以下两个例子均用下月合约与第一季月合约计算。

(1) 2008年4月22日至5月15日是沪深300指数上涨阶段,由于近月合约价格的涨幅小于远月合约价格的涨幅,因此,仿真合约的价差将会扩大,我们对合约IF0806和IF0809进行买入套利的操作。

4月22日,买入IF0809合约同时卖出IF0806合约,建仓价分别是3 644.6点和4 263.2点,价差为 618.6 点;于 5 月 15 日,对冲两个合约,平仓价分别是 4 385.4 点和 5 336.4 点,价差为 951 点。建仓与平仓时的价差扩大了 332.4 点(951−618.6)。交易的盈亏分析如下:

买入套利	IF0806(卖出)	IF0809(买入)	价差
2008 年 4 月 22 日	3 644.6 点	4 263.2 点	618.6 点
2008 年 5 月 15 日(平仓)	4 385.4 点	5 336.4 点	951 点
盈亏	损失:4 385.4−3 644.6=740.8 点	获利:5 336.4−4 263.2=1 073.2 点	获利:1 073.2−740.8=332.4 点

因此,当预测价差变大时,通过买进 IF0809、卖出 IF0806 合约,共获利 332.4 点,这正是两个价差的差值。

(2) 5 月 20 日至 6 月 19 日,沪深 300 指数处于下跌行情,仿真合约的价差将会缩小,这是因为远月合约价格的跌幅大于近月合约价格的跌幅。我们对合约 IF0807 和 IF0809 进行卖出套利的操作。

5 月 20 日,卖出 IF0809 合约同时买进 IF0807 合约,建仓价分别是 4 381.4 点和 5 049.4 点,价差为 668 点;于 6 月 19 日,对冲两个合约,平仓价分别是 2 868.6 点和 3 164 点,价差为 295.4 点。平仓与建仓时的价差缩小了 372.6 点(668−295.4)。交易的盈亏分析如下:

卖出套利	IF0807(买入)	IF0809(卖出)	价差
2008 年 5 月 20 日	4 381.4 点	5 049.4 点	668 点
2008 年 6 月 19 日(平仓)	2 868.6 点	3 164 点	295.4 点
盈亏	损失:4 381.4−2 868.6=1 512.8 点	获利:5 049.4−3 164=1 885.4 点	盈亏:1 885.4−15 128=372.6 点

因此,当预测价差变小时,通过卖出 IF0809、买进 IF0807 合约,共获利 372.6 点,这恰是两个价差的差值。

二、案例分析

价差,是指价格较高的月份合约与价格较低的月份合约的差值(大多数情况下,远月合约价格要比近月合约的高),用公式表示:$S=F_1-F_0$。其中,F 表示期货价格,下标"1"表示远月,下标"0"表示近月,S 表示远月和近月期货的价格差通过判断两交易时点(建仓时的 S 和平仓时的 S_d)的价差变动采取买入套利或卖出套利策略进而获取收益。

(1) 如果预测价差将变大,则可采取买入套利策略,即买入远月合约同时卖出近月合约。因为当价差变大时,要么是近月合约价格的降幅大于远月合约价格的降幅,要么是近月合约价格的升幅小于远月合约价格的升幅(当 $S<S_d$ 时,即 $F_1-F_0<F_{1d}-F_{0d}$,有 $F_1-F_{1d}<F_0-F_{0d}$ 或 $F_{0d}-F_0<F_{1d}-F_1$),但不管出现哪种情况,投资者都可以用一个合约的收益去弥补另一个合约的损失。例如,当近月合约价格降幅较大时,买入的近月合约将亏损,而卖出的远月合约则获利,但获利大于亏损,投资者有正的回报。

(2) 如果预测价差将变小,则可采取卖出套利策略即卖出远月合约同时买入近月合约。因为当价差变小时,要么是远月合约价格的降幅大于近月合约价格的降幅,要么是远月合约价格的升幅小于近月合约价格的升幅(当 $S>Sd$ 时,即 $F_1-F_0>F_{1d}-F_{0d}$,有 $F_1-F_{1d}>F_0-F_{0d}$,或 $F_{0d}-F_0>F_{1d}-F_1$)。同理,投资者也可以用一个合约的收益去弥补另一个合约的损失。套利交易的关键是对价差变动的合理预测。一般地,当行情是上涨时,价差往往会扩大,我们可以采取买入套利;当行情是下跌时,价差往往会缩小,我们可以采取卖出套利。此外,不同月份合约的价差变动有较大的差异。例如,同是 4 月 22 日和 5 月 15 日两个时点,下月合约与第二季月合约的价差分别是 873.6 点和 1 673 点,价差扩大了 799.4 点(1 673－873.6)。因此,若用下月合约与第二季月合约进行套利,对价差的变动方向预测正确,那么获利是巨大的;一旦预测错误,损失亦十分惊人。在股指期货交易中,投资者务必意识到套利交易可能存在的高风险,正如此案,进行套利交易宜采用中间两个月份合约(第一季月与下月),因为可以在较低风险情况下亦能获取合理的回报。

(三) 股指期货跨市套利

跨市套利就是股指期货跨市套利交易,是指利用不同交易所上市的同一标的指数或相关联指数期货合约之间的价差进行交易,获取收益的交易策略。

新加坡交易所推出了以沪深市场最大的 50 个股票为标的物的 A50 股指期货。A50 指数标的物是以沪深市场中总市值最大的 50 个股票为成份股,而沪深 300 则基本覆盖了 A50 指数的所有成份股。A50 指数成份股中的 48 个都是沪深 300 的成份股,A50 指数在沪深 300 成份股的权重达到了 98.13%。A50 指数的前十大权重股占到沪深 300 指数权重的 19.9%,据测算 A50 指数与沪深 300 指数的相关性高达 96%。因此,A50 指数自然成为很好的跟踪指数。

中国股指期货的推出,在沪深 300 股指期货与 A50 股指期货之间建立起联动关系,由于市场不同、信息流不同,沪深 300 与 A50 的波动空间也将有所不同,这就为沪深 300 股指期货与 A50 股指期货的跨市套利创造了机会。

这里我们选用国外的案例来说明股指期货跨市套利策略的运用。对于国内期货市场其原理是相同的。

【案例 6-11】

股指期货跨市套利策略的运用

一、案例资料

某套利者预期市场将要上涨,而且主要市场指数的上涨势头会大于纽约证券交易所综合股票指数期货合约,于是在 395.50 点买入 2 张主要市场指数期货合约,在 105.00 点卖出 1 张纽约证券交易所综合股票指数期货合约,当时的基差为 290.50 点。经过一段时间后,价差扩大为 295.25 点,套利者在 405.75 点卖出 2 张主要市场指数期货合约,而在 110.00 点买入 1 张纽约证券交易所综合股票指数期货合约,进行合约对冲。该跨市套利结果如下:

	主要市场指数期货	约证券交易所综合指数	基差
当时	买入 2 张主要市场指数期货合约,点数水平:395.50 点	卖出 1 张纽约证券交易所指数期货合约,点数水平:105.00 点	290.50 点
日后	卖出 2 张主要市场指数期货合约,点数水平:405.75 点	买入 1 张纽约证券交易所指数期货合约,点数水平:110.00 点	295.75 点
结果	获利:10.25×250×2＝5 125 美元	亏损:5.00×500×1＝2 500 美元	变大

二、案例分析

由于主要市场指数期货合约在多头市场中上升 10.25 点,大于纽约证券交易所指数期合约上升 5.00 点,套利者因此获利:5 125－2 500＝2 625 美元。

此案例就是利用相关联指数期货合约之间的价差进行的套利。

(四)股指期货跨品种套利

股指期货跨品种套利指的是利用两种不同的、但相关联的指数期货产品之间的价差进行交易。这两种指数之间具有相互替代性或受同一供求因素制约。跨品种套利的交易形式是同时买进和卖出相同交割月份但不同种类的股指期货合约。例如道·琼斯指数期货与标准普尔指数期货、迷你标准普尔指数期货与迷你纳斯达克指数期货等之间都可以进行套利交易。

由于股票指数是一国经济的晴雨表,是判断经济周期波动的领先指标,因此,以股票指数为标的物的股指期货在某种程度上可以作为投资者规避经济周期波动的工具,尤其在世界上两个主要经济体的经济周期不甚同步时,股指期货的跨市套利就有了极大的用武之地。

例如,1987年全球股灾时,标准普尔指数与日经225指数的走势就不尽相同。日经225指数在1987年10月初创出新高时,标准普尔指数已见顶回落,而在10月19日黑色星期一的股灾中,前者由于日本政府的大举入市,跌幅轻微,而后者则大跌超过20%。

再如,1995年日本阪神大地震前后,标准普尔指数与日经225指数竟然出现了相反的势。二者相背离的走势,其实早在1994年下半年就已出现,这是世界两大经济体宏观经济处于不同经济周期在股市上的典型表现。阪神大地震不过加剧了标准普尔指数与日经225指数的背离趋势。因此,当我们发现这种套利机会时,采用低成本、高效率的股指期货工具,买入标准普尔指数期货,并卖出日经225指数期货就可以获得非常好的收益。

又如,如果套利者预期S&P500指数期货合约的价格上涨幅度将大于纽约证券交易所综合股票指数期货合约的价格上涨幅度时,买进S&P500指数期货合约,卖出纽约证券交易所综合股票指数期货合约;而当套利者预期纽约证券交易所综合股票指数期货合约的价格上涨幅度将大于S&P500指数期货合约的价格上涨幅度时,则卖出S&P500指数期货合约,买进纽约证券交易所综合股票指数期货合约。

  立德树人思考

保险资金参与金融衍生产品相关政策

2020年,银保监会官网发布保险资金参与金融衍生产品、国债期货和股指期货交易有关政策。银保监会指出,为支持保险资金参与国债期货交易,有效防范风险,根据《关于商业银行、保险机构参与中国金融期货交易所国债期货交易的公告》的精神,银保监会于近日发布了《保险资金参与国债期货交易规定》,并同步修订了《保险资金参与金融衍生产品交易办法》和《保险资金参与股指期货交易规定》。

《保险资金参与国债期货交易规定》共17条,主要内容为:一是明确参与目的与期限,保险资金参与国债期货应以对冲风险为目的,不得用于投机目的。二是明确保险资金参与方式,保险资金应以资产组合形式参与并开立交易账户,实行账户、资产、交易、核算等的独立管理,严格进行风险隔离。三是规定卖出及买入合约限额,控制杠杆比例,强化流动性风险管理。四是强化操作、技术、合规风险管控。五是明确监督管理和报告有关事项。

《保险资金参与金融衍生产品交易办法》由原来的36条增加为37条。调整的内容包括:一是明确保险资金运用衍生品的目的,删除期限限制,具体期限根据衍生品种另行制定。二是强化资产负债管理和偿付能力导向,根据风险特征的差异,分别设定保险公司委托参与和自行参与的要求。三是新增保险资金参与衍生品交易的总杠杆率要求。四是严控内幕交易、操纵证券和利益输送等行为。

《保险资金参与股指期货交易规定》调整的内容包括:一是调整对冲期限、卖出及买入合约限额和流动性管理相关要求。二是明确合同权责约定,委托投资和发行资管产品应在合同或指引中列明交易目的、比例限制、估值方法、信息披露、风险控制、责任承担等事项。三是增加回溯报告,保险机构参与股指期货须每半年报告买入计划与实际执行的偏差。

按照上述最新政策规定,保险资金参与国债期货交易,任一资产组合在任何交易日日终,所持有的卖出国债期货合约价值,不得超过其对冲标的债券、债券型基金及其他净值型固定收益类资产管理产品资产的账面价值,所持有的买入国债期货合约价值不得超过该资产组合净值的50%。其中,卖出国债期货合约价值与买入国债期货合约价值,不得合并轧差计算。保险集团(控股)公司、保险公司在任何交易日日终,持有的合并轧差计算后的国债期货合约价值不得超过本公司上季末总资产的20%。

保险资金参与股指期货交易,任一资产组合在任何交易日日终,所持有的卖出股指期货合约价值,不得超过其对冲标的的股票、股票型基金及其他净值型权益类资产管理产品资产账面价值的102%,所持有的买入股指期货合约价值与股票、股票型基金及其他净值型权益类资产管理产品市值之和,不得超过资产组合净值的100%。

(《中国证券报》,2020年7月28日)

本章小结

股票指数期货是现代金融衍生产品之一,它没有实物交割,只能平仓才可离场。它为投资者,尤其是机构投资者完成所期望的股票投资效果带来极大方便。它可以方便地完成套利,规避股票市场风险,进行有效的资产转换。理论上,它的交易还可以起到抑制股票市场过度炒作的作用。

练习题

一、单选题

1. 当股指期货价格被高估时,交易者可以通过(　　),进行正向套利。
   A. 卖出股指期货,买入现货股票　　B. 买入现货股票,卖出股指期货
   C. 同时买进现货股票和股指期货　　D. 同时卖出现货股票和股指期货
2. 股指理论价格上移一个交易成本之后的价位称为(　　)。
   A. 无套利区间的下界　　B. 期货理论价格
   C. 远期理论价格　　D. 无套利区间的上界
3. 当实际期指低于无套利区间的下界时以下操作能够获利的是(　　)。
   A. 正向套利　　B. 反向套利
   C. 同时买进现货和期货　　D. 同时卖出现货和期货
4. 沪深300股指期货以期货合约最后(　　)小时成交量加权平均价作为当日结算价。
   A. 1　　B. 2　　C. 3　　D. 4
5. 沪深300指数的基期是(　　)。
   A. 2004年12月31日　　B. 2005年4月8日
   C. 2001年1月31日　　D. 2002年2月18日
6. 沪深300指数选取了沪深两家证券交易所中(　　)作为样本。
   A. 150只A股和150只B股　　B. 300只A股和300只B股
   C. 300只A股　　D. 300只B股
7. 沪深300股指数的基期指数定为(　　)。

A. 100 点　　　　B. 1 000 点　　　　C. 2 000 点　　　　D. 3 000 点

8. (　　),是指考虑交易成本后,将期指理论价格分别向上移和向下移所形成的一个区间。
   A. 无套利区间　　　　　　　　　B. 交易成本
   C. 套利区间　　　　　　　　　　D. 摩擦成本

9. 中国香港恒生指数是由香港恒生银行于(　　)年开始编制的用以反映香港股市行情的一种股票指数。
   A. 1966　　　　B. 1967　　　　C. 1968　　　　D. 1969

10. 通过股指期货套期保值回避的风险是(　　)。
    A. 系统性风险　　B. 非系统性风险　　C. 偶然性风险　　D. 经常性风险

11. 在具体交易时,股指期货合约的价值用(　　)来计算。
    A. 期货指数的点数乘以 100　　　　B. 期货指数的点数乘以 100%
    C. 期货指数的点数乘以乘数　　　　D. 期货指数的点数除以乘数

12. 如果实际交易的现货股票组合与指数的股票组合不一致,势必导致两者未来的走势或回报不一致,从而导致一定的误差。这种误差,通常称为(　　)。
    A. 模拟误差　　　　　　　　　　B. 套利误差
    C. 测量误差　　　　　　　　　　D. 其他误差

13. 某基金公司持有一个股票组合,且对当前收益率比较满意,但担心股市整体下跌影响其收益,这种情况下,可采取(　　)。
    A. 股指期货的卖出套期保值　　　　B. 股指期货的买入套期保值
    C. 股指期货和股票期货套利　　　　D. 股指期货的跨期套利

14. 某投资者在 3 个月后将获得一笔资金,希望用该笔资金进行股票投资,但是担心股市整天上涨从而影响其投资成本,这种情况下,可采取(　　)。
    A. 股指期货的卖出套期保值　　　　B. 股指期货的买入套期
    C. 股指期货和股票期货套利　　　　D. 股指期货的跨期套利

15. 假设某投资者持有 A、B、C 三只股票,三只股票的 β 系数分别为 1.2、0.9 和 1.05,其资金分配分别是:100 万元、200 万元和 300 万元,则该股票组合的 β 系数为(　　)。
    A. 1.025　　　　B. 0.95　　　　C. 205 万元　　　　D. 200 万元

16. 假设一篮子股票组合与某指数构成完全对应,该组合的市值为 100 万元,假设市场年利率为 6%,且预计 1 个月后可收到 1 万元的现金红利,则该股票组合 3 个月的合理价格应该是(　　)。
    A. 1 004 900 元　　　　　　　　B. 1 015 000 元
    C. 1 010 000 元　　　　　　　　D. 1 025 100 元

17. 股指期货交易的标的物是(　　)。
    A. 价格指数　　　　　　　　　　B. 股票价格指数
    C. 利率期货　　　　　　　　　　D. 汇率期货

18. 不同股票指数的区别主要在于(　　)。
    A. 交易对象不同　　　　　　　　B. 编制方法不同
    C. 交易目的不同　　　　　　　　D. 交割方式不同

19. 在"平均"系列指数中,(　　)最为著名,应用最为广泛。
    A. 道·琼斯工业平均指数　　　　　B. 道·琼斯运输业平均指数
    C. 道·琼斯公用事业平均指数　　　D. 道·琼斯综合平均指数

20. 标准普尔 500 指数的计算方法为(　　)。

A. 算术平均法 B. 几何平均法
C. 加权算术平均法 D. 移动平均法

21. 道·琼斯欧洲 STOXX50 指数的加权方式中规定,任意一只成分股在指数中的权重上限为( )。
    A. 2% B. 5% C. 10% D. 15%

22. 金融时报指数有( )种指数。
    A. 2 B. 3 C. 4 D. 5

23. 下列关于股指期货与股票交易的说法,正确的是( )。
    A. 交易对象不同 B. 交易方式相同 C. 交易限制相同 D. 结算方式相同

24. 沪深 300 股指期货的最小变动价位为( )。
    A. 0.01 点 B. 0.1 点 C. 0.2 点 D. 1 点

25. 交易者利用股指期货套利交易,可以获取( )。
    A. 风险利润 B. 无风险利润 C. 套期保值 D. 投机收益

26. 中国香港是在( )开始个股期货试点的。
    A. 1975 年 B. 1985 年 C. 1995 年 D. 1997 年

27. 当股指期货市场价格下跌,交易量较少持仓量下降,则市场趋向( )。
    A. 坚挺 B. 疲弱 C. 空头被逼平仓 D. 多头被逼平仓

28. 沪深 300 股指期货合约最低交易保证金为合约价值的( )。
    A. 10% B. 11% C. 12% D. 13%

29. 英国最具代表性的股价指数是( )。
    A. 金融时报 30 指数 B. 金融时报 50 指数
    C. 金融时报 100 指数 D. 金融时报 500 指数

30. 国内某证券投资基金在某年 6 月 3 日时,其收益率已达到 25%,认为下跌的可能性大,为了保持这一业绩到 9 月,决定利用沪深 300 股指期货实行保值。其股票组合的现值为 2.25 亿元,并且与沪深 300 指数的 β 系数为 0.8。假定 6 月 3 日的现货指数为 5 600 点,而 9 月到期的期货合约为 5 700 点。该基金为了 2.25 亿元的股票组合得到有效保护,需要( )。
    A. 卖出期货合约 134 张
    B. 买入期货合约 134 张
    C. 卖出期货合约 129 张
    D. 买入期货合约 129 张

二、多选题

1. 套利交易中模拟误差产生的原因有( )。
   A. 组成指数的成分股太多
   B. 短时间内买进卖出太多股票有困难
   C. 买卖的冲击成本较大
   D. 股市买卖有最小单位的限制

2. 在计算买卖期货合约数的公式中,当( )已定下来后,所需买卖的期货合约数就与 β 系数的大小有关。
   A. 现货总价值 B. 期货指数点 C. 每点乘数 D. 期货合约的价值

3. 世界上影响范围较大,具有代表性的股票指数有( )。
   A. 道·琼斯平均价格指数
   B. 中国香港恒生指数
   C. 金融时报股票指数
   D. 标准普尔 500 指数

4. 关于无套利区间,正确的有( )。
   A. 考虑了交易成本后,对理论价格进行上下移动形成的区间
   B. 在区间中,进行套利交易,不但不能赢利,还会导致亏损
   C. 当期指高于区间的上界时,正向套利可获利

D. 当期指低于区间的上界时,正向套利可获利
5. 无套利区间的上下界幅宽主要是由(   )所决定的。
   A. 交易费用　　　B. 现货价格大小　　　C. 期货价格大小　　　D. 市场冲击成本
6. 根据现代证券组合理论,股票市场的风险分为(   )。
   A. 系统性风险　　B. 非系统性风险　　　C. 偶然性风险　　　　D. 经常性风险
7. 股票期货交易提供了一种相对便宜、方便和有效的替代及补充股票交易的工具,是一种更灵活、更简便的(   )的创新产品。
   A. 管理风险　　　B. 套期保值　　　　　C. 定制投资策略　　　D. 套现
8. 下列(   )情况下,市场一定趋向坚挺。
   A. 价格上涨,成交量增加,持仓量上升　　B. 价格下跌,成交量减少,持仓量下降
   C. 价格上涨,成交量不活跃,持仓量上升　D. 价格上涨,成交量减少,持仓量上升
9. 不同股票指数的区别主要在于(   )。
   A. 具体抽样不同　　　　　　　　　　　　B. 具体计算方法不同
   C. 交易市场不同　　　　　　　　　　　　D. 交易时间不同
10. 下列关于日经225指数的说法,正确的有(   )。
    A. 包括制造业、金融业、运输业等　　　　B. 采用道式修正法计算
    C. 从1950年9月开始编制　　　　　　　　D. 采用加权算术平均法计算
11. 套期交易中模拟误差产生的原因有(   )。
    A. 组成指数的成分股太多　　　　　　　　B. 短时间内买进卖出太多股票有困难
    C. 买卖的冲击成本较大　　　　　　　　　D. 股市买卖有最小单位的限制
12. 系统性风险可以细分为(   )。
    A. 政治风险　　　B. 利率风险　　　　　C. 购买力风险　　　　D. 市场风险
13. 股指期货与股票交易的区别包括(   )。
    A. 交易对象不同　B. 交易方式不同　　　C. 买卖顺序不同　　　D. 结算方式不同
14. 下列关于沪深300股指期货合约,正确的是(   )。
    A. 合约乘数为每点300元　　　　　　　　B. 报价单位为指数点
    C. 最小变动价位为0.2点　　　　　　　　D. 交易代码为IF
15. 如果当前时间是2011年6月8日,那么期货市场上有4个沪深300股指期货合约在交易,下列表示正确的是(   )。
    A. IF 1106　　　B. IF 1107　　　　　 C. IF 1108　　　　　D. IF 1109
16. 沪深300股票指数的编制技术包括(   )。
    A. 缓冲区技术　　B. 相对比率技术　　　C. 综合指数技术　　　D. 分级靠档技术
17. 沪深300股指期货的交易指令包括(   )。
    A. 市价指令　　　　　　　　　　　　　　B. 限价指令
    C. 取消指令　　　　　　　　　　　　　　D. 中国金融期货交易所规定的其他指令
18. 股指期货投资者适当性制度的要点包括(   )。
    A. 自然人申请开户时保证金账户可用资金余额不低于人民币50万元
    B. 具备股指期货基础知识,开户测试不低于80分
    C. 净资产不低于人民币100万元
    D. 具有累计10个交易日、20笔以上的股指期货仿真成交记录,或者最近3年内具有10笔以上的商品期货交易成交记录
19. 下列说法正确的是(   )。

A. 当β系数大于1时,说明股票的波动或风险程度高于以指数衡量的整个市场
B. 当β系数小于1时,说明股票的波动或风险程度低于以指数衡量的整个市场
C. 当资金占用成本低于持有期内可能得到的股票分红红利时,净持有成本大于零
D. 当资金占用成本高于持有期内可能得到的股票分红红利时净持有成本小于零

20. 分析股指期货价格走势的方法一般有( )。
    A. 基础分析   B. 技术分析   C. 算术平均法   D. 移动平均法

21. 沪深300股票指数成分股的选取标准包括( )。
    A. 非ST、*ST股票   B. 非暂停上市股票
    C. 股票价格无明显的异常波动或市场操纵   D. 剔除其他专家认定不能进入指数的股票

22. 假定利率比股票分红高2%。5月1日上午10点,沪深指数为3 600点,沪深300股指期货9月合约价格为3 700点,6月合约价格为3 650点,投资者认为价差可能缩小,于是买入6月合约,卖出9月合约。5月1日下午2点,9月合约涨至3 750点,6月合约涨至3 710点,在不考虑交易成本的情况下,( )。
    A. 5月1日上午10点,两合约的理论价差为18点
    B. 5月1日上午10点,两合约的理论价差为17.5点
    C. 投资者平仓后每张合约亏损3 000元
    D. 投资者平仓后每张合约赢利3 000元

三、辨析题

1. 沪深300股指期货交易中,设置持仓限额的目的是防止少数资金实力雄厚者凭借掌握超量持仓操纵及影响市场。( )
2. 股票指数,是衡量和反映所选择的一组股票的价格变动指标。不同股票市场有不同的股票指数,同一股票市场基本上只有一个股票指数。( )
3. 编制股票指数时,通常的计算方法有算术平均法、加权平均法和移动平均法。( )
4. 为了防止股票指数期货市场发生恐慌和投机狂热,也为了避免单个交易日内太大的交易损失,各交易所均规定了单个交易日中合约价值最大的上升或下降幅度。( )
5. 股指期货期现套利交易必须依赖程式交易系统。( )
6. 投资者通常可采取分散化的投资组合的方式将系统性风险降低到最低程度。( )
7. 股指期货合约的最后结算价均依据期货交易的收盘价来确定。( )
8. 股指期货合约的实际交易价格高于股指期货合约的理论价格时,称为期价高估。( )
9. 无套利区间,是指考虑交易成本后,将期货理论价格分别向上移和向下移所形成的一个区间。在这个区间中,套期交易不但得不到利润,反而将导致亏损。( )
10. 在股指期货交易中,当现货总价值和每份期货合约的价值确定时,系数越大,所需买卖的期货合约数就越多。( )
11. 无套利区间的上下界幅宽主要是由交易费用和市场冲击成本所决定的。( )
12. 程式交易系统由4个子系统组成,包括套利机会发觉子系统、自动下单子系统、成交报告及结算子系统以及风险管理子系统。( )
13. 当存在期权高估时,交易者可通过卖出股指期货同时买入对应的现货股票进行套利交易,这种操作称为"反向套利"。( )
14. 股票期货交易速度快、简便,但是费用较昂贵。( )
15. 股票期货与股指期货实质上就是标的物之间的差别。( )
16. 伦敦国际金融期货交易所于2001年1月29日首次推出25只全球性股票期货。( )
17. 风险管理子系统可以对模拟误差风险及其他风险进行控制,同时它也会发挥管理指数期货

保证金账户的作用。( )
18. 期现套利交易又称为风险套利。( )
19. 在计算利息时,既可以采用单利计算法,也可以采用复利计算法。( )
20. 期货价格与现货价格之间的价差主要是由持仓费决定的。( )
21. 买入套期保值的主要情形是投资者持有股票组合,担心股市大盘下跌而影响股票组合的收益。( )
22. β 系数是1.5,如果指数收益率增加3%,该股票收益率增加4.5%。( )
23. 中国香港恒生指数期货采取最后交易日现指每5分钟报价的平均值整数为交割结算价。( )
24. 沪深300指数以调整股为权重采用派许加权综合价格指数公式进行计算。( )
25. 沪深300股指期货的交割结算价为最后交易日标的指数最后1小时的算术平均价。( )

四、计算题

1. 假定某投资者持有升华拜克(600226)股票,其当前(8月1日)价值为50万元,已经盈利10%左右。若该投资者认为该股票近期下跌的可能性很大,但却不愿意就此平仓,于是决定利用沪深300股指期货进行套期保值。

   假定经测算,升华拜克以沪深300指数为基准的 β 系数为1.6。当前的沪深300现货指数为1 282点,而12月份到期的沪深300股指期货价格为1 322点。若每个指数点的乘数为100元。问题:该投资者需要多少份期货合约来进行套期保值?

2. 假设某机构在3个月后将会有300万元的资金到账。该机构准备将这笔资金用于A、B、C 3只股票的投资,现在这3只股票的价位分别是5元、10元和20元。该机构打算每只股票各投资100万元,即分别买进20万股、10万股和5万股。该机构认为这3只股票的价格即将会出现一个上涨的行情,如果坐等3个月之后再建仓,则势必造成相当大的损失。于是该机构决定立即买进股指期货合约以锁定现货的建仓成本。

   假定4个月后到期的沪深300股指期货当前行情为1 322点,每个指数点的乘数为100元,3只股票的 β 系数分别是1.5、1.2和0.9。问题:假设股指期货的保证金比例为12%,则机构需要动用多少资金实现对300万元资产的套期保值?

五、案例分析题

1. 某人欲买A股票100手和B股票200手,每股股价分别为10元和20元,但他现金要1个月后才能到位,为防届时股价上升,决定进行恒生指数期货交易为投资成本保值。当时恒生指数9 500点,恒指每点代表50港元,问该投资者应当如何操作?

2. 某人持有总市值约60万港元的10种股票,他担心市场利率上升,又不愿马上出售股票,于是以恒指期货对自己手持现货保值,当日恒指8 000点,每份恒指期货合约价格400 000港元,通过数据得知,这10种股票的 β 系数分别为:1.03、1.26、1.08、0.96、0.98、1.30、1.41、1.15、1.20、0.80,每种股票的比重分别为11%、10%、10%、9%、8%、12%、13%、7%、11%、9%,现要对该组合进行价格下跌的保值,应如何操作该合约?3个月后,该组合市价为54.5万港元,恒指为7 400点。投资者对冲后总盈亏多少?

3. 某年5月3日,A公司股票的市场价格为每股25美元。于是,该公司决定于一周后以这一价格增发20万股股票,以筹措500万美元的资本,用于扩充生产规模。然而,若一周后股市下跌,则该公司发行同样多的股票,只能筹到较少的资本。因此,该公司决定用同年6月份到期的标准普尔500指数期货作套期保值。已知标准普尔500指数期货合约价值为指数乘以500美元。5月3日,指数为458点,一周后,5月10日,指数为443点,A公司股票也跌落到每股24.2美元。请问操作策略和盈亏情况。

4. 某机构投资者想持有一证券组合,其 β 系数为 1.2,但是现金要到一个月后才能得到。3 月 10 日时,日经 225 指数为 36 000 点,该证券组合的总值为 50 亿日元。为避免股市上升带来的影响,该投资者决定用日经 225 指数期货套期保值。已知日经 225 指数期货每份合约价值为日经 225 指数乘以 1 000 日元,4 月 10 日,证券组合价值上升 5%,达到 52.5 亿日元。日经 225 指数 38 000 点。请问操作策略及盈亏情况。

六、名词解释

1. 股价指数
2. S&P 指数
3. 股指期货
4. β 系数
5. 无套利区间
6. 程式交易

七、论述题

1. 用股票价格指数期货进行套期保值时,如何计算应买卖的期货合约的数量?
2. 什么是股指期货投资者适当性制度?

第七章 外汇期货合约

【本章提要】

外汇市场是金融市场的重要组成部分,我国迫切需要有效管理汇率风险的金融衍生品工具,即外汇期货。本章首先介绍了外汇、汇率及外汇期货的基本概念,然后分析了外汇期货合约的种类及定价,最后介绍了外汇期货的分析与应用。

【学习目标】

1. 了解外汇与汇率的基本概念,掌握外汇和汇率的种类。
2. 掌握在习近平新时代中国特色社会主义思想指导下相关汇率政策及汇率制度的灵活运用。
3. 理解外汇市场的含义、参与者及其功能作用,紧紧围绕服务实体经济、防控金融风险、深化金融改革三项任务,推动外汇市场的不断开放与发展,助力实体经济的发展。
4. 学会外汇市场的交易方式。
5. 了解外汇期货合约的种类与构成。
6. 掌握外汇期货合约的定价,能够熟练运用外汇期货进行套期保值,发挥外汇期货对金融服务实体经济的良好的促进作用。

【思政理念】

1. 习近平新时代中国特色社会主义思想解读。
2. 激发学生对国家的自豪感与幸福感。
3. 开展大学生外汇理财风险职业教育。
4. 警惕敌对势力通过留学活动对大学生进行思想渗透。

【案例导读】

当前全球经济增长乏力,2020年初以来爆发的新冠病毒疫情,更使全球经济陷入极其困难的境地。与此同时,全球政府债务节节攀升,越来越多国家的货币政策利率逐步向低利率甚至负利率靠拢。为防止刺激政策效应外溢和推动本土经济发展,"逆全球化"和"贸易保护主义"抬头。2019年以来,人民币汇率波动加剧,8月5日,在岸和离岸人民币兑美元汇率急跌千点,双双跌破7元关口,创2015年8月11日汇改以来单日最大跌幅。2020年5月28日以来,人民币兑美元汇率又走出一波强劲的升势,突破6.7。复杂多变的国际经济贸易发展背景使得中国企业规避外汇汇率风险的需求急剧上升,然而国内金融市场外汇避险功能较弱的现状,使得国内企业面临外汇避险难、避险贵的境地,这亟需外汇衍生品市场的完善与发展。通过人民币外汇期货,企业能够有效地管理外汇波动风险,降低国际市场汇率波动对贸易、投资行为的影响,使国内企业在走出去的过程当中能够有效自我保护。

我们要紧密团结在以习近平同志为核心的党中央周围,切实把思想和行动统一到党的十九大、中央经济工作会议和全国金融工作会议,以习近平新时代中国特色社会主义思想为指导,坚决贯彻落实全面从严治党要求,深刻认识和准确把握党中央对经济金融形势的重大判断和决策部署,推动发展外汇期货以促进外汇场内场外市场协调发展,以上海国际金融中心建设为依托,促进金融市场进一步开放,推动上海尽快成为全球人民币资产定价中心。

第一节 外汇与汇率

一、外汇

(一)外汇的含义及其特征

什么是外汇呢?简单来说,外汇是国际贸易的产物,是国际贸易清偿的支付手段。外汇并不仅仅局限于现钞,根据国家外汇管理局的定义,外汇是指下列以外币表示的可以用作国际清偿的支付手段和资产:①外币现钞,包括纸币、铸币;②外币支付凭证或者支付工具,包括票据银行存款凭证、银行卡等;③外币有价证券,包括债券、股票等;④特别提款权;⑤其他外汇资产。狭义的外汇指的是以外国货币表示的能用于国际结算的支付手段,尤其是外币存款。广义的外汇,则是一国所拥有的以外币计价的全部资产。人们通常所说的外汇,是指狭义的外汇。

本国居民在国内用于流通支付的主要手段是本国央行发行的信用货币,例如中国的货币是中国人民银行发行的人民币,美国的货币是由美联储发行的美元。在金本位制的货币体系下,黄金作为被各国人民普遍接受的一般等价物用于国际支付;而在信用货币的体系下,由于各国央行发行的流通货币本身并不具有价值,一般只在本国范围内具有支付手段的功能,而在国际贸易中未必能被交易对方认可。一国的货币在国际上被接受的程度与该国的综合国力有关。此外,该货币还要能够自由兑换。目前世界上被接受程度最高的货币是美元,其次是欧元、日元、英镑等货币。我国目前正在推动人民币国际化进程,努力提升人民币的国际地位。对投资者来说,需要关注的主要是外汇市场上可以自由兑换的交易量较大的货币品种。

需要特别提一下的是现汇和现钞的区别。现钞和现汇都是我国居民持有的两种不同形式的外汇资产。现汇是一种外汇结算凭证,银行可以通过电子结算直接入账,它包括从国外银行汇到国内的外汇存款,以及外币汇票、本票、旅行支票等。而现钞指的是国内居民手持的外汇钞票。由于银行买进外币现钞相对于买进现汇有利息损失,故在银行的外汇报价中,现钞买入价一般低于现汇买入价。而对于现钞卖出与现汇卖出来说,银行没有利息损失,因此,现钞卖出价与现汇卖出价是一致的。由于各币种现汇和现钞业务成本不同,如现钞业务还包含押运、安保等成本支出,故现钞卖出价高于现汇卖出价。因尽可能的满足客户需求,在条件允许的前提下,中行部分币种现钞卖出价与现汇卖出价保持一致。相关资料见表7-1。

表7-1 2021年12月31日中国银行外汇牌价

货币名称	现汇买入价	现钞买入价	现汇卖出价	现钞卖出价	中国银行折算价	发布日期	发布时间
英镑	857.4	830.76	863.71	867.53	860.64	2021年12月31日	11:59:25
港元	81.54	80.89	81.86	81.86	81.76	2021年12月31日	11:59:25
美元	635.95	630.78	638.65	638.65	637.57	2021年12月31日	11:59:25
瑞士法郎	694.66	673.22	699.54	702.54	697.76	2021年12月31日	11:59:25

(续表)

货币名称	现汇买入价	现钞买入价	现汇卖出价	现钞卖出价	中国银行折算价	发布日期	发布时间
新加坡元	470.03	455.52	473.33	475.69	471.79	2021年12月31日	11：59：25
瑞典克朗	70.17	68	70.73	71.07	70.5	2021年12月31日	11：59：25
丹麦克朗	96.58	93.6	97.36	97.82	97.11	2021年12月31日	11：59：25
挪威克朗	71.98	69.76	72.56	72.91	72.34	2021年12月31日	11：59：25
日元	5.517 9	5.346 5	5.558 5	5.567 1	5.541 5	2021年12月31日	11：59：25
加元	498.24	482.51	501.91	504.13	500.46	2021年12月31日	11：59：25

资料来源：中国银行网站。

（二）外汇的种类

根据外汇的交割期限，划分为即期外汇和远期外汇

即期外汇又称现汇，是指外汇买卖成交后，在当日或在两个营业日内办理交割的外汇。交割是指本币所有者与外币所有者互相交换其货币的所有权的行为，即外汇买卖中的实际支付。

远期外汇又称期汇，是指买卖双方事先签订合约，约定将来在某一时间（在两个营业日以后）进行交割的外汇。买卖远期外汇的目的，主要是为了避免或减少由于汇率变动所造成的风险损失。远期外汇的交割期限从1个月到1年不等，通常是3~6个月。

二、汇率

（一）汇率的含义及其标价方法

与外汇相关的一个重要概念是"汇率"。汇率也称为"外汇行市"或者"汇价"，是某一个国家的货币兑换成另外一个国家货币的比率，也是用一种货币表示另外一种货币的价值。汇率使得一国货币与他国货币的正常兑换有了依据。例如，美元对人民币的汇率为6，就意味着1美元的价格是6元人民币，也就是说用6元人民币可以买到1美元，因为所有的货币都在一定范围内作为支付手段，那些需要人民币的人可以用1/6美元换到1元人民币。

以上所说的汇率是理论上的汇率，无论是个人还是机构，如果去商业银行将手中的外汇兑换成本国货币，或者将本国货币兑换成外汇，会发现兑换后的货币都要比理论上能够兑换的金额要少一点，主要原因就是商业银行的外汇买入价比外汇卖出价要高，买入汇率与卖出汇率相差的幅度一般在1‰~5‰，各国不尽相同。两者之间的差额，即商业银行买卖外汇的利润。买入汇率与卖出汇率相加，除以2，则为中间汇率。

由于汇率就是用某种货币表示的另一种货币的价格，因此首先要确定在一对货币中以哪个国家的货币为标准。确定的标准不同，会产生几种不同的外汇汇率标价方法。常用的标价方法包括直接标价法、间接标价法、美元标价法。

直接标价法，即需要以多少单位的本国货币来购买1单位的外国货币。在国际外汇市场上，日元、瑞士法郎、加元等绝大多数货币均采用直接标价法标价。直接标价法下，固定数额的外国货币，若其折算得到的本国货币数额减少，则说明本国货币在升值，外国货币在贬值；若其折算得到的本国货币增加，说明本国货币在贬值，外国货币在升值。

间接标价法是指需要以多少单位的外国货币来购买1单位的本国货币。在国际外汇市场上，欧元、英镑、澳元等均为间接标价法。在间接标价法条件下，固定数额的本国货币，若其折算所得的外国货币多，则说明本国货币在升值；外国货币在贬值；若其折算所得的外国货币少，说明

本国货币在贬值,外国货币在升值。

除了直接标价法和间接标价法之外,还有美元标价法,主要用于外汇市场上交易行情表。在美元标价法下,各国均以美元为基准来衡量各国货币的价值,即以一定单位的美元为标准来计算应该汇兑多少他国货币;而非美元外汇买卖时,则是根据各自对美元的比率套算出买卖双方货币的汇价。目前除英镑、欧元、澳元外,美元标价法基本已在国际外汇市场上通行。

从表7-2我们可以看出,除了日元外,世界主要交易的货币报价一般都是由小数点前一位加上小数点后四位构成的。在外汇交易中,我们通常会听到"点"这个概念。"点"是指汇率变动的最小单位。例如,欧元对美元的汇率由1.3626上升至1.3627,我们就说欧元上涨了1个点。某种货币报价变动1个点的价值称为"点值"。目前外汇市场上汇率的报价大多采用美元报价法,因此点值一般以美元为单位。点值可以简单理解为价值1美元的货币汇率每变动1个点,相对应变动的美元价值。

表7-2 2021年12月31日23:13外汇行情

货币对	最新价	货币对	最新价
欧元/美元	1.134 8	美元/瑞士法郎	0.913 7
英镑/美元	1.351 3	新西兰元/美元	0.682 9
美元/日元	115.100 0	美元/人民币	6.357 9
美元/挪威克朗	8.826 9	美元/新西兰元	0.609 7
美元/加元	1.268 0	美元/新加坡元	1.348 8

资料来源:外汇宝网站(www.fx168.com)。

(二)汇率的种类

按外汇买卖的交割期限,把汇率分为即期汇率与远期汇率。

即期汇率(spot rate)又称现汇汇率,是指外汇买卖双方在成交后的两个营业日内办理交割时使用的汇率。

远期汇率(forward rate)又称期汇汇率,是指外汇买卖双方预先签订协议,约定在未来某一日期按照协议交割所使用的汇率。远期交割的期限可以是1个月、3个月、6个月、1年,比较常见的是3个月期,进行远期外汇买卖的主要目的是避免或减轻外汇汇率波动所带来的风险。

(三)汇率制度

汇率政策中最主要的是汇率制度的选择。汇率制度是指一个国家政府对本国货币汇率的变动方式等所作的一系列安排和规定。经济结构决定论认为各国选择哪种汇率制度,应从该国的经济结构特征去考虑。汇率制度传统上按照汇率变动的幅度分为固定汇率制度和浮动汇率制度两大类。

三、外汇市场

(一)外汇市场的含义

外汇市场,是指由各国中央银行、外汇银行、外汇经纪人和客户组成的买卖外汇的交易系统。外汇市场不像商品市场和其他的金融市场那样,一定要设有具体的交易场所,它主要是指外汇供求双方在特定的地区内,通过现代化的通信设备及计算机网络系统来从事外汇买卖的交易活动。

(二)外汇市场的交易方式

外汇市场上的各种交易可按不同的标准作不同的种类划分。若按合同的交割期限或交易的形式特征来区分,可分为即期外汇交易和远期外汇交易两大类;若按交易的目的或交易的性质来区分,那么除了因国际结算、信贷融通和跨国投资等所引起的一般商业性外汇交易以外,外汇买卖还可分成套利交易、掉期交易、互换交易、套期保值交易、投机交易以及中央银行的外汇干预交易等。此外,随着国际金融业的竞争发展与金融工具的创新,外汇市场上还出现了许多新的交易方式,如外汇期货、期权交易。本节主要介绍即期、远期、掉期、套汇、套利等传统外汇市场上常见的外汇交易。

1. 外汇交易步骤

外汇交易一般分为五大步骤：询价(asking)、报价(quotation)、成交(done)、证实(confirmation)、结算(settlement)。

通过以下询价报价交易过程的实例来分析外汇交易步骤。

询价方甲：Spot USD JPY please?(请问即期美元兑日元你报什么价格?)

报价方乙：MP。(稍等片刻。)

70/80。(买价 70 点/卖价 80 点)

询价方甲：Buy USD2。(买进 200 万美元。)

报价方乙：Ok, done, I sell USD2 Million and buy JPY At 110.80, value19/10/2004。(好的,成交。我卖给你 200 万美元买进日元,汇率是 110.80,起息日是 2004 年 10 月 19 日。)

JPY please to AAA BK Tokyo。A/CNo. 13579。(我们的日元请付至东京 AAA 银行,账号是 13579。)

询价方甲：USD TO GGT BK A/C7896432 CHIPSO UID07352, Thanks very much for deal BIFN。(我们的美元请付至纽约 GGT 银行,账号是 7896432,CHIPS UID07352,多谢你的交易,再见朋友。)

外汇询价报价交易完成之后,随后就是交易计算过程。银行间的收付款即各种货币的结算是利用 SWIFT 电信系统,通过交易双方的代理行或分行进行的,无论是即期交易还是远期交易的结算,最终都是以有关交易货币的银行存款的增减或划拨为标志的。

2. 即期外汇交易

1) 基本原理

即期外汇交易(spot foreign exchange transaction),又称现汇买卖,是交易双方以当时外汇市场的价格成交,并在成交后的两个营业日内办理有关货币收付交割的外汇交易。

例如,纽约花旗银行和日本东京银行通过电话达成一项外汇买卖业务,花旗银行愿意按 1 美元兑 107.60 日元的汇率卖出 100 万美元,买入 10 760 万日元;而东京银行也愿意按同样的汇率卖出 10 760 万日元,买入 100 万美元。5 月 15 日(星期四),花旗银行和东京银行分别按照对方的要求,将卖出的货币汇入对方指定的账户内,从而完成这笔交易。即期外汇交易是外汇市场上最常见、最普遍的买卖形式。

2) 即期汇率的标价方法与计算

即期交易的汇率是即期汇率,或称现汇汇率,通常采用以美元为中心的报价方法,即以某个货币对美元的买进或卖出的形式进行报价。除了欧元和原英联邦国家的货币(如英镑、澳大利亚元和新西兰元等)采用间接报价法(即以 1 单位该货币等值美元标价)以外,其他交易货币均采用直接报价法(即以 1 单位美元等值该币标价),并同时报出买入价和卖出价。买入价是指报价行愿意以此价买入标的货币的汇价,卖出价是报价行愿意以此价卖出标的货币的汇价,买入价与卖出价之间的价格差称为价差。

按照即期外汇市场的报价惯例,通常用 5 位数字来表买卖价。如纽约市场某日的汇价为：

$$USD1 = HKD7.7944 \sim 7.7951$$
$$\text{（买入价）} \quad \text{（卖出价）}$$
$$USD1 = JPY137.31 \sim 137.41$$
$$\text{（买入价）} \quad \text{（卖出价）}$$

报价的最小单位（市场称基本点）是标价货币的最小价值单位的1‰。如美元兑港元价格中的1个基点为0.0001港元。因此如果美元兑港元从7.7944～7.7951上升到7.8044～7.8051，则称该汇率上升了100个基本点或简称为100个点。

通常各银行的交易员在报价时只取最末两位数，因为前面几位数只有在外汇市场发生剧烈动荡时才会变化，一般情况下，频繁变动的只是最末两位数，如汇率为138.75～138.85时，就报75/85。

银行和客户之间的零售交易大多按银行报出的汇价买外汇，少数按客户要求作限价交易。限价交易是指客户要求银行按指定汇价买卖一定数量的外汇。当市场汇价变化到符合客户要求时进行交易，否则银行不能进行交易。

在国际外汇市场上，各种货币的汇率普遍以美元标价，即与美元直接挂钩，非美元货币之间的买卖必须通过美元汇率进行套算。通过套算得出的汇率叫交叉汇率。交叉汇率的套算遵循以下几条规则：

（1）如果两种货币的即期汇率都以美元作为单位货币，那么计算这两种货币比价的方法是交叉相除。

【例7-1】 假定目前外汇市场上的汇率是：
USD1＝HKD7.7944～7.7951
USD1＝JPY127.10～127.20
这时单位港元兑换日元的汇价为：
HKD1＝JPY127.10/7.7951～127.20/7.7944＝JPY16.3051～16.3194

即银行买入1港元，支付给客户16.3051日元；银行卖出1港元，向客户收取16.3194日元。换句话说，客户卖出1港元，可得16.3051日元，要买入1港元需支付16.3194日元。之所以这样计算，是因为如前所述，两种货币都以美元为中心报价，这样要计算港元对日元的汇价，首先必须将港元换成美元，然后再以美元换取日元。7.7951为银行的美元卖出价，也就是说要从银行取得1美元须支付7.7951港元，即HKD1＝USD1/7.7951。买到美元后，再以美元买日元。而银行美元对日元的买入价为127.10，即客户卖1美元给银行可得到127.10日元，即USD1＝JPY127.10，因此，HKD1＝JPY1/7.7951×127.10＝JPY16.3051。同理可求出卖日元买港元的汇价。

（2）如果两个即期汇率都以美元作为计价货币，那么，汇率的套算也是交叉相除。

【例7-2】 假如目前市场汇率是：
GBP1＝USD1.6125～1.6135
AUD1＝USD0.7120～0.7130
则单位英镑换取澳元的汇价为：
GBP1＝1.6125/0.7130～1.6135/0.7120＝AUD2.2616～2.2662

即客户若要以澳元买入英镑，须按GBP1＝AUD2.2662的汇价向银行买入英镑。若要卖英镑买澳元，则须按GBP1＝AUD2.2616的汇价向银行卖出英镑。其道理如上所述，要计算客户卖澳元买英镑的汇率，首先必须卖澳元换美元，然后再以美元买英镑。因此可反过来考虑：客户要买入 1 英镑需按照银行的英镑卖出价 GBP1＝USD1.163 5,支付 1.613 5 美元,而要获得 1.613 5 美元,按银行的澳元买入价 AUD1＝USD0.712 0,支付 1.613 5/0.712 0 澳元,即 2.266 2 澳元。因此,客户卖澳元买英镑的汇价为 GBP1＝AUD2.266 2(即银行英镑对澳元的卖出价)。同理可算出客户买澳元卖英镑(即银行英镑对澳元的买入价)的价格为：GBP1＝AUD1.612 5/0.713 0＝AUD2.261 6。

(3) 如果一种货币的即期汇率以美元作为计价货币,另一种货币的即期汇率以美元为单位货币,那么,此两种货币间的汇率套算应为同边相乘。

【例7-3】 假设市场汇率如下：
USD1＝HKD7.794 4～7.795 1
GBP1＝USD1.751 0～1.752 0

则英镑对港元的汇价为：GBP1＝HKD1.751 0×7.794 4～1.752 0×7.795 1＝HKD13.648 0～13.657 0。道理同上述计算过程相同,即客户按银行英镑对美元的买入价 GBP1＝USD1.751 0 卖出 1 英镑得 1.751 0 美元,然后再按银行美元对港元的买入价 USD1＝HKD7.794 4,卖出 1.751 0 美元,得：1.751 0×7.794 4＝13.648 0 港元,因此客户卖英镑买港元的汇价(即银行英镑对港元的买入价)为 GBP1＝HKD13.648 0,同理可算出银行英镑对港元的卖出价。

3. 远期外汇交易

1) 基本原理

远期外汇交易(foreign exchange forward)又称期汇交易,是指买卖外汇双方先签订合同,规定买卖外汇的数量、汇率和未来交割外汇的时间,到了规定的交割日期买卖双方再按合同规定办理货币收付的外汇交易。在签订合同时,除交纳 10% 的保证金外,不发生任何资金的转移。

远期交易的期限有 1 个月、3 个月、6 个月和 1 年等几种,其中 3 个月最为普遍。远期交易很少超过 1 年,因为期限越长,交易的不确定性越大。

人们进行期汇交易的具体目的是多方面的,但不外乎是为了套期保值和进行投机。具体包括以下几种情况：

(1) 进出口商和外币资金借贷者为避免商业或金融交易遭受汇率变动的风险而进行期汇买卖。在国际贸易中,自买卖合同签订到货款清算之间有相当一段时间,在这段时间内,进出口商可能因计价货币的汇率变动而遭受损失,为避免汇率风险,进出口商可预先向银行买入或卖出远期外汇,到支付或收进货款时,就可按原先约定的汇率来办理交割。同样的,拥有外币的债权人和债务人可能在到期收回或偿还资金时因外汇汇率变动而遭受损失,因此,他们也可在贷出或借入资金时,就相应卖出或买入相同期限、相当金额的期汇,以防范外汇风险。

(2) 外汇银行为平衡其远期外汇头寸而进行期汇买卖。进出口商等顾客为避免外汇风险而进行期汇交易,实质上就是把汇率变动的风险转嫁给外汇银行。外汇银行为满足客户要求而进行期汇交易时,难免会出现同一货币同种交割期限或不同交割期限的超买或超卖,这样,银行就处于汇率变动的风险之中。为此,银行就要设法把它的外汇头寸予以平衡,即将不同期限不同货币头寸的余缺进行抛售补进,由此求得期汇头寸的平衡。

(3) 外汇投机者为谋取投机利润而进行期汇买卖。在浮动汇率制下,汇率的频繁剧烈波动,会给外汇投机者进行外汇投机创造有利的条件。外汇投机是指根据对汇率变动的预期,有意保持某种外汇的多头或空头,希望从汇率变动中赚取利润的行为。其特点是：投机活动并非基于对外汇有实际需求,而是想通过汇率涨落赚取差额利润。投机者与套期保值者不同,他们是通过有意识地持有外汇多头或空头来承担外汇风险,以期从汇率变动中获利。外汇投机既可以在现汇市场上行也可以在期汇市场上进行。二者的区别在于,在现汇市场上进行投机时,由于现汇交易求立即进行交割,投机者手中必须持有足够的现金或外汇。而期汇交易只需缴纳少量保证金,无须付现汇,到期轧抵,计算盈亏,因此,不必持有巨额资金就可进行交易。所以,期汇投机较容易,成交额也较大但风险也较高。

外汇投机有两种形式:一是先卖后买,即卖空(sell short)或称空头(bear)。当投机者预期某种外币的汇率将下跌时,就在外汇市场上以较高的价格预先卖出该种货币的期汇,若到时该种外币的汇率果真下跌,投机者就可按下跌后的汇率低价补进现汇,交割远期合约,赚取差价利润。二是先买后卖,即买空(buy long)或称多头(bull)。当投机者预期某种外币的汇率将上升时,就在外汇市场上预先以低价买进该种货币的期汇,若到期时,该种货币的汇率果真上升,投机者就按上升后的汇率卖出该种货币的现汇来交割远期,从中赚取投机利润。

2) 远期汇率的标价方法与计算

远期交易的汇率也称作远期汇率(forward rate),其标价方法有两种:直接标出远期汇率的实际价格;另一种是报出远期汇率与即期汇率的差价,即远期差价(forward margin),也称远期汇水。升水(premium)是远期汇率高于即期汇率时的差额,贴水(discount)是远期汇率低于即期汇率时的差额。就两种货币而言,一种货币的升水必然是另一种货币的贴水。

在不同的汇率标价方式下,远期汇率的计算方法不同

直接标价法下,远期汇率=即期汇率+升水,或,远期汇率=即期汇率-贴水。

间接标价法下,远期汇率=即期汇率-升水,或,远期汇率=即期汇率+贴水。

不过,如果标价中将买卖价格全部列出,并且远期汇水也有两个数值时,那么,前面这些情况也可以不去考虑,只要掌握下述规则即可求出正确的远期外汇买卖价格

(1) 若远期汇水前大后小时,表示单位货币的远期汇率贴水,计算远期汇率时应用即期汇率减去远期汇水。

【例7-4】 市场即期汇率为 USD1=HKD7.794～7.795 1,1个月远期汇水为49/44,则1个月的远期汇率为:

HKD　7.794 4～7.795 1
　　 －0.004 9～0.004 4
　　 ─────────────
1个月远期汇率 USD1=HKD7.789 5～7.790 7

(2) 若远期汇水前小后大时,表示单位货币的远期汇率升水,计算远期汇率时应把即期汇率加上远期汇水。

【例7-5】 市场即期汇率为 GBP1=USD1.604 0～1.605 0,3个月远期汇水为64/80,则3个月的远期汇率为:

USD　1.604 0～1.605 0
　　 ＋0.006 4～0.008 0
　　 ─────────────
3个月远期汇率 GBP1=USD1.610 4～1.613 0

3) 远期外汇交易方式

远期外汇交易主要有如下两种方式。

(1) 固定交割日的远期交易(fixed maturity date forward transaction),即交易双方事先约定在未来某个确定的日期办理货币收付的远期外汇交易。这是在实际中较常用的远期外汇交易方式,但它缺乏灵活性和机动性。因为在现实中外汇买卖者(如进出口商)往往事先并不知道外汇

收入和支出的准确时间,因此,他们往往希望与银行约定在未来的一段期限中的某一天办理货币收付,这时,就需采用择期交易方式,即选择交割日的交易。

(2) 选择交割日的远期交易(optional maturity date forward transaction),指主动请求交易的一方可在成交日的第三天起至约定的期限内的任何一个营业日,要求交易的另一方按照双方事先约定的远期汇率办理货币收付的远期外汇交易。

确定择期交割日的方法有两种:一是事先把交割期限固定在两个具体日期之间。例如某一出口商在 2006 年 5 月 25 日成交一笔出口交易,预期 3 个月内收到货款。这样,该出口商马上在外汇市场上卖出一笔 3 个月的远期外汇,并约定择期日期为 5 月 29 日至 7 月 29 日。这样该出口商便可在这段时间内的任何一天,随时将收到的外汇卖给银行。二是事先把交割期限固定在不同月份之间。如上例中,出口商可视其需要,将交割期限规定为第一个月、第二个月、第三个月,或 3 个月中的任意 2 个月,或择期 3 个月。

由于择期交易在交割日上对顾客较为有利,因此,银行在择期交易中使用的是对顾客较不利的汇率,也就是说,银行将选择从择期开始到结束期间最不利于顾客的汇率作为择期远期交易的汇率。

【例 7-6】 假设某家美国银行的报价如下:
即期:GBP1=USD1.550 0~1.555 0
1 月期:GBP1=USD1.560 0~1.565 0
2 月期:GBP1=USD1.570 0~1.575 0
3 月期:GBP1=USD1.580 0~1.585 0

如果择期从第一个月开始,到第三个月结束,对向该行出售外汇的顾客来说适用的汇率是 GBP1=USD1.550 0,对于从该行购买外汇的顾客来说适用的汇率为 GBP1=USD1.585 0。如果择期在第二个月和第三个月,则对出售外汇的顾客和购买外汇的顾客适用的汇率分别为 GBP1=USD1.560 0 和 GBP1=USD1.585 0。由此可见,对于购买者来说,适用的汇率在两种情况下都一样,而对出售外汇者来说,适用的汇率则有所差别。

4. 掉期交易

掉期交易(swap),又称时间套汇(time arbitrage),是指同时买进和卖出相同金额的某种外汇但买与卖的交割期限不同的一种外汇交易,进行掉期交易的目的也在于避免汇率变动的风险。掉期交易可分为以下 3 种形式:

(1) 即期对远期(spot against forward),即在买进或卖出一笔现汇的同时,卖出或买进相同金额该种货币的期汇。期汇的交割期限大都为 1 个星期、1 个月、2 个月、3 个月、6 个月。这是掉期交易中最常见的一种形式。

(2) 明日对次日(tomorrow-next or rollover),在买进或卖出一笔现汇的同时,卖出或买进同种货币的另一笔即期交易,但两笔即期交易交割日不同,一笔是在成交后的第二个营业日(明日)交割,另一笔反向交易是在成交后第三个营业日(次日)交割。这种掉期交易主要用于银行同业的隔夜资金拆借。

(3) 远期对远期(forward to forward),指同时买进并卖出两笔相同金额、同种货币不同交割期限的远期外汇。这种掉期形式多为转口贸易中的中间商所使用。

5. 套汇交易

套汇交易(arbitrage transaction)是套利交易在外汇市场上的表现形式之一,是指套汇者利用不同地点、不同货币在汇率上的差异进行贱买贵卖,从中套取差价利润的一种外汇交易。由于空间的分割,不同的外汇市场对影响汇率诸因素的反应速度和反应程度不完全一样,因而在不同的外汇市场上,同种货币的汇率有时可能出现较大差异,这就为异地套汇提供了条件。套汇交易又可分为直接套汇和间接套汇。

(1) 直接套汇,也叫两点套汇或两地套汇,指利用两个外汇市场之间某种货币汇率的差异进行的套汇。例如,在伦敦市场上,汇率为 GBP1＝USD1.948 0,同时,纽约外汇市场上汇率为 GBP1＝USD1.950 0。可见,英镑在纽约市场上的汇率高于伦敦市场上的汇率,套汇者就可在伦敦市场上用 194.8 万美元买入 100 万英镑,同时在纽约市场上卖出 100 万英镑,收入 195 万美元,从而获得 2 000 美元的收益。

(2) 间接套汇,又称三点套汇或三角套汇,是指套汇者利用 3 个不同外汇市场中 3 种不同货币之间交叉汇率的差异,在同一时点在这个外汇市场上贱买贵卖,从中赚取汇率差额的一种套汇交易。

若不考虑交易费用,外汇交易是零和博弈,即一方亏损,必然伴随着对方的盈利,那么必然存在盈利的机会,只要正确选择交易顺序,就可获得套汇收益。若考虑交易费用,当汇率的差异较小时,套汇收益也相应较小,若套汇收益不足以抵消交易费用时,则两种交易顺序都会给套汇者带来亏损。因此,要进行 3 个市场 3 种货币套汇交易,先要判断有无获利机会,再确定交易顺序。

【例 7-7】 假设在同一时间内,纽约、巴黎、伦敦三个外汇市场的汇率如下:

在纽约市场上:USD1＝HKD7.944 0～7.945 1

在巴黎市场上:GBP1＝HKD10.986 3～10.987 3

在伦敦市场上:GBP1＝USD1.432 5/1.433 5

根据这 3 个外汇市场的外汇行市,套汇者首先在纽约市场上以 1 美元对 7.944 0 港元的行市卖出 10 万美元,买进 794 400 港元;同时又在巴黎市场上以 1 英镑对 10.987 3 港元的行市卖出 794 400 港元,买进 72 302 英镑(794 400/10.987 3);同时又在伦敦市场上以 1 英镑对 1.432 5 美元的行市卖出 72 302 英镑,买进 103 572 美元(72 302×1.432 5)。结果,在纽约市场上以 10 万美元进行套汇,最后收 103 572 美元,汇率差额利润为 3 572 美元(未扣除套汇费用)。

为了把握三地之间的套汇机会,可依据下述原则进行判断:将三地外汇市场的汇率均以直接标价法(或间接标价法)表示,然后相乘,如果乘积等于 1 或接近等于 1,说明没有套汇机会;如果乘积不等于 1 且与 1 的偏差较大,说明有套汇机会(在用同一标价法表示汇率时,被标值的货币单位皆为 1)。

目前,由于电信技术的高度发达,不同外汇市场上的汇率差异日益缩小,因此,套汇交易的机会已大大减少。

6. 套利交易

套利交易(interest arbitrage transaction)又称为利息套利,是指套利者利用不同国家或地区短期利率的差异,将资金从利率低的国家或地区转移到利率较高的国家或地区,从中获取利息差额收益的一种外汇交易。这类交易的理论基础是汇率决定理论中的利率平价说。

套利与套汇一样,是外汇市场上重要的交易活动。由于目前各国外汇市场联系十分密切,一有套利机会,大银行或大公司便会迅速投入大量资金,最终促使各国货币利差与货币远期贴水率趋于一致,使套利无利可图。套利活动使各国货币利率和汇率形成了一种有机的联系,两者互相影响制约,推动国际金融市场的一体化。

套利交易按套利者套利时是否做反方向交易轧平头寸,可分为非抵补套利和抵补套利两种形式。

(1) 非抵补套利(uncovered interest arbitrage)是把资金从低利率货币转向高利率货币,从而谋取利差收益,但不同时进行反方向交易轧平头寸。

【例 7-8】 设美国金融市场短期利率的年息为 7%,而在英国则为 5%。又设外汇市场的即期汇率为 GBP1=USD1.561 0,资本金额为 100 万英镑,投资时间为 6 个月。

汇率不变时的套利分析:在英国投资的本利和为:100×(1+5%×6/12)=102.5 万英镑。在美国货币市场投资,资本金为:100×1.561 0=156.10 万美元,期满后的本利和为:156.10×(1+7%×6/12)=161.56 万美元,若到期汇率不变,可折合英镑值为:161.56÷1.561 0=103.5 万英镑。套利收益为:103.5-102.5=1 万英镑。套利收益折年率为:(1/100)×(12 个月每年/6 个月)=2%,即多赚了 2%的利息收益。

汇率变化时的套利分析:设 6 个月后,英镑升值 2.5%,即 GBP1=USD1.561 0×(1+2.5%)=USD1.600 0。则在美国投资的本利和折合英镑仅为:161.56÷1.600 0=100.975 万英镑。套利收益为:100.975-102.5=-1.525 万英镑,即比在英国投资还亏损或少赚 1.525 万英镑。

上述分析表明,高利率货币的贬值对非抵补套利影响极大,投资者在此种情况下要承受较大的风险。

(2) 抵补套利(covered interest arbitrage)是指把资金调往高利率货币的同时,在外汇市场上卖出远期高利率货币,即在进行套利的同时做掉期交易,以避免汇率风险。实际上就是套期保值,一般的套利交易多为抵补套利。

在例 7-8 中,如果做抵补套利,投资者在买进美元调往纽约的同时,马上在远期市场上卖出为期 6 个月的远期美元(包括预计的利息收入)。这样无论汇率如何变化,投资者在 6 个月后的英镑收入都有保障。

另外,判断是否存在套利机会,也可比较利差和汇差造成的损益。一方面,汇差会带来汇兑损失,即在一定程度上削减套利收益,这个损失的比率就约等于基准货币的升贴水率的绝对值。升贴水率定义式为 $\frac{(F-S)}{S}$,F 是基准货币的远期汇率,S 是基准货币的即期汇率。另一方面,由于投资于高利率国家的货币,利差会带来利差收益。利差率定义式为 $\frac{n}{12}\times(i_a-i_b)$,$i_a$ 是基准货币的利率,i_b 是另一国货币的利率,n 为投资期限(月)。当利差收益(利差率)大于汇兑损失(升贴水率)时,表明存在抵补套利机会;否则,不存在抵补套利机会。

因为抵补套利还要涉及一些交易成本,如税收差异、手续费、佣金等,所以不等到利差和远期升贴水率完全一致,抵补套利就会停止。

第二节 外 汇 期 货

外汇期货是以汇率为标的的期货合约,与目前中国金融期货交易所上市的股指期货同属金融期货大家族。目前,国际上交易的外汇期货合约都是以美元标价。主要的外汇期货市场有:芝加哥商业交易所、纽约商品交易所、悉尼期货市场、新加坡期货市场、伦敦期货市场。不同外汇期货合约的价值不同,以在芝加哥商业交易所交易的外汇期货合约为例,英镑期货合约价值为 62 500 英镑,欧元期货合约价值为 125 000 欧元,日元期货合约价值为 12 500 000 日元,瑞士法郎期货合约价值为 125 000 瑞士法郎,澳元期货合约价值为 100 000 澳元,加元期货合约价值为 100 000 加元,新西兰元期货合约价值为 100 000 新西兰元。可以发现,每种外汇期货合约价值都在 100 000 美元左右。

因为外汇期货合约的价格都是用 1 个单位外币等于多少美元来表示,因此除了采用间接标价法表示汇率的英镑和欧元等货币外,外汇汇率和期货价格呈倒数关系。例如,3 月到期的日元期货价格为 0.010 665，折算成汇率为 93.76。若投资者手中持有 1 手日元期货合约日元期货价格每上升 1 个最小变动点，该投资者盈利：合约价值×最小变动点＝12 500 000×0.000 01＝12.5 美元。按照国际惯例，外汇期货的交割期均为每一年中的 3 月、6 月、9 月、12 月的第三个星期的星期三，如遇法定假日，则顺延一天。

一、合约的种类与构成

（一）外汇期货合约的种类

芝加哥国际货币市场（International Monetary Market，IMM），是最早的有形货币期货市场，成立于 1972 年 5 月。它是芝加哥商业交易所（CME）的一个分支。开始，主要交易品种是 6 种国际货币的期货合约，即美元、英镑、加拿大元、德国马克、日元、瑞士法郎，后来又增加了欧洲美元和欧元的期货交易以及外汇期货的期权交易。目前，芝加哥国际货币市场已发展成为一个非常活跃的综合性金融期货交易市场。

1982 年 9 月 30 日，伦敦国际金融期货交易所（London International Financial Futures and Options Exchange，LIFFE）正式成立，主要交易品种有英镑、瑞士法郎、德国马克、日元、美元的期货合约及期权。随着外汇期货业务在世界范围内的扩展，中国的香港、澳大利亚的悉尼、新西兰的奥克兰、加拿大的多伦多和温哥华、荷兰的阿姆斯特丹以及新加坡等地，都先后开始进行外汇期货交易，只不过在交易量上还远远赶不上芝加哥的 IMM 和伦敦的 LIFFE。表 7-3 中列出了世界主要外汇期货交易所及其经营的外汇期货种类。

表 7-3　世界主要外汇期货交易所及其经营的外汇期货种类

交易所名称	外汇期货种类
悉尼期货交易所	澳大利亚元
芝加哥国际货币市场	欧元、英镑、瑞士法郎、澳大利亚元、日元
中美洲商品交易所	瑞士法郎、英镑、欧元、加拿大元、日元
纽约棉花交易所	欧元
费城证券交易所	瑞士法郎、英镑、欧元、加拿大元、日元、澳大利亚元
伦敦国际金融期货交易所	英镑、美元、日元、瑞士法郎
伦敦证券交易所	英镑、美元
多伦多期货交易所和温哥华证券交易所	加拿大元、瑞士法郎、欧元、英镑
新加坡国际货币交易所	欧元、日元、欧洲美元、英镑
奥克兰期货交易所	新西兰元、美元
法国国际期货交易所	欧元
东京国际金融期货交易所	欧洲日元、日元、欧洲美元

资料来源：http://date.jobbole.com/fxschool/basic/50766.html。

目前，世界上经营外汇期货业务的，仍然主要是 IMM 和 LIFFE。不过，从外汇期货交易合约的成交量来看，后者赶不上前者的水平。

（二）外汇期货合约的构成

20 世纪 70 年代初期，随着布雷顿森林体系的崩溃，固定汇率制转为浮动汇率制，汇率变动不断给企业和个人在国际贸易和国际结算与支付中带来风险，回避和转嫁这种风险的愿望推动了金融创新，期货交易被引进金融领域。外汇期货合约实际上是最早的金融期货合约。

外汇期货合约是交易双方签订的协定,允许一方在将来某个既定的时间以约定的汇率从另一方买入一定数量的外汇。该合约在期货交易所进行交易,其过程与其他种类的期货合约是基本相同的。

IMM 的国际货币市场上交易的外汇期货合约一般包含以下规定:

(1) 交割月份:当年 1 月、3 月、4 月、6 月、7 月、9 月,次年 1 月、12 月和合约成立当月。
(2) 每日价格变动限额:仅在开市时有,其余时间不进行限制。
(3) 最后交易日:交割月第三个星期三前的第二个营业日。
(4) 第一个交割日:交割月的第三个星期三。
(5) 交易时间:7:20 至 14:00(当地时间)。

表 7-4 反映的是 IMM 的有关情况。合约的规格是可以改变的,尤其是保证金及每日价格变动较为频繁,投资者应向交易所问问有关最新信息。

表 7-4 IMM 外汇期货合约规格

外汇合约	合约规模	最小价格变动	保证金(初始/维持)
加拿大元	100 000CD	$0.000 1/CD=$10	$810/$600
瑞士法郎	125 000SF	$0.000 1/SF=$12.5	$2 295/$1 700
英镑	62 500BP	$0.000 2/BP=$12.5	$2 295/$1 700
日元	12 500 000JY	$0.000 001/JY=$12.5	$2 970/$2 200
澳元	100 000AD	$0.000 1/AD=$10	$1 215/$900

IMM 欧元—美元外汇期货合约相关内容见表 7-5。

表 7-5 欧元—美元外汇期货合约

合约月份	6 个连续的季度月
交易单位	125 000 欧元
最小变动价位	0.000 1,每合约 12.50 美元;价差套利最小变动价位减半
每日价格波动限制	不设价格波动限制
交易时间	星期一至星期五:7:20 至 14:00,场内公开叫价 星期一至星期四:5:00 至次日 16:00,全球电子交易系统(星期五 16:00 收市,星期日 17:00 重新开市) 星期日:13:00 至次日 16:00,全球电子交易系统
最后交易日	交割日前第二个营业日(通常为星期一)的 9:16
交割日	合约交割月份的第三个星期三
交割地点	结算所指定的各货币发行国银行
初始保证金	2 475 美元(约为合约大小的 2%)

二、外汇期货合约定价

(一) 外汇期货合约的理论价格

假如一份投资资产 S 在时间 0 的价格是 S_0,投资者手上恰好有 S_0 的现金,这样在时间 0 到时间 T 内,投资者有两种投资选择机会:① 把 S_0 投入无风险资产,获得无风险利率 r 回报,在 T 时刻拥有资产为 $S_0 e^{rT}$(假设连续复利);② 购入投资资产,在时间 T 时刻,拥有的资产为 S_T,即资产

S 在时间 T 的远期价格是 S_T。

对于一个风险中性的投资者,两种投资方法在时间 T 所得到资产价值应该具有相同的吸引力,即投资者对两者并没有特别的偏好。换句话而言,两种投资方法在时间 T 的资产价值应该是相等的,即:

$$S_T = S_0 e^{rT}$$

但是在时间 0 时刻, S_T 的价格是未知的,在风险中性的假设下,任意风险资产的期望值应等于无风险资产的期望值,上式更准确地表示为:

$$E(S_T) = S_0 e^{rT}$$

即 S_T 的期望值等于 S_0 投入无风险资产后在 T 时刻的价格。

(二) 利息计算

在利息的计算方法中,一般分为单利、复利和连续复利三种。

(1) 单利,一般指的是一笔资金无论存期多长,只有本金计取利息,而以前各期利息在下一个利息周期内不计算利息的计息方法。假如当前年利率是 5%,那么在年初存入 100,则:

1 年后收到的金额: $100 \times (1 + 0.05) = 105$

2 年后收到的金额: $100 \times (1 + 2 \times 0.05) = 110$

T 年后收到的金额: $100 \times (1 + T \times 0.05)$

(2) 复利,一般指的是不仅本金计取利息,同时利息也计取利息。假如当前年利率为 5%,那么半年的利率为 2.5%,在年初存入 100,则:

1 年后收到的金额: $100 \times (1 + 0.05/2)^2 = 105.06$

2 年后收到的金额: $100 \times (1 + 0.05/2)^2 = 110.38$

T 年后收到的金额: $100 \times (1 + 0.05/2)^T$

当计息频率为 m 时, T 年后收到的金额: $100 \times (1 + 0.05/m)^{mT}$。

(3) 连续复利,是指复利中计息频率趋于无穷的情况,计算公式为:

$$\lim_{m \to \infty} (1 + r/m)^{m \cdot T} = e^{r \cdot T}$$

因此,假如当前年利率是 5%,年初存入 100,那么在 T 年后收到的金额为 $100 e^{0.05T}$。

可以看到,在相同的利息率水平下,得到的利息为:连续复利>复利>单利。

(三) 外汇期货价格计算

下面我们考虑期货市场。假设不需要支付保证金的情况,一个期货市场的投机者,打算在时间 0 买入期货合约,并在时间 T 把交割后得到现货卖出获利。假定在时刻 0,期货价格为 $F_0 e^{-rT}$,为了保证在时间 T 拥有 F_0 的资金交割现货,他用在时间 0 的资金进行无风险投资。在时刻 T,现货的价格是 $E(S_T)$,交易者交割收到现货后马上变卖,得到的资金为 $E(S_T)$。

根据无套利假设,折现后的现值应该与期货的现值相等,假设投机者对此投资的投资收益率(这里的投资指的是对期货标的物现货的投资)为 k,也就是说折现率为 k,我们有:

$$-F_0 e^{-rT} + E(S_T) e^{-kT} = 0$$

即:

$$F_0 = E(S_T) e^{(r-k)T}$$

在风险中性假设中,投资者的预期投资回报率应该与无风险利率相等,也就是说上式中的 k 应设定为 r,因此我们有:

$$F_0 = E(S_T) = S_0 e^{rT}$$

现在我们考虑外汇期货市场。我们考虑一种本币,它的外汇标价是直接标价法,在时间 0 报价为:1 外币=S_0 本币。假设在时间 0 我们持有 1 000 单位的外币,我们有两种投资方法:第一种在时间 0 换成本币,投资本国无风险市场;第二种是在时间 0 以价格 F_0 买入期货合约,并同时把 1 000 单位外币投资外国无风险市场,时间 T 交割期货合约换成本币。假定本国无风险利率为 r,外国无风险利率为 r_f。

同样,根据无套利假设,两者在时间 T 得到的资金应该相等的,因此我们有:

$$1\,000 e^{r_f \cdot T} \cdot F_0 = 1\,000 S_0 e^{rT}$$

即:

$$F_0 = S_0 e^{(r-r_f) \cdot T}$$

在外汇交易中,因为汇率是两种货币之间交换的比率,其本身并不会产生价值,因此未来汇率的期望值与即期汇率的值是相等的,为 $E(S_T)$。两国利率对外汇期货的价格影响见表 7-6。

表 7-6 外汇期货价格与即期汇率

两国无风险利率的关系	外汇期货价格与即期汇率的关系
$r_f = r$	$F_0 = S_0$
$r_f > r$	$F_0 < S_0$
$r_f < r$	$F_0 > S_0$

假定英镑和美元 2 年期无风险利率分别是 2% 和 3%,英镑兑美元的即期利率为 1.566 9,即 1 英镑=1.566 9 美元,那么 2 年后到期的英镑美元期货合约的理论价格(F_0)为:

$$F_0 = 1.566\,9 e^{(0.03-0.02)\times 2} = 1.598\,5$$

三、外汇期货应用

(一) 外汇期货的套期保值

期货套期保值(foreign exchange futures hedging)是指利用外汇期货交易确保外币资产或负债免受汇率变动带来的损失。有涉外经济业务的经济主体在日常业务经营中经常要持有外币资产,或拥有外币负债,此资产或负债一般以主要的几种自由兑换货币计量,如美元、欧元、日元等。而国际外汇市场上这些主要货币之间的汇价频繁波动,而且方向难以预测,使得以不同货币计量的资产的相对价值不稳定,经常处于升值或贬值的状态中。假如一段时期后经济主体持有的外币资产贬值,或拥有的外币负债升值,便构成这段时期的外汇风险,而这种风险可以通过外汇期货对冲策略予以部分或全部回避。这项业务称为"外汇期货套期保值",可分为空头套期保值、多头套期保值和交叉套期保值三类。

1. 空头套期保值

空头是指在外汇期货市场上卖出外汇。空头套期保值(short hedging)是指在即期外汇市场上处于多头地位的人,即持有外币资产的人,为防止外币的汇率将来下跌,而在外汇期货市场上做一笔相应的空头交易。

【例 7-9】 某美国投资者发现欧元利率高于美元利率,于是他决定购买 50 万欧元以获高息,计划投资 3 个月,但又担心在这期间欧元对美元贬值。为避免欧元汇价贬值的风险,该投资者利用外汇期货市场进行空头套期保值,具体操作过程如下:

现货市场	期货市场
3月10日 当日欧元即期汇率为1美元＝0.744 5欧元，购买50万欧元，付出67.16万美元	3月10日 卖出4张2005年6月到期的欧元期货合约，每张金额为12.5万欧元，成交价格为1.345 0美元/欧元（用银行标价方式则为0.743 5欧元/美元）
6月10日 当日欧元即期汇率为1美元＝0.825 1欧元，出售50万欧元，得到60.6万美元	6月10日 买入4张12月到期的欧元期货合约，每张金额为2.5万欧元，成交价格为1.210 1美元/欧元，(用银行标价方式则为0.826 4欧元/美元)，与3月10日的卖出价格比，期货合约下跌：13 450－12 101＝1 349点，每个点的合约价值为12.5美元，4张合约共获利：4×1 349×12.5＝6.75万美元
损失：6.56万美元	获利：6.75万美元

该投资者投资50万欧元，因欧元汇价下跌而在即期外汇市场上损失6.56万美元。但是由于他同时在外汇期货市场上做了套期保值交易，使得即期市场的损失可以从期货市场的获利中得到弥补。当然，若欧元汇价在这期间上涨，该投资者在即期市场的获利也将被期货市场的损失抵消。由此可见，外汇期货市场套期保值的操作实质上是为现货外汇资产"锁定汇价"，减少或消除其受汇价上下波动的影响。

2. 多头套期保值

多头是指在外汇期货市场上买入外汇。多头套期保值(long hedging)是指在即期外汇市场上处于空头地位的人，即是拥有外币负债的人，为防止将来偿付外币时汇价上升，而在外汇期货市场上做一笔相应的买进交易。

【例7-10】 在6月10日，某美国进口商预期3个月后需支付进口货款2 500万日元，目前的即期汇率为1美元＝146.70日元。该进口商为避免3个月后因日元升值而需付出更多的美元来兑换成日元，就在外汇期货市场买入2张9月到期的日元期货合约，进行多头套期保值。具体操作过程如下：

即期市场	期货市场
6月10日 当日即期汇率为1美元＝146.70日元；2 500万日元价值170 416美元，预计日元可能升值	6月10日 买入2张9月份到期的日元期货合约每张金额为12 500 000日元，成交价为0.006 835美元/日元，用外汇期货市场的报价方法即为6 835点，用银行间外汇报价方式则为146.30日元/美元
9月10日 当日即期汇率为1美元＝142.35日元；从即期市场买入2 500万日元，需付出175 623美元	9月10日 卖出2张9月份到期的日元期货合约，成交价格为7 030点(用银行间外汇报价方式则为142.25日元/美元)
成本增加：175 623－170 416＝5 207美元	获利：(7 030－6 835)×12.5×2＝4 875美元

该进口商于3个月后实际支付日元货款时，因日元汇价上升而需多付出5 207美元的成本，但因他同时在外汇期货市场上做了多头套期保值，使成本的增加可从期货市场的获利中大致得到弥补。当然，若9月10日的日元汇价下跌，则即期市场上成本减少的好处将被期货市场的亏损大致抵消。

综上所述，外汇期货市场的存在为许多经济主体提供了一个回避汇率风险的场所。外汇期货交易虽然不可能完全消除进行各种贸易和金融交易的全部风险,但至少降低了大部分风险,增加了经济主体在经营上的稳定性。同时,外汇期货交易因合约条款的标准化而具有很好的市场流动性,交易手续简便,费用低廉,且只需付少量保证金(一般为5%左右)即可达到回避风险的目的,节约了资金成本。

3. 交叉套期保值

在国际外汇期货市场上交易的外汇期货合约通常是多种外币对美元的期货合约,而很少有两种非美元货币间的期货合约。在实际经济活动中,若需要回避日元与英镑之间的汇率风险,就必须运用交叉套期保值。

交叉套期保值(cross hedge)是指利用相关的两种外汇期货合约为其中一种外汇保值。进行交叉套期保值的关键是要把握以下两点:①正确选择承担保值任务的另外一种期货,只有相关程度高的品种,才是为手中持有的现汇进行保值的适当工具;②正确调整期货合约的数量,使其与被保值对象相匹配。

【例7-11】 一家日本公司在6月10日预计3个月后将收到一笔250 000英镑的款项。如果在此3个月中,英镑对日元的汇率下跌,则该公司最终收到的250 000英镑将兑得较少日元。为回避这种风险,该公司希望利用外汇期货实施套期保值。然而,目前的外汇期货市场却没有日元和英镑间的期货合约可供交易。所以,只能通过日元期货合约与英镑期货合约实行交叉套期保值。

假设6月10日外汇市场的即期汇率如下:日元:138.50日元/美元;英镑:1.616 2美元/英镑;日元与英镑的交叉汇率为:233.84日元/英镑。

3个月后,外汇市场的即期汇率如下:日元:135.45日元/美元;英镑:1.607 5美元/英镑;交叉汇率:217.74日元/英镑。

可以看到,3个月以后日元升值,而英镑贬值。因此,该公司要事先实行交叉套期保值。具体做法是:买入日元期货,同时卖出英镑期货,过程如下:

即期市场	期货市场
6月10日 日元:138.50日元/美元;英镑:1.616 2美元/英镑;25万英镑相当于559 600日元	6月10日 买入9月份日元期货合约4张,成交价为7 236点相当于(138.20元/美元)卖9月份英镑期货约4张,成交价为1.617 6
9月10日 日元:135.45日元/美元;英镑:1.607 5美元/英镑;交叉汇率:217.74日元/英镑;25万英镑可兑成54 435 000日元	9月10日 卖出9月份日元期货合约4张,成交价为7 385点(相当于135.40日元/美元),买入9月份英镑期货合约4张,成交价为1.608 2
损失: 55 960 000−54 435 000=1 525 000日元	获利: 日元:(7 385−7 236)×4×12.5=7 450美元; 英镑:(6 176−6 082)/2×4×12.5=2 350美元 合计:9 800美元,按9月10日汇价相当于1 327 410日元

(二) 外汇期货投机交易

投机交易是指当预测价格将要上升时先买后卖,当预测价格将要下跌时先卖后买以赚取利润的一种行为。外汇期货投机是指在外汇期货市场上,利用外汇期货价格的波动来进行交易的活动。

外汇期货交易不仅可作为套期保值、规避风险的工具,而且可以用于投机交易,牟取利润。

期货市场有了投机者的参与,才能增加市场交易的流动性和活跃性。投机交易者是外汇期货价格风险的承担者。投机交易促进了以避险为目的的套期保值的顺利进行。

1. 投机交易的原理和类型

投机交易的目的是少量的资金获取大量的利润。外汇期货投机交易是利用外汇期货的价格差进行投机牟利。在外汇期货市场上,由于影响因素较多,外汇期货的价格总是会出现差异,投机者总会有利可图。

1) 投机交易的原理

在期货市场上,投机交易的原理即低价时买入、高价时卖出,从价格的差额中获得利润。

外汇期货投机呈现如下3个特点:

(1) 投机者主动置身于汇率变动的风险当中,从汇率的变动中获利。

(2) 投机活动并非基于对外汇的实际需求,而是想通过汇率涨落赚取差价利润。

(3) 投机收益/亏损取决于投机者对货币未来走势判断的正确程度。

2) 外汇期货投机交易参与者的类型

投机者是期货市场上最活跃的力量。期货投机者的参与,既增加了市场流动性,为套期保值承担了价格风险,又有利于发现价格,但这些都是期货投机的结果,并不是投机者参与的目的。期货投机者进行交易的目是想从期货的价格变动中获取利润。

根据不同的标准,可将投机者划分为以下4种类型:

(1) 按照投机者持有合约时间的长短划分,可将其分为头寸交易者、抢帽子者、池中交易者和日间交易者。

头寸交易者以取得交易头寸的方法从明显的价格变化中获利。他们认为期货价格看涨时买入合约,看跌时则卖出合约,前者称为多头头寸,后者称为空头头寸。由于头寸交易者一般关注合约的大势利益,他们的头寸通常保留较长时间,即进行长线交易。抢帽子者整日以极其微小的波动买进或卖出,赚取微薄的利润,通常此类交易者交易的合约数量巨大。一般来讲,抢帽子者每天开仓、平仓几百次,而手中的合约时间一般也不会超过几分钟。这样频繁地买入卖出大量期货合约为市场提供了高度流动性。池中交易者是指保持合约的时间相对长于抢帽子者(几分钟至几小时)的交易厅内的交易者。日间交易者是指那些保持合约时间从几个小时到整个交易日的厅内交易者。他们只关心当日的行情走势,当日下单,当日了结交易,不持有隔夜头寸。

(2) 按照交易方向划分,可将其分为多头投机者和空头投机者。

在外汇期货交易中,多头和空头是相对的。就某一货币对而言,投机者买入其中一种货币,相应地就同时卖出了另外一种货币。多头投机者预测外汇期货价格将要上升,从而先买后卖,希望低价买入,高价卖出对冲。空头投机者预测外汇期货价格将要下跌,从而先卖后买,希望高价卖出,低价买回对冲。

(3) 按照期货交易规模的大小划分,可将其分为大投机者和小投机者。

大投机者拥有较多的交易头寸。通常,当投机者所有的敞口合约达到一定数量后,他们被认为是大投机者,必须定期向交易所报告交易的期货以及头寸。小投机者拥有的头寸较少,所交易的期货合约数量也较少。

(4) 按照交易利润产生的途径划分,可将其分为原始投机者和差价交易者。

2. 外汇期货的基本面分析

汇市可以说是最公平的投机市场,这是因为:影响外汇市场的重要数据如新闻和信息主要由政府部门统一发布,几乎不用担心内部消息的问题;G7外汇每日成交量巨大,操控市场或内幕交易的因素可以忽略不计;随着通讯和计算机技术的革命性进步,G7外汇市场已经形成全球一体化市场,可以认为全球各地的外汇投资者和投机者都在几乎相同的时间面对相同的报价、图形和市场信息。如今,全球外汇市场每天的交易额已达5.3万亿美元,不仅是全球最大的金融市场,也是全球最大的商品市场。参与外汇期货市场的投机者,其策略相对简单,即根据目前市场上的各种信息判断某种货币对的未来走势,并基于以上判断选择合适的时机买入或卖出某种货币。

货币是一个国家经济活动的基础,影响某种货币汇率走势的因素非常多,可以说在国际经济政治生活中的各种大事都会影响到汇率的走势。影响汇率短期波动和中长期趋势的因素主要可划分为经济因素、政治因素、流动性因素和心理因素等几个方面。

外汇交易中影响市场短期波动的因素主要包括宏观政治和经济政策,同时也要考虑远期的心理预期。外汇期货投机需要考虑经济、政策、政治军事、突发事件、心理等多个基本面问题。

1) 经济因素

相关国家的经济政策、实际经济数据、目前某国经济在经济周期中的位置以及其他相关市场的走势都会对汇率的走势产生重大影响。

(1) 利率和货币政策。在一个成熟的市场中,两种货币各自的货币政策强弱是汇率强弱的决定性因素。当一国利率水平较高,或未来面临升息时,持有该国货币收益率上升,利率动向对汇率波动最为重要。当一国利率水平上升时,持有该国货币的投资本国的资本流出减少,导致国际收支资本项目得到改善,本国货币汇率上升。随着利息收益增加,导致本国货币需求增加,同时引起短期资本向该国流动。反之,如果一国利率水平下降,则持有该国货币的投资者利息收益减少,对国际收支资本项目恶化,引起汇率下跌。

(2) 经济周期。在影响汇率变动的市场因素中,宏观经济周期的变动,或称景气的变动,是最重要的因素之一。国内生产总值是一个国家在一定时期内生产的全部最终产品和服务的总价值,可以用来衡量一个国家或地区的经济究竟处于增长还是衰退阶段。当国内生产总值大幅增长时,该国经济蓬勃发展,国民收入增加,消费力增强,该国政府有可能提高利率,紧缩货币供应,该国货币的吸引力也大增,导致其货币的汇率上升。反之,当国内生产总值出现负增长,表示该国的生产转弱,经济处于衰退阶段,消费能力降低,政府在这种情况下可能会降低利率,以刺激经济增长。由于该经济负增长加上利率下降,该国货币的吸引力也就自然下降,导致其货币汇率下降。

(3) 国际贸易。国际贸易收支是国际收支平衡表中经常性账户下的一个重要分项,贸易收支占国际收支中的绝大部分。国际贸易收支情况影响外汇的供给和需求,从而影响汇率。国际收支顺差使得该国货币市场的外汇供给大于需求,该国货币升值,汇率上升。国际收支逆差使得该国货币市场的外汇供给小于需求,该国货币贬值,汇率下跌。

(4) 通货膨胀。通货膨胀也是影响汇率变动的一个重要因素。通货膨胀率的上升,即货币的购买力下降,该国货币应是下降的趋势,但很多国家常常将操控通货膨胀率作为硬性指标,所以往往带来利率上升的可能性。

(5) 非农就业人口数据及失业率。非农业人口就业人数的增减数和失业率是近几年影响外汇交易市场短期波动的重要数据。这组数字由美国劳工部在每月的第一个星期五公布。在外汇市场看来,它是美国宏观经济的晴雨表,数字本身的好坏预示着美国经济前景的好坏。失业率降低或非农就业人口增加,表示一国经济景气,利率有可能调升,对该国货币有利;反之,则对该国货币不利。

2) 政策因素

(1) 财政政策。财政政策的调整对汇率走势的影响通过财政支出的增减和税率调整来影响外汇的供求关系。紧缩的财政政策通过减少财政支出和提高税率来抑制总需求与物价上涨,有利于改善一国的贸易收支和国际收支,从而引起一国货币对外汇率的上升。一般而言,减税导致货币流通量增加,汇率下跌;增税导致货币流通量减少,汇率上涨。

(2)货币政策。货币政策的主要形式是改变经济体系中的货币供应量。货币政策在执行上可以分为紧缩和放松两种情况。紧缩的货币政策是指中央银行通过提高再贴现率、提高商业银行在中央银行的存款准备金率和在市场上卖出政府债券,即减少货币供给,造成货币升值。反之,则使货币供给增加,造成货币贬值。有时,政府并没有采取任何行动来改变货币政策,但市场根据其他信号对利率变动产生预期,本国货币汇率往往也会出现大幅度的变动。

(3)中央银行的直接干预。中央银行的职责是维持货币汇率的稳定以及执行落实的货币政策。当汇率在市场上的表现未符合央行的预期,或者汇率在市场上的表现可能损害国家的经济利益时,该国中央银行往往会入市干预,使货币汇率达到合理水平。中央银行的干预已经成为外汇市场的普遍现象。

3) 政治军事因素

外汇市场中的政治风险主要是由国家内部政局不稳定,引起的经济政策改变而产生的。从具体的形势来看,主要有大选、政变、边界冲突等突发事件。这些因素在外汇市场上属于不可控因素,一旦发生,相关货币汇率将会产生剧烈的波动。

(1)国家领导人、央行行长的更替。国家进行领导人的选举,就意味着权力的更替,将改变以往的经济政策。在选举中,市场对选举的预期常常对汇率产生影响。如果一旦选举爆冷,该国的汇率将出现较大的波动。央行行长的更替也是如此。

(2)政权更迭和国家社会性质的改变。政权更迭对经济发展影响巨大,对外汇市场产生的影响更是不可估量。历史上让人印象深刻的实例就是1998年俄罗斯政局变动对其经济的重大影响。

(3)恐怖主义活动和边界冲突。局势动荡是打击一国货币的重要因素。当一国和别国发生边界冲突时,该国的货币就会相应地下跌。2014年下半年,俄罗斯和乌克兰发生领土争端,俄罗斯遭到北约国家制裁,经济在短时间内出现严重下滑,卢布/美元的汇率也下跌迅速。

4) 突发事件

突发事件常常影响汇率波动,对外汇市场的冲击往往令人震撼,如政治人物突然逝世、地震、海啸等。因为人们无法确定突发事件会对后市带来何种影响,所以大多数市场参与者会在当下忽视经济因素和技术因素,朝着一个方向进行风险规避和投机买卖,导致汇率的大幅波动。

在突发性事件发生时,外汇价格的波动完全由市场参与者的心理因素决定,主要取决于人们对这一事件的承受能力。

5) 心理因素

在影响外汇汇率走势的各种因素中,最难把握的就是心理因素,它是影响汇率短期走势的重要因素。国际金融市场上的市场预期、投机信息、市场评价以及经济新闻等都会影响到投资者心理,从而引起外汇市场的短期波动。

外汇价格在很大程度上受到投资者对汇率走势预期的影响。当投资者预期某种货币的汇率将上涨时,会大量买进;当投资者预期某种货币的汇率将下降时,会大量抛售;当投资者预期外汇将持续长期的均衡价格时,会采取相应的投资策略。这种大进大出的资金流向往往导致外汇的价格大幅变动。

市场上未经证实的传闻同样对市场的心理预期产生影响,导致外汇市场的波动,即使最终传闻被证实是不真实的假消息,但只要它对投资者心理已经产生了影响,传导到外汇市场也会引起汇率的大幅波动。

外汇交易市场受很多因素的影响产生相应的变化。虽然市场的自我调节始终占据最主要的位置,但是加强对这些问题的关注会更加有利于对市场走势的判断。

四、外汇期货合约案例分析

假设交易者李某在2021年1月1日卖空了1张CME集团推出的6月份到期的欧元/美元外汇期货合约,价位为\$1.335 4/€(即1.335 4美元=1欧元)。合约大小为125 000欧元,初始保证金为3 480美元,维持保证金为2 600美元。

在第二个交易日,结算价从1.335 4上升到1.343 2,李某损失:(1.343 2-1.335 4)×125 000=975美元。

因为本来李某可以在6月以125 000欧元换取166 925美元(1.335 4×125 000),但是在1月4日同等数量的欧元却能换取167 900美元(1.343 2×12 500),因此李某损失了975美元。这次损失使其保证金余额降为2 505美元,低于维持保证金标准(2 600美元),因此李某需要追加保证金975美元至初始保证金额3 480美元。往后的交易日情况类似,即当保证金余额低于维持保证金时,李某需要追加保证金至初始保证金额,否则并不需要操作。

1月18日,李某以1.326 5的价格平仓,他在此时期内的交易盈亏如下:

日期	结算价	当日盈亏(美元)	累计盈亏(美元)	无追加保证金的保证金余额(美元)	追加保证金(美元)	保证金余额(美元)
2021年1月1日	1.335 4					3 480
2021年1月4日	1.343 2	-975	-975	2 505	975	3 480
2021年1月5日	1.351 3	-1 012.5	-1 987.5	2 467.5	1 012.5	3 480
2021年1月6日	1.338 5	1 600	-387.5	5 080		5 080
2021年1月7日	1.355 5	-2 125	-2 512.5	2 955		2 955
2021年1月8日	1.365 5	-1 250	-3 762.5	1 705	1 775	3 480
2021年1月11日	1.360 0	687.5	-3 075	4 167.5		4 167.5
2021年1月12日	1.358 4	200	-2 875	4 367.5		4 367.5
2021年1月13日	1.351 6	850	-2 025	5 217.5		5 217.5
2021年1月14日	1.340 2	1 425	-600	6 642.5		6 642.5
2021年1月15日	1.334 1	762.5	162.5	7 405		7 405
2021年1月18日	1.326 5	950	1 112.5	8 355		8 355

初始保证金(美元)	累计追加保证金(美元)	累计投入资金(美元)	期末保证金余额(美元)	累计盈亏(美元)
3 480	3 762.5	7 242.5	8 355	1 112.5

 立德树人思考

习近平在第四届中国国际进口博览会开幕式上发表主旨演讲

2021年11月4日晚,国家主席习近平以视频方式出席第四届中国国际进口博览会开幕式并发表题为《让开放的春风温暖世界》的主旨演讲。

习近平强调,开放是当代中国的鲜明标识。今年是中国加入世界贸易组织20周年。20年来,中国全面履行入世承诺,不断扩大开放,激活了中国发展的澎湃春潮,也激活了世界经济的一池春水。这20年,是中国深化改革、全面开放的20年,是中国把握机遇、迎接挑战的20年,是中国主动担责、造福世界的20年。这20年来中国的发展进步,是中国人民在中国共产党坚强领导下埋头苦干、顽强奋斗取得的,也是中国主动加强国际合作、践行互利共赢的结果。我愿对所有参与和见证这一历史进程、支持中国开放发展的海内外各界人士表示衷心的感谢!

习近平强调,"见出以知入,观往以知来。"一个国家、一个民族要振兴,就必须在历史前进的逻辑中前进、在时代发展的潮流中发展。中国扩大高水平开放的决心不会变,同世界分享发展机遇的决心不会变,推动经济全球化朝着更加开放、包容、普惠、平衡、共赢方向发展的决心不会变。

第一,中国将坚定不移维护真正的多边主义。以世界贸易组织为核心的多边贸易体制,是国际贸易的基石。中国支持世界贸易组织改革朝着正确方向发展,支持多边贸易体制包容性发展,支持发展中成员合法权益。中国将以积极开放态度参与数字经济、贸易和环境、产业补贴、国有企业等议题谈判,维护多边贸易体制国际规则制定的主渠道地位,维护全球产业链、供应链稳定。

第二,中国将坚定不移同世界共享市场机遇。中国将更加注重扩大进口,促进贸易平衡发展,增设进口贸易促进创新示范区,优化跨境电商零售进口商品清单,推进边民互市贸易进口商品落地加工,增加自周边国家进口。中国将推进内外贸一体化,加快建设国际消费中心城市,发展"丝路电商",构建现代物流体系,提升跨境物流能力。

第三,中国将坚定不移推动高水平开放。中国将进一步缩减外资准入负面清单,有序扩大电信、医疗等服务业领域开放,修订扩大《鼓励外商投资产业目录》,出台自由贸易试验区跨境服务贸易负面清单。中国将深度参与绿色低碳、数字经济等国际合作,积极推进加入《全面与进步跨太平洋伙伴关系协定》《数字经济伙伴关系协定》。

第四,中国将坚定不移维护世界共同利益。中国将积极参与联合国、世界贸易组织、二十国集团、亚太经合组织、上海合作组织等机制合作,推动加强贸易和投资、数字经济、绿色低碳等领域议题探讨,支持疫苗等关键医疗物资在全球范围内公平分配和贸易畅通,推动高质量共建"一带一路"。中国将积极参与应对气候变化,维护全球粮食安全和能源安全,在南南合作框架内继续向其他发展中国家提供更多援助。

习近平最后强调,"孤举者难起,众行者易趋。"新冠肺炎疫情阴霾未散,世界经济复苏前路坎坷,各国人民更需要同舟共济、共克时艰。中国愿同各国一道,共建开放型世界经济,让开放的春风温暖世界!

(共产党员网)

本章小结

1. 外汇市场是指由各外汇市场参与者组成的买卖外汇的交易系统。按照外汇交易参与者的不同,外汇市场有狭义和广义之分。从形式上看,外汇市场有具体和抽象之分,但通常人们都将典型的外汇市场理解为一种抽象市场。

2. 当代外汇市场已成为全球一体化的市场,宏观经济变量对外汇市场的影响作用日趋显著,汇率波动日趋剧烈,各种防范汇率风险的金融创新不断应运而生,各国中央银行的联合干预已成为外汇市场的重要特征。

3. 外汇市场的主要作用是:实现购买力的国际转移,为国际经济交易提供资金融通,为外汇保值和投机提供交易场所。

4. 外汇市场的参与者主要包括外汇银行、外汇经纪商、顾客、中央银行及其他官方机构。相应地,外汇市场的交易可分为 3 个层次,即银行与顾客之间、银行同业之间、银行与中央银行之间的交易,外汇经纪商则在其中起中介作用。

5. 传统的外汇市场交易主要包括:即期外汇交易、远期外汇交易、掉期交易、套汇交易。

6. 汇率是两国货币的交换比例,其决定基础是两国货币各自所具有的或所代表的价值量之比。在不同货币制度下,汇率的决定基础有所不同。金本位制度下,汇率的决定基础是铸币平价;纸币流通制度下,汇率的决定基础是两国纸币所代表的实际价值量之比。

7. 外汇市场上实际汇率的形成是由现实中外汇供求关系所决定的,而影响外汇供求的因素错综复杂,主要有经济的、政治的和心理的因素。其中经济因素主要包括国民经济发展状况、相对通货膨胀率、相对利率、宏观经济政策以及国际储备等。

练 习 题

一、单选题

1. 目前世界上最大的外汇交易市场是(　　)。
   A. 纽约　　　　　B. 东京　　　　　C. 伦敦　　　　　D. 香港
2. 利用不同外汇市场间的汇率差价赚取利润的交易是(　　)。
   A. 套利交易　　　　　　　　　　　B. 择期交易
   C. 掉期交易　　　　　　　　　　　D. 套汇交易
3. 赋予期权买者在有效期内,无论市场价格升至多高,都有权以原商定价低价购买合同约定数额的外汇是(　　)。
   A. 看涨期权　　　B. 看跌期权　　　C. 场内交易期权　　D. 场外交易期权

二、多选题

1. 即期外汇交易的交割方式有(　　)。
   A. 信汇　　　　　B. 票汇　　　　　C. 电汇　　　　　D. 套汇
2. 外汇期货市场由下列部分构成(　　)。
   A. 交易所　　　　B. 清算所　　　　C. 佣金商　　　　D. 场内交易员
3. 外汇期货交易的特点包括(　　)。
   A. 保证金制度　　B. 逐日清算制度　　C. 现金交割制度　　D. 保险费制度
4. 按外汇期权行使期权的时限可分为(　　)。
   A. 欧式期权　　　B. 买入看跌期权　　C. 买入看涨期权　　D. 美式期权

三、辨析题

1. 从全球范围看,外汇市场已经成为了一个 24 小时全天候运作的市场。(　　)
2. 在不同的标价法下,买价和卖价的位置不同。直接标价法:前面是买价,后面是卖价。(　　)
3. "交割日"就是外汇买卖成交后第二个营业日。(　　)
4. 进行套利交易的前提条件是两地利差须大于掉期成本,即期利率差大于高利率货币的远期贴水率;利率差大于低利率货币的远期升水率。(　　)
5. 外汇期权就其内容看,可分为买方期权和卖方期权,买方期权也叫看跌期权,卖方期权又称看涨期权。(　　)

四、计算题

1. 某日:即期汇率 USD1=EUR0.915 0～0.916 0,3 个月 40～60,某出口商 3 个月后将收入 1 000 万美元,届时需兑换成欧元,问该出口商应如何通过远期交易进行套期保值?
2. 某日:即期汇率 USD1=SF1.321 0～1.322 0,6 个月 80～60。该进口商 6 个月后将向出口

支付 1 000 万美元,届时需用瑞士法郎兑换,问该进口商将如何利用远期外汇交易进行套期保值?

3. 某日:即期汇率 USD1=SF1.287 0~1.288 0,3 个月 50~70,问:若某交易者认为 3 个月后美元汇率将上涨,他应如何进行远期投机操作?(以 1 000 万美元切入)假设 3 个月后即期汇率为 USD1=SF1.368 0~1.369 0,问其操作结果是什么?

4. 某日:即期汇率 USD1=JYP125.50~125.80,2 个月 60~80,问:若某交易者认为 2 个月后美元将下跌,他应如何进行远期投机操作?(以 1 000 万美元切入)假设:2 个月后即期汇率变为 USD1=JPY113.10~113.30 问其操作结果是什么?

5. 某日:即期汇率 GBP1=USD1.786 0~1.788 0,3 个月汇率 GBP1=USD1.888 0~1.890 0。若某公司现在需要用美元即期换 100 万英镑进行投资,预计 3 个月后将收回投资本息和 104 万英镑,届时需换回美元,问该公司应如何进行外汇掉期操作?其资金头寸结构发生了什么变化?

6. 某日:即期 USD1=EVR0.935 0~0.936 0,1 个月 USD1=EVR0.934 0~0.936 0,3 个月 USD1=EVR0.931 0~0.932 0。某德国银行预计 1 个月后将收入 1 000 万美元,3 个月后需支出 1 000 万美元,如不考虑利率因素,该行是否可作外汇掉期操作?结果是什么?

7. 某日:纽约 GBP1=USD1.623 0~1.624 0,伦敦 GBP1=USD1.627 0~1.628 0,若以 1 000 万英镑切入,应如何套汇?结果是什么?

8. 某日:纽约 USD1=SF1.215 0~1.216 0,苏黎世 GBP1=SF1.615 0~1.616 0,伦敦 GBP1=USD1.531 0~1.532 0 问是否存在套汇机会?若以 1 000 万美元借入,应如何套汇?并计算套汇结果。

9. 某进口商 3 个月后需在现货市场购入 SF1 500 000 以支付进口货款,为防范汇率风险,拟通过外汇期货进行套期保值。假设:当日:即期汇率 USD1=SF1.5 000~1.501 0,3 个月期货价格为 USD0.680 0/SF1。3 个月后的即期汇率为 USD1=SF1.480 0~1.481 0,3 个月期货价格为 USD0.700 0/SF1。问:该进口商应如何进行操作?

10. 美国某出口商预计 6 个月后将收到货款 SF1 000 000,须在市场换成美元。为防范汇率风险,该公司拟通过外汇期货做套期保值。若当日现汇汇率为 USD1=SF1.377 8~1.378 8,6 个月期货价格为 USD0.726 0/SF1。6 个月后的现汇汇率为 USD1=SF1.385 0~1.386 0,6 个月期货价格为 USD0.721 0/SF1。问:该出口商应如何进行操作?

五、案例分析题

1. 已知伦敦外汇市场的外汇牌价为,即期汇率:1 英镑=1.560 0~1.562 0 美元,3 个月远期:70~90。

    (1) 美元 3 个月远期的汇率是多少?

    (2) 某商人如卖出 3 个月远期 10 000 美元,届时可以换回多少英镑?(保留小数点后两位)

    (3) 如按上述汇率,我机械公司出口一批机床,原报价每台 18 000 英镑,现英商要求改用美元报价,则应报多少美元?

2. 美国套汇者以 100 美元利用下面 3 个市场套汇,结果如何?纽约 1 美元=1.625 0~1.626 0 欧元,法兰克福 1 英镑=2.415 0~2.416 0 欧元,伦敦 1 英镑=1.532 0~1.533 0 欧元

3. 伦敦 3 个月短期利率 9%,纽约 3 个月短期利率 6%,纽约外汇市场即期汇率 1 英镑=1.535 6~1.5 366 美元,远期贴水 16~36,一美国商人以 10 万美元套利,结果如何?

4. 某美国公司从英国进口机器,3 个月后需支付货款 625 万英镑。为防止外汇风险以欧式期权保值。协议价格 1 英镑=0.550 0 美元,买入 50 份英镑期货买权,期权费为每英镑 2 美分。如果 3 个月后英镑汇率发生下列变化:各种情况的损益如何,该公司应采取什么办法?

(1) 1 英镑＝0.530 0 美元
(2) 1 英镑＝0.570 0 美元
(3) 1 英镑＝0.590 0 美元

六、简答题

1. 外汇市场的特点是什么？由哪几部分构成？
2. 什么是远期外汇交易？其作用有哪些？
4. 什么是外汇期货交易？它的特点有哪些？
5. 简述外汇期货交易和外汇期权交易的区别。

七、论述题

远期外汇交易、外汇期权交易和外汇期货交易各有哪些优缺点？

第八章 互换合约

【本章提要】

互换是一种重要的金融衍生产品类型,主要包括利率互换和货币互换。本章首先介绍了利率互换的概念,利率互换发展的动因即比较优势原理,基于无套利均衡原理的利率互换定价,以及利率互换的应用。然后介绍了货币互换的概念、原理、定价及其应用。最后介绍了几个其他类型互换,包括股票收益互换、隔夜指数互换和商品互换。

【学习目标】

1. 了解互换产生和发展的动因和互换交易中的比较优势原理,理解新时代背景下发展互换市场的重要意义。
2. 掌握利率互换定价及利率互换合约价值的计算原理,掌握利率互换与债券组合的等价原理,了解利率互换与远期利率协议的等价关系。
3. 掌握利率互换的应用。
4. 掌握货币互换的交易原理和货币互换的定价。
5. 了解货币互换的应用。
6. 了解股票收益互换、商品互换和隔夜指数互换。

【思政理念】

1. 领悟中国传统文化。
2. 教育学生诚实守信。
3. 习近平总书记提出的人类命运共同体。
4. 坚定改革开放不动摇。

【案例导读】

2020年11月25日,中国人民银行与香港金融管理局续签一份为期5年的货币互换协议。协议规模由原来的4 000亿元人民币/4 700亿元港元扩大至5 000亿元人民币/5 900亿元港元。随着人民币国际化继续推进,香港已经成为新时代人民币国际化的重要支点。货币互换协议的续签和规模扩大,将有助于在需要时为香港离岸人民币市场提供流动性支持。

中国人民银行的货币互换有利于实体企业规避汇率波动风险,降低外汇成本,促进国际融资和贸易,也可以为离岸人民币市场提供流动性,在一定程度上起到稳定汇率和维护金融市场稳定的作用,对于推进人民币国际化具有重要作用。那么,什么是货币互换,除了货币互换,还有哪些互换合约品种,带着这些问题,我们一起来学习本章的内容。

第一节 金融互换

一、金融互换的产生与发展

国际清算银行(BIS)将金融互换定义为买卖双方在一定时间内交换一系列现金流的合约。具体而言,互换是指两个(或两个以上)当事人按照约定的条件,在约定的时间内,交换不同金融工具的一系列支付款项或收入款项的合约。远期合约可以视为简单的互换合约,双方约定在未来某一时刻进行现金流的交换,而一般的互换合约通常阐明在今后多个时间点交换现金流。

金融互换的类型很多,互换市场上最为常见的是利率互换和货币互换。最简单的利率互换合约是标准利率互换,一家公司同意向另一家公司在一定期限内支付本金面值上按照事先约定的固定利率计算的现金流,这家公司将收入以相同本金计算的浮动利率现金流。货币互换是双方在某种货币下的利息及本金与另外一种货币下的利息及本金进行互换,计息方式主要有固定利率对固定利率、固定利率对浮动利率和浮动利率对浮动利率。

金融互换是从平行贷款(parallel loans)和背对背贷款(back-to-back loans)发展起来的。平行贷款是指 A、B 两国的母公司达成协议,由 A 国的母公司向 B 国母公司设在 A 国的子公司发放贷款,由 B 国的母公司向 A 国母公司设在 B 国的子公司发放贷款。背对背贷款是 A 国母公司和 B 国母公司在本国取得贷款后,把款项相互提供给对方,由双方母公司把资金再各自提供给自己的子公司。平行贷款和背对背贷款有两个共同的缺点:①在现实经济中寻找愿意交换贷款的合作者的范围较窄,需要耗费大量时间和成本;②A、B 两国公司相互提供贷款分属两个不同的协议,为了防止一方违约对另一方造成损害,双方还需要签订抵消权利(right of set-off)协议,申明一方违约时另一方有权采取的相应措施,因此交换贷款手续比较麻烦。

金融互换正是为了克服平行贷款和背对背贷款的缺点而产生的。1981 年 8 月,所罗门兄弟公司促成了世界银行和 IBM 公司的一项货币互换,成为互换市场发展的里程碑。经过这次成功的货币互换,金融互换的名声大振,其他种类的金融互换纷纷出现,同年伦敦就推出了利率互换,第二年利率互换被引入美国。最初的互换合约是非标准化的,合约内容复杂,交易成本很高。1984 年,一些从事互换交易的有代表性的银行开始了促进互换合约文件标准化的进程。1985 年这些银行组织了国际互换交易商协会(International Swap Dealers Association, ISDA)并在 1987 年促成了互换标准格式的出版,从而极大地减少了发起一项互换所需的时间和费用。从此,金融互换市场得到了迅速的发展。目前,许多大型的跨国银行和投资银行机构都提供金融互换交易服务。

二、比较优势原理

关于交易者为什么要进入互换市场开展互换交易,目前比较认同的理论是比较优势原理。由于不同筹资者的信用等级不同,地理位置不同,对金融工具的使用熟练程度不同,获取资金的难易程度不同,在筹资成本上存在着比较优势差异。在信用市场中,一般来说,信用等级高的公司在固定利率市场上有比较优势,而信用等级低的公司在浮动利率市场上有比较优势。互换使这些不同信用等级的公司能够发挥各自的比较优势,节约融资成本。

【例8-1】 某中国公司 A 是信用评级为 AAA 级的大型绩优公司,它的固定利率融资成本为 7%,浮动利率融资成本为 SHIBOR+0.4%;B 公司是信用评级为 BBB 级的中小型公司,它的固定利率融资成本为 8.5%,浮动利率融资成本为 SHIBOR+0.7%。

如果根据公司资产负债管理要求,A公司希望选择浮动利率融资,而B公司希望选择固定利率融资。具体比较如下:

	A公司	B公司	利差
固定利率融资成本	7%	8.5%	1.5%
浮动利率融资成本	SHIBOR+0.4%	SHIBOR+0.7%	0.3%
比较优势	固定利率融资	浮动利率融资	

为了发挥两个公司的比较优势,两个公司可以签订互换协议,具体如下:

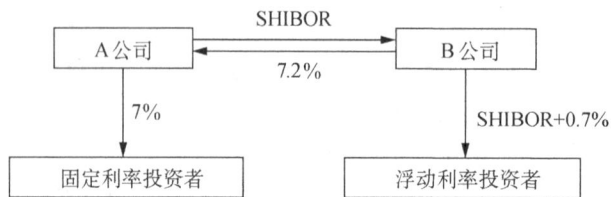

根据协议,A公司在固定利率市场按照7%的利率融资,B公司在浮动利率市场按照SHIBOR+0.7%的利率融资,之后在每次利息交换日,A公司按照浮动利率(SHIBOR)向B公司支付利息,B公司按照7.2%利率向A公司支付利息。这样,两家公司不但满足了各自的资产负债管理目标要求,也节约了融资成本。A公司的实际融资成本为SHIBOR−0.2%,在浮动利率市场上节约融资成本0.6%;B公司的融资成本为7.9%,在固定利率市场上节约融资成本0.6%,两家公司合计节约融资成本1.2%。

三、互换合约定价方法

金融互换的定价问题,就是确定合理的互换利率,使得互换合约在其签订时,合约对互换双方都是公平的,合约价值为0。对于标准的利率互换合约,浮动利率为市场利率,合约的定价就是确定一个合理的固定利率,使它与市场利率是等价的。

与其他金融衍生工具一样,利率互换定价的基本思想也是无套利均衡原理。即通过建立互换与其他金融产品之间的等价关系,在市场不存在套利机会的前提下,互换合约的价值等于可以复制它的另外一个资产组合的价值。分析互换的定价问题,我们可以构造如下的两种等价关系:①互换与债券组合的等价关系;②互换与一组远期利率协议的等价关系。

以标准的利率互换为例,支付固定利率利息收取浮动利率利息一方的现金流,等价于发行了一个固定利率债券,投资了一个浮动利率债券,即一个固定利率债券空头和浮动利率债券多头的组合。在互换合约签订时,互换利率应该使固定利率债券与浮动利率债券等价,由于在合约签订时浮动利率债券是一个平价债券(债券价格等于面值),所以固定利率债券也应该是一个平价债券。这是基于互换与债券组合等价原理的互换定价基本思想。

在标准利率互换合约签订时,一组固定利率利息与一组浮动利率利息是等价的。同样,在远期利率协议签订时,对应期限的约定利率与浮动利率也是等价的。我们可以建立利率互换的固定利率利息与一组远期利率协议的固定利率利息的等价关系,通过不同期限的远期利率来确定合理的利率互换固定利率,这是基于互换与一组远期利率协议等价关系的互换定价的基本思想。

第二节 利率互换

一、利率互换交易机制

利率互换是交易双方签订的一种合约,彼此同意在合约规定的期间内互相交换一定的现金流,该现金流以同一种货币计算,但计算利息的方式不同。利率互换实质上就是协议双方对未来两组利息现金流进行的交换,是同种货币之间进行的利息交换,一般只交换两种利息流的差额。名义本金只是用于双方在计算所需交换的利息时使用,并不真正做本金的交换。最常见的利率互换是按照一个确定的本金数额,一方支付固定利率,另一方支付浮动利率。这种利率互换也称为标准利率互换,相应的固定利率被称为互换利率。

在利率互换中,浮动利率一般会参照某一个市场利率,在约定的利率确定日来确定,这一点与远期利率协议有些类似。在国际市场中,作为浮动利率参照物的主要基准利率有:伦敦银行间同业拆借利率(LIBOR)、美国短期国债利率、商业票据利率、大额可转让存单利率、联邦基金利率等。常用的 LIBOR 主要是 1 个月、3 个月和 6 个月的。

在利率互换交易中,一般涉及以下几个重要的日期:

(1) 交易日。互换双方就交易达成协议的日期。大部分互换协议都符合国际互换交易商协会(ISDA)的标准化文本,双方只需要约定支付的固定利率及参照的浮动利率,付息的频率及计息天数的计算惯例等。

(2) 生效日。互换开始计息的日子,一般是在交易日后的第二到三个营业日。

(3) 确定日。确定下一个支付周期浮动利率的日期。交易日通常也是第一个确定日,第二个确定日通常在第二个交换开始之前,一般是提前两个营业日,此后的确定日依此类推。

(4) 支付日。支付日在每一期互换的最后一天,双方只由净债务方支付利差,而不需要支付全部的利息金额。

(5) 到期日。最后一期互换的结束日期,也是最后一个支付日。

下面我们通过一个例子来说明利率互换的现金流。

【例 8-2】 假设中国某公司 A 和国外某公司 B 在 2015 年 5 月 10 日签订 3 年期的利率互换协议,名义本金额 1 000 000 美元,利息每年支付一次。A 公司支付浮动利率利息,利率为 LIBOR-0.2%;B 公司为固定利率利息支付方,利率为 7%。1 年按 360 天计算。

利息支付日为交易日后两日,每年的 5 月 12 日或其后的营业日。浮动利率的确定时间为交易日,即每年的 5 月 10 日确定下一年利率互换的浮动利率。假设 2015 年 5 月 10 日、2016 年 5 月 10 日和 2017 年 5 月 10 日的 LIBOR 分别为 4.85%、7.45%和 4.26%,A 公司支付的浮动利率分别为 4.65%、7.25%和 4.06%。

利息计算的起始日期在交易日后两日,即 2015 年 5 月 12 日。

利息额的计算公式为: $I = p \times r \times t$

式中,p 为本金额;r 为利息水平;t 为计算日期。

计算日期为实际天数除以 360。第一个互换周期为 2015 年 5 月 12 日到 2016 年 5 月 13 日,367 天;第二个互换周期为 2016 年 5 月 14 日到 2017 年 5 月 13 日,365 天;第三个互换周期为 2017 年 5 月 14 日到 2018 年 5 月 13 日,365 天。在利率互换中 A 公司支付的现金流如下所示:

日期	一年中的实际天数	浮动利率	支付的浮动利息(美元)	收取的固定利息(美元)	收入的利息净额(美元)
2016年5月13日	367	4.65%	−47 404.17	71 361.11	23 956.94
2017年5月13日	365	7.25%	−73 506.94	70 972.22	−2 534.72
2018年5月13日	365	4.06%	−41 163.89	70 972.22	29 808.33

二、利率互换定价与利率互换价值分析

(一) 利率互换定价

1. 利率互换与债券组合的等价关系

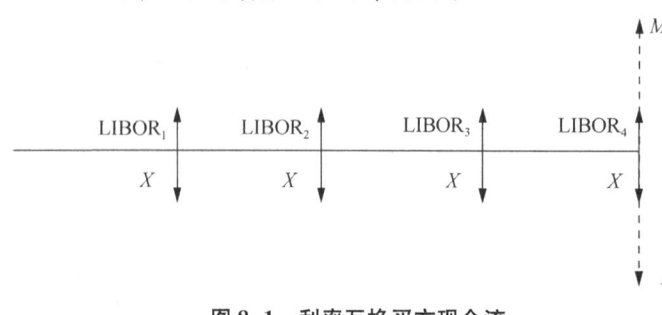

图 8-1 利率互换买方现金流

我们考虑一个 4 年期利率互换合约买方的现金流,如图 8-1 所示。利率互换的买方,即按照浮动利率收取利息,按固定利率支付利息的一方。假设互换合约的浮动利率为 LIBOR,$LIBOR_1$ 为当前确定的第 1 年的浮动利率,$LIBOR_2$ 为第一年年末确定的第 2 年的浮动利率,依此类推,X 为合约约定的固定利率。在利率互换买方的现金流中,如果我们在到期日分别增加一个相当于本金额 M 的现金流入和现金流出,如图 8-1 中的虚线所示,则它的现金流入刚好等同于一个浮动利率债券的现金流,而现金流出等同于一个票面利率为 X 的固定利率债券的现金流。因此,利率互换与债券组合的等价关系可以表述为:一个利率互换的多头,等价于一个浮动利率债券多头加一个固定利率债券空头。

基于这样的复制关系,我们进一步分析利率互换的固定利率应该是多少。在利率互换签订时,互换合约价值为 0,即票面利率为 X 的固定利率债券价值与浮动利率债券的价值相等。在每一个利率重新确定的日期,浮动利率债券的价值刚好等于其面值,所以在合约签订时,浮动利率债券的价值等于其面值。这样,确定利率互换的固定利率,等同于确定一个固定利率债券的票面利率,使该债券的价值刚好等于其面值,即该债券在市场上刚好是一个平价债券。市场上的固定利率平价债券,其票面利率等于债券的到期收益率,所以利率互换的固定利率等于相同期限的固定利率债券的到期收益率。

如果市场上 1 年期、2 年期、3 年期和 4 年期的贴现因子分别为 Z_1、Z_2、Z_3、Z_4,则有:

$$X(Z_1+Z_2+Z_3+Z_4)+1\times Z_4=1$$

$$X=\frac{1-Z_4}{Z_1+Z_2+Z_3+Z_4} \tag{8-1}$$

如果利息的交换不是一年一次,而是 n 次,则互换利率 X 应为:

$$X=\frac{1-Z_4}{Z_1+Z_2+Z_3+Z_4}\times n \tag{8-2}$$

【例 8-3】 已知市场上的即期利率为:1 年期即期利率 4%,2 年期即期利率 4.5%,3 年期即期利率为 5%,求一个期限为 3 年,浮动利率为市场利率,一年交换一次利息的利率互换的固定利

率是多少?

解:根据题意计算不同期限的贴现因子:

$$Z_1=\frac{1}{1+4\%}=0.961\ 5 \quad Z_2=\frac{1}{(1+4.5\%)^2}=0.915\ 7 \quad Z_3=\frac{1}{(1+5\%)^3}=0.863\ 8$$

互换的固定利率为:

$$X=\frac{1-Z_3}{Z_1+Z_2+Z_3}=\frac{1-0.863\ 8}{0.961\ 5+0.951\ 7+0.863\ 8}=4.97\%$$

2. 利率互换与远期利率协议的等价关系

我们仍然考虑利率互换买方的现金流,一组现金流入用 π_{IRS}^+ 表示,一组现金流出用 π_{IRS}^- 表示,如图 8-2 所示。

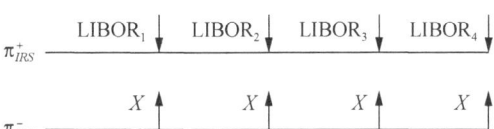

图 8-2 利率互换买方的现金流入和现金流出

我们构造一个包含 4 个远期利率协议的组合,如图 8-3 所示。需要说明的是,$FRA_{0\times1}$ 是为了分析的需要而虚构的产品,它不是一个远期协议,现在开始 1 年后到期的远期利率 $f_{0\times1}$ 就是当前的市场利率。

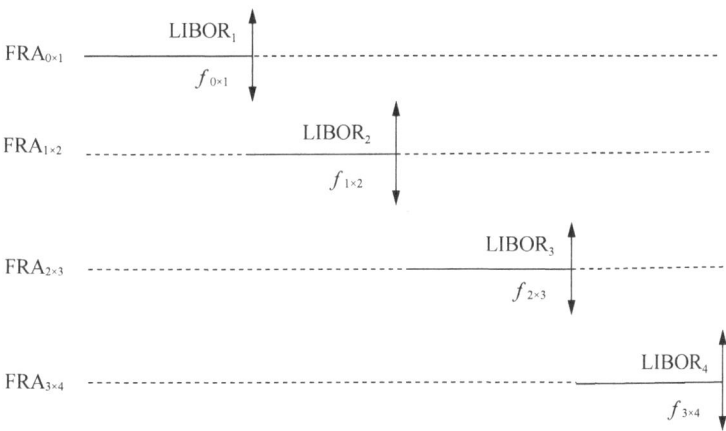

图 8-3 一组远期利率协议的现金流

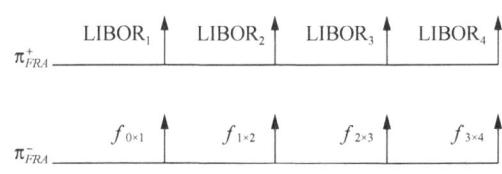

图 8-4 一组远期利率协议的现金流入和现金流出

将上述 4 个远期利率协议组合一起,它的现金流入用 π_{FRA}^+ 表示,现金流出用 π_{FRA}^- 表示,如图 8-4 所示。

在互换合约签订时,合约的现金流入与现金流出等价,合约价值为 0,$\pi_{IRS}^+=\pi_{IRS}^-$。远期利率协议签订时,合约对买方和卖方也都是公平的,每一个合约价值都等于 0,所以有 $\pi_{FRA}^+=\pi_{FRA}^-$。对比图 8-4 和图 8-2 可以看出,$\pi_{IRS}^-=\pi_{FRA}^+$,因此可以推出如下结论:$\pi_{IRS}^-=\pi_{FRA}^-$,即利率互换的一组固定利率利息现金流与一组远期利率利息现金流等价。

如果市场上 1 年期、2 年期、3 年期和 4 年期的贴现因子分别为 Z_1、Z_2、Z_3、Z_4,则有:

$$X(Z_1+Z_2+Z_3+Z_4)=f_{0\times1}\cdot Z_1+f_{1\times2}\cdot Z_2+f_{2\times3}\cdot Z_3+f_{3\times4}\cdot Z_4$$

$$X = \frac{f_{0\times1} \cdot Z_1 + f_{1\times2} \cdot Z_2 + f_{2\times3} \cdot Z_3 + f_{3\times4} \cdot Z_4}{Z_1 + Z_2 + Z_3 + Z_4} \tag{8-3}$$

利率互换的固定利率可以看作是一系列远期利率的加权平均,权重为对应期限的贴现因子。

【例8-4】 一个1年期利率互换,每季度交换一次利息,浮动利率等于市场利率。当前市场上3个月即期利率6%,远期利率 $f_{3\times6}=6.4\%$, $f_{6\times9}=6.4\%$, $f_{9\times12}=6.8\%$, 上述利率都是连续复利。计算利率互换的固定利率是多少?

解:各期限的贴现因子为:

$$Z_1 = e^{-0.25\times6\%} = 0.985\ 1$$
$$Z_2 = 0.985\ 1 \times e^{-0.25\times6.4\%} = 0.969\ 5$$
$$Z_3 = 0.969\ 5 \times e^{-0.25\times6.4\%} = 0.954\ 1$$
$$Z_2 = 0.954\ 1 \times e^{-0.25\times6.8\%} = 0.938\ 0$$

利率互换的固定利率为:

$$X = \frac{6\% \times 0.985\ 1 + 6.4\% \times 0.969\ 5 + 6.4\% \times 0.954\ 1 + 6.8\% \times 0.938\ 0}{0.985\ 1 + 0.969\ 5 + 0.954\ 1 + 0.938\ 0} = 6.40\%$$

(二) 利率互换价值分析

互换合约的价值,是对于互换合约的买方来说,持有这样一个合约能够给带来的价值,是互换合约买方的现金流净现值。在互换合约签订时,如果忽略交易成本,对于买方和卖方来说,未来的现金流入和现金流出是等价的,合约价值等于0。但是,在互换合约的持有过程中,随着市场利率的变动,合约价值将不再等于0。如果市场利率上升,对于按浮动利率收取利息的买方来说,合约价值会上升;反之,如果市场利率下降,对于按浮动利率收取利息的买方来说,合约价值将会下降。如果忽略交易成本,互换合约买方的现金流与卖方的现金流刚好相反,所以对于互换买方和卖方,两者的合约价值是零和的。

根据前面的分析,由于互换合约多头可以等价于一个浮动利率债券多头加一个固定利率债券空头,所以互换合约的价值就等于浮动利率债券多头加上固定利率债券空头的价值。

【例8-5】 一份本金为10亿美元的利率互换还有10月到期。该互换协议每6个月交换一次利息,浮动利率为LIBOR,固定利率12%(每半年计一次复利)。假设市场上4个月期LIBOR和10个月期LIBOR都是10%(连续复利)。两个月前的6个月期LIBOR利率为9.6%。上述互换对支付浮动利率的一方价值为多少?对支付固定利率的一方价值为多少?

解:该利率互换的期限还有10个月,每6个月交换一次利息,所以在4个月后将有一次利息交换,到期末还有一次利息交换。我们可以将该利率互换等价于一个债券组合,对于支付浮动利率利息的一方来说,是一个剩余期限为10个月的浮动利率债券空头加上一个剩余期限为10个月的固定利率债券多头,下面分别计算两个债券的价值(假设债券面值100美元)。

浮动利率债券在每一个利率重新确定的日期,债券价值等于其面值,即在4个月末债券价值等于面值。在本次利息互换周期内,浮动利率为两个月前的LIBOR利率9.6%,所以每一个面值100美元的债券在4个月末将有4.8美元的利息,因此在当前时刻浮动利率债券的价值为:

$$(100+4.8) \times e^{-0.1\times0.333\ 3} = 101.368(美元)$$

固定利率债券在剩余期限内还有两次现金流,一次是4个月后的6美元利息,一次是10个

月后的 6 美元利息加 100 美元本金,所以在当前时刻固定利率债券的价值为:

$$6 \times e^{-0.1 \times 0.333} + (100+6) \times e^{-0.1 \times 0.8333} = 103.328(美元)$$

互换合约的本金为 10 亿美元,相当于包含 1 000 万个这样的债券组合,因此支付浮动利率的一方的互换价值为:

$$1\,000 \times (103.328 - 101.368) = 1\,960(万美元)$$

互换合约对买卖双方是零和的,所以对于支付固定利率的一方价值为 −1 960 万美元。

三、利率互换应用

(一) 运用利率互换管理利率风险

如果我们将利率互换看作是固定利率债券和浮动利率债券的组合,这两个债券期限相同,头寸相反。当市场利率变化时,两种债券的利率敏感性是不同的,利率波动导致固定利率债券价值变化的幅度要远大于浮动利率债券。如果从久期的角度看,固定利率债券的久期长,浮动利率债券久期短,利率互换买方将获得一个负的久期,而利率互换的卖方将获得一个正的久期。因此,通过利率互换交易,金融机构或工商企业可以很方便地来调整自己资产负债组合的久期,从而达到管理利率风险的目的。

例如,对于银行来说,存在资产负债期限不匹配的问题。我国商业银行的负债主要表现为储蓄存款,而资产大多为周期较长的信贷资产,因此商业银行资产的期限要远大于负债的期限。而另一类金融机构如寿险企业的情况则恰恰相反。寿险企业提供的保单期限一般在 10 年以上,但其投资的债券期限往往少于 10 年,寿险企业同样存在资产负债期限不匹配的问题。例如,假设 A 银行的资产久期为 10 年,负债久期为 3 年;而 B 保险公司的资产久期为 3 年,负债久期为 10 年。A 银行和 B 保险公司就可以签订互换协议,A 银行作为互换的买方,向 B 保险公司收取浮动利率利息而支付固定利率利息,B 保险公司作为互换的卖方,支付浮动利率利息而收取固定利率利息。这样,A 银行资产负债组合的久期降低,B 保险公司的资产负债组合的久期增加,两者都可以达到资产负债期限匹配的目的。

利率互换也可以很方便地用于调整资产组合的目标久期。以债券型基金为例,如果基金经理预期未来市场利率将走高,需要降低其债券资产组合的久期以规避利率风险,这时就可以买入利率互换合约;反之如果预期利率将下降而需要提高债券资产组合的久期时,可以卖出利率互换合约。

(二) 降低融资成本

对于同种货币,不同的投资者在不同金融市场的资信等级不同,融资的利率也不同,存在着相对的比较优势。利率互换可以利用这种相对比较优势进行互换套利以降低融资成本。信用等级高的公司在固定利率市场上有比较优势,而信用等级低的公司在浮动利率市场上有比较优势。两类公司通过利率互换,都可以在各自具有比较优势的市场上融资,从而使总的融资成本降低,实现互利双赢,如例 8-1 所示。

(三) 投机交易

在债券市场,如果预期市场利率将下降,投机交易者可以买入债券待债券价格上升后再卖出;如果预期市场利率上升,可以卖出债券待债券价格下降后再买回。运用利率互换,同样可以实现这样的投机交易目标,而且更加方便快捷,因为利率互换不需要交换本金,投机交易者不需要去融资或融券。运用利率互换做投机交易,预期市场利率上升,则买入利率互换;若预期市场利率下降,则卖出利率互换。

第三节 货币互换

一、货币互换交易机制

货币互换是交易双方签订的一种合约,彼此同意在合约规定的期间内互相交换一定的现金流,以不同的货币计算和支付,利率支付方式可能相同,也可能不同。与利率互换有所不同的是,货币互换是两个币种之间的资金交换,在期初,交易双方要交换不同币种的本金,在互换期内,双方各自向对方支付不同币种的利息,在期末,双方再将不同币种的本金交换回来。

根据计息方式的不同,货币互换包括以下3种类型:①一种货币的固定利息交换另一种货币的固定利息;②一种货币的固定利息交换另一种货币的浮动利息;③一种货币的浮动利息交换另一种货币的浮动利息。

我们以固定利率对固定利率互换为例来说明货币互换的现金流。

【例8-6】 总部在美国的M公司需要一笔人民币,而总部在中国的Z公司需要一笔美元。考虑到双方的比较优势,M公司发行美元债券,Z公司发行人民币债券,双方通过货币互换得到各自所需要的货币融资。假设M公司需要的融资额为800 000元人民币,互换合同签订时的汇率为1美元兑换8元人民币,Z公司需要的融资额为100 000美元。假设货币互换为固定利率对固定利率,美元利率为5.36%,人民币利率为5.50%,互换期限4年,利息每年支付一次。

在互换的期初,交易双方要交换本金,Z公司将800 000元人民币交给M公司,M公司将100 000美元交给Z公司。在合约期末,两家公司再将两种货币的本金交换回来。期初交换的本金数额和期末换回的本金数额相等。这样一个货币互换,相当于是M公司为Z公司提供了100 000美元的贷款,贷款利率5.36%。作为交换,Z公司为M公司提供了800 000元人民币的贷款,利率5.5%,两家公司相互提供外币融资。在整个货币互换过程中,没有发生不同币种之间的兑换交易,不涉及汇率风险问题。货币互换中,M公司和Z公司的现金流如下:

支付日(年末)	M公司		Z公司	
	美元	人民币	美元	人民币
0	−100 000	800 000	100 000	−800 000
1	5 360	−44 000	−5 360	44 000
2	5 360	−44 000	−5 360	44 000
3	5 360	−44 000	−5 360	44 000
4	105 360	−844 000	−105 360	844 000

二、货币互换定价与货币互换合约价值

(一) 货币互换的定价

与利率互换定价问题相似,货币互换的定价问题,是确定合理的互换利率,使货币互换对互换双方是公平的。

货币互换合约,也可以看作是两种债券的组合。以例8-6为例,对于M公司来说,它在

货币互换中的现金流相当于是发行了一个人民币债券,投资了一个美元债券,所以 M 公司的互换头寸等价于一个人民币债券空头加美元债券多头。对于 Z 公司来说,则相当于发行了一个美元债券,投资了一个人民币债券,Z 公司的互换头寸等价于一个美元债券空头加人民币债券多头。

在货币互换中,对于收取本币利息、支付外币利息的一方,互换合约的价值计算公式为:

$$V = B_D - SB_F \tag{8-4}$$

式中,V 为互换合约价值;S 为即期汇率;B_F 为外币债券的价值;B_D 为本币债券的价值。

在货币互换合约签订时,如果不考虑交易成本,合理的互换利率应该使互换价值为 0。在货币互换中,一般外币本金和本币本金的数额是按照即期汇率计算的,即外币本金乘以即期汇率等于本币本金。因此,如果与货币互换等价的外币债券和本币债券的价值都等于面值(本金),则互换合约的价值等于 0。所以,计算货币互换利率的方法与利率互换是一样的。

【例 8-7】 一个美元对英镑的货币互换,互换期限为半年,现金流一个季度交换一次,固定利率对固定利率。在美元市场上,3 个月贴现债券价格 99 美元,6 个月贴现债券价格 97.5 美元;英镑市场上,3 个月贴现债券价格 98.5 英镑,6 个月贴现债券价格 97 英镑。则货币互换中美元利率和英镑利率各为多少?

在货币互换中合理的美元利率和英镑利率,应该使与货币互换等价的美元债券价值和英镑债券价值都等于其面值。

根据题意可知,3 个月期美元贴现因子为 0.99,6 个月期美元贴现因子 0.975;3 个月期英镑贴现因子 0.985,6 个月期英镑贴现因子 0.97。

货币互换中美元利率应为:

$$X_1 = \frac{1 - 0.975}{0.99 + 0.975} \times 4 \times 100\% = 5.09\%$$

英镑利率应为:

$$X_2 = \frac{1 - 0.97}{0.985 + 0.97} \times 4 \times 100\% = 6.14\%$$

(二) 货币互换合约价值

货币互换合约在签订时,合约对交易双方都是公平的,合约价值为 0。合约签订之后,两种货币的市场利率都会发生变动,这就会导致合约价值不再等于 0。根据式(8-4),对于支付本币利息、收入外币利息的一方,如果外币利率下降或本币利率上升,会使其持有的货币互换合约价值增加;反之,如果外币利率上升或本币利率下降,会使其持有的货币互换合约价值减少。

【例 8-8】 一个货币互换还有 15 个月到期。这笔互换是美元对英镑的固定利率对固定利率互换,英镑利率 14%、本金 2 000 万英镑,美元利率 10%、本金为 3 000 万美元,一年交换一次现金流。英镑和美元的利率期限结构都是水平的。如果这笔互换今天签订,将用 8% 的美元利率交换 11% 的英镑利率,上述利率是连续复利。当前的即期汇率为 1 英镑=1.650 0 美元。上述互换对支付英镑利息的那一方价值为多少? 对支付美元利息的那一方价值为多少?

解:对于支付英镑利息、收取美元利息的一方,持有该货币互换相当于是持有一个英镑债券空头和美元债券多头,其合约价值等于美元债券价值减去欧元债券的价值。

根据题意，英镑债券本金 2 000 万，票面利率 14%，收益率 11%，期限 15 个月，1 年付息一次，该债券的价值为：

$$V_\pounds = 2\,000 \times 14\% \times (e^{-0.25 \times 0.11} + e^{-1.25 \times 0.11}) + 2\,000 \times e^{-1.25 \times 0.11} = 2\,259.50(万英镑)$$

美元债券本金 3 000 万，票面利率 10%，收益率 8%，期限 15 个月，1 年付息一次，该债券的价值为：

$$V_\$ = 3\,000 \times 10\% \times (e^{-0.25 \times 0.08} + e^{-1.25 \times 0.08}) + 3\,000 \times e^{-1.25 \times 0.08} = 3\,280.02(万美元)$$

对于支付英镑利息，收取美元利息的一方，货币互换的合约价值为：

$$V = 3\,280.02 - 1.65 \times 2\,259.50 = -448.52(万美元)$$

互换合约对交易双方是零和的，对于支付美元利息，收取英镑利息的一方，互换合约价值为 448.52 万美元。

三、货币互换应用

（一）利用货币互换管理汇率风险

随着经济日益全球化，许多经济活动开始向全世界扩展，金融机构和工商企业的资产负债经常需要用多种货币计价，这样就不可避免地要面临汇率风险。当汇率发生较大幅度变动时，可能会带来非预期的损失。货币互换可以在一定期限内将一种货币的资产或负债转换成另外一种货币的资产或负债，从而规避汇率风险。例如，一家美国公司有一笔美元贷款，要用美元偿付，该公司与欧洲国家有业务往来，未来的收入将以欧元计价，公司将来偿还美元贷款时需要将欧元兑换美元，面临欧元贬值的风险。该公司可以签订一个欧元对美元的货币互换，将美元负债转换成欧元负债，从而实现资产和负债在币种上的匹配，规避汇率风险。

（二）降低融资成本

货币互换在本质上是两笔不同币种的融资交易的组合，交易的一方为对方提供一种货币的融资，同时从对方那里获取另外一个币种的融资。不同企业在不同货币市场上的信用水平有差异，在融资成本上有各自的比较优势。通过货币互换，可以发挥各自的融资比较优势，降低融资成本。

（三）规避外汇管制

现有许多国家实行外汇管制，使从这些国家汇回或向这些国家公司内部贷款的成本很高甚至是不可能的，通过货币互换可解决此问题。货币互换的雏形产品，平行贷款和背对背贷款就是为了规避英国外汇管制而设计的。

第四节　其他类型的互换

一、股票收益互换

股票收益互换是指客户与券商根据协议约定在未来某一期限内针对特定股票（或股票价格指数）的收益表现与固定利率进行现金流交换，是一种重要的权益衍生工具交易形式。股票收益互换具有如下几个特点：

（1）场外协约成交，客户与证券公司一对一议价，签署协议即可达成交易，属于券商柜台产品。

(2) 客户和证券公司之间只对收益进行现金流交换,一般不需要进行股票实物交割。

(3) 交易要素灵活定制,可以根据客户需求灵活设计互换方向、挂钩标的、终止条件、收益条款等交易要素,满足客户融资、投资和风险管理的个性化需求。

(4) 具有信用交易特点,客户以自身信用担保或提供一定比例的履约担保品,资金收益具有杠杆效果。

例如,某客户长期看好中证 500 指数表现,与证券公司订立以下互换交易合约:

互换期限:1 年。

互换本金:人民币 3 000 万元。

标的证券:中证 500 指数。

固定收益支付方:客户。

浮动收益支付方:证券公司。

固定利率:7.5%/年,投资者向证券公司支付金额:3 000 万元×7.5%=225 万元。

浮动收益率:与中证 500 指数表现挂钩,浮动收益率为中证 500 指数 1 年收益率;假设期初指数点位为 3 000 点,期末指数点位为 3 500,则指数收益率为:(3 500/3 000−1)×100%。

保证金及盯市:客户期初缴纳名义本金 20% 的初始保证金,期间进行交易盯市,根据损益变化退补保证金,期间保证金水平须维持在 15% 水平以上。

期末,收益结算交割,根据双方应付金额进行净额结算。

在期末,如果中证 500 指数下跌了 10%,则客户除了向证券公司按 7.5% 的年利率支付利息 225 万元以外,还需要向证券公司支付因为指数下跌 10% 应付的损失 300 万元,共计 525 万元。如果中证 500 指数上涨了 10%,客户应向证券公司支付 225 万元利息,证券公司应向客户支付 10% 涨幅对应收益 300 万元,两者相抵后,证券公司向客户净支付 75 万元。

二、隔夜指数互换

隔夜指数互换(overnight indexed swaps, OIS)是一种将隔夜利率交换成为若干固定利率的利率互换,它是衡量市场对于中央银行利率预期的指标。隔夜指数互换的期限通常不会超过 1 年,也有 1 个月、1 周甚至几天的。固定利率取的是银行间同业拆借利率的平均数,且每天进行发布,利息每天进行复利计算,并在到期日结清。隔夜指数互换能够提供更加准确的银行间借贷利率水平,并且是一个可以交易的价格。

2014 年 11 月 3 日,我国全国银行间同业拆借中心推出了 1 个月标准隔夜指数互换标准化合约,合约主要内容如表 8-1 所示。

表 8-1 全国银行间同业拆借中心 1 个月标准隔夜指数互换标准化合约

合约品种	以 SHIBORO/N 为标的的 1 个月标准隔夜指数互换:SHIBORO/N_1M
合约代码	SS011M_1411、SS011M_1412 等
合约月份	最近 12 个月份合约。举例: (1) 当前交易日为 2014 年 5 月 5 日(5 月第三个星期三之前),挂牌交易合约为 2014 年 5 月合约至 2015 年 4 月合约这 12 个日历月合约 (2) 当前交易日为 2014 年 5 月 26 日(5 月第三个星期三之后),挂牌交易合约为 2014 年 6 月合约至 2015 年 5 月合约这 12 个日历月合约
交割日(D 日)	合约月份的第三个星期三,如果这一天不是营业日,则为经调整的下一营业日。
最后交易日	交割日前一个营业日(D−1 日) 最后交易日的交易结束时间与 SHIBORO/N 的发布时间保持一致

(续表)

新合约上市日	旧合约最后交易日之后的第一个营业日，即 D 日 举例：2014 年 5 月合约最后交易日为 5 月 20 日，2015 年 5 月合约开始挂牌交易为 5 月 21 日
报价方式	系统采用收益率的报价方式。收益率：R 为预期的 SHIBORO/N 的 1 个月复合利率（年化），用于计算复合利率的基准利率重置规则与基于 SHIBORO/N 的利率互换相同，重置期的第一个营业日为该重置期的利率确定日。合约计息期尾日为交割日，计息期首日为计息期尾日往前一个月度对应日历日；合约计息期首日不按营业日准则调整 举例：2014 年 5 月合约的交割日为 5 月 21 日（第三个星期三），合约计息期尾日为 5 月 21 日，计息期首日为 4 月 21 日，R 即为 4 月 21 日至 5 月 21 日这一计息期的复合利率（年化），算头不算尾
交易时间	星期一至星期五：北京时间 9：00～12：00，13：30～16：30，节假日除外
单位报价量	5 000 万元人民币
单位变动点	0.005%（即 0.5BP），对应于单位报价量的价值变动为： $50\,000\,000 \times 0.005\% \times A/365$，$A$ 为计息期实际天数 （注：计息基准可调整，以下同）
交割方式	现金交割
每日结算利率	合约每日结算利率确定方法： (1) 取当日最后 1 小时成交的加权价格，该时段因系统故障等原因导致交易中断的，扣除中断时间后向前取满相应时段 (2) 若最后 1 小时成交笔数少于 5 笔，则取当日最后 5 笔交易的加权价格 (3) 若全天该合约成交笔数少于 5 笔，取最后 1 小时的(bid 的平均+ofr 平均)×0.5 (4) 若无报价或出现其他难以确定结算利率的情况，则可取前一日结算利率。（如为合约上市首日，则取挂牌基准利率） 挂牌基准利率为基于合约上市前一营业日交易中心利率互换收盘曲线推算出的新合约对应计息期的远期利率
到期结算利率	$$R = \left\{ \prod_{i=1}^{k} \left[1 + SHIBORON_i \times \frac{d_i}{360} \right] - 1 \right\} \times \left(\frac{360}{D} \right)$$ $SHIBORON_i$ 表示计息期内第 i 个重置期适用的基准利率，$SHIBORON_i$ 根据 SHIBOR 网站(www.shibor.org)每个交易日公布的 $SHIBORO/N$ 利率值计算，计息基准为 $A/360$；k 表示计息期包含重置期个数；d_i 在某一营业日后继一天也为营业日的情况下为"1"，在某一营业日后继一天为非营业日的情况下，等于自该营业日起（含该日）至下一营业日（不含该日）为止的日历日天数。D 表示计息期包含的日历日总天数。
到期结算金额	合约到期结算利率/100×合约面值×A/360−合约成交价/100×合约面值×A/365 若结算金额大于零，则为卖方向买方支付；若结算金额小于零，则为买方向卖方支付

资料来源：全国银行间同业拆借中心《关于推出标准利率衍生产品的通知》，2014 年 10 月 28 日。

三、商品互换

商品互换又称为"商品价格互换"，属于场外交易的互换业务。商品互换业务是 20 世纪 80 年代以来发展起来的一种国际金融业务创新。对于互换市场的最终用户来说，商品互换的目的是降低筹资成本和避免商品价格波动的敞口风险；对于商品互换市场的中介人来说，参与商品互换交易则是为了获取手续费或交易利润。

商品互换，是指商品生产者和客户之间的一种合约安排，双方约定在一个规定的时间范围内,对一定数量的商品用按固定价格计算的货款来交换以浮动价格计算的货款的行为。商品互换大多用于具有较强的流动性,并且已形成国际公认的大宗市场的产品,如石油、天然气、有色金属、贵重金属等。商品互换交易通常不产生实际的商品交换,交易双方可以直接根据标的资产的价值变化支付损益,而不需要进行标的资产的实际交换。例如,一家每年消费10 000桶石油的公司(客户)同意未来10年内以每年支付20万美元,并收取$10\,000×S$美元的现金流签订一个互换合约,假设每桶石油当时的价格为P,则:$S = P - 20$。如果石油生产商同意进行这项交换,则意味着双方共同锁定了在未来10年内石油的实际价格为20美元/桶。

直接挂钩商品价格的商品互换合约,在损益形态上与期货具有一定的相似性,都属于线性工具,其损益变化与标的物的损益变化同步。商品互换合约与期货的主要不同之处在于它是场外交易衍生品,是非标准化合约,采用现金交割的方式,不进行实物交割。

通过商品互换合约,生产企业可以进行套期保值,锁定价格风险。例如,中国某加工企业A每月以市场价从供应商采购铝锭10万吨,由于近期市场价格波动较大,加工企业希望锁定固定采购成本10 000元/吨。加工企业与互换服务商B签订互换协议,约定每月以10 000元/吨的固定价格向B支付10万吨货款,B则以当月市场价格支付给A 10万吨货款。实际结算时,每月双方按市场价格与10 000元/吨的价差进行结算。这样,A的实际采购成本锁定为10 000元/吨。

贸易企业也可以通过商品互换实现价差交易。例如,某贸易商计划10月采购5万吨螺纹钢,由于采购和销售的周期长,为了降低价格波动影响,贸易商与服务商签订以螺纹钢期货2010合约和2101合约价差为标的的互换协议,以固定价格100元/吨卖出2010合约和2101合约价差,即互换服务商向贸易商支付:$100×5=500$万元。10月到期时,该价差降到60元,则贸易商向互换服务商支付:$60×5=300$万元,实际收益200万元,在完成采购的同时,锁定采购和销售利润。

运用远期利率计算利率互换合约价值

某金融机构持有的利率互换合约,支付6个月期LIBOR利息,收取4%固定利率利息,利息每半年交换一次,本金1 000万元。互换剩余期限1.25年,期限为3月、9月和15个月的即期利率分别为5%、5.25%和5.5%。上一个支付日的6个月LIBOR为5%。

远期利率:$f_{3×9} = (0.75×5.25\% - 0.25×5\%)/0.5 = 5.375\%$

远期利率:$f_{9×15} = (1.25×5.5\% - 0.75×5.25\%)/0.5 = 5.875\%$

根据利率互换与远期利率协议的等价关系,该金融机构持有的互换合约价值应该等于其按固定利率收取的利息的现金流现值,减去按照远期利率计算的利息现金流现值。

计算过程如下所示:

期限(年)	0.25	0.75	1.25
LIBOR利率	5%	5.25%	5.50%
远期利率		5.375%	5.875%
贴现因子	0.988	0.961	0.934
固定利率利息(收取,万元)	20	20	20
浮动利率利息(支付,万元)	−25		
按远期利率计算的利息(等价于按浮动利率支付的利息,万元)		−26.875	−29.375

(续表)

期限(年)	0.25	0.75	1.25
收取利息的现值(万元)	19.752	19.228	18.671
支付利息的现值(万元)	−24.689	−25.837	−27.423
利息差额现值(万元)	−4.938	−6.610	−8.752
合计(万元)		−20.300	

利率互换合约价值为：−4.938−6.610−8.752＝−20.300(万元)

在 Excel 中上述计算过程如下所示：

	A	B	C	D
1	期限	0.25	0.75	1.25
2	LIBOR利率	0.05	0.0525	0.055
3	远期利率		=(C2*C1-B2*B1)/0.5	=(D2*D1-C2*C1)/0.5
4	贴现因子	=EXP(-B1*B2)	=EXP(-C1*C2)	=EXP(-D1*D2)
5	固定利率利息（收取）	=1000*0.5*4%	=1000*0.5*4%	=1000*0.5*4%
6	浮动利率利息（支付）	=-1000*0.5*5%		
7	按远期利率计算的利息（等价于按浮动利率支付的利息）		=-1000*0.5*C3	=-1000*0.5*D3
8	收取利息的现值	=B5*B4	=C5*C4	=D5*D4
9	支付利息的现值	=B6*B4	=C7*C4	=D7*D4
10	利息差额现值	=B8+B9	=C8+C9	=D8+D9
11	合计	=B10+C10+D10		

专栏 8-2

中国商业银行利率互换

2006 年 1 月，中国人民银行发布了《中国人民银行关于开展人民币利率互换交易试点有关事宜的通知》。通知规定，银行间市场投资者中，经相关监督管理机构批准开办衍生产品交易业务的商业银行，可根据监督管理机构授予的权限与其存贷款客户及其他获准开办衍生产品交易的商业银行进行利率互换或为其存款客户提供利率互换交易服务，其他市场投资者只能与其具有存贷款业务关系且获准开办衍生产品交易业务的商业银行进行以套期为目的的互换交易。通知发出后，国家开发银行与光大银行进行了第一笔利率互换交易。

国家开发银行与光大银行的第一笔人民币利率互换交易，协议的名义本金为 50 亿元，期限 10 年，光大银行向国家开发银行支付 2.95％的固定利率，国家开发银行向光大银行支付浮动利率(一年期定存利率)。

国家开发银行每年要发行大量金融债，发行债券是其最主要的资金来源，其中中长期债券占绝大部分，2005 年发行的 3 650 亿元人民币金融债中，中长期债券发行量达到 3 200 亿元。国家开发银行的资产主要由长期浮息贷款组成，重点投向为电力、公共基础设施等。国家开发银行资产和负债计息方式差异导致其存在利率风险，因此有利率互换的客观要求。

光大银行与国家开发银行的资产负债情况恰恰相反，资产主要由长期贷款构成，负债包括各类短期浮息存款，资产和负债期限结构不匹配。为迎合市场需要，2006 年光大银行推出了固定利率与浮动利率互相转换业务。在加息预期下，固定利息房贷对客户有吸引力，但银行会损失加息的收益。

两家银行互换交易达成后，光大银行将固定利息房贷的加息风险转嫁给国家开发银行，既可以靠固定利息房贷继续吸引客户,又可以获得加息带来的收益;国家开发银行虽然承担了加息可能带来的损失,但将浮动利息资产转为固定利息资产,改变了资产负债结构,降低了利率风险。

案例讨论:
1. 在本案例中,利率变动对两家银行的损益表有何影响?
2. 如果国家开发银行的资金主要来源于短期债券,他们还有必要做利率互换吗?为什么?

中国人民银行货币互换

2008年金融危机爆发后,中国人民银行在10+3央行行长会议机制下提议对货币互换进行研究,并提出可以尝试使用货币互换作为应对危机的一种途径。当年,部分国家面临资本外流并陷入流动性短缺的困境,主动寻求与中国合作,在此背景下,中国与韩国央行签订了首个货币互换协议,此后,中国又与多个国家央行签订货币互换协议。截至2020年年末,已有日本、韩国、俄罗斯、土耳其、新加坡、阿根廷等近40个国家央行与我国央行开展了货币互换,规模超过3万亿元。

通过货币互换协议,任何一方可以发起交易,以一定数量的本币交换等值的对方货币。以对方发起一笔人民币融资为例,发起动用机制如下所示:

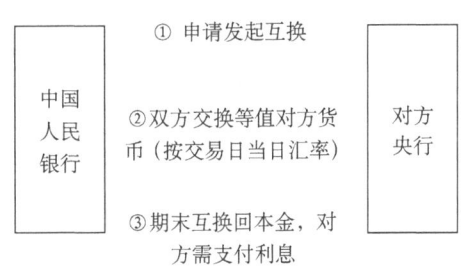

央行货币互换协议签署时属于备用性质,在实际发起动用前双方不发生债权债务关系。第②步中,按发起交易日当日汇率(而不是提前设定的固定汇率)来计算应互换的双方金额。第③步中,双方换回的本币与发起时金额保持不变,对方支付的利率以我银行间同业拆借利率为基础约定。互换发起后,协议双方还将定期根据最新双边汇率调整互换金额,减少因某一方货币汇率波动引起的质押物减值的风险。

我国央行货币互换的作用主要表现为以下几个方面:

(1) 进一步增强我国与相关国家和地区流动性互助能力。如果一国出现大量外资撤离,国际收支不平衡,影响汇率波动,可以直接从对方国家获得资金支持,确保国际收支平衡和外汇市场稳定运行。一系列双边货币互换协议作为外部流动性支持,充分发挥其互助救援机制作用是很不错的选择。

(2) 有助于推动我国与相关国家和地区贸易与直接投资增长。中国人民银行推出的双边本币互换在期限和作用上都有所创新。协议目标除加强金融合作外,还侧重促进贸易和投资。其运作机制是:以往国外企业从我国进口,需用将本币兑换成美元支付货款,而我国企业收到美元要兑换成人民币,双方承担大量的汇兑成本和汇率风险。而互换货币之后,外国央行在通过货币互换获得人民币后,能够向本国商业银行及本国企业提供人民币融资,支持这些企业以人民币从中国进口商品或者对中国进行人民币直接投资,无需动用美元储备;中国的出口企业可收到人民币计值的货款,可以有效规避以美元计价而造成汇率风险,同时降低汇兑费用,对于双方都有好处。

(3) 为实现人民币国际化战略创造条件。在人民币实现完全自由兑换之前,中国人民银行签订货币互换协议可使人民币在境外一定程度上实现商品计价、支付手段、结算手段、价值储备等国际货币功能,为人民币国际化创造条件。

案例讨论：

各国央行之间的货币互换与一般的公司之间货币互换有何区别?

 立德树人思考

发展利率互换集中清算业务,更好服务实体经济

习近平强调,金融要为实体经济服务,满足经济社会发展和人民群众需要。金融活,经济活;金融稳,经济稳。经济兴,金融兴;经济强,金融强。经济是肌体,金融是血脉,两者共生共荣。我们要深化对金融本质和规律的认识,立足中国实际,走出中国特色金融发展之路。习近平指出,深化金融供给侧结构性改革必须贯彻落实新发展理念,强化金融服务功能,找准金融服务重点,以服务实体经济、服务人民生活为本。① 加快发展LPR利率互换业务,是提高金融服务实体经济能力的一项重要举措。

2021年11月8日,上海清算所进一步拓展利率互换集中清算品种,正式将期限在3年及以内的"LPR 1Y利率"互换交易纳入集中清算,成为全球首家为贷款市场报价利率(LPR)利率互换提供集中清算服务的清算机构。利率互换是我国兑现G20峰会承诺、推动场外衍生品交易实现强制集中清算的首个品种。此次将LPR利率互换成功纳入集中清算业务,有助于提高利率衍生品市场的透明度,加强衍生品交易风险监控,同时有效降低参与者成本,提高保证金使用效率。这也是进一步推进利率市场化改革、完善金融服务实体经济的又一创新之举。通过LPR利率互换的集中清算,商业银行面向企业开展LPR利率互换业务将更加便利,能更好地满足企业利率避险和降低融资成本的需求,支持实体经济特别是小微企业发展。

 ## 本章小结

1. 金融互换是两个或两个以上当事人按照商定条件,在约定的时间内,交换一系列现金流的合约。金融互换的主要类型有利率互换和货币互换。

2. 利率互换是交易双方在合约期间内互相交换按不同计息方式计算的现金流,现金流以同一种货币计算。货币互换是两个币种之间的资金交换,在期初,交易双方要交换不同币种的本金,在期末,双方再将不同币种的本金交换回来。

3. 与其他金融衍生工具一样,利率互换定价的基本思想也是无套利均衡原理。即通过建立互换与其他金融产品之间的等价关系,在市场不存在套利机会的前提下,互换合约的价值等于可以复制它的另外一个资产组合的价值。分析互换的定价问题,我们可以构造如下的两种等价关系:①互换与债券组合的等价关系;②互换与一组远期利率协议的等价关系。

4. 利率互换的作用主要有利率风险管理、节约融资成本和投机交易。货币互换的作用主要有管理汇率风险、降低融资成本和规避外汇管制。

5. 除利率互换和货币互换以外,其他互换产品主要有股票收益互换、隔夜指数互换、商品互换等。

---

① 2019年2月22日,中共中央政治局第十三次集体学习。

练习题

一、单选题

1. 关于利率互换和货币互换,以下说法正确的是( )。
   A. 利率互换和货币互换都不需要交换本金
   B. 利率互换和货币互换都需要交换本金
   C. 货币互换需要交换本金,利率互换不需要交换本金
   D. 利率互换需要交换本金,货币互换不需要交换本金

2. 关于利率互换,以下说法不正确的是( )。
   A. 利率互换与固定利率债券和浮动利率债券的组合具有等价关系
   B. 利率互换与远期利率协议组合具有等价关系
   C. 利率互换的固定利率等于对应期限的债券到期收益率
   D. 利率互换的固定利率等于对应期限的即期利率

3. 关于利率互换,以下说法不正确的是( )。
   A. 预期利率上升,应买入利率互换
   B. 持有债券资产,可以买入利率互换来规避利率风险
   C. 企业可以通过买入利率互换来规避融资的利率风险
   D. 买入利率互换可以增加资产组合的久期

4. 不会影响货币互换合约价值的因素是( )。
   A. 本币利率   B. 外币利率
   C. 当前的即期汇率   D. 互换签订时的即期汇率

5. 关于利率互换和货币互换,以下说法正确的是( )。
   A. 利率互换和货币互换都会出现在资产负债表上
   B. 利率互换和货币互换都不会出现在资产负债表上
   C. 利率互换出现在资产负债表上,货币互换不出现在资产负债表上
   D. 利率互换不出现在资产负债表上,货币互换出现在资产负债表上

二、多选题

1. 持有债券资产组合,可以通过( )操作降低利率风险。
   A. 买入利率互换   B. 卖出利率互换   C. 买入国债期货   D. 卖出国债期货

2. 预期利率上涨,正确的操作有( )。
   A. 买入利率互换   B. 卖出利率互换   C. 买入远期利率协议   D. 卖出远期利率协议

3. 货币互换的应用包括( )。
   A. 规避汇率风险   B. 规避利率风险   C. 降低融资成本   D. 规避外汇管制

4. 要利用利率互换来降低利率风险,以下说法正确的有( )。
   A. 资产久期大于负债久期,应买入利率互换   B. 资产久期大于负债久期,应卖出利率互换
   C. 资产久期小于负债久期,应买入利率互换   D. 资产久期小于负债久期,应卖出利率互换

三、辨析题(判断对错并改正)

1. 在利率互换合约签订日,互换合约的价值等于0。 ( )
2. 一般来说,不同期限的利率互换合约的固定利率是相同的。 ( )
3. 对于利率互换,支付固定利率利息的一方,其合约价值等于一个固定利率债券空头加浮动利率债券多头的债券组合价值。 ( )
4. 在利率互换的整个持有期间,相互交换的两组现金流都是等价的。 ( )

5. 对于浮动利率等于市场利率的利率互换合约,合理的固定利率刚好等于相同期限的即期利率。 (   )

四、计算题

1. 市场上有 3 个平价发行的债券:1 年期债券,票面利率 4.5%;2 年期债券,票面利率 5%;3 年期债券,票面利率 6%。一年交换一次的 3 年期利率互换的固定利率是多少?

2. 一个季度支付一次利息的 1 年期利率互换,名义本金 300 000 美元,浮动利率为 LIBOR。假设当前的 3 个月、6 个月、9 个月和 1 年期的 LIBOR 年利率分别为 5.5%、6.0%、6.5% 和 7.0%。此利率互换的固定利率应该是多少?

3. 一个剩余期限为 6 个月的美元对欧元的货币互换,互换本金分别是 10 000 欧元和 13 000 美元,每季度交换一次利息,美元利率 6%,欧元利率 8%,当前美元 3 个月和 6 个月的市场利率分别是 4% 和 5%,欧元 3 个月和 6 个月的市场利率分别是 5% 和 6%,欧元对美元汇率 1.25,计算支付欧元利息,收取美元利息一方的合约价值是多少?

4. 一个利率互换,本金 10 000 元,浮动利率是 SHIBOR,固定利率 8%,一年交换一次利息,剩余期限为 2 年。当前 2 年期平价国债的票面利率为 7%。计算支付固定利率利息,收取浮动利率利息一方的合约价值是多少?

五、简答题

1. 利率互换与货币互换的主要区别是什么?
2. 简述利率互换与债券组合的等价关系。
3. 简述利率互换与远期利率协议的等价关系。

六、案例分析

2001 年,希腊刚刚进入欧元区。根据欧洲共同体部分国家于 1992 年签署的《马斯特里赫特条约》规定,欧洲经济货币同盟成员国必须符合两个关键标准,即预算赤字不能超过国内生产总值的 3%、负债率低于国内生产总值的 60%,然而希腊距这两项标准相去甚远。这时希腊便求助于美国投资银行高盛。高盛为希腊设计出一套"货币掉期交易",为希腊政府掩饰了一笔高达 10 亿欧元的公共债务。

他们的具体做法是,希腊发行一笔 100 亿美元的 10 至 15 年期国债,由高盛投资银行负责将希腊融资到的美元兑换成欧元。这笔债务到期时,再由高盛将其换回美元。如果兑换时按市场汇率计算,就没有文章可做了。事实上,高盛的"创意"在于人为拟定了一个汇率,使希腊的债务得以被人为"隐藏"起来。假如欧元市场汇率等于 1.35 美元,希腊发行 100 亿美元可获 74 亿欧元。然而高盛用了一个更为优惠的汇率,比如是 1.2 美元,则希腊可获得 84 亿欧元。这样,高盛实际上借贷给希腊 10 亿欧元。但这笔钱却不会出现在希腊的公共负债统计数据里。

问题:上述互换中,高盛实际上借贷给希腊 10 亿欧元,如果你是高盛的管理层,将如何管理这笔业务的利率风险和汇率风险?

七、论述题

1. 利率互换的主要应用有哪些?
2. 货币互换的主要应用有哪些?

第九章 期权市场

【本章提要】

期权也被称为选择权,是投资者未来选择买卖某种标的商品的权利,期权市场则是进行期权合约交易的市场,期权市场是现代金融市场的重要组成部分。在这一章里,我们首先介绍期权的内涵;然后介绍期权的发展历程;最后介绍期权交易机制,包括利率互换期权、股票期权的基本条款与期权交易制度及上证50ETF期权报价与行情分析等内容。

【学习目标】

1. 了解期权的基本概念,能够运用习近平新时代中国特色社会主义思想相关要求对我国期权市场要素进行深入分析。
2. 理解期权的构成要素及分类等基本原理,运用习近平新时代中国特色社会主义思想相关要求,分析我国期权市场发展现状与前景。
3. 掌握期权发展的历史与发展趋势。
4. 学会运用期权工具进行相关金融交易。
5. 熟悉我国已有的期权基本条款与交易制度。

【思政理念】

1. 一带一路倡议。
2. 大局意识。
3. 警惕传销骗局。
4. 禁止赌博教育。

【案例导读】

三大股票指数期权新品种同步上市,新时代下中国期权市场的新跨越

中共中央政治局2019年2月22日下午举行的第十三次集体学习,习近平总书记主持学习并发表讲话,对我国金融业发展提出了新要求:"要适应发展更多依靠创新、创造、创意的大趋势,推动金融服务结构和质量来一个转变。"在习近平新时代中国特色社会主义思想指导下,我国金融市场正在迎来新一轮金融创新,以提升金融服务结构及金融服务质量。

2019年12月23日,上交所、深交所"沪深300ETF期权"与中金所"沪深300股指期权"三大股票指数期权新品种同步上市,成为中国资本市场的里程碑事件。据了解,上交所上市交易沪深300ETF期权合约(标的为华泰柏瑞沪深300ETF),深交所上市交易沪深300ETF期权合约(标的为嘉实沪深300ETF),中金所上市交易沪深300股指期权。而三大期权品种的推出,也使得沪深300指数成为继上证50指数之后第二个跨现货、期货、期权三大市场的指数标的。

三大期权品种上市首日运行平稳。其中,内地资本市场首个股指期权产品——沪深300股指期权成交量26 850手,看涨期权持仓量6 710手,看跌期权持仓量5 014手,权利金成交额2.98亿元。当日挂牌合约数168个,二月合约成交占比71.92%。沪市沪深300ETF期权正式上市交易的合约总数为72个,全天总成交量46.87万张,其中认购期权27.52万张,认沽期权19.35万张;权利金成交额4.25亿元,成交面值188.38亿元,总持仓量18.07万张。深市沪深300ETF期权正式上市交易的合约总数为72个,全天总成交量14.01万张,权利金成交额1.01亿元,成交面值57.58亿元,总持仓量7.19万张。

"推出股票股指期权交易,对于健全资本市场基础制度和产品布局具有深远意义。今天,三个交易所同步推出沪深300ETF期权和沪深300股指期权,有利于优化市场平衡机制,完善多层次市场体系,促进资本市场健康发展。"证监会副主席在沪深300股指期权上市活动上表示。证监会还指出,作为国际上发展成熟的风险管理工具,股指期权功能充分发挥后,能够反映标的指数波动率,帮助投资者灵活调整投资组合的风险收益结构,丰富交易策略,有助于不同风险偏好的投资者进入股票市场。国内外实践都表明,投资者类型越丰富,市场的稳定性就越高,成交往往也越活跃。

对于为何选择沪深300指数,市场人士表示,沪深300指数成分股代表了沪深两市A股市场的核心优质资产,盈利能力突出,在整体经营业绩和估值方面对投资者有很强的吸引力。数据显示,沪深指数成分股数量仅为全部A股的8%,但总市值覆盖度却达到了61%,日均成交金额接近1 500亿元。一般认为,机构投资者的优势以及去散户化趋势将更加明显,而期货公司内部风险控制以及期权定价能力面临很大挑战。

那么,什么是期权?和期货有什么区别?期权交易存在哪些风险?我国为什么要开展各种金融期权交易?如何进行期权交易?带着这些问题,我们进入本章的学习。

第一节 期权内涵

一、期权的基本概念

期权(options)也被称为选择权,是未来选择买卖某种标的商品的权利。具体地说,期权的持有人有权在未来一定时期内(或未来某一特定日期),以事先确定的价格与期权的出售方交易(向对方购买或出售给对方)一定数量的特定标的物,但没有必须交易的义务。

对于期权合约的买方来说,期权只是一种权利,而不是义务,即不负有必须买进或卖出的义务。在期权合约规定的权利行使时间,买方可以行使或转卖这种权利,如果买方认为行使或转卖期权对自己不利,还可放弃这种权利,买方损失的只是购买期权的费用;而期权卖方由于收取了期权费,则负有期权合约到期或到期前由买方所选择的交割履约的义务和责任。

二、期权的主要构成要素

期权作为一种金融工具,其构成要素主要包括:买方、卖方、期权费、标的资产的数量、执行价格、到期日等。

(一)期权合约的买方与卖方

期权合约的买方也被称为期权持有者或期权多头,是买进期权、支付期权费的投资者。在支付期权费后,期权合约的买方就拥有了在合约规定的时间行使其购买或者出售标的资产的权利。显然,如果行使权利对买方不利,买方就会放弃行使该权利,而不用承担任何义务。期权合约的卖方也被称为期权卖出者或期权空头,是卖出期权、收取期权费的投资者。在收取买方支付的期权费后,该卖方就承担了在规定时间根据买方要求履行合约的义务,而没有选择是否交易的权利。

(二)期权费

期权交易是一种权利的交易,期权费就是这一权利的价格。期权费,也称期权价格、权利金,是买方向卖方支付的购买期权的费用。对卖方来说,它是卖出期权的报酬。期权费的意义在于,期权的买方可以把可能遭受的损失控制在期权费的限度之内;卖方卖出期权立即可以获得一笔期权费收入,而并不需要马上进行期货合约的交割。但它同时使卖方面临一定的市场风险,无论标的资产价格如何变动,卖方都必须做好履行期权合约的准备。期权费的大小取决于期权合约的性质、到期时间及执行价格等多种因素。

(三)标的资产的数量

每份期权合约都规定了相应的标的资产的交易数量。交易所内交易的期权,这个数量是由交易所规定的,以中金所沪深300股指期权为例,其合约乘数为100,即每一指数点代表100元人民币,利用指数的行权价和合约乘数,就能得到合约规模。合约规模＝行权价×合约乘数,合约规模代表了这个期权名义上值多少钱。合约乘数相当于期权合约的放大器,可以放大合约规模,合约乘数越大,合约的规模就会放得越大。场外交易的期权,这个数量是由合约的买卖双方协商确定的。

(四)执行价格

执行价格是期权买卖双方在期权合约中确定的未来某种商品或资产的交易价格,也称交割价、合同价、基本价、敲定价格。如果买方在到期前的任何时候决定放弃该项权利,则不会发生合约中规定的某种商品或资产的买卖行为,该成交价也就自动失去意义。

(五)到期日

到期日是指期权合约的有效期的终点日,亦称"履行日"或"履约日"。在这一天,一个已预先做买卖声明的期权合约必须履行交割,未作声明的则无需交割。过了这一天,买方拥有的期权失效。期权合约签订日至合约到期日这一段时间被称为期权的有效期。

三、期权的种类与损益

(一)期权的种类

金融期权的分类标准有很多,按照不同的标准可以区分为不同的类型。

1. 看涨期权与看跌期权

按照期权的权利性质来分类,期权可以被分为看涨期权和看跌期权。

(1)看涨期权又称买方期权或买进期权,是指期权的买方向期权的卖方支付一定数额的权利金后,即拥有在期权合约的有效期内,按事先约定的价格向期权卖方买入一定数量的特定商品的权利。期权卖方有义务在期权规定的有效期内,应期权买方的要求,以期权合约事先规定的价格卖出特定商品。这里的"看涨"是指期权买方预期在执行期权时,标的资产的现货市场价格会上涨且会超过期权的执行价格,此时对期权买方是有利的。因此,"看涨"也可以被理解为"期盼或预期标的资产现货价格上涨"的意思。

(2)看跌期权又称卖方期权或敲出期权,是指期权的买方向期权的卖方支付一定数额的权利金后,即拥有在期权合约的有效期内,按事先约定的价格向期权卖方卖出一定数量的特定商品的权利。期权卖方有义务在期权规定的有效期内,应期权买方的要求,以期权合约事先规定的价格买入期权合约规定的特定商品。这里的"看跌"是指期权买方预期在执行期权时,标的资产的现货市场价格会下跌且会低于期权的执行价格,此时对期权买方是有利的。因此,"看跌"也可以被理解为"期盼或预期标的资产现货价格下跌"的意思。

2. 欧式期权与美式期权

按照期权合约权利的执行时间来划分,期权可以被分为欧式期权和美式期权两个典型种类。

（1）欧式期权是指在期权合约规定的到期日方可行使权利,期权的买方在合约到期日之前不能行使权利,过了期限,合约则自动作废。

（2）美式期权是指在期权合约规定的有效期内任何时候都可以行使权利的期权。

它们都有各自的看涨期权和看跌期权。美式期权和欧式期权的差别和地理名称没有关系。在美国期权市场上交易的有不少欧式期权,而在欧洲期权市场上交易的也有很多是美式期权。由于美式期权在到期日之前即有执行合约的权利,因此,一般情况下,美式期权的理论价格比欧式期权的理论价格高。

3. 实值期权、平价期权和虚值期权

根据期权在执行时间点所处的状态不同,期权可以被分为实值期权、平价期权和虚值期权。

（1）实值期权是指在期权被执行的时间点,具有内在价值的期权。当看涨期权的执行价格低于当时的标的资产价格,或看跌期权的执行价格高于当时的标的资产价格,期权就被称为实值期权。

（2）平价期权是指在期权被执行的时间点,无论是看涨期权还是看跌期权,内在价值恰好为零的期权。

（3）虚值期权是指在期权被执行的时间点,不具有内在价值的期权。当看涨期权的执行价格高于当时的标的资产价格,或看跌期权的执行价格低于当时的标的资产价格,期权就被称为虚值期权。

4. 基础资产期权和衍生资产期权

按照期权合约的标的资产划分,期权合约可分为基础资产期权和衍生资产期权。

（1）基础资产期权是指期权合约的标的资产为基础性金融资产的期权,如股票期权、股票指数期权、利率期权和外汇期权等。

（2）衍生资产期权是指期权合约的标的资产为期货、期权等衍生金融资产的期权,如金融期货期权、互换期权、期权的期权等。

5. 传统期权和新型期权

按照期权合约的复杂程度划分,期权合约可以分为传统期权和新型期权。相比传统的标准欧式或美式看涨期权和看跌期权,新型期权合约盈亏状态更为复杂,且多数在场外交易。它们通常是由金融机构设计以满足市场特殊需求的产品。新型期权具体包括二元期权、打包期权、复合期权、任选期权、数字货币期权等。

（1）二元期权,又称固定收益期权,是操作最简单的金融交易品种之一。二元期权在到期时只有两种可能结果,基于一种标的资产在规定时间内（例如未来的1小时、1天、1周等）收盘价格是低于还是高于执行价格的结果,决定是否获得收益。如果标的资产的走势满足预先确定的启动条件,二元期权交易者将获得一个固定金额的收益,反之则损失固定金额的部分投资,即固定收益和风险。二元期权的一个突出特征和投资优势在于,它只需在到期时期权的到期价格相比执行价格是有价格上的增额（即使只波动了1分钱）就会获得很高的盈利。因此,即便是在市场清淡时期,二元期权也会给投资者带来显著的投资收益。相反,如果购买股票或外汇等金融品种,那么要想获得正的投资收益就要求有较大的市场波动。

（2）打包期权是具有零初始成本的期权组合,它通常是由标准欧式期权与远期合约、现金和（或）标的资产等构成的证券组合,如牛市价差期权、熊市价差期权、蝶式价差期权、跨式期权、宽跨式期权等。在实践中,金融机构通常设计某个打包期权使它具有零初始成本,这种产品与远期

合约或掉期的相似之处是它亦能导致正的或负的收益。零成本打包期权的一个例子是范围远期合约，它由一个远期多头与一个看跌期权多头和一个看涨期权空头构成。

（3）复合期权也被称为是期权的期权，是指以金融期权合约本身作为金融期权的标的物的金融期权交易。这种期权通常以利率工具或外汇为基础，投资者通常在波幅较高的时期内购买复合期权，以减轻因标准期权价格上升而带来的损失。复合期权主要有 4 种类型：①看涨期权的看涨期权；②看涨期权的看跌期权；③看跌期权的看涨期权；④看跌期权的看跌期权。复合期权有两个执行价格和两个到期日。

（4）任选期权是经过一段指定时期后，持有人能选择期权或者是看涨期权或者是看跌期权。

（5）数字货币期权是以数字货币为标的物的期权，例如比特币期权，即比特币指数期权，是指期权购买者通过支付一笔期权费给期权出售方，换取在未来某个时间以某种价格买进或卖出基于比特币指数的标的物的权利。投机者可以用极小的本金去押注未来区间的涨跌空间，从而获取高额的回报但也承担巨大的风险。

（二）期权的损益

与股票、期货等投资工具相比，期权的与众不同之处在于其非线性的损益结构。正是期权的非线性的损益结构，才使期权在风险管理、组合投资方面具有了明显的优势。通过不同期权、期权与其他投资工具的组合，投资者可以构造出不同风险收益状况的投资组合。

为了分析期权的损益，我们具体分析期权到期时多空双方的回报（payoff）与盈亏（gain or loss）分布。这两者的区别在于，回报未考虑期权费，而盈亏考虑了期权费对交易双方最终收益状况的影响。

引入如下符号：

T：期权到期日（设签约时刻为 0）；

t：现在的时间；

S：标的资产在时间 t 时的价格；

S_T：标的资产在时间 T 时的价格；

X：期权的执行价格；

c 和 p：分别表示欧式看涨期权与看跌期权的价格；

C 和 P：分别表示美式看涨期权与看跌期权的价格。

根据期权的分类，期权的基本交易策略可分为"看涨期权多头""看涨期权空头""看跌期权多头""看跌期权空头"。下面我们以欧式期权为例，并以股票为标的物，说明这些策略的损益情况。

1. 欧式看涨期权多头

在期权到期日，当股票市场价格 S_T 高于执行价格 X 时，欧式看涨期权多头持有者可以以执行价格向空头方购买股票，然后以市场价格售出，由此获利，即期权的回报为：$S_T - X$；由于最终利润需减去初始投资——期权费 c，若不考虑时间价值，则期权的盈利为：$S_T - X - c$。而当市场价格低于执行价格时，欧式看涨期权多头持有者则放弃期权权利，其回报为 0；其亏损额也仅局限于最初付出的期权费 c。

2. 欧式看涨期权空头

由于期权合约是零和游戏（zero-sum games），因此欧式看涨期权空头持有者的损益正好与多头持有者相反，他们之间的损益关系是零和损益。具体地说，在期权到期日当股票市场价格高于执行价格时，空头持有者（假设他手里没有任何股票）必须以市场价格购买，然后以执行价格售给多头方，其期权回报为：$X - S_T$，期权盈亏为：$X - S_T + c$。当股票市价低于执行价格时，期权不被执行，其期权回报为 0；空头持有者的最终损益还要加上他收取的期权费，即期权盈亏为 c。

欧式看涨期权多头、空头回报和盈亏如图 9-1 所示,其中 A 点为盈亏平衡点。

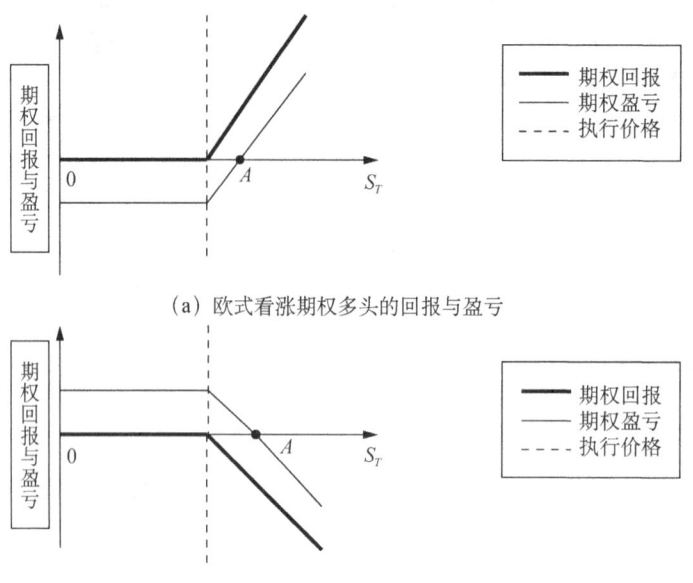

(a) 欧式看涨期权多头的回报与盈亏

(b) 欧式看涨期权空头的回报与盈亏

图 9-1 欧式看涨期权的回报与盈亏

从图 9-1 可以看出,看涨期权多头的亏损风险是有限的,其最大亏损限度是期权价格,而其盈利可能却是无限的。相反,看涨期权空头的亏损可能是无限的,而盈利是有限的,其最大盈利限度是期权价格。

3. 欧式看跌期权多头

在期权到期日,当股票市场价格高于执行价格时,欧式看跌期权多头持有者放弃期权权利,则期权回报为 0,但支出为期权费,即盈亏为 $-c$。当市场价格低于执行价格时,欧式看跌期权多头持有者可以在市场中以市场价格购买股票,然后以执行价格售出,由此获利,即期权回报为:$X-S_T$,但最终损益还要减去期权费,即期权盈亏为:$X-S_T-p$。

4. 欧式看跌期权空头

欧式看跌期权空头持有者的损益正好与多头持有者相反,他们之间的损益关系也是零和损益。具体地说,在期权到期日,当股票市场价格高于执行价格时,欧式看跌期权多头持有者放弃期权权利,空头持有者因此有净收入期权费,此时期权回报为 0,而期权盈亏为 p。而当市场价格低于执行价格时,空头持有者必须以执行价格向多头方购买,然后以市场价格抛出(假设他不愿持有股票),但最终损益还要加上期权费,此时期权回报为:$X-S_T$,期权盈亏为:$X-S_T+p$。

欧式看跌期权多头、空头回报和盈亏如图 9-2 所示。

从图 9-2 可以看出,看跌期权多头的亏损风险是有限的,其最大亏损限度是期权价格,而其盈利可能并非无限的,当标的资产价格为 0 时看跌期权多头的盈利最大,等于执行价格减去期权价格。相反,看涨期权空头的最大亏损是执行价格减去期权价格,而盈利是有限的,其最大盈利限度是期权价格。

对期权回报盈亏分布图与计算公式的深刻理解和认知是非常重要的,它们描述了期权的本质特征。现代金融市场与现代经济中,很多期权以复合的或是复杂不易辨别的产品形式存在,对它们进行解构、分析和管理的第一步就是根据这些产品的回报判断其是否是期权,进而判断出期

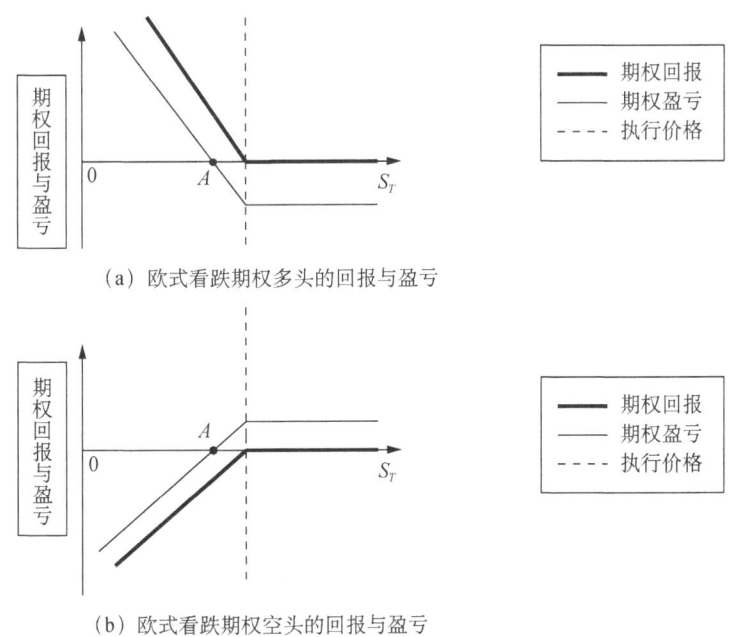

(a) 欧式看跌期权多头的回报与盈亏

(b) 欧式看跌期权空头的回报与盈亏

图 9-2　欧式看涨期权的回报与盈亏

权的标的资产、执行价格、到期期限等要素。表 9-1 给出了欧式期权到期回报与盈亏的计算公式。

表 9-1　欧式期权到期时的回报与盈亏

头寸	到期回报公式		到期盈亏公式
	公式	分析	
看涨期权多头	$\max(S_T - X, 0)$	若到期价格 S_T 高于 X，多头执行期权获得差价；否则放弃期权，回报为 0	$\max(S_T - X, 0) - c$
看涨期权空头	$-\max(S_T - X, 0)$	若到期价格 S_T 高于 X，多头行权，空头损失差价；否则多头弃权，空头回报为 0	$-\max(S_T - X, 0) + c$
看跌期权多头	$\max(X - S_T, 0)$	若到期价格 S_T 低于 X，多头执行期权获得差价；否则放弃期权，回报为 0	$\max(X - S_T, 0) - p$
看跌期权空头	$-\max(X - S_T, 0)$	若到期价格 S_T 高于 X，多头行权，空头损失差价；否则多头弃权，空头回报为。	$-\max(X - S_T, 0) + p$

四、期权与其他衍生工具的比较

(一) 期权与权证

权证(share warrant)，是指基础证券发行人或其以外的第三人发行的，约定持有人在规定期间内或特定到期日，有权按约定价格向发行人购买或出售标的证券，或以现金结算方式收取结算差价的有价证券。权证是与期权最为相似的衍生品，但是两者仍然存在比较明显的区别。以下以股票 ETF 期权为例来进行比较。

1. 标准化程度方面

股票 ETF 期权是由交易所设计的标准化合约。而权证是非标准化合约，由发行人自行设计合约要素,除由上市公司、证券公司或大股东等主体单独发行外,还可以与可分离交易可转债一起发行。

2. 发行主体方面

股票 ETF 期权没有发行人,合约条款由交易所设计,市场参与者在支付足够保证金的前提下都可以开仓卖出期权;而权证的发行方是上市公司或投资银行等第三方。投资者既可以持有期权的多头也可以持有空头,而权证的投资者只能持有多头。

3. 行权后的效果方面

认购期权或认沽期权的行权,仅是标的证券在不同投资者之间的相互转移,不影响上市公司的实际流通总股本数。而对于上市公司发行的股本权证,当投资者对持有的认购权证行权时,发行人必须按照约定的股份数目增发新的股票,从而导致公司的实际流通总股本数增加。

4. 结算方面

在认股权证的结算是在发行人和持有人之间进行,而期权的结算,是由独立于买卖双方的专业结算机构进行结算。因此,交易股票期权的信用风险要低于交易认股权证的信用风险。

(二) 期权与期货

期货也称期货合约,作为标准化可交易合约,交易方可以按规定的价格,在未来某一时刻买进或卖出一定数量的某种商品或金融资产,主要功能是防范价格变动的风险,也可用来从事投机活动。期权与期货有密切的联系,如期货可用认购期权和认沽期权简单地完全复制。期权与期货的区别主要体现在以下几个方面:

1. 标的物方面

期货交易的标的物是标准的期货合约;而期权交易的标的物则是一种买卖的权利。期权的买方在买入权利后,便取得了选择权。在约定的期限内既可以行权买入或卖出标的资产,也可以放弃行使权利;当买方选择行权时,卖方必须履约。

2. 投资者权利与义务方面

期货合同是双向合约,交易双方都要承担期货合约到期交割的义务。如果不愿实际交割,则必须在有效期内对冲。而期权是单向合约,期权的买方在支付权利金后即取得履行或不履行买卖期权合约的权利,不必承担义务。

3. 履约保证方面

在期货交易中,期货合约的买卖双方都要交纳一定比例的保证金。在期权交易中,买方最大的风险限于已经支付的权利金,故不需要支付履约保证金。而卖方面临较大风险,因而必须缴纳保证金作为履约担保。

4. 盈亏的特点方面

期货的交易是线性的盈亏状态,交易双方则都面临着无限的盈利和无止境的亏损。期权交易是非线性盈亏状态,买方的收益随市场价格的波动而波动,其最大亏损只限于购买期权的权利金;卖方的亏损随着市场价格的波动而波动,最大收益(即买方的最大损失)是权利金。

5. 作用与效果方面

期权与金融期货都是人们常用的套期保值工具,但它们的作用与效果是不同的。利用金融期货进行套期保值,在避免价格不利变动造成的损失的同时也必须放弃若价格有利变动可能获得的利益。利用金融期权进行套期保值,若价格发生不利变动,套期保值者可通过执行期权来避免损失;若价格发生有利变动,套期保值者又可通过放弃期权来保护利益。这样,通过金融期权交易,既可避免价格不利变动造成的损失,又可在相当程度上保住价格有利变动而带来的利益。但这并不是说期权比期货更为有利。如果从套期保值角度来说,期货通常比期权更为有效,也更为便宜,而且要在期权交易中真正做到既保值又获利,事实上也并非易事。所以,期权与期货可谓各有所长,各有所短,在现实的交易活动中,人们往往将两者结合起来,通过一定的组合或搭配来实现某一特定目标。

第二节 期权的发展历程

一、早期的期权

(一) 古代期权

期权作为一种衍生品,有着漫长的历史,最早的关于期权交易雏形的记录甚至可以追溯至公元前1 000多年。第一位被文字记录利用期权交易致富的投机者是公元前500多年的古希腊著名哲学家和天文学家塔尔斯。塔尔斯通过其擅长的占星术,在尚未入冬时就预测到第二年的橄榄将会大丰收。他在冬季就以低价取得了希俄斯岛和米利塔斯春季旺季所有压榨机的使用权。由于当时远未到收获季节,也没有人认为有必要为了压榨机的使用权而竞价,因此塔尔斯以很低的价格就取得了这些期权合约。塔尔斯当时积蓄很少,为此他几乎用尽了自己的积蓄。来年春天,橄榄果然获得大丰收,而每个人都想用压榨机。这时,塔尔斯开始执行他的权利,并将压榨机以高价出租,获得了极为丰厚的回报。显然,期权交易早在公元前就已被社会所认可。

(二) 近代期权

如果说公元前的期权交易还只是处于雏形,很多交易都是出于投机目的,那么在近代发生的期权交易就主要是为了管理价格波动风险。有记载的最早利用期权进行风险管理的事件发生在17世纪30年代末期的荷兰。

在17世纪,郁金香的一些品种堪称欧洲最为昂贵的稀世花卉,其作为身份象征受到了荷兰贵族的追捧。1635年,那些珍贵品种的郁金香球茎供不应求,加上投机炒作,致使价格飞涨20倍,成为最早有记载的泡沫经济。同时,这股投机狂潮也开启了期权交易的大门。由于从种植者处收购郁金香的成本价格无法事先确定,对于批发商而言,事先确定郁金香的售出价格需要承担较大的风险,因此一些批发商从种植者处购买郁金香期权,这种期权赋予其购买者在未来特定时期内,以约定的价格从种植者处购买郁金香的权利。

这意味着购买了郁金香期权的批发商可以在未来根据郁金香的市场价格做出是否进货的选择:如果郁金香的市场价格高于期权合约的约定价格,则以合约约定价格从种植者处购入郁金香;如果郁金香的市场价格低于期权合约的约定价格,则批发商让期权合约过期作废,批发商能够以更加低廉的市场价格来购入郁金香。从现代风险管理的观点来看,批发商这样的做法实际上是利用郁金香期权合约来对冲所持有的郁金香远期合约头寸的风险。但由于当时并无任何机制来保障合约双方的权益,违约现象大量发生。于是,在1636年郁金香狂热结束后,期权市场也随之崩溃。18世纪至19世纪,美国及欧洲相继出现了有组织的期权交易,标的物以农产品为主,且均为店头市场的交易形式。场外交易的每个期权合约都互不相同,例如到期时间、合约规模以及执行价格等条款,因此每一笔交易的谈判过程都相当复杂。另一方面,由于缺乏权威的定价标准和统一的竞价系统,买卖双方通常要为了达成成交价格花费大量的时间和精力。

此外,由于场外期权存在种种非规范性,导致一些内幕交易的发生。1929年,美国证券交易委员会(SEC)成立,并开始对包括期权在内的整个证券市场进行调查。SEC最终的调查结论是,期权并非只是一种投机工具,期权作为一种金融工具有其存在的价值和必要性。

二、现代的期权

1973年,世界第一个期权交易所——芝加哥期权交易所(CBOE)成立,期权合约的有关条款,包括合约量、到期日、敲定价等都逐渐标准化,这标志着有组织的、标准化的期权交易时代的开始。在此后的近40年里,以股权类期权为代表的金融期权取得了迅猛的发展,期权作为一种基础金融衍生工具已经为投资者所接受,并被广泛地应用于风险管理和投资管理等诸多领域。

CBOE其实只是由一间吸烟室改建而成。起初,其只有16只股票的看涨期权,很快,这个数字就成倍地增加,股票的看跌期权不久也挂牌交易。在业务发展迅速的同时交易所会员数量也不断增加。

1982年,美国堪萨斯期货交易所创造性地推出了第一只股票指数期货,CBOE则于1983年3月份推出了全球第一只指数期权——CBOE 100指数期权,后来改名为标普100指数(S&P100 Index),代号OEX。之后纽约期货交易所也推出了纽约股票交易所股票指数期货期权交易,随着股票指数期货期权交易的成功,各交易所将期权交易迅速扩展至其他金融期货上。到1998年,OEX指数期权的日均交易量创世界期权类交易的历史新高。到1998年年末,在美国有60多种不同指数的场内期权进行交易。股指期权的成功为期权带来了一个全新的发展时期。指数期权的巨大成功证明了市场对于期权这种风险管理工具的需求。而创新性的期权品种,例如指数期权更是可以发挥常规金融产品所无法实现的功能。至此,期权作为一种综合性金融管理工具,其在金融市场中发挥的作用已得到完全认可。

20世纪80年代至90年代,期权柜台交易市场(或称场外交易)也得到了长足的发展。柜台期权交易是指在交易所外进行的期权交易。期权柜台交易中的期权卖方一般是银行,而期权买方一般是银行的客户。银行根据客户的需要,设计出相关品种,因而柜台交易的品种在到期期限、执行价格、合约数量等方面具有较大的灵活性。

人们对期权的经济功能认识经历了一个过程。1984年之前,在现代期权诞生地美国,社会各界对期权还没有形成统一认识。期权的发展一直伴随着社会各界的质疑,很多人甚至误认为期权市场是投机市场,没有经济功能。在市场发展过程中,期权不断展现出其强大的功能和作用,社会质疑逐渐消失,人们认可程度不断加深。在美国期权市场的发展历程中,下列5个事件对期权功能和作用的认识产生了重要的影响:

(1) 20世纪30年代初关于期权操纵行为的争论。1934年,美国证券交易委员会(SEC)成立之后针对当时期权市场存在大量投机行为的混乱状况,向国会提议取缔期权交易,其观点是:"由于不了解好的期权和坏的期权之间的区别,为了方便起见,应该把它们全部清除。"经过辩论,国会得出结论:"不是所有的期权交易都有操纵行为,如果运用适当,期权是一种有价值的投资工具。"

(2) 1974年关于期权经济功能的争论。SEC于1974年举行公众听证会,就有关期权的几个相关问题进行探讨:期权是否有利于经济、是否有利于公众利益,上市期权会对投资大众的投资习惯产生何种影响。听证会上提出的证据都支持上市期权有利于金融市场和经济发展的观点。1974年12月,威廉·鲍莫尔、马尔基尔等专家起草了芝加哥期权交易所提交给SEC的报告即《南森(Nathan)报告》。该报告总结了股票期权上市后对股票市场的影响,得出结论是期权市场没有对股票市场的效率和稳定造成负面影响,相反有可能对市场的流动性和效率改善起了积极作用。

(3) 1977年暂停上市新期权品种。1977年7月,针对当时期权市场快速发展带来的对于欺诈性交易行为的担心、对于交易所与经纪商监察能力的怀疑以及害怕期权交易会影响股票价格、成交量或吸引风险资金从新股或创业投资中分流等问题,SEC暂停了新的股票期权上市(已上市股票期权仍可交易)。10月,SEC开始对期权进行研究,以判断"标准化期权交易的方式和环境是否与市场的公平和有序、公众利益以及法律的其他目标相一致"。1980年3月,经过研究,SEC认为涉及的几个疑问都已得到充分说明,随后取消了对上市新股票期权的暂停措施。

(4) 1984年四方研究报告全面分析期货和期权市场影响。1981年,美国国会要求美国财政部、CFTC、SEC和美联储开展一项关于期货和期权市场对于美国经济影响的研究。四家机构于1984年形成了一份报告——《期货和期权交易对经济的影响研究》,1985年对外公布。该报告充分肯定了开展金融期货和期权交易对于美国经济、金融市场的重要意义,认为金融期货和期权市场确实能够提供风险转移、增强流动性等市场职能,有利于提升经济效率和真实资本形成,金融期货和期权交易不会减少金融市场资金供给总量;期货和期权市场的交易行为没有增加现货市场价格的波动水平;利率期货和期权不会对货币政策产生显著影响。该结论对于纠正当时美国社会中普遍存在的认为金融期货和期权会对现货市场带来负面影响的误解起到了重要的作用。客观效果来看,该报告基本统一了美国各界对金融期货与期权产品功能的认识,为此后美国金融期货与期权市场的健康快速发展起到了重要的作用。

(5) 1997年度的诺贝尔经济学奖授予期权定价研究。20世纪70年代初,费雪·布莱克和迈伦·斯科尔斯合作研究得出期权定价公式。与此同时,罗伯特·莫顿也发现了同样的公式及其他关于期权的有用结论。两篇论文在不同刊物上发表。经过二十多年的实践,期权定价公式及其在市场中的运用已得到社会广泛认同。1997年诺贝尔经济学奖授予迈伦·斯科尔斯和罗伯特·莫顿,表彰他们在股票期权定价理论方面所做出的杰出贡献。正如瑞典皇家科学院所指出的:"他们的方法论多年来为经济领域中的估价行为奠定了基础。这个方法论同时创造出了新类型的金融工具,为社会提供了更为有效的风险管理途径。"至此,关于期权市场功能和作用的争执基本结束,各方统一了对期权的认识。即使是在金融危机发生后,也没有再出现过对场内期权发展的争议。

三、期权市场发展的新趋势

(一)场内期权与场外期权在相互竞争中共同发展

场内期权是在交易所交易的标准化合约,通过清算机构进行集中清算。场外期权是指在非集中性的交易场所交易的非标准化金融期权合约,是根据场外双方洽谈或者中间商撮合、按照双方需求自行制定交易的金融衍生品。场内交易市场和场外交易市场两者共同组成国际期权市场。

早期国际期权市场以场外期权为主,其交易规模长期在期权市场中占据领先地位,这主要是因为场外期权具有可以个性化定制的优点。随着衍生品市场需求的不断增加,标准化的场内期权从诞生到不断发展,形成了与场外期权相互竞争、共同发展的新趋势。据统计,在1998~2016年间的国际期权市场上,场外期权占期权市场比重平均为63%。近年来,随着全球场内期权的交易规模大幅提升,场外相比场内占比有所下降,但至今仍围绕着1.5倍上下波动。

场内期权和场外期权虽然有一定的竞争关系,但两者更多是相互促进的关系。场内期权市场与场外期权市场是互补型而不是相互替代型,两者在产品类型、灵活性、投资者偏好、市场功能发挥等各个方面都存在较大差别,且都拥有各自的需求群体。首先,场外期权是标准化场内产品的有益补充,覆盖了场内产品无法满足的个性化需求。相对场内期权,场外期权更加灵活,客户可以选择比较灵活的到期日,金融机构也可以根据客户需求制定行权价;其次,场内期权市场由于交易合约的标准化和规模化,可以为场外期权市场提供定价参考。场内期权的交易规则、交易制度及风险监管方式等,可以为场外期权市场提供借鉴;最后,场外市场的风险对冲最终还是会回到场内市场,两者相互促进、相互提升的结果是,场外期权会促进场内期权发展,同时场内业务也有助于场外业务推广。而场外期权市场的个性化产品在应用成熟之后,也可以推广到场内市场进行交易。

(二)场内期权主要集中在北美、亚太和欧洲三大地区

不同于场外期权交易集中于欧美地区,国际场内期权交易主要集中在北美、亚太和欧洲三大地区。1973年,美国的CBOT成立,期权交易进入了标准化的场内交易时代。标准化的合约降低了交易成本,也缓解了流动性不足的问题,奠定了美国期权市场发展的良好基础。随后,CBOT在期权方面不断开发新产品,以满足不同类型投资者的需求,2016~2018年,北美地区的期权成交量在全球市场的份额在35%左右。

欧洲的期权市场发展历史更为悠久,在17世纪的郁金香泡沫中,期权在当中就扮演了一个很重要的角色。1978年欧洲也陆续推出了股票期权业务,虽然目前欧洲没有交易量非常突出的单一期权产品,但成交总量在全球的占比长期保持在相对高的位置,2009~2016年成交量占比在20%左右,其后两年来连续下降,2018年成交量占比降至17.39%。

亚洲地区的期权市场从20世纪80年代末至90年代初才开始发展,但发展迅速。1989年,日本交易所推出了股指期权。1995年,香港联交所推出了亚洲首支股票期权(汇丰控股期权)。1997年,韩国交易所推出了KOSPI200股指期权,其成交总量曾连续多年排名世界第一,直到2013年被印度超越。2015年,我国的上交所也推出了首个权益类期权品种50ETF期权。2019年则同时推出了3个沪深300的相关期权。亚洲地区的期权成交量基本和北美地区平分秋色,2018年占比接近37%。

据美国期货业协会最新数据披露,2019年全球场内衍生品总成交量约为344.8亿手、年末持仓量合计约9亿手,其中期权类产品总成交量152.3亿手(占比44.2%)、年末持仓量6.5亿手(占比72.4%),同比分别增长16%、8.7%。按挂钩资产标的和交易市场划分,股票股指期权交易集中在亚洲和北美,利率期权交易集中在北美(亚洲市场较少),外汇期权交易集中在亚洲,能源类商品期权交易集中在北美和欧洲,农产品期权交易集中在北美和亚洲,贵金属期权交易集中在北美,非贵金属期权的交易则主要集中在亚洲和欧洲。场外期权的数据更多是来源于国际清算银行。截至2019年上半年,利率、外汇、股票三类期权衍生品名义未平仓金额总和为62万亿美元,其中利率期权占比73%,外汇期权占比21%,股票期权占比6%。场内外期权合计来看,利率期权是主要的期权品种之一。截至2019年上半年,全球场外和场内利率期权名义未平仓金额分别为45.30万亿美元和80.75万亿美元,合计126.05万亿美元,占全球期权类衍生品比例为87.8%。

(三)风险防范机制有所改善

作为高风险的金融衍生工具,如何降低期权风险始终是市场关心的大事,以下为近年来期权风险防范机制的主要改革措施。

(1)场外期权交易模式逐步"场内化"。出于防范风险的需要,金融危机后的场外期权市场与其他场外衍生品市场一样呈现"场内化"需求和发展趋势。由此,国际各大交易所开始致力搭建一个既不失个性化交易的灵活性又能够受益于标准化清算的新型交易平台。在监管机构和部分场外交易组织者推动下,场外期权交易开始尝试"场内化"发展,一些成熟交易所如CME、洲际交易所(Intercontinental Exchange, ICE)和LME等针对各自平台优势先后作出独特的制度设计,如CME设计了场外清算合约(cleared only contract),并开发了ClearPort平台专门为场外衍生品提供集中清算服务等。

(2)做市商机制日趋成熟。目前,全球场外期权交易集中于欧美地区,欧美市场拥有以做市商为主导的投资者结构,随着场外期权市场的快速发展壮大,做市商模式越来越成熟,其在交易中占比已超过50%。由于做市商往往具有较强的资金实力,能够为整个市场提供流动性,具备较高的信用水平、风险控制能力及专业知识水平,能够根据投资者需求设计多样化的产品,同时能够降低市场波动风险、减少市场投机情绪、使市场运行更加理性化。

(3) 中央对手方(Central Counterparties，CCPs)机制的建立有效降低了场外系统性风险。集中清算最早在2002年由纽约商品交易所(NYMEX)和ICE推出,核心是合约替换和担保交收,由清算所作为交易双方的对手方,将原来的场外期权合约转化为两张与中央对手方的清算合约。近年来,一些发达国家的交易所和清算所充分利用电子化交易平台发挥中央对手方的作用,从而有效地防范了期权市场系统性风险。为了降低场外市场的系统性风险,场外衍生品集中清算的比例被不断加大。

(四) 期权产品创新以美国为主,其他发达国家紧密跟随

美国市场是目前所有类型期权产品的发源地,包括股票期权、股指期权、利率期权、外汇期权和ETF期权等在内的所有类型期权产品均诞生于美国市场。由于证券交易所、期货交易所和期权交易所之间形成的特殊的竞争格局,美国市场的期权产品发展路径更多表现为创新性和尝试性。某个交易所会尝试性地抢先推出某些期权产品,若产品推出成功则会获得一定的先发优势;若产品推出失败则撤销该产品并考虑继续推出其他产品。其他交易所会紧密关注竞争对手的新产品推出情况,一旦有成功的可能则马上跟随推出类似的产品,因此常常出现短时间内多个交易所上市类似产品的局面。由于美国不同交易所之间的特殊竞争关系,其他市场很难对其创新性和尝试性进行复制,这也是所有类型期权产品均诞生于美国市场的部分原因所在。由于地理接近、经济发展状况基本相同、文化高度相似等原因,很多发达国家也紧密跟随美国期权市场的发展步伐,陆续推出适应本国市场的相关期权产品,成为期权产品的先行市场。

(五) 发达国家与发展中国家期权发展路径有所区别

美国市场期权产品的发展路径为"股票期权—股指期权—ETF期权",与美国相似,绝大部分发达国家的期权市场也遵循了相同的发展路径。与美国和先行市场不同的是,期权产品发展较晚的发展中国家新兴市场在学习借鉴美国和先行市场经验教训的基础上,根据本国市场实际发展状况,探索期权发展新路。

新兴市场的期权产品推出时间较晚,一般为20世纪90年代中后期以及21世纪初,那时现金交割制度的实施已为股指期权产品的推出扫除了障碍。较晚的推出时间让新兴市场能够吸收美国和先行市场的经验和教训,并更多地考虑本国市场的实际发展状况,来决定期权市场发展路径。新兴市场普遍存在着投资者对期权产品缺乏了解、监管制度不甚完善、股票现货市场效率偏低等特点,优先发展交易较为简单、监管较为容易、难以操纵的股指期货和股指期权产品更具有现实意义。从实际情况来看,新兴市场基本形成了先股指期货,后股指期权,再股票期权的期权发展路径。

四、中国期权发展概述

相比于成熟资本市场,我国期权市场发展起步较晚,当前我国期权品种中,场内成交活跃度较高的品种以股票期权和商品期权为主,利率期权目前仍在起步阶段;场外而言则是外汇期权的为主。这种格局的形成,一方面与投资者需求相关,大宗商品交易多以企业和私募基金为主,对期权类衍生品接受度较高;另一方面也受到了现货和期货市场发展快慢的影响,当前我国股票和商品期货市场发展较为成熟,对应的配套制度也比较完善,推动了相关期权市场的发展(见图9-3)。

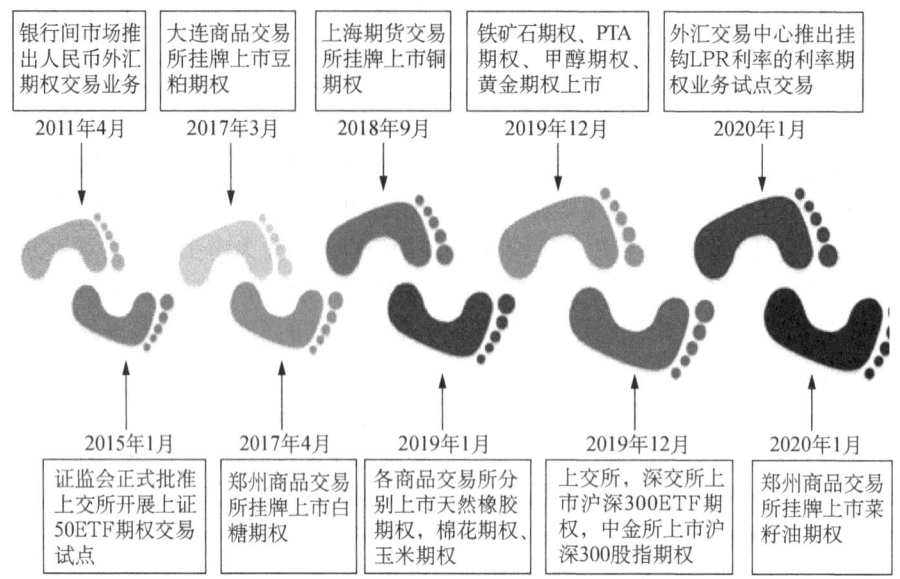

图 9-3 中国期权发展现状

(资料来源：根据外汇交易中心、证监会资料整理)

(一) 外汇期权

人民币外汇期权交易是指在未来某一交易日以约定汇率买卖一定数量外汇资产的权利。期权买方以支付期权费的方式拥有权利；期权卖方收取期权费，并在买方选择行权时履行义务(普通欧式期权)。与商品期权和股票期权在各大交易所集中交易不同，外汇期权多为场外交易，是典型的场外期权产品。外汇期权的主要功能在于套期保值，对冲人民币升值或贬值的风险。在汇率变动频繁、幅度较大且方向难以预测时，企业可以通过外汇期权，在锁定汇率风险的同时，抓住汇率朝着有利方向变动带来的机会。企业买入期权并支付了期权费后，当市场朝着资金有利于自己的方向变动时，期权不会被执行，企业损失的是期权费，但当市场朝着不利于自己的方向变动时，执行期权得到的收益可以对冲掉变动带来的损失。外汇期权业务可以赋予客户较高的灵活选择性，对于那些合同尚未最后确定的进出口业务具有很好的保值作用。

2011 年 4 月，我国银行间市场首次推出人民币对外汇期权交易业务。交易首日，交易系统运行顺畅，银行报价和询价积极，报价涵盖全部 13 个标准期限。近几年我国外汇期权发展速度明显快于外汇远期，2018 年以来外汇期权全年交易额的增速明显超过外汇远期。一个主要原因在于 2018 年下半年，人民币面临较大贬值压力，中国人民银行决定于 2018 年 8 月 6 日起再次将远期售汇业务的外汇风险准备金率从 0 调整为 20%，导致外汇远期的成本上升。但期权收取的是期权费而非保证金，因此在保证金比例上调时优势突显，助推了外汇期权的发展。对于银行而言，其对客业务中也偏好推荐外汇期权业务，因为期权费的收入相对更高。

目前我国外汇期权成交以银行间批发市场为主，期限多集中在短期。2019 年我国外汇市场全年期权交易额为 8 500 亿美元，其中银行间市场 5 812 亿美元。虽然外汇期权的发展起步早，且成交高，但相比于庞大的外汇衍生品市场而言，仍属小众品种，外汇掉期是更为常见的外汇风险对冲手段。

(二) 股票股指期权

与国际市场相比，我国股票股指期权起步较晚，2015 年是我国股票期权的元年。2015 年 1 月 9 日，证监会正式发布了《股票期权交易试点管理办法》及《证券期货经营机构参与交易试点指引》这一配套规则。2015年2月9日上交所上市交易上证50ETF期权。上证50ETF期权的标的资产为华夏上证50ETF,合约单位为万份,交割方式采用实物交割且为欧式期权。

作为A股市场首个场内权益类期权品种,上证50ETF期权自上市以来发展稳健,成交、持仓稳步上升,已成为全球主要的ETF期权品种之一。2019年,上证50ETF期权合约全年累计成交6.18亿张,日均成交253.3万张,年末持仓379.1万张,日均持仓342万张,累计成交面值17.7万亿元,累计权利金成交3 359.12亿元。投资者人数稳步增加,年末期权投资者账户总数达41.33万。经过近5年的ETF期权发展之路,我国期权市场规则体系更加成熟,投资者参与度提升,为后续更多股票股指期权入市奠定了基础。

2019年11月8日,证监会宣布启动扩大股票股指期权试点工作,批准上交所、深交所上市沪深300ETF期权,中金所上市沪深300股指期权,标志着场内交易衍生市场发展进入一个新阶段。上交所沪深300ETF期权的标的资产为华泰柏瑞沪深300ETF,深交所沪深300ETF期权挂钩的则是嘉实沪深300ETF,二者与上证50ETF期权交割方式相同,均为实物交割;中金所沪深300股指期权的资产标的为沪深300指数,交割方式为现金交割。挂钩沪深300股指和沪深300ETF的期权产品上市后,以该指数为基础的产品生态将更趋完善,股票现货、ETF、股指期货、ETF期权和股指期权等各类线性、非线性产品有望形成完整生态链,可以更好满足投资者现货投资、套期保值、风险管理、产品设计等各类需求。同时新品种的上市令50ETF期权已不再是投资者进行期权交易的唯一选择。

(三) 商品期权

我国大宗商品相关衍生品的发展要明显快于股票市场和债券市场,主要是受宏观大环境影响。我国是重要的大宗商品生产、加工和消费国,大宗商品现货是经济生产重要的物料资源,也是制造业企业最主要的生命供给。庞大的现货管理衍生了对应的风险对冲需求,因此期货、期权等大宗衍生品应运而生。对于期权而言,商品期权合约相比股指期权和利率期权在设计层面具备一定优势。首先大宗商品的种类相对是有限的,且定价比较公开透明,相比股票市场个股种类繁多而言,更方便交易所进行合约设计。其次相比利率期权而言,大宗商品期货市场比较成熟,期现联动性强,因此也为期权发展铺平了道路。

2017年3月,大商所上市豆粕期权,标志着首只场内商品期货期权正式推出。当前场内大宗交易集中在3个交易所:大连商品交易所、郑州商品交易所、上海期货交易所。自豆粕期权后,各交易所陆续推出了包括白糖、铜、玉米等在内的各类期权品种,截至2020年8月底,我国已有10余个场内商品期权在各交易所挂牌上市,领域涉及农产品(豆粕、白糖、玉米、棉花、菜籽粕)、能源化工[天然橡胶、PTA、甲醇、聚丙烯(PP)、聚氯乙烯(PVC)、线型低密度聚乙烯(LLDPE)]、有色金属(铜、铝、锌)、黑色金属(铁矿石、动力煤)和贵金属(黄金)。未来,上海期货交易所还将重点推出上海油、上海铜、上海胶,推动航运指数期货、有色金属指数期货期权等指数类产品上市。

(四) 利率期权

相比于成熟资本市场,我国利率期权目前仍在起步阶段,但其相关建设在近几年明显加码提速。全国银行间同业拆借中心(以下简称交易中心)于2020年3月23日起试运行利率期权交易及相关服务,推出挂钩LPR1Y/LPR5Y的利率互换期权、利率上/下限期权,期权类型均为欧式期权。其中利率互换期权是指期权交易双方有权在约定日期以约定条件买卖约定利率互换的期权合约。期权买方以支付期权费的方式获得权利;期权卖方收取期权费,并在买方选择行权时履行义务。利率互换期权采用实物交割方式。利率上/下限期权是指期权买方在约定期限内有权要求期权卖方支付由于参考利率超过/低于约定的利率水平而产生的差额利息的期权合约。期权买方向卖方支付期权费,期权卖方在参考利率高于/低于约定利率水平时向买方支付差额部分的利息。交易中心组织报价机构通过交易系统以点击成交报价、指示性报价、请求报价等方式向市场提供利率期权报价,并进行日终波动率曲线报价。利率上/下限期权采用现金交割方式,由期权卖方向买方支付期权收益。

目前,我国中金所也在同步开展对国债期货期权的研究和建设。利率衍生品市场,尤其是期权类品种必然将迎来发展的提速期。

第三节　期权交易机制

一、期权的基本条款

（一）利率互换期权的基本条款

《银行间市场利率期权交易规则》,利率互换期权的交易要素包括：期权类型、期权标的、期权期限、名义本金、执行利率、期权价格、期权费、隐含波动率、期权费支付日、行权日、交割方式、清算方式、营业日准则、合约代码、计算机构、双边保证金制度等。

利率上/下限期权的交易要素包括：期权类型、期权标的、期权期限、名义本金、执行利率、期权价格、期权费、隐含波动率、期权费支付日、首次利率确定日、起始日、到期日、重置频率、支付日、支付周期、计息期、计息基准、期权收益支付额、计息天数调整、交割方式、清算方式、营业日准则、合约代码、计算机构、双边保证金制度等。

在期权标的方面,利率互换期权的标的为利率互换产品。利率上/下限期权的标的为交易双方约定的用以确定期权收益支付额的参考利率。参考利率包括但不限于中国人民银行认可的公开发布的市场利率。在期权期限方面,利率互换期权交易日与行权日之间的期限；利率上/下限期权起始日与到期日之间的期限。执行利率,交易双方约定的期权标的水平。期权价格,期权买方为获得单位名义本金上的权利所需支付的成本,单位为基点(BP)。期权费,期权价格乘以名义本金,单位为元。隐含波动率,根据期权价格反推的期权标的的波动率。期权费支付日,期权买方向卖方支付期权费用的日期。行权日,利率互换期权交易双方约定的期权买方可以行权的日期。首次利率确定日,确定首个重置日参考利率水平的日期。起始日,利率期权交易的具体条款开始执行的日期。到期日,利率期权交易结束的日期。重置频率,在利率上/下限期权期限内,参考利率重置的频率,用以确定每个计息期的参考利率水平,包括天、周、两周、月、季、年等。支付日,利率上/下限期权卖方向买方支付期权收益的日期。支付周期,交易双方约定的用以推算支付日的固定时间间隔,包括天、周、两周、月、季、年或到期支付等。计息期,对于利率上/下限期权,相邻两个支付日之间的时间区间(包含前一支付日,但不包含后一支付日),首个计息期间始于起息日(含该日),最后一个计息期间截至到期日(不含该日)。除非交易双方另有约定,支付日根据营业日准则发生调整的,按调整后的支付日确定计息期(前端残段除外)。期权收益支付额,在利率上/下限期权期限内,每个支付日期权卖方需向买方支付的金额。营业日准则,若某一交易相关日期并非营业日,则交易双方可自行约定按下一营业日准则、经调整的下一营业日准则或上一营业日准则进行调整。计算机构,就利率期权交易,交易双方约定的负责对支付义务进行具体计算的机构。

（二）股票期权的基本条款

相比利率期权,我国的场内股票期权合约更为具体。以上海证券交易所的股票期权产品为例,《上海证券交易所股票期权试点交易规则》规定,股票期权合约为上交所统一制定的、规定买方有权在将来特定时间以特定价格买入或者卖出约定股票或者跟踪股票指数的交易型开放式指数基金（ETF）等标的物的标准化合约。股票被选择作为期权合约标的时，应当符合的条件包括：

（1）属于本所公布的融资融券标的证券。
（2）上市时间不少于 6 个月。
（3）最近 6 个月的日均波动幅度不超过基准指数日均波动幅度的 3 倍。
（4）最近 6 个月的日均持股账户数不低于 4 000 户。
（5）本所规定的其他条件。

交易所交易基金被选择作为期权合约标的时，应当符合的条件包括：

（1）属于本所公布的融资融券标的证券。
（2）基金成立时间不少于 6 个月。
（3）最近 6 个月的日均持有账户数不低于 4 000 户。
（4）本所规定的其他条件。

期权合约条款主要包括合约简称、合约编码、交易代码、合约标的、合约类型、到期月份、合约单位、行权价格、行权方式、交割方式等。根据市场需要，上交所可以对期权合约条款进行调整（见表 9-2）。

表 9-2　上证 50ETF 期权合约基本条款

合约标的	上证 50 交易型开放式指数证券投资基金（"50ETF"）
合约类型	认购期权和认沽期权
合约单位	10 000 份
合约到期月份	当月、下月及随后两个季月
行权价格	9 个（1 个平值合约、4 个虚值合约、4 个实值合约）
行权价格间距	3 元或以下为 0.05 元，3 元至 5 元（含）为 0.1 元，5 元至 10 元（含）为 0.25 元，10 元至 20 元（含）为 0.5 元，20 元至 50 元（含）为 1 元，50 元至 100 元（含）为 2.5 元，100 元以上为 5 元
行权方式	到期日行权（欧式）
交割方式	实物交割（业务规则另有规定的除外）
到期日	到期月份的第四个星期三（遇法定节假日顺延）
行权日	同合约到期日，行权指令提交时间为 9：15～9：25、9：30～11：30、13：00～15：30
交收日	行权日次一交易日

资料来源：上海证券交易所官网。

二、期权的交易制度

（一）利率期权的交易制度

《银行间市场利率期权交易规则》规定，利率期权市场交易成员是指与交易中心联网的利率期权市场参与者，包括但不限于境内外商业银行、信托公司、企业集团财务公司、证券公司、基金管理公司、期货公司、保险公司等经国家金融管理部门许可的金融机构，上述金融机构依法合规面向客户发行的投资产品，以及非金融机构等。金融机构及其投资产品开展利率期权交易前，应向交易中心申请成为交易成员。市场参与者申请成为交易成员的，应向交易中心递交包括入市申请表、相关内部操作规程和风险管理制度等相关材料，市场参与者向交易中心递交入市联网材料,即代表其承诺将持续遵守中国人民银行及交易中心相关规定,严格执行其内部操作规程和风险管理制度。

交易中心为市场参与者提供利率期权交易服务。交易成员间的利率期权交易应在交易中心交易系统达成,并依据成交单办理结算交割。成交单是双方利率期权交易协议的组成部分,一经生成,对交易双方具有最终法律约束力,交易双方不得擅自变更。交易成员与非交易成员间的利率期权交易,应当由交易成员于交易达成次一工作日北京时间 12∶00 前将相关交易情况报交易中心备案。交易成员应当遵循投资者适当性等原则,向非交易成员充分揭示相关风险,不得对其进行欺诈和误导。交易时间为每星期一至星期五(国家法定节假日调整除外)北京时间 9∶00～12∶00、13∶30～17∶00。利率期权报价方式包括对话报价、意向报价、点击成交报价、请求报价、指示性报价等。①对话报价是指交易双方自行协商确定期权价格以及其他交易要素的交易方式;②意向报价是指交易成员公开发出的、表明其交易意向的报价,受价方可根据意向报价向报价方进行协商的交易方式;③点击成交报价是指报价方就利率期权同时报出买入和卖出价格及数量的报价,受价方可点击该报价达成成交的交易方式;④请求报价是指要价方向特定市场成员发出报价请求,报价方据此回复交易价格及其他交易要素,并由发出请求的市场成员确认成交的交易方式;⑤指示性报价交易方式是指报价方向投资人发出具名的非可直接点击成交价格,受价方可基于指示性报价,通过请求报价等交易方式最终成交的交易方式。

利率期权交易基于期权价格成交,交易中心提供隐含波动率计算等交易相关服务。交易中心组织报价机构通过交易系统以点击成交报价、指示性报价、请求报价等方式向市场提供利率期权报价,并进行日终波动率曲线报价。交易中心对报价机构通过交易系统开展的利率期权报价行为和质量进行评估。

在清算方面,利率期权交易由交易双方进行双边清算。在行权方面,利率期权行权方式为欧式期权。利率互换期权买方可在行权日行使权利。买方应当在行权日通过交易系统行权模块对利率互换期权进行行权处理,行权截止时间为行权日当日北京时间 16∶00 点整;买方在 16∶00 之前未行权则视为放弃行权。行权后,交易系统自动生成对应的利率互换交易行权单,交易双方应当按照行权单进行交割。在交割方式上,利率互换期权采用实物交割方式。利率上/下限期权采用现金交割方式,由期权卖方向买方支付期权收益。

(二) 股票期权的交易制度

《上海证券交易所股票期权试点交易规则》规定,符合中国证监会规定的开展股票期权经纪业务相关条件的上交所会员及上交所认可的其他股票期权经营机构,可以申请成为本所股票期权交易参与人,通过在上交所开设的参与者交易业务单元进行期权交易。期权经营机构开展期权自营及经纪业务,应当分别开设相应的交易单元,自营与经纪业务的交易单元不得联通或者混用。参与期权交易的投资者,应当符合中国证监会和上交所规定的适当性标准,个人投资者还应当通过期权经营机构组织的期权投资者适当性综合评估(见表 9-3)。

投资者必须通过事先委托的期权经营机构参与本所市场期权交易。投资者可以通过书面或电话、自助终端、互联网等自助委托方式,委托期权经营机构买卖期权合约。投资者的委托指令包括:①合约账户号码;②合约交易代码;③买卖类型;④委托数量;⑤委托类型与价格;⑥本所及期权经营机构要求的其他内容。每个交易日 9∶20～9∶25 的开盘集合竞价阶段,以及 14∶59～15∶00 的收盘集合竞价阶段,上交所不接受撤单申报;其他接受交易申报的时间内,未成交申报可以撤销,撤销指令经上交所确认方为有效。

期权竞价交易按价格优先、时间优先的原则撮合成交。价格优先的原则为:较高价格买入申报优先于较低价格买入申报,较低价格卖出申报优先于较高价格卖出申报。时间优先的原则为:买卖方向、价格相同的,先接受的申报优先于后接受的申报。买卖申报经上交所撮合成交后,交易即告成立,依照规则达成的交易于成立时生效,买卖双方必须承认交易结果,履行结算义务。

期权买方可以决定在合约规定期间内是否行权。买方决定行权的,可以特定价格买入或者卖出相应数量的合约标的。期权卖方应当按照规定履行相应义务。期权交易实行保证金制度。保证金用于结算和担保期权合约履行,包括结算准备金和交易保证金。交易保证金分为开仓保证金和维持保证金。保证金应当以现金或者经本所及中国结算认可的证券交纳。

表 9-3　上证 50ETF 期权合约基本交易规则

交易时间	上午 9:15~9:25、9:30~11:30(9:15~9:25 为开盘集合竞价时间) 下午 13:00~15:00(14:57~15:00 为收盘集合竞价时间)
委托类型	普通限价委托、市价剩余转限价委托、市价剩余撤销委托、全额即时限价委托、全额即时市价委托以及业务规则规定的其他委托类型
买卖类型	买入开仓、买入平仓、卖出开仓、卖出平仓、备兑开仓、备兑平仓以及业务规则规定的其他买卖类型
最小报价单位	0.0001 元
申报单位	1 张或其整数倍
涨跌幅限制	认购期权最大涨幅＝max{合约标的前收盘价×0.5%,min[(2×合约标的前收盘价－行权价格),合约标的前收盘价]×10%} 认购期权最大跌幅＝合约标的前收盘价×10% 认沽期权最大涨幅＝max{行权价格×0.5%,min[(2×行权价格－合约标的前收盘价),合约标的前收盘价]×10%} 认沽期权最大跌幅＝合约标的前收盘价×10%
熔断机制	连续竞价期间,期权合约盘中交易价格较最近参考价格涨跌幅度达到或者超过 50% 且价格涨跌绝对值达到或者超过 10 个最小报价单位时,期权合约进入 3 分钟的集合竞价交易阶段
开仓保证金最低标准	认购期权义务仓开仓保证金＝[合约前结算价+max(12%×合约标的前收盘价－认购期权虚值,7%×合约标的前收盘价)]×合约单位 认沽期权义务仓开仓保证金＝min[合约前结算价+max(12%×合约标的前收盘价－认沽期权虚值,7%×行权价格),行权价格]×合约单位
维持保证金最低标准	认购期权义务仓维持保证金＝[合约结算价+max(12%×合约标的的收盘价－认购期权虚值,7%×合约标的的收盘价)]×合约单位 认沽期权义务仓维持保证金＝min[合约结算价+max(12%×合标的收盘价－认沽期权虚值,7%×行权价格),行权价格]×合约单位

资料来源:上海证券交易所官网。

三、上证 50ETF 期权报价与行情分析

(一) 上证 50ETF 期权合约基本条款

以上证 50ETF 期权为例,期权买卖双方交易的资产是 50ETF。合约类型分为认购期权和认沽期权。认购期权也称看涨期权,指期权的买方具有在约定日期按协定价格买入一定数量特定股票或 ETF 的权利。以买入认购期权为例,3 月 24 日投资者以 0.1168 元价格,买了 1 张行权价格为 2.10 元、合约单位为 10000 份、5 月 25 日到期的 50ETF 认购期权,这意味着投资者在 5 月 25 日当日可以以每份 2.10 元的价格买入 10000 份 50ETF。认沽期权也称看跌期权,指期权的买方具有在约定期限内按协定价格卖出一定数量特定股票或 ETF 的权利。以买入认沽期权

为例,3 月 24 日投资者以 0.096 9 元价格,买了一张行权价格为 2.10 元、合约单位为 10 000 份、5 月 25 日到期的 50ETF 认沽期权。这意味着投资者在 5 月 25 日当日可以以每份 2.10 元的价格卖出 10 000 份 50ETF。以下为这个例子中的一些基本概念:

(1) 合约到期月份:当月、下月及随后两个季月,季月是指 3 月、6 月、9 月、12 月。

(2) 行权价格:指按期权合约规定,期权权利方行权时适用的合约标的交易价格。以上证 50ETF 期权为例,指期权合约到期时,权利方买或卖 50ETF 的价格。

(3) 实值:指认购期权的行权价格低于合约标的市场价格,或者认沽期权的行权价格高于合约标的市场价格的状态。以 50ETF 购 5 月 2100(即标的为 50ETF 在 5 月到期,行权价格 2.1 元的认购期权)为例,在 2016 年 3 月 24 日~5 月 6 日期间,50ETF 价格高于 2.1 元,50ETF 购 5 月 2100 在此时间段内均为实值期权。

(4) 虚值:指认购期权的行权价格高于合约标的市场价格,或者认沽期权的行权价格低于合约标的市场价格的状态。以 50ETF 购 5 月 2100 为例,在 2016 年 5 月 9 日~13 日期间,50ETF 价格低于 2.1 元,50ETF 购 5 月 2100 在此时间段内均为虚值期权。

(5) 行权方式:到期日行权(欧式)。指期权买方只能在到期日行权的期权合约。以 50ETF 购 5 月 2100 为例,权利方只能在 5 月 25 日当天行使权力。

(6) 交割方式:实物交割。指在期权合约到期后,认购期权买方支付现金买入合约标的,卖方收入现金卖出合约标的;或认沽期权买方卖出合约标的得到现金,期权卖方买入合约标的并支付现金。以 50ETF 购 5 月 2100 为例,结算时权利方支付现金买入 50ETF,义务方卖出 50ETF 得到现金。

(7) 买卖类型:包括买入开仓、买入平仓、卖出开仓、卖出平仓、备兑开仓、备兑平仓等。

(8) 买入开仓与卖出开仓:买入开仓是指义务方持有头寸(不含备兑开仓持仓头寸)时,买入期权。卖出开仓是指卖出期权。

(9) 备兑开仓与备兑平仓:备兑开仓是指在拥有足额标的的基础上,卖出相应数量的认购期权合约;备兑平仓是指投资者备兑开仓后,买入相应期权将备兑头寸平仓。

(二) 开仓保证金和维持保证金计算

股票期权交易采用当日无负债结算制度,每个交易日收市后会按照结算价向股票期权卖方计算收取维持保证金,该保证金会随结算价的变动而变。如果期权卖方保证金账户内的可用资金不足,义务方将面临追加保证金的要求,若未在规定的时间内补足保证金又没有自行平仓,则会被强行平仓。因此,知道保证金的计算对投资者而言显得尤为重要。

1. 开仓保证金的计算

(1) 认购期权义务仓开仓保证金=[合约前结算价+max(12%×合约标的前收盘价-认购期权虚值,7%×合约标的前收盘价)]×合约单位。以 2016 年 5 月 16 日卖出 10 000 份 50ETF 购 5 月 2100 为例,合约前结算价 0.012 9 元,50ETF 前收盘价 2.079 元。具体计算过程如下:认购期权虚值=max(行权价-合约标的前收盘价, 0)=max(2.1-2.079, 0)=0.021 认购期权义务仓开仓保证金=[0.012 9+max(12%×2.079-0.021, 7%×2.079)]×10 000=[0.012 9+max(0.228 48, 0.145 53)]×10 000=2 413.8 元。

(2) 认沽期权义务仓开仓保证金=min[合约前结算价+max(12%×合约标的前收盘价-认沽期权虚值,7%×行权价格),行权价格]×合约单位。以 2016 年 5 月 16 日卖出 10 000 份 50ETF 沽 5 月 2100 为例,合约前结算价 0.039 3 元,50ETF 前收盘价 2.079 元。具体计算过程如下:认沽期权虚值=max(合约标的前收盘价-行权价, 0)=max(2.079-2.1, 0)=0 认沽期权义务仓开仓保证金=min[0.039 3+max(12%×2.079-0, 7%×2.1), 2.1]×10 000=2 887.8 元。

2. 维持保证金的计算

(1) 认购期权义务仓维持保证金=[合约结算价+max(12%×合约标的收盘价−认购期权虚值,7%×合约标的收盘价)]×合约单位。以 2016 年 5 月 16 日卖出 10 000 份 50ETF 购 5 月 2100 为例,计算当天的认购期权义务仓维持保证金。合约结算价 0.011 2 元,50ETF 收盘价 2.081 元具体计算过程如下:认购期权虚值=max(行权价−合约标的收盘价,0)=max(2.1−2.081,0)=0.019 认购期权义务仓维持保证金=[0.011 2+max(12%×2.081−0.019,7%×2.081)]×10 000=2 419.2 元。

(2) 认沽期权义务仓维持保证金=min[合约结算价+max(12%×合标的收盘价−认沽期权虚值,7%×行权价格),行权价格]×合约单位。以 2016 年 5 月 16 日卖出 10 000 份 50ETF 沽 5 月 2100 为例,计算当天的认沽期权义务仓维持保证金。合约结算价 0.033 7 元,50ETF 收盘价 2.081 元,具体计算过程如下:认沽期权虚值=max(合约标的收盘价−行权价,0)=max(2.081−2.1,0)=0 认沽期权义务仓维持保证金=min[0.033 7+max(12%×2.081−0,7%×2.1),2.1]×10 000=2 834.2 元。

(三) 利用期权规避价格波动的风险

持有股票的投资者通常最担心股价持续下跌,导致买高卖低,造成巨大损失。那么如何才能避免或减轻这种情况的发生呢?使用期权就可以有效减轻股价持续下跌造成的风险。当投资者持有股票时,如果担心未来行情下跌造成损失,就需要在期权上进行空头操作,最基础的策略就是进行买入认沽期权或卖出认购期权的操作。然而,目前并没有场内个股期权,而场外期权由于价格相对较高,无法满足大部分投资者的对冲需求。那么可以利用上证 50ETF 期权来对冲个股风险吗?实际上,只要通过股票、上证 50ETF、上证 50ETF 期权三者之间的关系转换,就可以有效避免个股下跌风险。

利用上证 50ETF 期权对冲个股风险,简单来说,就是先把个股风险利用做空上证 50ETF 的方式对冲,再把做空上证 50ETF 替代为相应的上证 50ETF 期权策略。例如,买入认沽期权,其中个股与上证 50ETF 之间的关系可以通过 Beta 来转换,上证 50ETF 与上证 50ETF 期权之间的关系可以通过 Delta 来转换。

第一步,通过上证 50ETF 对冲个股的非系统性风险,需要考虑个股和大盘的关系,由 β 值来表现。β 值代表了指数与个股的关系,例如,上证 50ETF 与个股的 β 值为 0.5,当上证 50ETF 上涨 1% 时,个股上涨 0.5%;当上证 50ETF 下跌 1% 时,个股下跌 0.5%。β 的计算公式为:$\beta_{im} = \rho_{im} * \sigma_i / \sigma_m$。

其中 ρ_{im} 为证券 a 与市场的相关系数;σ_i 为证券 i 的标准差;σ_m 为市场的标准差。案例:概念股交通银行的 β 系数为 0.6,说明当上证 50ETF 上涨 1% 时,概念股交通银行可能上涨 0.6%。若持有 100 000 股交通银行,每股 5.78 元,总额为 578 000 元,若用上证 50ETF 进行对冲,10 000 份上证 50ETF,每份为 2.261 0 元,总额为 22 610 元,对冲需要卖出上证 50ETF:578 000×0.6/22 610≈150 000 份。

第二步,通过期权策略代替做空上证 50ETF 对冲个股风险,需要考虑上证 50ETF 和上证 50ETF 期权之间的比例关系。Delta 是衡量标的资产价格变动时,期权价格的变化幅度的参数,例如,期权的 δ 值为 0.5,代表上证 50ETF 增长 0.1,该期权价格增长 0.05;期权 δ 值为 −0.5,则代表上证 50ETF 增长 0.1,该期权价格减少 0.05。δ 计算公式为:$\delta = \partial V / \partial S$,其中 V 是期权价格,S 是标的价格。

δ 值为 −0.444 3 的认沽期权,当上证 50ETF 上涨 1 个单位时,期权会下跌 0.444 3。在第一步中,如果利用买入上证 50ETF 的认沽期权代替做空上证 50ETF 的方式对冲 100 000 股交通银行股票,需要买入认沽期权:150 000份/0.444 3=34手。因此,利用上证50ETF期权对冲个股风险需要数量关系的速算,公式为:股票市值×β/上证50ETF市值/δ。

(四)期权对冲风险的案例操作

2018年10月24日,某投资者持有10 000股中国平安股票,考虑利用上证50ETF期权进行对冲。该投资者需要进行为期20个交易日的对冲,当日上证50ETF的收盘价为2.525元,中国平安的收盘价为66.25元,此时20个交易日的β值根据计算公式得出为1.11。

如果用上证50ETF对冲,10 000份上证50ETF对应的市值为:2.525×10 000=25 250元,持有的10 000股中国平安对应市值为:66.25×10 000=662 500元。因此,考虑β后,该投资者需要卖出:662 500×1.11/25 250≈28.86万份上证50ETF进行对冲。

如果该投资者选择利用上证50ETF期权对冲,他可以采用买入认沽期权、卖出认购期权、构建领口策略这3种方法建立期权头寸,并计算使用需要构建的数量。

(1)买入认沽期权对冲。由于付出权利金,收益减少,换取大幅下跌止损功能。平值认沽期权"上证50ETF沽11月2.55"的δ值为-0.51,期权权利金为963元/手;对冲需要买入的上证50ETF份数/δ=28.86万份/-0.51≈57手"50ETF沽11月2.55"期权进行对冲,占用资金为付出的权利金:57×963=54 891元。对冲结果如表9-4所示。

表9-4 买入认沽期权对冲的损益

	进场价	出场价	数量	损益	总损益
中国平安	66.25元/股	64.01元/股	10 000股	-22 400元	-35 225元
买入认沽	963元/手	738元/手	57手	-12 825元	

该对冲组合亏损是由于行情变化幅度较小,并且买入认沽期权时间价值损失较多,导致期权价值缩水。

(2)卖出认购期权对冲。由于收入权利金,收益增多,但是限制大幅上涨潜在收益。平值认购期权"上证50ETF购11月2.55"的δ值为0.49,期权权利金为814元/手,保证金为3 594元/手;对冲需要买入上证50ETF份数/δ=28.86万份/0.49≈59手"50ETF购11月2.55"期权进行对冲,占用资金为卖方保证金-收取的权利金为:59×(3 594-814)=164 020元。对冲结果如表9-5所示,上证50ETF期权盈利较多,原因是卖方收取了时间价值,并且行情没有大幅变化。

表9-5 卖出认购期权对冲的损益

	进场价	出场价	数量	损益	总损益
中国平安	66.25元/股	64.01元/股	10 000股	-22 400元	12 292元
卖出认购	814元/手	226元/手	-59手	34 692元	

(3)构建领口期权策略。领口期权是指在持有标的资产的同时,买入看跌期权、卖出看涨期权的组合策略,买入看跌期权主要是为了转移期货下跌的风险,而卖出看涨期权只是为了收取部分权利金以达到降低交易成本的目的。这是一种较为保守的交易策略,限制大幅上涨潜在收益,换取大幅下跌止损功能。平值认沽期权"上证50ETF沽11月2.55"的δ值为-0.51,期权权利金为963元/手;平值认购期权"上证50ETF购11月2.55"的δ值为0.49,期权权利金为814元/手,保证金为3 594元/手。由于使用平值期权对冲,买认沽期权和卖认购期权的比例约为1∶1,买入认沽+卖出认购的总δ=(-0.51)-0.49=-1。

对冲需要构建上证50ETF份数/δ＝28.86/1≈29组领口期权策略组合进行对冲，即买入29手"上证50ETF沽11月2.55"期权，卖出29手"上证50ETF购11月2.55"期权，占用资金为：付出的权利金＋卖方保证金－收取的权利金＝29×(963＋3 594－814)＝108 547元。对冲结果如表9-6所示。

表9-6　领口期权策略组合对冲损益

	进场价	出场价	数量	损益	总损益
中国平安	66.25元/股	64.01元/股	10 000股	－22 400元	－11 873元
买入认沽	963元/手	738元/手	29手	－6 525元	
卖出认购	814元/手	226元/手	－29手	17 052元	

立德树人思考

"一带一路"建设工作的思考

中共中央总书记、国家主席、中央军委主席习近平2016年8月17日在北京人民大会堂出席推进"一带一路"建设工作座谈会并发表重要讲话强调，总结经验、坚定信心、扎实推进，聚焦政策沟通、设施联通、贸易畅通、资金融通、民心相通，聚焦构建互利合作网络、新型合作模式、多元合作平台，聚焦携手打造绿色丝绸之路、健康丝绸之路、智力丝绸之路、和平丝绸之路，以钉钉子精神抓下去，一步一步把"一带一路"建设推向前进，让"一带一路"建设造福沿线各国人民。

习近平指出，目前，已经有100多个国家和国际组织参与其中，我们同30多个沿线国家签署了共建"一带一路"合作协议、同20多个国家开展国际产能合作，联合国等国际组织也态度积极，以亚投行、丝路基金为代表的金融合作不断深入，一批有影响力的标志性项目逐步落地。"一带一路"建设从无到有、由点及面，进度和成果超出预期。

习近平指出，以"一带一路"建设为契机，开展跨国互联互通，提高贸易和投资合作水平，推动国际产能和装备制造合作，本质上是通过提高有效供给来催生新的需求，实现世界经济再平衡。特别是在当前世界经济持续低迷的情况下，如果能够使顺周期下形成的巨大产能和建设能力走出去，支持沿线国家推进工业化、现代化和提高基础设施水平的迫切需要，有利于稳定当前世界经济形势。

习近平就推进"一带一路"建设提出8项要求。一是要切实推进思想统一，坚持各国共商、共建、共享，遵循平等、追求互利，牢牢把握重点方向，聚焦重点地区、重点国家、重点项目，抓住发展这个最大公约数，不仅造福中国人民，更造福沿线各国人民。中国欢迎各方搭乘中国发展的快车、便车，欢迎世界各国和国际组织参与到合作中来。二是要切实推进规划落实，周密组织，精准发力，进一步研究出台推进"一带一路"建设的具体政策措施，创新运用方式，完善配套服务，重点支持基础设施互联互通、能源资源开发利用、经贸产业合作区建设、产业核心技术研发支撑等战略性优先项目。三是要切实推进统筹协调，坚持陆海统筹，坚持内外统筹，加强政企统筹，鼓励国内企业到沿线国家投资经营，也欢迎沿线国家企业到我国投资兴业，加强"一带一路"建设同京津冀协同发展、长江经济带发展等国家战略的对接，同西部开发、东北振兴、中部崛起、东部率先发展、沿边开发开放的结合，带动形成全方位开放、东中西部联动发展的局面。四是要切实推进关键项目落地，以基础设施互联互通、产能合作、经贸产业合作区为抓手，实施好一批示范性项目，多搞一点早期收获，让有关国家不断有实实在在的获得感。五是要切实推进金融创新，创新国际化的融资模式，深化金融领域合作，打造多层次金融平台，建立服务"一带一路"建设长期、稳定、可持续、风险可控的金融保障体系。六是要切实推进民心相通,弘扬丝路精神,推进文明交流互鉴,重视人文合作。七是要切实推进舆论宣传,积极宣传"一带一路"建设的实实在在成果,加强"一带一路"建设学术研究、理论支撑、话语体系建设。八是要切实推进安全保障,完善安全风险评估、监测预警、应急处置,建立健全工作机制,细化工作方案,确保有关部署和举措落实到每个部门、每个项目执行单位和企业。

(《习近平就推进一带一路提出8项要求将切实推进金融创新》,新华社,2016年8月18日)

思考:

1. 试从金融角度谈一谈,金融市场的建设如何更好地为我国"一带一路"建设战略目标服务。

2. 如何理解"一带一路"建设与金融创新的关系。

本章小结

1. 期权也即选择权,是未来选择买卖某种标的商品的权利。

2. 期权作为一种金融工具,其构成要素主要包括:买方、卖方、期权费、标的资产的数量、执行价格、到期日等。

3. 金融期权的分类标准有很多,按照不同的标准可以区分为不同的类型。

4. 期权与其他衍生工具有联系也有区别。

5. 1973年,世界第一个期权交易所——芝加哥期权交易所的成立标志着有组织的、标准化的期权交易时代的开始。

6. 当前我国期权品种中,场内成交活跃度较高的品种以股票期权和商品期权为主,利率期权目前仍在起步阶段;场外而言则是外汇期权的为主。

练习题

一、单选题

1. FD公司的股价为30元/股。对于基于该公司股票的期权,下列表述正确的是( )。

   A. 执行价格为85元的看跌期权处于实值状态

   B. 执行价格为25元的看涨期权处于平价状态

   C. 执行价格为20元的看跌期权处于虚值状态

   D. 执行价格为30元的看涨期权处于实值状态

2. 假定ABC公司的股价是每股100美元。一份ABC公司4月份看涨期权的执行价格100美元,期权费为5美元。忽略委托佣金,则下列( )情况时,看涨期权持有者将获得利润。

   A. 股价涨到104美元   B. 股价涨到107美元

   C. 股价跌到90美元   D. 股价跌到96美元

3. 下列各项中,关于期权市场价值(即期权费)的描述( )是正确的。

   A. 它是由期权定价模型来确定的

   B. 在到期日时,期权费等于内在价值

   C. 在到期日前,期权费是时间价值和内在价值之和

   D. 内在价值等于市场价格和执行价格之间的差

4. 下列各种情形中,( )是关于期权费的错误描述。

   A. 在到期日时,期权费等于内在价值

B. 在到期日前,期权费是时间价值和内在价值的总和
C. 它是由期权定价模型决定的
D. 内在价值是市场价格和执行价格之间的差异

5. 某投资者购买了一个执行价格为28美元的股票看跌期权,期权费为3美元,如果股票当前价格为22美元,则该期权的内在价值为(　　)。
   A. 0美元　　　　B. 3美元　　　　C. 6美元　　　　D. 9美元

二、简答题

1. 某投资者以3美元的价格买入欧式看跌期权,股票价格为42美元,执行价格为40美元,在什么情况下投资者会盈利?在什么情况下期权会被行使?
2. 投资者以4美元的价格卖出欧式看涨期权,股票价格为47美元,执行价格为50美元,在什么情况下投资者会盈利?在什么情况下期权会被行使?
3. 某投资者卖出1欧式看涨期权并同时买入1欧式看跌期权,看涨及看跌期权的执行价格均为K,到期日均为T,描述投资者的头寸。
4. 解释经纪人为什么向期权的卖方(而不是买方)收取保证金。
5. 某交易员买入一看涨期权与看跌期权,看涨期权执行价格为45美元,看跌期权执行价格为40美元,两个期权有相同期限,看涨期权价格为3美元,看跌期权价格为4美元,求其收益情况。
6. 解释为什么一个美式期权的价值不会小于一个具有同样期限和执行价格的欧式期权价格。
7. 解释为什么一个美式期权的价值不会小于其内在价值。
8. 仔细解释卖出看跌期权与买入看涨期权之间的区别。
9. 一家企业的资金部主管试图采用期权或远期合约来对公司的外汇风险进行对冲,说明两种办法的优缺点。
10. 试述一笔意外的现金股息对看涨期权和看跌期权分别是什么影响。

第十章 期权定价原理

【本章提要】

对期权进行合理的定价是期权设计和期权交易的重要环节。本章首先介绍期权内在价值和时间价值,以及影响期权价格的主要因素,具体包括标的资产价格、期权执行价格、期权的有效期、标的资产的价格波动率、无风险利率和标的资产的收益。然后介绍欧式期权平价定理,该定理描述了欧式看涨期权、欧式看跌期权、标的资产和无风险资产之间的复制关系和价格平衡关系。最后介绍期权定价的无套利均衡方法和风险中性定价方法,基于这两种基本的定价原理,构建了二叉树期权定价模型和基于连续时间假设的 B-S 期权定价模型。

【学习目标】

1. 理解期权的内在价值和时间价值的含义,掌握标的资产价格、执行价格、有效期、波动率、无风险利率和标的资产的收益对期权价值的影响。
2. 掌握欧式期权的价格上限和下限。
3. 理解欧式看涨期权与看跌期权的平价定理的原理,了解欧式期权平价定理在套利中的应用。
4. 掌握基于单期二叉树模型的期权定价方法,了解多期二叉树模型。
5. 掌握布莱克—斯科尔斯(B-S)微分方程的推导过程,掌握期权定价模型的计算与应用。
6. 了解期权定价的风险中性定价原理。
7. 了解历史波动率和隐含波动率的原理与计算。
8. 了解实物期权的概念与应用。

【思政理念】

1. 引导学生防范大学生侥幸、投机心理。
2. 大学生创新创业教育。
3. 中国特色社会主义道路自信。

【案例导读】

2007 年 8 月份,北京的郝女士在香港的星展银行开设了一个私人银行账户,在该账户上存入投资款 8 000 多万元,但短短几个月之后,她的 8 000 多万元资金却化为乌有,而且还倒欠星展银行 9 000 多万元。是什么投资让郝女士损失如此惨重呢?原来她通过星展银行投资了一种"股票累计期权"的产品。典型的股票累计期权一般包括如下的条款:投资者可以按照约定的价格在未来一定期限(一般为 1 年)内定期选择买入约定数量的股票,股票买入价格低于当前股票价格 10%~20%,如果股票价格高于当前股票价格的 105%,合约终止;如果股票价格低于另外一个约定的价格(如80%),则投资者需要加倍买入。

2008年金融危机的深化,全球股市暴跌,股票累计期权的投资者都损失惨重,这也引发了人们对这种金融衍生产品的质疑。从本质上来说,累计期权合约中的看涨期权和看跌期权相互支付对价,如果开发这种产品时所基于的定价模型是合理的,两种期权对价公平,我们就不能认为这种产品存在欺诈,只是投资者由于运气不佳而投资失败。如果产品所基于的定价模型不合理,产品设计就存在欺诈的成分。本章将介绍期权定价的原理和期权定价方法,让我们对期权定价有一个初步的认识。

第一节 期权价格及其影响因素

一、期权价格的构成

根据期权价值构成的性质不同,期权价值可以分为内在价值和时间价值。期权的内在价值是不考虑标的资产未来价格的不确定性,假设现在就决定执行或不执行期权,期权所具有的价值。标的资产的期末价格 S_T 是一个随机变量,期望值为 $E(S_T)$。对于欧式看涨期权,如果现在就决定执行还是不执行期权,则 $E(S_T)$ 大于执行价格 X 则执行期权,否则就放弃执行,这样期权的期末价值为 $\max[E(S_T)-X]$。如果标的资产没有收益,根据风险中性假设,在当前时刻看涨期权的内在价值为 $\max(S-Xe^{-r(T-t)}, 0)$。同理,对于欧式看跌期权,其内在价值为 $\max(0, Xe^{-r(T-t)}-S)$。如果标的资产在期权持有期间有现金收益 D,则欧式看涨期权的内在价值为 $\max(S-D-Xe^{-r(T-t)}, 0)$,欧式看跌期权的内在价值为 $\max(Xe^{-r(T-t)}-S+D, 0)$。

由于标的资产未来价格是不确定的,如果没有特定事件导致标的资产价格发生突然的跳跃,对于期权的持有者来说,在期权还没有到期之前,不急于决定执行还是不执行期权,而是选择继续等待,因为标的资产的价格还有可能会朝着对自己有利的方向变动,期权持有者选择继续等待是有价值的,这种等待的价值就是期权的时间价值。例如,我们考虑一个欧式看涨期权,标的资产价格为10元,执行价格为11元,期权期限为6个月。假设投资者预计在期末标的资产的价格有5种可能,即12元、11元、10元、9元和8元,5种情况发生的概率都是20%,期望值为10元。从现在来看,该期权是一个虚值期权,期权的内在价值为0。但是,如果在期权到期时标的资产价格为12元,则该期权就应该执行,执行期权可以获得1元的收益,所以该看涨期权的时间价值就是:$1 \times 20\% = 0.2$元。

期权的时间价值其实是一种波动性价值,只要持有者还没有执行期权,标的资产价格的未来波动可能会使价格朝着有利于期权持有者的方向变化,价格的波动和期权执行的非对称性会给期权持有者带来等待和选择执行的好处。例如,我们考虑一个平价看涨期权,即当前标的资产价格正好等于期权的执行价格。标的资产未来的价格既有可能上涨,也有可能下跌,向两个方向运动的概率是大致相等的,在未来标的资产价格低于执行价格时,期权持有者可以放弃执行期权,而只有标的资产价格高于执行价格时,他们才会选择执行期权,这种执行期权的非对称性使持有期权继续等待是有价值的。对于无收益资产,当标的资产价格等于执行价格的现值,即 $S = Xe^{-r(T-t)}$ 时,期权的时间价值最大。执行价格相同的看涨期权和看跌期权的时间价值相等。看涨期权的价值构成如图10-1所示,看跌期权的价值构成如图10-2所示。

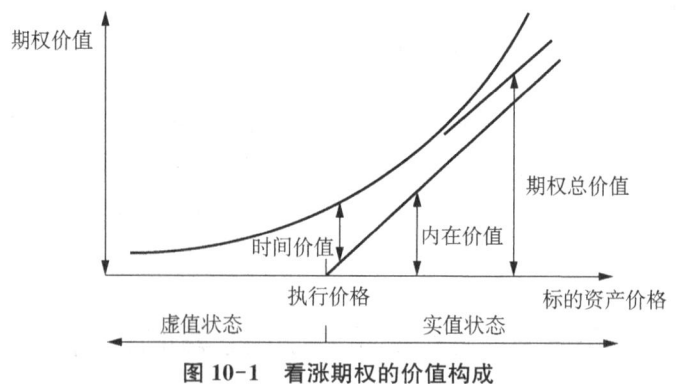

图 10-1 看涨期权的价值构成

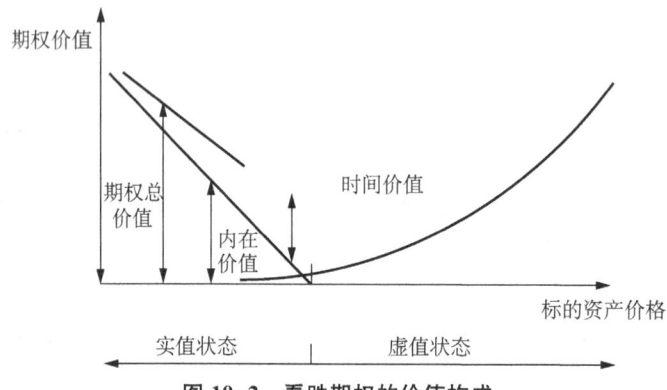

图 10-2 看跌期权的价值构成

二、期权价格边界

(一) 看涨期权价格的上限

对于美式和欧式看涨期权,标的资产价格是看涨期权价格的上限。即在任何时刻期权的价值都不会超过标的资产的价值:$c \leqslant S$ 和 $C \leqslant S$。

假若上式不成立,即:$C > S$ 或 $c > S$,就会存在套利机会。

(二) 看跌期权价格的上限

1. 美式看跌期权

美式看跌期权价格 P 的上限为 X,无论标的资产价格多低,期权的价值都不会超过执行价格 X:

$$P \leqslant X$$

2. 欧式看跌期权

欧式看跌期权价格 p 在 T 时不能超过执行价格 X,贴现到现在,即 p 不能超过 X 的现值:

$$p \leqslant X \cdot e^{-r(T-t)}$$

假如上述关系不成立,如果 $p > Xe^{-r(T-t)}$,则存在套利机会,可以卖出期权并将所得以无风险利率投资,到期可得到 $p \cdot e^{r(T-t)}$。如果多方到期执行期权,套利者需要支付 X,假定标的资产的市场价格为 S,由于 $p \cdot e^{r(T-t)} > X$,因此,套利者可获得 $p \cdot e^{r(T-t)} + S - X > 0$ 的净额,为无风险收益。如果多方到期放弃执行期权,套利者将获得无风险收益 $p \cdot e^{r(T-t)}$。

(三) 欧式看涨期权价格的下限

1. 无收益资产欧式看涨期权价格的下限

为了推导期权价格的下限,我们考虑如下两个组合:

组合 A:1 份欧式看涨期权加上金额为 $Xe^{-r(T-t)}$ 的现金。
组合 B:1 单位标的资产。

在 T 时刻:组合 A 中,如果现金按无风险利率投资,则在 T 时刻将变为 X,即等于协议价格。此时多头是否执行看涨期权,取决于在 T 时刻标的资产价格 S_T 是否大于 X。若 $S_T > X$,则执行看涨期权,组合 A 的价值为 S_T;若 $S_T \leqslant X$,则不执行看涨期权,组合 A 的价值为 X。

因此,在 T 时刻,组合 A 的价值为 $\max(S_T, X)$。在组合 B 中,T 时刻的价值为 S_T。由于 $\max(S_T, X) \geqslant S_T$,在 t 时刻,组合 A 的价值也应大于或等于组合 B,即:

$$c + X \cdot e^{-r(T-t)} \geqslant S$$

可得:

$$c \geqslant S - X \cdot e^{-r(T-t)}$$

由于期权的价值一定为正,因此无收益资产欧式看涨期权的价格下限为:

$$c \geqslant \min[S - X \cdot e^{-r(T-t)}, 0] \tag{10-1}$$

欧式看涨期权的价格下限实际上就是其内在价值。

【例 10-1】 考虑一个不支付红利的股票的欧式看涨期权,股票当前价格为 10 美元,执行价格为 9 美元,距离到期日 1 年,无风险利率为 10%。

根据本题条件:$S=10$,$X=9$,$T-t=1$,$r=10\%$,因此,该期权的价格下限为:

$$c \geqslant \min[S - X \cdot e^{-r(T-t)}, 0]$$

其中,$S - Xe^{-r(T-t)} = 1.86$ 美元 > 0 美元,即为下限。

假设该期权价格比下限还低,为 1.5 美元,则存在如下套利机会:套利者 t 时可以购买看涨期权并卖空股票,现金流为:$10 - 1.5 = 8.5$ 美元。如果将 8.5 美元按无风险利率投资 1 年,则为:$8.5e^{r(T-t)} = 9.39$ 美元。

在到期日 T,如果股票价格高于 9 美元,套利者以 9 美元价格执行期权,购买股票并将股票空头平仓,可获利:$9.39 - 9 = 0.39$ 美元。

如果股票价格低于 9 美元,则套利者从股票市场购买股票并将股票空头平仓,可获利 $9.39 - S_T$,S_T 为 T 时刻的股票价格,由于 $S_T < 9$,所以这种情况下套利收益高于 0.39 美元。

2. 有收益资产欧式看跌期权价格的下限

只要将上述组合 A 的现金改为 $D + Xe^{-r(T-t)}$,其中 D 为期权有效期内资产收益的现值,并经过类似的推导,就可得出有收益资产欧式看涨期权价格的下限为:

$$c \geqslant \max[S - D - X \cdot e^{-r(T-t)}, 0] \tag{10-2}$$

(四) 欧式看跌期权价格的下限

1. 无收益资产欧式看跌期权价格的下限

考虑以下两种组合:
组合 C:一份欧式看跌期权加上一单位标的资产。
组合 D:金额为 $Xe^{-r(T-t)}$ 的现金。

在 T 时刻:在组合 C 中:如果 $S_T < X$,期权将被执行,组合 C 的价值为 X;如果 $S_T > X$,期权将不被执行,组合 C 的价值为 S_T,即在 T 时刻组合 C 的价值为:$\max(S_T, X)$。

在组合 D 中:假定组合 D 的现金以无风险利率投资,则在 T 时刻组合 D 的价值为 X。

由于组合 C 的价值在 T 时刻大于等于组合 D，因此组合 C 的价值在 t 时刻也应大于等于组合 D，即：$p+S \geqslant X \cdot e^{-r(T-t)}$；$p \geqslant X \cdot e^{-r(T-t)} - S$。

由于期权价值一定为正，因此无收益资产欧式看跌期权的下限为：

$$p \geqslant \max[X \cdot e^{-r(T-t)} - S, 0] \tag{10-3}$$

【例 10-2】 考虑一个不支付红利的股票的欧式看跌期权，股票当前价格为 17 美元，执行价格为 20 美元，距离到期日有 1 年，无风险利率为 5%。

根据本题条件：$S=17$、$X=20$、$T-t=1$、$r=5\%$，因此，期权的下限为：$X \cdot e^{-r(T-t)} - S = 2.02$ 美元。

假设该看跌期权价格比下限还低，为 1 美元，则存在如下套利机会：套利者 t 时刻可以借入 18 美元的资金，期限为 1 年，同时将该资金用于购买看跌期权和股票。在期末，套利者将支付 $18 e^{r(T-t)} = 18.92$ 美元。

在到期日，如果股票价格低于 20 美元，套利者以 20 美元的价格执行期权，卖出股票，并归还本息 18.92 美元，可获利 1.08 美元。

如果股票价格高于 20 美元，套利者放弃执行期权，将股票以市场价格 S_T 卖出，并偿还本息额 18.92 美元，由于 $S_T > 20$ 美元，因此套利收益应高于 1.08 美元。

2. 有收益资产欧式看跌期权价格的下限

将上述组合 D 的现金额改为 $D + X e^{-r(T-t)}$，就可得到有收益资产欧式看跌期权价格的下限为：

$$p \geqslant \max[X \cdot e^{-r(T-t)} - S + D, 0] \tag{10-4}$$

欧式看跌期权的价格下限实际上也是其内在价值。

在美式期权中，无收益资产的美式看涨期权不应该提前执行，它的价格下限与相同条件的欧式看涨期权价格下限相同；有收益资产的美式看涨期权和美式看跌期权，由于存在提前执行的合理性，可能会被提前执行，因此它们的价格下限无法确切知道。

三、期权价格的影响因素

影响期权价格的主要因素包括：标的资产价格、期权执行价格、期权的有效期、标的资产的价格波动率、无风险利率和标的资产的收益（如股票的红利）。

（一）标的资产的价格

标的资产价格主要影响期权的内在价值。对于看涨期权，执行期权的收益等于标的资产价格减去执行价格，标的资产价格越高，期权的价值就越高；对于看跌期权，执行期权的收益等于执行价格减去标的资产价格，标的资产的价格越高，看跌期权的价值就越低。

（二）期权的执行价格

期权的执行价格主要影响期权的内在价值。对于看涨期权，执行价格高，期权持有方购买标的资产需要支付的资金多，期权的价值就低；反之，执行价格低，购买标的资产时需要支付的资金少，期权的价值就高。对于看跌期权，执行价格高，执行期权时出售标的资产获得的资金多，期权的价值高；反之，执行价格低，执行期权时出售标的资产获得的资金少，期权价值低。

（三）期权的有效期

对于美式期权，不论是看涨期权还是看跌期权，由于它可以在有效期内的任何时间执行，有效期越长，多头获利的机会就越大，而且有效期长的期权包含了有效期较短期权的所有执行机会，因此美式期权的有效期越长，期权的价值就越大。

对于欧式期权,通常来说,不论是看涨期权还是看跌期权,期限越长,期权价格越高。但是,这一结论也并非绝对成立的。例如,同一股票的两份欧式看涨期权,一份有效期 1 个月,另一份有效期 2 个月。假如在 6 周后标的股票将有大量红利支付,由于支付红利会使股票价格下降,在这种情况下,有效期短的期权的价格甚至会大于有效期长的期权的价格。

(四)标的资产的价格波动率

不管是看涨期权还是看跌期权,标的资产波动率增大,期权的价值会随之增加。由于期权本质上是一种价格保险,标的资产的价格波动幅度越大,即标的资产的价格风险越大,期权的保险价值就越大。因此,标的资产的波动率越大,期权的价值越高。标的资产的波动率影响期权的时间价值,波动率越大,就意味着等待和选择执行的好处就越大。

(五)无风险利率

无风险利率对期权价格的影响不是非常直接的。无风险利率增加,则看涨期权多头将来执行期权所需要支付的执行价格的现值降低,这对看涨期权的多头是有利的,意味着他们只需支付更少的钱就可以买到标的资产,而这对看涨期权的空头是不利的;无风险利率的增加使执行价格的现值降低,这对看跌期权的空头是有利的,意味着在对方要求履行合约时他们需要支付的资金减少了,而这对看跌期权的多头是不利的。因此,从这个角度分析,无风险利率的增加将使看涨期权的价值增加,而看跌期权的价值将减少。

(六)红利

在除息日,红利的发放将使标的股票的价格降低。股票价格下降会使看涨期权的价格下降,使看跌期权的价格上涨。因此,看涨期权的价格与预期红利的大小反向变动,看跌期权的价格与预期红利的大小正向变动。

四、欧式期权平价定理

我们考虑投资者的两个组合:

组合 E:持有 1 股 A 股票,同时买进 1 份执行价格为 X 元的 A 股票的欧式看跌期权。

组合 F:买进执行价格为 X 元的欧式看涨期权,同时买进票面价值为 X 元的零息票债券。

假设当前 A 股票的价格为 S,看涨期权的价格为 c,看跌期权的价格为 p,无风险利率为 r,两个期权的有效期和债券的存续期限都为 T 年。

在 T 时刻,当两个期权和零息票债券都到期时,两种策略组合的价值如表 10-1 所示。

表 10-1 两个组合的期末价值

		$S_T \geqslant X$	$S_T < X$
组合 E	股票	S_T	S_T
	看跌期权	0	$X - S_T$
	合计	S_T	X
组合 F	看涨期权	$S_T - X$	0
	债券	X	X
	合计	S_T	X

可见,不论股票价格如何变化,这两个组合的价值始终都是相等的,因此这两个组合是完全可以相互复制的。如果市场上不存在套利机会,两个完全可以相互复制的组合,它们当前的价格

应该是相同的。因此有：

$$c + \frac{X}{(1+r)^{(T-t)}} = p + S \tag{10-5}$$

这就是欧式看涨期权和欧式看跌期权的平价定理,它表示相同执行价格、相同有效期限的欧式看涨期权和欧式看跌期权的价格平衡关系。需要指出的是,我们这里讨论的看涨期权和看跌期权都是欧式期权,如果是美式期权,由于存在提前执行的可能性,这种平衡关系并不一定成立。

如果按照连续复利计算,则欧式看涨期权和欧式看跌期权的平价公式可表示为：

$$c + X \cdot e^{-r(T-t)} = p + S \tag{10-6}$$

如果这种平衡关系被违背,就会出现套利机会。

【例 10-3】 当前股票价格为 110 元,我们考察有效期为 1 年,执行价格为 105 元的两个欧式期权,看涨期权的价格为 17 元,看跌期权的价格为 5 元,无风险利率为 5%。

我们利用式(10-5)检验是否违背了欧式看涨期权和欧式看跌期权的平价关系。等式的右边：$p+S=110+5=115$,等式的左边：$c+X/(1+r)^{(T-t)}=17+105/1.05=117$。显然,等式两边的组合价格不相等,右边组合的价格高于左边的组合。我们可以利用这种"错误"的定价机会进行套利。套利的策略是卖出价格高的组合,即左边的组合(看涨期权加无风险资产组合),买进价格低的组合,即右边的组合(看跌期权和股票)。套利策略和套利结果如下所示。

操作	期初现金流	期末现金流	
		$S_T \geqslant 105$	$S_T < 105$
买入 1 股股票(元)	-110	S_T	S_T
买进 1 个看跌期权(元)	-5	0	$105 - S_T$
卖出 1 个看涨期权(元)	17	$-(S_T - 105)$	0
借款(元)	98	-102.9	-102.9
合计(元)	0	2.1	2.1

第二节 二叉树定价模型

一、单期二叉树模型与无套利定价方法

单期的二叉树模型假设未来的标的资产价格只有两种可能：上涨到一个给定的更高水平,或者下降到一个给定的较低水平。虽然这样的假设看起来过于简单,但单期二叉树模型的定价原理与复杂的布莱克-斯科尔斯期权定价模型是一样的,理解简单模型是我们理解复杂的期权定价方法的基础。对于某些期权来说,布莱克-斯科尔斯期权定价模型无能为力,如美式看跌期权,而二叉树模型可以解决任何期权的定价问题。将单期的二叉树模型扩展到多期模型,我们就可以利用这种定价方法来解决许多期权的定价问题。

【例 10-4】 考虑一个股票欧式看涨期权的定价问题,假设当前股票价格为 100 元,一年后股票价格有两种可能,如果市场状况好,则股票价格会上涨到 120 元,如果市场状况不好,股票价格会下降到 90 元,看涨期权的执行价格 110 元,有效期限为 1 年,无风险利率为 8%。如果一年后股票价格为 120 元,则看涨期权的价值为 10 元,如果股票价格为 90 元,则看涨期权的价值为 0 元。如下所示:

$$S=100 \begin{cases} S^+=120 \\ S^-=90 \end{cases} \qquad c=? \begin{cases} c^+=10 \\ c^-=0 \end{cases}$$

我们考虑用 h 个单位的股票和 -1 个单位的看涨期权构造一个投资组合,使组合在两种状态下的价值相等,即令该组合成为一个无风险资产组合。在第一个状态下,该组合的价值为 $120h-10$,在第二个状态下该组合的价值为 $90h$,两个状态下该组合的价值相等,即:

$$120h - 10 = 90h$$

由此可以解得 $h=0.3333$。即该组合由 0.3333 个单位的股票加 -1 个单位的看涨期权构成,该组合在期末的价值为 $90h=30$。将该组合的期末价值 30 元按照无风险利率贴现,得到该组合的当前价值为:$30/1.08=27.78$ 元。也就是说,由 0.3333 个单位的股票和 -1 个单位的看涨期权构成的组合,当前价值为 27.78 元,股票的当前价格为 100 元,由此可以得出当前看涨期权的价值为:

$$c = 100 \times 0.3333 - 27.78 = 5.55(元)$$

因此,当前执行价格为 110 元的欧式看涨期权的价值为 5.55 元。

如果我们对二叉树模型做如下假设:未来标的资产价格有两种可能,从开始的 S 上升到原先的 u 倍,即到达 uS,或者是下降到原先的 d 倍,即 dS。其中,$u>1$、$d<1$。设看涨期权现行价值为 c,在期末看涨期权价值为 c_u 和 c_d,如图 10-3 所示。

图 10-3 一般化的二叉树模型

假设投资者卖出一个看涨期权的同时,用借贷的资金量 B 去买 h 单位标的资产,构造一个初始投资为 0 的无风险组合。在到期日无论标的资产是上涨还是下跌,通过 h 和 B 的选择,使最终的资金流量净值为零,即:

$$huS - c_u - BR = 0, \quad hdS - c_d - BR = 0$$

其中 $R=\mathrm{e}^{r(T-t)}$,r 是连续无风险利率。可解得 h 和 B:

$$h = \frac{c_u - c_d}{(u-d)S}, \quad B = \frac{dc_u - uc_d}{(u-d)R}$$

组合初始投资为零,得到条件 $c-hS+B=0$,将 h 和 B 代入此式可得:

$$c = \frac{(R-d)c_u + (u-R)c_d}{(u-d)R} \tag{10-7}$$

这是求解单期二叉树模型的一般公式。

二、风险中性定价原理

二叉树期权定价的另一种思路就是风险中性定价方法。风险中性定价方法，就是假设所有的投资者都是风险中性，由于风险中性投资者投资于任何资产都不需要风险补偿，因此所有投资者在投资于标的资产和期权时，所要求的收益率都是无风险利率。

基于风险中性假设，根据标的资产的折现关系，我们就可以求出未来的两种状态发生的概率，再根据计算的概率数值计算出期权的当前价值。例如，在例10-3的期权定价中，我们假设第一种状态发生的概率为Pr，第二种状态发生的概率为$1-Pr$，如图10-4所示。

图10-4 看涨期权的二叉树模型

由标的资产的贴现关系：

$$S = \frac{120Pr + 90(1-Pr)}{1+0.08} = 100$$

可以求得：$Pr = 0.6$。根据风险中性假设，第一种状态发生的概率为0.6，第二种状态发生的概率为0.4，由此我们可以计算出看涨期权的价值为：

$$c = \frac{10 \times 0.6 + 0 \times 0.4}{1+0.08} = 5.55$$

两种方法的计算结果是一样的。

需要注意的是，这里求出的状态概率是在风险中性假设下的状态概率，即我们假设如果所有的投资者都是风险中性的，任何资产的期望收益率都是无风险利率，这一概率也称为风险中性概率。这个概率数值不同于真实世界的状态概率，我们要把这一概率数值与真实世界的概率区分开来。

如果假设当前价格为S的标的资产，未来价格的两种可能为uS和dS，$R = e^{r(T-t)}$，则在风险中性假设下，标的资产价格变为uS的概率为：

$$Pr = \frac{R-d}{u-d}$$

欧式看涨期权价格为：

$$c = e^{-r(T-t)}[Pr \cdot c_u + (1-Pr)c_d] \tag{10-8}$$

三、多期二叉树模型

二叉树模型可以推广为多期模型，即我们把期权的有效期分成几个等长的期间，在每个期间上，我们都假设标的资产的价格运动方向只有两个，要么上涨，要么下降。在多期二叉树模型中，我们还需要假设标的资产的价格变化规律是不变的。

【例10-5】 考虑一个股票的欧式看涨期权的定价问题，股票的当前价格为100元，看涨期权的执行价格为110元，有效期限为1年，无风险利率为8%。我们把期权的有效期分成两个期间，半年作为一个期间。在半年的期间里，我们假设股票的价格变化只有两种可能，要么上涨20%，要么下降10%。看涨期权的两期的二叉树模型如下所示：

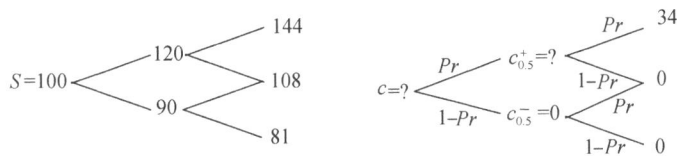

在多期的二叉树模型中，计算过程需要从后向前倒推。首先我们利用单期二叉树模型的定价方法计算 $c_{0.5}^+$，然后再用相同的方法计算 c 的大小。

首先计算 $c_{0.5}^+$，我们假设用 $h_{0.5}$ 个单位的股票和—1个单位的期权构造无风险组合，计算可得 $h_{0.5}=0.9444$，$c_{0.5}^+=15.26$。用同样的方法再计算 c 的大小。我们假设用 h_0 个单位的股票和—1个单位的期权构造无风险组合，计算可得：$h_0=0.5084$、$c=6.85$。

多期的二叉树模型也可以用风险中性定价方法来计算。在本例中，可以计算在每个期间股票价格上涨的概率为：

$$Pr = \frac{1.04 - 0.9}{1.2 - 0.9} = 0.467$$

看涨期权的价值为：

$$c_0 = \frac{34 \times 0.467^2}{1.04^2} = 6.85$$

四、美式期权的二叉树定价模型

下面我们以一个看跌期权的两期二叉树模型为例来说明美式期权的二叉树模型是如何计算的。不论标的资产是否有收益，美式看跌期权都有可能被提前执行。在美式期权的二叉树模型中，在每一个中间节点上，我们需要考虑美式期权是否应该被执行，即在以下两个值中选择最大的一个：

(1) 不考虑期权提前执行问题计算的值。
(2) 提前执行期权的收益。

【例10-6】 我们考虑一个股票的欧式看跌期权和美式看跌期权的定价问题。股票的当前价格为100元，看跌期权的执行价格为110元，有效期限为1年，无风险利率为10%（连续复利）。我们把期权的有效期分成两个期间，半年作为一个期间。在半年的期间里，我们假设股票的价格变化只有两种可能，要么上涨20%，要么下降10%。

欧式看跌期权的两期的二叉树模型如下所示：

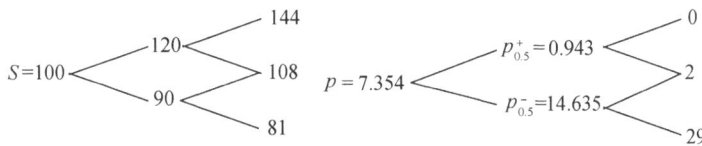

在多期的二叉树模型中，计算过程需要从后向前倒推。首先我们利用单期二叉树模型的定价方法计算 $p_{0.5}^+$ 和 $p_{0.5}^-$，然后再用相同的方法计算当前看跌期权价格 p 的大小。

根据风险中性假设，在二叉树每一个节点上，上涨状态发生的概率为：

$$Pr = \frac{e^{r(T-t)} - d}{u - d} = \frac{e^{0.1 \times 0.5} - 0.9}{1.2 - 0.9} = 0.504$$

下降状态的概率为 $1-0.504=0.496$。

由此可以计算得到：

$$p_{0.5}^+ = e^{-0.05}(0.504 \times 0 + 0.496 \times 2) = 0.943$$
$$p_{0.5}^- = e^{-0.05}(0.504 \times 2 + 0.496 \times 29) = 14.635$$
$$p = e^{-0.05}(0.504 \times 0.943 + 0.496 \times 14.635) = 7.354$$

如果该期权是一个美式期权，在 $P_{0.5}^+$ 和 $P_{0.5}^-$ 两个节点上，需要考虑期权是否应该提前执行的问题。在节点 $P_{0.5}^+$ 上，提前执行期权的收益为 0，小于不提前执行的期权价格 0.943，期权不提前执行；在节点 $P_{0.5}^-$ 上，提前执行期权的收益为：$110-90=20$，大于不提前执行的期权价值 14.635，所以在这个节点上美式看跌期权应该提前执行。

该期权的期权价值计算结果为：

$$P_{0.5}^+ = \max[e^{-0.05}(0.504 \times 0 + 0.496 \times 2), 0] = 0.943$$
$$P_{0.5}^- = \max[e^{-0.05}(0.504 \times 2 + 0.496 \times 29), 20] = 20$$
$$P = e^{-0.05}(0.504 \times 0.943 + 0.496 \times 20) = 9.884$$

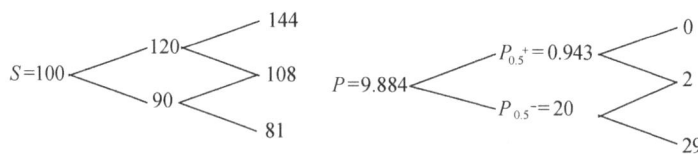

五、二叉树在中国期权市场的应用

用二叉树模型求解期权定价问题，要保证求解的精度，模型的期数不能太少。而随着模型期数的增加，模型的计算量也会随之增加，因此二叉树模型的运算需要借助于计算机程序来实现。下面以 2021 年 3 月到期的上证 50ETF 期权合约为例，通过 Excel 程序来演示一个 9 期的二叉树模型求解期权定价问题的过程。

2021 年 1 月 15 日收盘，上证 50ETF(510050)的收盘价格为 3.805 0 元，我们选择 2021 年 3 月到期的执行价格为 3.70 元的看涨期权为例，期权剩余期限为 66 天，折合为 $66/365=0.18$ 年，无风险利率取 3 个月 SHIBOR 利率 2.59%，换算成连续复利为 2.58%。波动率按照过去 3 个月上证 50ETF 日收盘价计算的历史波动率，经年化后为年波动率 13.9%。这样，期权定价的相关参数分别为：$S=3.805$、$X=3.70$、$T=0.18$、$r=2.58\%$、$\sigma=13.9\%$。假设股票现金收益为 0。

在二叉树模型中，假设股票价格在每一个节点上的变化规律是相同的，即上涨和下降的比例以及上涨和下降的概率不变。在每一个节点上，上涨因子 u、下降因子 d、上涨概率 pr 分别为：

$$u = e^{\sigma \sqrt{\Delta t}} \tag{10-9}$$

$$d = \frac{1}{u} = e^{-\sigma \sqrt{\Delta t}} \tag{10-10}$$

$$pr = \frac{e^{r \cdot \Delta t} - d}{u - d} \tag{10-11}$$

由上涨因子和下降因子，可以逐一计算出在每一个节点上股票的价格，最后得到期末 10 个节点上的股票价格和期权收益，再计算出期末每个节点发生的概率。期末每个节点发生概率的计算方法为：

$$P_m = C_n^m pr^{n-m}(1-pr)^m, \quad m = 0, 1, 2, \cdots, 9$$

在每一个节点上，$\Delta t = 0.18/9 = 0.02$，$\sqrt{\Delta t} = 0.141\,4$，上涨因子 $u = e^{0.139 \times 0.141\,4} = 1.019\,9$，下降因子 $d = 1/1.019\,9 = 0.980\,5$。上涨概率 $pr = (e^{0.025\,8 \times 0.02} - 0.980\,5)/(1.019\,9 - 0.980\,5) = 0.508\,2$，下降概率 $1 - 0.508\,2 = 0.491\,8$。

用期末 10 个节点上的期权收益乘以概率得到期末期权价值的期望值 0.163 7，然后按照无风险利率贴现，得到当前的期权价值 $0.163\,7 e^{-0.18 \times 2.58\%} = 0.162\,9$。2020 年 1 月 15 日该期权实际收盘价 0.208 8，高于二叉树模型计算的理论价格。

二叉树模型的计算过程及结果如表 10-2 所示。

表 10-2 二叉树模型的 Excel 计算过程及结果

二叉树模型参数			
上涨概率	下跌概率	上涨因子	下降因子
0.508 2	0.491 8	1.019 9	0.980 5
二叉树模拟股价运动过程			

STEP	0	1	2	3	4	5	6	7	8	9
9										4.543 2
STEP	0	1	2	3	4	5	6	7	8	9
8									4.454 6	
7								4.367 7		4.367 7
6							4.282 5		4.282 5	
5						4.198 9		4.198 9		4.198 9
4					4.117 0		4.117 0		4.117 0	
3				4.036 7		4.036 7		4.036 7		4.036 7
2			3.957 9		3.957 9		3.957 9		3.957 9	
1		3.880 7		3.880 7		3.880 7		3.880 7		3.880 7
0	3.805 0		3.805 0		3.805 0		3.805 0		3.805 0	
−1		3.730 8		3.730 8		3.730 8		3.730 8		3.730 8
−2			3.658 0		3.658 0		3.658 0		3.658 0	
−3				3.586 6		3.586 6		3.586 6		3.586 6
−4					3.516 6		3.516 6		3.516 6	
−5						3.448 0		3.448 0		3.448 0
−6							3.380 8		3.380 8	
−7								3.314 8		3.314 8
−8									3.250 1	
−9										3.186 7

(续表)

期权终值收益及概率					
上涨次数	对应终值	期权收益	路径数	概率	期权收益*概率
9	4.543 2	0.843 2	1	0.002 3	0.001 9
8	4.367 7	0.667 7	9	0.019 7	0.013 2
7	4.198 9	0.498 9	36	0.076 3	0.038 0
6	4.036 7	0.336 7	84	0.172 2	0.058 0
5	3.880 7	0.180 7	126	0.249 9	0.045 2
4	3.730 8	0.030 8	126	0.241 8	0.007 4
3	3.586 6	0.000 0	84	0.156 0	0
2	3.448 0	0.000 0	36	0.064 7	0
1	3.314 8	0.000 0	9	0.015 6	0
0	3.186 7	0.000 0	1	0.001 7	0
求和					0.163 7
期权价格					0.162 9

第三节 布莱克-斯科尔斯期权定价模型

1973年布莱克和斯科尔斯根据无套利均衡分析的原理，推导出了股票期权定价的微分方程(B-S微分方程)，并通过微分方程求解出了欧式期权的定价公式，并因此而获得诺贝尔经济学奖。股票是金融市场中最常见的一种金融产品，本章将以股票期权为例讨论期权定价方法。

一、股票价格的对数正态分布

股票价格的变动是随机的，常用于描述随机变动的一种概率分布是正态分布，那么，股票价格变动是不是可以用正态分布来描述呢？例如一个股票的价格是10元，上涨20%，股票价格变动是2元，这时如果该股票再上涨20%，价格变动为2.4元。对于价格为10元和价格为12元的股票，价格都上涨20%，上涨幅度是不同的，显然，股票价格变动幅度的绝对值并不是服从正态分布的，股票价格变动的相对值，即股票的收益率更接近正态分布。

描述股票的收益率，一般有两种描述方法：①相对收益率；②对数收益率。相对收益率的计算公式为：

$$r_{t+1} = \frac{S_{t+1}}{S_t} - 1$$

相对收益率满足空间上的可加性，不满足时间上的可加性。例如，股票第一个月的收益率为20%，第二个月的收益率是20%，两个月的总收益率并不是40%，而是44%。

对数收益率的计算公式为：

$$r_{t+1} = \ln\left(\frac{S_{t+1}}{S_t}\right)$$

对数收益率满足时间上的可加性,即 $\ln\left(\frac{S_{t+2}}{S_t}\right) = \ln\left(\frac{S_{t+2}}{S_{t+1}}\right) + \ln\left(\frac{S_{t+1}}{S_t}\right)$。

如果考察的时间间隔很短的话,相对收益率和对数收益率的数值是非常接近的。我们一般用对数收益率来描述股票价格的相对变动幅度,假设股票价格服从对数正态分布,即:

$$\ln\left(\frac{S_t}{S_0}\right) \sim N(\mu t, \sigma\sqrt{t})$$

二、维纳过程与伊藤定理

(一) 维纳过程

在一个有效的市场上,股票的价格变动是不可预测的,我们一般用随机过程来描述股票价格的变动。

设 z 是一个随机过程变量,如果它满足:

(1) $\Delta z = \varepsilon \sqrt{\Delta t}$,其中 ε 服从均值为0,标准差为1的标准正态分布。

(2) 对任何两个时间段 Δt_i 和 Δt_j、Δz_i 和 Δz_j 是相互独立的,其中,Δz 是在时间间隔 Δt 内随机变量 z 的变化量;则称 z 服从维纳过程。若采用微分形式,则表示为:

$$dz = \varepsilon \sqrt{dt}$$

在任意长度为 $T-t$ 的时间间隔内,标准维纳过程的变量服从均值为0、方差为 $T-t$ 的正态分布。

直观地,我们可以将维纳过程理解为它是这样一种随机变量:这个变量经过一个单位时间,它变动的幅度就是服从标准正态分布的随机值。经过 $T-t$ 个单位时间,这个随机变量的增量仍然服从正态分布,这个正态分布的均值为0,标准差为 $\sqrt{T-t}$。

前面我们讨论过,股票价格是服从对数正态分布的,是不是股票的对数收益率可以用维纳过程来描述呢? 我们对比不同的股票会发现,股票价格的变动都有自己的"个性",这种个性主要表现为以下两个方面:第一是股票的平均收益率,不同的股票,这个平均收益率是不同的,我们有时也把这个平均收益率称为漂移率;第二是股票的波动率,不同的股票,价格波动幅度也是不同的。我们可以用带漂移率的维纳过程来描述股票价格变动,即:

$$\frac{\Delta S}{S} = \mu \cdot \Delta t + \sigma \cdot \Delta z \quad \Delta z = \varepsilon \sqrt{\Delta t} \quad \varepsilon \sim N(0, 1)$$

或:

$$\frac{dS}{S} = \mu \cdot dt + \sigma \cdot dz \quad \varepsilon \sim N(0, 1)$$

式中,μ 为股票价格的预期收益率,σ 为股票价格的波动率。

(二) 伊藤过程

一般的维纳过程假定漂移率和方差率为常数,如果变量 x 的漂移率和方差率均为变量 x 和时间 t 的函数,就说变量 x 服从伊藤(ITO)过程:

$$dx = a(x, t)dt + b(x, t)dz$$

式中，dz 为标准维纳过程，a 和 b 是变量 x 和 t 的函数，变量 x 的漂移率为 a，方差率为 b^2。

可以把伊藤过程理解为一般化的维纳过程。

（三）伊藤定理

$$dz = \varepsilon \sqrt{dt}$$

设函数 $\eta = f(x, t)$ 及其二阶导数均为连续函数，如果：

$$dx = a(x, t) \cdot dt + b(x, t) \cdot dz$$

则：

$$df = \left(\frac{\partial f}{\partial x}a + \frac{\partial f}{\partial t} + \frac{1}{2} \cdot \frac{\partial^2 f}{\partial x^2}b^2\right) \cdot dt + \frac{\partial f}{\partial x} \cdot b \cdot dz \tag{10-12}$$

这里，dz 为标准维纳过程。可以看到，$\left(\frac{\partial f}{\partial x}a + \frac{\partial f}{\partial t} + \frac{1}{2} \cdot \frac{\partial^2 f}{\partial x^2}b^2\right)$ 和 $\frac{\partial f}{\partial x} \cdot b$ 都是变量 x 和 t 的函数，因此函数 $\eta = f(S, t)$ 也遵循伊藤过程，漂移率为 $\left[\frac{\partial f}{\partial t} + a\frac{\partial f}{\partial S} + \frac{1}{2}b^2\frac{\partial^2 f}{\partial S^2}\right]$，方差率为 $b^2\left(\frac{\partial f}{\partial S}\right)2$。这就是著名的伊藤(ITO)定理。

下面运用 ITO 定理推导 $\ln S$ 所遵循的随机过程。假设 $dS = \mu S \cdot dt + \sigma S \cdot dz$，由于 μ 和 σ 是常数，S 显然服从伊藤(ITO)过程。

令 $G = \ln S$，则：

$$\frac{\partial G}{\partial S} = \frac{1}{S}, \quad \frac{\partial^2 G}{\partial S^2} = -\frac{1}{S^2}, \quad \frac{\partial G}{\partial t} = 0$$

代入式(10-12)，就可得到 $G = \ln S$ 所遵循的随机过程：

$$dG = \left(\mu - \frac{1}{2}\sigma^2\right) \cdot dt + \sigma \cdot dz$$

S 为股票价格，$d\ln S$ 为股票的瞬时对数收益率，上式说明了股票的对数收益率服从期望值为 $\left(\mu - \frac{\sigma^2}{2}\right)dt$，标准差为 $\sigma\sqrt{dt}$ 的正态分布，即：

$$\ln S_t - \ln S_{t-1} = \left(\mu - \frac{1}{2}\sigma^2\right) \cdot \Delta t + \sigma \cdot \Delta z \tag{10-13}$$

$$(\ln S_T - \ln S_t) \sim N\left[\left(\mu - \frac{1}{2}\sigma^2\right) \cdot (T-t), \sigma\sqrt{T-t}\right] \tag{10-14}$$

可见，在期末股票价格的对数 $\ln S_T$ 服从均值为 $\ln S_t + \left(\mu - \frac{1}{2}\sigma^2\right) \cdot (T-t)$，标准差为 $\sigma\sqrt{T-t}$ 的正态分布。

三、布莱克-斯科尔斯偏微分方程的推导

布莱克和斯科尔斯(1973)基于一系列假设条件，推导出了期权定价的偏微分方程，这些假设条件主要有：

（1）无风险利率已知并且在期权剩余期间不变。
（2）股票价格是遵循对数正态分布的随机过程，即几何布朗运动，其中预期收益率 μ 和波动率 σ 为常数。
（3）在期权持有期间股票没有红利支付。
（4）期权是欧式期权，只能在到期日执行。
（5）投资者可以同一无风险利率无限制地进行借入和贷出资金。
（6）市场是没有摩擦的，没有税收和交易费用，所有资产没有卖空限制。

股票价格遵循几何布朗运动，即：

$$dS = \mu S \cdot dt + \sigma S \cdot dz$$

假设期权价格 f 是股票价格 S 和时间 t 的函数，由 ITO 定理可得：

$$df = \left(\frac{\partial f}{\partial S}\mu S + \frac{\partial f}{\partial t} + \frac{1}{2} \cdot \frac{\partial^2 f}{\partial S^2}\sigma^2 S^2\right) \cdot dt + \frac{\partial f}{\partial S} \cdot \sigma S \cdot dz$$

期权价格是依赖于股票价格的函数，如果通过合理的比例搭配，将 dz 这部分消掉，则可以构造成一个瞬间的无风险组合。为此，我们可以构造一个包含 -1 个单位的期权和 $\frac{\partial f}{\partial S}$ 个单位股票的组合，令 Π 代表该投资组合的价值，则：

$$\Pi = -f + \frac{\partial f}{\partial S} \cdot S$$

在 Δt 期间内：

$$\Delta \Pi = -\Delta f + \frac{\partial f}{\partial S} \cdot \Delta S = \left(-f + \frac{\partial f}{\partial S} \cdot S\right) \cdot r \cdot \Delta t$$

根据假设和 ITO 定理：

$$\Delta S = \mu S \cdot \Delta t + \sigma S \cdot \Delta z$$
$$\Delta f = \left(\frac{\partial f}{\partial S}\mu S + \frac{\partial f}{\partial t} + \frac{1}{2} \cdot \frac{\partial^2 f}{\partial S^2}\sigma^2 S^2\right) \cdot \Delta t + \frac{\partial f}{\partial S} \cdot \sigma S \cdot \Delta z$$
$$\Delta \Pi = -\Delta f + \frac{\partial f}{\partial S} \cdot \Delta S = \left(-\frac{\partial f}{\partial t} - \frac{1}{2} \cdot \frac{\partial^2 f}{\partial S^2}\sigma^2 S^2\right) \cdot \Delta t$$

该组合的增量只是和时间长度有关，不再包含随机项，因此它是一个瞬间的无风险资产组合，它的收益率等于无风险利率乘以时间长度，即：

$$-\left(\frac{\partial f}{\partial t} + \frac{1}{2} \cdot \frac{\partial^2 f}{\partial S^2}\sigma^2 S^2\right) \cdot \Delta t = \left(-f + \frac{\partial f}{\partial S} \cdot S\right) \cdot r \cdot \Delta t$$

整理可得：

$$\frac{\partial f}{\partial t} + \frac{1}{2} \cdot \frac{\partial^2 f}{\partial S^2}\sigma^2 S^2 + \frac{\partial f}{\partial S} \cdot S \cdot r = rf \tag{10-15}$$

这就是 B-S 偏微分方程。

四、布莱克-斯科尔斯期权定价公式

根据 B-S 偏微分方程,设定边界条件:在 $t=T$ 时,$c=\max(S_T-X, 0)$,$p=\max(X-S_T, 0)$。求解微分方程可得:

$$c = S \cdot N(d_1) - X \cdot e^{-r(T-t)} \cdot N(d_2) \tag{10-16-1}$$

$$d_1 = \frac{\ln\left(\frac{S}{X}\right) + \left(r + \frac{1}{2}\sigma^2\right)(T-t)}{\sigma\sqrt{T-t}} \tag{10-16-2}$$

$$d_2 = \frac{\ln\left(\frac{S}{X}\right) + \left(r - \frac{1}{2}\sigma^2\right)(T-t)}{\sigma\sqrt{T-t}} = d_1 - \sigma\sqrt{T-t} \tag{10-16-3}$$

由欧式期权平价公式:

$$\begin{aligned}
c + X \cdot e^{-r(T-t)} &= p + S \\
p &= c + X \cdot e^{-r(T-t)} - S \\
&= S \cdot N(d_1) - X \cdot e^{-r(T-t)} \cdot N(d_2) + X \cdot e^{-r(T-t)} - S \\
&= X \cdot e^{-r(T-t)}[1 - N(d_2)] - S \cdot [1 - N(d_1)] \\
&= X \cdot e^{-r(T-t)} N(-d_2) - S \cdot N(-d_1)
\end{aligned} \tag{10-17}$$

【例 10-7】 对一个欧式看涨期权进行定价,已知股票价格 $S=100$,执行价格 $X=95$,无风险利率 $r=0.1$,期权的有效期限为 3 个月,即 $T=0.25$,股票收益率的标准差 $\sigma=0.5$。则:

$$d_1 = [\ln(100/95) + (0.1 + 0.5^2/2) \times 0.25]/(0.5 \times 0.25^{1/2}) = 0.43$$
$$d_2 = 0.43 - 0.5 \times 0.25^{1/2} = 0.18$$

查标准正态分布表,得:$N(0.43)=0.6664$,$N(0.18)=0.5714$。

因此,看涨期权的价值等于:

$$c = 100 \times 0.6664 + 95 e^{-0.10 \times 0.25} \times 0.5714 = 66.64 - 52.94 = 13.70$$

如果标的资产有收益,例如股票的红利发放,期权定价模型需要做相应的调整。我们考虑以每年的恒定比率 q 支付红利率的股票。股票支付红利率 q 使得股票价格的增长率比不支付红利时减少了 q。如果支付红利率 q 的股票的价格从当前的 S 增加到 T 时刻的 S_T,则没有红利支付的股票的价格将从当前价格 S 增加到 T 时刻的 $S_T e^{q(T-t)}$,或者是从 $S e^{-q(T-t)}$ 增加到 T 时刻的 S_T。

因此,基于价格为 S 的支付红利率 q 的股票欧式期权与基于价格为 $S e^{-q(T-t)}$ 的不支付红利股票的相应欧式期权具有相同的价值,因此,为了给基于支付已知红利率股票欧式期权定价,我们可以将股票的当前价格 S 减小到 $S e^{-q(T-t)}$,然后代入布莱克-斯科尔斯期权定价公式即可。因此支付红利率 q 的股票欧式期权定价公式为:

$$c = S e^{-q(T-t)} \cdot N(d_1) - X \cdot e^{-r(T-t)} \cdot N(d_2) \tag{10-18}$$

$$d_1 = \frac{\ln\left(\frac{S}{X}\right) + \left(r - q + \frac{1}{2}\sigma^2\right)(T-t)}{\sigma\sqrt{T-t}}$$

$$d_2 = \frac{\ln\left(\frac{S}{X}\right) + \left(r - q - \frac{1}{2}\sigma^2\right)(T-t)}{\sigma\sqrt{T-t}} = d_1 - \sigma\sqrt{T-t}$$

欧式看跌期权的定价公式为：

$$p = X \cdot e^{-r(T-t)} N(-d_2) - S e^{-q(T-t)} \cdot N(-d_1) \tag{10-19}$$

【例 10-8】 考虑股票的欧式看涨期权和看跌期权，股票当前价格为 100 元，期权执行价格为 90 元，期权剩余期限为 6 个月，无风险利率 8%，股票波动率 20%，股票年红利收益率 3%。运用 Excel 计算欧式期权理论价格的算法和计算结果如下：

	A	B	C	D
1	股票期权基本信息		B-S公式输出参数	
2	股票价格	100	d1	=(LN(B2/B3)+(B4-B7+B6^2/2)*B5)/(B6*SQRT(B5))
3	执行价格	95	d2	=D2-B6*SQRT(B5)
4	无风险利率	0.08	N(d1)	=NORMSDIST(D2)
5	有效期	0.5	N(d2)	=NORMSDIST(D3)
6	年波动率	0.2	Exp(-rT)	=EXP(-B4*B5)
7	股票年红利	0.03	Exp(-qT)	=EXP(-B7*B5)
8			期权价格	
9			看涨期权	看跌期权
10			=B2*D7*D4-B3*D6*D5	=B3*D6*(1-D5)-B2*D7*(1-D4)

	A	B	C	D
1	股票期权基本信息		B-S公式输出参数	
2	股票价格	100	d1	0.61019
3	执行价格	95	d2	0.46876
4	无风险利率	0.08	N(d1)	0.72913
5	有效期	0.5	N(d2)	0.68038
6	年波动率	0.2	Exp(-rT)	0.96079
7	股票年红利	0.03	Exp(-qT)	0.98511
8			期权价格	
9			看涨期权	看跌期权
10			9.72576	2.48956

B-S 期权定价公式也可以在风险中性假设下推导出来，推导过程如下：

在风险中性假设下，欧式看涨期权的价格 c 等于其期末价值的期望值按无风险利率进行贴现后的现值：

$$c = e^{-r(T-t)} \hat{E}[\max(S_T - X, 0)]$$

式中，$\hat{E}$ 表示风险中性条件下的期望值。

而且，在风险中性的条件下，期权到期 T 时刻标的资产的价格 S_T 服从如下的正态分布：

$$\ln S_T \sim N\left[\ln S + \left(r - \frac{1}{2}\sigma^2\right) \cdot (T-t), \sigma\sqrt{T-t}\right]$$

正态分布的概率密度函数为：

$$f(x) = \frac{1}{\sqrt{2\pi}\sigma'} e^{-\frac{[x-\mu']^2}{2\sigma'^2}}$$

式中，μ' 为变量 x 分布的均值，σ' 为标准差。

令 $x = \ln S_T$，则：

$$\mu' = \ln S + \left(r - \frac{1}{2}\sigma^2\right) \cdot (T-t), \quad \sigma' = \sigma\sqrt{T-t}$$

因此，欧式看涨期权价格可以用如下积分过程来计算：

$$c = e^{-r(T-t)} \int_{\ln X}^{\infty} (S_T - X) \cdot \frac{1}{\sqrt{2\pi} \cdot \sigma \cdot \sqrt{T-t}} e^{-\frac{\left[\ln S_T - \ln S - \left(r - \frac{\sigma^2}{2}\right)(T-t)\right]^2}{2\sigma^2(T-t)}} d[\ln(S_T)]$$

求解上述积分可得式(10-16-1)、式(10-16-2)和式(10-16-3)。通过观察上述积分过程可以看出，$N(d_2)$ 就是风险中性世界中 $S_T > X$ 的概率，即看涨期权被执行的概率。

五、历史波动率与隐含波动率

（一）历史波动率

在期权定价模型中，σ 反映股票价格波动幅度的大小，被称为股票的波动率，它通常被用来衡量股票的风险。运用期权定价模型计算期权的理论价格，我们首先要根据已知的数据计算股票的波动率，这个波动率被称为历史波动率。

历史波动率通常根据股票过去一段时间的收益率数据来计算。如果已知股票过去 T 个交易日的收益率数据，则该股票的历史波动率为：

$$\sigma = \sqrt{\frac{1}{T-1} \sum_{t=1}^{T} [r_t - E(r)]^2}$$

用历史数据估计波动率，通常选取每天、每周或者每月的收盘价，算出来的波动率分别为日波动率、周波动率或月波动率。在期权定价模型中，期限一般以年为单位，波动率应该换算为年波动率。例如，如果计算得到某股票日波动率为 3%，如果 1 年交易日为 245 天，则年波动率为：$3\% \times \sqrt{245} = 46.96\%$。

在 Excel 中，可以用标准差函数 STDEV( ) 来计算股票的历史波动率。

（二）隐含波动率

将历史波动率代入期权定价模型，计算出来的期权价格是一个理论价格。在期权市场上，期权价格是由投资者的预期和供求关系决定的，实际成交的期权价格可能与期权定价模型计算的价格并不一致。如果我们将实际的期权价格代入到期权定价模型中，反向求解出股票的波动率数值，则这个波动率称为隐含波动率。如果我们在 Excel 中建立期权定价的计算模型，可以运用 Excel 中的单变量求解功能计算期权的隐含波动率。

隐含波动率代表了期权市场上投资者对股票波动率的预期，如果隐含波动率高于平均的历史波动率，则表明市场预期未来股票的波动风险将增加；反之，如果隐含波动率小于平均的历史波动率，则表明市场预期未来股票的波动风险将降低。

六、实物期权在投资决策中的应用

（一）实物期权的概念

"实物期权"一词最初由斯图尔特·迈尔斯于 1977 年提出，是指在不确定条件下，与金融期权类似的实物资产投资的选择权。迈尔斯指出，某一投资项目的价值由两部分组成，一部分源于当前所拥有资产在未来能够产生的现金流量折现的静态价值,另一部分源于对未来可能的投资机会进行选择的权利。按照实物期权的思想,在公司面临不确定性的市场环境时,实物期权的价值来自管理层对于公司项目投资决策的相应调整,它运用金融期权理论,将风险转换成一种竞争优势,从而使管理柔性具备了可计量的价值。

(二) 实物期权的特征

实物期权类似于金融期权,都具有未来决策的灵活性,但实物期权比金融期权更复杂,具有如下几个方面的特征。

1. 非独占性

金融期权具有所有权的独占性,即金融期权的所有者可以根据自己的意愿来决定是否行使权利,而不受其他人的左右。一个投资机会可能同时被多个竞争者拥有,每个竞争者都拥有投资项目中包含的实物期权,因此实物期权是由这些竞争者共享的,它具有非独占性。

2. 非交易性

金融期权的交易性有两层含义:①标的资产的交易性;②期权本身的交易性。而实物期权则不然,不仅其标的资产——投资项目没有交易的市场,而且基于投资项目的实物期权本身也难以进行交易,因此实物期权具有非交易性。

3. 隐蔽性

实物期权不像金融期权一样,可以通过合约被明确地界定,实物期权经常包含于某一个投资项目或投资机会之中,往往不容易明确地识别和界定,一个投资机会所包含的实物期权具有一定的隐蔽性。

4. 先占性

先占性,是执行实物期权往往可以获得先发制人的效应,既取得了战略的主动权,又实现了实物期权的最大价值。因此,要想保证自己手中实物期权的价值不受或少受损失,最有效的办法是抢先在竞争者之前行使权利。

5. 组合性和复杂性

现实中,具体项目所含有的实物期权往往不止一个,而是同时含有多个实物期权。例如,一个投资项目可能既包含有扩张期权,也包含有收缩期权。而且这些期权之间可能存在交互作用,不能简单地将各个期权价值相加来得到总的实物期权价值。

(三) 实物期权的分类

实物期权一般可以分为延迟期权、扩张期权、收缩期权、放弃期权。

1. 延迟期权

延迟期权是指投资者由于对外部环境的变化无法掌握全面的资料,难以确定投资的前景从而延迟投资。这种期权的本质在于投资者拥有延迟的权利,在延迟阶段,投资者通过不断接受外部信息增加自身对市场的了解,而决定项目是否启动。延迟投资期权在投资大、不可回收性强的投资中特别有价值,例如资源采掘业、房地产开发业等。

2. 扩张期权

扩张期权是指投资者在已有的投资规模下,结合市场信息判断各种不确定因素出现利好一面的可能性,判断是否增加投资规模。如果出现利好的可能性较大,就可以增加投资规模。扩张期权不仅可能提高项目的价值,而且它还具有重要的战略意义。对企业来讲,在不确定的市场环境中,企业可以利用扩张期权捕捉到未来新的成长点。

3. 收缩期权

收缩期权正好同扩张期权相反,当市场中的各种不确定因素更多体现的是不利一面时,企业就会缩小投资规模。收缩期权对于建设成本较低而运行时变动成本较大的投资项目很有意义,因为当市场条件低于预期时,管理者可以及时采取措施缩减项目规模,减少损失。

4. 放弃期权

放弃期权是指当企业发现投资已经变得无利可图时,就会选择放弃进一步投资,可能的损失就是项目回收金额和前期投资的差额,但这么做可以把企业资源更多集中到需要投资的项目中,为企业创造更大的利润。放弃期权的执行,有可能产生巨大的沉没成本,导致永久性的损失或无法获得进一步的投资机会,通常企业不会轻易执行放弃期权。

(四)实物期权应用案例

某房地产开发项目,目前预计项目现金流的现值为 20 000 万元,此项目是土地所有者(占 50% 股份)和开发商(占 50% 股份)一起投资开发的,项目投资期为 3 年。假设在第 3 年年末土地所有者可以将股份作价 10 000 万元回售给开发商而退出。房地产开发企业股价的年波动率为 15%,无风险利率为 5%,考虑通货膨胀因素,预计房价每年将上涨 3%。

对于土地所有者来说,他拥有一个放弃该项目的实物期权,类似于一个看跌期权,我们可以用看跌期权的定价公式来计算该放弃期权的价值。该实物期权的价值可以由式(10-19)来计算。其中,$S = 20\ 000 \times 50\% = 10\ 000$ 万元,$X = 10\ 000$ 万元,$\sigma = 15\%$,$r = 5\%$,$q = 3\%$,$T = 3$。

根据式(10-19)计算,$d_1 = 0.361$,$d_2 = 0.101$,看跌期权价值为 $p = 675.2$ 万元,即土地所有者的实物期权价值为 675.2 万元。

专栏 10-1

沪深 300 股指期权定价

2021 年 4 月 16 日,中国金融期货交易所沪深 300 股指期权部分合约报价如表 10-3 所示。

表 10-3 沪深 300 股指期权报价(2021 年 4 月 16 日)

看涨	IO2104	看跌	看涨	IO2105	看跌	看涨	IO2106	看跌
565	4 400	0.2	553.4	4 400	4.8	522.8	4 400	22.8
437.4	4 500	0.2	461.2	4 500	9.2	444.8	4 500	34.4
350	4 600	0.2	366.8	4 600	17.8	366.6	4 600	52.8
266.2	4 700	0.2	281.2	4 700	32	282.8	4 700	76
163.4	4 800	0.2	203.2	4 800	54.8	225.4	4 800	111
63.4	4 900	0.2	141.4	4 900	92.2	172.2	4 900	154.6
0.2	5 000	36.2	90.4	5 000	140	126.6	5 000	210
0.2	5 100	136.8	55.4	5 100	206.2	93	5 100	277.6
0.2	5 200	236.8	32.8	5 200	281.6	66.6	5 200	349.4
0.2	5 300	336.8	19	5 300	367.2	47.6	5 300	431.6
0.2	5 400	437	10.6	5 400	458.2	34	5 400	511
0.2	5 500	535.4	6.6	5 500	555	24	5 500	615
0.2	5 600	638.6	4	5 600	646.4	18	5 600	697.2

2021年4月16日是沪深300股指期权4月份合约最后交易日,当日沪深300指数收盘价格4 966.18点。从表10-3的数据可以看出,执行价格为4 400点的2105合约看涨期权报价553.4点,执行价格为4 400点的2106合约看涨期权报价522.8点,均低于2104合约看涨期权的565点。

我们利用B-S期权定价模型来计算执行价格为4 400点的2105合约和2106合约看涨期权的理论价格。根据过去60个交易日计算沪深300指数日收益率标准差为1.4961%,一年按250个交易计算,则年收益率标准差为23.66%。无风险利率取一年期SHIBOR利率3.03%。沪深300指数红利收益率取历史均值为2%左右。2105合约的剩余期限为1个月,0.083 3年;2106合约剩余期限2个月,0.167年。

利用例10-7的Excel模型计算执行价格为4 400点的2105合约和2106合约看涨期权的理论价格分别为,如表10-4和表10-5所示。

表10-4 基于B-S模型的2105合约期权理论价格计算

模型输入数据		2105合约	
标的资产价格	4 966.18	d_1	1.819 32
执行价格	4 400	d_2	1.751 04
无风险利率	3.03%	$N(d_1)$	0.965 57
有效期	0.083	$N(d_2)$	0.960 03
年波动率	23.66%	$Exp(-rT)$	0.997 48
股票年红利	2.00%	$Exp(-qT)$	0.998 34
		看涨期权价格	573.7

表10-5 基于B-S模型的2106合约期权理论价格计算

模型输入数据		2106合约	
标的资产价格	4 966.18	d_1	1.318 06
执行价格	4 400	d_2	1.221 37
无风险利率	3.03%	$N(d_1)$	0.906 26
有效期	0.167	$N(d_2)$	0.889 03
年波动率	23.66%	$Exp(-rT)$	0.994 95
股票年红利	2.00%	$Exp(-qT)$	0.996 67
		看涨期权价格	593.7

利用B-S模型计算的执行价格为4 400点的看涨期权价格为573.7点,实际成交价格为553.4点;执行价格为4 400点的2106合约看涨期权价格为593.7点,实际成交价格为522.8点。

问题讨论:
(1) 为什么这两个期权的成交价格均低于理论价格?
(2) B-S模型计算的2106合约理论价格高于2105合约,为什么2106合约的成交价格却低于2105合约?

江铜权证套利分析

江西铜业认股权证(简称"江铜权证")是江西铜业在2008年发行的分离交易可转债上市后,债券与权证分离的产物。分离交易可转债也称为附认股权证的公司债,它是在一般可转换债券的基础上发展而来的。可转换债券将债券和认股权证整合为一个证券,兼具债权和股权的双重特征。分离交易可转债又将可转换债券分解为纯债和认股权证两部分,并分别上市交易。江西铜业分离交易可转债的发行时间是2008年10月,而这个时间点差不多是2008年熊市的最低点,所以认股权证的行权价格较低,权证上市后就一直处于实值状态,最后绝大部分权证都成功行权。江铜权证上市后长期处于折价状态,甚至远低于其内在价值,市场出现了多次理论上的套利机会。

2010年7月20日,江铜权证及江西铜业股票相关数据如表10-6所示。江西铜业每4个权证可购买1个江西铜业股票,根据表10-6的数据可以算出,权证价格低于其内在价值,市场存在套利机会。如果实施套利交易,交易过程如下:首先融券卖出江西铜业股票,买入4个权证,到期末执行权证买入股票,将融券卖空的股票仓位平仓。交易现金流及利润核算如表10-7所示。

表10-6 江西铜业股票及权证数据

权证价格	2.549元	股票收盘价格	28.38元
权证到期日	2010-10-8	融券保证金比例	1.3
执行价格	15.33元	融券利率	7.86%
权证理论价格	3.288元	无风险利率	3.456%
行权比例	0.25		

表10-7 江西铜业权证套利交易过程及套利收益

交易内容	期初现金流	期末现金流
融券卖空股票	28.38元	$-28.38 \times 7.86\% \times 80/365 = -0.489$元
买入4个权证	$-2.549 \times 4 = -10.196$元	-15.33元
缴纳融券保证金	$-28.38 \times 1.3 = -36.894$元	36.894元
融资	18.710元	$-18.71 \times (1+3.456\% \times 80/365)$ $= -18.852$元
合计	0元	2.223元

该策略可获得套利收益2.223元,折合年化收益率55.184%($2.263/18.71 \times 80/365 \times 100\%$)。

问题讨论:

(1) 江铜权证价格被低估的原因是什么?

(2) 为什么持有江西铜业股票的投资者,没有卖出股票买入权证来套利?

立德树人思考

期权不是赌博的工具

期权是自带杠杆的金融产品,它可以以较少的资金控制更多的股票数量,也就是它的杠杆性。因此,有些投资者将期权作为以小博大的投资工具,试图通过期权交易来实现快速盈利。当然,高杠杆就意味着高风险,如果抱着搏一把的心态去交易期权,不但会加剧期权市场的价格波动,而且在交易过程中很容易失去理性,造成亏损。

有的财经媒体在报道期权时,为了吸引眼球,过于关注期权的高收益。例如有媒体报道,上海证券交易所上证50ETF期权在2021年5月25日暴涨78倍,有投资者因此暴赚。事实上,5月25日的期权大涨,是因为该期权到5月26日就是最后交易日,而恰好上证50指数在5月25日出现大幅上涨,部分价格很低的虚值期权忽然变成实值期权,期权价格大幅上涨,这种情况再次出现的概率是很低的。投资期权要理性分析,既要看到期权可能获得的高收益,也要合理评估高收益发生的概率。

也有一些开展场外个股期权交易的平台,通过网站、微信公众号、群组等方式招揽客户,故意夸大期权"以小博大"的投资属性,诱导投资者进行期权交易。这些平台往往使用"高杠杆""亏损有限而盈利无限""亏损无需补仓"等误导性宣传术语,片面强调甚至夸大个股期权的收益,弱化甚至不提个股期权风险。在这些平台上,投资者无需开通证券账户,也不必进行视频认证,仅提供身份证号和银行账户即可完成注册。投资者在确定操作标的、看涨看跌方向、持有期限,并接受期权报价(即权利金)后,即可买入而成为期权的权利方。投资者通过这些平台参与场外个股期权交易,存在较大的风险,若平台存在欺诈行为或者发生"跑路"等风险事件,自身权益难以保障。这些没有金融业务资质的交易平台开展的期权交易,带有赌博的性质,甚至有些平台网站原本就是博彩网站。因此,投资者应时刻保持理性,远离这些带有赌博性质的场外期权交易平台。

本章小结

1. 根据期权价值构成的性质不同,期权价值可以分为内在价值和时间价值。期权的内在价值是不考虑标的资产未来价格的不确定性,假设现在就决定执行或不执行期权,期权所具有的价值。期权的时间价值是期权等待和选择执行的价值,是来源于波动性的价值。

2. 期权的内在价值是期权的价格下限。欧式看涨期权的价格上限是标的资产价格,欧式看跌期权的价格上限是执行价格的贴现值。

3. 影响期权价格的主要因素包括:标的资产价格、期权执行价格、期权的有效期、标的资产的价格波动率、无风险利率和标的资产的收益。

4. 期权平价定理描述了欧式看涨期权、欧式看跌期权、标的资产和无风险资产之间的复制关系。根据期权平价定理,可以判断市场是否存在套利机会。

5. 期权定价的基本原理有无套利均衡原理和风险中性定价原理。

6. 期权定价的二叉树模型假设标的资产价格在未来有两个可能的状态,是一种常用的期权定价的数值算法。

7. B-S期权定价模型假设标的资产价格遵从几何布朗运动,在连续时间假设下求解期权价格。

练 习 题

一、单选题

1. 某股票日收益率的标准差为3%,如果1年按225天交易日计算,则年收益率的标准差为(　　)。
   A. 30%　　　　　B. 45%　　　　　C. 60%　　　　　D. 不能确定

2. 以某股票作为标的资产的期权,根据布莱克-斯科尔斯期权定价公式计算并查正态分布表得到:$N(d_1)=0.6$、$N(d_2)=0.5$,如果某投资者持有100万个看跌期权,他要对这些期权进行套期保值,还应该配置(　　)。
   A. 60万股股票多头　　　　　　　　B. 60万股股票空头
   C. 40万股股票多头　　　　　　　　D. 40万股股票空头

3. 关于股票价格服从几何布朗运动的假设,以下说法不正确的是(　　)。
   A. 下一期的股票价格变化与上一期的价格变化不相关
   B. 股票价格的对数收益率服从正态分布
   C. 股票收益率的标准差与所考察的时间长度($T-t$)不相关
   D. 股票的平均收益率是时间长度($T-t$)的线性函数

4. 以下哪个因素只会影响到期权的时间价值,不影响期权的内在价值(　　)。
   A. 无风险利率　　　B. 波动率　　　C. 执行价格　　　D. 标的资产价格

5. 可以复制一个与股票融资交易相似的现金流的组合是(　　)。
   A. 看涨期权多头加看跌期权多头　　　B. 看涨期权空头加看跌期权空头
   C. 看涨期权空头加看跌期权多头　　　D. 看涨期权多头加看跌期权空头

6. 可以复制一个与股票融券交易相似的现金流的组合是(　　)。
   A. 看涨期权多头加看跌期权多头　　　B. 看涨期权空头加看跌期权空头
   C. 看涨期权空头加看跌期权多头　　　D. 看涨期权多头加看跌期权空头

7. 一个远期合约空头的现金流,可以由以下(　　)组合的现金流复制出来。
   A. 看涨期权多头与看跌期权多头　　　B. 看涨期权空头与看跌期权空头
   C. 看涨期权多头与看跌期权空头　　　D. 看涨期权空头与看跌期权多头

8. 一个期货合约多头的现金流,可以由以下(　　)组合的现金流复制出来。
   A. 看涨期权多头与看跌期权多头　　　B. 看涨期权空头与看跌期权空头
   C. 看涨期权多头与看跌期权空头　　　D. 看涨期权空头与看跌期权多头

二、多选题

1. 当标的资产价格上涨时,以下说法正确的有(　　)。
   A. 看涨期权多头的盈利增加　　　　　B. 看涨期权空头的盈利增加
   C. 看跌期权多头的盈利增加　　　　　D. 看跌期权空头的盈利增加

2. 关于期权的时间价值,以下说法正确的有(　　)。
   A. 虚值期权的时间价值一般大于实值期权
   B. 期权的时间价值与期权的执行价格无关
   C. 相同执行价格相同期限的看涨期权和看跌期权的时间价值相等
   D. 期权的时间价值随着有效期限缩短而加速减少

3. 以下说法正确的有(　　)。
   A. 标的资产价格越高,看涨期权价格越高
   B. 波动率越大,看跌期权和看涨期权的价格越高
   C. 期权的剩余期限越长,看跌期权和看涨期权价格越高

D. 执行价格越高,看跌期权价格越高
4. 关于期权的隐含波动率,以下说法正确的有(　　)。
   A. 期权的隐含波动率是期权市场交易的结果
   B. 期权的隐含波动率是根据历史数据计算出来的
   C. 不同执行价格的期权,隐含波动率可能不相同
   D. 所有期权的隐含波动率都是相同的

三、辨析题

1. B-S 微分方程的推导运用了静态组合复制的原理。　　　　　　　　　(　　)
2. 运用 B-S 微分方程和风险中性定价方法可以得到相同的求解结果。　　(　　)
3. 标的资产价格越高,看跌期权价格越高。　　　　　　　　　　　　　(　　)
4. 波动率越大,看涨期权价格越高。　　　　　　　　　　　　　　　　(　　)
5. 期权的剩余期限越长,看涨期权价格越高(不支付红利)。　　　　　　(　　)
6. 执行价格越高,看涨期权价格越高。　　　　　　　　　　　　　　　(　　)
7. 剩余期限越短,期权时间价值越小。　　　　　　　　　　　　　　　(　　)
8. 标的资产的波动率越大,期权时间价值越大。　　　　　　　　　　　(　　)
9. 一般来说,平价期权的时间价值小于实值期权和虚值期权。　　　　　(　　)
10. 相同执行价格的看涨期权和看跌期权的时间价值不相等。　　　　　(　　)

四、计算题

1. 考虑一个不付红利股票的欧式看涨期权,股票现价 28 元,执行价 26 元,剩余有效期 3 个月,无风险利率 5%,求该期权价格的范围。
2. 考虑同一股票的 1 年期欧式看涨期权和 1 年期欧式看跌期权,两者的执行价格都为 105 美元。如果无风险收益率为 5%,股票的市场价格为 103 美元,看跌期权价格为 7.5 美元,那么看涨期权的价格应为多少?
3. 一个欧式看涨期权,一年后到期。股票当前价格 10 元,一年后有两种可能,12 元或 9 元,期权的行权价格为 10 元,无风险利率为 5%。确定该期权的合理价格。
4. 一个欧式看跌期权,一年后到期。股票当前价格 100 元,一年后有两种可能,120 元或 90 元,期权的行权价格为 105 元,无风险利率为 10%。确定该期权的合理价格。
5. 使用 B-S 期权定价公式为欧式看涨期权定价:股票当前价格为 78 元,执行价格为 75 元,无风险利率为 8%,股票收益率的标准差为 15%,期权的有效期权为 9 个月。
6. 无风险利率 5%(连续复利),期权剩余期限 1 年,波动率 0.5,标的资产的当前价格为 100,假设服从几何布朗运动假设,计算在风险中性假设下期末标的资产价格对数($\ln S_T$)的均值和标准差,并计算在 90% 置信度下,期末标的资产的价格上限和下限(90% 置信度下标准正态分布区间值上限为 1.28,下限为 −1.28)。
7. 一个看涨期权,期限 1 年,无风险利率 5%,波动率 50%,标的资产价格 80 元,期权执行价格 75 元,期权价格 20 元,计算该期权的内在价值和时间价值。

五、案例分析题

2018 年 12 月 26 日,当日上证 50ETF 收盘价为 2.49 元,涨幅 0.32%。2019 年 1 月到期的上证 50ETF 期权合约,剩余期限还有 22 天。当日执行价格为 2.5 元的看涨期权收盘报价 0.052 2 元,比上一日跌 1.69%,看跌期权收盘报价 0.053 9 元,跌 17.05%;执行价格为 2.6 元的看涨期权收盘 0.015 7 元,跌 16.04%,看跌期权收盘 0.117 6 元,跌 10.37%;执行价格为 2.4 元的看涨期权收盘 0.115 元,涨 2.31%,看跌期权收盘 0.017 2 元,跌 30.65%。

根据期权定价原理,一般来说,标的资产价格上涨,看涨期权的价格上涨,看跌期权的价格下

跌。为什么在2018年12月26日我们观察的3个执行价格的6个期权中,只有1个期权是上涨的,另外5个期权都是下跌的。

六、简答题
1. 影响期权价格的主要因素有哪些?
2. 期权时间价值的含义是什么?
3. 在期权定价模型中,$N(d_1)$和$N(d_2)$的经济含义各是什么?

七、论述题
论述无套利均衡原理在B-S期权定价模型中的应用。

第十一章 期权交易策略

【本章提要】

通过构建不同期权(或标的资产)头寸的组合,可以实现多种差异化的交易结果,以满足投资者个性化的投资需求。本章首先介绍标的资产多头与看涨期权空头组合(有保护的看涨期权空头策略)、标的资产空头与看涨期权多头组合、标的资产多头与看跌期权空头组合(保护性看跌期权策略)、标的资产空头与看跌期权空头组合以及领口策略组合。然后介绍期权加期权组合策略,包括差价期权组合策略和混合期权组合策略。

【学习目标】

1. 掌握有保护的看涨期权空头策略、保护性看跌期权策略、领口策略的构造原理、盈亏结构与应用。
2. 掌握看涨期权的牛市差价组合、看涨期权的熊市差价组合、看跌期权的牛市差价组合、看跌期权的熊市差价组合的构造原理、盈亏结构与应用。
3. 了解蝶式差价组合的构造原理、盈亏结构与应用。
4. 了解日历差价组合的构造原理、盈亏结构与应用。
5. 掌握跨式组合和宽跨式组合的构造原理、盈亏结构与应用。
6. 了解对角差价组合、条式组合、带式组合的构造原理。
7. 了解新时代背景下,期权组合工具服务实体经济,规避实体企业风险的主要应用。

【思政理念】

1. 不忘初心,牢记使命。
2. 爱岗敬业、团结协作、精诚合作精神。
3. 发扬中国传统文化。

【案例导读】

2019年1月13日,吉利集团向《中国证券报》记者独家确认,吉利集团并购戴姆勒时使用了"领口期权"的策略。公司表示,吉利集团并购戴姆勒股份有限公司案例,是迄今为止运用领子期权针对单一股票并购规模最大的交易,是中国企业跨国并购的经典案例。期权产品的保险功能及期权策略的灵活性、多样性,保证了整个并购过程平稳顺畅。并购期内,戴姆勒股价上下振幅超过20%,如若不使用期权,势必导致并购出现亏损。通过使用并不复杂的期权策略,吉利集团有效地控制了股价波动风险,保障了长达一年多的股权收购计划平稳落地。跨国并购是新时代中国经济转型升级的必然要求,合适的期权组合策略可以帮助中国企业规避跨国并购风险,助力企业实现跨越式发展。

那么,什么是"领口期权策略",如何用它来规避风险,带着这些问题,我们一起来学习本章的内容。

第一节 标的资产与期权的组合

一、标的资产多头与看涨期权空头组合

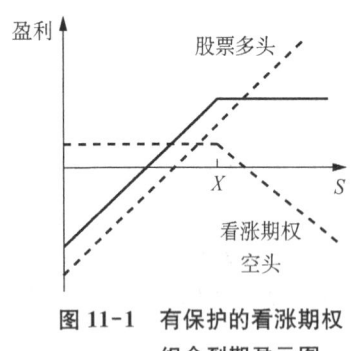

图 11-1 有保护的看涨期权组合到期盈亏图

标的资产多头与看涨期权空头组合是指由一个股票的多头加上一个看涨期权的空头形成的交易策略,这一交易策略也称为有保护的看涨期权空头策略。策略到期盈亏如图 11-1 所示。

投资者可以通过该策略,用股票多头"轧平"或保护期权卖空投资者免受股票价格急剧上升带来的巨大损失。如果股票价格下行,期权不会被执行,投资者可以从卖出看涨期权合约中获利。但是,有保护的看涨期权空头交易策略也限制了投资者的潜在盈利,因为投资者在卖出看涨期权合约中承担了按照约定价格出售股票的义务。

在实践中,投资者在持有股票的同时,以持有的股票作为抵押品,备兑开仓卖出看涨期权,无需另外缴纳期权交易保证金。长期持有股票的投资者,可以通过卖出股票的看涨期权,赚取期权费,以增加盈利。

【例 11-1】 某投资者持有 A 股票 100 股,股票价格 20 元,他准备对该股票长期持有,预计该股票近期不会出现大幅度上涨,该投资者卖出执行价格为 20 元的该股票看涨期权 1 手,期权期限为 3 个月,期权价格为 0.2 元,1 手期权合约对应的标的资产数量为 100 股。3 个月后,如果股票价格为 20 元,期权不会被执行,则该投资者可以获得期权费 20 元;如果股票价格为 22 元,对手方将选择执行期权,期权空头亏损:$100 \times (22-20) = 200$ 元,扣除 20 元期权费,合计亏损 180 元;如果股票价格低于 20 元,期权买家不会选择执行期权,该投资者的盈利为期权费 20 元。组合的到期盈亏如下所示。

	$S_T < 20$	$S_T = 20$	$S_T > 20$
股票损益	$(S_T - 20) \times 100$	0	$(S_T - 20) \times 100$
看涨期权空头损益	$0.2 \times 100 = 20$	$0.2 \times 100 = 20$	$20 - (S_T - 20) \times 100$
组合损益	$20 + (S_T - 20) \times 100$	20	20

二、标的资产空头与看涨期权多头组合

标的资产空头与看涨期权多头组合是指在卖空标的股票的同时买进一份看涨期权,该策略是将卖空股票的风险限制在一定范围内的交易手段。其到期盈亏如图 11-2 所示。

单一的卖空股票交易,投资者会担心由于股票价格上涨空头出现较大幅度的亏损。为了消除这种担心,投资者可以在卖空股票的同时,买进该股票的看涨期权,当股票出现较大幅度上涨时,看涨期权多头的盈利将抵消股票空头的亏损,使组合的亏损幅度被限制在一个可控的范围内。

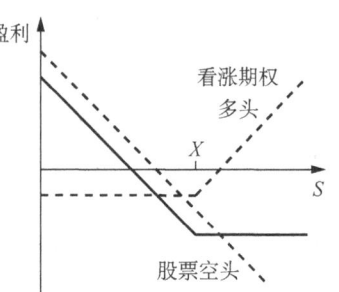

图 11-2 标的资产空头与看涨期权多头组合到期盈亏图

三、标的资产多头与看跌期权多头组合

该组合是指拥有标的股票的同时买进一份看跌期权的交易策略,这一策略往往被用来限制已有股票价格下行的亏损。当投资者同时拥有普通股股票和同一股票的看跌期权,他就形成了一个在期权存续期内股票价格下跌风险有限的头寸,其到期盈亏图与买进看涨期权的盈亏图相似,如图11-3所示。

这一策略常常被称为保护性看跌期权(protective put)策略,相当于是给自己持有的股票购买了一个价格保险,当股票价格出现大幅度下跌时,看跌期权的盈利可以抵消股价下跌的损失。与有保护的看涨期权空头策略相比,该策略侧重于规避股票多头在价格出现大幅度下跌时的损失,而有保护的看涨期权空头策略则侧重于规避价格上涨时看涨期权空头可能发生的较大损失。

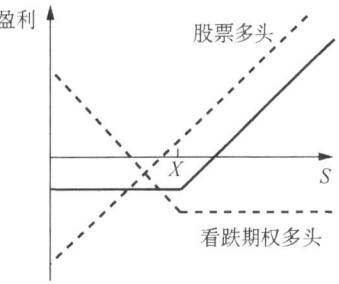

图11-3 标的资产多头与看跌期权空头组合到期盈亏图

四、标的资产空头与看跌期权空头组合

标的资产空头与看跌期权空头组合是指持有一个股票空头加上一个看跌期权空头的组合策略。策略的到期盈亏如图11-4所示。

这是一个潜在盈利有限的交易策略。如果标的股票价格下跌,组合可以盈利,但盈利是有限的;而如果股票价格出现较大幅度的上升,卖空的股票将发生亏损,但卖出看跌期权获取的期权费可以在一定程度上抵消股票空头的损失。该策略的损益与单独持有看涨期权空头的盈亏情况是相似的。

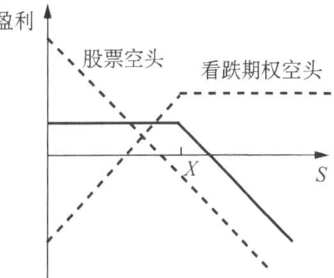

图11-4 标的资产空头与看跌期权空头组合到期盈亏图

五、领口期权

领口期权组合策略是一种风险水平和保险成本都较低的期权组合策略。其构造原理是在持有标的资产的情况下,买入看跌期权,卖出看涨期权。我们可以将领口策略理解为在保护性看跌期权策略的基础上,投资者预期标的资产不会出现大幅度上涨,卖出看涨期权以降低保护性看跌期权的成本;也可以理解为在备兑策略的基础上,投资者担心标的资产价格出现较大幅度下跌,通过买入看跌期权为备兑策略提供必要的保护。领口策略的到期盈亏如图11-5所示。

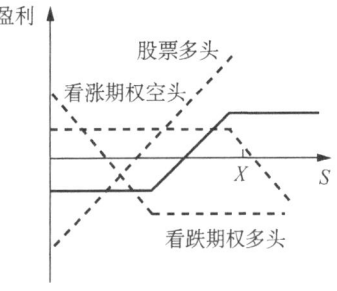

图11-5 领口策略组合到期盈亏图

第二节 差价期权组合

差价期权是指买入某种类型的期权,同时卖出同一类型中有着不同执行价格或到期日的期权。如果买入和卖出的同类期权的执行价格不同,而到期日相同,则称为价格差价,如牛市差价组合、熊市差价组合、蝶式差价组合;如果买入和卖出的同类期权的执行价格相同,而到期日不同,则称为时间差价,或日历差价。如果买入和卖出的同类期权的执行价格和到期日都不同,则

称为对角差价组合。

一、牛市差价组合

顾名思义,牛市差价组合当标的资产价格上涨时盈利,当标的资产价格下跌时发生亏损。牛市差价组合可以由看涨期权构建,也可以由看跌期权构建。

看涨期权的牛市差价组合是由一个看涨期权多头与另一个较高执行价格的看涨期权空头组成,两者的到期日相同。由于卖空的看涨期权执行价格越高,期权价格越低,因此构建这个组合需要初始投资。

如果 X_1 和 X_2 分别表示组合中的两个期权的执行价格,$X_1 < X_2$,c_1 和 c_2 分别表示执行价格为 X_1 和 X_2 的看涨期权价格,显然,$c_1 > c_2$,看涨期权的牛市差价组合的到期盈亏情况如表 11-1 所示。

表 11-1 看涨期权的牛市差价组合到期盈亏

标的资产价格	看涨期权多头	看涨期权空头	组合收益
$S_T \leqslant X_1$	$0 - c_1$	$0 + c_2$	$c_2 - c_1$
$X_1 < S_T < X_2$	$S_T - X_1 - c_1$	$0 + c_2$	$S_T - X_1 + c_2 - c_1$
$S_T \geqslant X_2$	$S_T - X_1 - c_1$	$X_2 - S_T + c_2$	$X_2 - X_1 + c_2 - c_1$

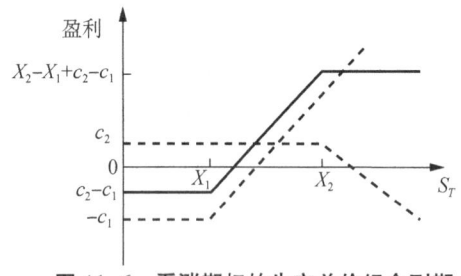

图 11-6 看涨期权的牛市差价组合到期盈亏图

看涨期权的牛市价差组合策略的到期盈亏情况如图 11-6 表示。

通过比较标的资产当前价格与执行价格的关系,可以把牛市差价期权分为 3 类:①两虚值期权组合,两个执行价格均比当前标的资产价格高;②多头实值期权加空头虚值期权组合,多头期权的执行价格比当前标的资产价格低,而空头期权的执行价格比当前标的资产价格高;③两实值期权组合,两个执行价格均比当前标的资产价格低。第一类组合最激进,构造成本最低,获得高收益($X_2 - X_1$)的概率也最低。第三类最保守,第二类居中。

看跌期权的牛市差价组合由一个看跌期权多头与一个同一期限、较高执行价格的看跌期权空头组成,其到期盈亏情况如图 11-7 所示。

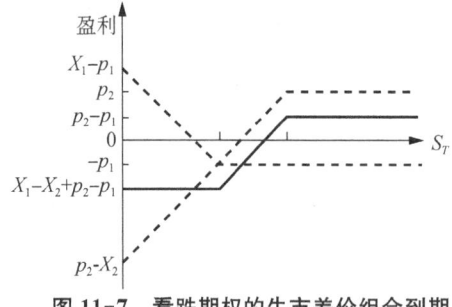

图 11-7 看跌期权的牛市差价组合到期盈亏图

比较看涨期权的牛市差价组合与看跌期权的牛市差价组合可以看出,前者期初现金流为负,可以理解为买入一个看涨期权的同时,又卖出了一个更加便宜的看涨期权,以降低成本;后者期初现金流为正,可以理解为卖出一个看跌期权的同时,又买入了一个更加便宜的看跌期权,以规避发生较大损失的风险。

二、熊市差价组合

顾名思义,熊市差价组合当标的资产价格下降时盈利,当标的资产价格上升时发生亏损。熊市差价组合可以由看跌期权构建,也可以由看涨期权构建。

看跌期权的熊市价差组合策略是由一个较高执行价格的看跌期权多头和一个相同期限、执行价格较低的看跌期权空头组成,由于卖空的看跌期权执行价格较低,期权价格较低,因此构建这个组合需要初始投资。

如果 p_1 和 p_2 分别表示执行价格为 X_1 和 X_2 的看跌期权价格,显然, $p_1 < p_2$,看跌期权的熊市差价组合的到期盈亏如表 11-2 所示。

表 11-2 看跌期权的熊市差价期权的到期盈亏

标的资产价格	看跌期权多头	看跌期权空头	组合收益
$S_T \leqslant X_1$	$X_2 - S_T - p_2$	$S_T - X_1 + p_1$	$X_2 - X_1 + p_1 - p_2$
$X_1 < S_T < X_2$	$X_2 - S_T - p_2$	$0 + p_1$	$X_2 - S_T + p_1 - p_2$
$S_T \geqslant X_2$	$0 - p_2$	$0 + p_1$	$p_1 - p_2$

看跌期权的熊市差价组合的到期盈亏如图 11-8 所示。

看涨期权的熊市差价组合由一个执行价格较高的看涨期权多头与一个同一期限、较低执行价格的看涨期权空头组成,其到期盈亏情况如图 11-9 所示。

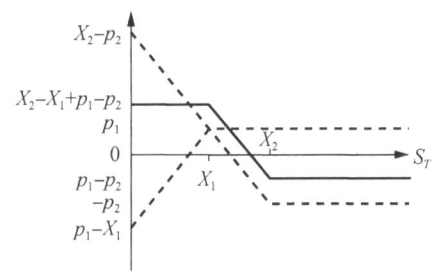

图 11-8 看跌期权的熊市差价组合到期盈亏图

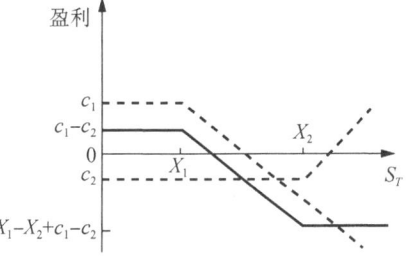

图 11-9 看涨期权的熊市差价组合到期盈亏图

比较看跌期权的熊市差价组合与看涨期权的熊市差价组合可以看出,前者期初现金流为负,可以理解为买入一个看跌期权的同时,又卖出了一个更加便宜的看跌期权,以降低成本;后者期初现金流为正,可以理解为卖出一个看涨期权的同时,又买入了一个更加便宜的看涨跌期权,以规避发生较大损失的风险。

通过比较牛市差价组合和熊市差价组合可以看出,对于同类期权而言,凡"买低卖高"的即为牛市差价组合,而"买高卖低"的即为熊市差价组合,这里的"低"和"高"是指执行价格。

三、蝶式差价组合

蝶式差价(butterfly spreads)组合是由 4 个具有相同期限、不同执行价格的同种期权头寸组成。若 $X_1 < X_2 < X_3$,且 $X_2 = (X_1 + X_3)/2$,则蝶式差价组合有如下 4 种:

(1) 看涨期权的正向蝶式差价组合,由执行价格分别为 X_1 和 X_3 的看涨期权多头和两份执行价格为 X_2 的看涨期权空头组成,其到期盈亏如图 11-10 所示。

(2) 看涨期权的反向蝶式差价组合,由执行价格分别为 X_1 和 X_3 的看涨期权空头和两个执行价格为 X_2 的看涨期权多头组成,其到期盈亏刚好与图 11-10 相反。

(3) 看跌期权的正向蝶式差价组合,由执行价格分别为 X_1 和 X_3 的看跌期权多头和两个执行价格为 X_2 的看跌期权空头组成,其到期盈亏如图 11-11 所示。

(4) 看跌期权的反向蝶式差价组合,由执行价格分别为 X_1 和 X_3 的看跌期权空头和两个执行价格为 X_2 的看跌期权多头组成,其到期盈亏与图 11-11 刚好相反。

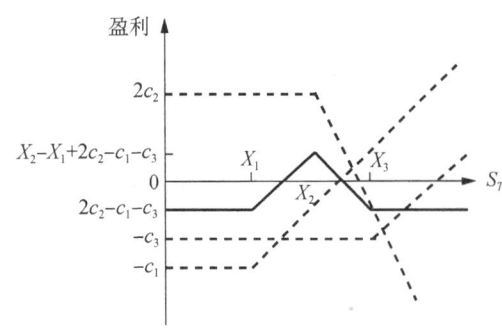

图 11-10　看涨期权的正向蝶式差价组合到期盈亏图

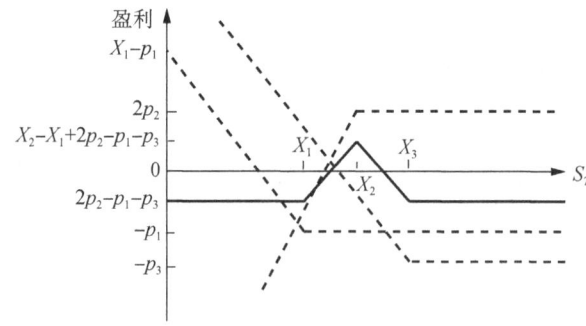

图 11-11　看跌期权的正向蝶式差价组合到期盈亏图

从蝶式差价组合的盈亏图可以看出,如果股票价格保持在执行价格 X_2 附近,则正向蝶式价差组合将盈利,如果股票价格偏离执行价格 X_2 较远,则正向蝶式差价组合将发生亏损。因此正向蝶式价差组合适合那些认为股票价格不会发生较大幅度变动的投资者。

不论是用看涨期权构建,还是用看跌期权构建,正向蝶式差价组合的期初现金流为负,需要初始投资;反向蝶式差价组合的期初现金流为正,不需要初始投资。

四、日历差价组合

日历差价组合是由两个相同执行价格、不同到期期限的同种期权的不同头寸组成的组合。该类期权交易策略之所以能够获利,主要原因是长期期权和短期期权的时间价值衰减速度不同。一般来说,期权的时间价值是期权剩余期限的非线性函数,剩余到期时间越短的期权,价格衰减得越快,越临近到期日,期权的时间价值越是会加速变小,最终期权的时间价值在到期日变为零。

根据构造方式的不同,日历差价组合可以分为 4 种类型:

（1）看涨期权的正向日历差价组合:一个看涨期权多头与一个期限较短的看涨期权空头的组合。

（2）看涨期权的反向日历差价组合:一个看涨期权多头与一个期限较长的看涨期权空头的组合。

（3）看跌期权的正向日历差价组合:一个看跌期权多头与一个期限较短的看跌期权空头的组合。

（4）看跌期权的反向日历差价组合:一个看跌期权多头与一个期限较长的看跌期权空头的组合。

先分析看涨期权的正向日历差价组合的盈亏情况。令 T 表示期限较短的期权到期时刻,c_1、c_2 分别代表期限较长和期限较短的看涨期权的期初价格,c_{1T} 代表 T 时刻期限较长的看涨期权的时间价值,S_T 表示 T 时刻的标的资产的价格。当期限较短的期权到期时,若 $S_T \to \infty$,空头亏 $S_T - X + c_2$,而多头虽未到期,但由于此时 S_T 已远高于 X,其价值趋近于 $S_T - X$,即多头盈利趋近于 $S_T - X - c_1$,总盈亏趋近于 $c_2 - c_1$。若 $S_T = X$,空头赚 c_2,多头还未到期,尚有价值 c_{1T},即多头亏 $c_1 - c_{1T}$,总盈亏为 $c_2 - c_1 + c_{1T}$。若 $S_T \to 0$,空头赚 c_2,多头虽未到期,但由于 S_T 远低于 X,其价值趋于 0,即多头亏损趋近于 c_1,总盈亏趋近于 $c_2 - c_1$。 上述 3 种情况如表 11-3 所示。

表 11-3 看涨期权的正向日历差价组合的盈亏状况

S_T 的范围	看涨期权多头盈亏	看涨期权空头盈亏	总盈亏
$S_T \to \infty$	趋近 $S_T - X - c_1$	$X - S_T + c_2$	趋近 $c_2 - c_1$
$S_T = X$	$c_{1T} - c_1$	c_2	$c_2 - c_1 + c_{1T}$
$S_T \to 0$	趋近 $-c_1$	c_2	趋近 $c_2 - c_1$

根据表 11-3,可以画出看涨期权正向日历差价组合的盈亏分布,如图 11-12 所示。看涨期权反向日历差价组合的盈亏分布正好与图 11-12 相反,故从略。

用同样的分析法可以画出看跌期权正向日历差价组合的盈亏分布,如图 11-13 所示。其中 p_1 和 p_2 分别代表期限较长和较短的看跌期权的期初价格,p_{1T} 代表 T 时刻期限较长的看跌期权的时间价值。看跌期权反向日历差价组合的盈亏分布正好与图 11-13 相反,也从略。

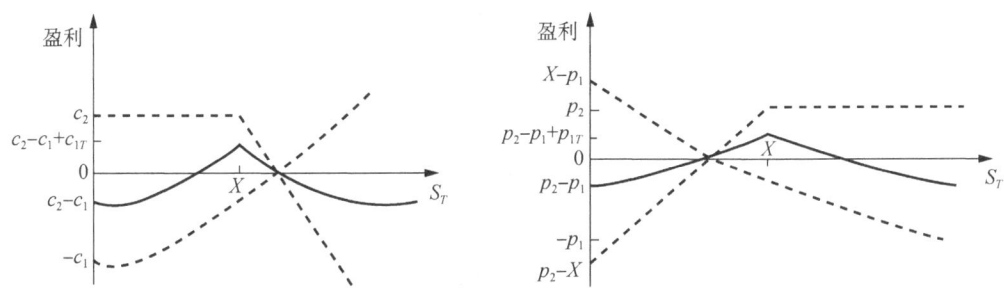

图 11-12 看涨期权的正向日历差价组合盈亏图　　图 11-13 看跌期权的正向日历差价组合盈亏图

日历差价组合与蝶式差价组合的盈亏模式有相似之处,如果在期限较短的期权到期时,标的资产价格接近期权执行价格,正向日历差价组合可以盈利;如果标的资产价格偏离执行价格较远,正向日历差价组合将发生亏损。因此,正向日历差价组合适合那些认为标的资产价格不会出现较大幅度波动的投资者。

在构建正向日历差价组合时,期限较长的期权价格高于期限较短的期权,因此正向日历差价组合期初现金流为负,需要初始投资。反向日历差价组合与之相反,期初现金流为正,不需要初始投资。

五、对角差价组合

对角差价组合(diagonal spreads)是指由同种期权(同为看涨或同为看跌)的不同执行价、不同期限、不同方向头寸构建的组合。对角组合有多种不同的种类,其潜在损益状态也不同。根据不同期限、执行价格和正反向 3 种因素,总共可分为 8 种对角组合策略,分别是:看涨期权构造的牛市正向对角组合、看涨期权构造的牛市反向对角组合、看涨期权构造的熊市正向对角组合、看涨期权构造的熊市反向对角组合、看跌期权构造的牛市正向对角组合、看跌期权构造的牛市反向对角组合、看跌期权构造的熊市正向对角组合以及看跌期权构造的熊市反向对角组合。

以看涨期权构造的正向牛市对角组合为例,该组合由一个到期时间较长、执行价格较低的看涨期权多头加一个期限较短、执行价格较高的看涨期权空头组成。在期限较短的期权到期时,该组合的到期盈亏如图 11-14 所示。

看涨期权构造的反向牛市对角组合则将上述组合中长短期的搭配交换一下,即由一个到期时间较短、执行价格较低的看涨期权多头加一个期限较长、执行价格较高的看涨期权空头组成。在期限较短的期权到期时，该组合的到期盈亏如图11-15所示。

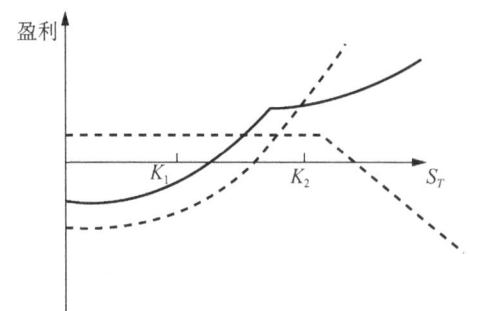

图11-14　看涨期权的正向牛市对角组合到期盈亏图

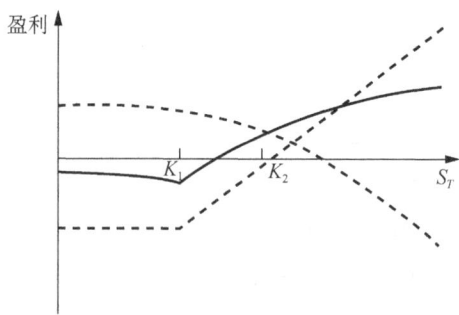

图11-15　看涨期权的反向牛市对角组合到期盈亏图

其他6种对角组合的构建原理及到期盈亏情况，可以用相似的方法进行讨论。

第三节　混合期权策略

混合期权策略是由不同种期权，即看涨期权和看跌期权构成的组合，其形式有很多种，这里仅介绍最简单的几种。

一、跨式组合

跨式组合(straddle)由具有相同执行价格、相同期限的一个看涨期权和一个看跌期权组成。跨式组合分为两种：底部跨式组合和顶部跨式组合。前者由两个多头组成，后者由两个空头组成。底部跨式组合的到期盈亏如图11-16所示。

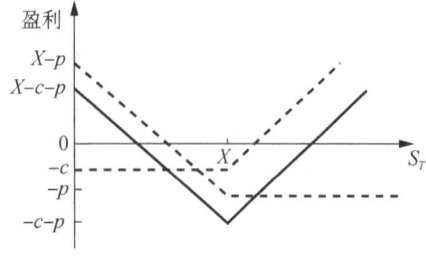

图11-16　底部跨式组合到期盈亏图

在期权到期日，如果标的资产价格非常接近执行价格，底部跨式期权组合就会发生损失；反之，如果标的资产价格在任何方向上有较大的偏离，这一组合就会有盈利。当投资者预期标的资产价格将会有很大变动，但无法确定其变动方向时，可以应用底部跨式期权策略。例如，当某公司将被兼并收购的时候，投资者就可以投资于该公司股票的底部跨式期权组合。如果兼并收购成功，可以预期股票价格将迅速上升；如果兼并收购失败，股票价格将急剧下降。而这两种情况正是底部跨式组合盈利的区间。

顶部跨式组合的盈亏状况则与底部跨式组合正好相反，其盈亏图与底部跨式组合正好关于X轴对称。如果在到期日标的资产价格接近执行价格，该组合会产生一定的利润；然而，一旦标的资产价格在任何方向上出现较大偏离，该策略将发生损失，偏离幅度越大，损失越大。

二、条式组合与带式组合

条式组合(strip)由具有相同执行价格、相同期限的一个看涨期权和两个看跌期权组成。条式组合也分底部和顶部两种，前者由多头构成，后者由空头构成。底部条式组合的到期盈亏图如图11-17所示。顶部条式组合的到期盈亏状况刚好与底部条式组合相反，其到期盈亏图与底部条式组合正好关于X轴对称。

带式组合(strap)由具有相同执行价格、相同期限的两个看涨期权和一个看跌期权组成,带式组合也分底部和顶部两种,前者由多头构成,后者由空头构成。底部带式组合的盈亏如图 11-18 所示。顶部带式组合的到期盈亏状况刚好与底部带式组合相反,其到期盈亏图与底部带式组合正好关于 X 轴对称。

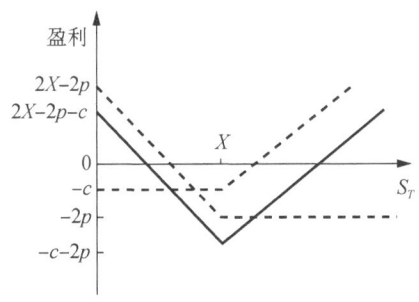

图 11-17 底部条式组合到期盈亏图

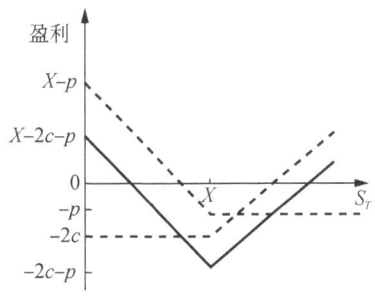

图 11-18 底部带式组合到期盈亏图

对跨式组合、条式组合和带式组合进行比较,我们可以看出,投资于底部条式组合和底部带式组合,也是在标的资产价格发生较大变动的时候有较高的收益,而价格变化很小的时候则出现亏损。但与跨式组合的对称性不同,底部条式组合适用于投资者预期未来标的资产价格变化较大,且下跌可能大于上涨可能的情形,而底部带式组合则适用于投资者预期未来标的资产价格变化较大,且上涨可能大于下跌可能的情形。

三、宽跨式组合

宽跨式组合(strangle)由到期日相同但执行价格不同的一个看涨期权和一个看跌期权组成,其中看涨期权的执行价格高于看跌期权。宽跨式组合也分底部和顶部,底部组合由多头组成,顶部组合由空头组成。前者的到期盈亏如图 11-19 所示,后者的到期盈亏与图 11-19 刚好相反。

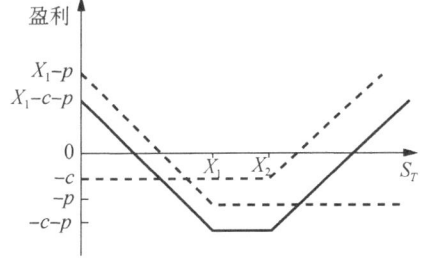

图 11-19 底部宽跨式组合到期盈亏图

与跨式期权组合类似,底部宽跨式组合的投资者也预期标的资产价格会有较大波动,但是无法确定方向,在上涨和下跌的可能之间具有对称性。但是与跨式期权相比,底部宽跨式组合的标的资产价格必须有更大的波动才能获利,但是当标的资产价格位于中间价态时,宽跨式期权的损失也较小。也就是说,底部宽跨式组合的利润大小取决于两个执行价格的接近程度,距离越远,潜在损失越小,为获得利润,标的资产价格的变动需要更大一些。

专栏 11-1

运用 Excel 模拟期权组合策略到期盈亏

剩余期限为 3 个月的股票看涨期权,执行价格分别为 15 元、17.5 元和 20 元,对应着期权价格分别是 4 元、1.75 元和 0.5 元。用上述 3 个期权构造 1 个正向蝶式差价组合策略,并分析组合策略盈亏随股票价格变化的关系。

正向蝶式差价组合策略构造方法是:卖出执行价格为 17.5 元的看涨期权 2 个,买入执行价格为 15 元的看涨期权 1 个,买入执行价格为 20 元的看涨期权 1 个。

运用 Excel 的模拟运算表,模拟正向蝶式价差期权组合的到期盈亏如下。

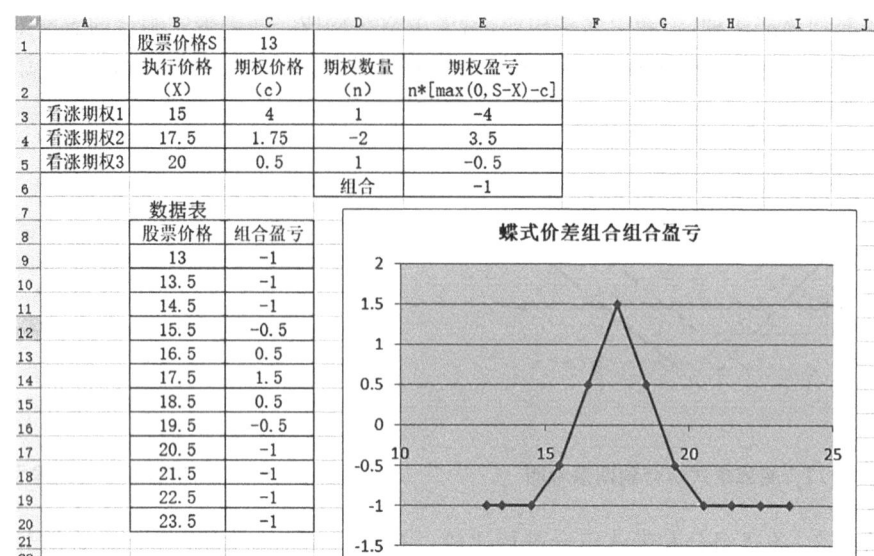

"权现"套保助力化工企业提质增效

一、案例背景

恒逸石化是国内龙头石化产业集团,核心业务为"涤纶＋锦纶"石化产业链,主要产品产能达到 410 万吨/年。为满足生产需要,恒逸石化集团设立了恒逸实业集中采购生产原材料。恒逸实业全年采购乙二醇可达 200 万吨,乙二醇的市场价格波动对企业采购成本和库存管理影响较大,需要采取合适的手段进行价格风险管理。

二、套期保值方案设计背景

恒逸实业在乙二醇采购过程中,80%的采购量与上游签订长期协议,采用 CCF（化纤信息网）月均价结算,剩余 20%的原材料按照基差点价或者一口价的形式从市场中灵活采购。恒逸实业在采购原材料入库后,需根据市场价格及自身生产计划动态调节库存量,具有明显的库存价格管理需求。除此之外,企业希望在管理价格风险的同时,保留现货潜在的收益,稳定日常经营中的现金流。

基于恒逸实业灵活采购及动态库存调控的需求,企业与期货公司双方商议通过少量多笔的方式,利用场外期权对库存进行保值。2019 年 8 月中旬,恒逸实业认为,乙二醇现货价格处于低位水平且价格波动较小,基于套保成本考虑,希望在市场行情波动不大的情况下,减少套保成本。根据上述思路和市场价格走势,恒逸实业选择买入熊市差价期权组合。该组合套保成本低、资金占用少,能够以有限的成本在市场价格低位且波动不大的情况下,实现库存风险管理的目的。进入 2019 年 10 月,恒逸实业认为,国内外供需环境发生变化,乙二醇产能大扩张,基本面难以支撑当前价格。经与企业商议,操作策略转为买入单腿看跌期权。

三、套期保值方案执行情况

根据方案设计思路,项目执行采用了两种套保策略,分为以下两个阶段实施:

第一阶段:2019 年 8 月 14 日～2019 年 9 月 27 日,成交 2 笔熊市价差期权组合,共计 2 000 吨。

2019 年 7 月至 8 月初,乙二醇期货的行情较为平稳;8 月上旬,乙二醇行情持续偏弱运行;

8月中旬,受到来自乙二醇供应方面大量检修和到港量下降的影响,叠加下游聚酯的季节性需求提升,乙二醇市场价格走高;9月中旬,受国际形势的影响,国际原油价格高开,带动化工板块整体强劲上涨,乙二醇价格跟随上涨。

以第一笔期权交易为例,恒逸实业2019年8月14日买入执行价为4 500元/吨的看跌期权,同时卖出执行价为4 400元/吨的看跌期权,组成成本相对较低的熊市价差期权组合,权利金为48.88元/吨。该组合较单独买入实值看跌期权节省近100元/吨的成本。该期权组合能够保护乙二醇期货从4 500元/吨至4 400元/吨的下跌风险。若到期时,乙二醇2001合约收盘价高于4 500元/吨,恒逸实业仅支付权利金,保留现货上涨的收益;若收盘价低于4 500元/吨且高于4 400元/吨,则获得4 500元/吨与收盘价之间的差价赔付,可用于弥补现货下跌的亏损;若收盘价低于4 400元/吨,恒逸实业获得最大赔付51.12元/吨,现货可能面临继续跌价的风险。

由于8月至9月中旬乙二醇期货价格上涨,所以第一笔期权组合到期时,企业未获得期权赔付,损失权利金48 880元,较期货套保可能亏损277 000元相比,期权为企业降低了套保成本。第二笔熊市价差于9月底入场,由于行情下跌,企业于开仓后第二天平仓,恒逸实业获得赔付165 710元。

第二阶段:2019年10月23日～12月16日,成交7笔期权,共计9 000吨。

在此期间,国内外装置检修量从高位逐步回落,沙特产能恢复远超市场预期,后期供应压力增加。此外,2019年年底,国内外乙二醇产能出现扩张,而下游聚酯新增产能有限,企业预期乙二醇价格将逐步走低。

经历了2019年9月下旬的行情大幅下跌,企业对未来期价的不确定性判断增加,对于跌价风险也顾虑较大。因此,套期保值策略改为单腿看跌期权,能够在极端行情下更全面保护库存价格下跌风险。

以最后一笔买入看跌期权为例,企业支付权利金82.62元/吨,可以获得有效期限内价格在4 550元/吨的下跌保护。若乙二醇2001合约到期时收盘价高于4 550元/吨,则恒逸实业仅支付权利金,保留现货上涨收益;若收盘价低于4 550元/吨,则获得4 550元/吨与收盘价差价的赔付,用于弥补现货跌价的损失。

直到项目结束,7笔看跌期权中有1笔产生赔付,1笔提前平仓,其余到期自动了结。该阶段期权亏损704 050元,现货方面盈利2 735 000元,若使用期货套保可能产生亏损1 210 000元。由此可见,看跌期权策略优化了企业套保效果。

(《期货日报》,2020年10月26日)

案例讨论:

1. 与买入看跌期权相比,进行套期保值有何不同?运用看跌期权的熊市价差组合与卖出期货套期保值又有何不同?

2. 在该案例中,为什么第一阶段采用熊市价差组合进行套期保值,而第二阶段采用看跌期权进行套期保值?

 立德树人思考

期权策略的运用需要工程思维

在实际的金融问题中,期权策略运用体现了金融工程中的工程思维。工程思维是一种广泛存在于各种工程活动中的特定思维方式,它以科学、技术、工程三元论为哲学依据,是人们从事工程活动的一般理性认识方式和思维运行样式。金融工程是将工程思维引入金融领域的交叉学科,金融工程活动中的工程思维,既具有一般工程活动中工程思维的特征,又有金融领域工程活动的特殊性。

在一般工程活动中,工程思维具有以下几个方面的特征:

第一,实践性。工程活动是将科学原理应用于一个实际领域,是用科学技术成果改造现实世界的过程。工程思维要立足于现实环境的可行性、可操作性,从现实需求出发创造性地运用科学原理和技术方法,以获得更加理想的工程效果。

第二,科学性。工程活动必须是建立在现有的科学技术基础之上的,是利用现有的科学技术去改造现实世界,创造性地解决现实世界中的问题。开展工程活动不能是随心所欲地蛮干,必须要遵从一定的科学规律。工程活动也要充分利用现有的技术条件和工具,以提高工程活动的效率。

第三,价值性。工程思维是以价值定向的一种思维,不同于科学思维的真理导向目标,它以满足社会需要,实现并创造更大价值为目标。所以,工程思维具有比较显著的目的性,即工程活动要达到什么样的目的,满足什么要求。

第四,构建性。工程活动以建造、设计为核心,始终围绕着一定边界条件下的人工物、人工系统的现实构建过程展开。工程活动的结果是工程师创造智慧的外在表现,是人的主观能动性的完美体现。

第五,差异性。如果说科学思维是追求事物背后的普遍规律、共性特征,那工程思维就是获得特定现实环境下的差异化结果。工程活动追求个性化,探求在特定目的、特定环境条件下最优的问题解决方案。

第六,集成性和复杂性。解决任何一个工程问题,都需要综合运用多项科学理论和技术方法,考虑技术、经济、社会、环境等要素条件,运用系统集成、系统优化技术获得整体性的更优结果。工程活动所面对的现实环境不同于一般科学研究的理想环境,环境条件具有差异性和复杂性。

在对实际金融问题设计期权策略时,需要运用工程思维,结合具体的财务目标要求和财务环境,构建最优的期权策略解决方案。

本章小结

1. 标的资产加期权的组合策略主要包括以下几种类型:标的资产多头与看涨期权空头组合(有保护的看涨期权空头策略)、标的资产空头与看涨期权多头组合、标的资产多头与看跌期权空头组合(保护性看跌期权策略)、标的资产空头与看跌期权空头组合、领口策略组合。

2. 牛市差价组合策略是通过卖出执行价格较高的看涨期权(看跌期权),买入执行价格较低的看涨期权(看跌期权)构造的;熊市差价组合策略是通过买入执行价格较高的看涨期权(看跌期权),卖出执行价格较低的看涨期权(看跌期权)构造的。

3. 正向蝶式差价组合策略的构造方法是买入一个较低执行价格和一个较高执行价格的看涨期权(看跌期权),卖出两个执行价格居中的看涨期权(看跌期权);反向蝶式差价组合策略的构造方式与之相反。

4. 正向日历差价组合策略的构造方法是买入一个较长期限的看涨期权(看跌期权),卖出一个较短期限的看涨期权(看跌期权),两个期权的执行价格相同;反向日历差价组合的构造方式与之相反。

5. 底部跨式组合策略的构造方式是买入执行价格相同、期限相同的一个看涨期权和看跌期权,顶部跨式组合策略的构造方式是卖出执行价格相同、期限相同的一个看涨期权和看跌期权。宽跨式组合策略中,两个期权的执行价格不同,看涨期权的执行价格高于看跌期权。

练习题

一、单选题

1. 期权备兑交易是指在持有股票的同时,搭配(　　)头寸。
   A. 买入看涨期权　　B. 卖出看涨期权　　C. 买入看跌期权　　D. 卖出看跌期权
2. 保护性看跌期权策略是指在持有股票的同时,搭配(　　)头寸。
   A. 买入看涨期权　　B. 卖出看涨期权　　C. 买入看跌期权　　D. 卖出看跌期权
3. 巴菲特认为可口可乐股票被低估了,他利用期权策略来买入可口可乐的股票,构建的期权头寸是(　　)。
   A. 买入看涨期权　　B. 卖出看涨期权　　C. 买入看跌期权　　D. 卖出看跌期权
4. 预期市场将是缓慢上升的行情,合理的期权组合策略为(　　)。
   A. 看涨期权的牛市差价组合　　　　　B. 看跌期权的牛市差价组合
   C. 看涨期权的熊市差价组合　　　　　D. 看跌期权的熊市差价组合
5. 预期市场将是缓慢下跌的行情,合理的期权组合策略为(　　)。
   A. 看涨期权的牛市差价组合　　　　　B. 看跌期权的牛市差价组合
   C. 看涨期权的熊市差价组合　　　　　D. 看跌期权的熊市差价组合

二、多选题

1. 以下属于牛市差价期权组合策略的有(　　)。
   A. 买入执行价格 X_1 的看涨期权,卖出执行价格 X_2 的看涨期权,$X_2 > X_1$
   B. 买入执行价格 X_2 的看涨期权,卖出执行价格 X_1 的看涨期权,$X_2 > X_1$
   C. 买入执行价格 X_1 的看跌期权,卖出执行价格 X_2 的看跌期权,$X_2 > X_1$
   D. 买入执行价格 X_2 的看跌期权,卖出执行价格 X_1 的看涨期权,$X_2 > X_1$
2. 以下不需要缴纳期权保证金的有(　　)。
   A. 看涨期权的牛市差价组合　　　　　B. 看跌期权的牛市差价组合
   C. 看涨期权的熊市差价组合　　　　　D. 看跌期权的熊市差价组合
3. 预期市场波动幅度下降,正确的操作有(　　)。
   A. 持有跨式期权组合多头　　　　　　B. 持有宽跨式期权组合多头
   C. 持有正向蝶式差价期权组合　　　　D. 持有正向日历差价组合
4. 日历差价期权组合策略所基于的原理包括(　　)。
   A. 期权到期日越长,期权价格越高
   B. 如果标的资产价格不变,到期日长的期权时间价值缩减速度快于到期日短的期权
   C. 如果标的资产价格不变,到期日长的期权时间价值缩减速度慢于到期日短的期权
   D. 如果标的资产价格不变,不同到期日期权的时间价值缩减速度相同
5. 预期标的资产价格会出现较大幅度下跌,合理的操作是(　　)。
   A. 卖出看涨期权　　　　　　　　　　B. 买入看跌期权
   C. 构建看涨期权的熊市差价组合　　　D. 构建看跌期权的熊市差价组合

三、辨析题

1. 预期市场会出现大涨,看涨期权的牛市差价期权组合优于看跌期权的牛市差价期权组合。　　　　　　　　　　　　　　　　　　　　　　　　　　　　　　(　　)
2. 预期市场出现大幅度下跌,看涨期权的熊市差价期权组合优于看跌期权的熊市差价期权组合。　　　　　　　　　　　　　　　　　　　　　　　　　　　　　　(　　)
3. 预期市场波动率下降,应持有跨式期权组合多头。　　　　　　　　　　　(　　)

4. 预期市场波动率下降,应持有正向蝶式差价期权组合。 （　　）
5. 预期市场会出现较大幅度波动,可以持有正向日历差价组合。 （　　）

四、计算题

1. 假定执行价格为30元和35元的看跌期权的价格分别为4元和7元。如何利用这些期权构造牛市差价组合和熊市差价组合？列表说明组合的到期盈亏情况。

2. 有效期为3个月的股票看涨期权分别有15元、17.5元和20元的执行价格,其期权价格分别为4元、2元和0.5元。解释如何应用这些期权来构造蝶式差价期权。用表格说明蝶式差价期权损益如何随股票价格的变化而变化。

3. 一个看涨期权执行价格为50美元,期权费为2美元,一个到期日相同的看跌期权执行价格为45美元,期权费为3美元。如何用这两个期权来构造一个宽跨式组合？分析这个组合的到期盈亏情况。

五、案例分析题

武钢股份在进行股权分置改革时,武钢集团向武钢股份的原流通股股东每1股无偿派送的0.25股股票、0.25份认购权证及0.25份认沽权证。持有1份武钢认购权证的投资者在行权期(2006年11月16日至2006年11月22日)有权以2.9元的价格从武钢集团那里买入1股武钢股份。持有1份武钢认沽权证的投资者在行权期(同上)有权以3.13元的价格将手中持有的武钢股份出售给武钢集团。

问题：
(1) 武钢集团赠送给原流通股股东的权证(期权)组合是哪一种期权组合类型？
(2) 假定在股权分置改革前拥有1 000股武钢股份,到2006年11月16日前没有其他的买卖操作,如果武钢股份的股票价格为2.5元,资产组合的价值是多少？如果2006年11月16日武钢股份的价格为5元,资产组合的价值又是多少？

六、简答题

1. 对投资者来说,什么时候应该建立正向蝶式期权组合头寸？什么时候应该建立反向蝶式期权组合头寸？
2. 由看涨期权构造的牛市差价期权组合与用看跌期权构造的牛市差价期权组合有什么区别？
3. 利用期权平价定理说明,欧式看跌期权所构造的蝶式差价组合的费用等于欧式看涨期权构造的蝶式差价组合的费用。

七、论述题

分析看涨期权的牛市差价期权组合、看跌期权的牛市差价期权组合、看涨期权的熊市差价期权组合和看跌期权的熊市差价期权组合的构建方法以及各种组合适用什么样的市场情形。

第十二章 奇异期权

【本章提要】

奇异期权是在传统期权的基础上根据客户需求确定的非标准化期权,相比传统期权,奇异期权具有极高的灵活性,可以相应满足投资者的具体需要,但同时其风险也可能会很大。本章首先介绍奇异期权的基本内容,并将奇异期权分为合同条款变化期权、路径依赖期权、多因素期权、复合期权和打包期权。本章然后在合同条款变化期权中,分别介绍百慕大式期权、二元期权、远期启动期权、选择期权和迟付期权;在路径依赖期权中,分别介绍障碍期权、回望期权、亚洲式期权和喊价期权;在多因素期权中,分别介绍篮子期权、价差期权、数量调整期权、彩虹期权;在复合期权与打包期权中,分别介绍复合期权和打包期权。

【学习目标】

1. 了解奇异期权的基本概念,能够运用习近平新时代中国特色社会主义思想相关要求对奇异期权在我国发展的现状进行深入分析。
2. 理解奇异期权的分类及其基本原理,运用习近平新时代中国特色社会主义思想相关要求,对各类奇异期权进行分析,探讨其是否适合我国市场环境。
3. 掌握奇异期权的基本分类的依据。
4. 学会运用奇异期权的相关知识对我国期权金融创新进行分析。
5. 熟悉我国奇异期权发展现状。

【思政理念】

1. 矛盾论里面的人类认识的两个过程的互相联结——由特殊到一般,又由一般到特殊。
2. 从期权创新引导学生对我国金融风险进行关注。
3. 学习脚踏实地的精神。

【案例导读】

维护金融安全,谨防"奇异期权"名义下的金融诈骗

2017年上半年,中共中央政治局就维护国家金融安全进行第四十次集体学习。习近平就维护金融安全提出6项任务,任务之一便是加强金融监管。习近平在主持学习时强调,"切实把维护金融安全作为治国理政的一件大事,扎扎实实把金融工作做好"。

近年来,我国陆续发生一些打着"二元期权"名义的金融诈骗案件。以重庆市为例,重庆市公安局江北区分局2017年5月9日披露,该局近日破获一起特大新型诈骗案,犯罪嫌疑人以"二元期权"投资为名实施诈骗,警方目前已核实涉案金额共计1 600余万元。2017年3月初,重庆市江北区刑警支队接到来自全国各地的11名受害人代表报案称,他们从2016年10月份起,在参加一家名为"澳大利亚金鼎国际集团旗下中国一级代理商"的宣讲会后,陆续在该公司平台开设

账户,进行"二元期权"投资买卖。随着投资数额增加,到 2016 年年底,他们发现该平台无法提取现金,在 2017 年 1 月中旬,该平台竟无法登录,他们这时才意识到被骗。接到报案后警方立即成立专案组,并到全国多地走访摸排。民警通过调查发现,"二元期权"的实质是创造风险供投资者进行投机,"二元期权"不具备规避价格风险、服务实体经济的功能,与证监会监管的期权及金融衍生品交易有本质区别,其交易行为类似赌博。而该平台所谓的"第三方账户"实则为主要股东的私人账户,他们可随时从中提现。

经多方调查,民警初步摸清了该平台的组织架构和人员分工,平台主要股东万某负责资金管理,黄某负责对接客服人员和后方平台维护人员,邱某则负责办公室日常管理,郭某负责到全国各地宣讲拉拢客户。民警随后将万某、黄某抓捕归案。据犯罪嫌疑人黄某交代,2016 年 3 月,他们四人在某"二元期权"交易平台投资时认识,当年 8 月有人介绍仇某与他们认识,称仇某可以操控外汇 K 线图数据走势,达到赚钱目的。四人决定共同出资 60 万元,用于购买仇某的软件和资金支付平台,以及配套的"金鼎"网页进行诈骗,而他们宣称的澳大利亚金鼎国际集团则根本不存在。截至目前,警方已核实该团伙涉案金额共计 1 600 余万元,已收到来自全国各地的 400 余起报案。黄某等人因涉嫌诈骗罪已被刑拘,案件还在进一步办理中。

民警提醒,所谓的"二元期权"网站平台,大多注册地在境外,在国内无网络备案信息,无实际办公地址,投资者一旦上当受骗,损失很难追回。请投资者不要参与此类网络"二元期权"交易,以免遭受损失。目前,重庆市证监局官方网站已将"二元期权"交易行为定性为"类似于赌博",并进行了风险提示。2016 年 11 月 16 日,微信公众平台发布公告称,将对发布"二元期权"等违法、违规推广信息的公众号进行处理,对相关账号做永久封禁处理。

事实上,所谓"二元期权",其实质上属于奇异期权中的一类,既有金融创新的成分,同时也蕴含着巨大的风险,学习奇异期权的知识有助于我们识破相关金融骗局。那么,什么是奇异期权?其和传统期权有什么区别?奇异期权有哪些种类?奇异期权存在哪些风险?如何利用奇异期权这类金融工具进行交易?带着这些问题,我们进入本章的学习。

第一节 奇异期权概述

20 世纪 70 年代,随着国际市场的不断变化,布雷顿森林体系走向崩溃,加上 1973 年和 1978 年石油价格危机引领的基础产品的价格出现巨大波动,以基础产品作为生产原料的企业面临着巨大的不确定性风险,国际间的汇率也由固定汇率走向浮动汇率制度,企业的市场风险进一步加大。在这样的国际化大背景下,降低企业的市场风险成为经济发展的首要任务。市场中的各类风险包括汇率波动的风险、原材料价格波动的风险、利率波动的风险。这些风险无不促使金融机构对金融衍生品进行创新,达到企业要求的目标,随后期权在金融衍生品创新的洪流中被创造出来,由于期权的风险与收益的不对称性,它成为最富有创新标志的产品。

随着国内外数理工具的发展,金融数学也在金融产品创新中得到了进一步的应用,越来越多的金融工程师们在进行金融衍生品的创造创新,随后奇异期权在复杂衍生品的开发中被创造出来。由于是场外交易,并不需要像标准期权那样有过多的约束,金融工程学可以量化复杂奇异期权中各种约束条件,对奇异期权进行定价交易、风险评估、签订对赌条约等。

奇异期权也可以称为"新型期权"(exotic options),是在传统期权的基础上根据客户需求(如基于风险和收益的需求等)而确定的非标准化期权。奇异期权合约在支付类型、到期日和执行价格等方面都可能与传统期权不同。相比传统期权,奇异期权具有极高的灵活性,但其风险可能也会很大。奇异期权产品比常规期权(标准的欧式或美式期权)产品更为复杂,比如执行价格不是一个确定的数,而是一段时间内的平均资产价格,甚至在期权有效期内如果资产价格超过一定界限,期权就作废。目前,一些奇异期权的市场交易量非常大,且通常以场外交易为主。目前,奇异期权合约可以被广泛应用于木材、棉花、石油、天然气、股票、债券和外汇等各种资产中,投资者甚至可以利用奇异期权来对赌未来的天气或者某种资产的价格波动方向(二元期权)。

相比传统期权,奇异期权的优点包括:①可以满足投资者的特定风险管理需求;②种类繁多,可以满足投资者的投资组合需求;③在一些情景下,其费用低于常规期权。

奇异期权的缺点则包括:①由于一些附加的特点,奇异期权的交易费用可能高于传统期权;②不能保证获利;③对各类事件的反应,奇异期权的价格变化也可能不同于传统期权。

第二节 合同条款变化期权

合同条款变化期权(contract terms change option)是指传统期权的基本合同条款,如执行时间、执行价格等发生变化,因而期权的性质发生了相应的变化。

一、百慕大式期权

(一)百慕大式期权的内涵

传统的欧式期权只允许到期日才能执行,美式期权可以在期权有效期内任何时间执行。百慕大式期权(Bermuda option,也称半美式期权)与美式期权和欧式期权的主要区别在于行权时间不同,它可以在期权有效期内特定的时间点执行(通常是每个月的某一天)。因此,百慕大式期权可以被视为美式期权与欧式期权的混合体,如同百慕大群岛混合了美国文化和英国文化一样。例如,期权可以有3年的到期时间,但只有在3年中每一年的最后一个月才能被执行,它的应用常常与固定收益市场有关。百慕大式期权的特点可以归纳为以下3点:①百慕大式期权是一种奇异期权合约,只能在预定的日期内行使;②百慕大式期权允许投资者在特定日期以及期权的到期日以预设价格买卖证券或标的资产;③百慕大式期权的期权费通常低于美式期权的期权费,后者可以在到期前随时行使。

与美式期权和欧式期权相同,百慕大式期权的购买成本称为期权费。根据期权的到期日或执行价格,期权费可能会更高或更低。某些百慕大式期权使投资者有权利在每月的第一个工作日行使期权。因此,如果投资者的看涨期权的执行价格高于标的股票在月初的市场价格,则投资者可以以较低的执行价格行权并购买股票。相反,如果投资者的看跌期权行使价高于股票的市场价格,则投资者可以在行使价时卖出并以较低的市场价格回购股票。多数时候,百慕大式期权是以现金结算的。但是,某些百慕大式期权具有提前到期日期限制(early expiration date restrictions),例如,有些百慕大式期权具有欧式期权的特征,即只有在提前到期日才能执行该期权。在提前到期日之后,该期权将转换为美式期权,并且可以随时行使。

百慕大式期权的优点主要有:

(1)较为灵活。与传统期权不同,百慕大式期权使投资者的投资效果相当于持有了传统期权的组合合约。换句话说,投资者对于在什么时候行使期权拥有了更多的控制权。

(2)百慕大式期权的期权费通常低于美式期权的期权费。百慕大式期权没有达到美式期权可以被随时执行的灵活性,结果是美式期权最昂贵,而灵活性最少的欧式期权最便宜,百慕大式期权的投资成本介于美式期权和欧式期权之间。

百慕大式期权的缺点包括:

(1)百慕大式期权的额外执行日期不能保证在当前市场条件下这些日期是最佳执行日期,

投资者同样可能会遭受损失。

(2) 百慕大式期权的期权费通常高于欧式期权的期权费。如果投资者在期权到期日之前没有行使期权,百慕大式期权相比欧式期权的劣势就会显现,即投资者如果选择购买相同的欧式期权则成本更低。

(二) 百慕大式期权示例

假设某位投资者拥有 A 公司的股票。投资者以每股 250 美元的价格购买了该股票 100 股,并希望为该公司股价的下跌提供保险,为此,投资者购买了百慕大式看跌期权,该期权在 6 个月后到期,行使价为 245 美元。期权成本为每股 3 美元,每份期权合约代表 100 股,因此 1 份合约的成本为 300 美元。百慕大式看跌期权可以保护该头寸在接下来的 6 个月内不跌破 245 美元的价格。同时,百慕大式期权合约允许投资者在第四个月开始的每个月的第一天提前行使该期权。

假设股票价格跌至 200 美元,在期权第四个月的第一天,投资者行使了该期权。在现货股票市场上,投资者每股损失 50 美元(250−200),共损失 5 000 美元。而在期权市场上,投资者行使期权获得收益 4 200 美元[(245−200−3)×100],可以在较大程度上弥补投资者在股票现货市场的损失。但是,如果在行权后股票价格大幅度上涨,如期权到期时达到 300 美元,投资者将错失任何这些收益。从这个案例中可以发现,尽管百慕大式期权提供给投资者提前执行期权的灵活性,但这并不一定意味着投资者的行使选择将是正确的或是有利可图的。

二、二元期权

(一) 二元期权的内涵

二元期权(binary option,也称数字期权)最早出现在 2008 年 7 月的美国芝加哥交易所,近年来出现在期权交易的多个平台,为投资者所熟知。标准期权的收益取决于到期日时价内期权盈利的数额。例如,一个欧式看涨期权多头投资者的收益大小取决于到期日资产的价格是否高于协议价格,如果资产价格高于协议价格,则资产价格越高,欧式期权的多头收益也越高。对于二元期权,如果期权到期日是资产的价格高于协议价格(即实值期权),其收益为预先确定的一个固定价格数额,反之,资产的价格低于协议价格(即虚值期权),则收益为 0。二元期权的收益与期权为实值期权时的盈利程度无关。二元期权有两种类型,即"有或无型"。

二元期权只考虑标的资产的价格走向(看涨或者看跌),而对于股票、外汇等传统金融工具,投资者需要同时考虑价格走向(看涨或者看跌)以及涨跌的幅度,因此二元期权属于简化的金融工具。二元期权的收益和风险是预先固定的,收益与否只由标的资产的价格是否满足预定条件决定。简单来说,投资者可以在选择平台上的股票、指数、外汇、商品期货进行期权投资,只需要判断涨跌方向就可以交易,不需要考虑涨跌的幅度。

二元期权是一种奇异期权,早期通常是在一些期货交易所内交易的,个人投资者不能直接通过场外市场来交易。普通投资者如果想交易二元期权,必须通过雇佣经纪商来实现,并且在期权交易所里完成交易还需要支付前端费用。在 2008 年,美国的期权清算公司(Options Clearing Corporation, OCC)开始通过场外市场向更多的投资者提供二元期权交易,美国证券交易所(American Stock Exchange, AMEX)和芝加哥期权交易所(CBOE)紧随其后,不久就将二元期权交易发展至在线交易方式,使个人投资者得以容易便捷地进行交易。

(二) 二元期权的优点

一般认为,二元期权的优点主要有以下几点:

(1) 容易控制风险。二元期权提供了一种预先定义的收益和损失结构。因此,投资者甚至可以在签署合同之前便能准确知晓潜在利润和损失的规模。

(2) 杠杆交易,存在更高的潜在利润。二元期权投资者可以仅使用少量的现金就以基础资产开立很大的交易持仓,因此其具有很高的杠杆性,投资者有更高的潜在利润。

(3) 存在即时收入。目前,全球二元期权交易主要应用于较为成熟且先进的网络和移动交易平台,投资者能够通过快速和准确地开立新的二元期权,并对所有新的全球交易局势做出快速反应。

(4) 交易简单。投资者只需要决定其基础资产的变动方向,即上升或下降即可,而不需要为了准确预测价格变动的范围和幅度进行广泛的调查或评估复杂的财务报告,也无需关注其变动幅度。因此,交易二元期权远比股票、外汇或大宗商品等其他投资形式简单。

(5) 交易形式新颖。不同于传统的期权交易,二元期权投资者没有权利买卖标的资产,但只要判断涨跌方向准确,就有权利获得固定的回报,有时甚至资产只波动1分钱就会给投资者带来巨大盈利。这样,即便是在市场萧条时期,投资者也有机会通过二元期权获得显著的投资收益。

(6) 交易形式简化,周期更短。相比传统期权交易的繁琐手续,国际上基于互联网的二元期权手续大为简化。另一方面,二元期权交易的交易周期可以更短,例如,投资者只需要预测下1个小时价格变动情况就可实现盈利,而不像常规期权那样,需要预测多天或多周的价格变动情况。

(三) 二元期权的缺陷

目前,国际上基于互联网的二元期权散户交易正处于成长阶段,但其发展中存在的各类问题也逐渐显现。

(1) 涉嫌赌博。2016年4月18日,中国证监会明确表示,网络平台交易的二元期权是从境外博彩业演变而来的,其交易对象为未来某段时间外汇、股票等品种的价格走势,交易双方为网络平台与投资者,交易价格与收益事前确定,其实质是创造风险供投资者进行投机,不具备规避价格风险、服务实体经济的功能,与证监会监管的期权及金融衍生品交易有着本质区别,其交易行为类似于赌博。

(2) 涉嫌欺诈。从世界范围内,二元期权交易平台的欺诈问题层出不穷。在伦敦,仅2015年6月到2016年5月,防欺诈局(Action Fraud)平均每个月就收到27笔对二元期权的投诉。法国也已经禁止了二元期权平台NRGbinary及旗下品牌在当地的运营。比利时、塞浦路斯等国家直接禁止了二元期权交易。美国联邦调查局(FBI)也曾在海牙金融监管会议上表示,二元期权诈骗已经不单单是美国的问题,全世界都深受其扰。FBI还将与世界各地的执法机构密切合作,一起调查和解决二元期权的欺诈问题。截至2017年,美国仅允许在NADEX和康托交易所(Cantor Exchange)进行二元期权交易。

三、远期启动期权

(一) 远期启动期权的内涵

远期启动期权(forward start option)是一种奇异期权,拥有这种期权者可以在未来某时刻获得另一种期权,且该期权的约定价格是当日协议资产的市场价。就像约定价格为0(未来无需付钱)的复合期权,然而载体期权的约定价格只有当执行了复合期权时才确定。对远期启动期权而言,除了未来执行价格不确定,其他所有期权要素都是提前确定的。一系列的远期启动期权可以被称为攀岩或棘轮期权(a cliquet or ratchet option),当前一个期权到期且确定了执行价格及执行时间后,下一个期权相应启动,而一个时期内的远期启动期权与传统期权没有差异。

(二) 远期启动期权的案例

假设有两个参与方同意对某只股票进行远期启动期权交易。现在是 9 月，他们同意将在下一年 1 月 1 日启动期权，并在下一年 6 月截止。这意味着在下一年 1 月 1 日，该期权的行使价将为该股票当天的交易价格，该选项将在 6 月到期。虽然现在当事各方并不知道来年 1 月 1 日股票的确切价格，但是当事各方可以在期权合同中确定期权未来协议价和来年 1 月 1 日股票的价格相同。当事各方可以查看当前的 6 个月期权（1 月至 6 月）并评估波动率以确定期权的溢价。

假设他们同意交易一份合约，相当于基础股票的 100 股。他们决定以 40 美元的溢价或 4 000 美元的合同溢价（40 美元×100 股）。看涨期权买方同意立即支付 4 000 美元（9 月），即使该期权直到 1 月才激活。假设 1 月 1 日的股价为 400 美元，则根据合约，行使价定为 400 美元，期权现在成了 6 月到期的普通期权。在 6 月到期时，假设该股票的交易价格为 420 美元。在这种情况下，该期权的价值为 20 美元（行使价为 420 美元－400 美元）。如果他们以现金结算，则多方可以获得 2 000 美元。但因为多方提前支付了 4 000 美元，但只收回了 2 000 美元，因此多方还是亏损了 2 000 美元。所以，为了在看涨期权中赚钱，标的股票的价格必须高于行使价加权利金。因此，如果价格在到期时升至 450 美元，则该期权的价值为 50 美元（450 美元－行使价 400 美元），多方获得 5 000 美元。这比其 4 000 美元的费用净赚了 1 000 美元。如果标的股票在到期时的交易价格低于 400 美元的行使价，看涨期权将无法被执行，多方的权利金将全部损失，空方获得 4 000 美元的利润。

四、选择期权

(一) 选择期权的内涵

选择期权（chooser option）是一种允许期权持有者在期权到期前自主选择是看涨期权还是看跌期权的奇异期权合约。不管期权持有者如何选择，看涨期权与看跌期权通常具有相同的执行价格和到期期限。传统期权持有者主要利用资产价格波动从中获益，而选择期权持有者可以进一步选择是持有看涨期权还是看跌期权，因此其具有更高的灵活性，这也就意味着其期权费要高于常规期权。选择期权与欧式期权的特点更为接近，即无论该期权是作为看涨期权还是看跌期权行使，都具有一个固定的执行价格和一个固定的到期日。

选择期权是一种奇异期权，其交易通常在交易所外进行，没有通常的监管制度的制约，因此，其具有更高的交易对手违约的信用风险。选择期权为持有人提供了在看跌期权或看涨期权之间进行选择的灵活性。这些期权通常被构造为具有单一到期日和行使价的欧式期权，持有人仅有权在到期日行使该期权。当基础证券的波动性增加，或者当交易者不确定基础证券的价格会上涨还是下跌时，选择期权可能是一种非常有吸引力的投资工具。例如，投资者可以购买一家生物技术公司的选择期权，以等待美国食品药品监督管理局对其药物的批准（或未批准）。但是，选择期权的期权费往往比普通欧式期权要高，这是因为隐含波动率的升高将增加选择期权的溢价。因此，与投资其他任何一种期权一样，投资者必须权衡期权成本与潜在收益。

选择期权的收益计算与普通看涨期权或看跌期权的基本方法相类似。区别在于，投资者可以根据看涨期权或看跌期权头寸是否更具获利能力选择到期时究竟选择哪种期权进行结算。如果到期时基础证券的交易价格高于其执行价格，则行使看涨期权，在这种情况下，持有人可以以低于其在市场上出售的价格购买证券，收益为标的价格减去行使价及权利金。如果证券在到期时的交易价格低于其行使价，则行使看跌期权。在这种情况下，持有人可以以高于公开市场交易价格的价格出售基础证券，收益为执行价格减去基础价格及权利金。

(二)股票选择期权的案例

假设某投资者认为 B 公司未来的收益发布将极大地影响该公司股票价格,但目前并不确定股票价格是大涨还是大跌,收益发布时间还有 1 个月,因此投资者决定购买 1 份选择期权,该选择权将在收益发布后大约 3 周后到期。投资者认为,这应该为决策提供足够的时间,使其能够做出重大决定,并充分消化收益释放。选择期权允许其持有者在 B 公司股票价格上涨时作为看涨期权行使期权,或者在价格下跌时作为看跌期权行使期权。在购买选择期权时,B 公司股票的交易价格为 28 美元。交易者未来可以以 28 美元的价格执行看涨期权或看跌期权,并为一张合约支付 200 美元的权利金(2 美元×100 股)。由于选择期权类似于欧式期权,买方不能在到期前行使期权。到期时,交易者将确定他们是否将行使期权作为看涨期权或看跌期权。假设 B 公司股票的价格在到期时为 31 美元,高于执行价 28 美元,因此交易者将行使该期权作为看涨期权。其利润是 100 美元[(31-28-2)×100]。如果 B 公司股票的交易价格在 28 美元至 29.99 美元之间,则投资者仍将选择行使该期权作为看涨期权,但由于利润不足以抵消其 200 美元的成本,他们仍将亏损。30 美元是看涨期权的盈亏平衡点。如果 B 公司股票的价格低于 28 美元,交易者将行使看跌期权。在这种情况下,26 美元(28 美元-2 美元)是盈亏平衡点。如果标的资产价格在 28 美元至 26.01 美元之间,则投资者将亏损,因为价格跌幅不足以抵消期权的成本。如果 B 公司股票的价格跌破 26 美元,如跌至 24 美元,则交易者将在看跌期权中获利,其利润是 200 美元[(28-24-2)×100]。选择期权与跨式组合期权相似,但由于其只是一种期权,持有成本很低。

五、迟付期权(或有期权)

迟付期权也称或有期权或波士顿期权,这种期权的特点是除非已执行,否则不需要支付期权费。但是,该期权只要在到期日是价内期权就必须被执行,即使其执行收益可能小于购买价格。对期权多头而言,如果期权在到期日是价外期权,就不用支付购买期权的费用。迟付期权类似于投资人购买了某种财产保险,如果在给定一年中没有出现财产损失,则投资人就不用支付保费。对迟付期权的投资者而言,买入一个迟付期权相当于在买入一个标准期权的同时卖出一个二元期权,后者的收益应刚好与标准期权的费用相匹配。

第三节 路径依赖期权

对于普通期权,其最终获利情况取决于标的资产交易价格与执行价格之间的大小关系。但是在路径依赖期权(path dependent option)中,用来确定获利多少的价格可能会有所不同。例如,获利的多少取决于平均价格或者最高价或最低价。

路径依赖型期权是一种奇异期权,其价值不仅取决于基础资产的价格,而且还取决于该资产在整个或部分生命周期内所采用的路径。路径期权可以分为两大类,一种类型称为依赖于软路径的期权(soft path dependent option),其价值大小主要取决于期权有效期内的单个价格,它可能是标的资产的最高或最低交易价格,也可能是触发事件,例如标的资产触及特定价格。这种类型的期权包括障碍选项、回望选项等。另一种类型称为硬路径相关期权(hard path dependent option),它的收益情况与标的资产的整个交易历史有关。如其可以采用平均价格,并在特定时间间隔内测算价格。这种期权类型中比较典型的是亚洲期权,其也称为平均期权。

一、障碍期权

(一)障碍期权的分类

障碍期权(barrier options)是指期权的回报依赖于标的资产的价格在一段特定时间内是否

达到了某个特定的水平(临界值),这个临界值就叫作"障碍"水平。通常有许多种不同的障碍期权是在场外市场进行交易的,它们一般可以归为两种类型:

(1) 敲出障碍期权(knock-out option)。当标的资产价格达到一个特定的障碍水平时,该期权作废(即被"敲出");如果在规定时间内资产价格并未触及障碍水平,则仍然是一个常规期权。假设交易者购买了一个敲出障碍看跌期权,该期权的障碍为25美元,行使价为20美元,而基础证券的交易价格为18美元。在期权有效期内,当基础证券上涨至25美元以上时,即使它只是短暂地触及25美元然后又跌回25美元下方,该期权也变得一文不值。

(2) 敲入障碍期权(knock-in option)。敲入障碍期权正好与敲出障碍期权相反,只有资产价格在规定时间内达到障碍水平,该期权才得以存在(即"敲入"),其回报与相应的常规期权相同;反之该期权作废。例如,当标的股票交易价格为55美元时,投资者购买行使价为60美元且障碍为65美元的敲入障碍看涨期权。在相关股票价格突破65美元之前,该期权就没有执行价值。只有当标的资产达到65美元时,期权才适用。如果没有达到,则期权永远不会被触发,期权购买者会损失他们为期权支付的费用。

我们可以通过考察障碍水平与标的资产初始价格的相对位置,进一步进行障碍期权分类:①如果障碍水平高于初始价格,则我们把它叫作向上期权;②如果障碍水平低于初始价格,则我们把它叫作向下期权。在此基础之上,将以上分类进行组合,我们可以得到诸如向下敲出看涨期权(down-and-out call)、向下敲入看跌期权(down-and-in put)和向上敲出看涨期权(up-and-out call)等。

(二) 障碍期权的特殊条款

障碍期权在推出初期,交易量不大,很少人能很熟练地为它们定价。但随着发展,障碍期权的市场容量急剧扩大,人们还根据市场需求对障碍期权作了进一步的变形。目前,只有那些在以上这些基本的障碍期权之上增加了许多新的特殊交易条款的期权才能被叫作奇异期权。这些条款包括:

(1) 障碍水平的时间依赖性,即随时间不同障碍水平将发生变化,比如障碍水平从某一个位置开始,逐渐上升。通常来说,障碍水平会是一个时间的分段常数函数(即在一段时间之内维持一个固定的水平,之后发生变化再维持一个水平)。其中的极端例子是被保护或是部分障碍期权(protected or partial barrier option)。在这类期权中,障碍是间歇性的,在一段特定的时间内,障碍会完全消失。其又可以分为两类:①在障碍有效的时间内,只要资产价格处于障碍水平之外,障碍条件就被引发;②只有资产价格在有效时间内越过障碍,障碍条件才被引发,如果价格已经位于障碍水平之外,则障碍条件不会被引发。

(2) 双重障碍(double barrier)。期权条款包含一个障碍上限和障碍下限。上限高于现价,而下限则低于现价。在一个双重敲出期权中,如果任何一个障碍水平被触及,期权就作废。在一个双重敲入期权中,规定时间内价格至少要达到其中一个障碍水平,期权才有效。我们还可以想象其他的情况:一个障碍水平是敲入,而另一个则是敲出。到期时,这个合约可能是一个敲入或是敲出的期权的回报。

(3) 多次触及障碍水平(repeated hitting of the barrier)。双重障碍期权可以进一步变得更复杂:有一类期权要求在障碍条件被引发之前,两重障碍水平都要被触及。实际上当其中一个障碍水平第一次被触及,这个合约就变成了一个常规的障碍期权,因此,这种期权可被看成一个在较低的障碍水平上的向上期权和一个在较高水平上的向下期权之和。

(4) 障碍水平的重新设定。包含这种条款的期权叫作重设障碍期权(reset barrier),当触及障碍水平的时候,合约变成另一个不同障碍水平的障碍期权。由于如果在规定时间之内障碍被触及,我们就会得到一个新的障碍期权,而如果在一定时间之后被触及,则期权仍然是常规期权,在此意义上,这类合约可以被看作是依赖于时间的。和这类合约相关的一类期权是上卷期权(roll-up)和下卷期权(roll-down)。这类期权开始时是常规期权,但如果资产价格达到某一事先确定的水平,就变为一个障碍期权。比如,一个上卷看跌期权,如果上卷水平被触及,合约就变成一个向上敲出看跌期权,上卷价格就是障碍看跌期权的执行价,相应的障碍水平则是事先确定好的。

(5) 包含外部障碍期权(outside barrier options)。外部障碍期权又称为彩虹障碍期权(rainbow barrier option)。这种期权中的障碍水平可能被一种资产价格的变动触发,而期权的回报则取决于另一种资产价格。这类产品显然属于多因素合约。

(6) 提前执行的可能性。除了以上对障碍的多种创新,还可以在障碍期权中加入美式提前执行的条款,这时合约中一定要列明如果合约提前执行的话,期权回报将如何。

(7) 部分折扣(rebate)。有时障碍期权合约中会规定,如果触及障碍水平,可以部分退款(折扣)。这常常发生在敲出期权的情况下,这时这部分退款可以被看作是对失去的回报部分的缓冲。这部分退款可以在障碍被引发时或是合约到期时才支付。

(三) 障碍期权的性质

从障碍期权的基本分析中我们可以看到,障碍期权是路径依赖期权,它们的持有人的回报,以及它们的价值要受到资产到期前遵循的路径的影响。例如,对一个向上敲出看涨期权在到期时同样支付 $\max(S-X, 0)$,除非在此之前资产交易价格达到或超过障碍水平。在这个例子中,如果资产价格到达这个价位(显然是从下面向上达到),那么该期权敲出。但是障碍期权的路径依赖的性质是较弱的,因为我们只需要知道这个障碍是否被触发,而并不需要知道关于路径的其他任何信息。这和那些强式路径依赖的期权如亚式期权等是不同的。关于路径的其他信息不会成为定价模型中的一个新增独立变量,如果障碍水平没有被触发,障碍期权到期时的回报仍然和常规期权是相同的。因此障碍期权是属于弱式路径依赖。

障碍期权受欢迎的主要原因在于:它们通常比常规期权便宜,这对那些相信障碍水平不会(或会)被引发的投资者很有吸引力。而且,购买者可以使用它们来为某些非常特定的具有类似性质的现金流保值。通常来说,购买者对于市场方向都有相当精确的观点,如果他相信标的资产价格的上升运动在到期之前会有一定的限制,希望获得看涨期权的回报,但并不想为所有上升的可能性付款,那么他就有可能去购买一份向上敲出期权。由于上升运动受到限制,这个期权的价格就会比相应的普通看涨期权价格便宜。如果他是对的,那么这个障碍水平并不会被引发,他就可以得到他所想要的回报。障碍水平距离资产价格现价越近,期权被敲出的可能性越大,合约就越便宜。相反,一个敲入期权将会被某个相信障碍水平将会实现的人购买,这时期权同样也会比相应的普通期权便宜。

二、回望期权

(一) 回望期权的内涵

回望期权(lookback option)属于路径依赖型期权,它让持有人在期权到期时,能以期权有效期内标的资产曾出现过的最有利价格行使权利,因为这样对于期权持有人最为有利,因此,回望期权的期权费也最高。回望期权的特点归纳如下:①它属于一种奇异期权,并可以在最大程度上降低投资者的后悔程度;②它通常是不进行公开交易,仅出现在场外交易中,而在世界任何主要期权交易所中均没有这种期权;③它的期权费用非常高昂,其潜在的利润通常被成本所抵消。

作为一种奇异的期权,回望期权允许用户在购买期权后的整个期限内"回头"查看基础资产的价格。然后,持有人可以根据标的资产的最有利价格行权,这样持有人可以利用行使价与标的资产价格之间的最大差异。回望期权是现金结算的期权,这意味着持有人在执行时会以现金结算。回望期权的卖方将根据资产过去的波动性和对期权的需求,将期权的价格定在或接近最大的价格差预期距离。回望期权的买方将预先支付购买期权的费用。如果结算额大于期权的初始成本,那么期权买方将在结算时获得利润,否则会产生相应的损失。

回望期权分为固定回望期权与浮动回望期权两种。

(1) 固定回望期权。当投资者购买固定回望期权时,期权执行价是在购买时就已经固定下来,类似于大多数其他类型的期权交易。但是,与其他选择不同,在执行期权时,将使用标的资产在合同期内的最有利价格,而不是当前市场价格。如果是看涨期权,期权持有人可以查看价格历史记录并选择在最高回报潜力的位置[即 max(历史最高价格－固定执行价格)]执行。同理,对于看跌期权,持有人可以在资产的最低价格执行以实现最大收益。总之,固定回望期权合约以选定的过去市场价格和固定行使价结算。

(2) 浮动回望期权。当投资者购买浮动回望期权时,执行价会在合约到期时自动设置为合约期内达到的最有利的基础价格。看涨期权将履约价格固定在最低标的资产价格上,其收益为标的资产当前资产价格减去历史最低价格。相反,看跌期权将执行价固定在最高价位。然后期权将根据市场价格结算,即看跌期权的收益为标的资产历史最高价格减去当前市场价格。总之,浮动回望期权合约以选定的过去最有利的市场价格和当前资产市场价格结算。可以认为,固定回望期权解决了市场退出问题,即如何选择最好的退出时间;浮动回望期权解决了市场进入的问题,即如何选择进入市场的最佳时间。

(二) 回望期权的案例

假设某股票在 3 个月期权合约的开始和结束时的交易价格均为 50 美元,即股票投资者在这段时间里没有净得收益或损失。此时,固定回望期权和浮动回望期权两者的表现可能相同。在期权有效内,其最高价格为 60 美元,最低价格为 40 美元。对于固定回望期权中的看涨期权,其执行价为 50 美元,期间的最佳价格是 60 美元。行权时,期权持有者的利润为:60－50＝10(美元)。对于浮动回望期权中的看跌期权,持有者将选择有效期内的最低价格 40 美元。到期时,该股票的行权价为 50 美元。持有人的利润为:50－40＝10(美元)。在这个例子中,两种期权之所以利润相同,是因为在期权有效期内,股票上下波动了相同的数量。

假设该股票在有效期内同样最高价为 60 美元,最低价为 40 美元,但在合约结束时以 55 美元收盘。对于固定回望期权中的看涨期权,选择最高价格 60 美元。行使价为在购买时设定的 50 美元,其利润为 10 美元(60－50)。对于浮动回望期权中的看跌期权,行使价为到期时的市场价 55 美元,选择最低价格 40 美元,从而获利 15 美元(55－40)。

假设该股票收于 45 美元,其他条件相同。对于固定回望期权中的看涨期权,最高价格为 60 美元。60 美元减去购买时设定的行使价 50 美元,期权持有者可获利 10 美元(60－50)。行使价为到期时的市场价 55 美元,选择最低价格为 40 美元,得出的利润为 5 美元(45－40)。

三、亚洲式期权

(一) 亚洲式期权的内涵

亚洲式期权(Asian option)是一种奇异期权类型,其持有者的收益取决于特定时期内标的资产的平均价格,而标准期权(如美式期权和欧式期权)持有者的收益则取决于特定时间标的资产的价格。因为亚洲式期权允许期权多头以平均价格而非现货价格购买(或出售)基础资产,所以亚洲式期权也称为平均期权。在数学上,"平均"一词有多种解释方法,因此需要在亚洲式期权合约中写明平均的计算方法。通常,期权合约会指定平均价格是标的资产价格在离散间隔内的几何或算术平均值,由于采用平均价格,亚洲期权的波动性相对较低。一些贸易商(例如消费者和商品供应商等)由于其面临的风险在一些时期内容易受到相应基础资产的影响,因此更愿意采用亚洲式期权进行交易。

亚洲式期权属于一种奇异期权,主要用于解决普通期权无法解决的特定业务问题。亚洲式期权对标准期权条款的改变相对较少,总体而言(不排除一些特殊情况),亚洲式期权的价格要比标准期权便宜,这是因为平均价格的波动性小于现货价格的波动性。亚洲式期权合约对于市场具有较高吸引力,因为它的价格往往低于普通的美式期权。

亚洲式期权可以应用于以下场景:①企业担心一段时间内的平均汇率变化;②某个时间点的单个资产价格可能受到操纵;③基础资产的市场价格高度波动;④流动性低的市场由于市场交易过少,定价效率低下。

(二)亚洲式期权示例

假设亚洲式看涨期权使用算术平均值和 30 天周期进行数据采样。11 月 1 日,一名交易员以 22 美元的行权价购买了股票 XYZ 的 90 天亚洲式看涨期权,合约规定平均价格为此后每 30 天的股票价格的平均数。该股票 30 天、60 天和 90 天后的股价分别为 21.00 美元、22.00 美元和 24.00 美元。算术平均值(均值)为:(21.00+22.00+24.00)/3=22.33 美元。不考虑期权费,则期权利润是平均价减去行使价:22.33-22=0.33 美元,或每 100 股合约收益为 33.00 美元。与标准期权一样,如果亚洲式期权的平均价格低于行使价,则无法执行期权,损失仅限于为看涨期权支付的期权费。

四、喊价期权

(一)喊价期权的内涵

喊价期权(shout option)是一种奇异期权,它允许持有人在事先约定的时间间隔内获得锁定的投资收益,并可以保持继续参与期权的收益而不会损失这种锁定收益的权利。在有效期内,期权购买者可以大喊以锁定收益,但合约仍保持开放状态,即使期权内在价值在大喊后减少,喊叫也保证了最低的利润。如果大喊之后期权的价值增加,期权购买者仍然可以参与其中。喊价期权与传统期权运作方式相同。随着标的价格的下跌,期权购买者可以大声喊叫以锁定期权的内在价值。如果此后基础价格上涨,则仍可以向买方保证他们锁定的内在价值。喊价期权相当于为投资者提供一定程度的担保。

有了喊价期权,投资者可以在投资到期前的不同时间点大喊,锁定当前利润,以防可能的损失。投资者还可以行使喊价期权,在投资到期前对其进行其他调整。例如,该期权可以重置投资的执行价或行权价,改变投资者可以收取的卖出金融资产的金额。所有喊价期权的条款,包括投资者可以选择在什么时间和在什么时候行使喊价期权,在投资合同中有详细规定。在投资到期前使用喊价期权的规则可以要么少而简单,要么多而复杂。在许多情况下,看涨期权在保护投资者的同时也增加了交易对手所承担的风险。如果标的资产或支持投资的金融工具从投资开始到投资到期期间价值下降,使用喊话的投资者可以从中受益。但是,喊价看涨期权的空方在这样的交易中会亏损。喊价期权的成本比传统期权的成本高。如果投资的波动性更大,价格上涨也会更高,因为这样的投资更有可能激发投资者行使喊价期权,这当然意味着行使喊价期权的投资者比没有喊价的投资者更有可能从投资中获利,同一投资的额外喊价进一步增加了投资成本。

喊价期权允许持有人可以在一个或多个点上锁定投资收益。例如,对于看涨期权,如果行使价为 50 美元,并且相关资产在到期日前交易价格为 60 美元,则持有人可以喊叫,即锁定 10 美元的期权投资收益。持有人仍然保留看涨期权,并且如果标的在日到期前进一步走高,则持有者可以赚取额外的利润。但是,如果标的资产交易价格在到期日前跌至 60 美元以下,则持有人仍可以 60 美元的价格行权。如果购买者认为期权可能失去其内在价值,则喊叫对于锁定收益很有用,或者只是在期权价值增加时锁定利润。基本上,每次喊叫之后,看涨期权的利润底线就会增加。

根据定义,看涨期权被归类为一种奇异期权。奇异期权可以有复杂的合同条款,这些条款会根据多个变量而变化。由于其复杂的合同,喊价期权交易并不活跃,喊价期权和其他外来期权不在纽约证券交易所等交易所交易,而是在纳斯达克等市场进行场外交易。

(二) 喊价期权的案例

一名交易员购买了苹果股票的喊价期权。该期权在 3 个月内到期,行使价为 185 美元,并且允许买方在期权有效期内喊价一次。该股目前的交易价格为 180 美元。期权费为 11 美元,或一张合约的费用为 1 100 美元(11 美元×100 股)。买家的交易盈亏平衡点是 196 美元(行使价 185 美元+溢价 11 美元),尽管当苹果股票的价格升至 185 美元以上时,他们随时可以呼喊锁定内在价值。

假设买家期望获得正收益,认为未来几个月价格有望被推高至 200 美元以上。购买后 1 个月,股票交易价格为 193 美元。虽然这仍低于买方的收支平衡点,但他们决定喊叫。这将锁定 8 美元的内在价值(193 美元-185 美元)。这保证了他们不会损失全部期权费(11 美元),并且至少可以收回价值 8 美元的保费。现在在大喊之后考虑两种不同的情况:如果价格回落至 193 美元以下并一直停留到到期,交易者仍会获得他们锁定的 8 美元内在价值。在这种情况下,他们仍然会损失 3 美元(11 美元-8 美元)或每张合约 300 美元,但至少他们不会像传统期权那样,即如果期权到期苹果股价低于 185 美元,会损失全部溢价。现在假设苹果股票的价格继续上涨,期权到期时的交易价格为 205 美元。该期权的内在价值为 20 美元(行使价 205 美元-185 美元)。买家仍然可以收取 20 美元(或每张合约 2 000 美元),即使他们大喊要锁定 8 美元的内在价值。他们仍然获得更高的价值,因为期权到期时的价值大于喊价。在这种情况下,买方每份合约赚 900 美元(2 000 美元-1 100 美元)。

第四节 多因素期权

多因素期权(multi-factor option)通常是指期权持有者的收益取决于期权合约中约定的多种因素,如在篮子期权中期权价格对应于一篮子基础资产,或者如价差期权,期权投资者收益与多个资产价差有关。

一、篮子期权

篮子期权(basket option)是一种金融衍生工具,其基础资产是一组商品,证券或货币。与其他期权一样,篮子期权赋予持有人行使期权的权利,但没有义务在特定日期或之前以特定价格买卖对应的一篮子基础资产。篮子期权的特点包括:①篮子期权对应的基础证券是一篮子所需资产;②篮子期权交易属于场外交易,因此具体条款可以根据买卖双方的需求进行定制;③篮子期权降低了交易费用,这是因为它是一笔交易,而不是必须对篮子中的每个头寸进行单独交易,即篮子期权的成本通常低于多个单一期权的成本,这主要是由于它节省了大量佣金和各种费用;④篮子期权的缺点是此类期权通常在场外交易,其流动性有限,因此在到期前退出可能需要额外的对冲交易。如果交易者确实想要退出篮子期权的头寸,并且他们找不到交易对手对冲其头寸,则他们可以开立另一笔交易,该交易可以完全或部分抵消其当前交易。例如,如果他们拥有一篮子货币的看涨期权,但不再想要购买这些货币,则他们可以购买类似篮子货币上的看跌期权,以抵消(或基本抵消)第一种期权的影响。大宗商品指数的期权可能会部分对冲投资者特定商品篮子的期权。标准普尔500指数期权可能会部分对冲基于蓝筹股投资组合的期权。美元指数的期权可能会部分对冲一篮子全球货币的期权。

股票指数期权也可以被视为是一种篮子期权,其标的资产是成分股的加权篮子。但是,由于该指数是一个由第三方计算和维护的标准化篮子,因此股票指数期权的交易与单个期权相似,因此其不被视为奇异期权。

篮子期权定价存在的困难在于,一篮子或投资组合的证券价格变化与组合中单个证券不同。这是因为投资者通常会构建多元化的投资组合,以使组成资产不相关。因此,对于市场中的波动性、时间、价格水平等因素的变化,一篮子证券的变化反应可能不同于其中单个证券的价格变化反应。

货币篮子期权为跨国公司管理多种外币敞口提供了一种更具经济效益的方法。例如,像麦当劳这样的跨国公司可能会购买篮子期权以换取美元,篮子中包括印度卢比、英镑、欧元和加拿大元等多种货币。假设一家位于美国的国际公司希望以加元和澳元兑美元的价格购买一篮子期权。如果现在加元和澳元兑美元的汇率下跌,他们希望能够以指定的价格进行交易,以避免进一步遭受损失。在这种情况下,他们将购买包含加元对美元汇率和澳元兑美元汇率篮子的看跌期权。假设公司预计未来他们会有更多的加元和澳元敞口,则他们可以根据当前汇率选择60比40的权重,创建相应的汇率篮子。

国际金融市场上一些对冲基金通过银行发行了一些诸如篮子期权之类的结构化金融衍生品,用以避税和绕开一些监管条例。如巴克莱银行和德意志银行发行的场外期权,就是一种针对对冲基金客户需求定制的篮子期权。比如某对冲基金要买入一篮子股票,它可以直接到市场上进行股票操作,也可以通过购买一个标的篮子股票的期权进行持有。现实中对冲基金之所以选择后者,是因为有这么几点好处:

(1) 提高了资金杠杆。对冲基金持并不直接持有标的股票,它持有的是期权,而股票的持有人是银行。根据监管条例,德意志银行和巴克莱银行作为主要经纪商,比对冲基金可以获得更高的资金杠杆。相当于通过一个场外期权,银行把这种高杠杆卖给了基金。

(2) 避税。在美国的资本利得税中,持有期超过1年的资产是长期投资,而持有期在1年以下的是短期投资,这之间的税率差超过10%。所有这些场外期权的存续期都超过了1年,在报税时都是按照长期资本的税率。而现实是这些期权的持有时间都很短。目前,监管规定已做了完善,按照最新的规定,是按照交易时间,而不是期权的存续期区分长期还是短期。

(3) 银行的特殊优惠。这些对冲基金购买期权的同时并没有丧失市场操作的灵活性。对冲基金作为银行的投资顾问,可以代替银行进行实际市场操作。

二、价差期权

价差期权(spread option)是一种期权类型,期权投资者可以从两个或多个资产的价格之间的差异或价差中获取收益。除了独特类型的基础资产(利差),此类期权的行为与其他任何类型的普通期权相似。需要注意的是,价差期权与期权价差(options spread)不同,后者是一种期权交易策略,通常涉及对同一单一基础资产的两个或多个期权。价差期权的特点包括:①其作用类似于普通期权,但底层证券是价差而不是单一价格;②所使用的价差可以是现货和期货价格(基准)之间的价差,也可以是利率之间或货币之间的价差;③价差期权通常是场外交易(OTC)。

价差期权是一种简单相关期权,这类期权的结算支付额是两种基础资产之间的差价。例如在能源市场中,以精炼石油与原油间的价差为标的资产的价差期权就为炼油厂商提供了对毛利进行套期保值的途径,当交易员认为,由于原油价格疲软(或对精炼产品的需求旺盛),这种价差会扩大时,交易员就可以购买基于此种价差的看涨期权,而不是购买成品油并出售原油。同样,当一位交易员发现,近段时期小麦期货价格大大高于其历史区间,其与较晚日期的小麦期货存在较大的价差时,他分析这可能是由进货成本、天气或供应或需求异常所致。交易者可以卖出该价差看涨期权或买入价差看跌期权,希望未来小麦价格能很快恢复正常,从而获取收益。又如以长期国债与短期国债之间的利差为标的资产的价差期权为投资于利率产品的投资者提供了保值的机会。有些场外交易者创新了价差期权,他们不仅以两种基础资产的价差作为标的资产,还发明了多种基础资产之间的价差期权。目前虽然这种多元价差期权的使用很有限,但随着场外市场衍生工具的进一步发展,随着风险管理的日益复杂,以及随着国际资本市场全球一体化趋势的加速,多元价差期权将会获得普遍使用。经典的期权是定义在一个基础资产之上的,而价差期权则可以看作是对经典期权的简单推广,定义在两个基础资产上。而这两个基础资产,可以是任何两个指数。

价差期权的思想虽然很简单,但却可以进行各种扩展,这些扩展对许多实际问题的解决都很有帮助。在货币和固定收益市场,价差期权可以是建立在两种利率或两种收益之差上的期权。在商品市场,价差期权可以建立在同一商品在不同地点(位置价差)、不同时间(日历价差),或者是一个生产过程的投入和产出价格差(过程价差)以及同一商品不同等级之间的价格差(质量价差)之上。

实际上,价差期权还可以是推广到多个基础资产的情形,即价差期权的基础资产可以不止两个,还可以为多个。不仅如此,价差期权并不限于基础资产的差额,还可以将基础资产扩展到有限个基础指数的线性组合的情形。

价差在金融市场中是普遍存在的,不管是权益、固定收益债券、外汇,还是商品、能源市场、商业银行的房地产贷款,都可以将其差异视作价差。本书之前提到的所有价差,都可以作为价差期权的基础。价差期权可以帮助我们发现其中隐含的价值,从而为风险管理提供更多更有效的工具。

三、数量调整期权

数量调整期权(quantity-adjusting option,也称为 Quanto 期权、双币种期权)是一种以现金结算的交叉货币衍生工具,其中基础资产以该期权结算所用货币以外的货币计价。这类期权的另一个名称是被担保的汇率期权(a guaranteed exchange rate option)。其也分为看涨期权和看跌期权两种。

数量调整期权名称的由来与其潜在的货币远期特性有关,其名义本金具有可变性。当投资者相信某项特定资产在一个国家或地区表现良好,但又担心该国的货币表现不佳时,他们会使用 Quanto 期权。投资者将购买外国资产的期权,同时维持本国货币的支出。

当今世界金融市场一直存在较高的波动性,这种波动可能导致一种货币在任何给定时间都强势于或弱势于另一种货币。如美国投资者直接投资于外国股票指数,他们将承受该外国指数的风险以及货币汇率波动带来的风险。这种情况下,Quanto 期权可以降低市场风险从而鼓励更多的投资者参与国际金融市场的投资。Quanto 期权给投资者带来的好处包括:在较小的市场中为投资者创造更高的流动性或者为海外投资者降低货币汇率的风险。在期权到期时,行使价和标的资产均以外币计价,期权的价值也以外币计算,然后外币再以固定汇率转换为本币。Quanto 期权这种以固定汇率结算的方式为投资者避免汇率风险提供了保障。

Quanto 期权的构建方式与传统的股票期权相同。关键区别在于,它以投资者的本国货币购买,而以资产的外币计价。最初,Quanto 期权合同确定了两种货币之间的汇率,且该固定汇率在合同期内一直有效。投资者也可以购买其他类型的数量调整期权。Quanto 期权对应的一种期货合约是 Nikkei 225,它在芝加哥交易所(CME)上交易,期货合约对应的基础资产是日经 225 股票指数。合同以美元结算,而不是以日元结算。Nikkei 股票指数期权的载体是一篮子以市场价加权平均的日本股票。为了对售出的看涨期权进行保值,期权出售者必须购买 delta 倍价值的载体一篮子资产。然而,美元与日元的汇率决定了载体资产的价值,从而决定了风险程度。如果一篮子股票价值 17 000 日元,当汇率为 1 美元=100 日元时,载体资产价值为 170 美元。股票指数保持不变,如果美元下跌至 1 美元=95 日元,价值就将增加到 178.95 美元。因此,虽然载体的价格如 Nikkei 指数没有变化,但载体资产的风险程度变化了。另外市场中也存在 Quanto 掉期,在这种掉期交易中,交易对手之一向另一方支付外币利率,而名义本金则以本国货币计算。

四、彩虹期权

彩虹期权(rainbow option)又称为利差期权,这种期权的到期支付额取决于两种或多种资产中的最高额与合同价格之差,或者就是为两种资产价格之差。彩虹期权作为一种奇异期权,通常只适用于机构投资者,其表现形式无时无刻不处在变化和拓展当中,没有人能够精确地对它进行完全的分类和描述。彩虹期权有一种简单的表现形式——两色彩虹最大值欧式看涨期权。顾名思义,该期权有两个标的资产,只能在到期日行权,特别之处在于其收益结构取决于两个标的资产中表现最好的资产。

彩虹期权就是多资产期权中的一种,就像彩虹有很多颜色一样,这也是其名称的由来。一般来看,彩虹期权的损益结构取决于多个资产中的某一项资产,标的资产的数目也被形象地称为彩虹的颜色数。篮子期权类似于彩虹期权,因为它们的收益基于篮子中所有基础资产的总或净表现。但是,篮子期权的价值主要取决于篮筐的价值,而不取决于篮筐中的任何单个资产的情况。这里需要注意的是,彩虹期权的标的资产不只可以是股票、大宗商品等基础资产,还可以是欧式看涨、美式看跌等普通期权之类的衍生资产,形式灵活多样。

例如,标的资产为上证 50 指数和创业板指数,某年 4 月 10 日上市,5 月 8 日到期日,行权价格为初始价格的 105% 的两色彩虹最大值欧式看涨期权。4 月 10 日收盘,上证 50 和创业板指数分别为 2 986.61 点和 2 552.83 点,5 月 8 日收盘上证 50 指数为 3 110.46 点,创业板指数为 2 973.6 点。其间上证 50 指数涨幅为 4.15%,创业板指数涨幅为 16.48%,两者的最大值为 16.48%,投资者能够获得收益为:16.48%−5%=11.48%。

考虑一下,投资者若是单独购买一个上证 50 指数的欧式看涨期权,那么到期将没有任何收益,白白损失了权利金。若是单独购买一个创业板指数的欧式看涨期权,获得的收益同样也是 11.48%。这么看,似乎直接购买一个创业板指数的欧式看涨期权更加划算。其实不然,如果我们将时间拉回 2014 年 12 月,结果就正好相反了,此时直接购买一个上证 50 指数的欧式看涨期权更加划算。不管什么时候,彩虹期权都能获得最大收益。可以看出,彩虹期权给了投资者更大的获利机会。这样的设计完全可以避免对投资主板还是创业板的纠结了。

当然,天下没有免费的午餐,彩虹期权虽然给了我们更大的获利机会,但是同时它也要比相同条款的普通期权更贵。是多花钱获得一个相对概率较高的收益还是少花钱获得一个概率较低的收益,这个完全取决于投资者自身的风险偏好。

从直观上看,持有彩虹期权可以被看成是同时持有两个或多个普通期权。例如前文例子就可被看作是投资者同时买入了标的资产分别为上证 50 指数和创业板指数的欧式看涨期权。事实并非如此,彩虹期权和同时持有两个普通期权是有区别的。首先,单独买入两个普通期权可能都会行权获利,而彩虹期权应看成是至多仅有一个期权行权获利。其次,分别持有两个不同标的资产期权的投资者往往不用太关心两者的相关性,而彩虹期权的价格对多个资产的相关系数非常敏感,投资者必须考虑。最后,由于前两点的制约,彩虹期权的价值并不简单是两个普通期权的算数和,其定价往往更加复杂,影响因素也要更多。

第五节 复合期权与打包期权

一、复合期权的内涵

复合期权(compound option)是标的资产为另一种期权的一种奇异期权,这种期权通常以利率工具或外汇为基础,投资者通常在波幅较高的时期内购买复合期权,以减轻标准期权价格上升带来的损失。复合期权给予了持有者在某一约定日期以约定价格买入或卖出一份期权的权利。投资者行使复合期权后,便会持有或卖出一份标准的期权。复合期权可作为高杠杆投资的工具,投机者只需较少的资金便可买入复合期权,随后再看是否投入更多的资金来买进复合期权的标的期权,最后再决定是否花钱买进最终的标的金融工具。复合期权有两个执行价格和两个到期日。由于受两个到期日的影响,一个是复合期权的到期日,一个是标的商品期权到期日,而且有两个期权费,所以期权价值的判断非常复杂。如果简单地以看涨期权和看跌期权分类,复合期权可以分为4种类型,即:

(1) 基于看涨期权的看涨期权(Call on a call, CoC)。
(2) 基于看涨期权的看跌期权(Put on a call, PoC)。
(3) 基于看跌期权的看涨期权(Call on a put, CoP 或 CaPut)。
(4) 基于看跌期权的看跌期权(Put on a put, PoP)。

当持有人行使复合期权时,其必须根据复合期权的执行价向基础期权的卖方支付期权费,此种期权费被称为延期费用(the back fee)。例如,假设投资者想买入看跌期权,协议内容是以50美元的价格出售100股股票。该股目前的交易价格为55美元。投资者可以购买基于看跌期权的看涨期权(CaPut),从而允许其现在以每份1美元(100份共100美元)的价格购买看涨期权,其协议内容是允许投资者以50美元的行权价购买看跌期权。如果投资者现在行使第一个选择权即看涨期权,即他们现在需要支付每份1美元,共100美元,这样他们就获得第二个选择权,即50美元行权价的看跌期权,如果投资者最终没有行权则不需要支付相关费用。

复合期权使投资者能够在没有支付长期看跌期权的成本的条件下获得看跌期权的敞口,这就意味着,如果投资者在开始时就行使看涨期权并获得看跌期权,那么所支付的期权费可能会比刚开始买入看跌期权要贵得多。对于PoP或PoC,复合期权提供出售看跌期权或看涨期权作为基础的权利。

在货币或固定收益市场中看到复合期权的情况更为普遍。虽然复合期权的风险保护能力存在不确定性,但复合期权的优势在于,其允许较大的杠杆作用,并且最初期权费用比直接获得相应期权更便宜。但是,如果复合期权最终同时行使了这两种期权,则总期权费用要大于单个期权费。在抵押贷款市场中,CaPut可用于对冲利率波动的风险,这种风险通常来自抵押承诺的时间与实际执行的日期之间存在的差异。投资者经常使用复合期权来延长期权头寸的期限,如购买到期日较短的看涨期权来购买到期日较长的另一个看涨期权。换句话说,他们可以参与基础资产的收益,而无需全额购买。需要注意的是,如果行使第二种选择权,则要支付两种期权费,而成本更高。

二、复合期权的案例

尽管多数时候复合期权主要被用于金融市场中的投机活动,但一些商业企业在计划投标大型项目时可能会利用复合期权达到其预定目标。在大型项目投标之前,企业就需要准备大量资金,但如果企业最终没有赢得项目,则其可能会剩下不需要的大量资金。在这种情况下,复合期权相当于为企业提供了一种保险单。例如,某公司竞标一个大型项目,如果他们中标,他们将需要 2 年 2 亿美元的融资。但是,他们在计算中标资金成本时主要依据的是当前利率。而公司一旦中标需要进来融资时,将可能面临未来市场更高的利率。为此,他们可以从参与投标合同之日起购买 2 年期的利率期权,从而锁定利率上限,但是如果他们没有赢得合同,则损失一大笔期权费。因此,公司可以购买相应的复合期权,即锁定上限的 2 年期利率期权的看涨期权。如果他们赢得了合同,那么他们将以预定的期权费获得利率期权,从而锁定项目资金的利率上限。如果他们没有赢得合同,他们可以让期权一直到期,不必获得第二个期权,因为此时他们不再需要锁定利率上限。从这个例子中可以发现,复合期权的优点是较低的初始支出和风险的降低。

三、打包期权

打包期权(packages)是由常规欧式期权、远期合约、现金和标的资产等构成的证券组合,牛市价差期权、熊市价差期权、蝶式价差期权、跨式期权、宽跨式期权等都属于打包期权的范围。打包期权的经济意义在于可以利用这些金融工具之间的关系,组合成满足各种风险收益需要的投资产品。最常见的打包期权是具有零初始成本的期权组合。另一种可以实现零初始成本的期权是延迟支付期权(deferred payment option),目前不支付权利金,到期支付权利金终值。打包期权本质上就是期权组合投资策略,这样既限定了风险,也限定了收益,比较适合风险中性的投资者。

 立德树人思考

习近平以创新点燃改革引擎

党的十八大以来,习近平数次强调"创新"对中国全面深化改革和发展的重要作用。"变革创新是推动人类社会向前发展的根本动力。谁排斥变革,谁拒绝创新,谁就会落后于时代,谁就会被历史淘汰。"他深刻思考如何创新、靠什么创新的问题,用"创新智慧"领航中国行稳致远。

创新是一个民族进步的灵魂

创新是一个民族进步的灵魂,是一个国家兴旺发达的不竭动力,也是中华民族最深沉的民族禀赋。在激烈的国际竞争中,惟创新者进,惟创新者强,惟创新者胜。

——2013 年 10 月 21 日,习近平在欧美同学会成立 100 周年庆祝大会上的讲话

改革是点燃科技创新引擎的点火系

如果把科技创新比作我国发展的新引擎,那么改革就是点燃这个新引擎必不可少的点火系。我们要采取更加有效的措施完善点火系,把创新驱动的新引擎全速发动起来。

——2014 年 6 月 9 日,习近平在中国科学院第十七次院士大会、中国工程院第十二次院士大会上的讲话

综合国力竞争说到底是创新的竞争

综合国力竞争说到底是创新的竞争。要深入实施创新驱动发展战略,推动科技创新、产业创新、企业创新、市场创新、产品创新、业态创新、管理创新等,加快形成以创新为主要引领和支撑的经济体系和发展模式。

——2015 年 5 月 27 日,习近平在华东七省市党委主要负责同志座谈会上的讲话

世界经济长远发展的动力源自创新

世界经济长远发展的动力源自创新。总结历史经验,我们会发现,体制机制变革释放出的活力和创造力,科技进步造就的新产业和新产品,是历次重大危机后世界经济走出困境、实现复苏的根本。

——2015年11月15日,习近平在二十国集团领导人第十次峰会第一阶段会议上关于世界经济形势的发言

创新之路:坚定不移走中国特色自主创新道路

增强自主创新能力,最重要的就是要坚定不移走中国特色自主创新道路,面向未来,增强自主创新能力,最重要的就是要坚定不移走中国特色自主创新道路,坚持自主创新、重点跨越、支撑发展、引领未来的方针,加快创新型国家建设步伐。

——2014年6月9日,习近平在中国科学院第十七次院士大会、中国工程院第十二次院士大会上的讲话

(《习近平以创新点燃改革引擎》,央广网,2018年8月13日)

思考:

1. 结合我国金融衍生产品市场的发展创新情况,谈一谈如何理解"变革创新是推动人类社会向前发展的根本动力"。
2. 结合当前金融发展现状,谈一谈如何理解"坚定不移走中国特色自主创新道路"。

本章小结

1. 奇异期权也可以称为"新型期权",是在传统期权的基础上根据客户需求(如基于风险和收益的需求等)而确定的非标准化期权。
2. 奇异期权可以分成合同条款变化期权、路径依赖型期权、多因素期权、复合期权、打包期权等5类。
3. 百慕大式期权与美式期权和欧式期权的主要区别在于行权时间的不同,它可以在期权有效期内特定的时间点执行。
4. 拥有远期启动期权的投资者可以在未来某时刻获得另一种期权,且该期权的约定价格是当日协议资产的市场价。
5. 障碍期权是指期权的回报依赖于标的资产的价格在一段特定时间内是否达到了某个特定的水平。
6. 回望期权让持有人在期权到期时,能以期权有效期内标的资产曾出现过的最有利价格行使权利。
7. 亚洲式期权的收益取决于特定时期内标的资产的平均价格。
8. 喊价期权允许持有人在事先约定的时间间隔内获得锁定的投资收益,并可以保持继续参与期权的收益而不会损失这种锁定收益的权利。
9. 复合期权是标的资产为另一种期权的一种奇异期权,这种期权通常以利率工具或外汇为基础。
10. 打包期权是由常规欧式期权、远期合约、现金和标的资产等构成的证券组合。

练 习 题

一、单选题

1. 奇异期权最可能的交易场所应该是(　　　)。

    A. 纽约股票交易所　　　　　　　　　　B. 场外交易市场

  C. 芝加哥交易所   D. 伦敦证券交易所
2. 相比传统期权,奇异期权的优势在于( )。
  A. 费用通常很低 B. 可以保证获利 C. 种类繁多 D. 保证金要求低
3. 百慕大式期权也称为( )。
  A. 欧式期权 B. 半欧式期权 C. 美式期权 D. 半美式期权
4. 二元期权的优势不包括( )。
  A. 有更高潜在利润   B. 容易控制风险
  C. 即时收入   D. 服务实体经济
5. 拥有期权者可以在未来某时刻获得另一种期权,且该期权的约定价格是当日协议资产的市场价,这种期权被称为( )。
  A. 百慕大式期权 B. 远期启动期权 C. 二元期权 D. 亚洲式期权
6. 允许期权持有者在期权到期前自主选择是看涨期权还是看跌期权的奇异期权合约被称为( )。
  A. 选择期权 B. 远期启动期权 C. 二元期权 D. 亚洲式期权
7. 障碍期权的"障碍"是指( )。
  A. 标的资产价格的某个特定临界值 B. 执行价格的某个特定临界值
  C. 期权价格的某个特定临界值   D. 交易时间的某个特定临界值
8. 让持有人在期权到期时,能以期权有效期内标的资产曾出现过的最有利价格行使权利的期权被称为( )。
  A. 选择期权 B. 远期启动期权 C. 回望期权 D. 亚洲式期权
9. 同等条件下以下期权费最高的通常是( )。
  A. 选择期权 B. 远期启动期权 C. 回望期权 D. 亚洲式期权
10. 收益取决于特定时期内标的资产的平均价格的期权是( )。
  A. 选择期权 B. 远期启动期权 C. 回望期权 D. 亚洲式期权

二、简答题

1. 什么是奇异期权?奇异期权与传统期权有何区别?
2. 什么是百慕大式期权?百慕大式期权有何特点?
3. 相比普通期权,二元期权的收益有什么特点,二元期权的缺陷是什么?
4. 试述什么是选择期权?其有什么具体特点?
5. 如何理解路径依赖期权?

第十三章 结构化衍生工具

【本章提要】

结构化衍生工具,是一种利用简单的金融衍生工具,通过彼此相互组成结合或者是与基本的金融工具结合,研究制造出更多的具有复杂性质和特征的金融衍生工具。本章分为4节内容,第一节介绍结构化衍生工具的定义、特点与发展历程,使读者初步了解结构化衍生工具的相关内容;第二节介绍期权类衍生工具,包括权证、可转换债券、可赎回与可回售债券、商业银行挂钩型理财产品案例分析;第三节介绍远期与期货类衍生工具;第四节介绍互换类衍生工具。

【学习目标】

1. 了解结构化衍生工具的定义和发展历程,能够判断什么是结构化衍生工具。
2. 熟悉结构化衍生工具的特点。
3. 掌握权证的基本要素,理解权证的内在价值和时间价值。
4. 熟悉按不同方式划分的权证种类。
5. 掌握影响权证价格的因素,理解认购权证和认沽权证价格与影响权证价格因素的关系。
6. 熟悉可转换债券的特点与类型。
7. 了解可赎回债券的定义,掌握可赎回债券的价格与风险特征。
8. 了解可回售债券的定义与优点,熟悉可赎回债券与可回售债券的区别。
9. 了解商业银行挂钩型理财产品案例。
10. 了解远期与期货类衍生工具案例。
11. 了解互换类衍生工具案例。

【思政理念】

1. 脱贫攻坚。
2. 支持中央反腐。
3. 对外开放效果显著。

【案例导读】

"保险+期货"模式是结构化衍生工具的一种,中泰证券借助该模式,发挥金融扶贫优势,前置金融服务,在全国多地开展专业扶贫工作,如在黑龙江桦川县落地的价格险"保险+期货""保险+期货+现粮保底收购""保险+期货+基差贸易"、收入险"保险+期货"等项目,成为全国示范案例。

桦川县位于黑龙江省东北部,全县面积共2 268平方千米,有6个县是国家级贫困县。桦川县农业以种植业为主,产值占全县生产总值将近40%,2020年共有耕地210万亩,以水稻、玉米为主要经济作物。

2016年,桦川县的多数玉米种植户都发生了很大程度亏损,使其农业收入也受到巨大影响。中泰证券子公司鲁证期货进行了深度调研,根据当地实际情况,决定推行"保险+期货"的扶贫方案。2018年,桦川县首先完成玉米价格险"保险+期货"县域全覆盖综合改革试点。2019年8月,桦川县启动玉米收入险综合改革项目,覆盖整个省份的玉米品种种植基地总面积32.75万亩,折合玉米现货总产能18.34万吨,为2555户玉米种植农户提供952元/亩的收入保障,实现县域范围内"愿保尽保"。据介绍,试点项目总保费2338.13万元,保险保障金额达3.12亿元。

鲁证期货2018年在桦川县试点的玉米"保险+期货"价格险,是全国第一个做到覆盖粮食主产区完整县域的项目,真正实现了县域范围"愿保尽保"。截至2020年3月30日,鲁证期货在当地开展的2019年黑龙江桦川县玉米收入险"保险+期货"试点项目成功赔付,最终理赔金额8787.31万元,赔付率高达376%,成为全国范围内试点面积较大、赔付效果较优的收入险项目,用实际效果证明了"保险+期货"助力贫困地区夯实脱贫成果的有效性。

(《全国优秀案例"桦川模式":中泰证券"保险+期货"特色扶贫 探索精准扶贫可持续发展》,http://f.sdnews.com.cn/sdcj/202007/t20200727_2769892.htm)

第一节 结构化衍生工具概述

一、结构化衍生工具的概念

金融远期合约、金融期货、金融期权和金融互换是4种常见的金融衍生工具,通常也被称作"建构模块工具",它们是最简单和最基础的金融衍生工具,而利用其结构化特性,通过相互结合或者与基础金融工具相结合,能够开发设计出更多具有复杂特性的金融衍生产品,即结构化金融衍生工具。结构化衍生金融工具增加了资本市场的完备性和资本的流动性,通过运营金融工程结构化的方式,将若干金融衍生品和金融商品结合起来,深化了衍生品市场的风险配置功能,有利于降低金融衍生品市场的信用风险。

二、结构化衍生工具的特点

(一)固定投资期限

结构化产品通常具有固定的投资期限,即具有固定的到期日,产品到期时将被赎回。如某个结构化产品与一个20个月的期权行情联结,则该结构化产品的投资期限就是20个月。结构化产品和封闭式基金类似,即产品投资者都是在同一时刻以同一价格进行投资。

(二)本金保护

结构化产品通常能够给投资者提供全额或者部分本金保护。本金保护是指投资者在结构化产品到期时将至少能收回其所投资的全部初始本金(全额本金保护),或者全部初始本金某个百分比(部分本金保护)。拥有本金保护特征的结构化产品具有了非对称的收益特征,这与期权是类似的。投资者如果购买了结构化产品,应该准备好将该项投资持有至到期,因为本金保护只有在产品到期时才能实现。

本金保护的水平有多个层次。有的结构化产品能够提供硬保护,即该产品设置了一个价值的下界,在产品存续期间,其价值不能低于该下界。有的结构化产品提供软保护,在那些以尽量扩大产品收益为目标的结构化产品中,软保护比较常见。本金保护的水平越低,就有越多的资金用于投资衍生工具,从而提升了投资盈利的可能性和风险。

(三) 基于特定公式计算收益

结构化产品的收益计算通常是基于特定的公式。该公式被精心设计改造,以使其适合于某个特定的市场预期或者某个投资者的个性化需求。计算公式的因素通常包括:标的物或组合在初始时刻的价值、标的物或组合在到期时刻的价值、投资期限以及参与率。

参与率相当于一个乘数或者杠杆,将真实收益与该参与率相乘后得到的积,就是投资者最终获得的收益。参与率可以是100%、低于100%或者高于100%。例如,如果投资者用1 000元的本金购买了某个结构化产品,且该投资者的参与率是100%,在到期时,该结构化产品的收益率是8%,则投资者在产品到期时收回资金1 080元。然而,如果投资者的参与率是70%,那么在其他条件相同的情况下,投资者在产品到期时收回的资金就是1 056元。

在有些情况下,结构化产品的收益依赖于标的物价格或者指数的平均数,收益计算公式也可以仅依赖初始时刻和到期时刻这两个点的市场情况。例如,可以设计一个结构化产品,针对相信中国房地产市场将走向衰落的投资者设计,该产品介绍材料中包含一篮子房地产相关的股票相联结的收益计算公式,即如果投资者预期正确,产品到期时将如何获得收益。产品到期时,如果房地产市场相比期初出现了衰退,则投资者将收回其初始的投资本金,并获得额外的收益,收益额度等于那一篮子房地产相关股票的价值降低额的某个百分比。相反,如果房地产市场没有出现衰退,反而继续上涨,则投资者在产品到期时收回的资金将少于初始投资,差额的大小与那一篮子股票价值增长的额度有关,此时投资者亏损。

(四) 衍生工具的角色

为了理解结构化产品的性质,投资者应该理解衍生工具是如何发生作用的。衍生工具是一种金融合约,其价值衍生于标的物的价值。衍生工具的标的物通常包括指数、大宗商品、货币、股票或者债券;产品的类型大体上可以分为看涨型和看跌型。通过使用衍生工具,结构化产品的制造者可以对市场行情的未来走势进行货币化。

(五) 种类繁多的标的物

结构化产品的收益可以挂钩于种类繁多的标的物,包括债券、债券市场指数、股票、股票市场指数、大宗商品、大宗商品市场指数、外汇及外汇指数、货币市场、共同基金、对冲基金、房地产投资信托、产权指数以及各类资产的组合等。其中,以股票及股票相关指数为标的物的结构化产品占据市场份额的绝大多数。

三、结构化衍生工具的发展历程

结构化产品经常被认为是金融创新的产物,但是实际上发展已久,如投资者可提前回售债券等。现代结构化产品与传统产品有所区别。传统结构化产品中内嵌于认股权公司债及可转换公司债中的买权是为了吸引投资者,衍生交易部分的风险是发行人通过扩张股本承担;现代结构化产品的衍生交易部分具备金融工程化特征,有利于便捷地转移风险。

(一) 结构化产品市场在全球的发展

20世纪80年代的美国,结构化产品发展迅速,一些银行设计出一些新颖的结构化产品来满足投资者多样化的需求,如将大额定期存单或其他固定收益证券与股票市场指数组合打包成一个产品。最早的产品是1987年春季大通银行的市场指数存款和北美信托银行的股指存款账户。这个时期的结构化产品较为简单,通常是4到5年,标的物一般是股票价格指数,参与率100%,并且有本金保护条款。当时的美国正处在持续的低利率状态,固定收益产品难以给投资者带来有吸引力的收益,而结构化产品正好为投资者解决了这个困扰。

1991年1月,高盛证券公司设计了一款名为股价指数成长票据(SIGN)的产品,奥地利共和国政府充当发行人,发行规模1亿美元。1992年以后,许多银行和证券公司均推出了各种类型的结构化产品。根据不同的参与率、到期日以及所挂钩的相关指数,这些结构化产品有很大的差异,结构化产品市场也因为产品的不断创新而有了爆炸性的成长。

20世纪90年代,结构化产品进入亚洲市场,在新加坡、日本、韩国发展较快,这些产品以零售市场为主,结构比欧洲市场更加多样化,这与当时持续较长时间的利率低谷和股市低迷有密切关系。2005年,亚洲地区结构化产品市场规模达到250亿美元,结构化产品创设也成了投资银行的重要业务之一。

2008年,次贷危机爆发,引发了全球性的金融危机,金融市场剧烈波动使一些结构化产品的创设者、发行人和投资者都承受了极大损失,结构复杂的产品开始受到质疑,市场规模逐渐萎缩。

总而言之,结构化产品是金融市场创新的体现,而创新的需求植根于金融市场的状态和变化。在后危机市场,随着金融市场的发展和变迁,结构化产品市场将经历新的阶段。

(二)结构化产品市场在中国的发展

在中国,结构化产品最先是以外汇结构化存款的形式出现的。外资银行在2003年开始推出一些外汇结构理财产品。2004年3月《金融机构衍生工具交易业务管理暂行办法》颁布实施后,工、农、中、建四大银行分别推出了理财产品"汇聚宝""汇得盈""汇利通""汇利丰",交通银行、招商银行、光大银行等股份制商业银行推出"得利宝"等理财产品,一些境内外资商业银行也推出了"优利账户""汇利账户"等理财产品。外汇结构理财产品按产品挂钩条件,可以分为与利率挂钩、与汇率挂钩、与信用挂钩、与商品挂钩四大类;按产品收益特点,可以分为固定利率型和浮动利率型产品;按产品期限,可以分为短期(1年及以下)、中期(1年到3年)和长期产品(3年及以上)。从结构型理财产品的收益率这一最核心的因素看,我国银行推出的理财产品远高于同期储蓄存款利率;从推出的产品情况看,外币理财产品的收益率一般远高于同期外币定期存款利率。

在2010年股指期货上市前,中国的结构化产品市场大多是外资商业银行主导,市场中的多数结构化产品标的物通常也是境外的资产。这些外资银行通过其境外的分支机构和境外的交易对手对其在中国大陆发行的结构化产品进行风险对冲。因此,境内的结构化产品很少是以境内A股市场为标的物的,一方面是因为这些机构在A股市场难以对冲产品风险,另一方面是A股的熊市较为漫长。股指期货上市之后,境内的商业银行逐渐开始挖掘结构化产品能带来的价值,并为投资者提供A股期权产品。但是在2010年到2012年期间,境内银行所提供的结构化产品几乎都是在场所外交易,规模和范围相对较窄,且受到严格监管。监管者在结构化产品市场中扮演着观察者的角色,并未明确支持金融创新。

2012年,中国证监会发布允许银行和证券公司发行风险中性产品的政策,境内机构的金融创新开始加快。风险中性产品有质押担保,所以发行人的资产负债表变化不大。自此,结构化产品得到监管当局的支持,对风险管理的作用得到认可。此外,结构化产品风险收益属性的改善也是中国结构化市场发展的原因。在此之前,中国境内的银行等金融机构通过发行理财产品融资,这些理财产品通常有较高的固定收益,以此来弥补其相对较低的信用等级带来的缺陷。

随着股票市场的复苏,以股票或股票价格指数为标的物的结构化产品越来越多,但是长期来看,风险厌恶的投资者投资结构化产品的主要诉求仍然是本金保护。中国的结构化产品市场中个人投资者所占的比例较高,但是在未来,保险资产管理者将会成为重要的投资者。因为中国保险业监督管理委员会在2012年10月发布政策,放松了保险资产管理者使用衍生工具进行套期保值的政策限制,使其可以通过交易场所外的期权和互换来管理资产组合中股权类资产的风险,或者锁定已盈利的金融资产所带来的利润。

目前,制约中国结构化产品市场发展的因素是投资者教育的不足。大部分个人投资者能够选择的投资途径较少,股票市场吸引个人投资者投资资金的大部分。对于普通投资者来说,结构化产品显得尤为复杂。2008年金融危机以来,宣传媒体提供的非专业、不完备的宣传使结构化产品成为风险甚至欺骗的代名词。我们需要认识到的是,结构化产品能为投资者提供更加适当的资产管理工具,在一定情况下也会带来损失风险。结构化产品仅仅是个工具,导致资产损失的是制造者、使用者或者监管者。因此,关于结构化产品的知识普及工作显得尤为重要。这是一个循序渐进的过程。从目前的情况来看,产品卖方需要做的,是使产品的结构尽量简单,才能易于获得投资者的理解、接受和监管者的认可。

第二节 期权类衍生工具

一、权证

(一) 权证的概念

权证是一种金融衍生产品,又称"认股权"或"认股权证",是指基础证券发行人或其以外的第三人发行的,约定持有人在规定期间内或特定到期日,有权按约定价格向发行人购买或出售标的证券,或以现金结算方式收取结算差价的有价证券。

权证是由标的证券的发行公司或第三者发行的,如证券公司、投资银行等。第三者发行的权证又叫备兑权证。投资人向权证发起人支付一定的价金之后,从发行人那获得一个权利,即持有人可以在未来某一天有权利但没有义务以约定价格向权证发行人购买/出售标的证券或以现金结算的方式收取差价。其中,购买股票的权证就是认购权证,出售股票的权证就是认售权证(认沽权证)。根据定义可以看出,权证可以分为认购权证和认沽权证,认购权证属于期权当中的"看涨期权",认沽权证属于"看跌期权"。

权证价值由两部分组成,一是内在价值,即标的股票与行权价格的差价;二是时间价值,代表持有者对未来股价波动带来的期望与机会。

$$认购权证价值=(正股股价-行权价)\times 行权比例$$
$$认沽权证价值=(行权价-正股股价)\times 行权比例$$

(二) 权证的基本要素

1. 发行人

权证的发行人是基础证券发行人或以外的第三方。股本权证的发行人是标的上市公司,衍生证券的发行人是标的公司以外的第三方。在发行人是第三方的情况下,为了做履行责任的担保,发行人需要将标的证券存放在独立保管处。

2. 到期日

到期日是权证持有人行使出售或购买权利的最后日期,该日期过后,权证的价值变为0,持有人不能行使相关权利。

3. 执行方式

权证的执行方式有欧式和美式两种。在美式执行方式下,执行人在到期日前的任何时间都可行使认购权;在欧式执行方式下,持有人只有在到期日当天才能执行认购权。

4. 交割方式

交割方式是实务交割和现金交割。实物交割是持有者行使权证认购权,从发行人手中购入标的证券;现金交割是发行人向持有人支付市价高于执行价的差额。

5. 认购比率

认购比例是指每张权证可以认购正股的股数,例如认购比率0.1,是表示每10张权证可以认购1股标的股份。

6. 杠杆比率

杠杆比率是正股市价与购入1股正股所需权证的市价之比,即:杠杆比率=正股股价/(权证价格÷认购比率)。以小博大时,可以使用杠杆比率衡量放大倍数,杠杆比率越高,放大倍数越大,投资者获得的收益和承担的亏损也越大。

7. 权证价值

权证价值包括内在价值和时间价值。当正股股价高于认股价时,内在价值是正股股价和认股价之差;当正股股价低于认股价时,内在价值为零,但是如果权证未到期,正股股价就有机会高于认股价,权证仍然有价值,这种价值就是时间价值。

1) 内在价值

权证的内在价值是权证持有人行权时获得的收益。设 V_1' 为权证的内在价值,T 是权证到期日,t 是当前时点,S_t 是标的证券当前价格,S_T 是标的证券到期日价格,X 是权证的行权价格、r 是无风险收益率(一般是同期国库券利率),PV 是现值函数,e 是自然对数的底,c 是欧式认购权证的价格,p 是欧式认沽权证的价格,即:

对于认购权证,其计算公式为:

$$V_1' = PV(S_T - X) = S_t - Xe^{-r(T-t)} \tag{13-1}$$

对于认沽权证,其计算公式为:

$$V_1' = PV(X - S_T) = Xe^{-r(T-t)} - S_t \tag{13-2}$$

上述计算的权证价值小于零时,权证持有人不会行权而是通过二级市场购买或出售标的证券,因此权证的内在价值大于等于零,即:

$$V_1 = \max\{V_1', 0\} \tag{13-3}$$

2) 时间价值

时间价值是指权证有效期内标的资产价格波动为持有人带来收益的可能性所隐含的价值。权证的时间价值随着到期时间的临近而减少,在到期日 T 时,时间价值 $V_T = 0$。

(三) 权证的种类

1. 按买卖方向划分

按买卖方向划分:认购权证、认沽权证。

认购权证持有人有权按约定价格在特定期限内或到期日向发行人买入标的证券,认沽权证持有人则有权卖出标的证券,如表13-1所示。

表13-1 认购权证与认沽权证

价格关系	认购权证	认沽权证
行使价格>标的证券收盘价格	价外	价内
行使价格=标的证券收盘价格	价平	价平
行使价格<标的证券收盘价格	价内	价外

【例13-1】 甲公司提出给流通股股东每10股认购2份认股权证,在股权登记日获得认股权证的股东,在权证第321天到期日可以以5.22元的价格购买甲公司股票,这就是认购权证(买权

权证)。若甲公司规定在股权登记日获得认股权证的股东,在第321天到期日可以以5.61元的价格卖出甲公司股票,就称为认沽权证(卖权权证)。

2. 按权利行使期限划分

按权利行使期限划分:欧式权证、美式权证和百慕大式权证。

美式权证的持有人在权证到期日前的任何交易时间均可行使其权利;欧式权证持有人只可以在权证到期日当日行使其权利;百慕大式权证介于欧式期权和美式期权之间,具有多个行权日或是一段行权期。

3. 按发行人划分

按发行人划分:股本权证、备兑权证。

股本权证一般是由上市公司发行,以本公司的股票为标的资产。备兑权证一般是由证券公司等金融机构发行,即由标的证券发行人以外的第三人(券商、投资银行等)发行的权证,如表13-2所示。

表13-2 股本权证和备兑权证

比较项目	股本权证	备兑(衍生权证)
发行人	标的证券发行人	标的证券发行人以外的第三方
标的证券	需要发行新股	已在交易所挂牌交易的证券
发行目的	筹资或股权激励	为投资者提供避险、套利工具
结算方式	发行新股结算	股票结算或现金结算
行权结果	公司股份增加、每股净值稀释	不造成股本增加或权益稀释
流通量	一般固定	在一定条件下可以改变

4. 按结算方式划分

按结算方式划分:证券给付结算型权证、现金结算型权证。

权证如果采用证券给付方式进行结算,其标的证券的所有权发生转移;如采用现金结算方式,则仅按照结算差价进行现金兑付,标的证券所有权不发生转移。

(四)影响权证价格的因素

1. 正股价格

权证以正股为基础,所以正股价格是影响权证的重要因素。认购权证在行权时,收益是当时的正股市价与行权价格之差,因此正股价格越高,认购权证的价格越高;认沽权证在行权时,收益是行权价格与正股市价之差,因此正股价格越高,认沽权证价格越低。权证发行后,认购权证的交易价格随着正股价格的上升而上升,认沽权证的交易价格随着正股价格的上升而下降。

2. 剩余期限

权证的剩余期限越长,价格越高。权证可以分为美式权证和欧式权证:美式权证可以在权证有效期内任何时间行使权力,剩余期限越长,权证持有人获得收益的机会越大,权证的价格越高;欧式权证只能在期末行权,因此剩余时间长的权证不一定获利,但是在一般情况下,剩余期限越长,正股的风险越大,权证的价格越高。

3. 正股价格波动率

正股价格波动率越大,意味着权证变为价内的可能性越大,权证的价格越高;正股价格波动率越小,意味着权证变为价内的机会越小,权证的价格越低。

4. 行权价格

认购权证的行权价格越高,意味着权证行权时获得收益的概率越小,权证的价格越低;认购权证的行权价格越低,意味着权证行使时获得收益的概率可能越高,权证的价格越高。认沽权证正好相反,权证的行权价格越高,意味着权证行使时能获得收益的概率越大,权证的价格越高;权证的行权价格越低,意味着权证行使时能获得收益的概率越小,权证价格越低。

5. 无风险利率

一般来说,可以认为无风险利率水平越高,认购权证价格越高,而认沽权证价格越低。无风险利率对权证价格的影响较复杂,根据不同的情况可能会得出不同的结果。

从无风险利率本身对权证价格的作用而言,投资者买入认购权证和买进相应股票存在一定程度的替代性,因此认购权证价格随着无风险利率的上升而上升,认沽权证价格随着无风险利率的上升而下降。例如,认购权证的杠杆水平是 6 倍,投资者可以通过购买 100 元权证来代替 500 元正股,这样就能获得相似的收益水平并节省大量资金。如果无风险收益率上升,节省的资金可以用来再投资获得更高的利息收入。对认沽权证来说,买入认沽权证意味着在将来的一定时间才可以收到资金,在无风险利率上升的情况下显然不划算。

从机会成本的角度分析,权利金是在权证交易初期以现金方式支付的,因此存在机会成本,而该机会成本明显取决于无风险利率水平的高低。无风险利率水平较高时,买入权证的机会成本越高,投资者将资金从权证市场转移出去,导致权证价格下降;无风险利率较低时正好相反。

权证中的备兑权证可以从发行者的成本考虑。发行者发行认购权证,未来投资者行权时,发行者需要提供足够的正股,发行者通常会购买正股进行风险管理。如果无风险利率较高,发行者的利息成本会较大,因此认购权证的价格也会提高来反映增加的成本。认沽权证正好相反,发行者发行认沽权证需沽出相关资产对冲,无风险利率越高发行者收取的利息越多,因此认沽权证会更便宜。

二、可转换债券

(一) 可转换债券的概念

可转换债券又称可转换公司债券,是一种被赋予股票转换权的公司债券,持有者可以在一定时期内按一定比例或价格将之转换成一定数量的普通股票。可转换债券的优点为普通股所不具备的固定收益和一般债券不具备的升值潜力。

可转换债券具有债券和股票的优点,对发行者和投资者都有利,其售价由两部分组成:①债券本金与利息按市场利率折算的现值;②转换权的价值,即当股价上涨时,债权人可按约定的转换比率将可转换债券转换成股票,从而获得股票增值的好处。

(二) 可转换债券的特点

1. 债权性

与其他债券一样,可转换债券也有规定的利率和期限,投资者可以选择持有债券到期,收取本息。

2. 股权性

可转换债券在转换成股票之前是债券,但转换成股票之后,债券的持有人就由债权人变成了公司股东,可参与企业的经营决策和红利分配。

3. 可转换性

可转换性是可转换债券的重要标志,债券持有人可以按约定的条件将债券转换成股票。可转换债券在发行时就明确约定,债券持有人可按照发行时约定的价格将债券转换成公司的普通股票。因此,债券持有人对可转换债券的处理有两种:①持有债券,直到偿还期满时收取本金和利息,或者在流通市场上出售变现;②在宽限期之后行使转换权,按照预定转换价格将债券转换成股票,发债公司不得拒绝。由于可转换债券的可转换性,其利率一般低于普通债券,企业发行可转换利率可以降低筹资成本。

4. 双重选择权

发行人具有期前赎回权,可转换债券的发行企业可以在债券到期日前提前赎回债券。由于公司的赎回价格远低于转换价值,一般是实现强制性转股,缩短可转换债券的期限。

投资者具有期权回售权,可转换债券持有人还享有在一定条件下将债券回售给发行人的权利,发行人在一定条件下拥有强制赎回债券的权利。

可转换债券具有双重选择权的特征。一方面,投资者可以选择是否转股,并为此承担利率较低的成本;另一方面,转债发行人拥有是否实施赎回条款的选择权,并为此要支付比没有赎回条款的转债更高的利率。双重选择权是可转换公司债券最主要的金融特征,它的存在使投资者和发行人的风险、收益被限定在一定的范围以内,投资者和发行人可以利用这一特点对股票进行套期保值,获得更加确定的收益。

(三) 可转换债券的要素

1. 有效期限和转换期限

可转换债券的有效期限和一般债券相同,指债券从发行之日起至偿清本息之日止的存续期间;转换期限是指可转换债券转换为普通股票的起始日至结束日的期间。一般来说,发行人会规定一个特定的转换期限,允许可转换债券的持有人在转换期内按转换比例或转换价格转换成发行人的股票。我国《上市公司证券发行管理办法》规定,可转换公司债券的期限最短为1年,最长为6年,自发行结束之日起6个月方可转换为公司股票。

2. 股息率

可转换债券作为一种债券时的票面利率(或优先股股息率)称可转换公司债券的票面利率(或可转换优先股票的股息率),可转换债券的票面利率一般低于普通债券的票面利率。可转换公司债券应半年或1年付息1次,到期后5个工作日内偿还未转股债券的本金及最后1期利息。

3. 转换比例和转换价格

转换比例是指一定面额可转换债券可转换成普通股票的股数。转换价格是指可转换债券转换为每股普通股份所支付的价格。转换价格和转换比例的关系用公式表示为:

$$转换价格 = 可转换债券面值 \div 转换比例$$

4. 转换价格修正条款

转换价格修正是指在发行可转换债券后,由于公司尚未送股、配股、增发股票、分立、合并、拆细及其他原因,发行人股份发生变动,引起公司股票名义价格下降,发行公司对转换价格所做的必要调整。转换价格修正条款只能向下修正,不能向上修正,即股价下跌时转股价可以向下修正,如果调整后股价上涨,转股价不能再向上调整。

5. 赎回条款与回售条款

赎回条款是指发行人可以按事先约定的价格提前赎回未到期的发行在外的可转换公司债券。一般来说,公司股票在一段时间内连续高于转换价格达到某一幅度时,发债公司为了避免市场利率下降后继续向债券持有人按照较高的票面利率支付利息蒙受损失,会提前赎回可转换公司债券。因此,赎回条款对发债公司有利。

回售条款是指债券持有人有权按照事先约定的价格将债券卖回给发债公司。当公司股票在一段时间内连续低于转换价格达到某一幅度时,债券持有人为了降低持券风险,将可转换公司债券按照约定价格卖给发债公司。因此,回售条款对购买方有利。

(四) 可转换债券类型

1. 可交换债券

可交换债券全称可交换其他公司股票的债券,债券持有人在将来的某个时期内,按照债券发行时约定的条件用债券换取发债人抵押的上市公司股权。可交换债券和其转股标的股属于不同的发行人，可交换债券的发行人一般是控股母公司的股东，而转股标的为上市子公司。由于可交换债券的标的为母公司所持有的子公司股票，为存量股，发行可交换债券一般不会增加其上市子公司的总股本，但在转股后会降低母公司对子公司的持股比例。

2. 可转换优先股

可转换优先股是指持有人可以以特定比例将优先股转化为普通股。当公司的发展前景较好，普通股股价提高时，可转化优先股持有人通过将优先股转化为普通股获取更高的收益，分享公司的成功。

发行可转换优先股票对发行公司和投资者都有一定意义：

（1）股份公司发行股票遇到困难时，可以给予优先股票认购者转换请求权，从而吸引更多的人购买。同时，可转换优先股票的股息率略低于其他种类的优先股票，有利于减轻公司的筹资成本。

（2）投资者投资于可转换优先股票，在公司盈利较少时，可以不行使转换权，继续持有优先股来保障收益；在公司盈利较高时，可以转换成普通股票分享公司的盈利。实际上投资者购买可转换优先股票是多了选择余地和改变资产种类的机会。

3. 强制转换证券

强制转换证券的投资者没有权利在未来要求现金支付，这与选择性可转换证券相对。这种证券的持有人没有转换选择权，待公司认为转换条件成熟时，这些证券必须根据规定进行转换。故在信用评级中，强制转换证券被视作普通股的替代品，不易造成信用评级的下降。而选择性可转换证券被视为债务。

（五）可转换债券优点

1. 可转换债券收益稳健

可转换债券如果不转换为股票，仍然可以作为一种低息债券有固定的利息收入，这时投资者以债权人的身份，获得固定的本金与利息收益；如果投资者实现转换，将获得出售普通股的收入或获得股息收入。当要转换的股票市价达到或超过转券的换股价格后，可转换债券的价格就将与股票的价格联动，当股票的价格高于转券的换股价格后，由于转券的价格和股票的价格联动，在股票上涨时，购买转券与投资股票的收益率是一致的，但在股票价格下跌时，由于转券具有一般债券的保底性质，转券的风险性比股票又要小得多。由于其可转换性，当它所对标的股票价格上涨时，债券价格也会上涨，并且没有涨跌幅限制。所以可转换债券的收益更稳健。

2. 可转换债券当期红利高于普通股

可转换债券具有债券的特性，投资者在持有期间可以取得定期的利息收入。通常情况下，可转换债券的当期收益高于普通股，如果不是这样，可转换债券将会被转换成股票。

3. 可转换债券有优先偿还权

可转换债券在清偿顺序上，与普通公司债券和长期负债等具有同等追索权利，但是排在一般公司债券之后，与可转换优先股、优先股和普通股相比，具有优先清偿的地位。

三、可赎回债券与可回售债券

（一）可赎回债券

1. 可赎回债券的概念

可赎回债券是发行人在特定时间按照某个约定价格从债券持有人手中将债券全部或部分赎

回的权利,即普通债券与看涨期权的结合体。通常情况下,发行人通过可赎回条款将再融资风险转移给投资者,需要给予投资者一定的风险补偿,也就是票面利率。因此,可赎回债券的票面利率一般比相同条件下的普通债券收益率高。这部分超出的收益可以看成债券持有人将看涨期权卖给债务人所获得的期权费,可赎回债券的隐含期权可被理解为对标的物债券的看涨期权,或是对市场利率的看跌期权,赎回价格就是期权的执行价格,可赎回债券的发行人是期权的买入方,而可赎回债券的持有人是期权的卖出方。

可赎回债券有两个作用:①提高投资者的预期收益,投资者可以通过买入并持有策略和相对价值策略这两种方式来提高投资预期收益率;②进行利率风险管理,在利率逐步下降趋势中,可赎回债券特有的负凸性特点可用于调整资产组合的凸性。

2. 可赎回债券的结构

一般来说,可赎回债券的条款和结构中有明确设定的赎回保护期、多个可赎回日及相对应的赎回价格条款等。赎回保护期是债券在发行后不可赎回的规定期限。在多个赎回日中,首个赎回日对应的赎回价格高于债券面值,随着债券到期日的临近,债券的赎回价格也逐渐下降,最终等于面值。例如,某个10年期的可赎回债券在条款中规定了3年保护期,3年保护期结束后债券可以以120元的价格被赎回,6年后赎回价格降为112元,10年后降为面值100元。

3. 可赎回债券的凸性

1) 凸性

当债券市场价格等于面值时,它的到期收益率等于息票利率;如果市场利率低于(高于)面值,到期收益率就会高于(低于)息票利率。如果债券价格下跌(上涨),收益率就会上升(下降);债券收益率的下降会引起债券价格的上升,上升幅度会超过债券收益率以相同比例上升引起的债券价格下降幅度。因此,债券价格与收益率是方向关系,二者关系非线性,且债券价格与收益率是凸关系,这种关系就被称为债券价格的凸性。

凸性是对债券价格曲线弯曲程度的度量,是指在某一到期收益率下,到期收益率发生变动时引起价格变动幅度的变动过程。凸性是为了弥补久期随利率变化而变化的不足,在利率变化较大时,久期不能完全描述债券价格对利率变动的敏感性。久期描述了价格—收益率曲线的斜率,凸性描述了曲线的弯曲程度。债券的凸性越大,对投资者越有利,如果其他条件都一样,债券凸性越大,收益率降低时债券价格上涨的幅度越大,收益率升高时债券价格下跌的幅度越小。

2) 可赎回债券的凸性

不可赎回债券的凸性是正的,但是对可赎回债券来说有所区别。

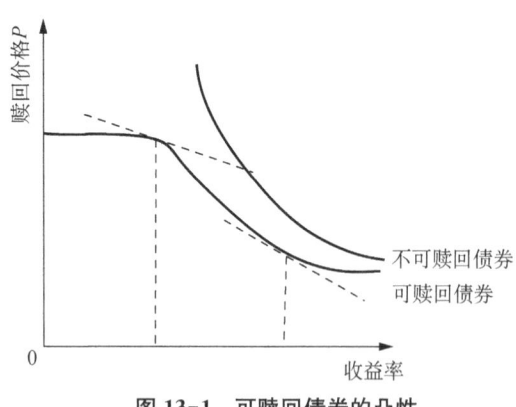

图 13-1 可赎回债券的凸性

当市场利率高于可赎回债券的票面利率时,债券发行人不会赎回低利率的债券,而是按市场利率重新发行高利率的债券。随着市场利率的降低,如果债券的赎回价格低于它的内在价值,发行人会选择赎回债券,从赎回债券中获取收益。如图13-1所示,两条曲线分别表示可赎回债券与不可赎回债券的价格和收益率关系。当市场利率较高时,可赎回债券的价格收益率关系与不可赎回债券是相同的,都表现出正凸性的特点,而二者的价格差异反映发行人赎回债券的选择权。随着市场利率降低,可赎回债券与不可赎回债券的价格收益率曲线之间的距离越来越远,可赎回债券的曲线逐渐变为凸形,凸性变为负值。当市场利率下降到一个很低的水平时,发行人以价格 P 赎回债券。以上分析说明,可赎回债券的价格收益率曲线具有一个负凸性区间,这意味着收益率下降时价格上升的幅度小于收益率上升时价格下降的幅度;其他因素不变时,到期收益率越低,价格的利率敏感性反而越弱。

4. 可赎回债券的分类

在市场利率水平较低且隐含远期利率较高时,嵌入看涨期权成为虚值期权,可赎回债券的价值将会降低,甚至无人问津。提升嵌入期权的价值,有两种方式,对应着两种利率类衍生工具:

(1) 息票递加可赎回债券。息票递加可赎回债券有两个等级票面利率,债券在可赎回日前按照较低的票面利率发放利息,如果债券没有被赎回,则票面利率有一定程度的上升。

(2) 多级可赎回债券。多级可赎回债券与息票递加可赎回债券有两个方面不同。一方面,多级可赎回债券一般赋予发行人多次赎回债券的机会,债券赎回日对应着利息支付日;另一方面,如果在赎回日多级可赎回债券未能被赎回,则票面利率通常会在赎回日发生变化。

5. 可赎回债券的价格与风险特征

隐含期权赋予债务发行人可赎回债券权利,改变了传统债券的价格与收益率曲线图、风险衡量指标如久期和凸性的特征。例如甲公司同时发行了可赎回债券 A、普通债券 B 和普通债券 C,其中债券 A 和 B 在信用评级、期限、市场流动性以及发行规模等方面完全一致。根据可赎回债券的定义,可以得出以下公式:

$$可赎回债券 A = 普通债券 B + 隐含期权$$

甲公司是隐含期权的买方,需要向投资者支付期权费,这将导致可赎回债券 A 的票面利率高于普通债券 B。而 A 和 C 的票面利率相同,且均以面值发行。如果发行后市场利率持续走高,那么可赎回债券 A 的价格特征与普通债券 C 基本一致。债券价格与利率呈反向变动关系,随着利率的上升而下降,并且债券交易价格将会低于面值。同时,由于卖出的隐含期权的期权费下降,可赎回债券持有者的投资收益将高于普通债券持有者的收益。当市场利率回落并显著低于可赎回债券 A 的票面利率时,债券发行人甲可通过执行看涨期权赎回原有债券,并以目前市场较低的利率再融资,降低融资成本。因此,在市场利率逐步下降的过程中,普通债券 C 的价值和隐含期权费都会上涨,但由于债券 A 的投资者持有的是期权空头,可赎回债券 A 的价格涨幅小于普通债券。随着市场利率的下降,同等条件的普通债券价格与可赎回债券价格差距将会拉大,两者之间的差值即为隐含期权的期权费,如图 13-2 所示。

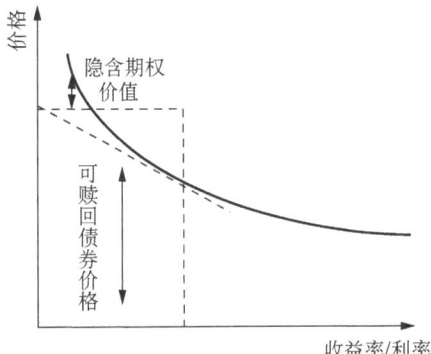

图 13-2 可赎回债券与普通债券的价格特征对比图

久期可以衡量债券价格对于利率变化的敏感性,同样也可以衡量可赎回债券的利率敏感性。在不同的情况下,可赎回债券存在不同的久期特征。当市场利率高于可赎回债券票面利率时,发行人未来执行隐含期权的可能性较低,可赎回债券到期还本付息的可能性较大,此时可赎回债券与普通债券的久期特征一致。当市场利率低于可赎回债券的票面利率时,债券到期日将缩短至期权执行日,久期随之减少。对于可赎回债券,可以采取实际久期来衡量债券利率。实际久期是指利率水平发生特定变化情况下证券价格变动的百分比,其充分考虑了隐含期权对证券市场价格的影响,计算公式为:

$$D = \frac{P_- - P_+}{P_0 \cdot (y_+ - y_-)} \tag{13-4}$$

式中，D 是债券的实际久期；P_0 是债券的初始市场价格；P_- 和 P_+ 分别是利率上升和下降 a 个基本点时债券的市场价格；y_- 和 y_+ 分别是初始收益率减去和加上 a 个基本点。

初始收益率是指可赎回债券的初始到期收益率，它是由无风险市场利率加上期权调整价差构成的。期权调整价差是相对无风险利率的价差，通常以基点的方式进行量度。一般以国债即期利率曲线为基准，在此基础上水平浮动一定利差，考虑利率的波动，将期权调整后的现金流进行贴现，得到含权债券的理论价格，最终使理论价格等于市场价格的利差水平就是期权调整价差。由公式可以看出，计算可赎回债券的实际久期的核心在于期权调整价差的计算。

如前所述，凸性也是衡量债券价格风险的另一重要参数，描述价格—收益率曲线的弯曲程度。对可赎回债券来说，当利率水平远低于可赎回债券票面利率时，隐含期权费变动成为债券价格变动的主要因素，甚至可能出现市场利率与可赎回债券久期同时下降或同时上升的情况，此时可赎回债券的凸性为负。负凸性的存在放大了投资者承担的利率风险，因此，在度量可赎回债券的利率风险时，必须结合市场利率情况考虑久期和凸性可能展现的特征。

（二）可回售债券

1. 可回售债券的概念

可回售债券允许投资者以事先规定价格将债券提前回售给发行人，是由普通债券与利率期权组合而成的。可回收债券的嵌入期权可理解为持有市场利率的看涨期权，或是针对标的物债券价格的看跌期权。为了获得回售期权，债券投资者需要以接受较低的收益率为代价。因此，同等条件下普通债券的收益率与可售回债券收益率之间的差值可被看作嵌入期权的期权费。从可售回债券发行人的角度来说，虽然赚取了嵌入期权费，降低了融资成本，但相应地也需要承担更大的利率风险和债券到期日缩短的风险，即再融资风险。

2. 可回售债券的优点

（1）可回售债券对投资者有利。可回售债券在利率走势不利于投资者时提供一定程度保护，在利率走势有利于投资者时提供赚取利润机会。

（2）可回售债券满足了投资者对长期债务或权益联结交易信用评级提升的要求。在发行人信用评级下降导致债券价格下跌时，持有人可以选择执行期权，以面值将债券回售给发行人，有效规避债券发行人的信用风险，在效果上提升可回售债券的信用评级。

3. 可回售债券的价格和风险特征

影响可回售债券价格和风险的是普通债券和嵌入期权，但是由于可回售债券中嵌入期权的持有人不是债券发行方，而是投资方，可回售债券的价格和风险特征与可赎回债券不同。可赎回债券的价格和风险特征包括：

（1）当市场利率高于可赎回债券票面利率，债券价格低于面值时，债券持有人可执行嵌入的价格看跌期权，以约定价格将债券卖回给发行人。因此，由于嵌入期权的存在，利率上行引发的债券价格下跌的幅度将十分有限。此外，可回售债券的久期呈现非对称特征，当市场利率高于可回售债券票面利率并继续上行时，债券久期将降低；但当市场低于可回售债券票面利率并继续下滑时，债券久期却不会上升。

（2）可回售债券的有效期和支付票面息的次数与市场利率呈反向关系。当市场利率下降时，可回售债券的有效期延长，票面息支付次数增加；当市场利率上升时，可回售债券的有效期缩短，票面息支付次数也会减少。

(3) 受嵌入看跌期权的影响,当市场利率低于可回售债券票面利率时,嵌入期权对债券凸性影响很小,此时可回售债券凸性为正;当市场利率高于可回售债券票面利率时,嵌入期权价值变化成为债券价格变化的主导因素,此时可回售债券凸性为负。

4. 可赎回债券与可回售债券的区别

1) 期权持有人不同

可赎回债券的发行人有权在赎回日以约定价格赎回债券,因此嵌入期权的持有人为发行人;可回售债券的持有人有权在可回售日按照约定价格将债券卖回给发行人,因此嵌入期权的持有人为债券投资人。

2) 债券票面利率的高低

可赎回债券的发行人为持有嵌入期权,需要支付期权费,期权费体现为较高的票面利率;可回售债券的持有人为了买入嵌入期权,需要向债券发行人支付期权费。期权费通常被用于冲抵债券票面利率,因此可赎回债券票面利率相对较低。

3) 债券有效期风险不同

当市场利率高于可赎回债券票面利率时,债券发行人通常不会执行嵌入的看涨期权,债券可持有至到期日;当市场利率低于可赎回债券票面利率时,债券发行人执行嵌入期权,债券的有效期将缩短。

当市场利率高于可回售债券票面利率时,债券的有效期将缩短;当市场利率低于可回售债券息面票率时,债券持有人通常不会执行嵌入的看涨期权,债券可被持有至到期日。

4) 债券久期和凸性特征不同

市场利率高于可赎回债券票面利率时,债券久期与普通债券相同;当市场利率低于可赎回债券票面利率时,债券久期小于普通债券。可赎回债券的凸性小于同等条件下普通债券的凸性。

当市场利率高于可回售债券票面利率时,债券久期将小于普通债券;当市场利率低于可回售债券票面利率时,债券久期与普通债券相同。可回售债券凸性大于同等条件下的普通债券。

四、商业银行挂钩型理财产品案例

(一) 原油宝穿仓事件

1. 案例背景

原油宝是中国银行在2018年年初开办的原油宝理财产品,是为境内客户提供服务的产品。原油宝是一种挂钩原油期货的交易产品,主要包括"WTI原油期货合约"和英国"布伦特原油期货合约",允许美元和人民币同时交易。

2020年由于疫情的影响,各国经济都受到不同程度冲击,油价暴跌。美国4月21日凌晨,油价出现了前所未有的负值,美国芝加哥期货交易所的WTI原油5月期货合约的官方结算价低至 —37.63美元/桶。据估计,中行原油宝有6万余客户,按照结算价来计算,这6万余客户的保证金42亿元不仅全部损失,还需要赔偿中行58亿元的保证金,总亏损超过90亿元。面对巨额亏损,中国银行分别在22日、24日和29日发布公告,表示将对客户负责,与客户沟通协商在法律框架下应该承担的责任。5月5日,中行提出将承担全部负价亏损,根据客户具体情况对强制平仓保证金20%以下的亏损给予差异化补偿。同时,银保监会也对该事件进行调查。

2. 原油宝亏损原因

原油宝是挂钩原油期货的一种理财产品。原油期货是石油期货的一种,以远期原油价格为标的物,产生于20世纪70年代。经过几十年的发展,原油期货已经成为各国期货市场上一个成熟的交易品种,原油期货的价格也直接影响国际油价的变化。在"原油宝事件"之前,原油价格走低已经有了前兆,疫情暴发之后,出行大幅减少,对石油的需求量减少,但是原油生产受到的冲击并不大,导致供需矛盾加剧。原油是一种高污染性的商品,对存储的技术和空间要求都很高,当供大于求时,原油的储存成本不断提高,最终导致油价的暴跌。

"原油宝事件"使群众开始质疑银行的理财产品是否可信。中行在宣传原油宝时,声称该产品适合没有理财基础的小白,不仅可以对冲驾车成本,在油价下跌时还可以享受额外的收益。选择购买银行理财的客户很多都是低风险承受者,他们将绝大部分的收入都用来储蓄,相比更为专业的证券公司或者理财机构,更愿意相信银行。虽然银行发行有信誉,国际化程度高,但是金融衍生品的专业性很强,当市场大环境发生变化,比如石油期货价格暴跌,银行并没有足够的风险防控措施来应对,以致投资者蒙受巨大损失。此外,原油宝属于账户类产品,是不能提取实物的,只能用于投资,在设计的时候没有杠杆,也就是说投资者需要交100%的保证金。同时,该产品的交易起点也比较低,以1桶为起点,递增单位也是1桶,而期货一般都是1 000桶起步。表面上看,100%的保证金率能够降低风险,但是当结算价为负值的时候,一个看似无杠杆的理财产品会变成杠杆无限放大产品,风险随之增加。中行的原油宝和美国的期货交易方式不同。在原油宝的设计中,在投资者有固定的本金时,可以买入多少份额是由报价决定的。如果原油价格为1美元/桶,那么3万美元就可以交易3万桶,1手为1 000桶,一共30手。但是美国CME期货交易的保证金是有固定额度的,5月的原油期货在美国CME保证金为7 500美元,也就是说1手合约需要7 500美元,那么30万美元只能买4手。相同的保证金下,原油价格越低,相对亏损也就越大,这也是原油宝客户在本次事件中损失最严重的主要原因。原油宝的平仓制度也是争议的焦点之一。按照合约规定,客户可以选择在到期日之前手动平仓,也可以在合约到期处理日,按照客户的指示进行移仓或者平仓,如果没有指令,就会按照结算价进行自动平仓。当亏损超过80%,即客户的保证金损失至20%时,中行是可以进行强制平仓的。根据CME原油行情,北京时间4月20日晚10时是产品交易截止时间,WTI原油期货的价格为11.15美元/桶。中行如果想要进行平仓或移仓,需要以CME官方的结算价为准,但当时的期货价格并没有达到强制平仓的水平。4月21日凌晨2时,也就是交易截止4个小时之后,原油期货价格暴跌,最低达到−40美元,最终结算价为−37.63美元,而中行已经不能进行操作,这也是产品的设计缺陷,中行没有考虑过油价可能会出现负值,因此并没有提前做好风险防控措施。

3. 对原油宝事件的反思

从本次事件可以看出,投资者存在风险意识不强、缺乏金融专业知识的问题。在购买理财产品前,没有对投资的底层标的进行深入研究,不了解产品性质和风险等级,在石油价格波动的时候也没有足够的市场敏感性。此外,银行在产品设计上的缺陷和过度宣传也存在问题。原油宝本质上是与原油期货挂钩的风险等级极高的类期货产品,但是风险承受能力较低的投资者也可以购买,加剧了投资的风险性。加上银行本身对挂钩产品的研究不足,缺乏足够的风险防控措施,我国金融衍生品市场本身也存在监管体系不完善的问题。监管主体不明确,权力分散,导致应对风险的能力不足。我国的监控系统理论上来说是政府、交易所和行业协会,但是金融衍生品却没有一个明确的监管部门,导致监管效率低下。此外,我国缺乏相应的法律建设,导致在风险来临时无法实行有效的法律保护。

为了避免类似的情况再次发生,我国监管部门需要强化对金融市场的监管,严格审批各金融机构发行的理财产品,严格要求投资者和金融机构的投资协议。投资者也要加强对金融理论知识的学习,在进行投资前明确投资规则和投资风险,理性投资。金融机构要加强自身的风险管理,明确投资者的风险承受能力,在推出金融衍生产品前,将可能发生的各类市场风险纳入产品设计,适度宣传。

(汪筱琳,《从"原油宝穿仓事件"看金融衍生品的市场风险》,《企业观察家》,2020年第11期)

(二)荷兰银行的商品挂钩理财产品

荷兰银行的商品挂钩理财产品如表 13-3 所示。

表 13-3 荷兰银行的商品挂钩理财产品

产品名称	优化商品组合挂钩结构性投资第五期美元款		
产品代码	—	币种	美元
银行名称	荷兰银行	产品类型	结构性产品
委托管理期限	6 个月	是否保本	不保本
与其最高年收益率	14%	收益类型	浮动
销售起始日期	2009 年 9 月 4 日	销售结束日期	2009 年 9 月 15 日
收益起始日期	2009 年 9 月 24 日	收益结束日期	2010 年 3 月 24 日
投资金额	5 万美元		
销售地区	北京市、上海市、重庆市、深圳市、成都市		
投资标的	大宗商品		
预期最高年收益率	14%		
收益计算方法	产品设定价格参考区间:100%×期初价格≤收市价格≤125%×期初价格 产品于投资期内每两个星期设定一个观察日观察挂钩商品价格,共设 13 个观察日,若在观察日挂钩标的篮子中所有商品的参考价格均处于参考区间内,则产品自动累计票息。 产品收益情况如下:客户到期所得=本金额×98%+息票金额,其中,息票金额=本金额×9%×N/M,N 代表所有挂钩标的篮子商品观察日的参考价格均处于参考区间之内的观察日的世纪天数;M 代表观察日总天数($M=13$) 产品到期部分保证本金收益结构看涨商品价格并认为涨幅不会超过期初价格的 25%。最好情况下,全部观察日所有挂钩商品的参考价格均落在参考区间内,此时投资者可以获得 9% 的息票金额和 98% 的本金,到期收益率为 7%,年收益率为 14%。最差情况下,每个观察日均有挂钩商品的参考价格不落在参考区间内,此时投资者到期获得的息票为 0,投资收益为 0,仅可取回 98% 的本金		
挂钩标的	挂钩标的篮子成分商品: 现货铜,以美元计价,伦敦金属交易所交易,代码:LOCADY 西德克萨斯中质石油,以美元计价,纽约商业所交易,代码:CL 大豆,以美元计价,芝加哥期货交易所交易,代码:S		
理财份额面值	美元		
委托起始金额	5 万美元		
委托金额递增单位	1 000 美元		
购买方式	销售对象为 2009 年 5 月 1 日(不包含该日)之前已在荷兰银行拥有账户的客户		
浮动管理费说明	—		
账单查询方式	需要到银行网点或银行网站查询		
收益支付期限	—		
是否自动终止	否		
自动终止条件	—		
银行是否有权提前终止	有		
银行提前终止条件	—		

(中国期货业协会,《结构化产品》,中国财政经济出版社,2013 年)

第三节　远期与期货类衍生工具

一、"保险＋期货"

(一) "保险＋期货"的概念

"保险＋期货"是企业为规避市场价格风险时向保险公司购买期货价格保险产品，保险公司通过向期货经营机构购买场外期权将风险转移，期货经营机构利用期货市场进行风险对冲的业务模式。

"保险＋期货"模式是农业经营者为规避风险发展起来的。一般来说，农产品价格变动会影响农户收益，而农户直接通过期货市场进行风险管理需要较强的专业知识和资金保障，这是普通农户存在的缺陷。相对于直接购买期货产品，农户更熟悉保险产品，更能理解和接受，且保险

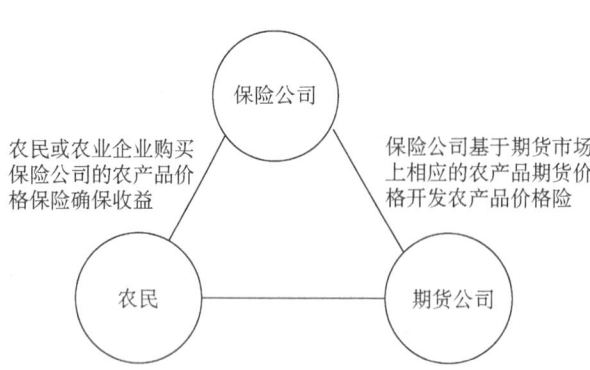

图 13-3 "保险＋期货"流程图

公司有更强的综合实力，保险产品适用于保障农户收益。具体过程如图 13-3 所示。

(二) "保险＋期货"的作用

"保险＋期货"是一种较强的避险工具，将农民的价格风险转移到期货市场，完善了农民与期货市场的连接机制，合理利用和发展可以更好地发挥期货市场的风险管理功能。具体来说，"保险＋期货"模式结合期货公司对冲价格波动风险的能力和保险公司的保险产品研发经验，在发挥期货公司专业能力的同时丰富了保险产品的种类，为农民规避风险找到一条新的途径。

1. 促进农业生产现代化

农业保险与期货市场结合，推动了保险公司与金融衍生品等机构的合作，对农户规避各方面风险有重要意义。"保险＋期货"模式有利于建立完善的市场化补偿机制，对农户由市场风险引起的损失进行补偿，有利于发挥市场的价格调节机制作用。

2. 提高国家财政资金使用效率

如果采取托市收购政策，需要政府财政提供资金收购多余农产品，花费大量资金在农产品储备和流通环节上，这不仅增加了财政负担，也没有起到提高农民收入的效果。因此，"保险＋期货"模式在一定程度上促进了国家对农业方面战略目标的落实，提高了国家财政资金的使用效率。

(三) "保险＋期货"案例

格林大华期货在阿拉尔开展红枣"保险＋期货"试点

随着种植面积的扩大，阿拉尔红枣产量急剧上升，价格则持续下滑，枣农每年都在为卖枣发愁。2019 年，多数枣农处于盈亏持平状态。在这种情况下，格林大华期货在当地开展红枣"保险＋期货"试点，有效规避红枣价格下行风险，为枣农生产经营带来转机。

一、背景介绍

2018 年，阿拉尔辖区枣树种植面积已达 68.2 万亩，总产量约 50.85 万吨，占全国红枣产量的 9.2%，占南疆红枣产量的 19.8%，红枣成为当地重要的农业经济支柱。2019 年 12 月 10 日，农

业农村部、财政部公布了全国第二批国家现代农业产业园认定名单,以红枣产业为主导的阿拉尔市现代农业产业园名列其中,是新疆唯一获认定的国家现代农业产业园。

2006年开始,新疆大面积种植枣树,而随着种植面积的扩大,红枣产量急剧上升,价格则持续下滑。据了解,2016年开始,当地红枣价格就不理想,枣农每年都在为卖枣发愁,与收购商讨价还价,还难以保障种植成本,"枣贱伤农"的现象相当突出。2019年,阿拉尔市降雨频繁,红枣价格也由2018年的3~7元/千克跌至2~4元/千克,红枣产业面临严峻考验。综合化肥、灌溉、农资及人工等费用,红枣成本在2 300~2 600元/亩。按亩产650千克、销售价格在区间上沿计算,红枣也仅能卖2 600元/亩,多数枣农处于盈亏持平状态。在这种情况下,郑商所及时引导,支持期货公司等机构开展阿拉尔市红枣"保险+期货"试点,有效规避红枣价格下行风险,为枣农生产经营带来转机。

二、开展情况

(一)参与主体

1. 参保主体

项目参保主体为阿拉尔市150户枣农,保障面积约5 993.83亩。枣农需要提供有效的红枣种植证明材料,并按照保险条款的相关规定参保,最终对参保人员进行5个工作日的公示。此项工作先由阿拉尔市果业联合协会(以下简称果业协会)及当地政府相关部门确定投保枣农名单,后由中国平安财产保险股份有限公司(以下简称平安财险)与格林大华期货共同核实信息,并按照保险相关规定进行投保。

2. 承办主体

保险公司:平安财险主要负责农户投保、理赔工作,确保服务枣农工作及时高效,符合保险相关规定,并承担市场培训及宣传工作。

期货公司:格林大华期货主要负责项目方案设计及统筹管理,确保各项工作流程符合郑商所等其他监管机构的相关规定,并负责市场培训及宣传工作。此外,格林大华资本(格林大华期货风险管理公司)主要负责风险对冲及方案设计,确保风险对冲的有效性,并与保险公司建立良好的合作机制。

3. 其他主体

政府:阿拉尔市农业农村局、商务局、阿拉尔市国家现代农业产业园支持项目的培训和宣传工作,并提供配套资金400 000元。

协会:果业协会负责枣农的信息收集及培训宣传工作,并由协会会员企业参与项目的保底收购工作。

企业:山西证券(格林大华期货母公司)阿拉尔营业部负责对接地方政府、枣农及保险公司,确保业务沟通及文件传递的高效性。

(二)实施过程

2019年9月18日,格林大华期货与平安财险在阿拉尔市政府和果业协会的支持下,在当地举办红枣"保险+期货"启动仪式,充分介绍红枣"保险+期货"业务模式及投保理赔流程,并与枣农展开精彩的答疑互动,解决枣农的疑惑及顾虑。之后,在果业协会的组织下,平安财险认真完成投保工作。各项准备工作就绪,由格林大华期货与果业协会共同研究行情走势,且于2019年11月20日、22日入场对冲,两天入场数量相等,保险公司根据入场价格,按规定流程及时为枣农出具保单,以便后期根据保单约定及时为枣农进行理赔。为提高试点效果,12月24日,在郑商所、阿拉尔市政府及媒体支持下,格林大华期货在阿拉尔市举办理赔仪式。

(三)实施内容

项目开展前,平安财险、果业协会及格林大华期货对阿拉尔市红枣单产进行调研核实,参考枣农及协会建议,综合当年种植情况,约定单产为 500 千克/亩;通过对红枣基本面、历史价格及托市政策等因素的综合分析,并参考投保枣农代表的意见,由果业协会确定目标价格为 10 950 元/吨;第一期入场目标价格确定为 10 950 元/吨,根据分阶段增强亚洲式期权定模型确定期权权利金为 438 元/吨,在此基础上增加平安财险通道费 6%,第一期单位保费为 464.28 元/吨;第二期入场目标价格确定为 10 837 元/吨,根据分阶段增强亚洲式期权定模型确定期权权利金为 433.48 元/吨,在此基础上增加平安财险通道费 6%,第二期单位保费为 459.49 元/吨;两期入场对应现货数量均为 1 500 吨,两期的平均单位保费为 461.88 元/吨。实施过程中,格林大华资本按规定实施风险对冲,并每日向投保枣农代表汇报市场情况。由于新疆启动红枣托市收购政策,果业协会和投保枣农代表预期后市红枣下跌空间有限,故提出平仓离场的想法。格林大华资本与平安财险共同确认后,签署结算单,完成保险工作。最终,由格林大华资本与平安财险进行结算赔付,按规定和要求赔付到全部投保枣农(见表 13-4)。

表 13-4 保险合约

保险目标价格	10 893.5 元/吨
承保量	3 000 吨(共 5 993.83 亩,约定亩产 0.5 吨)
承保期限	2019 年 11 约 20 日～2020 年 2 月 19 日 2019 年 11 月 22 日～2020 年 2 月 21 日
保费	总保费 1 385 640 元(461.88 元/吨;231.18 元/亩)
保费费率	4.24%
理赔计算价计算依据	期权合约采价期间挂钩的红枣主力合约的每日收盘价格与执行价的较小值的算术平均价,结算价 $A(t) = (1/n) \times \sum \min[K, S(t)]$。其中,$S(t)$ 是收盘价,n 是采价天数,K 是执行价
理赔条件	结算价低于目标价格×95%时,理赔金额=max(62%×目标价格-60%×结算价, 0)×保险数量 结算价低于目标价格并高于目标价格×95%时,理赔金额=max(目标价格-结算价, 0)×保险数量
投保人	新疆生产建设兵团第一师农业农村局
受益人	新疆生产建设兵团第一师唐权等 150 户红枣种植户

期权类型为增强型亚洲式看跌期权,产品的设计思路主要是结合品种销售特点、提高保费实用性、扩大枣农保障范围。枣农担心红枣价格下跌,且每天存在卖枣可能性,亚洲式看跌与枣农风险相对应。考虑到价格波动分布,为合理降低保费,且在出现极端下跌时依然能够保障 60%以上的理赔程度,采用分段理赔。增强型,就低采价,每日收盘价高于约定价,取约定价作为当日采价,低于约定价取低价,并约定枣农具有提前理赔权利,扩大枣农的保障范围,切实将保费落到实处。期权产品与保险产品完全一致(见表 13-5)。

表 13-5 期权合约

期权类型	亚洲式期权
期权执行价格	一期执行价 10 950 元/吨,二期执行价 10 837 元/吨
期权标的	CJ005
入场时间	一期 2019 年 11 月 20 日,二期 2019 年 11 月 22 日

(续表)

到期日	一期2020年2月19日,二期2020年2月21日
入场时标的物价格	一期10 950元/吨,二期10 837元/吨
波动率	32%
权利金	一期438元/吨,二期433.48元/吨

试点项目属于提前行权,确定目标价格后,由于新疆启动红枣托市收购政策,果业协会预期后市红枣价格下跌空间有限,故提出平仓离场建议,经格林大华资本与平安财险新疆分公司共同确认,并签署结算单,完成保险工作。

采价期:提前平仓时,采价期为期权有效期,即期权入场日至平仓日。

采价方式:只选取当日标的物收盘价低于执行价的点,而当标的物收盘价高于执行价时,选取执行价作为采价点。

结算价格:采价期间挂钩的红枣主力合约的每日收盘价与执行价的较小值的算术平均价,结算价格 $A(t) = (1/n) \times \sum \min[K, S(t)]$。其中,$S(t)$是收盘价,$n$是采价天数,$K$是执行价。

期权的赔付金额是根据期权的定价公式计算出的平仓时期权的价格。两期合计赔付:531 510+478 500=1 010 010(元)。格林大华资本将期权的赔付金额支付给保险公司,保险公司再赔付给枣农,期权的赔付金额与保险理赔金额一致。

平安财险新疆分公司通过网银转账方式,在2020年1月20日前将赔款支付至本项目涉及的所有枣农账户内,实现赔款100%"无现金"到账。在此期间,无退票现象发生(见表13-6)。

表13-6 合约的理赔情况

保障目标价格	10 893.5元/吨
结算价格	一期10 888元/吨,二期10 833元/吨
理赔标准	336.67元/吨、168.51元/亩
理赔总额	1 010 010元
保费总额	1 385 640元
赔付率(理赔总额/保费总额)	72.89%

三、项目效果

(一)宣传效果

"保险+期货"试点项目培训共开展4次,培训约800人次。2019年5月,格林大华期货主办红枣期货"三业"活动培训,其中讲解了"保险+期货"模式;2019年7月,阿拉尔市农业农村局、阿拉尔市国家现代农业产业园主办红枣期货及"保险+期货"培训班,邀请格林大华期货研究员作为讲师;2019年9月,格林大华期货举办阿拉尔市红枣"保险+期货"试点项目启动仪式暨说明会;2019年12月,格林大华期货举办理赔仪式,并根据当地农业农村局、国家现代农业产业园及果业协会要求,提供相关报告及材料。

(二)理赔效果

枣农种植成本约为2 500元/亩,项目赔付枣农168.5元/亩,占种植成本的6.74%。2019年阿拉尔红枣价格偏低,部分枣农处于盈亏平衡甚至亏损状态,彼时正值岁末年初,150户枣农拿到了保险理赔,无疑是雪中送炭,他们纷纷表达感谢之情,并询问2020年参保时间。近几年红枣价格持续下滑,跌到种植成本时仍为销路发愁,少数枣园已经出现撂荒现象。十三团枣农孙有珺种了42.5亩枣树,他抱着破釜沉舟的心态加入红枣"保险＋期货"试点,没想到,年底就拿到了6 000多元的赔偿,他说这是种枣以来,第一次享受收入保障,没想到红枣价格也能买保险。"种枣安心,卖枣顺心"不再是梦想,他对未来充满了信心。

此次项目不仅在宣传和赔付方面效果突出,而且增强了政府对红枣期货应用的信心。2019年12月,阿拉尔市国家现代农业产业园正式将红枣"保险＋期货"列为红枣产业发展的四大抓手之一,写入2020年的工作计划,并加大对试点的投入,财政补贴资金提前做好预算;师市党委副书记、副师长李斌更是提出利用红枣"保险＋期货"创新联结模式,创新金融保障,探索农产品价格风险控制新模式,稳定职工收益。

(期货日报网,《红枣"保险＋期货"解农户收入之忧》,http://www.qhrb.com.cn/articles/280019)

二、债券＋期货

债券期货是利率期货的一种,买卖双方承诺按照约定价格在未来特定日期买卖一定数量的某种利率相关商品,这个"利率相关商品"通常是一种债券。

当投资者估计持有的债券价格有下跌趋势,可能会将下跌的风险转让给别人;或者投资者估计某种未持有的债券价格将要上涨想买进,想得到价格有可能上涨的收益,此时投资者可以通过期货交易所的经纪人签订期货合约,按照契约规定的价格,约定在投资者估计的降价或涨价时间之后再交割易主,达到预期目的。当情况和投资者估计的相反时,可以在期货到期前的任一时间上做两笔金额大致相等、方向相反的交易来对冲了结。相关案例分析参见前面章节有关327国债期货事件分析。

第四节 互换类衍生工具

一、股权＋互换

(一) 股权互换的概念

股权互换是指互换的双方中,至少有一方支付由某只股票或股指收益决定的现金流,另一方支付的现金流可以由固定利率、浮动利率或另一只股票或股指收益决定。股权互换可用来替代直接的股票交易。

(二) 股权互换的特点

(1) 双方的支付以名义本金为基础,但实际上双方不进行任何本金交换,名义本金额被双方用于计算彼此的支付额。有时本金额也可能是变动的。

(2) 双方进行支付交换之前:①就支付的时间间隔达成协议(一般是一季一付,或半年一付);②就互换期限或到期日达成协议。

(3) 股权互换交易中的支付是以指定的名义本金额为计算基础,该名义本金可以是变动金额,也可以是固定金额。一般而言,变动名义金额在从对手那里得到股权收益时增加,在向对手支付股权收益时减少。这种交易结构主要是模仿一个股票市场直接股票投资所产生的现金流。

当使用固定名义本金额时,本金额是在互换结算日确定下来,而且在整个互换期限内保持不变。这种交易结构旨在模仿这样一种股票投资,即投资者旨在使其股票投资价值保持不变。因此,当股票价格或股票市场指数上扬时,投资者需要将股票投资的一部分变现。而当股票市场指数下跌时,为了维持其投资价值不变,则需追加更多的资金于基础股票投资中。

(4) 互换中现金流的计值货币必须是指定的。双方所支付的现金流可以是同一种货币计值,也可以是以不同的货币计值。在单一货币的股权互换中,股价或股指回报是以所选择的货币确定的。以不同货币计值的股权互换又称交叉货币股权互换。在这样的股权互换中,交易回报不仅与股价或股指的变化有关,而且与互换中所使用的不同货币之间的汇率有关。

二、债券+互换

(一) 债券互换的概念

债券互换又称"债券掉换",是通过对债券或债券组合在水平分析期中的收益率预测来主动地互换债券,从而主动地经营一组债券资产。

进行债券互换的方法是用定价过低的债券替换定价过高的债券,或是用收益率较高的债券替换收益率较低的债券。债券互换可以分为3个步骤:初始债券的互换、利息的定期收取和到期债券的再次互换。

在一定的利率和投资组合需求下,通过债券互换可以改变其现金流的收入形式。按债券的不同划分方式,可以分为国债、金融债、央行票据、企业债和短期融资券之间的互换,固定利率和浮动利率的互换。

(二) 债券互换的特点

(1) 债券名义持有总额不变。双方不必进行实际的债券互换,自己名义上持有债券的总量和类型不会改变。

(2) 不同债券互换的本质是利息(未来现金流)互换。双方交换的不是收取的本利和,而是合同期间利息的归属收取权利。

(3) 固定利率和浮动利率债券的定期收取不一定同时同步进行。

(4) 债券互换交易具有连续性和立即生效性。合同期间中断合同属于违约,需要约定违约条款。

一个更为复杂的互换可以借助更为复杂的互换组合,不一定是单只债券的互换,也可以是一组债券的组合互换,将自己的资产打包互换,优化债券结构,增强债券抗风险能力,满足投资需求。

 立德树人思考

习近平在十九届中央纪委五次全会上发表重要讲话

习近平指出,2020年是新中国历史上极不平凡的一年。面对错综复杂的国际形势、艰巨繁重的改革发展稳定任务特别是突如其来的新冠肺炎疫情,党中央统筹中华民族伟大复兴的战略全局和世界百年未有之大变局,坚持以党的自我革命引领伟大社会革命,坚定不移全面从严治党,坚定不移推进党风廉政建设和反腐败斗争,坚定不移把党建设得更加坚强有力。

一是让党旗在防控疫情斗争、决胜全面建成小康社会、决战脱贫攻坚中高高飘扬,广大人民群众深切感受到,风雨袭来时,党的坚强领导、党中央的权威是最坚实的靠山。二是紧紧围绕"两个维护"强化政治监督,完善全面从严治党制度,加强党的领导和监督,深化政治巡视,完善党和国家监督体系,全面加强党的纪律建设,深化运用"四种形态",围绕统筹疫情防控和经济社会发展,打好三大攻坚战、做好"六稳"工作、落实"六保"任务等重大决策部署加强监督检查。三是坚决破除形式主义、官僚主义,以作风攻坚促进脱贫攻坚,严肃查处验收达标中弄虚作假的问题,深化拓展基层减负工作,继续整治享乐主义、奢靡之风,坚决纠治餐饮浪费行为。四是深刻把握反腐败斗争新态势,一体推进不敢腐、不能腐、不想腐,坚决查处不收敛不收手的腐败分子,聚焦政治问题和经济问题交织的腐败案件,严肃查处对党不忠诚、阳奉阴违的两面人,对政法系统腐败严惩不贷,对扶贫、民生领域腐败和涉黑涉恶"保护伞"一查到底。五是增强党组织政治功能和组织功能,完善管思想、管工作、管作风、管纪律的从严管理制度,在斗争一线考察识别干部,在火线发展优秀分子入党。党中央对党风廉政建设和反腐败斗争取得的成绩是满意的。

习近平指出,党风廉政建设永远在路上,反腐败斗争永远在路上。我们党作为百年大党,要永葆先进性和纯洁性、永葆生机活力,必须一刻不停推进党风廉政建设和反腐败斗争。各级领导干部特别是主要负责同志必须切实担负起管党治党政治责任,始终保持"赶考"的清醒,保持对"腐蚀""围猎"的警觉,把严的主基调长期坚持下去,以系统施治、标本兼治的理念正风肃纪反腐,不断增强党自我净化、自我完善、自我革新、自我提高能力,跳出治乱兴衰的历史周期率,引领和保障中国特色社会主义巍巍巨轮行稳致远。

(新华社,2021年1月22日)

思考:
1. 作为当代大学生,你如何看待我国的反腐败斗争?
2. 请分析金融反腐败与经济发展的关系?

本章小结

1. 结构化衍生工具是最简单和最基础的金融衍生工具,利用结构化特性通过相互结合而成的复杂的金融衍生品,有利于降低金融衍生品市场的信用风险。
2. 结构化衍生工具的特点包括固定投资期限、本金保护、基于特定公式计算收益、衍生工具角色和种类繁多的标的物。
3. 期权类衍生工具包括权证、可转换债券、可赎回与可回售债券等。
4. 远期与期货类衍生工具定义和案例分析。
5. 互换类衍生工具定义。

练 习 题

一、单选题

1. 下列关于权证的说法中,错误的是( )。
    A. 按权证的发行人划分,可以将权证分为股本权证和备兑权证
    B. 美式期权可以在权证到期日前的任何交易日行权
    C. 百慕大式期权可以在到期日之前任何交易日行权
    D. 欧式期权仅可以在到期日当日行权
2. 关于可转债的可回售条款,下面说法正确的是( )。
    A. 回售条款由发行人行使
    B. 回售条款由可转债持有人行使
    C. 回售价格根据回售标的股票市价确定
    D. 股票下跌时可转债持有人可以行使回售条款
3. 下列关于可赎回债券的说法中,错误的是( )。
    A. 约定的价格称为赎回价格,包括面值和赎回溢价
    B. 大部分可赎回债券约定在发行一段事件后才可以执行赎回权
    C. 赎回条款是发行人的权利而非持有者
    D. 赎回条款是保护债权人的条款,不是保护债务人的条款
4. 关于可赎回债券和可回售债券,下列说法错误的是( )。
    A. 和一个其他属性相同但没有赎回条款的债券相比,可赎回债券的利息更低

B. 赎回条款是发行人的权利而非持有者
　　C. 和一个其他属性相同但没有回售条款的债券相比,可回售债券的利息更低
　　D. 与可赎回债券的受益人是发行人不同,可回售债券的受益人是持有者
5. 可转换债券在赎回条款中设置不可赎回期,其目的是(　　)。
　　A. 防止赎回溢价过高　　　　　　　　B. 保证可转换债券顺利转换成股票
　　C. 防止发行公司过度使用赎回权　　　D. 保证发行公司长时间使用资金

二、多选题

1. 以下关于认股权证和备兑权证区别的说法正确的是(　　)。
　　A. 认股权证是股份公司发行的,行权时上市公司增发新股售予认股权证的持有人
　　B. 备兑权证是由投资银行发行的,行权时备兑权证持有者认兑的是市场上已流通的股票而非增发的,上市公司股本不变
　　C. 备兑权证是由中国证监会发行的,行权时备兑权证持有者认兑的是市场上已流通的股票而非增发的,上市公司股本不变
　　D. 认股权证一般是上市公司发行公司债券、优先股股票或配售新股之际同时发行,备兑权证发行时间则没有限制
2. 下列关于可回售条款的说法正确的是(　　)。
　　A. 回售价格通常是债券的面值　　　　B. 受益人是发行人
　　C. 可回售债券的利息更低　　　　　　D. 在发行一段时间后才可以执行回售权
3. 可转换债券的特点包括(　　)。
　　A. 债权性　　B. 股权性　　C. 可转换性　　D. 双重选择权
4. 认股权证的筹资特点包括(　　)。
　　A. 是一种融资促进工具　　　　　　　B. 有助于改善公司的治理结构
　　C. 有利于降低企业资本成本　　　　　D. 有利于推进上市公司的股权激励机制

三、辨析题

1. 有的结构化产品能够提供硬保护,即该产品设置了一个价值的上界,在产品存续期间,其价值不能高于该上界。(　　)
2. 正股价格越高,认购权证的价格越低;正股价格越高,认沽权证价格越高。(　　)
3. 强制转换证券被视作普通股的替代品,而选择性可转换证券被视为债务。(　　)
4. 可赎回债券的凸性大于同等条件下普通债券的凸性,可回售债券凸性小于同等条件下的普通债券。(　　)

四、计算题

　　某认股权证行权价格为10元,行权比例为2,标的证券价格为12元,计算该权证的内在价值。

五、案例分析题

　　寻找"保险+期货"的相关案例进行分析。

六、简答题

1. 简述可赎回债券的凸性。
2. 简述可赎回债券与可回售债券的区别。
3. 简述可转换债券的特点。

七、论述题

1. 结构化衍生工具的特点。
2. 影响权证价格的因素。

第十四章 期权风险度量与对冲

【本章提要】

在本章,我们将介绍期权价格对其标的资产价格、到期时间、波动率和无风险利率等 4 个参数的敏感性指标,并以此为基础讨论相关的期权动态套期保值问题。

【学习目标】

1. 掌握影响期权价格的因素。
2. 掌握 Delta、Gamma、Theta、Vega、Rho 的定义。
3. 学会 Delta、Gamma、Theta、Vega、Rho 的运算。
4. 运用以上指标,结合新时代金融市场的发展变化,能够进行中性对冲与套期保值。

【思政理念】

1. 看齐意识。
2. 爱国教育。
3. 大局意识。

【案例导读】

在前几章中,我们已经分析了决定和影响期权价格的主要因素,以及这些因素对期权价格的影响方向。在现实中,人们常常还需要更深入地了解各因素对期权价格的影响程度,或者说期权价格对这些因素的敏感性。从数学上说,期权价格对这些因素的敏感性,就是假设其他条件不变时期权价格对这些因素的偏导数;从经济上来说,当我们通过各种方式将期权(组合)的这些敏感性降为 0,就实现了对期权(组合)的套期保值。这些因素的变动将不会再影响期权(组合)的价值。

在本章中,我们将采用一家金融机构以 300 000 美元的价格卖出 100 000 份无股息股票上欧式看涨期权的头寸作为例子。假设股票价格为 49 美元,期权执行价格为 50 美元,无风险利率为每年 5%,股票价格的波动率为每年 20%,期权期限为 20 周(0.384 6 年),股票的期望收益率为每年 13%。采用惯用的符号,这意味着:

$$S_0=49, K=50, r=0.05, \sigma=0.20, T=0.384\,6, \mu=0.13$$

由布莱克—斯科尔斯-莫顿模型(B-S-M 模型)可以得出的期权价格大约为 240 000 美元(这是因为买入 1 股股票上期权的价格为 2.40 美元)。这家金融机构卖出期权的价格比理论价格高出 60 000 美元,但它面临对冲风险的问题。

第一节 Delta

一、Delta 的含义

(一) Delta 的定义

当基础资产价格 S 变化一个单位时,对应衍生证券(期权)价格 f 的变化称为 Delta(δ)。用公式表示为:

$$\delta = \frac{\partial f}{\partial S}$$

按照 Delta 的定义,δ 表示的是基础资产价格对衍生证券(期权)价值的影响,它实际上是衍生证券(组合)价格对基础资产价格的变化率或者敏感度。对于期权来说,有两种解释:Delta 为期权费对基础资产价格曲线的斜率,或者 1 个单位期权所需要的基础资产为其进行套期保值的数目,也称为套头率。δ 指标的含义是期权费变动相对于标的资产的价格变动的比率。如 δ 为 0.5 意味着标的资产价格变动 1 点时期权费变动 0.5 点。δ 是衡量期权对相关标的物资产价格变动所面临风险程度的指标,因此非常重要。

现假设目前某股票价格为 100 美元,期权价格为 10 美元。假设投资者卖出了有权购买 2 000 股股票的看涨期权。投资者的头寸可以通过购买 1 200 股(0.6×2 000)股票来进行对冲。期权头寸所对应的盈利(亏损)可由股票头寸上的亏损(盈利)来抵消。例如,如果股票价格上涨 1 美元(买入的股票会升值 1 200 美元),期权价格将会上涨大约 0.6 美元(卖出期权会带来损失 1 200 美元);如果股票价格下跌 1 美元(买入股票会损失 1 200 美元),期权价格将会下跌大约 0.6 美元(卖出期权会带来收益 1 200 美元)。

从理论上来说,期权费的变动速度绝对不会超过标的资产价格的变动速度,因此,期权的 δ 值介于 -1 与 1 之间。对于看涨期权,δ 值的变动范围为 0 到 1,深度实值看涨期权的 δ 值趋增至 1,平价看涨期权的 δ 值为 0.5,深度虚值看涨期权的 δ 值则逼近于 0。对于看跌期权,δ 值变动范围为 -1 到 0,深度实值看跌期权的 δ 值趋近 -1,平价看跌期权的 δ 值为 -0.5,深度虚值看跌期权的 δ 值趋近于 0(见表 14-1)。

表 14-1 δ 指标与期权内在价值的关系

	实值期权	平价期权	虚值期权
看涨期权	$0<\delta<0.5$	$\delta=0.5$	$0.5<\delta<1$
看跌期权	$-0.5<\delta<0$	$\delta=-0.5$	$-1<\delta<-0.5$

(二) δ 值的计算

对于出售了一个欧式看涨期权的金融机构来说,要采用 Delta 套期保值的方法,就需要知道出售期权的 δ 值,然后购入 δ 份股票即可。对于不付红利的股票的欧式看涨期权,B-S 期权定价公式给出了解析表达式,因此欧式看涨期权的 δ 值为:

$$\delta_c = \frac{\partial C}{\partial S} = N(d_1)$$

式中,$d_1 = \dfrac{\ln\left(\dfrac{S}{X}\right) + \left(r + \dfrac{\sigma^2}{2}\right)(T-t)}{\sigma\sqrt{T-t}}$,$N(x)$ 表示标准正态分布下 d_1 大于 x 时的概率,以下表

达式同。

$\delta_c > 0$，根据 Delta 套期保值方法，对欧式看涨期权空头来说，卖出 1 份看涨期权，将需要买入对应的 $N(d_1)$ 份股票与其对冲（套期保值）。对于以 10 万股票为标的看涨期权的空头，应该买入 $10 \times N(d_1)$ 万股票来套期保值。

$\delta_c = N(d_1) > 0$，意味着随着股票价格的上涨，看涨期权的价值也跟着上升。这是因为股价上涨，T 时刻看涨期权价值也上升。

而不付红利股票的欧式看跌期权的 δ 值可表示为：

$$\delta_P = \frac{\partial P}{\partial S} = -N(-d_1) = N(d_1) - 1$$

由于 $\delta_P < 0$，这表明对看跌期权多头来说，要实现 Delta 对冲，应买进 $|N(d_1) - 1|$ 份股票进行套期保值。

这里的 δ 为负值，这意味着看跌期权的多头应该由标的股票的多头来对冲，而看跌期权的空头应该由标的股票的空头来对冲。

【例 14-1】 考虑本章开头案例导读中的例子，其中股票价格为 49 美元，期权执行价格为 50 美元，无风险利率为每年 5%，期权期限为 20 周（0.384 6 年），股票价格的波动率为 20%。这时，我们有：

$$d_1 = \frac{\ln\left(\frac{49}{50}\right) + \left(0.05 + \frac{0.2^2}{2}\right) \times 0.384\ 6}{0.2 \times \sqrt{0.384\ 6}} = 0.054\ 2$$

δ 值为 $N(d_1)$，即 0.522。当股票价格变化为 ΔS 时，期权价格变化为 $0.522\Delta S$。

当期权更为复杂时，期权的 δ 值的计算也更为复杂。例如，支付已知红利率 q（连续复利）的欧式看涨期权的 δ 值为：

$$\delta = e^{-q(T-t)} N(d_1)$$

（三）期权 δ 值的性质和特征分析

从概率分布的性质可知，$0 \leqslant N(d_1) \leqslant 1$，因此，无收益资产看涨期权的 δ 值总在 0 与 1 之间，而无收益资产欧式看跌期权的 δ 值则总是在 -1 与 0 之间。反过来，无收益资产欧式看涨期权空头的 δ 值就总在 -1 与 0 之间，而无收益资产欧式看跌期权空头的 δ 值则总在 0 与 1 之间。

从 d_1 定义可知，期权的 δ 值取决于 S、r、σ 和 $T-t$。

二、证券组合的 Delta

事实上，不仅期权有 δ 值，金融现货资产和远期、期货都有相应的 δ 值。显然，期权标的现货资产的 δ 值就等于 1。运用前述关于远期合约价值的计算公式可知，远期合约的 δ 值同样恒等于 1。但期货合约的 δ 值就不同了。由于期货是每天结算的，投资期货合约的损益源于期货价格的变化，也就是说，我们需要运用期货价格公式计算出 δ 值。根据期货价格公式，无收益资产和支付已知现金收益资产的期货合约的 δ 值为：

$$\delta = e^{r(T-t)}$$

支付已知连续收益率 q 资产的期货合约的 δ 值为：

$$\delta = e^{(r-q)(T-t)}$$

注意：上面两个式子给出的 δ 值都是针对多头而言的，和期权一样，相应空头的 δ 值只是符号发生了相反的变化。

这样，当证券组合中含有标的资产、该标的资产的各种期权和其他衍生证券的不同头寸时，该证券组合的 δ 值就等于组合中单个资产 δ 值的总和（注意这里的标的资产都应该是相同的）。

以某单一资产为标的资产的期权或其他衍生产品投资组合的 δ 值为：

$$\delta = \frac{\partial \Pi}{\partial S}$$

其中 Π 为投资组合的价值。

投资组合的 δ 值可以通过投资组合内各个期权 δ 值计算。如果一个交易组合由数量为 w_i 的期权 $i(1 \leqslant i \leqslant n)$ 组成，那么投资组合的 δ 值为：

$$\delta = \sum_{i=1}^{n} w_i \delta_i$$

其中 δ_i 为第 i 个期权的 δ 值。该公式可以用来计算使投资组合的 δ 值为 0 而需要持有的标的资产头寸。当持有这个头寸时，我们称投资组合为 Delta 中性（Delta neutral）。

【例 14-2】 假定一个金融机构持有以下 3 个关于某股票的头寸：

（1）100 000 份看涨期权的多头，执行价格为 55 美元，期限为 3 个月，每份期权的 δ 值为 0.533。

（2）200 000 份看涨期权的空头，执行价格为 56 美元，期限为 5 个月，每份期权的 δ 值为 0.468。

（3）50 000 份看跌期权的空头，执行价格为 56 美元，期限为 2 个月，每份期权的 δ 值为 -0.508。这时整个投资组合的 δ 值为：

$$100\,000 \times 0.533 - 200\,000 \times 0.468 - 50\,000 \times (-0.508) = -14\,900$$

这意味着金融机构可以买入 14 900 只股票来使该投资组合成为 Delta 中性。

三、Delta 对冲的动态特性

表 14-2 和表 14-3 给出了本章案例导读中出售 100 000 份看涨期权的例子做 Delta 对冲的例子。在这里假设对冲交易是每个星期再平衡一次。在例题 14-1 中，我们计算了所卖出期权最初的 δ 值为 0.522，因而所有期权空头的 δ 值为：$-100\,000 \times 0.522 = -52\,200$。这意味着在出售看涨期权的同时，交易员必须借入 2 557 800 美元并按每股 49 美元价格购买 52 200 股股票。借入资金的利率为 5%，第一周的利息费用大约为 2 500 美元。

表 14-2 对冲模拟（期权为实值期权；对冲费用为 263 300 美元）

周数	股票价格	δ 值	购买股票数量	购买股票费用（千美元）	累计现金流（千美元）	利息费用（千美元）
0	49.00	0.522	52 200	2 557.8	2 557.8	2.5
1	48.12	0.458	6 400	308.0	2 252.3	2.2
2	47.37	0.400	5 800	274.7	1 979.8	1.9
3	50.25	0.596	19 600	984.9	2 966.6	2.9
4	51.75	0.693	9 700	502.0	3 471.5	3.3

(续表)

周数	股票价格	δ 值	购买股票数量	购买股票费用（千美元）	累计现金流（千美元）	利息费用（千美元）
5	53.12	0.774	8 100	430.3	3 905.1	3.8
6	53.00	0.771	300	15.9	3 893.0	3.7
7	51.87	0.706	6 500	337.2	3 559.5	3.4
8	51.38	0.674	3 200	164.4	3 398.5	3.3
9	53.00	0.787	11 300	598.9	4 000.7	3.8
10	49.88	0.550	23 700	1 182.2	2 822.3	2.7
11	48.50	0.413	13 700	664.4	2 160.6	2.1
12	49.88	0.542	12 900	643.5	2 806.2	2.7
13	50.37	0.591	4 900	246.8	3 055.7	2.9
14	52.13	0.768	17 700	922.7	3 981.3	3.8
15	51.88	0.759	900	46.7	3 938.4	3.8
16	52.87	0.865	10 600	560.4	4 502.6	4.3
17	54.87	0.978	11 300	620.0	5 126.9	4.9
18	54.62	0.990	1 200	65.5	5 197.3	5.0
19	55.87	1.000	1 000	55.9	5 258.2	5.1
20	57.25	1.000	0	0.0	5 263.3	

在表 14-2 中，1 周以后股票价格降到 48.12 美元，期权的 δ 值也随之降到 0.458，期权头寸新的 δ 值为 $-45\,800$。要想保持 Delta 中性，这时需要从已持有的股票中卖出 6 400 股股票。卖出股票所得现金收入为 308 000 美元，因此第 1 周后的累计借款余额减至 2 252 300 美元。在第 2 周内，股票价格降到 47.37 美元，期权的 δ 值也随之降低，依此类推。在期权接近到期时，很明显期权将会被行使，期权的 δ 值接近于 1.0。因此在第 20 周结束时，对冲者会拥有 100 000 股股票，期权持有人会在此时行使期权，对冲者以执行价格卖出股票而收到 500 万美元，卖出期权与对冲风险的总费用为 263 300 美元。

表 14-3 给出了另一组股票模拟价格：期权在期满时成为虚值期权，在第 20 周结束时，对冲人不持有任何股票，这里的总费用为 256 600 美元。

表 14-3 Delta 对冲模拟（期权为实值期权；对冲费用为 256 600 美元）

周数	股票价格	δ 值	购买股票数量	购买股票费用（千美元）	累计现金流（千美元）	利息费用（千美元）
0	49.00	0.522	52 200	2 557.8	2 557.8	2.5
1	49.75	0.568	4 600	228.9	2 789.2	2.7
2	52.00	0.705	13 700	712.4	3 504.3	3.4
3	50.00	0.579	12 600	630.0	2 877.7	2.8
4	48.38	0.459	12 000	580.6	2 299.9	2.2

(续表)

周数	股票价格	δ 值	购买股票数量	购买股票费用（千美元）	累计现金流（千美元）	利息费用（千美元）
5	48.25	0.443	1 600	77.2	2 224.9	2.1
6	48.75	0.475	3 200	156.0	2 383.0	2.3
7	49.63	0.540	6 500	322.6	2 707.9	2.6
8	48.25	0.420	12 000	579.0	2 131.5	2.1
9	48.25	0.410	1 000	48.2	2 085.4	2.0
10	51.12	0.658	24 800	1 267.8	3 355.2	3.2
11	51.50	0.692	3 400	175.1	3 533.5	3.4
12	49.88	0.542	15 000	748.2	2 788.7	2.7
13	49.88	0.538	400	20.0	2 771.4	2.7
14	48.75	0.400	13 800	672.7	2 101.4	2.0
15	47.50	0.236	16 400	779.0	1 324.4	1.3
16	48.00	0.261	2 500	120.0	1 445.7	1.4
17	46.25	0.062	19 900	920.4	526.7	0.5
18	48.13	0.183	12 100	582.4	1 109.6	1.1
19	46.63	0.007	17 600	820.7	290.0	0.3
20	48.12	0.000	700	33.7	256.6	

在表 14-2 和表 14-3 中，贴现后的对冲成本很接近于 B-S-M 公式所给出的理论价格（240 000 美元），但这些近似值与 B-S-M 价格并不完全相同。如果对冲是完美的，对每一组模拟的股票价格变化，贴现后的对冲费用与理论价格都应当完全相等。Delta 对冲费用与理论值之间的差别是因为对冲交易的频率仅为一星期一次，当对冲再平衡的频率增大时，对冲费用与理论值的差距将会减小。当然，表 14-2 和表 14-3 中的例子是建立在波动率为常数，而且没有交易费用的假设之上。

表 14-4 给出在上面例子中模拟 100 万条股票随机路径后所对应的 Delta 对冲效果。对冲效果由对冲费用的标准差与期权的 B-S-M 价格的比率来衡量。显然，Delta 对冲比止损策略有很大改进。与止损策略不同的是随着调整频率的提高，Delta 对冲的效果也逐步改善。

表 14-4 Delta 的对冲效果(衡量标准为卖出期权同时进行对冲所需的费用的标准差与期权理论价格的比率)

再平衡之间的时间(周)	5	4	2	1	0.5	0.25
对冲表现	0.42	0.38	0.28	0.21	0.16	0.13

Delta 对冲的目的是使金融机构所持头寸的价值尽量保持不变。最初卖出期权的价值为 240 000 美元，在表 14-2 所示的情况下，第 9 周时的期权价值为 414 500 美元(由 B-S-M 模型得出，其中股票价格为 53 美元，期限为 11 个星期)，由于卖出期权而使金融机构损失了 174 500 美元。现金累计费用在第 9 周时比第 10 周时要多出 1 442 900 美元，所持有股票的价值由最初的 2 557 800 美元上涨为 4 171 100 美元。将所有头寸汇总在一起，金融机构的交易组合价值从第 0 周到第 9 周的变化仅为 4 100 美元。

四、Delta 与套期保值

Delta 指标最主要的应用是套期保值,若希望投资组合在市场价格波动时总体价值保持不变,投资组合的 δ 值必须为零,这就是套期保值策略中最普遍的"Delta 指标中性"的概念,如果一个资产组合的 δ=0,则表明它将不随基础资产价格的变化而变化,即该组合不存在价格风险,或者说标的资产价格的变化将不影响组合的价值,从而达到套期保值的目的。这种构造一个 δ=0 的组合方法,称为 Delta 套期保值,或者称为 Delta 对冲。

【例 14-3】 假设投资者现拥有 10 万欧元,为使欧元在美元汇率波动时保持价值不变,投资者应买入 2 000 手面值为 100 欧元的看跌期权,对美元的现价和执行价格均为 1.25。由于该看跌平价期权的 δ 值为 −0.5,也就是说当投资者的现货欧元下跌至 1.24,损失 1 000 美元时,该看跌期权价值将上升 1 000 美元[2 000×100×(−0.5)×(−0.01)],投资组合总体价值不变。

如果一手期权的卖方在标的资产中还对应地持有该期权相反的市场头寸,则一手 δ 值为 0.5 的期权可以通过持有 0.5 个标的资产来对冲。

必须注意的是,按 Delta 套期保值只是在很短时间内有效,随着时间变化,若不及时调整组合的比例,组合 δ 值将不会为零。而且 δ 值不是常数,它仍是基础资产和其他变量的函数。所以为了在整个期权生命周期内做到套期保值,必须经常按照 δ 值的变化调整组合头寸的比例。即调整所持有股票头寸。而且只有不断根据 δ 值进行调整组合头寸,才能较好地达到套期保值的目的,调整次数越多,越频繁,则套期保值的稳定性就越高。但是这样交易费用会很大,因此这种方式未必可行。

由于标的资产和相应的衍生证券可取多头或空头,因此其 δ 值可正可负。这样,若组合内标的资产和期权及其他衍生证券数量配合适当,整个组合的 δ 值就可能等于 0。我们称 δ 值为 0 的证券组合处于 Delta 中性状态。

当证券组合处于 Delta 中性状态时,组合的价值显然不受标的资产价格波动的影响,从而实现相对于标的资产价格的套期保值。但值得强调的是,除了标的资产本身和远期合约的 δ 值恒等于 1,其他衍生产品的 δ 值可能随时不断变化。因此,证券组合处于 Delta 中性状态只能维持很短的时间。所以,只能说当证券组合处于 Delta 中性状态时,该组合价值在一个短时间内不受标的资产价格波动的影响,从而实现了瞬时套期保值。

这样,当我们手中拥有某种证券或证券组合时,可以通过相应的标的资产、期权、期货等进行相互套期保值,使证券组合的 δ 值等于 0,也就是不受标的资产价格变化的影响。这种套期保值方法称为 Delta 中性保值法。又因为 Delta 中性保值只是在瞬间实现的,随着 S、$T-t$、r 和 σ 的变化,δ 值也在不断变化,需要不断调整保值头寸以使保值组合重新处于 Delta 中性状态,这种调整称为再均衡(rebalancing),因此这种保值方法属于动态套期保值,与只需交易一次的静态套期保值法相区别。

下面用专栏 14-1 来说明运用标的资产为期权保值的 Delta 中性保值法。

期权的 Delta 中性保值

某金融机构在 OTC 市场出售了基于 100 000 股不付红利股票的欧式看涨期权,收入 300 000 元。该股票的市场价格为 49 元,执行价格为 50 元,无风险利率为连续复利年利率为 5%,股票价格年波动率为 20%,距离到期时间为 20 周。由于该金融机构无法在市场上找到相应的看涨期权多头对冲,这样就面临着风险管理的问题。

在这里,可以运用Delta中性保值法,用标的资产(股票)为此期权进行套期保值操作。由于该金融机构目前为欧式看涨期权空头,这意味着其目前的δ值是负的,需要用正的δ值进行对冲,因此只有购买标的资产,才能构建δ中性组合。之后,该金融机构还需要不断地调整标的资产持有数量,以适应期权δ值的变化,维持资产组合的Delta中性。在实际中,过于频繁的动态调整需要相当的交易费用,因此假设保值调整每周进行一次。

将相关参数表达为:

$$S=49, X=50, r=0.05, \sigma=0.20, T-t=0.3846$$

初始的δ值可以通过计算得到:$\delta=-0.5216$。这意味着在出售该看涨期权的同时,针对每份期权需要借入:$0.5216\times49=25.559$元,以49元的价格购买0.5216股股票。第一周内发生的相应利息费用为0.025元。表14-5给出了期权到期时为实值和虚值两种状况下的模拟保值过程。

从表14-5(a)可知,到第一周末,股票价格下降到48.12元。这使得δ值下降到0.458,要保持Delta中性,必须出售0.0636股股票,得到3.06元的现金,从而使得成本下降。之后,如果δ值上升,就需要再借钱买入股票;如果δ值下降,就卖出股票减少借款。在期权接近到期时,很明显为实值期权,期权将被执行,δ值接近1。因此,到20周时,该金融机构具有完全的抵补标的资产头寸,累计成本为52.673元。当期权被执行时,金融机构将其所持有的股票出售,获得50元,因此每份期权套期保值成本为2.673元。

表14-5(b)给出了另一种价格序列,即到期时期权处于虚值状态的情形。显然,到期时期权不会被执行,δ值接近0,而该金融机构最后不会持有标的资产,每份期权成本为2549元。

表14-5 Delta对冲模拟

(a) Delta对冲模拟:实值期权,保值成本=2.673元

周数	股票价格/元	δ值	购买股票数量/股	购买股票费用/元	累计成本/元	利息费用/元
0	49	0.522	0.522	25.559	25.559	0.025
1	48.12	0.458	−0.064	−3.060	22.523	0.022
2	47.37	0.4	−0.058	−2.747	19.789	0.019
3	50.25	0.596	0.196	9.862	29.679	0.029
4	51.75	0.693	0.097	5.003	34.710	0.033
5	53.12	0.774	0.081	4.296	39.039	0.038
6	53	0.771	−0.003	−0.134	38.943	0.037
7	51.87	0.706	−0.065	−3.379	35.601	0.034
8	51.37	0.674	−0.033	−1.679	33.956	0.033
9	53	0.787	0.113	5.993	39.982	0.038
10	49.87	0.55	−0.237	−11.832	28.188	0.027
11	48.5	0.413	−0.137	−6.621	21.594	0.021
12	49.87	0.542	0.129	6.418	28.033	0.027
13	50.12	0.564	0.023	1.129	29.189	0.028

(续表)

周数	股票价格/元	δ值	购买股票数量/股	购买股票费用/元	累计成本/元	利息费用/元
14	52.12	0.767	0.203	10.599	39.817	0.038
15	51.87	0.758	−0.009	−0.473	39.381	0.038
16	52.87	0.865	0.107	5.648	45.067	0.043
17	54.87	0.978	0.113	6.212	51.332	0.049
18	54.62	0.989	0.012	0.635	52.007	0.050
19	55.86	1	0.010	0.564	52.621	0.051
20	57.36	1	0.000	0.002	52.673	0

(b) Delta对冲模拟：虚值期权，保值成本＝2.549元

周数	股票价格/元	δ值	购买股票数量/股	购买股票成本/元	累计成本/元	利息费用/元
0	49	0.522	0.522	25.559	25.559	0.025
1	49.35	0.541	0.019	0.964	26.548	0.027
2	52	0.705	0.164	8.527	35.101	0.034
3	50	0.579	−0.126	−6.292	28.843	0.028
4	48.48	0.467	−0.112	−5.47	23.401	0.023
5	48.25	0.443	−0.024	−1.139	22.284	0.021
6	48.75	0.475	0.032	1.573	23.879	0.023
7	49.6	0.538	0.063	3.104	27.005	0.026
8	48.36	0.429	−0.109	−5.259	21.773	0.021
9	48.5	0.432	0.004	0.168	21.962	0.021
10	51.25	0.668	0.236	12.084	34.067	0.033
11	51.5	0.692	0.024	1.212	35.312	0.034
12	49.88	0.542	−0.149	−7.447	27.899	0.027
13	49.98	0.549	0.007	0.323	28.249	0.027
14	48.75	0.4	−0.149	−7.269	21.007	0.02
15	47.5	0.236	−0.164	−7.772	13.256	0.013
16	48	0.261	0.025	1.212	14.48	0.014
17	46.3	0.065	−0.197	−9.109	5.385	0.005
18	48.1	0.179	0.114	5.499	10.889	0.01
19	46.6	0.006	−0.173	−8.046	2.854	0.003
20	48.2	0	−0.006	−0.307	2.549	0

如果把表14-5(a)和表14-5(b)中的最后套期保值成本贴现到期初，则可以发现应用标的资产对该期权进行Delta中性保值的成本，近似于运用B-S期权定价公式计算出来的2.4元，但不

完全相等。不完全相等的原因在于调整频率较低，而 B-S 框架是假设连续保值以保证时时是 Delta 中性的。如果采用的是瞬时连续调整，就会发现它们是完全相等的。

专栏 14-1 展示了一个重要的现象：可以通过标的资产的买卖实现对期权的 Delta 中性套期保值，在不考虑交易费用（指买入卖出的佣金等费用，利息费用则是需要考虑的）并假设波动率为常数的情况下，运用标的资产进行 Delta 中性套期保值的成本和效果就和买入了一个看涨期权多头一样。也就是说，套期保值的结果是：通过标的资产构成了一个合成的期权头寸。在这个套期保值的过程中，当 δ 值上升的时候，也就是标的资产价格上涨的时候，必须增加借款买入股票；当 δ 值下降的时候，也就是标的资产价格下跌的时候，必须卖出股票偿还借款。套期保值的成本正是来源于这个"买高卖低"的过程，其总成本正好等于市场上相应的期权价格。

在实际操作中，更常见的 Delta 中性保值方法是利用同种标的资产的期货头寸而非现货头寸来进行保值，可以获得杠杆作用。以无收益资产期货合约为例，由于 $\delta = e^{r(T-t)}$，这意味着 $e^{-r(T-t)}$ 个期货单位对标的资产价格变动的敏感性与一个标的资产对其自身价格变化的敏感性是相同的，因此有：

$$Q_{Ft} = e^{-r(T-t)} H_{At} / N$$

式中，Q_{Ft} 和 H_{At} 分别表示在 t 时刻实现 δ 中性所需要的期货合约数和标的资产总头寸；N 表示一份期货合约的名义金额。

如果出售一份看涨期权，就需要买入一份看涨期权或是通过 Delta 中性构造一个合成的看涨期权多头，收入和费用相抵消，Delta 套期保值到底有何意义呢？因为一个稳健经营的金融机构不能让自己处于风险暴露中而不作为，而 Delta 中性套期保值方法就提供了风险管理的一种手段。首先，专业的金融运营和风险运营机构，往往能够以比市场价格优惠的费率进行套期保值，从而在对冲风险的同时仍能获取收益，如专栏 14-1 中的期权出售价为 300 000 元，而合成保值成本则大约在 240 000 元。其次，一家高效运营的现代金融机构，往往先在总资产组合层面上计算对某一标的资产的净 δ 值，由于不同资产头寸的 δ 值可正可负，可以在公司内部实现初步的风险对冲，再到外部市场上进行净 δ 值的套期保值，从而降低套期保值的成本。

第二节 Gamma

一、Gamma 的含义

（一）Gamma 的定义

基础资产价格变化一个单位时对应期权的 Delta 的变化称为 Gamma(γ)，用公式表示为：

$$\gamma = \frac{\partial^2 f}{\partial S^2} = \frac{\partial \delta}{\partial S}$$

按照 Gamma 的定义，γ 表示的是基础资产价格对 Delta 的影响。γ 指标的含义是 δ 值变动相对于标的资产价格变动的比率，是表示随着标的资产价格的变化 δ 值如何变化的指标。这是交易组合关于标的资产价格的二阶偏导数。假设某一期权的 δ 值为 0.6，γ 值为 0.05，则表示期货价格上升 1 元，所引起 δ 值增加量为 0.05，δ 值将从 0.6 增加到 0.65。

当 Gamma 很小时，Delta 变化缓慢，这时为保证 Delta 中性并不需要做太频繁的调整。但是当 Gamma 的值很大（正值或负值）时，Delta 对标的资产价格的变动就会很敏感，此时在一段时间内不对一个 Delta 中性的投资组合做调整都将会是非常危险的。

对于期权头寸来说,无论是看涨期权或看跌期权,只要是买入期权,头寸的 γ 值为正;如果是卖出期权,则头寸 γ 值为负。

平价期权的 γ 值最大,深度实值或深度虚值期权的 γ 值则趋近于 0。随着到期日的临近,平价期权 γ 值还会急剧增加。

对股票本身来说,其 γ 值等于零,等价于 δ 值为常数。对于期权,当 S 变化时的 Delta 套期保值只能在短期内有效。

(二) Gamma 的计算

对以股票为基础资产的,当 γ 值趋向于零时,或者等于零时,δ 值随 S 变化很慢,因而,即使 S 变化,资产组合的 δ 值仍可保持不变。这样采用 Delta 套期保值的组合价值就可以在 S 比较大的变动范围内保持不变,从而达到较好的保值效果。因此,同时使得 δ 值和 γ 值为零下套期保值的效果比单纯的 Delta 套期保值好。

根据 B-S 无收益资产欧式期权定价公式,可以算出无收益资产看涨期权和欧式看跌期权的 γ 值为:

$$\gamma = \frac{e^{-0.5d_1^2}}{S\sigma\sqrt{2\pi(T-t)}}$$

无收益资产期权多头的 γ 值总为正值,相应地,期权空头的 γ 值则总为负值。

按照 B-S 期权定价公式,可以得到不付红利股票的欧式看涨期权的表达式:

$$\gamma_c = \frac{N'(d_1)}{S\sigma\sqrt{T-t}} = \frac{z(d_1)}{S\sigma\sqrt{T-t}}$$

式中,$z(d)$ 表示标准正态分布密度函数,即 $z(d) = \frac{\partial N(d)}{\partial d} = N'(d) = \frac{1}{\sqrt{2\pi}} e^{-\frac{d^2}{2}}$。

而不付红利股票的欧式看跌期权的 Gamma 值可表示为:

$$\gamma_P = \frac{N'(d_1)}{S\sigma\sqrt{T-t}} = \gamma_c$$

$\gamma_c = \gamma_P > 0$,可以看出欧式看涨和看跌期权关于股票价格的曲线总是凸的。

若对看涨期权空头做 δ 值和 γ 值均为 0 的套期保值,很可能要用看跌期权的多头和股票头寸一起组合才可行。

【例 14-4】 与例 14-1 一样,考虑一个无股息股票上的看涨期权,其中股票价格为 49 美元,执行价格为 50 美元,无风险利率为 5%,期权期限为 20 周(0.384 6 年),股票价格波动率为 20%。这时 $S_0 = 49$,$K = 50$,$r = 0.05$,$\sigma = 0.2$,$T = 0.384\,6$,期权的 γ 值为:

$$\frac{N'(d_1)}{S_0\sigma\sqrt{T}} = 0.066$$

当股票价格变化为 ΔS 时,期权的 δ 值变化为 $0.066\Delta S$。

二、证券组合的 Gamma

对标的资产及远期和期货合约来说,其 γ 值均为 0,这意味着只有期权有 γ 值。因此,当证券组合中含有标的资产和该标的资产的各种期权与其他衍生产品时,该证券组合的 γ 值就等于组合内各种期权 γ 值与其数量乘积的总和:

$$\gamma = \sum_{i=1}^{n} w_i \gamma_i$$

式中，w_i 表示第 i 种期权的数量；γ_i 表示第 i 种期权的 γ 值。

第三节　Theta

一、Theta 的含义

(一) Theta 的定义

当到期日变化一个单位时（通常为一天的长度），衍生资产（期权）价格 f 的变化称为 Theta(θ)，用于衡量衍生产品对时间变化的敏感度，是在其他条件不变情况下衍生品价格变化与时间变化的比率，即衍生品价格对时间 t 的偏导数，用公式表示为：

$$\theta = \frac{\partial f}{\partial t}$$

θ 指标表示随着距到期日剩余天数的变化，期权费的变动量。它是用来测量时间变化对期权理论价值的影响的，表示时间每经过一天，期权价值会损失多少。

因此，按照公式计算的 θ 是正值，但一般用负数来表示，以提醒期权持有者，时间是敌人。对期权头寸来说，期权多头的 θ 为负值，期权空头的 θ 为正值。负值的 θ 意味着头寸随着时间的推移会损失价值，对期权买方来说，θ 为负数表示每天都在损失时间价值；正值的 θ 意味着时间的流逝对头寸有利，对期权卖方来说，表示每天都在坐享时间价值。越临近到期日时，期权价随时间的减少幅度也会迅速增大，这被称为时间损耗（time decay），并且越接近到期日，θ 的绝对值越大，时间价值的衰减速度越快。

(二) Theta 的计算

按照 B-S 期权定价公式，可以得到不付红利股票的欧式看涨期权的 θ 值表达式：

$$\theta_c = -\frac{S_0 N'(d_1)\sigma}{2\sqrt{T-t}} - rKe^{-r(T-t)}N(d_2) = -\left[\frac{\sigma S_0 z(d_1)}{2\sqrt{T-t}} + re^{-r(T-t)}N(d_2)\right]$$

根据标准正态分布的特征：

$$N'(x) = \frac{1}{\sqrt{2\pi}}e^{-\frac{x^2}{2}}$$

因此有：

$$\theta_c = -\frac{S_0 \sigma e^{-\frac{d_1^2}{2}}}{2\sqrt{2\pi(T-t)}} - rKe^{-r(T-t)}N(d_2)$$

对股票期权来说，θ 表明随着时间一天一天地流逝，期权的时间价值损失了多少，它是衡量时间衰减的准确指标。随着时间 t 增加，$(T-t)$ 减小，离到期日越来越近，期权的价值会越来越小。因为期权定价满足 B-S 期权微分方程，可以把期权微分方程写成下式：

$$rC = rS_0 \delta_c + \theta_c + \frac{1}{2}\sigma^2 S_0^2 \gamma_c$$

从而：

$$\theta_c = rC - \frac{1}{2}\sigma^2 S_0^2 \gamma_c - rS_0\delta_c$$

把上面 δ_c 和 γ_c 的表达式代入,可以得到相同的结果。

再由 put-call 期权平价公式:

$$\theta_P = \frac{\partial P}{\partial t} = -\frac{\partial C}{\partial t} + re^{-r(T-t)} = -\frac{S_0 N'(d_1)\sigma}{2\sqrt{T-t}} + rKe^{-r(T-t)}N(-d_2)$$

从上式可以看出,θ_P 可正可负。

因为 $N(-d_2) = 1 - N(d_2)$,看跌期权的 θ 值比相应看涨期权的 θ 值高出 $rKe^{-r(T-t)}$。

在这些公式中的时间是以年为单位。而通常在计算 θ 值时的时间是以天为单位,因此 θ 值为在其他变量不变时,在一天过后交易组合价值的变化。我们可以计算"每日历天"的 θ 值或"每交易日"的 θ 值。为了计算每日历天的 θ 值,上面计算 θ 值的公式必须除以 365,为了计算每个交易日的 θ 值,上面计算 θ 值的公式则除以 252(DerivaGem 计算的是每日历天的 θ 值)。

【例 14-5】 采用例 14-1 中的数据,考虑一个对于无股息股票上的看涨期权,其中股票价格为 49 美元,执行价格为 50 美元,无风险利率为 5%,期限为 20 周(=0.384 6 年),股票价格波动率为 20%,这时,$S_0 = 49$,$K = 50$,$r = 0.05$,$\sigma = 0.2$,$T = 0.384\,6$

期权的 θ 值为:

$$-\frac{S_0 N'(d_1)\sigma}{2\sqrt{T-t}} - rKe^{-r(T-t)}N(d_2) = -4.31$$

因此,每日历天的 θ 值为 $-\frac{4.31}{365} = -0.011\,8$,每交易日的 θ 值为 $-\frac{4.31}{252} = -0.017\,1$。

(三) Theta 与套期保值

由于时间的推移是确定的,没有风险可言,无须对时间进行套期保值。但 θ 值与 δ 值及 γ 值有较大关系。同时,在期权交易中,尤其是在差期交易中,θ 值的大小反映了期权购买者随时间推移所损失的价值,因而无论对避险者、套利者还是投资者而言,θ 值都是一个重要的敏感性指标。

作为对冲参数,θ 值与 δ 值属于不同类型。这是因为未来股票的价格有很大的不定性,但时间走向没有不定性。通过对冲来消除交易组合关于标的资产价格变化的风险很有意义,但对冲交易组合对于时间的变化就毫无意义。即使如此,许多交易员仍把 θ 值作为对交易组合有用的一种描述。正如我们在今后会看到的那样,在一个 Delta 中性的交易组合中,Theta 是 Gamma 的近似。

三、Delta、Gamma 与 Theta 的关系

无股息股票上单个衍生产品的价格必须满足 B-S 微分方程式。因此,由这些衍生产品所组成的资产组合 Π 也一定满足以下微分方程:

$$\frac{\partial \Pi}{\partial t} + rS\frac{\partial \Pi}{\partial S} + \frac{1}{2}\sigma^2 S^2 \frac{\partial^2 \Pi}{\partial S^2} = r\Pi$$

因为:

$$\theta = \frac{\partial \Pi}{\partial t},\ \delta = \frac{\partial \Pi}{\partial S},\ \gamma = \frac{\partial^2 \Pi}{\partial S^2}$$

所以:

$$\theta + rS\delta + \frac{1}{2}\sigma^2 S^2 \gamma = r\Pi$$

该公式对无收益资产的单个期权和多个期权组合都适用。对于其他标的资产,可以取得类似的结果。

对于 Delta 中性交易组合,$\delta=0$,因此:

$$\theta + \frac{1}{2}\sigma^2 S_0^2 \gamma = r\Pi$$

这一公式说明当 θ 值很大并且为正时,交易组合的 γ 值也很大,但为负,这一结论反过来也成立。这与前述结果是一致的,从而解释了为什么对于 Delta 中性的交易组合,我们可以将 Theta(θ)作为 Gamma(γ)的近似。

这意味着,对于一个 Delta 中性的组合,若 θ 值为负并且很大,γ 值将会为正并且很大。对处于 Delta 中性和 Gamma 中性状态的组合来说:

$$\theta = r\Pi$$

这意味着,Delta 中性和 Gamma 中性组合的价值将随时间以无风险连续复利率的速度增长。Delta、Theta 和 Gamma 三者之间的一般符号关系如表 14-6 所示。

表 14-6 Delta、Theta 和 Gamma 三者之间的符号关系

	Delta	Theta	Gamma
多头看涨期权	+	−	+
多头看跌期权	−	−	+
空头看涨期权	−	+	−
空头看跌期权	+	+	−

第四节 Vega

一、Vega 的含义

(一) Vega 的定义

当波动率变化一个单位时(通常为 1%)衍生证券(期权)价格 f 的变化称为 Vega(ν),用公式表示为:

$$\nu = \frac{\partial f}{\partial \sigma}$$

按照 Vega 的定义,ν 表示的是波动率变化对衍生证券(期权)价值的影响。ν 指标表示标的资产的波动率变化所引起的期权费的变动量,是指期权费变化与标的资产波动性变化的敏感性,用来衡量商品价格波动率的变化对期权价值的影响。如果某期权的 ν 值为 0.15,价格波动率上升(下降)1%,期权的价值将上升(下降)0.15。若商品价格波动率为 20%,期权理论价值为 3.25;当波动率上升为 22%,期权理论价值为 3.55(3.25+2×0.15);当波动率下降为 18%,期权理论价值为 2.95(3.25−2×0.15)。

证券组合的ν值等于该组合中各证券的数量与各证券的ν值乘积的总和。证券组合的ν值越大,说明其价值对波动率的变化越敏感。

标的资产远期和期货合约的ν值等于零。

当价格波动率增加或减少时,期权的价值就会增加或减少。因此,看涨期权与看跌期权的ν值都是正数。但就具体头寸而言,期权多头头寸的ν值都是正数,说明标的资产价格波动性的增加将提高期权的价值;相反,期权空头的ν值都是负数。同样,当期权处于平价状态时,ν值最大;当期权处于较深的价内或者价外时,ν值接近于零。

如果投资者的头寸ν值为正数,投资者将会从价格波动率的上涨中获利,反之则希望价格波动率下降。对于Delat中性的头寸,就可以不受期货价格的影响,从价格波动率的变化中寻找赢利机会。履约价格和到期日价格相同的看涨期权和看跌期权的ν值相同。

(二) Vega 的计算

若构造的组合使ν值等于零,则该组合的价值不受波动率变化的影响。按照B-S期权定价公式,可以得到不付红利股票的欧式看涨期权和看跌期权的ν值表达式:

$$\nu_c = \frac{\partial C}{\partial \sigma} = SN'(d_1)\frac{\partial d_1}{\partial \sigma} - Xe^{-r(T-t)}N'(d_2) = S\sqrt{T-t}\,z(d_1)$$

$$\nu_p = \frac{\partial P}{\partial \sigma} = \frac{\partial C}{\partial \sigma} + \frac{\partial}{\partial \sigma}(Xe^{-r(T-t)} - S) = \nu_c$$

可以看出$\nu_c = \nu_p > 0$,欧式看涨期权和看跌期权价格都随着波动率σ的增加而增加。

二、Vega 与标的资产价格的关系

无股息股票上欧式看涨期权或看跌期权的Vega由以下公式给出:

$$\nu = S_0\sqrt{T}N'(d_1)$$

其中:

$$d_1 = \frac{\ln\left(\frac{S_0}{K}\right) + \left(r + \frac{\sigma^2}{2}\right)T}{\sigma\sqrt{T}}$$

$$d_2 = \frac{\ln\left(\frac{S_0}{K}\right) + \left(r - \frac{\sigma^2}{2}\right)T}{\sigma\sqrt{T}} = d_1 - \sigma\sqrt{T}$$

$$N'(x) = \frac{1}{\sqrt{2\pi}}e^{-\frac{x^2}{2}}$$

【例14-6】 考虑一份无股息股票上的看涨期权,其中股票价格为49美元,执行价格为50美元,无风险利率为5%,期限为20周(=0.3846年),隐含波动率为20%。这时,$S_0 = 49$, $K = 50$, $r = 0.05$, $\sigma = 0.2$, $T = 0.3846$。

期权的Vega为:

$$\nu = S_0\sqrt{T}N'(d_1) = 12.1$$

因此,当隐含波动率增加1%(0.01)时(由20%增长到21%),期权价格会相应增长大约$0.01 \times 12.1 = 0.121$。

三、Vega 与套期保值

若构造的组合使 ν 值等于零,则该组合的价值不受波动率变化的影响。

由于证券组合的 ν 值只取决于期权的 ν 值,因此,可以通过持有某种期权的多头或空头改变证券组合的 ν 值。只要期权的头寸适量,新组合的 ν 值就可以等于 0,称此时证券组合处于 Vega 中性状态。

遗憾的是,当调整期权头寸使证券组合处于 Vega 中性状态时,新期权头寸会同时改变证券组合的 γ 值,因此,若套期保值者要使证券组合同时达到 Gamma 中性和 Vega 中性,至少要使用同一标的资产的两种期权。

令 γ_p 和 υ_p 分别代表原证券组合的 γ 值和 ν 值,γ_1 和 γ_2 分别代表期权 1 和期权 2 的 γ 值,υ_1 和 υ_2 分别代表期权 1 和期权 2 的 Vega 值,w_1 和 w_2 分别代表为使新组合处于 Gamma 中性和 Vega 中性需要的期权 1 和期权 2 的数量,则 w_1 和 w_2 可用下述联立方程求得:

$$\gamma_p + \gamma_1 w_1 + \gamma_2 w_2 = 0$$
$$\upsilon_p + \upsilon_1 w_1 + \upsilon_2 w_2 = 0$$

专栏 14-2

Gamma 中性和 Vega 中性

假设某个处于 Delta 中性状态的证券组合的 γ 值为 6 000,ν 值为 9 000,而期权 1 的 γ 值为 0.8,ν 值为 2.2,δ 值为 0.9。期权 2 的 γ 值为 1.0,ν 值为 1.6,δ 值为 0.6。求应持有多少期权头寸才能使该证券组合同时处于 Gamma 中性和 Vega 中性状态。

根据 Vega 定义式有:

$$6\,000 + 0.8 w_1 + 1.0 w_2 = 0$$
$$9\,000 + 2.2 w_1 + 1.6 w_2 = 0$$

求解这个方程组得:$w_1 \approx -6\,522$,$w_2 \approx -653$。因此,加入 6 522 份第一种期权的空头和 653 份第二种期权的空头才能使该组合同时处于 Gamma 中性和 Vega 中性状态。

加上这两种期权头寸后,新组合的 δ 值为: $-6\,522 \times 0.9 - 653 \times 0.6 = -6\,261.6$。因此仍需买入 6 262 份标的资产才能使该组合处于 Delta 中性状态。

Gamma 中性保证了在重新平衡对冲交易之间,交易组合价格不会因为标的资产大幅度的变动而产生很大变动,而 Vega 中性则保证当 σ 变动时,交易组合的价值会得到保护。就像所期望的那样,采用正在交易的期权来做 Vega 与 Gamma 对冲是不是最好的选择将取决于对冲的再平衡时间间隔以及波动率的波动率。

当波动率变化时,短期限期权隐含波动率的变化要比长期限期权的隐含波动率要大,因此在计算组合的 Vega 时,长期限期权波动率改变的幅度常常比短期限期权波动率的改变幅度要小。

第五节 Rho

一、Rho 的定义

当利率变化一个单位时(通常为 1%)衍生证券(期权)价值 f 的变化称为 Rho(ρ),用公式表示为：

$$\rho = \frac{\partial f}{\partial r}$$

按照 ρ 的定义，ρ 表示的是利率变化对衍生证券（期权）价值 f 的影响，ρ 指标表示利率变化所引起的期权费的变化量。

如前所述，在一般情况下，利率的变动对看涨期权的期权费有正的影响，对看跌期权的期权费有负的影响。所以，看涨期权的 ρ 为正值，看跌期权的 ρ 为负值。

一般来说，越是实值的期权，其 ρ 的绝对值就越大；越是虚值的期权，其 ρ 的绝对值越小。所以，如以绝对值表示，深度实值期权有着最大的 ρ，深度虚值期权有着最小的 ρ。同时，权利期间越大，ρ 的绝对值越大；权利期间越短，ρ 的绝对值越小。在期权到期日，任何期权的 ρ 都为 0。相对于影响期权价值的其他因素来说，期权价值对无风险利率变化的敏感程度比较小。

按照 B-S 期权定价公式，可以得到不付红利股票的欧式看涨期权的 Rho 表达式：

$$\rho_c = \frac{\partial C}{\partial r} = KTe^{-rT}N(d_2)$$

不付红利股票的欧式看跌期权的 Rho 表达式：

$$\rho_P = \frac{\partial P}{\partial r} = -KTe^{-rT}N(d_2)$$

我们可以看出 $\rho_c > 0$，即随着无风险利率增加，看涨期权的价值也增加；而 $\rho_P < 0$，即看跌期权价值随着无风险利率的增加而减少；若 $\rho = 0$，即该组合的价值不受利率少许变化的影响。

【例 14-7】 考虑一个对于无股息股票上的看涨期权，其中股票价格为 49 美元，执行价格为 50 美元，无风险利率为 5%，期限为 20 周（0.384 6 年），股票价格波动率为 20%。这时，$S_0 = 49$，$K = 50$，$r = 0.05$，$\sigma = 0.2$，$T = 0.384\,6$。

期权的 Rho 为：

$$KTe^{-rT}N(d_2) = 8.91$$

因此，当利率增加 1%（0.01）时（由 5% 增长到 6%），期权价格相应增长大约：$0.01 \times 8.91 = 0.089\,1$。

二、Rho 与套期保值

由于 B-S-M 公式假定利率为常数，我们也不能直接用该公式对利率求偏导来求 Rho。

如果利率是随机变量，正确的欧式看涨期权定价公式是：

$$c_t = P(t, T)[F_t N(d_1) - X N(d_2)] \tag{14-2}$$

式中，$P(t, T)$ 表示 T 时刻到期的无风险贴现式债券在 t 时刻的价格；F_t 表示标的资产的期货价格；$d_1 = \dfrac{\ln\left(\dfrac{F_t}{X}\right) + \sigma_{F_t}^2 \dfrac{(T-t)}{2}}{\sigma_{F_t}\sqrt{T-t}}$，$d_2 = \dfrac{\ln\left(\dfrac{F_t}{X}\right) - \sigma_{F_t}^2 \dfrac{(T-t)}{2}}{\sigma_{F_t}\sqrt{T-t}}$；$P(t, T)$ 表示 T 时刻到期的无风险贴现式债券在 t 时刻的价格。

因此，欧式看涨期权的 Rho 应该用式（14-2）对利率求偏导求出，这里就不再赘述。

另外，期货价格的 ρ 值为：
$$\rho = (T-t)F_t$$

标的资产的 ρ 值为 0。因此，可以通过改变期权或期货头寸使证券组合处于 Rho 中性状态。

根据上面的讨论，假设衍生证券（期权）的价格由标的资产（股票）价格 S、股价波动率 σ、执行价格 K、距离到期日的时间 $(T-t)$ 和无风险利率 r 等因素决定，其中 K、T 为常数，S、σ、t、r 都是变量。因此根据欧式看涨期权的变化，按上述可变因素展开可得：

$$\Delta C = \frac{\partial C}{\partial S}\Delta S + \frac{\partial^2 C}{\partial S^2}(\Delta S)^2 + \frac{\partial C}{\partial t}\Delta t + \frac{\partial C}{\partial r}\Delta r + \frac{\partial C}{\partial \sigma}\Delta \sigma$$

因为 S 一般变化较大，保留了二次项，其余都是一次项。

除 θ 值外，如果我们构造一个投资组合，使组合的其他参数（包括 δ、γ、ν、ρ）都等于 0，组合的价值将不受股价、波动率和利率等因素的变化的影响。但是这些因素只是应用在一个比较短的时间内，因为都是期权的价格对某个变量的偏微分，在较长的时间内，这些因素有比较大的变化时，组合的参数值也会变化。

初始保值支出为零的套期保值策略

假定在 5 月份某种资产组合包含 10 000 股 A 股票，资产组合的管理者决定将 A 股票的市场风险降低一半，即要将头寸的 δ 值从 10 000 转换成 5 000。有关的市场信息如表 14-7 所示。

表 14-7　A 股票及其期权的信息

股票价格	33
距 7 月份期权到期的天数	66
无风险利率	5%
A 股票的隐含波动率	0.31
7 月份到期的期权的价格和 δ	
行权价格为 35 的看涨期权的价格	1.06
行权价格为 35 的看涨期权的 δ	0.377
行权价格为 30 的看跌期权的价格	0.5
行权价格为 30 的看跌期权的 δ	−0.196

运用联立方程，可以求出使期权交易现金支出为 0 的期权头寸。从表 14-7 中可以看出，供选择的期权只有两种，因为股票的 δ 为 1，为了降低组合的 δ，可以购买看跌期权，同时为了降低保值成本，可以出售看涨期权来为购买看跌期权融资。具体的计算过程如下：

假设 X 和 Y 分别为看涨期权和看跌期权合约的份数。那么目标是：

$$\begin{cases} 股票的\delta - 看涨期权的\delta + 看跌期权的\delta = 5\,000 \\ 买入看跌期权的期权费支出 - 出售看涨期权的期权费收入 = 0 \end{cases}$$

即：

$$\begin{cases} 10\,000 - 0.377X - 0.196Y = 5\,000 \\ 0.5X - 1.06Y = 0 \end{cases}$$

解方程可得 $X=6\,305.17$、$Y=13\,366.94$，所以大约需要 63 份看涨期权和 134 份看跌期权。

立德树人思考

正确认识和把握防范化解重大风险

确保经济金融大局稳定，意义十分重大。日前召开的中央经济工作会议立足进入新发展阶段我国发展内外环境发生深刻变化，着眼当前经济形势和任务、做好明年经济工作，强调指出要"正确认识和把握防范化解重大风险"。

"凡事预则立，不预则废。"忧患意识，对当代中国共产党人来说，是一种使命要求，是一种政治智慧，是一种责任自觉；防范化解重大风险，是确保我国经济平稳健康发展的必然要求和底线工程。党的十八大以来，以习近平同志为核心的党中央坚持底线思维，坚持稳中求进，有效防范、管理、处理各种风险，有力应对、处置、化解各种挑战，驾驭中国航船劈波斩浪、行稳致远。无论是有效应对国际金融危机，还是统筹做好新冠肺炎疫情防控和经济社会发展工作，抑或是防范化解重大金融风险攻坚战取得重要阶段性成果，在应对风险挑战的实践中，我们进一步积累了做好经济工作的规律性认识，展现了党中央防范化解重大风险的高超能力。

正确认识和把握防范化解重大风险，必须强化风险意识。目前我国经济面临的风险隐患总体上可控，但也必须看到伴随着经济发展环境和形势的变化，一些领域积累的风险因素需要消化，一些新的风险因素也在增加，需要我们未雨绸缪、保持高度警惕。从我国发展的外部环境来看，世纪疫情和百年变局交织，外部环境更趋复杂严峻和不确定，既要高度警惕"黑天鹅"事件，也要防范"灰犀牛"事件。从我国经济大局来看，当前我国经济保持了稳中向好、长期向好的势头，但也面临着需求收缩、供给冲击、预期转弱三重压力。宏观经济方面要防止大起大落，资本市场上要防止外资大进大出，粮食、能源、重要资源领域要确保供给安全，要确保产业链供应链稳定安全，要防止资本无序扩张、野蛮生长。我们要坚持底线思维、增强忧患意识，努力将矛盾消解于未然，将风险化解于无形。

正确认识和把握防范化解重大风险，必须提高风险化解能力。防范化解风险能力，实质上就是认识问题、分析问题、解决问题的能力。各级党委和政府要贯彻落实好中央经济工作会议的重要决策部署，继续按照稳定大局、统筹协调、分类施策、精准拆弹的方针，抓好风险处置工作，加强金融法治建设，压实地方、金融监管、行业主管等各方责任，压实企业自救主体责任。一方面要立足当下，针对个别领域可能存在的风险及时加强分析研判，提高处置政策的精准度和有效性，坚决不让局部风险发展成系统性风险、区域性风险演化为全国性风险。另一方面也要着眼长远，强化能力建设，完善金融风险处置机制，落实地方党政同责，压实各方责任，夯实金融稳定的基础，处理好稳增长和防风险的关系，巩固经济恢复向好势头，以经济高质量发展化解系统性金融风险，防止在处置其他领域风险过程中引发次生金融风险。

党的十九大把防范化解重大风险作为三大攻坚战之一，各级党委和政府要增强政治意识，提高政治站位，对"国之大者"心中有数，切实担负起打赢防范化解重大风险攻坚战的职责使命。始终居安思危、增强忧患意识，事不畏难、责不避险，将防范风险的先手，与应对和化解风险挑战的高招结合起来，我们就一定能不断提高化解风险能力，从容应对各种挑战，保持经济持续健康发展和社会大局稳定。

（《人民财评：正确认知和把握防范化解重大风险》，人民网，2021年12月19日）

思考：
1. 举例说明什么是"灰犀牛"事件？什么是"黑天鹅"事件？
2. 防范化解金融风险应从哪些方面着手？

本章小结

1. 动态套期保值，就是分别算出保值工具与保值标的资产价值对一些共同的变量（如标的资产价格、时间、标的资产价格的波动率、无风险利率等）的敏感度，这些敏感度分别用 Delta、Theta、Gamma、Vega 和 Rho 表示，然后通过建立适当的保值工具的头寸，使保值组合处于 Delat、Theta、Gamma、Vega 和 Rho 中性状态。

2. 期权的 Delta 用于衡量期权价格对标的资产市场价格变动的敏感度，它等于期权价格变化与标的资产价格变化的比率。

3. 当证券组合中含有标的资产、该标的资产的各种期权和其他衍生证券的不同头寸时，该证券组合的 δ 值就等于组合中各种资产 δ 值的总和（标的资产相同的情形）。

4. δ 值为 0 的证券组合处于 Delta 中性状态。当证券组合处于 Delta 中性状态时，组合的价值在短时间内就不受标的资产价格波动的影响。

5. 在不考虑交易费用并假设波动率为常数的情况下，运用标的资产对看涨期权空头进行 Delta 中性套期保值的成本和效果与买入了一个看涨期权多头一样。也就是说，这种套期保值的结果是：通过标的资产构成了一个合成的期权头寸。

6. 期权的 Gamma 是一个与 Delta 联系密切的敏感性指标，是 Delta 的敏感性指标，它用于衡量该证券的 δ 值对标的资产价格变化的敏感度。

7. 当证券组合中含有标的资产和该标的资产的各种期权和其他衍生产品时，该证券组合的 γ 值就等于组合内各种期权 γ 值与其数量乘积的总和。

8. 计算证券组合的 γ 值对套期保值的重要意义体现在它可用于衡量 δ 中性保值法的保值误差。

9. 期权的 Theta 用于衡量期权价格对时间变化的敏感度，是期权价格变化与时间变化的比率。

10. 期权的 Vega 用于衡量该证券的价值对标的资产价格波动率的敏感度，Rho 用于衡量期权价格对利率变化的敏感度。

11. Delta、Gamma、Vega 和 Rho 中性状态只能维持一个相当短暂的时间。随着 S、$T-t$、r 和 σ 的变化，避险者需要定期调整保值头寸，以便使保值组合重新处于中性状态。

12. 由于频繁地进行动态套期保值需要较高的手续费，套期保值者应在成本与可容忍的风险之间进行权衡。

练习题

一、单选题

1. 有关期货与期货期权的关联，下列说法错误的是（　　）。
   A. 期货交易是期货期权交易的基础
   B. 期货期权的标的是期货合约
   C. 买卖双方的权利与义务均对等
   D. 期货交易与期货期权交易都可以进行双方交易

2. 2015年2月9日,上证50ETF期权在( )上市交易。
   A. 上海期货交易所 B. 上海证券交易所
   C. 中国金融期货交易所 D. 深圳证券交易所
3. 通常情况下,美式期权的期权费( )其他条件相同的欧式期权的期权费。
   A. 等于 B. 高于 C. 不低于 D. 低于
4. 下列选项中,关于期权说法正确的是( )。
   A. 期权买方可以选择行权,也可以放弃行权
   B. 期权卖方可以选择履约,也可以放弃履约
   C. 与期货交易相似,期权买卖双方必须交纳保证金
   D. 买进或卖出期权可以实现为标的资产保险的目的
5. 相同条件下,下列期权时间价值最大的是( )。
   A. 平价期权 B. 虚值期权 C. 实值期权 D. 看涨期权
6. 关于期权权利的描述,正确的是( )。
   A. 买方需要向卖方支付期权费
   B. 卖方需要向买方支付期权费
   C. 买卖双方都需要向对方支付期权费
   D. 是否需要向对方支付期权费由双方协商决定
7. 期权的 Delta 是用来衡量期权价格对( )变动的敏感度。
   A. 标的资产价格 B. 时间
   C. 标的资产价格的波动率 D. 无风险利率
8. 期权的 Theta 是用来衡量期权价格对( )变动的敏感度。
   A. 标的资产价格 B. 时间
   C. 标的资产价格的波动率 D. 无风险利率
9. 期权的 Gamma 是用来衡量( )对标的资产价格变动的敏感度。
   A. 标的资产价格 B. 时间
   C. 标的资产价格的波动率 D. δ 值
10. 期权的 Vega 是用来衡量期权价格对( )变动的敏感度。
    A. 标的资产价格 B. 时间
    C. 标的资产价格的波动率 D. 无风险利率
11. 期权的 Rho 是用来衡量期权价格对( )变动的敏感度。
    A. 标的资产价格 B. 时间
    C. 标的资产价格的波动率 D. 利率

二、多选题

1. 影响期权价格的因素有( )。
   A. 标的资产的价格 B. 时间
   C. 标的资产价格的波动率 D. 无风险利率
2. 风险度量的指标有( )。
   A. Delta B. Theta C. Gamma D. Vega
   E. Rho
3. 动态套期保值,通过建立适当的保值工具的头寸,使保值组合处于( )的中性状态。
   A. Delta B. Theta C. Vega D. Gamma
   E. Rho

三、辨析题

1. 当证券组合中含有标的资产、该标的资产的各种期权和其他衍生证券的不同头寸时,该证券组合的 δ 值就等于组合中各种资产 δ 值的总和。( )
2. δ 值为 0 的证券组合处于 Delta 中性状态。当证券组合处于 Delta 中性状态时,组合的价值在短时间内就不受标的资产价格波动的影响。( )
3. 当证券组合中含有标的资产和该标的资产的各种期权和其他衍生产品时,该证券组合的 γ 值就等于组合内各种期权 γ 值与其数量乘积的总和。( )
4. 计算证券组合的 γ 值对套期保值的重要意义体现在它可用于衡量 Delta 中性保值法的保值误差。( )
5. Delta、Gamma、Vega 和 Rho 中性状态只能维持一个相当短暂的时间。随着 S、$T-t$、r 和 σ 的变化,避险者需要定期调整保值头寸,以便使保值组合重新处于中性状态。( )

四、计算题

1. 一个看涨期权 δ 值为 0.7 的含义是什么?当每个期权的 δ 值均为 0.7 时,如何使得 1 000 份期权的空头组合成为 Delta 中性?
2. 当无风险利率为每年 10%,股价波动率为每年 25% 时,计算无股息股票上平值欧式看涨期权的 Delta,其中期权的期限为 6 个月。
3. 一个执行价格为 40 美元的虚值看涨期权的 B-S 价格为 4 美元,卖出期权的交易者想采用止损交易策略。交易者想在股票价格为 40.10 美元时买入股票,而在 39.90 美元时卖出股票,估计股票被买入与卖出的次数。
4. 假定某股票的当前价格为 20 美元,一个执行价格为 25 美元的看涨期权是由频繁交易标的股票头寸按合成的方式构造而成。考虑以下两个情形:
   (a) 股票价格在期权期限内逐渐由 20 美元涨至 35 美元;
   (b) 股票价格剧烈变动,最后的价格为 35 美元。
   哪种情景会使合成期权的费用更高?解释你的答案。
5. 数量为 1 000 的白银期货上欧式看涨期权空头的 δ 值为多少?其中期权期限为 8 个月,标的期货的期限为 9 个月,目前 9 个月期限的期货价格为每盎司 8 美元,期权执行价格为 8 美元,无风险利率为每年 12%,白银价格波动率为每年 18%。

五、案例分析题

1. 一家金融机构刚刚卖出了 1 000 份 7 个月期的日元欧式看涨期权。假设即期汇率为每日元 0.80 美分,执行价格为每日元 0.81 美分,美国的无风险利率为每年 8%,日本的无风险利率为每年 5%,日元汇率的波动率为每年 15%,计算金融机构头寸的 Delta、Gamma、Vega、Theta 和 Rho,解释这些数值的含义。
2. 某基金经理拥有一个风险分散较好的投资组合,该投资组合的收益反映了标普 500 股指的收益,组合的价值为 3.6 亿美元。标普 500 取值为 1 200。投资组合经理打算购买保险,以便使在今后 6 个月内投资组合价值下跌的程度不超过 5%。无风险利率为每年 6%,投资组合与标普 500 的股息收益率均为 3%,标普 500 股指波动率为每年 30%。
   (1) 如果基金经理买入交易所内交易的欧式看跌期权,这时的保险费用是多少?
   (2) 仔细解释有关交易所内交易的欧式看涨期权的其他交易策略,并说明这些交易策略会取得相同的效果。
   (3) 如果基金经理决定将投资组合的一部分投放于无风险证券,最初的头寸应该为多少?
   (4) 如果基金经理决定采用 9 个月期的指数期货来提供保险,最初的头寸应该为多少?
3. 假定我们要为价值为 700 亿美元的股权资产做出保险计划。假设这一保险的目的是保证在

1年内，股权资产价值的下跌程度不会超过5%，做出你认为需要的估计，并采用DerivaGem软件计算当在1天之内市场下跌23%时，该股权资产组合保险的管理人应出售股票或期货合约的数量是多少。

4. 某银行持有的美元/欧元汇率期权头寸的δ值为30 000，γ值为—80 000。说明如何理解这些数字。汇率为0.90美元/欧元（每欧元所对应的美元数量为0.90），为了使得头寸为Delta中性，你应该持什么样的头寸？在一短暂时间后，汇率变化为0.93，估计新的Delta。这时为了保证Delta中性，你还要再进行什么样的交易？假定银行在最初的头寸已经是Delta中性，在汇率变动后，这一头寸是会亏损还是会盈利？

六、简答题

1. 解释如何实现对一个卖出的虚值看涨期权按止损策略进行对冲。为什么这种策略的效果并不好？

2. 当时间以年为单位时，一个期权头寸的δ值为—0.1的含义是什么？假如交易者认为股票价格与其隐含波动率都不会变动时，什么样的期权头寸比较合适？

3. 期权头寸的Gamma是什么含义？某个头寸的δ值为0，而γ值为一个很大的负值，该头寸的风险是什么？

4. "构造一个合成期权的过程，就是对冲这一期权头寸的反过程。"解释这句话的含义。

七、论述题

一家公司准备对由某一货币上的看跌和看涨期权所组成的投资组合多头进行Delta对冲。在下面哪种情况下对冲的效果会最好？

(1) 一种基本上稳定的即期汇率。

(2) 一种变动剧烈的即期汇率。

第十五章 资产证券化与信用风险

【本章提要】

资产证券化将不可以交易的金融资产转化为证券。本章首先介绍关于资产证券化的相关概念。资产证券化与信用风险密切相关,所以进一步介绍信用风险的定义,以及信用风险管理中的违约概率估计、违约相关性和常用的风险度量模型,并着重探究了衍生工具交易中产生的信用风险。资产证券化和信用风险是2008年的次贷危机的关键因素,所以在最后一节介绍了次贷危机的起源、发展、深化以及原因。

【学习目标】

1. 掌握资产证券化的概念、参与者以及交易结构。
2. 了解资产证券化的动机。
3. 掌握信用风险的概念、来源以及分类。
4. 理解违约概率估计的相关方法。
5. 了解衍生品交易中的信用风险以及违约相关性。
6. 了解4种现代信用风险度量模型。
7. 了解次贷危机的起源、发展、深化以及原因。

【思政理念】

1. 学习香港国安法精神。
2. 公平竞争精神。
3. 金融供给侧改革。

【案例导读】

基于百富勤倒闭事件对信用风险的认识

作为一个古老的金融风险类型,信用风险导致损失甚至破产的事件自然数不胜数,百富勤倒闭事件就是其中的一个典型案例。百富勤投资集团公司是中国香港一家知名度颇高的投资银行。1997年夏,亚洲金融危机引发了亚洲一些国家和地区的货币大幅贬值,在此情况下许多借款者无力偿还外币借款。正是在这场危机中,百富勤公司因为印尼的一家称为PT Steady Safe 的的士公司无法按约偿付贷款而遭受了2.35亿美元的巨大损失,这相当于该银行股权资本的1/4,最终导致百富勤公司于1998年1月13日宣布破产。

客观上,百富勤公司并不受商业银行资本充足率要求的约束;主观上,百富勤公司对自身可能存在的违约事件即信用风险缺乏有效地评估和监控,更为荒谬的是,该公司信用风险管理部主任John Lee都忘记了还有一笔PT Steady Safe公司的贷款,而该贷款事实上是公司贷款组合中最大的一笔投资。可见,百富勤公司对可能出现的信用风险根本没有给予应有的重视,自然也就缺乏有效防范信用风险的措施和手段,因此,在这种情况下即使没有亚洲金融危机,百富勤公司的破产也是迟早的事情。

百富勤公司因违约而倒闭的事件并非偶然。事实上,1998年亚洲金融危机中大批类似的金融机构因各种违约事件而无力承受信用风险损失,并最终导致破产。这凸显出了信用风险的凶险以及相关机构在信用风险管理方面广泛存在的不足和隐患。

第一节 资产证券化

一、资产证券化的概念

资产证券化有广义与狭义之分。广义的资产证券化是指构建针对所有类型的资产的权利凭证,并使之可在众多投资者之间流通转让的过程。例如股票,就可被视作广义的资产证券化。狭义的资产证券化,是针对某项能够在未来产生可预期的现金流的资产,构建针对该项资产或大量该类资产组合的收益的权利凭证,并且使得这些凭证可以被众多投资者购买并在这些投资者之间转让的过程。

广义的资产证券化与狭义的资产证券化的区别主要是证券化基础资产的独立性与现金流的可预期性不同。针对企业股权这类资产的证券化,例如股票,由于股权的收益与经济环境及企业的经营状况紧密相关,这一类型的资产,其现金流无法被事先合理地估计,从而被归类为广义的资产证券化。

本章讨论的是狭义的资产证券化。从狭义的角度而言,可以被证券化的资产,通常是要在未来能够产生可预期的现金流的资产,这使资产支持证券具备了固定收益产品的特征。

能够被证券化的基础资产,通常都要具备较好的独立性并且能够在未来产生可预期的现金流。某些资产,其产生收益必须要与其他资产紧密结合,并且受到其他资产表现情况影响,从而独立性较差,通常很难进行资产证券化。例如,专用性较强的固定资产,其本身并不能产生可以预期的现金流,而要在企业生产中与企业的其他资产结合在一起,才能产生现金流。这种类型的资产,是很难进行资产证券化的。某些资产像住宅类房地产存货,其未来产生的现金流来自房产出售,这使得现金流严重依赖于房地产出售时的市场环境以及负责销售房地产的运营者的能力,从而无法合理预计现金流的大小,进而使得针对这类资产的证券化很难进行。当然,随着证券化技术的提高,原来不能或很难证券化的资产也将逐渐能够被证券化了。例如,欧洲就出现过运营资产证券化与存货证券化的实践。

基于资产信用的融资方式,还包括融资租赁、资产抵/质押贷款。有学术研究发现,那些容易进行融资租赁的资产通常都是资产专用性不强的资产,其中最典型的就是商业地产。那些专用性较强的资产通常只有对某类行业有丰富经验与深刻认识的租赁公司才具备融资租赁的业务能力。

正是因为权益类资产这种现金流难以预测的特性,目前进行证券化的资产大都为债权类资产,包括个人房产抵押贷款、商业房产抵押贷款、工商业贷款、信用卡应收款等。

了解了资产证券化基础资产的这一特点,则可以通过改变那些原本很难进行证券化的资产的性质,从而使得资产证券化可以进行。例如,针对固定资产,虽然固定资产独立性较差,其现金流也无法被合理预测,但是通过进行售后回租这一形式,将企业的固定资产转化为融资租赁公司的应收租金这一现金流可预测的债权资产,就可以方便地进行资产证券化了。再例如,针对住宅类房地产,可以先将其出售给个人,产生个人房产抵押贷款。个人房产抵押贷款根据贷款合同,有较稳定的现金流,就可以进行资产证券化了。

二、资产证券化的参与者及交易结构

资产证券化是一个将资产转化为证券产品的过程,由特殊目的实体(special purpose vehicle, SPV)发行,销售给投资者,投资者的收入由 SPV 的金融资产池产生的现金流支持。资产支持证券(asset backed security,ABS)就是一种典型的证券化产品,它支付给投资者的收入或证券的价值主要来源于且担保于特定的一池子基础资产。

按揭贷款的发放会大量占用银行的资金,为了发放更多贷款,银行将其贷款打包成为 ABS 在二级市场出售。图 15-1 描绘了 ABS 的构造方法。一开始,银行正常地向借款人发放贷款。借款人得到了银行借出的资金,并承诺按期偿还本息。这笔贷款成为银行的资产,进入银行的资产负债表。尽管传统的信贷业务到这里就结束了,但 ABS 的构造才刚刚开

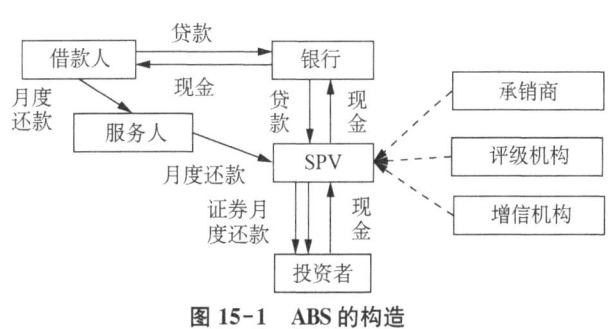

图 15-1 ABS 的构造

始。接下来,银行成立一个 SPV,将信贷资产放入其中。SPV 可以做到破产隔离,就算银行倒闭了,放入 SPV 的资产也不会被清算。SPV 作为发行人,在市场上向投资者发行以信贷资产支持的证券,这些证券的支付来自贷款的回报(借款人的本息偿付)。在 ABS 的发行过程中,需要承销商(一般是投资银行)进行承销,以及评级机构给出信用评级。需要的话,还会有增信机构来做增信。由于借款人按期支付的本息需要被转移到 ABS 的投资者,还需要服务人(servicer,往往就是发放贷款的银行本身)来进行日常的记账、现金交割等工作。如此一来,银行在贷款到期之前就可以收回资金,而这些资金可以用来发放更多的贷款。这样,银行发放贷款的能力就不再受到其资本金的约束,可以大大得到提升。

三、资产证券化的动机

证券化产品的产生是为了将信用风险隔离出来。例如,在应收账款证券化产品交易中,一定应收账款池的信用风险可以从应收账款的付款人那里被分离出来,然后进行结构化并将该风险转移给其他投资者。2008 年爆发的次贷危机之前,投资者被吸引到证券化产品市场的原因是满足他们对高风险调整收益的需求。证券化产品为他们提供了一个工具来分散投资、满足收益要求,维持一定的审慎标准和购买投资级债券。

(一)发起人动机

对资产证券化的发起人(originator 或 sponsor)来说,他们进行资产证券化的理由大约有以下几个方面:融资多元化、风险转移、产生收益、监管型资本要求和财务利益。

1. 融资多元化

发起人进行资产证券化有助于他们使资金来源多样化,降低获取资金的成本,这也是他们的主要动机,实证研究也证明了这一结论。证券化曾一度提供了一个相对稳定且低成本的融资来源,也有利于他们更容易地进入信用市场。证券化也被看作一种减少贷款人对零售存款发行无担保商业票据和长期票据依赖的方式。人们认为定制证券以满足投资者需要的能力使发行人拓展了他们的投资基础,这反过来又可以多样化融资资源。

证券化融资的另一个好处体现在它扩大了信用评级的范围。证券化过程将资产与最初发起

人的信用质量分离,证券化产品可以不受主体评级的影响而获得较高的信用级别。这也让小型机构、未被评级企业,或者那些没有达到投资级评级的企业能够有机会进入那些只能用抵押物的信用质量评级的信用产品市场。通过证券化,它们的资产包甚至能够获得AAA的信用评级,这显然可以降低其融资成本,并能够获得更多的渠道且更快地融得资金。

2. 风险转移

风险转移是发起人创造证券化产品的另一个原因。资产证券化将流动性很差的资产,例如住宅抵押贷款、汽车贷款等转化为可上市交易的证券,否则,这些资产会一直待在机构的资产组合内。发行由这些资产支持的证券是一种有效的方式,它将基础资产的信用风险、流动性风险和市场风险转移给其他消费者,同时减轻了发行人的债务负担。与风险管理和风险转移相关的另一个考虑因素是资产结构和业绩方面的动机,例如可以通过资产证券化实现更早摊还或提升资产市场价值,金融危机时期,这两个动机是相互关联且顺周期的。当然,证券化产品发行人的非契约性支持,例如声誉风险,有可能会影响到转移给证券投资人的风险量。另外,保险公司常发行灾害债券(catastrophe bonds),将不可预期的风险转移给投资人,作为管理风险的手段。

银行可以对它的信用资产组合进行重组,通过证券化产品交易转移风险,这样改善其风险/收益结构,容易将风险传递给其他人并有条件地去纳入其他资产。如果银行的信用资产集中于某一地区的客户,它就可以将部分资产打包成新的证券化产品卖给投资人,并将获得的资金贷给另一地区的借款人。可见,证券化是分散风险的有效手段。

3. 产生收益

证券化产品为发行人带来收益,这是近年来被人们认识到的发行人的一个动机,也引起了监管机构和国际组织的注意,他们认为这是需要改革的地方。人们发现,在金融危机之前,证券化可以在几个方面带来收入。产生基础资产会产生费用,承销和制定交易会产生费用,为一些产品提供信用升级和流动性也会产生费用。证券化产品的发行人也能创造收入,发行已购买资产的较短期债券与长期资产之间存在一定的利差,发行人可以通过套利载体利用该利差获得收益。会计规则允许发起证券化产品的目的是获益,这也鼓励了证券化产品的发行。

在证券化活动最顶峰的时候,人们用发行证券化产品获得的收入来购买资产,又进行资产证券化并销售,以此推进,大大增加了证券化产品的数量。这样做在很大程度上就是为了获得上述各种收益。在这种模式下,许多发行人依赖于第三方机构来发行基础资产,而这些第三方机构的资本往往较少且未受严格监管。这种只为产生收费和发行量收入的机制使得人们不会关心基础资产和结构化产品的长期业绩。结果,许多发行人在金融危机时失败,导致整个金融系统的巨大损失。

4. 监管型资本要求和财务利益

监管资本要求的降低是资产证券化的直接原因。对某项资产所要求的监管资本与必要的经济资本的估算差异越大,人们就越想进行资产证券化。

会计条款被认为是促进资产证券化产品发行的另一个原因。例如,发行人通过证券化能够使资产在会计处理上被转移到资产负债表外,就可以改善一些财务比例,如资产负债比或资产回报率。另外,会计处理规则还可能增加非利息收入,这与资本要求一道提高了发行人的资本回报。那些在某些类型的资产上效率高且容易产生相关资产的银行(例如有些银行的信用卡业务规模很大,积累了大量的信用卡应收账款),通过资产证券化可以降低相关资产在资产平衡表中的比重,而同时又不会失去相应的市场份额,甚至还可以提高市场占有率。

在上述动机中,人们普遍认为监管套利是最不值得推崇的,相反,应该利用资产证券化来实现融资的多样化和降低融资成本。

(二) 投资者动机

大多数调查都比较关注发起人的动机，较少分析投资人为何会参与证券化产品市场。但并不是市场有什么产品，投资者就会投资什么产品。投资者对回报的偏好是促进证券化市场繁荣的一个重要因素。从投资者的角度，证券化为其提供了大量的可以利用的好处，即较高的信用水平（优先级分块）、资产组合分散化、与相同级别的其他金融工具相比更高的收益。在危机之前，投资者有大量的现金，而相对可选的高收益投资产品却不多，证券化产品的出现恰好满足了投资者的需要。当然，对收益追求的动机有可能导致风险的集中而不是分散。

1. 高信用质量

投资者投资证券化产品的原因有可能是他们必须符合一定的审慎标准，例如只限于投资投资级的债券等。证券化产品通过信用增强（如一些产品有政府担保）和特别目的机构隔离了违约，成为安全债务，这使得证券化产品可以获得很高的评级。这样的高评级证券化产品达到了投资者的安全标准。然而，投资者过度依赖评级而普遍不再进行必要的尽职调查，为金融危机埋下了种子。

值得注意的是，投资者的高信用质量（高评级）要求在信用危机期间会增加流动性问题。危机时，证券化产品的信用级别被下调，而投资者的投资策略和要求又必须是高信用质量的，这就迫使他们出售其持有的证券化产品。当许多投资者同时被迫卖出这些证券化产品时，这些产品的价格在萧条的市场上就会进一步下跌。

2. 资产组合多样化

投资者会尽量避免超过一定的集中度限制，这既是监管要求也是内部单一资产风险暴露的限制要求，通过购买证券化产品，投资者可以更好地实现资产多样化。如果证券化产品与投资者既有资产的相关性较低，那么购买证券化产品，投资者可以更好地管理其全部资产组合的风险。增加资产类型，特别是实现资产发行人在地域分布上的多样化，投资者就能够满足资产组合多样化的要求。合成证券化产品也可以使投资者在没有增加信用风险暴露的情况下实现资产多样化。

但是随着金融危机的爆发，投资者们逐渐发现，他们所期望的分散化目标并没有实现，在一些情况下，基础资产是高度相关的。例如，投资者和许多市场参与者错误地认为美国住宅抵押贷款可以通过地域分散来实现多样化，但最终的事实证明，美国不同地区住宅价格的关联性非常强。

第二节 信用风险

一、信用风险概述

(一) 信用风险的概念

信用风险是指由于借款人或交易对手不能或不愿意履行合约而给另一方带来损失的可能性，以及由于借款人的信用评级变动或履约能力变化，其债务市场价值的变动，引发损失的可能性。

信用风险的概念有狭义和广义之分。狭义的信用风险仅指交易对手或债务人到期不履行合约义务的违约风险（default risk），广义的信用风险还包括由交易对手或债务人信用品质变化的不确定性所引起的信用价差风险（credit spread risk）。即使合约并未到期，如果交易对手或债务人信用品质恶化,信用价差(信用风险溢价)随之上升,标的资产或合约的实际价值也将因此下降,从而使交易另一方或债权人面临潜在的损失。

(二) 信用风险的来源

信用风险在经济活动中普遍存在。银行作为贷款人,可能因为借款人客观上丧失偿债能力或主观上缺乏还款意愿而受损。债券投资者可能出于债券发行人财务状况恶化等客观原因或主观原因到期无法获得本息兑付。当贷款债务人或债券发行人资信状况下降时,银行或债券投资者还面临资产贬值的可能。此外,以赊销方式出售商品或劳务的工商企业也面临买方不按期偿付贷款或劳务费的风险。而且,信用风险并不仅仅存在于以银行信用、债券信用或商业信用为基础的债权债务关系,经济合约通常都面临潜在的交易对手违约风险。所以进一步确认信用风险的来源尤为重要,下面介绍 7 种常见的信用风险来源(见表 15-1)。

表 15-1 信用风险来源

信用类型	损失来源	损失类型
借款	无法偿付	票面金额
	延期偿付	货币时间价值
	强制偿付	摩擦成本
租赁	无法偿付	回收资产成本,营销费用
应收项目	商品(服务)付出后无法付款	票面金额
预付项目	无法支付	重置成本
	货物价值损失	营业成本
	延期支付	货币时间价值
	强制支付	摩擦成本
存款	无法兑付	票面金额
	延期偿付	货币时间价值
索赔权	无法偿付	票面金额
	延期偿付	货币时间价值
	强制偿付	摩擦成本
衍生工具	第三方破产	重置成本

(1) 借贷关系。这是一种由贷出方向借入方的现金流,借出方许诺在未来的特定时间内偿还的关系。

(2) 租借关系。这是一种出租方将租赁标的出租给承租方,承租方许诺在未来支付约定现金并偿还标的物的关系。

(3) 应收项目。在销售行为发生后,由买方在特定时间内进行支付的行为,在会计中被称为应收账款。

(4) 预付项目。双方实际交易发生在买方支付预付款后,如果卖方无法完成交易,不仅买方损失了预付款,还可能导致相关业务无法开展。

(5) 存款。一方对另一方管理资产的监管行为,如银行存款。

(6)索赔权。未来交易索赔的权利,这种权利是基于未来某个特定事件的发生才能实现的,如投保标的的损失的赔付。在投标协议签订时,被保险人并没有索赔的权利,但投保标的一旦遭受损失,索赔权利随之产生。如果保险人无法支付赔偿金,就会给被保险人带来相应的信用损失。

(7)衍生工具。由标的资产的金融衍生产品交易产生的信用风险。金融衍生产品本身具有的跨期交易和高杠杆性的特点会导致一方不愿或无力偿付,此时就会产生信用损失。

(三)信用风险的分类

1. 按照性质分类

按照信用风险的性质,可将信用风险分为违约风险、信用评级调降风险和信用价差风险。

(1)违约风险是指借款人或交易对手违约给金融机构带来的风险。对贷款业务而言,违风险是指贷款客户无法在到期还款日进行贷款的还本与付息的风险;对债券投资业务而言,违约风险是债券发行机构无法兑现其当初承诺给投资人的利息与本金偿还的风险;对衍生品投资业务而言,违约风险是指衍生品交易对手不愿履行清算交割业务的风险。

(2)信用评级调降风险是指借款人信用评级的变动造成的债务市场价值变化的不确定性。当外部信用评级公司调降某家企业的主体评级,或某张债券的债项评级时,代表发债企业或债权本身的信用质量已经发生巨大改变,导致外部信用评级公司对其信用评级进行调降,以符合该举债企业或该张债券的偿债情况。

(3)信用价差风险是指资产收益率波动、市场利率等因素变化导致信用价差增大所带来的风险。

2. 按照业务种类分类

按照信用风险所涉及的业务种类,可将信用风险分为表内风险与表外风险。

表内风险是源于表内业务的信用风险,如传统的信贷风险。

表外风险是源于表外业务的信用风险,如商业票据承兑可能带来的风险。

3. 按照产生的部位分类

按照信用风险所产生的部位,可将信用风险分为本金风险和重置风险。

(1)本金风险是指当交易对手不按约足额交付资产或价款时,金融机构因有可能收不到或不能全部收到应得的资产或价款而面临损失的可能性。

(2)重置风险是指当交易对手违约而造成交易不能实现时,未违约方为购得金融资产或进行变现就需要再次交易,这将有可能遭受市场价格不利变化,带来损失。

二、违约概率估计

违约概率是指银行客户、债券发行机构或交易对手在一段期间内的违约可能性。违约概率、违约风险暴露与回收率是信用风险的三大驱动因子。所以,度量信用风险首先要估计违约概率(简称违约率)的大小。

巴塞尔委员会对采用内部评级法建议使用以下违约参考定义:下列事件中只要有一个事件在某个特定的债务人身上发生,就可以认为是违约,即:

(1)已经判明债务人不准备全部履行其偿债业务(本金、利息或手续费)。

(2)与债务人的任何义务有关的信用损失,例如债务注销、提取了特定准备金、债务重组,包括本金、利息或手续费的减免或延期支付。

(3)债务人未能履行某些信用义务,逾期超过 90 天。

(4)债务人已经申请破产或向债权人申请保护。

(一)历史违约概率

表 15-2 是由评级公司公布的一组典型数据,这些数据显示了最初为某个级别的债券在今后 20 年内的违约情况。例如,初始信用级别为 Baa 的债券有 0.185% 的概率在 1 年内违约,有 0.480% 的概率在 2 年内违约等。债券在一个指定年份违约的概率可由这一表格计算得出。例如,初始信用级别为 Baa 的债券在期限第 2 年违约的概率为:0.480%−0.185%=0.295%。

表 15-2 1970~2015 年的平均累积违约率(以百分比计)

时间(年)	1	2	3	4	5	7	10	15	20
Aaa	0.000	0.011	0.011	0.031	0.087	0.198	0.396	0.725	0.849
Aa	0.022	0.061	0.112	0.196	0.305	0.540	0.807	1.394	2.266
A	0.056	0.170	0.357	0.555	0.794	1.345	2.313	4.050	6.087
Baa	0.185	0.480	0.831	1.252	1.668	5.525	4.033	7.273	10.734
Ba	0.959	2.587	4.501	6.538	8.442	11.788	16.455	23.930	30.164
B	3.632	8.529	13.515	17.999	22.071	29.028	36.298	43.368	48.071
Caa-C	10.671	18.857	25.639	31.075	35.638	41.812	47.843	50.601	51.319

资料来源:穆迪。

表 15-2 显示具备投资级别的债券(评级为 Baa 或高于 Baa 的债券)在 1 年内的违约概率随着期限的增大而增大(例如,A 级债券在第 0~5 年、第 5~10 年、第 10~15 年以及第 15~20 年的违约概率分别为 0.794%、1.519%、1.737% 和 2.037%)。这是因为在发行时,债券的信用级别较好,但随着时间的推移,公司信用出现问题的可能性越来越大。而对于最初信用级别较差的债券,每年的违约率常常是时间的一个递减函数(例如,B 级债券在第 0~5 年、第 5~10 年、第 10~15 年以及第 15~20 年的违约概率分别为 22.071%、14.227%、7.070% 和 4.703%)。产生这一现象的原因是如果一个债券的信用较差,债券在今后一两年的生存会面临巨大挑战,但公司如果能够顺利渡过难关,那么今后的财务前景将变得乐观起来。

(二)违约率

由表 15-2 我们可以计算出 Caa 或更低级别的债券在第 3 年内的违约率为:25.639%−18.857%=6.782%。我们将其称为无条件违约概率。该概率是今天(即在 0 时刻)所观察的在第 3 年内违约的概率。Caa 债券一直到第 2 年年底都不会违约的概率为:100%−18.857%=81.143%,因此我们得出在前两年没有违约的条件下,公司在第 3 年违约的概率为:0.067 82/0.811 43=8.36%。

这里计算出的 8.36% 是对应 1 年观察期的条件概率。假设我们考虑一个很短的时间段 Δt,定义在时间 t 的违约率 $\lambda(t)$ 为在之前没有违约的条件下,违约发生在时间 t 与 $t+\Delta t$ 之间的概率为 $\lambda(t)\Delta t$。

如果 $V(t)$ 是今天到时间 t 公司仍然生存的累积概率(即在时间 t 之前没有违约),那么在时间 t 与 $t+\Delta t$ 之间违约的条件概率为 $[V(t)-V(t+\Delta t)]/V(t)$,由于这个概率等于 $\lambda(t)\Delta t$,我们有:

$$V(t+\Delta t)-V(t)=-\lambda(t)V(t)\Delta t$$

取极限后得出:

$$\frac{dV(t)}{dt}=-\lambda(t)V(t)$$

因此：
$$V(t) = e^{-\int_0^t \lambda(\tau)d(\tau)}$$

定义 $Q(t)$ 为在时间 t 之前违约的概率，因此 $Q(t) = 1 - V(t)$，我们得出：

$$Q(t) = 1 - e^{-\int_0^t \lambda(\tau)d(\tau)}$$

或者：
$$Q(t) = 1 - e^{-\bar{\lambda}(t)t} \tag{15-1}$$

（三）回收率

当一家公司破产时，公司的债权人会对公司的资产进行追索。有时债权人会同意接受债务的部分偿还，公司会进行重组，而在其他情形下，公司部分资产被债权结算人变卖，所得资金将最大限度地用于偿还债务。在债务追索过程中，有些债权具有优先权，必须优先偿还。

债券回收率一般是指在刚刚违约后的几天里，债券的市场价值与面值的百分比。表15-3给出了不同种类债券平均回收率的历史数据。从表中可以看出，优先支付有抵押债券的平均回收率最高，为53.4%，而初级次级债券的平均回收率最低，为24.2%。

表 15-3　1988～2015 年企业债券作为面值百分比的回收率

类别	平均回收率
优先支付有抵押债券	53.4%
优先支付无抵押担保债券	49.7%
优先级债券	37.6%
次优先级债券	31.1%
次级债券	31.9%
初级次级债券	24.2%

资料来源：穆迪。

2007年开始的金融危机给人们的一个教训是按揭贷款的平均回收率与按揭贷款违约率有着负的相关性：当按揭违约率上涨时，基于止赎按揭的原因将会有更多的房屋被卖掉，从而使房价下跌，并造成回收率下降。

公司债券的平均回收率也显示了与违约率的负相关性。当一年中违约的债券不多时，经济状态一般会很好，这时这些债券在违约时所得到的回收率可以高达60%。但当一年内有很多债券违约时，经济状况一般不好，违约债券的平均回收率可能会低至30%。负相关性所产生的影响是在高违约率的年头里给贷款人雪上加霜，因为相伴随的往往是低回收率。

（四）由债券收益率溢差估计违约概率

由历史违约数据计算出的概率或违约率可称为现实世界概率，这是违约概率估计的其中一种方法，另一种方法是利用债券收益率溢差，所计算的违约概率或违约率均为风险中性估计值。债券收益率溢差是所许诺的收益率高于无风险利率的部分。通常的假设是这部分多出来的收益率是对所承受违约风险的补偿。

假设一个 T 年期债券的收益率溢差是每年 $s(T)$，这说明在时间 0 到 T 之间债券的平均损失率大概是每年 $s(T)$。假设在这段时间里违约率的平均值是 $\bar{\lambda}(T)$，而对平均损失率的另一种估计是 $\bar{\lambda}(T)(1-R)$，其中 R 是所估计的回收率。因此近似地会有关系式：

$$\bar{\lambda}(T)(1-R) = s(T)$$

或：

$$\bar{\lambda}(T) = \frac{s(T)}{1-R} \tag{15-2}$$

在很多情况下，这个逼近式都很有用处。

【**例 15-1**】 假设一家公司所发行的1年期、2年期和3年期债券的收益率比无风险利率高出150个基点、180个基点和195个基点。如果预估的回收率是40%，由式(15-2)给出的1年平均违约率为：$0.0150/(1-0.4)=0.025$，即每年2.5%。类似地，前两年的平均违约率是：$0.0180/(1-0.4)=0.030$，即每年3.0%。对所有3年的平均违约率是：$0.0195/(1-0.4)=0.0325$，即每年3.25%。这些结果表明第2年的平均违约率是：$2\times 0.03-1\times 0.025=0.035$，即3.5%，而第3年的平均违约率是：$3\times 0.0325-2\times 0.03=0.0375$，即3.75%。

1. 吻合债券价格

为了使计算更加准确，我们可以选择违约率使其与债券价格吻合。假设使用的是期限为 t_i 的债券（t_i 满足 $t_1 < t_2 < t_3 < \cdots$）。用最短期限的债券计算 t_1 的违约率，用下一个债券计算介于 t_1 与 t_2 之间的违约率，等等。

【**例 15-2**】 假设所有期限的无风险利率均为每年5%（连续复利），1年期、2年期和3年期债券的收益率分别为6.5%、6.8%和6.95%（也是连续复利，这与例15-1里的数据是一致的）。假设每个债券的面值都是100美元，券息都是每年8%（每半年支付一次，而且刚刚付过一次券息）。由债券的收益率可以计算出它们的价格分别为101.33美元、101.99美元和102.47美元。假如债券是无风险的，它们的价格应当分别是102.83美元、105.52美元和108.08美元（由5%的收益率计算）。这说明1年期债券的违约损失期望值的现值应当是：$102.83-101.33=1.50$美元。类似地，2年期与3年期债券的违约损失期望值应当是3.53美元和5.61美元。假设第 i 年的违约率为 $\lambda_i (1 \leqslant i \leqslant 3)$，回收率为40%。

考虑1年期债券，在前6个月内违约的概率是 $1-e^{-0.5\lambda_1}$，在接下来的6个月内违约的概率是 $1-e^{-0.5\lambda_1}-e^{-\lambda_1}$。假设违约只可能发生在6个月时间段的中间，那么违约可能发生的时间是3个月后和9个月后。在3个月时债券的无风险（远期）价格是：

$$4e^{-0.05 \times 0.25} + 104e^{-0.05 \times 0.75} = 104.12 (\text{美元})$$

由上一节里回收率的定义，我们知道如果违约发生，债券将会值40美元，所以当3个月后违约发生时所受损失的现值等于：

$$(104.12-40)e^{-0.05 \times 0.25} = 63.33 (\text{美元})$$

在第9个月的时间点上，债券的无风险价值为：$104e^{-0.05 \times 0.25} = 102.71$美元，而如果有违约的话，债券的价值将为40美元，所以当9个月后违约发生时所受损失的现值等于：

$$(102.71-40)e^{-0.05 \times 0.75} = 60.40 (\text{美元})$$

因此违约率 λ_1，必须满足：

$$(1-e^{-0.5 \times \lambda_1}) \times 63.33 + (e^{-0.5\lambda_1}-e^{-\lambda_1}) \times 60.40 = 1.50$$

这个方程的解（可以利用Excel里的Solver）为 $\lambda_1=2.46\%$。

接下来考虑2年期债券，这个债券在3个月与9个月时的违约概率可以从上面关于1年期债券的分析中得到,而对 2 年里违约率的计算可以通过使违约损失期望的现值等于 3.53 美元完成。对 3 年期债券可以由类似的方法处理。通过这些计算,我们可以得到在第 2 年与第 3 年的违约率分别是 3.48% 与 3.74%。

2. 无风险利率

无风险利率的选择对我们刚介绍的计算违约概率方法有重要的影响,例 15-1 中的溢差是债券收益率与无风险利率之差,而如何计算无风险债券价格对例 15-2 中计算由债券价格所蕴含的违约损失期望值有关键影响。债券交易员所用的参考无风险利率通常是某种国库券利率。例如,交易员对一个债券的报价也许是国库券上溢差 250 个基点。但是由于国库券利率太低,将其当成无风险利率没有太多用处。

信用违约互换合约(CDS)溢差提供了不依赖所选择无风险利率的信用溢差估计。有些研究人员试图通过将债券溢差与 CDS 溢差相比较,从而估计所蕴含的无风险利率。他们的结果表示,在正常市场条件下所蕴含的无风险利率比 LIBOR/互换利率低大约 10 个基点,或更接近 OIS 利率。

3. 资产互换溢差

在实际中,在计算信用风险时常常将 LIBOR/互换利率当成参考无风险利率。资产互换溢差更直接地提供了债券收益在 LIBOR/互换曲线之上溢差的估计。

为了解释资产互换的运作机制,可以考虑以下情形:某个债券的资产互换溢差报价为 150 个基点。对应于这一报价有以下 3 种可能。

(1) 债券价格等于账面价格,即 100 美元。资产互换的一方(公司 A)支付债券的券息,而另一方(公司 B)支付 LIBOR+150 个基点。注意,这里的交易是将债券所承诺的券息进行交换,即无论债券是否违约,交换都会进行。

(2) 债券价格低于其账面价格(如债券价格为 95 美元)。在资产互换中,A 方除了支付券息外,在互换开始时还要对每 100 美元的面值先支付 5 美元。B 方支付 LIBOR+150 个基点。

(3) 债券价格高于其账面价格(如债券价格为 108 美元)。在互换协议开始时,B 方首先对每 100 美元的面值先支付 8 美元。B 方付 LIBOR+150 个基点,A 方支付券息。

在以上 3 种不同的情形中,资产互换溢差的贴现值等于无风险债券的价格与相似企业债券的差价,这里的无风险利率假设为 LIBOR/互换曲线。

(五) 股票价格反推违约概率

当债券市场资料充足时,信用风险利差的衡量很有用。然而,债券市场数据不是很好的情况常常发生,例如:很多国家没有一个健全的公司债市场、发债机构的债券可能没有公开交易,因此找不到交易价格;或者发债机构的债券包含了其他权利,债券交易可能不频繁,交易价格无法代表目前状况等。因此,债券价格反推的信用风险利差应用起来比较困难。幸运的是,除了能利用公司债价格来推算违约概率外,也可利用股票价格来反推违约概率。

1. 莫顿模型

莫顿(Merton,1974)从公司价值出发,说明股票价格是以公司价值为标的的买权。莫顿认为一家公司一旦举债,举债公司股东等于将公司卖给债权人。在负债到期日当天,股东再决定是否将公司买回来。因此,在负债到期日当天,股东持有一个买回公司的权利,而债权人卖出一个买回公司的权利给股东。另外,从债权人的角度看来,公司一经举债,债权人随即卖出一个卖公司的权利给股东。在负债到期日当天,股东可以决定是否要将公司卖给债权人。

现在假设 V_T 代表负债到期日当天(时间点 T)的公司总价值;S_T 代表负债到期日当天(时间

点 T) 的股东权益总价值；K 代表负债到期日当天(时间点 T) 的负债总价值，则在负债到期日当天，股东的报酬如下所示：

$$S_T = \max(V_T - K, 0) \tag{15-3}$$

莫顿模型隐含着，拥有一张股票等于拥有一张买权，具体如图 15-2 所示。

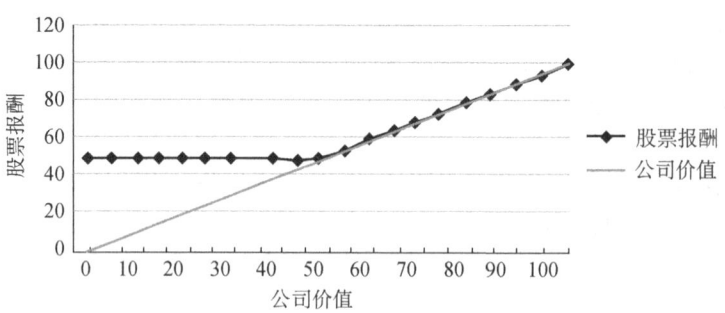

图 15-2 莫顿模型的股票报酬

在负债到期日当天，公司价值与负债面额较小者即为负债价值。又由于公司价值等于负债价值加上股东权益总值。因此，负债的价值等于公司价值与股东权益总值的差。

$$B_T = K - \max(K - V_T, 0) \tag{15-4}$$

式中，B_T 是负债到期日当天的市场价值。

此时，莫顿模型隐含着，拥有一张风险性债券等于拥有一张无风险债券，同时卖给股东一张卖权。

2. 莫顿模型的假设

通过莫顿模型，可以简单计算股票上市公司的股票价格与债券价格，若已知某股票上市公司的股票与债券价格时，则可通过期权定价公式，反推股票上市公司的违约概率。莫顿模型的六大假设如下：

(1) 举债公司只发行一个债务和一只股票。债务是在某个特定时点到期的零息债。
(2) 违约只会发生在负债到期日当天。
(3) 期初可以观察到公司价值，且公司价值的变动服从几何布朗运动(对数正态分布)，股票价格也服从对数正态分布。
(4) 无风险利率永远固定不变。
(5) 股东跟债权人之间不存在协商的可能性。
(6) 没有流动性调整的需求。

由于莫顿模型假设公司价值波动率维持固定不变，过去研究显示，当股价变动幅度相同时，高价公司的公司价值波动率低于低价公司的公司价值波动率。这说明公司价值波动率并非固定不变，同时，股票价值波动率也不是固定不变的。莫顿模型隐含假设股票价值波动率固定，不符合实际，这将导致莫顿模型在定价上产生误差。

3. 莫顿模型的参数

莫顿模型的参数包括 5 项：公司价值、负债面额、到期期限、无风险利率与公司价值波动度。股票价值可视为买权，持有风险性负债可视为持有无风险债券，再卖出一张股票卖权。表 15-4 综合说明当莫顿模型参数改变时，其对股票价值与负债价值的影响。

表 15-4 负债价值、股票价值与莫顿模型参数

	公司价值	负债面额	到期期限	无风险利率	公司价值波动度
负债价值	+	+	−	−	−
股票价值	+	−	+	+	+

(1) 公司价值:当公司价值上升,代表目标资产产价格上升,此时买权价值上升,卖权价值下跌,因此股票价值上升,但是负债价值也上升。

(2) 负债面额:负债面额可视为买权的执行价格,当执行价格上升时,买权价值下跌,因此股票价值下跌。而当负债面额上升时,负债价值增加。

(3) 到期期限:到期期限增加时,买权价值上升,因此股票价值上升。但当负债到期期限增加时,零息债券的价格下跌,因此负债价值下跌。

(4) 无风险利率:无风险利率上升时,买权价值上升,因此股票价格上升。但当无风险利率上升时,债券的折现率上升,因此负债价值下跌。

(5) 公司价值波动度:当公司价值波动度上升时,买权与多实权的价值都上升,因此股票价值上升,而负债价值下跌。

4. 莫顿模型的违约概率

莫顿模型假设公司价值服从波动度固定的对数正态分布,一家公司只有一笔零息债,到期日当天才有是否违约的问题。假设零息负债面额 K、公司价值 V,负债到期期限 T、公司价值波动度 σ、$N(\cdot)$ 代表累积正态分布值。此时,举债公司的违约概率如下所示:

$$p_T = N(-d_2) \tag{15-5}$$

若公司价值服从对数正态分布,根据正态分布累积分布表,即可简单估算出股票上市公司的违约概率。

三、衍生工具交易中的信用风险

一般来讲,两家公司之间的双边结算衍生产品交易服从国际互换和衍生产品协会(ISDA)的主协议规定。对金融机构之间的交易,合约中必须指明将缴纳初始保证金与追加保证金。出于在违约时计算权益和计算追加保证金的目的,这些交易使用净额结算(但在计算初始保证金时,并不使用净额结算)。

在主协议里还定义了违约事件发生的情形。例如,当一方没有能够履行衍生产品交易所指明的支付,没能按要求交付抵押品,或者宣布破产时,就会有一个违约事件。交易对手有权利终止所有与其之间尚未平仓的交易。在下面两种情况下,这些结果很可能会给非违约方造成损失:

(1) 对非违约一方,所有未平仓交易的总值是正的,而且高于违约方所交付的抵押品(假如有的话)价值。对于交易中没有抵押品的部分,非违约方成了无抵押债权人。

(2) 对违约的一方,所有未平仓交易的总值是正的,但是低于非违约方所交付的抵押品价值。为了要回自己已经交付的多余抵押品,非违约方成了无抵押债权人。

四、违约相关性

在实践中,一个债务人的违约概率往往和其他债务人的违约概率相关,这种债务人之间违约的相互关系被称作违约相关性。违约相关性有可能为正也可能为负,正的违约相关性主要体现在利益共同体中。例如,企业 A 持有企业 B 的债务,如果企业 B 违约,并且违约损失很大,那么很可能导致企业 A 破产。而在具有竞争关系的实体之间则往往存在负的违约相关性,例如,如

果企业 A 和企业 B 互为竞争关系,则企业 B 破产将会使市场竞争程度减弱,企业 A 的偿债能力很可能得以提高,违约概率下降。在本部分中我们讨论的主要是正的违约相关性。如果两个企业之间是相互独立的,违约与否互不影响,那么违约相关性的值为 0;如果一个企业违约必然会导致另一个企业违约,那么违约相关性的值为 1;违约相关性值的区间为[0, 1]。

(一) 相关违约的原因和表现

无论考虑单个资产还是资产组合,违约相关都影响着信用资产的违约概率和违约损失。如果违约事件是相互独立的,那么违约事件在时间上的分布上不会出现明显的集中现象。但是,现实中,在某些时间段,违约事件会连续且较密集地发生。集中发生的违约事件之间可能存在一定的关系,一个企业的违约可能与其他企业的违约存在共同的促发因素,或者一个企业的违约会导致其他企业违约概率的上升。

1. 产生违约相关性的原因

产生违约相关性的原因包括以下几个方面:

(1) 宏观因素,如 GDP 增长率、汇率水平、宏观经济政策、利率等,宏观经济环境对所有债务人都存在影响,当宏观经济进入衰退时,社会总需求不足,导致较多企业同时出现销售收入大幅下降,无法及时偿还债务。

(2) 行业或区域因素,如区域经济形势、行业周期、原材料的价格波动、技术革新等,这些因素同时影响同一行业或地区所有债务人违约的可能性。

(3) 资产相关性因素,如债权债务关系、财务担保、商业供应链关系等,这些因素会使债权人在经营政策、财务结构等方面具有依赖关系,一个债务人发生违约在一定程度上可能影响另一个债务人的违约概率。

2. 违约相关性的表现

几个企业之间的信用风险是相互关联的,可以表现为一个企业违约后别的企业也发生违约事件,但也可以表现为一个企业的信用级别降低而别的企业的信用级别也降低。无论是何种原因使得多个企业的信用风险具有相关性,这种相关性都可以表现为以下两种方式:

(1) 违约概率的相关性。这种相关性是指一个企业的违约概率变化会影响别的企业的违约概率,或者影响一个企业的违约概率变化的因素将会引起别的企业的违约概率发生变化。

(2) 回收率的相关性。一个企业发生违约事件,不仅可能影响另一个企业的违约概率,也可能改变另一个企业资产的价值,当其也发生违约后,资产拍卖的价格发生变化,从而使债权人能够回收的资金额与预期中的不同。

由于引起信用风险相关的原因不同,建模时所采用的技术手段也有所不同,对于直接相关的企业之间,可以采取条件概率分布的方式使一个企业的违约概率或回收率成为另一个企业的违约概率或回收率的函数;对于共同受第三方因素的影响而具有的相关性,可以通过一个企业的违约事件推测第三方因素的发生情况,再由此分析另一个企业的违约概率和回收率。

(二) 违约相关性的计量

假如在时间 t 内两个信贷债务人的违约事件分别为 A 和 B,违约概率分别表示为 $P(A)$ 和 $P(B)$,如果两个债务人是否违约是相互独立的,其联合违约概率为:

$$P(AB) = P(A) \cdot P(B)$$

当两个债务人是否违约存在相关性时,二者的相关系数为:

$$\rho_{AB} = \frac{E(AB) - E(A) \cdot E(B)}{\sqrt{VaR(A) \cdot VaR(B)}}$$

当变量间的关系是非线性时,用 Person 相关系数来度量违约相关性是不可靠的,可以采用 Couple 函数来避免这个问题。由于 $E(A)=P(A)$,$E(B)=P(B)$,并且:

$$VaR(A)=P(A)[1-P(A)], VaR(B)=P(B)[1-P(B)]$$

则 A、B 同时违约的联合概率为:

$$P(AB)=\rho_{AB}\sqrt{P(A)[1-P(A)]P(B)[1-P(B)]}$$

同样,条件违约概率为:

$$P(A\mid B)=P(A)+\rho\sqrt{\frac{P(A)}{P(B)}[1-P(A)][1-P(B)]} \tag{15-6}$$

显然,不同信贷个体同时违约的概率及条件违约概率与违约相关性皆显著相关,都随着违约相关程度的变化而变化。关于信用违约相关性的计量在传统上有两种方法:①用历史违约数据来计算债务人之间的违约相关关系;②已知债务人的资产值、方差和协方差矩阵,运用莫顿模型得到企业违约相关性的分析解。由于历史信息获取的困难以及计算的复杂程度较高,这两种方法估计的违约相关性的精确度仍然较低。

(三) Copula 方法分析

Copula 理论是由斯克拉(Sklar)于 1959 年提出的,该理论指出,n 维联合累积分布函数可以分解成 n 个边际累积分布和一个 Copula 函数。可以看出,Copula 函数是将所有变量的累积分布与各变量的边际累积分布连接起来的函数,描述的是变量之间的相关系数。引入 Copula 函数之后,可以更加准确地度量各债务人之间的违约相关性。下面具体介绍用 Copula 函数度量违约相关性的步骤。

1. 构建单一债务的信用曲线

令 τ 为违约事件发生的时间,$F(t)$ 为死亡函数(hazard function,也叫风险函数),表示债务在 t 时刻及之前违约的概率,$S(t)$ 为生存函数,表示债务在 t 时刻未违约的概率,可见:

$$F(t)=P(\tau\leqslant t), S(t)=1-F(t)=P(t<\tau)$$

假定在时刻 $t(0<t<T)$ 债务还未违约,那么在接下来的 Δt 时间内违约的概率为:

$$P(t+\Delta t>\tau\mid t<\tau)=\frac{F(t+\Delta t)-F(t)}{1-F(t)}\approx\frac{f(t)\Delta t}{1-F(t)}=\lambda(t)\Delta t \tag{15-7}$$

其中,$\lambda(t)=\frac{f(t)}{1-F(t)}$ 表示条件违约概率密度,且 $\lambda(t)=\frac{s'(t)}{s(t)}$,从而可以得出生存函数的表达式 $S(t)=e^{-\int_0^t\lambda(t)dt}$。违约概率密度为 $f(t)=\lambda(t)e^{-\int_0^t\lambda(t)dt}$。

2. 选择合适的 Copula 函数

在金融领域一般采用正态 Copula 函数和 t-Copula 函数两种方式来描述变量之间的相关结构。但信用违约事件往往不是正态分布,而是非对称的厚尾分布。

Sklar 定理:令 F 为一个 n 维变量的联合累积分布函数,其中,各变量的边际累积分布函数为 F_i,那么存在一个 n 维 Copula 函数 C,使得:

$$F(x_1, x_2, \cdots, x_n)=C[F_1(x_1), F_2(x_2), \cdots, F_n(x_n)] \tag{15-8}$$

若边际累积分布函数 F_i 是连续的,则 Copula 函数 C 是唯一的。不然,Copula 函数只在各边缘累积分布函数域内是唯一确定的。

五、常用的信用风险度量模型

(一) CreditMetrics 模型

CreditMetrics 模型是 1997 年由摩根大通公司所研发,属于由下而上的风险评估模型。CreditMetrics 模型以投资组合未来价值的变化,来替代无法观察的发债机构信用质量的变化。投资组合价值的波动决定于举债公司信用评级的改变与其潜在的信用风险。

1. CreditMetrics 模型架构

CreditMetrics 模型的架构如图 15-3 所示。

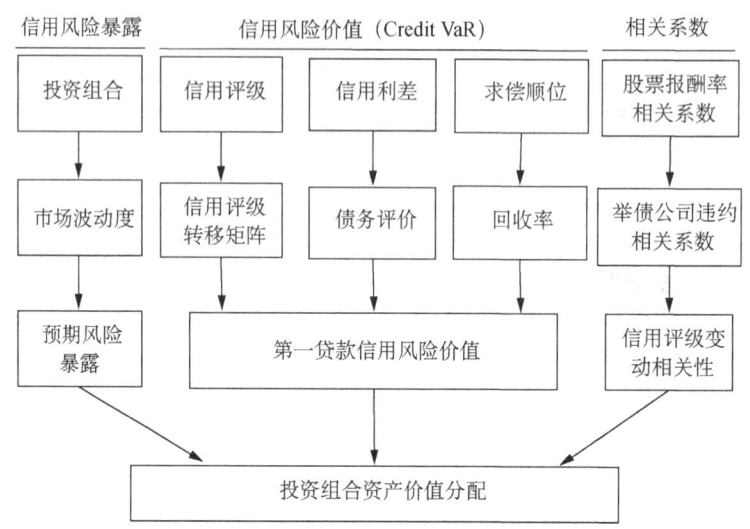

图 15-3 CreditMetrics 模型的架构

(资料来源:JP Morgan, CreditMetrics Technical Document, April 2, 1997)

在信用矩阵模型中,举债公司原始信用评级与违约概率的信息来自外部信用评级机构。由于举债公司的偿债能力随着时间的变动而改变,因此应该考虑举债公司的信用评级移转的可能性。违约损失率(LGD)是通过 Beta 分布[Beta 分布的概率密度函数为 $\frac{(1-x)^{\beta-1}x^{\alpha-1}}{B(\alpha,\beta)}$ 与 β 分别是 Beta 分布的参数。Beta 分布最大的特色在于其概率的上限与下限分别为 0、1,$\int_0^1 P(x)dx = 1$。根据实际违约损失来推算 Beta 分布的参数,以估计发债机构未来违约后的回收率,每个不同产业均使用其特定的 Beta 分布参数]来估算。由于信用矩阵模型可用于衡量个别债券与投资组合的信用风险价值。因此,投资组合的信用风险价值衡量应该反映出投资组合风险分散的好处。信用矩阵模型通过股价报酬率的相关系数反推信用评级移转及违约的相关性,以建构出投资组合的联合信用评级移转概率。给定违约概率、违约后损失与违约相关系数等投入变量后,即可对应找到个别资产或投资组合的信用风险价值。

【例 15-3】 若第一公司持有第二证券所发行的 BBB 评级、票面利率 6%、5 年后到期的无担保优先顺位券。1 年后的远期利率期限结构及信用评级移转的概率如下表所示,债券违约后的回收率是 51.13%,在目前债券市价是 106 元的情况下,请说明此债券投资的 1% 信用风险价值为多少。

信用评级	评级转移概率	累积概率	1年期远期利率	2年期远期利率	3年期远期利率	4年期远期利率	债券价格+利息(元)
AAA	0.02%	100%	3.6%	4.17%	4.73%	5.12%	109.35
AA	0.33%	99.98%	3.65%	4.22%	4.78%	5.17%	109.17
A	5.95%	99.65%	3.72%	4.32%	4.93%	5.32%	108.63
BBB	86.93%	93.7%	4.1%	4.67%	5.25%	5.63%	107.53
BB	5.3%	6.77%	5.55%	6.02%	6.78%	7.27%	102.01
B	1.17%	1.47%	6.05%	7.02%	8.03%	8.52%	98.09
CCC	0.12%	0.3%	15.05%	15.02%	14.03%	13.52%	83.63
违约	0.18%	0.18%					51.13

资料来源：JP Morgan, CreditMetrics Technical Document, April 2, 1997。

解：步骤一：找出信用评级转移后的债券价值。

第二证券所的BBB债券，其一年后信用评级转移至AAA至CCC的债券价格如下所示。

$$P_{AAA} = \frac{6}{(1+3.6\%)^1} + \frac{6}{(1+4.17\%)^2} + \frac{6}{(1+4.73\%)^3} + \frac{106}{(1+5.12\%)^4} = 103.35(元)$$

$$P_{AA} = \frac{6}{(1+3.65\%)^1} + \frac{6}{(1+4.22\%)^2} + \frac{6}{(1+4.78\%)^3} + \frac{106}{(1+5.17\%)^4} = 103.17(元)$$

$$P_{A} = \frac{6}{(1+3.72\%)^1} + \frac{6}{(1+4.32\%)^2} + \frac{6}{(1+4.93\%)^3} + \frac{106}{(1+5.32\%)^4} = 102.63(元)$$

$$P_{BBB} = \frac{6}{(1+4.1\%)^1} + \frac{6}{(1+4.67\%)^2} + \frac{6}{(1+5.25\%)^3} + \frac{106}{(1+5.63\%)^4} = 101.53(元)$$

$$P_{BB} = \frac{6}{(1+5.55\%)^1} + \frac{6}{(1+6.02\%)^2} + \frac{6}{(1+6.78\%)^3} + \frac{106}{(1+7.27\%)^4} = 96.01(元)$$

$$P_{B} = \frac{6}{(1+6.05\%)^1} + \frac{6}{(1+7.02\%)^2} + \frac{6}{(1+8.03\%)^3} + \frac{106}{(1+8.52\%)^4} = 92.09(元)$$

$$P_{CCC} = \frac{6}{(1+15.05\%)^1} + \frac{6}{(1+15.02\%)^2} + \frac{6}{(1+14.03\%)^3} + \frac{106}{(1+13.52\%)^4} = 77.63(元)$$

将债券价格加上第一期6元的利息收入，即可得到表中最后一栏债券价格与利息的数字。

步骤二：计算1%信用风险价值(CVAR)。

信用风险价值是指在衡量一段期间内，在某个置信水平下，个别资产或投资组合的最小价值与原始资产价值的差。根据上表可知，债券价格与利息小于98.1元的累积概率达1.47%，因此，债券的第100分位数是98.09元，1%信用风险价值则为：

$$1\%CVAR = 106 - 98.09 = 7.91(元)$$

2. 估算信用风险价值

（1）以正态分布反函数来评估信用风险价值。上述分析是给定资产价值的分布，通过百分位数来寻找资产的最小值。但假若资产价值服从正态分布时，也可以通过累积标准正态分布的反函数来估算资产的信用风险价值。

表 15-5 累积标准正态分布的反函数

信用评级	评级转移概率	累积概率	债券价格+利息(元)	平均数	方差
AAA	0.02%	100%	109.35	0.021 9	0.001 0
AA	0.33%	99.98%	109.17	0.360 3	0.014 6
A	5.95%	99.65%	108.63	6.463 7	0.145 6
BBB	86.93%	93.7%	107.53	93.476 6	0.185 7
BB	5.3%	6.77%	102.01	5.406 3	1.358 3
B	1.17%	1.47%	98.09	1.147 6	0.944 1
CCC	0.12%	0.3%	83.63	0.100 4	0.659 5
违约	0.18%	0.18%	51.13	0.092 0	5.632 5
				107.068 8	8.941 3

资料来源:JP Morgan, CreditMetrics Technical Document, April 2, 1997。

由表 15-5 信息可知,信用评级移转的方差是 8.941 3,即标准差是 2.990 2。由上述可知,BBB 债券 1 年后的期望价值是 107.068 8 元,而第 100 分位数是 100.112 6 元,代表 BBB 债券有 1% 的可能性,债券的价值将低于期望价值的 6.956 2 元。

投资组合的信用风险价值(Portfolio Credit VAR)。若投资组合内包括 2 张债券,债券 1 的原始评级是 BBB,而债券 2 的原始评级是 A,给定债券 1 与债券 2 的信用评级移转相关性 0.3,债券投资组合的联合信用评级移转矩阵见表 15-6。

表 15-6 两资产投资组合的信用评级转移矩阵

		债券 2(原始评级 A)							
	评级	AAA	AA	A	BBB	BB	B	CCC	违约
	概率	0.09	2.27	91.05	5.52	0.74	0.26	0.01	0.06
债券 1 (原始评级 BBB)	AAA 0.02	0	0	0.02	0	0	0	0	0
	AA 0.33	0	0.04	0.29	0	0	0	0	0
	A 5.95	0.02	0.39	5.44	0.08	0.01	0	0	0
	BBB 86.93	0.07	1.81	76.69	4.55	0.57	0.19	0.01	0.04
	BB 5.3	0	0.02	4.47	0.64	0.11	0.04	0	0.01
	B 1.17	0	0	0.92	0.18	0.04	0.02	0	0
	CCC 0.12	0	0	0.09	0.02	0	0	0	0
	违约 0.18	0	0	0.13	0.04	0.01	0	0	0

资料来源:JP Morgan, CreditMetrics Technical Document, April 2, 1997。

此时,BBB 债券与 A 债券 1 年后信用评级各维持在 BBB 与 A 的概率为:

$$P_{BBB,A} = P_{BBB}P_A + \rho\sigma_{BBB}\sigma_A$$
$$= 86.93\% \times 91.05\%$$
$$+ 0.3\sqrt{86.93\%(1-86.93\%)}\sqrt{91.05\%(1-91.05\%)}$$
$$= 82.04\%$$

依此类推,可以找到投资组合内 2 张债券的信用评级移转的所有可能,1 张债券 1 年后的信用评级移转共有 8 个可能性,2 张债券的投资组合 1 年后有 64 个信用评级移转的可能性。若投资组合内有 n 个资产,则投资组合的信用评级移转矩阵共有 8^n 种可能性。债券投资组合的信用风险价值,其估计的正确性完全受信用评级移转概率的正确性影响。信用评级移转概率的正确与否,又受信用评级移转的相关性影响。因此,只有正确估计债券投资组合信用评级移转的相关系数,才能正确估算出债券投资组合的信用风险价值。

使用信用风险价值来衡量机构投资者的信用风险时,存在下列几个问题:

(1) 信用风险价值通常衡量 1 年期间投资目标信用质量的变化,而非一天的信用风险。在信用风险价值评估期间,若银行实行修正行动,以降低或调整经济资本,则信用风险价值的衡量存在不正确性。

(2) 信用风险损失分配为厚尾分布,而非对称的正态分布。假设信用损失服从正态分布来计算信用风险价值,将使信用风险价值的结算存在误差。

3. CreditMetrics 模型的缺点

(1) 违约相关性被低估。CreditMetrics 模型通过资产价值变动的相关性来计算信用评级移转,以及违约的相关性。根据 CreditMetrics 模型的数据显示,违约相关性只有 2%~4%。违约相关性低于实际状况的主要原因,在于 CreditMetrics 模型假设资产价值服从正态分布,这导致违约相关性出现被低估的现象。

CreditMetrics 模型将股票报酬率作为资产报酬率的替代变量,这一假设适用于完全权益融资公司,但对高杠杆公司而言,信用矩阵模型所估算的信用风险价值可能产生严重偏误。

(2) 未同时考虑市场风险与信用风险。信用矩阵只考虑信用评级改变时,投资组合或个别债券投资所面临的信用损失并未同时考虑利率发生改变时投资组合价值的变化。因此,CreditMetrics 模型仅考虑信用风险,而没有考虑市场风险。

【例 15-4】 某一公司希望通过信用矩阵模型来衡量风险性债券的信用风险,请问下列哪个信息在衡量信用风险价值时属于无关信息?

A. 信用评级移转矩阵及违约概率

B. 信用利差期限结构与利率期限结构

C. 债券未来各期的票面利息与到期期限

D. 发债机构的公司价值波动率

答案:D。发债机构的公司价值波动度是莫顿模型下衡量股票或债券价值的关键因素,在 CreditMetrics 模型中属于无关信息。

(二) CreditRisk+模型

信用风险加成(CreditRisk+)模型是 1997 年由瑞士信贷第一波士顿公司研发的信用风险评估模型。CreditRisk+模型主要基于实际数据法,采用违约模式来定义信用事件。按照损失严重度的高低,CreditRisk+模型将贷款组合或债券组合,分为几个同构型(homogeneous)小群体,同构型小群体内的贷款或债券均具有相同的系统性风险,受相同共同因子的影响。若假设一段时间内,发生 x 个违约,服从泊松(Poisson)分布,其概率密度函数为:

$$p_{(x)} = \lambda^x \cdot \frac{e^{-\lambda}}{x!} \tag{15-9}$$

式中,$x = \sum_{i=1}^{n} b_i$ 代表在衡量期间,同构型群体内发生违约的总个数。而 b_i 代表个别资产 i 的违约状况,服从伯努利分布。λ 代表同构型群体的违约强度,也等于同构型群体内每个资产的违约概率(p)与群体内资产个数(n)的乘积,λ越大,代表群体的违约概率越高。信用风险加成模型只分析违约事件,而不考虑资产价格变化、信用利差扩大、信用评级移转等因素对投资组合价值的影响。

1. 模型假设

CreditRisk+模型不假设违约事件发生的原因,只看公司是否发生违约。但对违约概率则存在下列假设:

(1) 在每一个估计期,违约个数相同时,违约概率也相同。

(2) 由于违约强度是同质群体的总违约概率,故群体内贷款人个数多时,隐含表示每一位贷款人的违约概率很小。

(3) 在任何一个时间点,群组内贷款发生几个违约的状况完全独立。

根据前述,按照损失严重度的不同,可以将贷款组合分为贷款金额在 100 万元以下的小额贷款,贷款金额在 100 万元到 500 万元间的中额贷款,贷款金额在 500 万元以上、3 000 万元以下的大额贷款,贷款金额在 3 000 万元以上的超大额贷款等。

在信用风险加成模型中,违约损失率是外生给定的参数,不受市场利率与信用评级移转的影响。给定个别资产的风险暴露、平均违约比率、违约损失率与各个同构型群组的资产个数后,在最小的数据点投入下,即可找到不同群组的信用损失分布,进而找到不同群组的信用风险价值。

2. CreditRisk+模型的优缺点

CreditRisk+模型的主要优势在于其简单易懂,通过泊松函数所估算的违约概率需要估算的参数极少。但模型的限制包括下列几点:

(1) 与信用矩阵模型相同,CreditRisk+模型只考虑信用风险,不考虑市场风险,CreditRisk+模型隐含假设信用风险与市场风险无关。

(2) CreditRisk+模型假设个别贷款的信用风险暴露为外生给定的参数,不受发债机构信用质量的变化影响。

(3) CreditRisk+模型没考虑违约事件间的相关性。

(4) CreditRisk+模型无法有效衡量报酬函数为非线性的资产,即期权的信用风险。

【例 15-5】 在信用风险加成模型(CreditRisk+)中,一个大型的、分散的贷款组合,其损失分布如何建构?

A. 将银行贷款根据损失金额的高低分成小投资组合,每个小投资组合分别代表一组贷款损失的范围

B. 将银行贷款根据损失金额的高低分成小投资组合,每个小投资组合分别代表一个贷款损失的金额

C. 将银行贷款根据贷款人违约概率的高低分成小投资组合

D. 将银行贷款根据贷款人违约概率波动度的高低分成小投资组合

答案:A。信用风险加成模型(CreditRisk+)按照损失严重度的不同,将贷款组合区分为小型投资组合,计算投资组合的损失分布,以找出小投资组合的信用风险价值。

(三) KMV 模型

KMV 模型的理论基础建构于莫顿期权定价模型之上,在给定的资本结构下,评估举债公司的违约概率。

1. KMV 模型的估计步骤

由于莫顿模型假设公司仅有一笔零息负债,且公司价值服从对数正态分布,这两个假设导致

莫顿模型的违约概率与实际违约概率存在差异。因此，KMV 承认公司存在短期负债与长期负债，并研发出信用监控模型(credit monitor model，CMM)来监测全球 3 万家公开发行公司预期违约频率(expected default frequency，EDF)。EDF 通过违约距离(distance to default，DD)对应找出公司资本结构、资产价格波动性与未来资产价值的函数关系。因此，穆迪 KMV 模型的估计步骤包括下列几项：

(1) 估计公司资产价值与资产价值波动性。
(2) 违约阈值的设计。
(3) 估计违约距离。
(4) 违约概率的衡量。

1) 公司资产价值与资产价值波动性

公司资产价值与资产价值波动性是通过莫顿模型来估算。莫顿模型认为，持有一家公司的股票，等同于持有一个以公司资产价值为标的资产的买权。也就是说，一家公司一旦举债，公司等同于被卖给债权人。股东必须在负债到期日当天，决定要不要将公司买回来。如果股东决定买回公司，股东会偿债，此时公司没有违约；但当股东决定不买回公司，股东选择不偿债，此时公司违约。

在莫顿模型中，给定目前的股票价格、股票报酬率标准差、负债面额、无风险利率、负债到期期限等相关参数，可以对应找出公司价值与公司价值的标准差。

2) 违约阈值

由于莫顿假设公司只有一笔无息债务，股东在负债到期日当天只需考虑是否偿还债务的面额。但实际情况是，企业大多举借多笔负债，有些负债期限长，有些负债期限短，且所有负债都需要支付利息。因此，莫顿模型对企业负债的假设有些脱离实务状况，莫顿模型估算的违约概率与实际违约概率差距太大。

穆迪 KMV 公司修正了莫顿模型，假设企业负债包括短期负债与长期负债，并通过短期负债与长期负债来计算违约阈值。至于举债公司是否违约，还是回到莫顿模型的说明，在负债到期日当天，当公司价值大于违约阈值，股东选择偿债，此时公司继续存活；而当公司价值小于违约阈值，股东选择不偿债，此时公司违约。接下来说明穆迪 KMV 模型对违约阈值的设计。

若以 LD 代表长期负债(简称长债)，以 SD 代表短期负债(简称短债)，则 KMV 模型的违约阈值决定于长期负债与短期负债的比率，以 $\frac{LD}{SD}$ 表示。当长期负债与短期负债的比率小于等于 1.5，代表举债公司使用的融资额度中短债使用相对多，因此违约阈值中短债的比重较高，长债的比重较低。此时，违约阈值设定为 1 倍的短债，再加上 0.5 倍的长债。即：

$$\frac{LD}{SD} \leqslant 1.5 \rightarrow 违约阈值 = SD + 0.5 \times LD \tag{15-10}$$

但若长期负债与短期负债的比率大于 1.5 倍，代表举债公司使用的融资额度中，短债使用相对较少，长债使用相对较多，因此违约阈值中短债的比重应该减少，长债的比重应该增加。穆迪 KMV 模型给定的违约阈值如下所示。

$$\frac{LD}{SD} > 1.5 \rightarrow 违约阈值 = SD + \left(0.7 - 0.3 \times \frac{SD}{LD}\right) \times LD \tag{15-11}$$

将式(15-11)重新整理后可以发现，当长债与短债的比值大于 1.5 时，穆迪 KMV 模型所设定的违约阈值是 0.7 倍的短债,再加上 0.7 倍的长债。因为违约阈值由企业所举借的短债与长债所组成,随着时间的推移,短债与长债的组合会发生改变。莫顿模型的假设中,除负债假设与实际情况有差异外,其另外假设公司价值服从正态分布。在公司价值服从正态分布的假设下,违约概率可以简单地通过 $N(-d_2)$ 来估算。但当公司价值不服从正态分布时,通过 $N(-d_2)$ 所估算的违约概率将产生误差。实务上,资产价值并不服从正态分布,资产价值的分布属于厚尾分布,也就是极端高或极端低报酬出现的机会,高于正态分布的假设。因此,穆迪 KMV 模型通过违约距离与实际数据估计违约概率。

3) 违约距离

穆迪 KMV 模型通过违约距离与实际数据估计违约概率。违约距离代表公司价值距离违约阈值还有几倍的标准差。不考虑资产回报率的分布 V_T 代表负债到期日当天的公司价值,σ_V 代表负债到期日当天的公司资产价值标准差,DP 代表违约阈值,则穆迪 KMV 模型的违约距离为:

$$DD = \frac{V_T - DP}{V_V} \tag{15-12}$$

在穆迪 KMV 模型中,公司价值的成长率不是无风险利率,而是预期的股东权益回报率。由于股东权益回报率高于无风险利率,根据股东权益回报率所计算的违约距离,高于风险中立下的情况。

4) 违约概率

穆迪 KMV 模型不假设公司价值服从正态分布来计算违约概率,因此,穆迪 KMV 模型需要使用大量的样本数据来建构违约样本数据库,并找出每个举债公司的违约距离,再将所有样本公司的违约距离与实际违约样本数据库互相匹配,以找出特定违约距离所对应的违约概率,即预期违约频率。

若穆迪 KMV 模型的样本数据库内违约距离等于 2 的公司有 1 万家,此 1 万家公司中共有 60 家公司违约,则违约距离等于 2 的公司,其预期违约频率($EDF_{DD=2}$)等于 0.6%。

$$EDF_{DD=2} = \frac{60}{10\,000} = 0.6\%$$

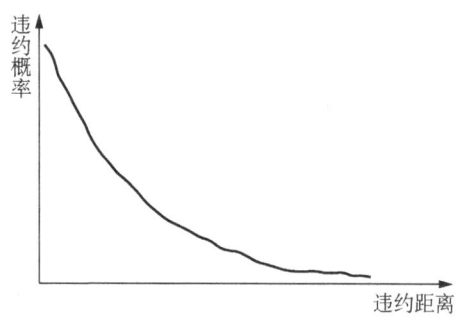

图 15-4 违约概率与违约距离的关系

通过同样的方式,穆迪 KMV 模型可以找到不同违约距离公司的违约概率。在此以图 15-4 来说明穆迪 KMV 模型的违约概率与违约距离的变动关系。

根据图 15-4 可知,违约距离与违约概率呈现反向变动关系,即违约距离越低时,违约概率越高;而违约距离越高时,违约概率越低。由于违约距离是公司价值距离违约阈值有几倍的标准差,如果违约距离大,代表即使公司面临产品与营销市场的波动,导致公司价值发生改变,但由于违约距离大,公司违约的可能性也不高。但是,若举债公司的违约距离仅有 2 倍的标准差,当发生景气变动时,公司价值可能大幅波动,导致公司价值低于 2 倍标准差,则举债公司可能违约。

2. KMV 模型的优点

由于穆迪 KMV 模型是根据 EDF 来建构举债公司的信用评级移转矩阵,而外部信用评级机构则根据发债机构的历史信用评级的改变来建构信用评级移转矩阵,在 KMV 模型的信用评级移转矩阵中,AAA 评级企业留在原有评级的概率低于外部信用评级机构的估计值。综合来说,KMV 模型下,不同评级企业的违约概率较外部信用评级机构的估计值低,但其信用评级移转概率则较外部信用评级公司的估计值高。

若公司资产报酬率服从正态分布,根据标准正态累积概率分布表可知,临界值小于等于 2 的概率为 0.022 8,代表莫顿模型下,违约距离等于 2 的公司的违约概率是 2.28%。但通过实际数据库得知,违约距离等于 2 的公司,其违约概率高于 0.022 8。KMV 违约概率高于 $N(-d_2)$ 的原因在于资产的实际报酬率的分布并非正态分布,而是呈现厚尾分布。

【例 15-6】 公司 A 的资产价值在时点 0 是 1 000 万元,在时点 1 是 1 200 万元,且公司的短期负债与长期负债分别是 500 万元与 300 万元。若公司资产价值的波动率是 10%,根据 KMV 模型,请问公司 A 的违约阈值与违约距离分别为多少?

答案:由于公司 A 的长债短债比小于 1.5,因此公司 A 的违约阈值是短债再加上 1/2 长债。即:500+0.5×300=650。再者,违约距离则为:

$$DD = (1\,200 - 650)/(1\,200 \times 10\%) = 4.58$$

(四) Credit Portfolio View 模型

Credit Portfolio View(CPV)模型是由麦肯锡公司(McKinsey)于 1998 年开发出的一个多因子模型,一般用作信贷风险的分析。CPV 模型运用计量经济学和蒙特卡罗模拟对每个国家不同行业中不同等级的违约和转移概率进行计算,进而得出风险价值。该模型以宏观经济情况为基础来度量违约风险,考虑的宏观经济因素有 GDP 增长率、失业率、汇率、长期利率、政府支出和储蓄等,用于分析贷款组合风险和收益。该模型认为宏观经济因素的改变是信用质量变化的原因,因而用信用组合观点模型衡量信用风险时,不对企业的特殊数据进行分析。

1. 模型假设

CPV 模型主要模拟联合条件信用移转与违约概率。按照发债机构或贷款人的状况,CPV 模型将投资组合分为数个小投资组合,分别计算各个小投资组合发生信用事件时的规模与次数,进而得到各个小投资组合的信用损失分布。关于违约后损失金额的估计,CPV 模型的假设如下:

(1) 损失分布决定于经济状况的好坏,经济状况优良时信用损失低,而经济状况差时信用损失高。

(2) 实际的损失分布决定于每个小群组的个数与规模。

(3) 通过当前市场信息所计算的资产价格估算违约后损失率。

(4) CPV 模型可同时用来计算单一贷款,或贷款组合的违约损失与信用风险价值。

(5) CPV 模型考虑回收率的不确定性,考虑不同国家法律规定不同所导致的回收率差异。

(6) CPV 模型以历史总体经济数据,以及平均违约比率的时间数列数据为基础,建构不同国家、不同行业、不同信用评级企业的多因子模型,以计算单一贷款人或贷款组合的违约风险。

2. 估算违约概率

根据不同时间点的边际违约比率,可以估算贷款组合的违约损失。当贷款组合的风险分散程度越高,即贷款组合内贷款企业的个数越多时,不同企业的同时违约概率低,因此贷款组合的隐含违约损失越低。

若 y_t 代表不同总体经济变量 x^k 的线性组合,通过罗吉斯模型,CPV 模型的违约概率(p_t)如下所示。

$$p_t = \frac{1}{(1+e^{-y_t})} \tag{15-13}$$

由此可知,在 CPV 模型中,影响贷款组合违约概率高低的因素,是总体经济变量的高低。由于贷款企业所处国家、行业、信用评级或不相同,信用分析师选取不同总体经济变量,可以估算出不同国家、行业、信用评级企业的违约概率,再将回收率的不确定性纳入考虑后,即可通过蒙特卡罗模拟法模拟出贷款组合的损失分布。一般来说,信用分析师选择 GDP 成长率、利率、货币供给成长率与失业率等总体经济变量来衡量贷款组合的违约概率。综合来说,CPV 模型的优点在于将违约风险与总体经济状况联结在一起;但缺点是,分析师无法以 CPV 模型了解举债企业违约的个体因素。

(五) 模型比较

KMV、CreditMetrics、CreditRisk+和 CPV 是当今国际上最具代表性的信用风险量化模型。它们建立的基础和对风险评估的重点都有所不同,为了更好地进行分析,特从以下几个方面进行比较(见表 15-7)。

表 15-7 现代信用风险度量模型的比较

	CreditMetrics	KMV	CreditRisk+	CPV
开发者	摩根大通	穆迪 KMV 公司	瑞士银行	麦肯锡公司
模型基础	莫顿期权定价理论	莫顿期权定价理论	保险精算	宏观经济变量
风险驱动因素	资产价值	资产价值	期望违约概率	宏观经济因素
类型	盯市类模型	盯市和违约预测	期望违约概率	盯市和违约预测
核心思想	信用组合价值的变化受到债务人违约概率和信用等级转移的双重影响	企业资产价值低于违约点时债务人就会违约	违约服从泊松分布,与企业资本结构无关。利用违约概率的波动性描述违约相关性,进而生成贷款的损失分布	违约与信用等级转移概率与宏观经济因素有关,利用经济因素和组合损失分布生成违约转移概率分布
方法	风险价值法	风险价值法	风险价值法	风险价值法
违约概率估计	企业评级法	风险中性概率法	泊松分布	蒙特卡罗模拟
违约风险暴露	本金	根据债务人的特征确定	根据债务人的特征确定	根据债务人的特征确定
违约损失率	通过估计违约回收率估计违约损失率	通过估计违约回收率估计违约损失率	直接估计	
数据要求	长期的跨行业数据、评级机构提供的信用评级、国别和产业指数、单项资产的风险敞口及股票交易数据	债务人的资本结构、风险的利率债务、单项资产的风险敞口及股票交易数据	风险暴露水平和债务人的违约概率数据	宏观经济变量、行业数据
适用范围	适用于对企业和大客户的信用风险度量	适用于对企业和大客户的信用风险度量	适用于银行对零售客户的信用风险度量	适用于对宏观经济因素变化敏感的投机级债务人的信用风险度量

(续表)

	CreditMetrics	KMV	CreditRisk+	CPV
模型局限性	对市场利率变化不敏感，对同一等级的债务人具有相同的违约及等级转移概率的假设与实际情形不符	企业资本结构假设比较简单，资产组合的高度分散化假设依赖于金融产品的多样化市场	没有考虑债务人信用等级的变化、市场风险和信贷期限的可变性	需要大量长期的国家和行业数据

第三节 次贷危机

一、危机起源

次贷危机是指由美国次级房屋信贷行业违约剧增、信用紧缩而引起的金融危机。次级房屋抵押贷款(subprime lending，以下简称次贷)是指银行等贷款机构向收入不高及(或)信用程度较差的购房借款人提供的贷款。在美国政府及国会的鼓励下，美国商业银行放松了购房信贷标准，从而促进了次贷市场的发展。这类贷款的首付很低甚至为0(2005年美国购置首套住房者所付头款的中位数为2%，其中有43%的人首付为0)，且通常采用固定利率与浮动利率相结合的还款付息方式，即购房者在购房后的前几年按优惠固定利率偿还贷款(甚至可以不还本金)，其后按浮动利率偿还贷款。但次级贷款的利率一般较正常贷款略高，而且常常是可以随时间推移而大幅度上调的浮动利率。美国商业银行将贷款发放以后，自己并没有承担收回贷款本息的责任，而是将其债权打包出售以取得流动性；再由有关机构发行住房抵押贷款债券(mortgage based securities，MBS)，实现抵押贷款资产证券化，从而形成了抵押贷款的二级市场。

2002~2006年，美国住房市场持续繁荣，再加上利率水平较低，各个环节的风险都很小，美国的次级抵押贷款市场迅速发展。2001~2006年，次贷新增贷款额度的年均增长速度高达38%。贷款机构由于对房地产市场的预计过于乐观，且若借款人违约时，贷款机构将房屋收回拍卖也不会亏损，乐于发放这类贷款。借款人也寄希望于自己的房屋升值，不但可以用住房向银行抵押融资，还可以在还贷困难时转售房屋获利。在美国房地产价格持续上升时期，由于违约率很低，MBS、担保债务凭证(collateralized debt obligations，CDO)、信用违约互换(credit default swap，CDS)等金融衍生产品利润丰厚且风险不大，评级机构对这些金融衍生产品及其相关机构给予AA以上的级别。许多投资者趋之若鹜，一些投资银行、投资基金和保险公司也购买了大量的这些金融衍生产品作为投资来牟利。

但是好梦不长，从2006年下半年开始，随着美国住房市场的降温，购房者通过出售住房或者抵押住房再融资变得困难，再加上利率不断提高(美国联邦储备委员会从2004年6月30日起连续17次小幅提息，将联邦基金利率从1%提升到2006年6月29日的5.25%)，次级抵押贷款的还款利率也随之上升，很多条件较差的借款人感觉还款压力大，故出现拖欠现象。而住房市场的持续降温也使购房者出售住房或者通过抵押住房再融资变得困难。同时，油价上涨等造成经济发展放缓，很多借款人因被裁员而付不出房贷。这些直接导致大批次贷的借款人不能按期偿还贷款，住房贷款的违约率迅速增高，使银行贷款难以收回，一些银行遭受损失甚至破产，从而引发了次贷危机。

一般认为，次贷危机开始于2007年2月22日，当天汇丰银行披露其主要与次贷相关的损失报告，减持其次贷相关MBS共105亿美元。2007年4月2日，美国第二大次级抵押贷款公司——新世纪金融(New Century Financial Corp)宣布申请破产保护并裁减54%的员工。此后，美国第十大抵押贷款机构美国住房抵押贷款投资公司于同年8月6日正式向法院申请破产保护，成为继新世纪金融公司之后美国又一家申请破产的大型抵押贷款机构。2007年，至少有100间抵押贷款机构关门、歇业或出让。

随着房价进一步降低及美国经济的下滑，一些正常的住房抵押贷款也开始出现违约现象，从而使债务危机进一步扩大。再加上一些评级机构"火上浇油"，迅速降低这些金融机构和金融产品的评级，有些对冲基金也趁机做空，许多贷款机构、投资银行、投资基金、保险公司等金融机构股价迅速下跌，出现大幅度亏损，甚至被迫申请破产保护。此外，美国和欧洲用许多投资基金买入了大量由次级抵押贷款衍生出来的证券投资产品，它们也受到了重创。

2007年7月16日，美国第五大投资银行贝尔斯登的两只次级债对冲基金——高等级结构信贷基金(high-grade structured credit fund)和高级结构信贷增强杠杆基金(high grade structured credit enhanced leveraged fund)倒闭。2007年10月30日和11月5日，美林CEO斯坦利·奥尼尔(Stan O'Neal)与花旗集团主席兼CEO查理·普林斯(Charles Prince)先后因CDO造成巨大损失而引咎辞职。2007年12月至2008年1月，摩根士丹利、花旗集团、摩根大通、美林、瑞银等大型金融机构纷纷公布其由次贷造成的巨大亏损。

二、危机发展

受投资者恐慌心理影响，美国债券市场大幅度萎缩，2008年第一季度与2007年同期相比，未偿付的债券余额减少了28.27%，其中CDO减少了93.73%，资产支持证券减少了82.58%；同时美国股市也大幅度下跌，跌幅高达45%。有些商业银行不仅因住房抵押贷款违约率上升而产生巨大损失，还因信用卡违约率上升而加重损失。

经过苦苦挣扎，华尔街第五大投资银行贝尔斯登终于因无法克服流动性危机，于2008年3月14日上午9点宣布获得摩根大通300亿美元的注资，并最终获得美国政府支持。5月30日，摩根大通以每股10美元的出价完成了对贝尔斯登的收购。与此同时，发行与MBS有密切联系的CDO和CDS的金融机构也出现流动性问题，纷纷抛售其金融资产或寻找并购者。

在次贷危机阶段，风险主要是通过金融机构资产负债表的相互关联而传染。金融全球化导致各国持有的金融资产也日益全球化了，使各国金融机构相互持有别国的资产。金融系统比较发达的国家几乎都持有与美国次级债务相关的金融资产。因此，当美国次级抵押贷款违约时，持有与次级债务相关资产的国外金融机构的总体资产质量就会受到影响。在美国次贷危机不断恶化的过程中，国外的一些金融机构也开始纷纷公告其与次贷相关的减计与损失准备。

除了前文所述的汇丰银行减持，2007年8月2日，德国工业银行宣布盈利预警，由于旗下的一支规模为127亿欧元的"莱茵兰基金"以及银行本身少量参与了美国房地产次级抵押贷款市场业务而遭到巨大损失，估计出现了82亿欧元的亏损。随即，德国央行召集全国银行同业商讨拯救德国工业银行的计划。8月9日，法国第一大银行巴黎银行宣布冻结旗下3只基金，其同样是因为投资了美国次贷债券而蒙受巨大损失。8月13日，日本第二大银行瑞穗银行的母公司瑞穗集团宣布与美国次贷相关损失为6亿日元。10月23日，受次贷危机影响，日本最大的券商野村证券公司宣布当季亏损6.2亿美元。10月30日，欧洲资产规模最大的瑞士银行宣布，因次贷相关资产亏损，第三季度出现近5年首次季度亏损，达到8.3亿瑞士法郎。次贷危机就这样不断地向全球金融体系扩散。

2008年，美国次贷危机愈演愈烈。受投资者恐慌心理影响，美国债券市场大幅度萎缩。与此同时，外国的重要金融机构也不断传来噩耗。2008年2月18日，英国决定将诺森罗克银行收归国有。4月18日，东京三菱日联金融集团预计，截至3月31日，该集团在次级贷上的相关损失为950亿日元(折合9.21亿美元)。4月29日,德意志银行宣布5年来首次出现净亏损。

由于美国2008年第二季度的经济增长率达到了2.9%,比第一季度的0.9%有明显增加,包括美国财政部部长保尔森在内的一些美国经济界人士都认为"次贷危机"的主要风险已经释放,美国经济已经开始回升。但事与愿违,次贷危机的发展更加严重,终于在2008年9月上半月形成了华尔街金融风暴。

美国政府支持的两家最大的房贷企业是房利美和房地美,二者合称"两房"。"两房"所发行MBS本来是以正常的住房抵押贷款为基础,有明确的放贷标准,严格规定哪些类型的贷款可以发放。但是在美国政府的鼓励下,在偏好高风险的对冲基金、养老金基金以及其他基金的冲击下,这些放贷标准已被突破。2007年,"两房"自己就持有3948亿美元的次贷MBS。而且"两房"自恃有政府担保,大量向银行及一些公司拆借资金,导致其债务高达5.2万亿美元,为其核心资本(832亿美元)的62.5倍。随着美国房地产价格的持续下降,正常住房贷款借款人的偿付能力也出现了问题,这就导致"两房"所发行的MBS迅速降级,股价大幅下挫,出现流动性问题。"两房"市值分别从2007年年底的389亿美元和220亿美元跌至2008年8月底的76亿美元和33亿美元,面临崩盘,已经等不到11月份的美国大选。由于"两房"发行的机构债券占整个机构债券的92%,机构债券减少将使美国债券市场全面萎缩,资金流向权益类市场或者海外市场。为此美国政府于9月7日起接管"两房",收购"两房"相关优先股,注入流动性,解决债券兑付危机,"两房"向美国财政部发行10亿美元优先股。美国财政部则以购买股票的方式向"两房"分别注入1 000亿美元,保持这两家机构的账面资本净值。其目的在于释放"两房"不会倒闭的信息,确保其所发行债券安全,从而恢复市场信心,以托起整个市场,稳定评级与价格,同时还试图拉低抵押贷款利率,刺激低迷的美国房地产市场。美联储还于9月14日联合美国十大银行成立700亿美元平准基金,用来为存在破产风险的金融机构提供资金保障,确保市场的流动性。

遗憾的是,上述各种努力都难以阻挡危机的蔓延。在美国东部时间2008年9月14日晚至15日晚的短短24小时之内,号称国际金融中心的美国纽约华尔街连续爆出了3条惊人的新闻,引起了全世界的瞩目。一是9月14日晚美洲银行宣布以约440亿美元收购有94年历史的美国第三大投资银行美林证券;二是由于联邦政府和私营资本均拒绝为收购行为提供资金担保,华尔街第四大投资银行雷曼兄弟控股公司(资产为6 390亿美元)因负债6 130亿美元而被迫于9月15日上午提交了破产申请;三是美国最大的保险公司——美国国际集团(AIG)因持有许多信用已经违约的到期合约而被调低其信用评级,在证实已经无法找到愿意为其提供贷款者的情况下,紧急向美联储申请短期贷款,以避免因信用等级调降、融资成本升高、融资抵押品追加、被交易合约对手取回资金,而在48~72小时内破产倒闭。美联储应AIG的申请,于9月16日晚宣布,史无前例地批准其下属的纽约联邦储备银行提供850亿美元同业信贷融资便利服务(credit facility),但条件是获取AIG 79.9%的权益性资本,并有权对之前已经发行的普通股、优先股暂停派发红利或股息,以帮助AIG摆脱因受金融危机影响而面临破产的厄运。

2008年9月7日至16日连续发生的这些重大事件,严重打击了投资者的信心,使危机进一步升级为信用危机,从而形成了华尔街金融风暴,有人甚至称之为"华尔街金融海啸"。

三、危机深化

信用危机实际上就是信心和信任的危机,许多人对危机的好转失去信心,对金融机构、金融系统乃至政府失去信任。这场金融风暴虽然起源于美国,但在许多国家都出现了这样的问题,因而导致了全球性的金融危机。

受华尔街金融风暴的影响,全球股市急剧下跌。2008年9月15日,在美国道·琼斯工业平均指数和标准普尔指数大幅下跌的同时,其他各国的股票指数也受到了严重打击。其中,伦敦金融时报 100 指数下跌 3.92%，较前一交易日下降 212.5 点；法兰克福股市 DAX 指数下跌 2.74%，较前一交易日下降 170.73 点，达到近两年来的最低点；巴黎 CAC40 种股票平均价格指数下跌 3.78%；RTS（俄罗斯交易系统）指数较前一个交易日下跌 4.78%。拉美主要股市也在 15 日全线下跌，其中巴西圣保罗股市和阿根廷布宜诺斯艾利斯股市的主要股指跌幅均超过 5%。16 日，亚太地区主要股市也全面下挫。中国上证指数击穿 2 000 点关口，收于 1 986.64 点，下跌 4.47%；中国深证成指下跌 0.89%；香港恒生指数全日跌 1 052 点，跌幅达 5.4%；日经股指下跌 4.95%；韩国首尔股市综合指数跌幅达到 6.1%，韩国证券交易所启动暂停交易程序。由此可见，华尔街金融风暴已开始演化成全球性的金融危机。

在全球股市受到重挫之后，金融危机更加迅速地蔓延到其他国家，许多国家迅速推出了巨资救市措施。2008 年 9 月 15 日，欧洲央行与英格兰银行分别向金融市场注资 700 亿欧元和 200 亿英镑。9 月 22 日，继美国政府出台 7 000 亿美元救市计划后，英国政府考虑动用 2 000 亿英镑帮助濒临危机的银行业渡过难关。9 月 28 日，比利时、荷兰和卢森堡宣布，向比荷合资的富通集团注入 112 亿欧元，实行部分国有化，防止集团破产。同日，英国房贷巨头布拉德福德—宾利银行被国有化和拆分出售。9 月底，德国房地产贷款机构德国地产融资抵押银行也遭遇了严重的流动性短缺，德国政府与几家金融机构联手为其提供总额达 350 亿欧元的债务担保，从而避免了其破产的厄运。

进入 2008 年 10 月，各国银行体系的流动性继续紧张和恶化，各国政府更加积极地采取各种措施以应对危机的进一步恶化。10 月 2 日，日本央行出手向金融市场注资 22.7 万亿日元。10 月 3 日，爱尔兰通过了一项紧急法案，向国内 6 大银行提供为期 2 年、总额高达 4 000 亿欧元的个人存款担保，以维护国内金融市场稳定。同日，希腊财政部宣布将为国内所有银行个人存款提供担保，以稳定急于从银行取现的储户的情绪；英国政府宣布把对个人存款担保的上限从 3.5 万英镑提高到 5 万英镑。10 月 5 日，法国巴黎银行和比利时、卢森堡政府就收购富通集团在两国的分支机构事宜上达成协议。同日，丹麦政府宣布已与各商业银行就成立风险基金达成协议，决定在今后 2 年内向此基金注入 350 亿丹麦克朗（1 美元约合 5.4 丹麦克朗），以保证储户的存款在银行倒闭时不会蒙受损失。瑞典政府宣布将增加对银行个人存款的担保额度，瑞典中央银行还宣布将增加发放给银行的贷款。10 月 6 日，法国宣布将为银行个人存款提供全额担保。10 月 7 日，欧盟成员国财政部部长同意大幅度提高各国对储户存款的最低担保额度，以帮助稳定金融市场和保护储户利益。10 月 8 日，英国财政大臣宣布英国银行救助方案，英国政府将向银行业至少注资 500 亿英镑。作为救助方案的一部分，英国央行将向银行和建筑业提供额外的 2 000 亿英镑的短期借贷额度以增加流动性。同日，全球 6 家主要央行有史以来首次联手降息。美联储、欧洲央行、英国央行、瑞士央行、加拿大央行和瑞典央行，联合宣布将基准利率均下调 50 基点。10 月 9 日，比利时首相莱特姆宣布，比利时、法国和卢森堡三国将为比利时和法国合资的德克夏银行提供财政担保，使其能够从资本市场募集到总额达 45 亿欧元的资金。之后数日，墨西哥、智利、澳大利亚、葡萄牙、波兰、韩国也相继宣布了各种措施以应对本国所面临的困难。尽管许多国家都纷纷采取措施，以尽量防止金融危机转化为经济危机，但是实体经济的大幅度下滑已经难以阻挡。

面临百年不遇的严重全球金融危机，世界各国首次携手合作，共同应对。2008 年 11 月 15 日，在美国华盛顿召开的二十国集团（G20）领导人金融市场和世界经济峰会，与会领导人就金融危机的起源、加强合作反对贸易保护主义、支持经济增长等问题达成共识，其中包括提高金融市场透明度、完善问责制、加强管理、促进金融市场完整性、强化国际合作以及改革国际金融机构等。会议还发表了应对金融危机的宣言，强调在世界经济和国际金融市场面临严重挑战之际，与会国家决心加强合作，努力恢复全球经济增长，实现世界金融体系的必要改革，防止类似危机再次发生。2008年11月23日,在秘鲁首都利马闭幕的亚太经合组织(APEC)第16次领导人非正式会议发表声明,预计全球性金融危机将在18个月内平息。

此后尽管各国政府不断推出救市措施,包括美国众议院和参议院于2009月2月13日先后通过了总额高达7 870亿美元的经济刺激计划。但这些措施未能阻止金融危机的发展及其不断向东欧国家及发展中国家的扩散。

在此次金融危机中,资本账户相对封闭、金融体系相对独立、收支状况良好的许多新兴市场国家也未能摆脱金融危机的影响。国内需求的锐减使欧美日等发达国家对其他国家的进口急剧减少,韩国、新加坡和马来西亚等专门生产投资品和消费耐用品的国家和地区受到了严重冲击。此外,随着能源、原材料等大宗商品需求减少,价格大幅度下降,依赖大宗商品出口的俄罗斯、巴西等国的出口收入减少,购买力下降,经济增长下滑。

金融危机进一步全球化的另一重要途径就是资本流入锐减。随着金融全球化逐步发展,一些发展中国家的经济发展越来越依赖外国私人资本流入,因此,外国资本的突然撤出将会使这些国家受到严重的打击。华尔街金融风暴之后,各国投资者的信心受到了严重打击,投资者纷纷变卖风险资产,把资产转向"安全资产"。在这个背景下,由于害怕在恶劣的经济环境下受到更大的损失,发达国家的机构投资者纷纷从新兴市场撤资,发展中国家的净私人资本流入量突然萎缩,外部融资需求越来越得不到满足。此外,资本大规模外逃还导致这些发展中国家的货币对美元大幅贬值,一些发展中国家本币价值损失了50%以上。因此,此次金融危机使得许多严重依赖资本流入的东欧和中亚发展中国家遭到了沉重的打击。2008年10月17日,乌克兰和匈牙利分别从国际货币基金组织和欧洲央行获得贷款,以稳定国内金融市场。2008年,匈牙利和立陶宛已出现负增长。2009年,东欧八国中有七个国家经济增长率为负数,波罗的海三国达到两位数的负增长。其中,爱沙尼亚为-14.1%,拉脱维亚为-18.0%,立陶宛为-15.0%,匈牙利为-6.3%.捷克为-4.1%,斯洛伐克为-4.7%,斯洛文尼亚为-4.7%,经济衰退十分明显,只有波兰GDP增长率为正,但仅为1.8%。

2009年4月2日,二十国集团(G20)领导人第二次金融峰会在伦敦举行,与会领导人就加强各国宏观经济政策协调、稳定国际金融市场、加强金融监管、改革国际金融体系等议题达成多项共识,取得了积极成果。会后二十国集团领导人宣言发表,同意为国际货币基金组织(IMF)和世界银行等多边金融机构提供总额1.1万亿美元资金,其中IMF资金规模由2 500亿美元增加到7 500亿美元。会议认为有必要对所有具有系统性影响的金融机构、金融产品和金融市场实施监管和监督,首次提出把对冲基金置于金融监管之下,并同意对拒不合作的"避税天堂"采取行动及实施制裁。同时,会议决定新建一个金融稳定委员会取代之前的金融稳定论坛。

为了应对危机,各国政府不断采取超级扩张的货币及财政政策,实施量化宽松、超低息及高财政赤字的组合策略,从而达到了前所未有的宏调扩张力度。2009年第二季度,各国政策措施的效果开始显现,金融体系得到了初步的稳定,经济状况也有所好转。2009年9月1日,北欧联合银行(Nordea Bank)发布经济预测报告说,全球经济衰退已经结束,世界经济将开始复苏。9月3日,经济合作与发展组织预计,全球经济衰退结束的速度将快于之前的预期,甚至衰退可能已经结束。

2009年9月24日至25日,第三次G20金融首脑峰会在美国匹兹堡举行。会议期间,世界主要经济体的领导人围绕努力促进世界经济复苏、改革国际金融机构和改善国际金融机构监管等问题进行了广泛讨论,并取得了一些进展;提出了对金融高管薪酬进行改革、把金融衍生产品纳入管理、实行跨国金融监管等建议。会议文件指出,世界经济已出现复苏征兆,但复苏趋势并不是很牢固,主要问题是失业率高、居民消费需求不足。尽管世界经济正在走向正常化,但不能自满。文件中强调应继续目前的政策支持,同时还要为解决就业问题提供足够的支持。为此在短期内要避免退出机制,但应着手准备退出策略;各国要根据本国情况制定退出策略,同时要协调一致。与会领导人还提出了解决世界经济失衡、实现长期可持续发展的议题。

四、危机原因

产生次贷危机的原因错综复杂,为了更加清晰地讲述其产生的原因,本部分将分别从宏观环境、次级抵押贷款涉及的相关主体因素以及次级贷款相关评级和监管因素这3个方面进行论述。

(一) 宏观环境因素

从宏观环境因素的角度分析次贷危机产生的原因,涉及利率政策、政府政策、消费文化、房地产投机这4个方面。

1. 利率政策

为了应对互联网泡沫破灭和"9·11"事件带来的经济低迷,美联储采取低利率政策刺激经济,联邦基金利率从2001年1月的6.5%降到2003年6月的仅1%,且低利率政策一直持续到2004年6月。时任美联储主席的格林斯潘也在2007年表示房价泡沫从根源上来讲是由长期实际利率的下降导致的。低利率条件下,居民消费不断增加,储蓄率随之下降,且由于借款成本下降,借款人负担减轻,消费者的借款消费行为受到了极大的刺激。加上住房抵押贷款的首付较低且银行发放贷款的标准被不断放松,2002~2004年间,次级贷款总量急剧膨胀,新增贷款的年增长率超过60%。

宽松的货币政策带来了较为严重的通货膨胀。2004年6月30日,在巨大的通货膨胀压力下,美联储开始上调利率以控制通货膨胀率,到2006年6月29日,利率上升到5.25%。

2002年发放的大量次级贷款在2004~2006年逐渐进入大额还款期,然而这两年内利率水平逐渐上升,住房抵押贷款的后续还款压力骤然增大,还款资质本就相对较差的次贷借款人面临着双重困境,在利率上升,月供不断增加,无力偿还贷款的同时,又很难将房屋出售出去或通过抵押获得融资,银行次贷违约概率上升,信用风险不断飙升。

2. 政府政策

克林顿总统上台后采取了一系列房地产金融政策来鼓励居民购买房产,想要以此实现"居者有其屋"的目标,让无力购买住房的消费者也能有房子住。1995年,企业开始接受政府资金,用以购买住房抵押贷款证券,该证券中包括了次级抵押贷款。到了布什政府时期,增加居民拥有的房产数量依旧是政府的一项目标。有证据表明,联邦政府的政策有意向地向住房抵押贷款倾斜,以此来降低借贷标准,增加房地产抵押贷款的数量,其中,在住房抵押贷款业中扮演重要角色的房利美和房地美都是政府资助的企业。而且,美国住房及城市发展部采取的住房抵押贷款政策助长了风险贷款发放这一趋势。

次级抵押贷款发放率在1994~2003年间每年基本保持25%的增长,这造成了在短短9年间次级贷款总量近10倍的增加。到2008年,政府赞助的企业通过住房抵押贷款汇集拥有的房贷总额大约为5.1万亿美元,其中约一半为未清账款。而且,政府资助的企业在利润的驱使下尽可能多地购买高风险的住房抵押贷款证券,其中包含众多高信用风险的次级抵押贷款,加上这些企业的高杠杆比率,其资产净值截至2008年6月30日只有1 140亿美元。

政府政策对房地产市场的鼓励和对住房抵押贷款的倾斜一定程度上助长了房地产泡沫和住房抵押贷款的过度发放。在政府政策的支持,尤其是经济补助政策的支持下,贷款人的条件审核被大幅放宽。这使得贷款机构在获取短期利益的同时吸收了大量的风险。尤其是在次级贷款市场,次级贷款人借助不断上升的房价取得了大量贷款。而很多借款人也因为高额的利率,忘记了次级贷款人偿付能力低的特点。政府的行为同时也给市场提供了不良的政策导向,加剧了整个房地产市场的信用风险,并为后来的次贷危机埋下了隐患。

3. 消费文化

美国的低储蓄率长期以来一直存在且仍在不断下降,与中国的高储蓄率相比,美国人一直热衷于提前消费。高消费、低储蓄不仅是美国的一种经济现象,更是美国人特殊的文化特征。一方面,美国的经济发展迅速,各项经济发展指标增速较快,构成国民经济总产值之一的消费水平也相对较高;另一方面,美国的消费信贷发展水平较高,且美国人对提前消费或"先买后付"的消费观较为认同,这种消费文化对美国信用体系的建设和完善也起到了很大的推动作用,但是也带来了普遍的低储蓄率。

在这样的社会消费环境下,大部分的美国人都通过在银行借入住房抵押贷款来购买房产,即使经济状况较差,收入水平较低。居民多采取借款消费而存款较少,一旦经济环境中出现造成偿付能力下降的负面因素,就将面临剧增的还款压力,且没有存款来提供缓冲,这是次贷危机爆发的前提。

而且,这种消费文化也使得2001～2004年低利率政策的效果大打折扣。低利率刺激经济有了一定的增长,但是没有给投资带来足够的推动力,公众将贷款投向了房地产和负债消费上,膨胀的信贷消费和过热的房地产贷款给后来发生的次贷危机埋下了隐患。

4. 房地产投机

在任何一个市场中,供给和需求都对价格有重大影响。从投资者的角度看,狂热地投机房地产早已被认为是次贷危机的一个促发因素。2006年间,以投资为目的的住房购买约为165万单位,占总住房购买量的22%;度假用住宅的购买量达到14%,与2005年相比该比重上升了约40%。因此,这一轮房价上涨并不是由购房者的实际居住需求和物价上涨所支持的,而泡沫的出现也在很大程度上与投机者的参与有关;同时,大量真实需要住房的购房者也因房市的火热而购买超过自身经济实力所能支持的住房,房地产价格飙升。从2000年到2006年,美国房地产价格几近翻番,人们对房地产的投资也逐渐成为投机行为。2006年购买投资额下降的现象是预料之中的,美国全国房地产经纪人协会首席经济学家大卫·莱赫在当时指出:"投机者在2006年离开市场,造成投资销售下降,其速度远远超过了主要市场。"当投机的因素逐渐从市场抽离时,房屋的价格也逐渐回归真实价值。但房价下跌所引起的恐慌却让房价和相关证券的价格下跌愈演愈烈。

投机性借贷使得房地产价格虚高,而杠杆化的操作又让购房者凭借有限的经济能力获取了更多的贷款,这些都进一步增加了信用风险。房价的火热不断推动着这一过程,导致房地产抵押贷款市场信用风险逐渐累积,当房地产泡沫幻灭时,信用风险爆发,危机的影响也更加严重。

(二) 次级抵押贷款相关主体因素

从次级抵押贷款涉及的相关主体因素这一角度来分析次贷危机产生的原因时,我们主要从基础资产(住房抵押贷款)、抵押支持债券、担保债务凭证和抵押担保债券、信用违约互换这几类贷款来进行。

1. 基础资产——住房抵押贷款对次贷危机的影响

住房抵押贷款是借款人向银行或者其他贷款机构申请贷款时,以自己拥有的房屋作为抵押物,从而获得借款权的一种贷款形式。在该种贷款中,银行和贷款机构的利益保护来自抵押物。当借款方违约或无力偿还贷款时,银行和贷款机构有权取得该房屋的所有权。被抵押的房屋可以是借款人已经拥有的住房,也可以是借款人借款后购买的住房。美国次贷危机的主要危机来源是次级房贷。

根据美国最通用的FICO信用评分系统,美国的房地产信贷市场可以根据客户的FICO信用分数分为 3 个级别：①优质贷款市场（prime market），其贷款对象的信用评分在 660 分以上，此类客户的特点是收入可靠且稳定，债务负担合理，属于优良客户；②ALT-A 贷款市场（alternative A market），其贷款对象的信用评分在 620 分和 660 分之间，相比于优质贷款市场，其客户资质相对低了一些，既包括信用分数在 620 分到 660 分的主流阶层，又包括分数高于 660 分的高信用度客户中的相当一部分人；③次级贷款市场（subprime market），其贷款对象的信用评分低于 620 分，此类客户的特点是收入证明缺失并且负债较多。

银行和贷款机构在接受次级贷款时会承受比优质贷款更高的风险，而作为风险的回报，次级贷款的利率相比于优质贷款高出了 2~3 个百分点。次级贷款客户的高风险给银行带来了高收益，加上政府对住房购买的鼓励，银行等贷款人开始逐渐放宽贷款标准，给众多远不符合贷款标准的客户发放了贷款，次贷的信用风险进一步扩大。贷款人不仅在贷款业务中考虑高风险的借款人，而且不断提供风险越来越大的贷款选择和借款奖励。这些贷款选择有：①"不查收入，不查工作且不查资产"的抵押贷款；②"只付利息且利率浮动"的抵押贷款，要求业主在最初阶段仅支付利息（而非本金）；③"选择性付款"的抵押贷款，这种方式让月付款金额有弹性，但是任何未支付的利息都将被纳入本金计算。

按照利率结构，次级抵押贷款可以分为定息抵押次级贷款（简称定息抵押次贷）和调息抵押次级贷款（简称调息抵押次贷）。定息抵押次贷在整个贷款期内利率固定不变，调息抵押次贷的还款期分为初期和调息期两个阶段。初期可以分为 1 年、2 年、3 年、5 年、7 年和 10 年等 6 种，采用固定利率；进入调息期后，每月支付额按照贷款合同中协议商定的调息指数加上一个差额，并且每 6 个月或 12 个月进行一次调整。由于定息抵押次贷使用固定利率，其利率决定受长期利率的影响较大，短期利率的波动并不会影响到定息抵押次贷的利率水平。而调息抵押次贷在固定期内使用固定利率，其利率也和长期利率有关，但进入调息期后，其利率将会结合当时的利率水平和市场状况被调整，受美联储短期利率的影响较大。

调息抵押次贷因其不合理的还款条件和浮动利率而成为次贷危机中信用风险的重要来源。借款资质较差的客户往往对金融市场和经济环境没有足够的认识，并且有着利率不断下降的预期。在他们看来，如果利率不断下降，在进入降息期后其还款成本将会进一步降低。然而事实并非如此。在还款的初期，每月的低额按揭付款额比较固定，到了调息期，还款利息却比普通房贷利息高出 2%~3%，这样的设计使得借款人的还款压力都集中在调息期，一旦利率违背借款人的预期，出现大幅度的上涨，则其将会面临巨大的还款压力。借款人并不了解影响贷款成本的实质因素，而被当前良好的房市和短期的低成本吸引，在购房的同时承担了购房成本在未来大幅上升的危险。

调息抵押次贷的初期只有 2~3 年，而调息期长达 27~28 年。如果 2004 年购买的房产，经过 2 年的初期便进入了 2006 年，而 2006 年时美联储已经大幅度上调利率，调息期内的利率也随之上浮。2004 年开始不断上浮的利率给借款人增加了负担。相比 2004 年初期的基础利率 1%，贷款在 2006 年以 5% 的基础利率进入调息期，对购房者而言，基础利息的付款额提高了 4 倍。当次贷的借款人越来越难以支撑按揭付款时，其信用风险剧增，次贷的违约概率随之大幅上升，从而使调息抵押次贷成为次贷危机中信用风险的重要来源。

与此同时，为鼓励居民贷款买房，调息抵押次贷中增加了"零首付""无抵押、无担保"的贷款，借款人违约给其自身带来的损失较小，却给银行和其他贷款机构带来了很大的潜在风险。在收益和政策的指引下，房贷机构为吸引更多借款人不断降低贷款门槛，信用风险大大上升。

推动次贷增加的另一个因素是美国的房地产营销经纪商。为赚取尽可能多的佣金或提成，房地产营销经纪商尽力使借款人能够通过贷款公司的审核，大量经纪商在促进次级抵押贷款业务蓬勃发展的同时，也为次级抵押贷款市场积聚了大量潜在风险。

住房抵押贷款是次贷危机中一系列资产证券化和结构化产品的基础资产,是金融衍生品信用风险最根本的来源。随着利率的上升、房价的下跌和信用风险的增大,贷款合同的违约概率不断上升,以其为标的物的证券化产品的价值也随之大幅度下跌。

2. 抵押支持债券对次贷危机的影响

银行和贷款机构通过贷款合同为购房者提供购房资金助长了房市的火热,但是在贷款准备金的约束下,有限的贷款额并不能支持源源不断的贷款申请。而证券化在为银行提供流动性的同时,也让更多的购房者获得了其所需要的资金。因此,抵押支持债券(MBS)得到了长足的发展。MBS指的是发行商先向金融机构贷入不动产抵押贷款,然后根据其不动产抵押贷款的利率、期限、担保情况等不同的特点,各个资产池形成,最终发行商所发行的以此为基础的债券。

资产证券化提高了银行和其他贷款机构资产的流动性,同时也意味着贷款人将用信用风险转移给住房抵押支持证券的购买者,即投资者。对投资者来说,住房抵押支持证券是一种能够获得较高收益的证券产品,加上评级机构基于发行人给MBS较高的信用评级,MBS获得了市场的青睐。然而在包装过程中,市场呈现给投资者的是MBS的发行人,即银行和投资机构的信用水平,而非实际现金流的提供者,即购房人的信用水平。而且,因为发行人将信用风险完全转移给了投资者,不用承担任何信用风险,于是尽其所能鼓励降低承保标准来增加贷款数量,从而可以发放更多数量的证券化资产,以获取更多的利润。

2001年,MBS的余额已经达到4 125万亿美元,大约占当年美国市场债券总余额的22.25%,这个数值远远超过当年美国国债、市政债券、企业债以及联邦机构债券、货币市场工具和资产抵押债券等单个债券的余额。如果将抵押支持债券和资产抵押债券的数额合并计算,这两种资产证券化后的可交易证券能达到28%的占比。到了次贷危机发生之前,MBS的余额已经高达6万亿美元左右,与吉利美、房地美和房利美相关的部分占70%。

尽管风险逐渐增大已经显而易见了,但是由于吉利美具有美国政府的显性信用支持,房地美和房利美具有美国政府的隐性信用支持,在所有的MBS中,得到AAA评级的大约占75%,得到AA评级的大约占10%。然而实际情况是,2007年第一季度次级贷款的违约概率高达15.75%。2007年第三季度,债券化的次级按揭资产占债券化按揭贷款总资产的比重已经超过41.18%,引起金融危机的也正是这些较低质量的由次级贷款、良级贷款和无级贷款组成的MBS。

由于信用评级较好,在2003年之后,由吉利美、房地美和房利美发行的MBS和美国国债之间的利差已经由最初的250个基点下降到了不足100个基点,这引起了更多金融机构的追捧,其中,大量的政府公共基金和对冲基金成为MBS的主要投资者。

资产证券化创造出了住房抵押贷款的次级市场,发行住房抵押贷款者不再需要持有贷款至到期日,而可以将贷款在二级市场上自由买卖。但是另一方面,证券的每一次转手都让实际债务人的身份和该证券未来现金流的确定性更加模糊,在证券不断自由流通的过程中信用风险也在不断增加。

在资产证券化的过程中,投资银行往往采用结构性投资工具(structured investment vehicle, SIV)或SPV,通过它们发放或购入的住房抵押贷款证券,将证券移除银行或其他贷款机构自身的资产负债表项目之外,以此来规避资本要求,这样在增加利润的同时也增大了信用风险。这些融资工具确实达到了规避监管的目的,但是在危机来临时也失去了中央银行的援助,在没有正规金融机构资本要求规范的限制条件下,这些衍生品往往有着更高的杠杆率和更大的信用风险。

3. 信用衍生品——担保债务凭证(CDO)和抵押担保债券(CMO)对次贷危机的影响

信用衍生品自20世纪90年代以来获得了巨大的发展,它们将信用风险从基础资产的持有者手中分离出来,在市场上通过合理定价后,将风险转移给愿意购买风险并获取收益的投资者,从而发挥风险管理的作用。相比于MBS,CDO背后的支撑多来自债务工具,例如高收益的债券、新兴市场企业债或国债,同时还有传统的 ABS、住房抵押贷款证券化及商用不动产抵押贷款证券化等资产证券化商品。但是,信用商品在对冲和分散风险的同时,也是风险的制造者,能够引发和助长更大的风险。在基础资产甚至衍生品被包装后,其特征和现金流的确定性也逐渐被掩盖,使得信息逐渐不透明。

CDO 的出现最早是为了集合高风险企业债的风险,并将其分散给其他投资者。21 世纪初期,CDO 的基础资产仍处于多元化的分散状态,但在 2006 年年末 CDO 市场成长到 1 000 亿美元的同时,其基础资产也被住房抵押贷款占据。与之相似的产品即为 CMO,其基础资产仅为住房抵押贷款。基于次级贷款的 CDO 克服了传统的 MBS 的相关性风险、产品单一的缺陷,受到了更多投资者的欢迎,由此进一步衍生出 CDO 的平方和 CDO 的立方等。

CDO 是一种固定收益证券,它将未来能产生固定现金收入的标的资产(既可以是信贷资产,也可以是债券)从资产池中依信用评级的风险分类切割成不同的券种,再转给特别目的机构,以私募或公开发行的方式卖出固定收益证券或收益凭证,再将资产池中的资产所产生的现金流作为利息和本金支付给投资者。同时,CDO 的投资者也被分化为不同的等级来承担资产池中的风险。当资产池中的资产出现利息或本金违约时,最先承受损失的是最低级别的投资者。而作为高风险的回报,CDO 低级别的投资者所收到的利息也会比高级别的投资者更多。CDO 现金流量的可预测性较高,CDO 不仅为投资者提供了多元的投资渠道,还能够通过不同风险与收益的分割,被销售给投资者,为风险承受能力不同的投资者提供了更多的选择,更提高了金融机构资金运用的效率,将不确定性风险转移出去。与此同时,层层覆盖的金融产品也让投资者看不到实际的现金流来源,无法取得充足有效的信息来判断自己的投资决定。

在次贷危机中,由于基础资产次级贷款的信用风险爆发,次级贷款违约概率的上升会导致以住房抵押贷款为支撑的 CDO 的偿付能力出现巨大的问题。信用衍生品的杠杆化经营使得 CDO 市场将贷款规模成倍扩大,同时信用风险成倍增长,且次贷违约概率上升,连锁反应下 CDO 的价格会出现大幅下跌,这也会波及整个金融行业。

资产证券化打包将基础资产的信用风险包裹得严严实实,投资者只能看到各种各样的金融工具及其收益率等表面信息,却无法通过有限的信息和技术分辨出里面包含的信用风险。在信息不对称的条件下,贷款需求的增加和次贷资产证券化的发展催生了大量的信用创造,在虚假繁荣的背后,信用风险随着金融创新被不断放大。

4. 信用衍生品——信用违约互换(CDS)对次贷危机的影响

CDS 实质上是一种贷款违约保险,是一种价格浮动的可交易的保单,对贷款风险予以担保。当 CDS 的购买人所持有的信用产品出现违约导致信用产品的持有人无法收回利息或本金时,CDS 的发行人会对其进行赔偿。CDS 与保险的不同之处在于,该合同可以像其他证券一样被交易,进行风险的再次转移。CDS 的出现解决了信用风险的流动性问题,使信用风险可以像市场风险一样进行交易,从而转移了担保方的风险,同时也降低了企业发行债券的难度和成本。

CDS 不仅可以用来对冲风险,也能用来投机获利。在整个市场被信用衍生品充斥而过度资产证券化时,市场主体面临着越来越大的不确定性,CDS 买卖双方的理性决策变得越来越难,很多选择更类似于赌博。当基础资产次级贷款的违约概率上升时,贷款价值缩水,购房者提供的还款不足以支持 CDO、CMO 的利息和本金支付,CDO 和 CMO 的违约概率不断上升,CDS 的价值不断下跌,CDS 的呆账数量自 1998 年至 2008 年增加了 100 倍,其涉及的债务总额据估计为 33 万亿美元到 47 万亿美元。

CDS 的监管较为宽松,其义务的履行和违约没有明确的职能部门进行监管,且其信息披露与其涉及的风险相比远远不够。CDS 市场上存在较大的交易对手风险。一旦交易对手违约或者信用被降级,信用衍生品市场的价格和流动性将会出现急剧的下降,导致流动性溢价提高而价格进一步下跌,由此陷入恶性循环。CDS市场一般实行保证金交易,一旦其价格下跌,市值缩水,在杠杆作用下,协议的追加保证金要求会使CDS的持有者产生灾难性的损失。而且,众多金融机构既是信用风险的买入者又是其卖出者,市场主体之间有着错综复杂的关联,金融机构彼此之间的相关性较强,当市场出现波动时往往无法独善其身。在违约概率大幅上升时,过高的赔付额会导致CDS的发行人无力偿付。在这种极端情况下,CDS的发行人会因大额赔付而承受损失,同时,也会因赔付总额超过其承受能力而使CDS的投资者遭受损失。

在巨大的信用风险暴露和不确定性的状况下,CDS市场在次贷危机爆发后也开始出现危机,并迅速席卷所有参与者,和MBS、CDO市场一起将信用风险进一步放大,并使危机的范围进一步蔓延,由此带来整个金融系统危机的大爆发。

(三) 次级贷款相关评级和监管因素

从次级贷款相关评级和监管这一角度来分析次贷危机产生的原因时,我们主要从信用评级机构和金融监管这两个方面来进行。

1. 信用评级机构

如前所述,在住房抵押贷款的基础上,银行和投资银行等金融机构通过资产证券化构造出MBS等证券产品,再进一步衍生出如CDO、CDS等各种金融衍生品。因此,信用关系变得高度复杂,信用风险也被层层放大。对众多中小投资者和部分机构投资者而言,各类金融产品之间的关系和它们的风险与收益都变得难以判断,再加上随着虚拟化链条的延伸,信息也变得越来越不对称,金融产品的风险衡量和定价更加依赖于信用评级机构。

抵押贷款证券的设计过程十分复杂,在投资者难以区分金融产品的本质和真实风险时,信用评级机构的评级成为投资者进行投资的决策依据和基础,并且在次贷危机中扮演着不可或缺的推动者角色。然而在这些衍生品的发行中,评级机构亦参与其中,而非以独立客观的第三方的形式存在。在危机爆发之前,MBS的出现为银行提供流动性的同时也将风险转移给了投资者。而评级机构则根据支持MBS的次级贷款的风险程度给出了MBS的风险评级,为投资者提供了风险和预期收益的权衡选择。同时,一部分信用评级更低的产品被再次包装为CDO二次销售。为了增加证券产品和衍生品的销售量并提高收益,信用评级机构给予次级贷款相关证券和衍生品较高的信用评级,使得这些证券在市场上广受投资者的追捧。以房地产抵押贷款为基础的证券需求量的提升使得评级机构更有动力去维持或提升对这些证券的评级,即便这些证券中有相当大比重是次级贷款。随着政府上调利率、房地产市场降温、违约概率剧增,人们纷纷抛售这些证券,由此带来其价值的大幅缩水,在危机爆发后,评级机构也不得不迅速调低这些证券的评级。随着债券评级被大幅下调,投资者原先的评级依据被推翻,对评级机构的信任程度也迅速降低,随之而来的是信用评级机构自身的信用趋于崩溃,失去了权威性和信用基础的信用评级机构就等于失去了市场。

在本次危机中,评级机构并没能在投资者蒙受损失之前提供有效的关于潜在风险的建议和评级信息,只是在危机发生后才调低评级。在信用评级体系的信用崩溃,投资者对这些金融创新工具的风险与收益又缺乏了解,并且信息具有极大的不对称性的情况下,市场的不确定性增大,投资者开始增加对风险的厌恶,产生了退出市场的消极情绪,纷纷抛售手中的债券和衍生品,造成价格更大幅度地下跌,由此产生了进一步的恶性循环。

对投资者而言,由发行人出资的评级业务商业模式无疑使评级机构有可能存在道德风险,降低了其信用评估的真实性和准确性。一方面,评级机构为客户提供与金融产品信用风险评级相关的咨询,并对每笔业务收取咨询手续费,如大约7个基点的信用风险评估费用,业务量越大,其收益越高。另一方面,信用评级机构还参与这一结构性融资产品的构建过程,对这产品的信用评级起到不可或缺的作用，发行人会征求信用评级机构的建议，或运用信用评级机构的评级模型进行预构建（pre-structure），并向信用评级机构支付相应的评级费用，而这部分费用构成了评级机构大部分的收入来源。这就对信用评级机构的独立性和客观性构成了很大的挑战，在为投资者提供与决策相关的信用风险咨询和评估的同时，又对金融产品进行信用评级，这样会存在很大的利益冲突。为金融产品提供科学客观的评级是信用评级机构维持其信用的基础，正是因为其客观性和中立性，投资者在做出投资决策时才会以评级机构的信用评级为依据，这也是信用评级机构存在的前提。但是，在利润的驱使下，信用评级机构很可能将天平向金融机构倾斜，在参与信用评级时可能会给金融产品更高的信用评级，从而有利于金融产品的销售，评级机构自身也将获得更高的收入。

从次贷危机的爆发情况来看，评级机构对与次贷相关债券和衍生品过高的评级使得市场过度乐观，在基础资产信息难以获得和分析的情况下，投资者为过高的信用评级所误导，这都造成了投资者投资决策的失误。例如，信用评级机构利用复杂的数理统计模型，将原本高风险、高收益的次级住房抵押贷款证券转换成了大量低风险、高收益的 AAA 级 CDO 和少量股权证券，将证券的信用风险掩盖在层层的包装之中，使投资者无法分辨。而且，评级机构对这些衍生信贷产品的评级模型和标准存在重大的偏差，对于同一个产品，不同的评级机构的评级结果差异明显，甚至同一个评级机构内部的不同部门给出的评级也有很大的差别。评级机构赖以生存的评级模型、评级标准的客观性和科学性遭到了极大的挑战，带来了其权威性的丧失，信用体系面临崩溃。可以说评级机构在这次危机中具有很大的负面作用。

市场逐渐失去了对信用评级机构权威性的认可，信用体系标准遭到破坏，债券定价体系出现了严重的混乱，信用风险变得更大而且更无法预知。总的来说，由利益冲突带来的信用评级机构的独立性和客观性的缺失给次贷危机的爆发埋下了风险隐患，因而当危机爆发后，与次贷相关的债券的信用评级降低，信用评级机构信用体系的崩溃加快了市场信用风险的传播速度，使得其影响范围扩大，次贷市场乃至整个金融市场陷入一场重大的灾难中。

2. 金融监管

对金融市场的外部监管主要由金融监管当局执行，同时，学术界也为金融监管提供了理论支持，并且保证了法律法规的制定与执行。次贷危机爆发前，在层出不穷的金融创新和金融行业虚拟化发展的过程中，相关监管部门并没有行使好其监管职能，更多地采取了无所作为甚至纵容和鼓励的态度。

随着虚拟化的深入发展，金融市场乃至金融体系的信用风险被紧密联结在一起，次贷的风险迅速在各个市场和金融中介中传递，信用风险在传递过程中被逐渐放大。每个市场主体都在追求自身利益的最大化，而忽略了整个系统信用风险的累加，他们利用信息不对称不断地增加自己的收益，并将风险不断转移给其他的市场主体。风险在转移过程中因为得不到有效的制约和监控而有增无减，每个环节都可能成为风险爆发的起始点。金融监管在次贷危机中暴露出很多问题，一方面体现为对金融衍生品设计和交易的监管不足，另一方面也体现为对相关金融机构的监管存在漏洞，这些机构主要有房贷机构、评级机构、对冲基金、投资银行、银行表外投资实体等。下面我们详细介绍一下金融监管存在的这些问题。

（1）对金融衍生产品的监管存在真空。2000 年年初，包括 CDS 在内的各种金融衍生品的法律监管由于《商品期货现代化法案》的通过得到了解除。与此同时，对金融衍生品的风险监控责任也完全落在了投资银行等金融机构内部。政府将金融衍生品的交易交由市场，在采取这一举动的同时，政府假设参与衍生品交易的双方都对衍生品的结构和风险有充分的理解及认知，并不加大对衍生品杠杆率的限制。而实际上，很多投资者并不理解产品的原理和结构，致使在过度的衍生化过程中信用风险被不断放大。CDO 和 CDS 等衍生品的交易主要通过场外交易市场进行。场内交易受到交易所的严格监管,而场外衍生品交易缺乏标准性和透明性,其受到的监管较小,基本上游离于监管体系之外,在没有交易所辅助的情况下,既不能消除交易对手风险,也很难在短期之内实现价格发现,致使流动性较低。此外,金融衍生品属于银行的表外业务,监管当局无法得到金融机构投资金融衍生品的充分而准确的信息,因此无法进行及时准确的监管和补救。由于缺乏统一的金融衍生品清算系统,衍生品交易缺乏透明度,政府对各种衍生品的交易规模和头寸分布缺乏准确的认知。在危机爆发后,政府在很长的时间内都无法准确地估计危机的严重程度及波及范围。

(2) 对银行和贷款机构的监管不足导致了次级贷款的发放失控。随着银行和贷款机构从抵押贷款中获得的利益不断增加,众多贷款机构纷纷降低住房抵押贷款的准入标准并放松资信审查,发放了大量的次级抵押贷款,这也是次贷危机的主要风险来源。在这一过程中,大量的次贷发放机构,如住房贷款经纪商等,都不在联邦银行监管机构的监管范围之内,监管当局的缺位甚至是纵容使得放贷的标准一再降低并失控,其对信息披露的要求往往为贷款机构所忽略,究其根本原因,还是在于相关法律法规的缺失和监管力度不够。

(3) 对投资银行在极端条件下的偿付能力缺乏约束,对投资银行的流动性和资本金缺乏约束。在独立投资银行模式下,投资银行的唯一监管机构是证监会。证监会对投资银行的监管只限于与证券交易相关的活动,在审慎性和投资风险监管方面存在很大的漏洞,由此导致了美国投资银行的高杠杆、高盈利、自由扩张的发展模式。数据显示,自 2003 年以来,高盛、美林等投资银行的杠杆率都高达 30 倍左右,远高于商业银行十几倍的杠杆率。高杠杆率带来丰厚收益的同时也伴随着巨大的风险,更高的杠杆率不仅意味着投资银行的盈利能力有更大的波动性,更容易出现流动性危机和破产。而且投资银行不是美联储的成员,在危机时无法得到美联储的援助,这更增加了投资银行的运营风险。

(4) 缺乏对银行资产负债表表外项目的监管。投资银行广泛通过表外实体来包装资产从而提高信用评级,这一行为引发了投资者对投资银行的信心危机。当进行融资活动时,商业银行或其他金融机构可以成立一个特别目的机构,该实体与发起人隔离开来,并且不需要大额资本金,而是以其母体注入的高等级债券为资产,通过评级、增信等手段获得在资本市场上发行债券的资格。银行表外投资实体是由银行发起和设立的并由银行提供债务担保的一种证券套利安排。次贷危机爆发后,表外投资实体由于缺失监管给机构带来很大的信用风险暴露。以结构性投资工具为例,银行投资于和次贷相关的证券以获得更高的收益,次贷危机的爆发使得众多银行损失巨大,不得不按照相关的会计准则将纳入资产负债表中,从而将巨额亏损显示在账面上,这也引起了投资者的信心危机。

(5) 对评级机构的监管缺乏力度。如前文所述,评级机构的独立性和客观性在利润面前受到了挑战,评级方法的科学性有待证明,评级方法的透明度也远达不到投资者的要求。2006 年 9 月,美国国会通过了《信用评级机构改革法案》,起到了完善美国信用评级业监管体制的作用,但是依旧存在众多无法解决的根本性问题。首先,《信用评级机构改革法案》及其实施规则明令禁止的利益冲突情形只有 4 种:评级机构最近财政年度内 10% 以上的评级收入来自某一发行人;评级机构或其评级分析师和评级审核人员直接拥有某一发行人的证券或所有者权益;评级机构不得参与对与其有关联的发行人的评级;评级机构的评级分析师和评级审核人员担任某一发行人的董事或管理人员。而评级机构对结构性融资产品构建的直接参与基本不受该法案的限制。其次,监管部门并没有权利也无法对评级机构的模型及方法进行实质性的审查,也无法对数据来源进行监管,评级的准确性得不到保障,监管部门的约束作用十分有限。最后,评级机构提供的只是其自身对次贷产品信用风险的看法和评价,即使投资者受到误导,评级机构流失的也仅仅是一部分客户的信心而不用承担相应的法律责任。

总的来说，在证券和衍生品交易中，政府在金融机构及其金融产品上的监管缺位导致信用风险得不到有效的防范和控制，政府的放任自流甚至助长金融机构为了更高的收益选择更高风险的行为，以至于信用风险在缺乏监管的情况下不断累加。

专栏 15-1　资产证券化案例分析

中国建设银行个人住房抵押贷款支持证券(MBS)

一、案例资料

（一）我国资产证券化实践

我国资产证券化最早的实践可以追溯到 1992 年，三亚市开发建设总公司以地产销售和存款利息收入为支撑，发行 2 亿元的地产投资券。由于当时我国资本市场尚处于整合与发展阶段，在国内发行资产支持证券的难度比较大，而离岸是以国内资产的未来现金流为基础，国内的资产证券化主要是通过海外的 SPV 等发行机构和中介机构，在海外实施信用增级和融资，我国早期的资产证券化探索多是离岸产品。例如，1996 年，珠海高速公路有限公司以高速公路收费和交通工具注册费为支撑发行了 2 亿美元证券；1997 年，中国远洋运输总公司对北美分公司的航运收入进行证券化，发行了 8 亿美元证券；2000 年，中国国际海运集装箱（集团）股份有限公司把应收账款售给荷兰银行，由后者发行应收账款证券；2002 年，中国工商银行与中国远洋运输总公司启动 6 亿美元的 ABS 融资项目，在此基础上发行资产担保证券。

随着我国资本市场的不断完善，我国的一些银行、信托机构、评级机构积极参与到资产证券化交易中来，资产证券化呈现出本土作战的趋势。商业银行也加快了不良资产证券化的进程：2004 年，中国工商银行宁波分行将 26 亿元人民币的不良贷款证券化；2005 年，国家开发银行第一期开元信贷资产支持证券，总规模为 41.77 亿元；2005 年，第一期建元个人住房抵押贷款资产支持证券，总规模 30.17 亿元等。这是我国住房抵押贷款证券化的一个重要的尝试。

对住房抵押贷款而言，贷款者最担心的是人们提前偿还其抵押贷款。贷款者从贷款上收取高额利息，然而正当总体利率下跌，贷款者为他所得到的高利息而高兴的时候，借款者提前还贷了。结果是种负面的凸效应。为了缓和这一难题，华尔街推出了将抵押贷款合并成 MBS 的主意。一个 MBS 由许多抵押贷款组成，它们被组合成几个部分，本金的偿付对应某个特定的部分。只有在第一部分的所有本金都得到偿付之后，其他部分的投资者才能开始收回本金。

（二）案例简述

2005 年 12 月 15 日，中国建设银行公开发行国内首支个人住房抵押贷款证券化产品建元 2005—1 个人住房抵押贷款支持证券（MBS）。建行此次的 MBS 产品是通过中信信托投资有限公司发行实施的，发行量约 30 亿元，法定最终到期日为 2037 年 11 月 26 日，票息率为基于 BIM 的浮动利率，每月付息一次。建行本身购买了其中 9 050.06 万元的次级资产支持证券，其余的优先级资产支持证券按照不同信用评级分为 A、B、C 三级，其中，A 级为 266 976.45 万元，B 级为 20 362.61 万元，C 级为 5 279.19 万元。MBS 和按揭贷款一样，采取每月付息还本并采用浮动利率，由 51 家机构作为一级分销商认购了该批资产，其中商业银行有 21 家。具体产品情况见表 15-8 和表 15-9。

表 15-8　建元 MBS 产品种类

资产支持证券	预定评级	发行额(万元)	占比(%)	利率上限	利率下限
A 类	AAA	266 976.45	88.5	BIM+110BP	Ra-119BP

(续表)

资产支持证券	预定评级	发行额(万元)	占比(%)	利率上限	利率下限
B类	A	20 362.61	6.75	BIM+170BP	Ra-60BP
C类	BBB	5 279.19	1.75	BIM+280BP	Ra-30BP
次级	无评级	9 050.06	3.00		
合计		301 668.31	100.00		
入池资产	中国建设银行股份有限公司发放的个人住房抵押贷款,抵押贷款位于上海、无锡、福州、泉州				
本金金额	人民币 301 668.31 万元				

注:(1) 利率上限是建行给各类优先MBS发行设定的投标利率上限。
(2) BIM为7天回购加权利率的20个交易日算数平均值。
(3) Ra为入池贷款的加权平均贷款利率。

表 15-9 建元 MBS 资产池基本特征

资产池本金金额	3 016 683.138 万元人民币
贷款笔数	15 162 笔
单笔贷款最高本金金额	1 868 239 元人民币
单笔贷款平均本金金额	198 963 元人民币
单笔贷款平均合同金额	245 430 元人民币
借款人平均年龄	36 岁
加权平均初始贷款抵押率	67.19%
贷款加权平均利率	5.31%
贷款加权平均合同期限	205 月
贷款加权平均已偿还期限	32 月
贷款加权平均剩余年限	172 月
贷款地区分布	按试点分行入池贷款本金金额占全部入池贷款本金金额计 上海:56.17%;无锡:4.84%;福州:24.24%;泉州:14.75%

资料来源:《建元2005—1个人住房抵押贷款证券化信托发行说明书》。

二、案例分析

(一)建行个人住房抵押贷款证券的优点

住房抵押贷款证券化可以给住房贷款的贷方带来很多好处,不仅可以将流动性差的住房贷款变成具有流动性高的资金,而且可以补充资本金,提高资本充足率。

1. MBS能规避贷款期限错配

期限错配问题是银行经营中面临的共同问题,可造成流动性风险和利率风险,影响商业银行经营的持续性。据2006年3月发布的《中国商业银行竞争力评价报告》显示,国内商业银行的贷款期限错配严重,各家银行集中发放住房贷款、住房抵押贷款的资金回收期比较长和周期性风险突出是造成贷款期限错配的主要因素。通过本次MBS,建行把入选资产池内的原来流动性较低的住房抵押贷款(平均剩余年限为172个月)转换成具有高度流动性、可以在市场上自由交易流通的证券(A、B、C和次级),在短期内收回现金,盘活了自身的资产,能达到规避住房贷款周期性风险的目的。

2. 补充资本金,提高了建行的资本充足率

根据银监会颁布的《商业银行资本充足率管理办法》,2007年1月1日后商业银行资本充足率不能低于8%。虽然2004年年底建行的资本充足率已经达到11.27%,但作为我国第一家成功改制上市的国有股份制商业银行,其资本充足率更加受到国际界关注。这次的MBS,虽然入池资产仅为30亿元,只分别占建行2004年贷款总额和个人住房抵押贷款总额的0.13%和0.87%。但由于该行2000年年底不良贷款率仍有3.92%,通过MBS还是能在总量上减少风险资产。如果将变现资金再投向优质资产,建行可采用"分母策略"提高资本充足率。

(二) 建行个人住房抵押贷款证券缺陷

建行MBS虽然不是国内首家商业银行资产证券化产品,但却是规模最大、首发成功、交易结构相对完善的首支商业银行个人住房抵押贷款证券化产品。虽然MBS可以给建行带来很多好处,但是自建行MBS发行以来,与同时期发售的国开行ABS相比,建行MBS的市场认购相对不是很活跃。这可能是因为建行MBS产品本身的设计存在以下缺陷。

1. 入池资产规模小,MBS产品单一

首先,我国住房抵押贷款业务起步时间较晚,虽然在近几年总量上升较快,但总量占比仍然较小。截至建行MBS发售之日,我国个人住房抵押贷款仍然只占全年商业银行贷款总额的9.27%,远远低于发达国家的40%~50%的指标。其次,虽然建行一共从上海市、江苏省和福建省4家一级分行中筛选出15 162笔金额约30亿元的个人住房抵押贷款来进行MBS,但是与2005年建行总3 431亿元的个人按揭贷款余额相比,入池资产规模很小。再次,MBS的产品类型从性质上看介于带担保的企业债和短期融资券之间,属于比较简单的资产证券化产品。而在美国等发达国家,MBS产品多样,类型繁多,既有简单易行的抵押过手证券,又有表现形式多样化的担保抵押证券(collateralized mortgage obligation, CMO),还有发展成熟的剥离式抵押担保证券。

2. 信用增级方式不够完善

信用增级是为了提高证券的信用评级,由此改善资产支持证券的可销售性和流动性。从资产证券化的增级方式来看,这些增级可以通过外部增级或内部结构性信用增级来实现,甚至还涉及具有政府背景的担保机构的参与。例如,美国联邦国民抵押协会、美国政府国民抵押协会和美国联邦住宅抵押公司三大政府和准政府机构为MBS提供担保;我国香港特区政府成立香港按揭证券有限公司推进MBS并提供担保。而建行MBS的推出只采用了内部升级方式,增级方式不完善,不利于降低风险。

3. 优质的资产证券化对降低建行流动性风险意义不突出

我国商业银行个人住房贷款余额从1997年的190亿元增长到2005年年底的1.3万亿元,基础资产初具规模。目前,国内个人住房贷款是一笔难得的巨额优质资产,不良率普遍低于0.5%。商业银行将这类低风险性资产证券化实际并没有最大限度地转移风险,却将收益分给了投资者。

4. 建行自身持有次级债券,引起本金账户现金流不稳定

与同时发行的国开行ABS相比,建行MBS的次级证券由自己持有,作为贷款服务机构的报酬是在证券利息和准备金账户支付之后才能获得。从理论上讲,这种结构可能使建行比国开行更有动力去做好贷款回收工作,对优先级证券的信用保护更强。但从现金流结构来看,国开行ABS的利息收入在支付完各种费用、服务报酬和证券利息后,直接进入本金账户,用于偿还本金,所以费用和服务报酬支付额的大小对本金的提前偿还速度还有一些影响。而建行MBS只有在加速清偿的情况下,账户下的资金才能进入本金账户。正常情况下直接归次级债券持有人,也就是建行本身所有,这就使得本金账户的现金流不够稳定。

立德树人思考

深化金融供给侧结构性改革

2021年3月13日,《中华人民共和国国民经济和社会发展第十四个五年规划和2035年远景目标纲要》(以下简称《纲要》)正式公布,对中国未来5年经济社会发展作出全面部署,并对2035年远景目标进行展望。其中在第六篇第二十一章"建立现代财税金融体制"中,第三节"深化金融供给侧结构性改革"集中部署了未来金融工作的具体任务,其中有几处值得关注的内容。

深化金融改革,优化金融体系结构。《纲要》提出"深化国有商业银行改革,加快完善中小银行和农村信用社治理结构",这对深化金融改革提出了明确要求。面对当前复杂多变的外部环境,要实现"十四五"规划和2035年远景目标,必须继续深化金融供给侧结构性改革,按照市场化、法治化、国际化原则,坚持以服务实体经济为方向,健全具有高度适应性、竞争力、普惠性的现代金融体系,提升金融服务能力。

从我国社会主义制度特点出发,从我国经济金融体制的特殊性出发,坚持党的领导,着眼于解决实际问题,深入推进金融机构改革。坚持以强化公司治理为核心,深化国有商业银行改革,建立中国特色现代金融企业制度,提高效率,更好服务小微企业、民营企业。从完善货币、监管、税收等制度入手,支持中小银行和农村信用社持续健康发展,促进中小银行和农村信用社回归当地、回归本源。通过改革促进各类主体公平竞争,构建多层次、广覆盖、有差异的银行体系。

推进资本市场改革发展,提高直接融资比重。《纲要》提出"全面实行股票发行注册制,建立常态化退市机制",这为"十四五"时期资本市场高质量发展明确了战略目标和重点任务。全面实行股票发行注册制是拓宽市场入口,建立常态化退市机制是畅通市场出口,从入口和出口两端发力,能够有效畅通直接融资渠道,强化资本市场功能,更好服务实体经济发展。

全面实行股票发行注册制,是我国资本市场发展的重要里程碑。这意味着监管部门只对上市企业申报文件的全面性、准确性、真实性和及时性作形式审查,不对其资质进行实质性审核和价值判断,从事前审批转向事后监管,有利于提高融资效率,增强资本市场活力,也可以防止资本市场寻租行为。

全面实行股票发行注册制,需要配套建立常态化退市机制。只有让优质企业通过上市获得资本市场价值认同,同时对突破底线的劣质企业严厉打击,坚决让其退市,才能保证资本市场健康发展,形成优胜劣汰的市场生态。

完善现代金融监管体系,有效防范化解风险。《纲要》提出"完善现代金融监管体系,补齐监管制度短板,在审慎监管前提下有序推进金融创新,健全风险全覆盖监管框架,提高金融监管透明度和法治化水平",这充分体现了党中央对加强金融监管、防范金融风险、维护金融安全的高度重视,对保障金融稳定和国家安全、推进国家治理体系和治理能力现代化、实现经济社会高质量发展具有十分重要的意义。

"十四五"时期,我国面临的内外部环境正在发生深刻变化,金融安全形势依然十分复杂。在这个背景下,防范化解重大风险攻坚战收官后,金融安全战略将接续出台实施,需要继续打好持久战。要前瞻性应对银行不良资产反弹;要处理好金融发展、金融稳定和金融安全的关系,提升金融监管能力;坚持市场化、法治化、国际化原则,提高监管透明度;完善风险全覆盖的监管框架,增强监管的穿透性、统一性和权威性;依法将金融活动全面纳入监管,对各类违法违规行为"零容忍"。

银行业金融机构应持之以恒做好风险防控工作。要认真贯彻《纲要》部署要求,落实各项监管要求,本着对国家和人民高度负责的态度,强化合规经营,做好风险防控。要健全完善风险防控体制机制,加强风险管控和精细化管理,防范廉洁风险、道德风险。

(《深化金融供给侧结构性改革》,《学习时报》,2021 年 3 月 19 日)

思考:

1. 如何理解"深化国有商业银行改革,加快完善中小银行和农村信用社治理结构"?

2. 如何理解"全面实行股票发行注册制,建立常态化退市机制"对推动资本市场的重要性?谈谈你的看法。

本章小结

1. 资产证券化是一个将资产转化为证券产品的过程,由特殊目的实体(special purpose vehicle,SPV)发行,销售给投资者,投资者的收入由 SPV 的金融资产池产生的现金流支持。

2. 资产支持证券(asset backed security,ABS)就是一种典型的证券化产品,它支付给投资者的收入或证券的价值主要来源于且担保于特定的一池子基础资产。

3. 资产证券化的动机可分为发起人动机和投资者动机。

4. 信用风险是指由于借款人或交易对手不能或不愿意履行合约而给另一方带来损失的可能性,以及由借款人的信用评级变动或履约能力变化导致其债务市场价值的变动,引发损失的可能性。

5. 按照信用风险的性质,可将信用风险分为违约风险、信用评级调降风险和信用价差风险。

6. 公司在将来某段时间内违约的概率可以由历史数据、债券价格或股票价格估计。由债券价格估计出来的概率为风险中性违约概率;由历史数据估计出来的概率为现实世界的违约概率。

7. 违约概率是指银行客户、债券发行机构或交易对手在一段期间内的违约可能性。违约概率、违约风险暴露与回收率是信用风险的三大驱动因子。所以,度量信用风险首先要估计违约概率(简称违约率)的大小。

8. 在实践中,一个债务人的违约概率往往和其他债务人的违约概率相关,这种债务人之间违约的相互关系被称作违约相关性。

9. 常用的信用风险度量模型有 CreditMetrics 模型、CreditRisk+模型、KMV 模型与 CPV 模型。

10. 次贷危机也就是次级房贷危机,2006 年春在美国初现端倪,2007 年 2 月集中爆发。在这次危机中,房价大幅下跌引起大量房贷违约和相关证券贬值,并进一步导致次级抵押贷款机构破产,投资基金关闭,股市剧烈震荡。次贷危机带着巨大的破坏性迅速席卷美国、欧盟和日本等世界主要金融市场,使全球经济都出现了一定程度的衰退。

练习题

一、单选题

1. 资产证券化的参与主体很多,需要一套全面的金融模型来满足发行、评级、投资和监管等要求。各类计算围绕现金流展开,对发行人而言,现金流建模的主要目的是(　　)。

　　A. 对现金流进行预测以决定信用风险

　　B. 对证券的现金流进行预测来分析投资的风险和回报

　　C. 会计处理

　　D. 对资产的现金流进行预测并找出最佳的结构来实现最低的融资成本

2. 以银行贷款证券化为例,在交易的特殊目的实体无需合并、资产的转让形成销售(终止确认)

的情景下,银行的负债(　　),同时由于资产销售收入的实现,未分配利润(　　)。
A. 没有受到影响,增加　　　　B. 没有受到影响,不变
C. 增加,增加　　　　　　　　D. 增加,不变

3. 下列说法正确的是(　　)。
A. 对银行来说,通常信用风险的重要性要高于市场风险
B. 信用风险和市场风险通常由不同部门管理,两者之间并没有必然联系
C. 对于信用风险损失的估计,最为关键和重要的就是信用风险的计量
D. 在实际业务中,信用风险的定义相对比较容易把握

4. (　　),此情况不存在信用风险。
A. 某个投资者买入了一份信用评级是 A-1 的短期融资券
B. 某公司建立了远期多头头寸到期,远期合约价值亏损 45 万元
C. 某金融机构作为回购业务中的正回购方拆入了资金
D. 某机构正在进行并购,目前已划出项目并购定金 2 000 万元

5. 关于违约概率和违约频率,说法不正确的是(　　)。
A. 违约概率是指借款人在未来一定时期内发生违约的可能性
B. 违约频率是实施内部评级法的商业银行需要准确估计的重要风险要素
C. 违约概率的估计包括单一借款人和某一信用等级所有借款人两个层面
D. 违约概率是事后检验,和违约频率存在本质区别

6. 计算违约风险暴露时,如果客户已经违约,那么相应的违约风险暴露为(　　)。
A. 违约时的债务账面价值　　　　B. 违约时债务的市场价值
C. 违约时债务的风险价值　　　　D. 违约时债务的经济价值

7. 信用矩阵 CreditMetrics 模型本质上是(　　)。
A. 期权价值模型　B. 信用评分模型　C. 线性回归模型　D. VaR 模型

8. 引发次贷危机的宏观环境因素不包括(　　)。
A. 经济低迷　　B. 投机者过多　　C. 政府政策　　D. 利率政策

9. (　　)不是次贷危机的直接原因。
A. 利率波动和利率预期　　　　B. 零首付、无抵押和无担保
C. 大量次级债务及其衍生品的产生　　D. 结构化产品的流动性太低

10. 次贷危机中评级机构不能发挥其职能的原因不包括(　　)。
A. 评级机构没能充分利用市场提供的信息进行风险评估
B. 评级机构没能准确地刻画众多结构化产品的模型
C. 层层打包的结构化产品使得信用关系太过复杂
D. 评级机构在追求收入的驱动下,对自己没有能力评估的产品进行评级

二、多选题

1. 资产证券化成功的主要驱动力包含(　　)。
A. 资产支持债券的融资成本低于公司信用债的融资成本
B. 证券化改良了发起人的报表,节约了经济资本
C. 发起方有较强的投资能力,可以高效使用募集资金,通过快速迭代改善资产质量,改善评级,降低成本
D. 资产具有稳定的现金流

2. 根据莫顿模型,(　　)时,负债价值将上升。
A. 公司价值下跌　　　　　　　　B. 无风险利率下跌

C. 到期期限延长　　　　　　　　　　D. 公司价值波动度减少

三、辨析题

1. 一般的信用违约的形式为期间违约或者到期违约，前者往往由于净现金流多次无法覆盖当期本息，后者常常由于无法偿付本金或再融资。（　）
2. 只有交易对方发生违约时，才产生信用风险。（　）
3. 外部评级是由银行基于自身掌握的信息，对特定借款人和债项进行的信用风险评价。（　）
4. 风险分类为风险管理提供预警和参考，为银行决策提供信息和依据。（　）

四、计算题

1. 若第一公司的资产价值在时点 0 与时点 1 分别是 1 000 万元与 1 200 万元，波动率是 10%，短期负债与长期负债分别是 600 万元与 400 万元。根据 KMV 模型，第一公司的违约阈值与违约距离各是多少？
2. 某家企业 3 年期债券的收益率与相似的无风险债券收益率之间的利差为 50 个基点，债券回收率为 30%，估计 3 年内每年的平均违约率。
3. 在计算题 2 中，假定同一家企业 5 年期债券的收益率与相似的无风险债券收益率之间的利差为 60 个基点，回收率同样为 30%。估计 5 年内每年的平均违约率。第 4 年内和第 5 年内平均违约率的计算结果说明了什么？
4. 一个 4 年期企业债券的券息为 4%（每半年付息一次），收益率为 5%（以连续复利为计），无风险收益率曲线为水平，利率 3%（以连续复利为计）。假定违约事件只可能在年末（支付券息或本金之前）发生，回收率为 30%。在今后每年内都相等的假设下，估计风险中性违约概率。

五、简答题

1. 什么是次级贷款？
2. 为什么认为 2000～2007 年的房价增长是一个泡沫？
3. ABS 是如何派生出来的？动机又是什么？
4. 根据莫顿模型，股东是买入一个以公司价值为目标资产的买权，而债权人则是卖出一个以公司价值为目标资产的卖权。若公司价值上涨，请问股票与负债的价值怎么变化？
5. 在 CreditMetrics 模型中，信用风险的来源是什么？
6. 通过 CreditMetrics 模型衡量风险性债券的信用风险，需要使用的信息是什么？
7. 在 CreditRisk＋模型中，贷款组合应该如何拆解为几个同质性小群体？
8. 请说明 KMV 模型下，违约距离与预期违约频率（EDF）的关系。
9. 请说明 CPV 模型的优点与缺点。
10. 请问 CreditMetrics 模型、CreditRisk＋模型、KMV 模型与 CPV 模型哪些是由上而下的模型，哪些是由下而上的模型？

第十六章 信用衍生工具

【本章提要】

信用衍生品的出现和发展极大地改变了信用风险管理的方式、方法和途径。本章首先对信用衍生工具进行了界定,并简要概述信用衍生工具的分类、特征和发展历程,然后具体分析信用违约互换、总收益互换和合成型担保债务凭证(CDO)的定义和定价等内容。

【学习目标】

1. 理解信用衍生工具的定义、分类、特征及发展历程。
2. 掌握信用违约互换的定义,理解信用违约互换定价原理。
3. 掌握总收益互换的概念,熟悉总收益互换的交易形式。
4. 熟悉担保债务凭证的分类、定价模型,了解合成型担保债务凭证的定价思路。

【思政理念】

1. 美国种族歧视。
2. 中国特色监管模式。
3. 中国坚定走绿色发展之路。

【案例导读】

2012年5月10日,摩根大通首席执行官杰米·戴蒙(Jeremy Diamond)于电话会议上承认,其首席投资办公室(CIO)在合成债券头寸上出现了20亿美元的交易亏损。这证实了业界过去一个月广为流传的说法,即摩根大通伦敦办公室的一位交易员对信用违约互换(CDS)下了1 000亿美元的重注。这位交易员真名叫布鲁诺·伊克希尔(Bruno Iksil),因头寸巨大得了一个绰号"伦敦鲸"。

2013年9月19日,美国联邦储备委员会、美国货币监理署、美国证券交易委员会和英国金融市场行为监管局分别发表声明,指控美国摩根大通对位于伦敦的首席投资部门缺乏监管和有效内部控制导致巨额交易亏损,并对该机构作出共计9.2亿美元的罚款。其中,美联储和美国证交会分别对摩根大通罚款2亿美元,美国货币监理署罚款3亿美元,英国金融市场行为监管局罚款2.2亿美元。

第一节 信用衍生工具概述

一、信用衍生工具的概念

信用衍生工具(credit derivatives)作为金融衍生产品的一个类别,产生于20世纪90年代初。

其存在的时间不长,但发展空间很大,日益受到广大投资者、生产经营者和各类金融机构的重视,被称为21世纪最具潜力的金融风险管理创新工具。

信用衍生工具是指通过交易当事人签订的,以转移与贷款、债券等资产的信用风险为目的的交易合约。在信用衍生工具交易中,一方当事人(信用风险保护的买方)向对方当事人(信用风险保护的卖方)支付一定的费用,以换取卖方对参考资产(reference assets)或参考实体(reference entity)的信用保护。当参考资产或参考实体发生双方约定的信用事件时,卖方须向买方支付一定金额的补偿。参考资产可能是贷款、债券,也可以是其他任何具有交易价格的资产。

简单来讲,信用衍生工具是为了减少或消除信用风险而设计的一类金融合约。通过这类合约,人们可将因发生信用事件而形成的信用风险转移给交易对手。此外,信用衍生工具的交易属于场外交易(over the counter,OTC),具有较强的灵活性,交易双方可以自主设计交易结构,以达到各自的交易目的。

二、信用衍生工具的种类

根据有无现金债券的发行,信用衍生产品可以分为现金流信用衍生品和无现金流信用衍生品。如果涉及现金债券的发行,这样的信用衍生品属于有现金流信用衍生品,这类信用衍生品主要包括信用联结票据(credit-linked note,CLN)、合成型CDO(synthetic CDO)等。相反,如果不涉及现金债券的发行,这样的信用衍生品则是无现金流信用衍生品,例如,信用违约互换(credit default swaps,CDS)、总收益互换(total return swap,TRS)以及合成型CDO等,便是无现金流信用衍生品。值得注意的是,合成型CDO既可以是有现金流信用衍生品,也可以是无现金流信用衍生品。

三、信用衍生工具的特征

信用衍生工具的特征,可以大致归纳为以下几方面:

(一)表外性

信用衍生工具在交易者的资产负债表上并无反映,属于表外项目。

(二)债务不变性

在信用衍生工具交易中,基础资产仍然保留在保护买方的资产负债表内,保护买方无须出售或消除该项资产。因此信用衍生工具处理的只是债务的结构成分,对原债务人的债权债务关系没有任何影响。

(三)可交易性

信用衍生工具将信用风险从其他风险中分离出来,在市场上独立地进行交易,实现了信用风险交易市场化,从而克服了隐藏的信用保险、担保等信用工具不可交易的薄弱环节。

(四)保密性

信用衍生工具交易在风险转嫁方(多为银行等金融机构)与借款人之外的第三方之间进行,无须得到借款人的许可,也不必通知借款人,从而保持了银行对客户记录的机密性和商业秘密,使得银行可在无须破坏银行与借款者良好关系的前提下管理贷款信用风险。

(五)低成本性

一方面,对于保护买方而言,不需要实际运作贷款或债券资产,使得操作成本大大降低;另一方面,由于信用衍生工具交易的保密性,保护买方可以对借款人保守机密,简化了法律程序和其他一些相关程序。

(六)可塑性

信用衍生工具具有"量身定制"的特点,可从交易对象、期限、金额、结构等方面满足客户的不同需求。无论是风险转嫁方还是投资者,都可以利用这一新型金融工具来合成新的具有特定风险和收益结构的产品,以分散风险或获取收益。这正是信用衍生工具的灵活性所在。

(七) 杠杆性

对于利用信用衍生工具来赚取收益的投资者(即保护卖方)而言,不必实际占用资金就可以得到一笔在传统贷款市场上难以取得的合意资产组合,因而该产品具有很强的杠杆性。

四、信用衍生工具的发展历程

在现有的各种信用衍生产品中,最早出现的品种是CDS,该产品于20世纪90年代初出现于美国纽约。1993年,信孚银行和瑞士信贷银行的金融产品部为了防止他们在日本的贷款遭受损失,出售了一种偿还价值取决于具体违约事件的互换合约。合约承诺道,如果标的贷款不发生违约事件,即银行如期收回贷款本息,则投资者可根据合约规定获得一定的收益;但当贷款不能偿还,从而银行受到损失时,投资者要向银行支付一定的金额,以弥补银行的损失。

和历史上所有的金融创新一样,信用衍生品的出现和快速发展和当时特定的经济环境密不可分。20世纪80年代以后美国金融市场相继出现了存贷机构危机、商业按揭大批违约;90年代初发生的经济衰退和严格的监管使得银行资产质量恶化,资本充足率下降,市场流动性匮乏,企业和其他借款人筹资成本上升。市场迫切需要一种金融工具,用于对冲信用风险,降低筹资成本,并改善银行的资产负债表。在这样的背景下,信用衍生工具应运而生,日益受到投资者重视。

目前,参与信用衍生产品交易的主要有投资银行、商业银行、固定收益投资者、保险公司、对冲基金,以及从事生产经营活动的企业,尤其是大中型企业。通过信用衍生产品的交易,有些参与者可将自己所面临的信用风险转嫁给交易的对手,以避免因信用事件的发生而受到损失;另一些参与者则通过接受信用风险而收到一定的收益,以增加其资产组合的收益率。

随着信用衍生市场的发展,不仅原有产品的交易量不断增加,还出现了新的产品创新,如针对一篮子信用主体投资的首次违约触发信用篮子(first to default basket)、抵押债务凭证(CDO)等。信用衍生工具已然成为金融机构必不可少的风险管理和资产管理工具,但与此同时,信用衍生工具的高杠杆性也为金融市场带来了新的挑战。正确看待信用衍生工具的便利和挑战,正是市场所需求的。

第二节 信用违约互换

一、信用违约互换的概念

信用违约互换,又称信用违约掉期,是最基础也是目前运用最为广泛的一种信用衍生产品,其基本结构如图16-1所示。合约双方就基础资产的信用状况达成协议,风险出售者向风险购买者支付一定的费用,在互换期限内如果约定的信用事件(credit event)发生,则风险购买者将向风险出售者支付全部或部分的违约损失;反之,如果约定的信用事件并未发生,则互换自动失效。这实际上是风险出售者以一定的费用为代价将基础资产的信用风险转嫁给了风险购买者,相当于购入了一份信用保险,或是一种多期的违约期权。

可以看到,信用违约互换中风险购买者的清偿支付依赖于特定信用事件的发生,因此,这里有必要对信用事件加以界定。信用事件可以是:倒闭;无力偿付债务;重组、管理或发行者的倒闭保护;在债务到期时不能支付债务;信用降级并低于双方的协议水平;信用价差变动并高于双方的协议水平。

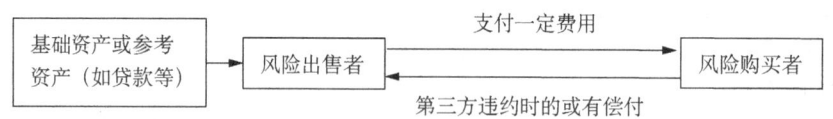

图 16-1　信用违约互换示意图

一篮子信用违约互换（Basket CDS）是信用违约互换的一种变形，其对应的不是某一信用，而是一篮子信用。一篮子信用中出现任何一笔违约，信用风险的购买方都要向信用风险的出售方做出赔偿。

信用违约互换指数（CDS Indices）反映了由多个单一参考资产信用风险合成的信用资产的各个 CDS 的风险加权值总和随时间波动的情况。目前全球主要的信用违约互换指数有两大类：①CDX 指数，反映北美和新兴市场信用衍生品市场的情况；②iTraxx 及各项分类指数，主要用于欧洲市场和亚洲市场。

【例 16-1】　有甲、乙两家银行，甲银行的信用等级较乙银行高。甲银行的资金成本是 LIBOR－0.20%，乙银行的资金成本是 LIBOR＋0.25%。现在，甲银行向企业发放利率为 LIBOR＋0.375% 的 1 000 万美元的贷款，它必须为该笔贷款保持 800 000 美元的资本来满足 8% 的资本充足率要求，假设 LIBOR 为 5.425%。则：

甲银行净收益：$10\,000\,000 \times 6\% - (10\,000\,000 - 800\,000) \times 5.425\% = 100\,900$（美元）

甲银行资本回报率：$100\,900 \div 800\,000 \times 100\% = 12.6\%$

如果甲银行不愿意承担该笔贷款的风险，则与乙银行签订一个信用互换协议，乙银行每年从甲银行收取 37.5 个基点的费用，同时在合同违约后承担向甲银行赔偿损失的义务。这样，贷款违约的风险全部转移给乙银行，甲银行只承担乙银行违约的风险。甲银行 1 000 万美元贷款的风险权重变为 20%，即甲银行只要为该笔贷款维持 160 000 美元的资本就能达到资本充足的要求，此时：

甲银行净收益：$10\,000\,000 \times (6 - 0.375\%) - (10\,000\,000 - 160\,000) \times 5.425\% = 28\,680$（美元）

甲银行资本回报率为：$28\,680 \div 160\,000 \times 100\% = 17.9\%$

从以上的分析可以看出，甲银行通过签订信用互换协议不仅避免了该笔贷款的违约风险，同时还使其资本回报率增加了：$(17.9\% - 12.6\%) \div 12.6\% \times 100\% = 42\%$。

　专栏 16-1

中国信用衍生工具市场

目前，我国的信用衍生品主要包括信用风险缓释合约（credit risk mitigation agreement，CRMA）和信用风险缓释凭证（credit risk mitigation warrant，CRMW）。这两类信用衍生工具都归属于信用风险缓释工具（credit risk mitigation，CRM）这一范畴。

CRMA 约定在未来一定期限内，信用保护买方按照约定的标准和方式向信用保护卖方支付信用保护费用，由信用保护卖方就约定的标的债务向信用保护买方提供信用风险保护。CRMA 是传统的场外金融衍生工具，在交易结构和形式上与 CDS 类似，但比 CDS 更加简单。

CRMW 由标的实体以外的机构创设，为公开发行的标的债务提供信用风险保护，是可以交易流通的有价凭证，并在二级市场上进行流通转让。CRMW 本质上是标准化的 CRMA，从而可以在不同投资者之间买卖转让。

CRM 与 CDS 有着相同之处,都是对信用风险进行剥离和转移,同时在这个过程中对信用风险进行了单独的定价,故又称为中国版的 CDS。

CRM 给市场带来机遇的同时,也为金融监管提出了一些挑战。新时代中国特色社会主义道路需要新时代中国特色金融监管与之相匹配,既要看到中国与美国等金融监管相对成熟国家之间所具有的统一性或共通性,积极学习和借鉴,又要看到中国与其他国家之间的差异性,摒弃其中不适应当前中国经济发展的成分,形成中国特色监管方式。要充分发挥社会主义制度优势,坚持习近平新时代中国特色社会主义经济思想,强化综合监管,优化监管资源配置,在金融监管中维护公平与效率,降低跨领域监管套利预期,最终引导资金脱虚向实,实现金融服务于实体经济的目的,坚决杜绝系统性风险发生的可能性。

二、信用违约互换定价

(一)信用衍生品定价的基本方法

整体而言,关于信用衍生品的定价模型主要可分为结构模型(structural model)和简化模型(reduced-form model)两种。

1. 结构模型

结构模型最初由布莱克、斯克尔斯(1973)和莫顿(1974)提出。该模型完全依靠企业资产价值在股东和债权人之间进行分配的规则(即企业实际的资本结构),来决定违约时间。结构模型的基本思想是利用期权定价方法来估计固定收益工具的违约风险利差,它提供了企业信用品质和企业所处的经济金融环境之间的联系。

鉴于结构化的模型基本上都是在莫顿模型的基础上发展演化而来的,在这里我们简单介绍一下莫顿模型。在莫顿模型中,假定企业的资本结构由面值为 P、到期日为 T 的零息贴现债券和股票构成,而企业的资产价值 V_t 就是债券和股票价值之和。在这里,股票可以看做期限为 T、敲定价格为 P 的欧式看涨期权。如果企业资产不足以支付债务($V_t < P$),就会出现违约行为。假定企业资产价值遵循如下扩散过程,即:

$$dV_t = rV_t dt + \sigma_v V_t dW_t \tag{16-1}$$

式中,σ_v 表示资产波动,W_t 是布朗运动。

应用 B-S 定价公式,t 时刻($0 \leqslant t \leqslant T$)股票的价值为:

$$E_t(V_t, \sigma_v, T-t) = e^{-r(T-t)}[e^{r(T-t)}V_t \Phi(d_1) - P\Phi(d_2)] \tag{16-2}$$

式中,$\Phi(\cdot)$ 是标准正态随机变量分布函数,d_1, d_2 为:

$$d_1 = [\ln(e^{r(T-t)}V_t/P) + \sigma_v^2(T-t)/2]/\sigma_v\sqrt{T-t} \tag{16-3}$$

$$d_2 = d_1 - \sigma_v\sqrt{T-t} \tag{16-4}$$

T 时刻的违约概率为:

$$P(V_T < P) = \Phi(-d_2) \tag{16-5}$$

莫顿模型的主要优势就是能够直接应用 B-S 欧式期权定价理论。也正因如此,莫顿模型做出许多必要的假设来调整企业动态资产价值过程、利率和资本结构以适应 B-S 模型的要求。这些假设虽然使得模型容易执行,但也为其应用的局限性埋下伏笔。

2. 简化模型

与结构模型相比,简化模型认为违约和企业价值之间并不具有明显的联系,而违约概率也被视为外生变量,这是结构模型和简化模型的主要区别之一。由于这类模型简化了导致违约事件发生的经济学背景,所以称为简化模型。由于绝大多数简化模型的拓展都属于强度模型(intensity models),因此一些学者常常将强度模型与结构模型作为信用衍生品定价的两大分支。

(二) 信用违约互换定价模型

考虑一份 CDS 合约,它的标的债券面值是 1。假定 CDS 保费支付频率为每季度一次,其违约可以在 CDS 到期之前任何时刻发生。并且违约事件的发生和贴现率、回收率之间是相互独立的。

再假设:

T 表示 CDS 的到期日(以年为单位);

R 表示违约发生时债券的回收率期望值;

r 表示无风险利率(假设为常数);

$q(t)$ 表示债券发行公司在 t 时刻的违约概率密度函数;

W 表示合约的买方每年应该向出售方支付的保费(即 CDS 定价)。

记 CDS 保费的支付日分别为 $t_1 < t_2 < \cdots < t_n = T$,那么相邻支付日之间的时间间隔为 Δt。则每次支付的金额为 $W\Delta t$。如果时刻 $\tau(0 < \tau \leqslant T)$ 发生违约,则记违约时刻之前和之后的支付日分别为 t_m 和 t_{m+1}。当违约时刻刚好发生在某个支付日时,则记 $t_m = \tau$,即有 $t_m \leqslant \tau < t_{m+1}$,则在 0 到 τ 时刻买方支付给卖方的所有保费的现值计算公式为:

$$W\left[\Delta t \sum_{i=1}^{m} e^{-rt_i} + (\tau - t_m)e^{-rt_{m+1}}\right] \stackrel{def}{=\!=} W[u(\tau) + v(\tau)] \quad (16\text{-}6)$$

式中,$Wu(\tau) = W\sum_{i=1}^{m} \Delta t e^{-rt_i}$ 代表了违约事件发生之前已经支付了的所有保费的现值;$Wv(\tau) = W(\tau - t_m)e^{-rt_{m+1}}$ 代表了将在下一个保费支付日 t_{m+1} 支付的还没有支付的保费。

因为在到期日 T 之前没有违约事件发生的概率为 $1 - \int_0^T q(\tau)d\tau$,于是得到购买信用违约互换所支付保费现值的期望为:

$$W\int_0^T q(\tau)[u(\tau) + v(\tau)]d\tau + \left(1 - \int_0^T q(\tau)d\tau\right)Wu(T) \quad (16\text{-}7)$$

另一方面,τ 时刻发生违约事件时,CDS 买方得到赔偿的贴现值为 $(1-R)e^{-r\tau}$,那么 CDS 得到的期望赔偿贴现值为:

$$\int_0^T q(\tau)(1-R)e^{-r\tau}d\tau \quad (16\text{-}8)$$

于是得到 CDS 的价值为:

$$\int_0^T q(\tau)(1-R)e^{-r\tau}d\tau - \left\{W\int_0^T q(\tau)[u(\tau) + v(\tau)]d\tau + \left[1 - \int_0^T q(\tau)d\tau\right]Wu(T)\right\} \quad (16\text{-}9)$$

由于互换合约在初始时刻的价值为 0,所以每年应支付的保费为:

$$W^* = \frac{\int_0^T q(\tau)(1-R)e^{-r\tau}d\tau}{\int_0^T q(\tau)[u(\tau) + v(\tau)]d\tau + (1 - \int_0^T q(\tau)d\tau)} \quad (16\text{-}10)$$

W^* 被称为 CDS 的理论价格,也称 CDS 价差(CDS spread)。

三、信用违约互换远期与期权

(一)信用违约互换远期

信用违约互换远期合约(远期 CDS 合约)是指,在将来某一时刻,以确定的价差购买或卖出一份 CDS 合约。确定的价差称作远期 CDS 价差,这一价差使得远期 CDS 合约在签订时价值为 0。如果参考债券的发行方在购买或卖出 CDS 合约之前违约,则远期 CDS 合约终止。远期 CDS 与即期 CDS 的不同表现在,远期 CDS 中的 CDS 是从将来的某一时刻开始,保费部分的现金流也推迟到将来,并且违约保护也只覆盖将来的一段时间。

有时远期 CDS 还嵌入其他期权,如买权或卖权。买权可以使得合约购买者在合理的 CDS 价差缩小的时候,终止这份合约,然后再购买一份更便宜的 CDS;卖权可以使得合约出售者在合理的 CDS 价差增大的时候,终止这份合约,然后再以高价出售合约。

(二)信用违约互换期权

信用违约互换期权(credit default swap option)赋予持有人在未来某个特定时间,以事先同意的保护费(又称执行价)买入或卖出 CDS 的权利。信用违约互换期权的持有人为获取买入或卖出 CDS 的权利,必须向信用违约互换期权的出售人支付一定的期权费用。

信用违约互换期权分为看涨期权和看跌期权。如果期权到期时 CDS 保护费高于看涨期权的执行价,则看涨期权持有人有权以执行价买入 CDS,否则,期权不会被行使。同样,如果到期时 CDS 保护费低于看跌期权的执行价,投资者将会以执行价售出 CDS,反之则不行权。信用违约互换期权的有效期一般为 3 个月。如果在期权到期之前,参考实体发生信用事件,则期权合约将会自动失效。

欧债危机与信用违约互换

欧债危机,全称欧洲主权债务危机,是指自 2009 年以来在欧洲部分国家爆发的主权债务危机。欧债危机是美国次贷危机的延续和深化,其本质原因是政府的债务负担超过了自身的承受范围而引起的违约风险。

一、欧债危机的开始

早在 2008 年 10 月华尔街金融风暴初期,北欧的冰岛主权债务问题就浮出水面,而后中东债务危机爆发。鉴于这些国家经济规模小,国际救助比较及时,其主权债务问题未酿成较大全球性金融动荡。

2009 年 12 月,希腊的主权债务问题凸显。2010 年 3 月进一步发酵,开始向"欧洲五国"(葡萄牙、意大利、爱尔兰、希腊、西班牙)蔓延。在这过程中,美国三大评级机构及时跟进,连连下调希腊等债务国的信用评级。

二、欧债危机的深化

2011 年 7 月 5 日,穆迪下调葡萄牙主权评级至垃圾级别之后意犹未尽,于 7 日再次宣布进一步下调由政府担保的葡萄牙银行债券评级,一时间希腊债务危机在欧元区其他国家蔓延开来的担忧再次骤然升温。另一方面,欧洲国家 CDS 费用狂飙,更是用血淋淋的数据证实了市场的担忧并非空穴来风。

数据供应商 Markit 的数据显示,7 日对葡萄牙主权债务违约的投保创历史新高,葡萄牙 5 年期 CDS 指数首次升至 1 000 点上方。这意味葡萄牙 1 000 万欧元的 5 年期公债违约担保成本已增加至100万欧元,显示市场预计葡萄牙可能会发生违约并步希腊的后尘,最终将因面临违约风险而再度寻求支援。

意大利与西班牙的CDS也受累扩大。意大利5年期CDS指数升至223点,西班牙5年期CDS指数升至313点。爱尔兰也难逃一劫,其5年期CDS指数同样大幅升至883点;当然,希腊无疑仍高居榜首,其5年期CDS指数升至2 200点的惊人水平。与上年同期相比,第二季度希腊的CDS费率上升了一倍,葡萄牙的CDS费率飙升37%,而意大利的CDS费率上升了28%。

到了2011年11月,希腊1年期国债收益率飙升至117%,2年期国债收益率也接近70%。而对冲希腊5年期国债风险的CDS价格飙升937个基点,达4 437点的历史新高,成为全球最贵的信用违约互换产品。

希腊政府每次支付债券利息就高达几十亿欧元,这一切都预示着,希腊发生违约也许难以避免。根据彭博社的报道,希腊在未来5年内发生债务违约的概率高达98%。

三、欧债危机的原因

首先,财务造假埋下隐患。早在2001年,希腊因无法达到《马斯特里赫特条约》所规定的标准,即预算赤字占GDP3%、政府负债占GDP60%以内的标准,于是聘请高盛集团,通过货币互换的方式,为希腊掩盖了一笔高达10亿欧元的公共债务,以符合欧元区成员国的标准。通过这些粉饰账面的手段,高盛共拿到了高达3亿欧元的佣金。同时,高盛深知希腊通过这种手段进入欧元区,其经济必然会有隐患,最终出现支付能力不足的问题。为防止自己的投资打水漂,高盛便向德国一家银行购买了20年期的名义金额为10亿欧元的CDS,以便在债务出现支付问题时由承保方补足亏空。

其次,危机中心的国家,存在产业结构不平衡、实体经济空心化的现象。以希腊为例,其主要支柱产业是旅游业和航运业。一方面,为了大力发展支柱产业并拉动经济快速发展,希腊对旅游业及其相关的房地产业加大了投资力度,其投资规模超过了自身能力,导致负债提高。2010年服务业在GDP中占比达到52.57%,其中旅游业约占20%,而工业占GDP的比重仅有14.62%,农业占GDP的比重更少,仅为3.27%。另一方面,受金融危机影响,从2008年底开始航运业进入周期低谷,景气度不断下滑。航运业的衰退对造船业形成了巨大冲击。希腊的支柱产业属于典型依靠外需拉动的产业,这些产业过度依赖外部需求,在金融危机的冲击面前显得异常脆弱。

与希腊类似,葡萄牙、意大利、爱尔兰、西班牙等国的经济更多依赖于劳动密集型制造业出口和旅游业。随着全球贸易一体化的深入,新兴市场的劳动力成本优势吸引全球制造业逐步向新兴市场转移,南欧国家的劳动力优势不复存在。而这些国家又不能及时调整产业结构,使得危机到来时无法应对冲击。

再次,高福利政策和人口结构的失衡,导致许多南欧国家社会福利占GDP的比重由占比小于20%逐渐上升到20%以上,其中希腊和爱尔兰较为突出。2010年希腊社会福利支出占GDP的比重为20.6%,而社会福利在政府总支出中的占比更是高达41.6%。在经济发展良好的时候并不会出现问题,但在外在冲击下,本国经济增长停滞时,就出现了严重问题。从2008年到2010年,爱尔兰和希腊GDP都出现了负增长,而西班牙近两年也出现了负增长,这些国家的社会福利支出并没有因此减少,导致其财政赤字猛增,2010年希腊财政赤字占GDP比重达到了10.4%,而爱尔兰这一比重更是高达32.4%。

最后,欧元区制度缺陷,导致危机的协调和解决成本过高。处于危机中的"欧洲五国",虽然具有独立的财政政策,但是没有独立的货币政策,造成欧元区有经济实力的法国和德国迟迟未能就救援方案达成一致的意见,救援措施滞后。

第三节 总收益互换

一、总收益互换的概念

总收益互换(total return swap,TRS),是指针对非流动性的基础资产(如商业贷款等),按照特定的固定或浮动利率互换支付利息的合约。风险出售者将基础资产的全部收益(包括基础资产的利息、手续费加减基础资产价值的变化)支付给风险的购买者,而风险的购买者则支付给风险出售者以LIBOR为基础的收益率(通常为LIBOR加减一定的息差)。总收益互换的基本结构如图16-2所示:

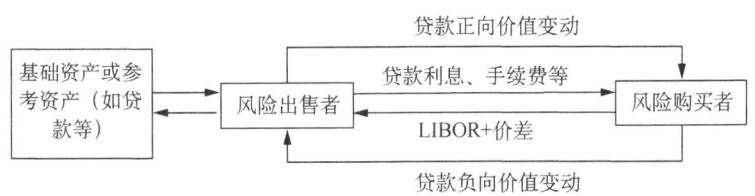

图 16-2 总收益互换示意图

与信用违约互换一致,在总收益互换交易中,信用风险的承担者无须增加自己的资产负债表规模,而可将其作为表外业务处理。总收益互换与信用违约互换的最大区别在于:信用违约互换仅仅实现了参考资产的信用风险转移;而总收益互换交易不仅转移了参考资产的信用风险,参考资产的其他风险(如汇率风险和利率风险)也可在该交易中一并转移,从而实现了参考资产所有风险的完全转移。

二、总收益互换的交易形式

下面将通过一个具体的例子来了解总收益互换的交易形式。如图16-3所示,某个5年期且名义本金为1亿美元的协议,将息票率为5%的息票债券的总收益与LIBOR加上25个基点进行交换。在息票支付日,总收益支付方(即风险出售者)将把从投资1亿美元的债券处所获得的息票利息支付给总收益接收方,而总收益接收方将支付基于1亿美元本金以LIBOR加上25个基点为利率支付的利息。(LIBOR是在某一息票日设定,且与普通利率互换一样,在下一个息票日支付)互换有效期结束时,存在一个反映债券价值变化的支付。例如,在互换的有效期内,如果债券的价值增长10%,则总收益支付方将需要在5年期末支付1 000万美元(1亿美元的10%)给总收益接受方;类似地,如果债券的价值下降15%,则总收益接收方需要在5年期末支付1 500万美元(1亿美元的15%)给总收益支付方。如果债券违约了,互换通常终止且总收益接收方将产生一个支付,该支付等于债券面值1亿美元和债券的市场价值之间的差值。

在互换有效期结束时,如果增加双方的名义本金,则我们可以描述如下所示的总收益的特征:总收益支付方将从投资的1亿美元的5%息票率债券处获得的现金流支付给总收益接收方,而总收益接收方支付对于1亿美元的债券以LIBOR加上25个基点为利率的现金流。如果总收益支付方拥有该债券,则总收益互换允许其将信用风险转移给总收益接收方;如果总收益支付方不拥有该债券,则总收益互换将使其获得一个相当在该债券上的空头头寸。

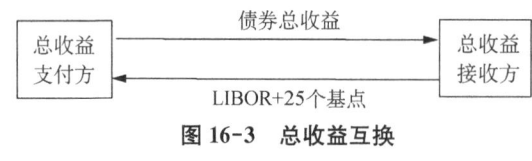

图 16-3 总收益互换

总收益互换通常作为金融工具使用,图 16-3 中最可能产生的情形如下所示:总收益接收方希望在某个参考债券上投资 1 亿美元,它可以尝试说服一个金融机构买下该参考债券,并作为总收益支付方,从而与它(作为总收益接受方)进行总收益互换。如果成功,总收益支付方在参考债券上投资 1 亿美元,并将收益和总收益购买方互换。这就相当于使得总收益接受方可以按照 LIBOR 加上 25 个基点的利率借钱去购买该债券,则与前面一样,其获得相同的债券多头头寸。总收益支付方在互换整个有效期内保持债券的所有权,与其借资金给总收益接收方购买债券相比,债券支付方将较少地暴露于总收益接收方违约的风险。总收益互换类似于回购,回购也是经过构建以减少资金借出以后的风险。

假设总收益接收方和支付方都不存在违约的风险,从而任一时刻总收益接收方在互换合约上的价值将是投资于参考债券的价值减去 1 亿美元的价值;类似地,总收益支付方在该互换合约上的价值将是 LIBOR 债券的价值减去投资于参考债券的价值 1 亿美元。当首次签署协议时,互换的价值将是 0。投资于参考债券的价值是 1 亿美元,因此,LIBOR 债券的价值也将是 1 亿美元,这表明 LIBOR 债券的利差是 0 而不是 25 个基点。

实际上,总收益支付方很可能需要一个高于 LIBOR 的利差,以补偿其承担的总收益接收方可能会违约的风险。如果总收益接收方在参考债券的价格下降的时候违约,则总收益支付方将会产生损失,因此,利差取决于总收益接收方的信誉、债券发行方的信誉以及总收益接收方和债券发行方两者之间违约的相关性。

对于我们已经描述过的总互换合约的标准事项仍然可以存在许多变动,有时,在互换有效期末,债券价值的变化并不是使用现金支付,而是使用实物结算;有时,支付价值的变化是在某些特定时期决定的,而并不是都在互换有效期期末。那么该互换类似于权益互换。

第四节 担保债务凭证

一、担保债务凭证的概念

担保债务凭证(collateralized debt obligation,CDO)是一种固定收益证券,其现金流量的可预测性较高,不仅为投资人提供多元的投资管道以及增加投资收益,更强化了金融机构的资金运用效率,移转不确定风险。凡具有现金流量的资产,都可以作为证券化的标的。通常,发起银行将拥有现金流量的资产汇集成群组,然后作资产包装及分割,转给特殊目的机构(special purpose vehicle,SPV),由 SPV 以私募或公开发行方式卖出固定收益证券或受益凭证。

根据标的资产的不同,CDO 可分为现金流量型 CDO 及合成型 CDO。现金流量型 CDO 的标的资产通常是放款、债券等,发行人一般是银行。银行将其债权资产包装转移给 SPV,SPV 根据信用等级的不同发行不同券种的凭证,其凭证价值与债权资产现金流量的绩效相联结。在这个过程中,由于 SPV 实际买入标的资产,其有实质的现金交付,所以称为现金流量型 CDO。

合成型 CDO 是 CDO 的衍生性产品,是发行人汇集一些债权并加以包装(称为债权群组),并将债权群组与 SPV 称做信用违约互换合约,其结构如图 16-4 所示。由 SPV 发行不同信用等级的券种给投资人,在收到投资人的本金后,SPV 利用本金购买高质量债券作为担保品。担保品作为未来到期还本的保证,担保品孳息可作为投资人的收益来源及 CDS 的权利金。当发生违约事件时，SPV 将担保品作为支付给发行人的金额。与现金流量型 CDO 不同，合成型 CDO 并不属于实质出售，债权群组并未实际出售给投资人，也就是说，SPV 并没有实际购入债权群组中的资产，CDO 的投资人也没有实际拥有债权群组中标的物的债权。

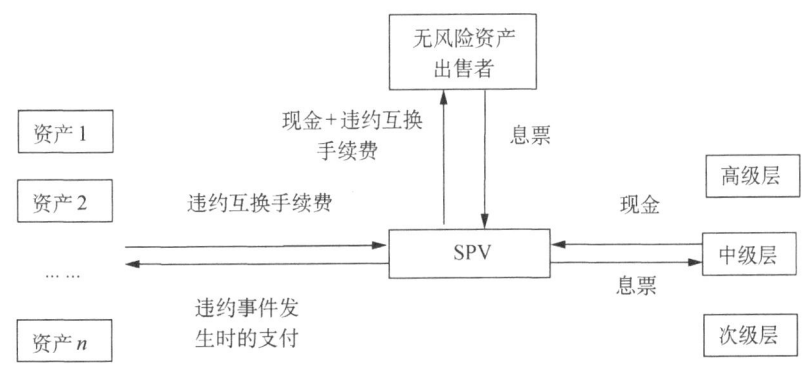

图 16-4　合成型 CDO 的结构

（一）合成型 CDO 优势

与现金流量型 CDO 产品相比，合成型 CDO 产品有以下优势：

(1) 建仓是立即完成的，并且发起人并未被限于可以实物购买资产。因此，合成型 CDO 产品可以在所有的资产类别中进行选择。

(2) 同时获取资产带来了效率，例如超优分级更低的融资成本。

(3) 投资者在 CDS 中可以持有空头，这些空头可以用于转移系统信用风险。

(4) 合成型资产消除了现金资产的利率和提前偿还风险，因此可以简化海外投资者用互换对冲货币风险的过程。

(5) 合成型 CDO 产品享有更简单的交易结构，没有复杂的瀑布偿付或触发机制。

（二）合成型 CDO 带来的挑战

合成型 CDO 产品也可能带来一些挑战。主要表现在：

(1) 合成型分级被归为衍生品，绝大多数投资者必须对这些交易采取逐日盯市(mark-to-market)。高波动性可能导致显著的市值变动并且降低流动性，这可能使得部分投资者选择远离合成型 CDO 产品。

(2) 与现金流量型 CDO 产品相比，合成型 CDO 产品可能更多地受到 ABS 和 CDO 付现模板中所定义的信用事件的惩罚。相比现金资产，减值、不良评级触发和某些实物支付事件可能导致前期损失。

二、担保债务凭证基本定价模型

CDO 的核心观点为：在严格预测 CDO 资产池中单一标的资产的违约概率、回收率及多个标的资产之间的违约相关系数的假设下，选定标的资产进入资产池；运用计量模型对资产池的现金流进行分析和压力测试，根据实际测算结果对现金流进行结构性安排，再加上适当水平的信用增强，使资产池中标的资产的收益与风险处于可控的范围；同时，考虑发行时机，根据不同投资人的需求，确保 CDO 顺利发行。可见，CDO 资产池中的标的资产组合及其管理就是 CDO 的命脉，其中关键问题为违约概率、回收率及违约相关系数的估计，以及 CDO 定价模型的构建和应用，如图 16-5 所示。

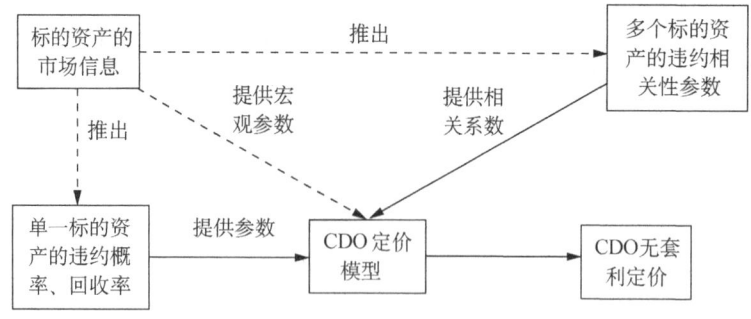

图 16-5　CDO 基本定价机理示意图

(一) BET 方法

二项式扩展方法(binomial expansion technique, BET), 其基本原理是把违约相关性比较强的基础资产组合转化成具有一定差异度(diversity score, DS)并且互相同质的理想化资产组合。从而以此算得加权平均违约概率和加权平均回收率, 再利用二项式分布估计整个投资组合的预期损失(expected loss, EL)。最后按照穆迪的损失期望和信用评级对照表得到信用等级, 再根据信用等级跟信用价差之间的对应关系, 得到 CDO 的定价结果(即信用价差)。

对于标的资产组合同质性过于微弱和集中程度过于高的情形, 穆迪在 BET 方法的基础上进行了拓展。以此得到了相对应的多重二项式扩展方法(MBET)和相关二项式方法(CBM)。

这类方法的优点是简洁易懂,计算方便。但存在以下缺点:

(1) 违约概率相同且服从二项分布的基本假定不尽合理。

(2) 其主导思路是静态的,没有充分关注时间因素,因而从中看不到违约事件的时间分布。

(3) 对资产池的多样度划分严重受制于分析者的经验知识。

(4) 所涉及的违约概率强烈依赖于历史数据, 因而不适用于历史数据不足情况下的资产池信用分析, 也难以对未来的资产池信用状况做出有效的预测。

(二) Copula 方法

Copula 方法的基本思想是: 在已知资产池单个标的资产违约时间概率分布的条件下, 运用 Copula 函数建立资产组合的联合违约概率分布函数, 结合蒙特卡洛模拟方法或者解析方法, 得到资产组合损失面(default leg, DL)和收益面(premium leg, PL)的期望现值, 采用无套利定价原理得到各个分卷层的信用差价。

较之 BET 模型, Copula 模型更为灵活, 定价精确度得以提高, 且具有对历史数据的要求相对宽松的特点, 适合我国信用基础数据匮乏的情况, 但比较而言, 该模型假设仍过于简单和理想化, 而基于蒙特卡罗模拟的计算方法在计算效率上也有所局限。

(三) 因子 Copula 模型

因子 Copula 模型认为资产价值受市场共同因子与非共同因子的影响, 由此假设各个因子服从一定的概率分布, 再由 Copula 转换为给定的市场共同因子的条件违约概率, 最后将市场共同因子积分后可得各个资产的风险中性违约概率, 从而以条件概率的方式刻画预期损失的概率分布, 再由预期损失的分布函数求解损失面和收益面, 并最终由无套利定价原理, 求得各个分券的信用价差。

因子 Copula 模型具有定价准确和计算快捷的优点, 所以自提出以来发展迅速, 并为许多的主流投资机构和评级公司广泛采用, 因子 Copula 模型已经成为 CDO 定价中的里程碑式标准模型。

三、合成型 CDO 定价思路

合成型 CDO 是一种转移债券群组信用风险的金融工具。一方面,CDO 的初始发行者 SPV 通过签订一系列的信用违约互换,为发起人(商业银行等)提供信用保护;另一方面,SPV 向投资者发行分级债券,通过这种方式,CDO 将信用保护买方的信用风险转移到了 CDO 投资者(分券持有者)上。合成型 CDO 的定价较为复杂,学者们相继提出了一系列定价模型。目前市场上合成型 CDO 定价的基准模型是单因子高斯 Copula 模型。该模型设计简单,可直接运用于实际当中,计算起来也十分方便,被市场普遍接受。然而,该模型由于相关性结构和相关性微笑问题也受到了一定的争议。

为了更好地匹配市场上的"相关性微笑"现象,学者们对高斯模型进行了扩展。如格利高里(Gregory)和劳伦(Lauren)(2003)提出了基于投资群体内部和跨群体的相关性结构,并推导出了回收率和违约之间的依赖关系。赫尔(Hull)和怀特(White)(2005)提出了运用双重 t-Copula 单因子模型来解决这一问题。安德森(Andersen)和西德尼斯(Sidenius)(2004)提出了在该模型中引进随机回收率和随机因子。此外,还有正态逆高斯分布、随机相关性高斯模型等等。

 立德树人思考

为绿色发展完善绿色金融支撑

发展绿色金融,是实现绿色发展的重要措施,也是支持绿色产业和经济社会可持续发展的重要举措。习近平总书记主持召开中央财经委员会第九次会议时强调:"要完善绿色低碳政策和市场体系,完善能源'双控'制度,完善有利于绿色低碳发展的财税、价格、金融、土地、政府采购等政策,加快推进碳排放权交易,积极发展绿色金融。"

绿色金融可引导和激励更多社会资本投入绿色产业,同时有效抑制污染性投资,不仅有助于加快我国经济绿色转型,也有利于促进环保、新能源、节能等领域的技术进步,提升经济增长潜力,主要表现在三大功能。一是资源配置的功能,通过政策制度激励,引导和撬动更多的金融资源向低碳项目、绿色转型项目、碳捕集与封存等绿色创新项目倾斜。二是风险管理的功能,通过气候风险压力测试、环境和气候风险分析、绿色和棕色资产风险权重调整等工具,增强金融体系管理气候变化相关风险的能力。三是市场定价的功能,推动建设全国碳排放权交易市场,发展碳期货等衍生产品,通过交易为排碳合理定价。

充分发挥绿色金融的三大功能,提高绿色金融对碳达峰碳中和的经济社会发展绿色转型的贡献度,需进一步明确发展绿色金融的主要原则。首先,坚持政策推动与市场发展相结合。发挥金融政策、财政政策和产业政策的协同激励效应,针对绿色低碳产业和项目给予多层次、多元化的金融支持,形成政策合力。同时,坚持市场规律和市场化机制,通过金融资源引导生产要素优化配置,促进碳达峰碳中和的经济社会绿色低碳发展。其次,坚持目标导向与问题导向相结合。坚持目标导向,围绕碳达峰碳中和、经济发展方式转变和提高经济社会治理能力,提升绿色金融服务实体经济的能力和水平。同时,坚持问题导向,针对绿色金融发展中存在的堵点、难点和痛点问题,精准施策、尽快破题。再次,坚持改革创新与防范风险相结合。鼓励积极探索、先行先试,在绿色金融重点领域和核心环节进行探索创新。同时,提高对绿色金融风险的识别能力,建立市场化法治化金融机构气候与环境信息披露制度,完善金融机构气候变化和环境风险压力测试,增强金融体系管理气候变化相关风险能力,切实防范化解金融风险。

为绿色发展构建和完善绿色金融体系,需进一步完善绿色金融发展的支撑体系,探索创新发展绿色金融的新路径。

绿色金融政策体系。围绕"碳达峰碳中和"的目标和经济社会绿色低碳发展的总体要求,加强低碳绿色金融的顶层设计,完善绿色低碳发展的法律保障和政策体系,特别是加强货币政策、财政政策、监管政策和产业政策对绿色金融领域的支持配合,进一步丰富绿色金融支持政策工具箱,协调出台更多重点支持绿色低碳发展的优惠政策,引导金融机构增加绿色资产配置、强化环境风险管理,提升金融业支持绿色低碳发展的能力。

绿色金融标准体系。遵循"国内统一、国际接轨"原则,重点聚焦气候变化、污染治理和节能减排三大领域,不断完善绿色金融标准体系,为规范绿色金融业务、确保绿色金融实现商业可持续性、推动经济社会绿色发展提供重要保障。

绿色金融产品服务体系。通过加强政策激励、鼓励产品创新、完善发行制度、规范交易流程、提升透明度等方式,大力推进绿色信贷、绿色证券、绿色保险、绿色担保、绿色基金等业务创新,完善多层次绿色金融产品和市场体系,为绿色低碳发展提供更多更优金融产品和服务。强化现代数字化手段的运用,大力发展数字绿色金融。

绿色金融基础设施体系。积极推动建设全国碳排放权交易市场,发展碳期货等衍生产品,通过交易为排碳合理定价。积极培育排污权、用能权、用水权交易市场,丰富交易产品,扩大交易量。建立绿色金融综合服务平台、绿色金融信用信息共享平台,畅通融资供需对接,提升服务效率和融资成功率。鼓励金融机构积极稳妥参与碳市场建设,提升交易市场的定价权威性和交易效率。

绿色金融风险防范体系。持续推动金融机构、证券发行人、公共部门分类提升环境信息披露的强制性和规范性。利用金融科技推动环境信息披露与共享,降低金融机构与绿色主体之间的信息不对称。建立完善金融机构环境风险压力测试体系,有效覆盖极端天气引发的"实体风险"和传统经济向绿色低碳转型的"转型风险"。鼓励金融机构引进国际先进绿色金融发展与管理理念,积极创造条件宣布采纳负责任银行原则、负责任保险原则、负责任投资原则,主动参与碳中和行动。

(《学习时报》,2021 年 7 月 14 日)

思考:
1. 什么是"碳中和"?实现"碳中和"有什么意义?
2. 目前我国有哪些绿色金融产品?其设计理念和特点分别是什么?

本章小结

1. 信用衍生工具是指通过交易当事人签订的,以转移与贷款、债券等资产的信用风险为目的的交易合约。

2. 信用违约互换(CDS)是最基础也是目前运用最为广泛的一种信用衍生产品。合约双方就基础资产的信用状况达成协议,风险出售者向风险购买者支付一定的费用,在互换期限内如果约定的信用事件发生,则风险购买者将向风险出售者支付全部或部分的违约损失;反之,如果约定的信用事件并未发生,则互换自动失效。

3. 信用违约互换远期合约(远期 CDS 合约)是指,在将来某一时刻,以确定的价差购买或卖出一份 CDS 合约。而信用违约互换期权赋予持有人在未来某个特定时间,以事先同意的保护费(又称执行价)买入或卖出 CDS 的权利。

4. 总收益互换(TRS)是指针对非流动性的基础资产(如商业贷款等),按照特定的固定或浮动利率互换支付利息的合约。总收益互换与信用违约互换的最大区别在于:信用违约互换仅仅实现了参考资产的信用风险转移;而总收益互换交易不仅转移了参考资产的信用风险,参考资产的其他风险(如汇率风险和利率风险)也可在该交易中一并转移,从而实现了参考资产所有风险的完全转移。

5. 根据标的资产的不同,CDO 可分为现金流量型 CDO 和合成型 CDO。与现金流量型 CDO 不同,合成型 CDO 并不属于实质出售,债权群组并未实际出售给投资人。

6. CDO 的基本定价模型有:BET 方法、Copula 方法和因子 Copula 模型等。

练习题

一、单选题

1. 信用违约互换多头(购买方)的头寸类似于( )。
   A. 基于该参考债务的看涨期权 B. 基于该参考债务的看跌期权
   C. 基于该参考债券的回望期权 D. 基于该参考债券的上涨敲出期权

2. 信用违约互换的买方在违约事件中最可能收到的是( )。
   A. 利息以及最初规定的本金支付 B. 该金融工具的面值
   C. 该金融工具的溢价 D. 最初规定支付的 85%

3. 从信用违约互换卖方的角度观察,信用违约互换形成一对( )。
   A. 参考债务的空头头寸 B. 参考债务的多头头寸
   C. 参考债务的看涨期权头寸 D. 参考债务的看跌期权头寸

4. 关于信用违约互换(CDS),下列说法错误的是( )。
   A. 导致 2008 年全球性金融危机的最重要衍生金融产品是信用违约互换
   B. 信用违约互换中一方当事人向另一方出售的是信誉
   C. 最基本的信用违约互换涉及两个当事人
   D. 若参考工具发生规定的信用违约事件,则信用保护出售方必须向购买方支付赔偿

5. 当投资者认为参考实体的信用变差,那么投资者可以( )规避信用风险。
   A. 买入 CDS   B. 卖出 CDS   C. 买入利率互换   D. 卖出利率互换

6. CDS 买卖双方收付的现金流为( )。
   A. 买方定期支付现金流,违约发生时卖方支付现金流
   B. 卖方定期支付现金流,违约发生时买方支付现金流
   C. 买方定期支付现金流,违约发生时共同支付现金流
   D. 买方定期支付现金流,违约发生时不产生现金流

7. CDS 中买方定期支付的现金流由 CDS 的( )决定。
   A. CDS 名义本金 B. 信用利差 C. 违约概率 D. 回收率

8. 总收益互换(TRS)总的收益卖方必须支付给总收益买方( )。
   A. 债券总收益
   B. 债券总收益减去息票利息
   C. 仅仅只有息票利息以及从该债券收到的任何本金
   D. 经常基于 LIBOR 支付浮动利率息票利息

9. 在总收益互换中( )。
   A. 总收益支付方承担了持有参考资产的风险
   B. 总收益支付方将持有参考资产的风险转移到总收益接收方
   C. 总收益接收方将持有参考资产的风险转移到总收益支付方

D. 买方和卖方的信用风险彼此之间相互抵消

10. 某一投资者(　　),可以承担标的贷款的风险暴露和获得标的贷款的收益。
    A. 成为总收益互换的购买方　　　　　　B. 成为总收益互换的出售方
    C. 签署一项基于BB信用等级的利率互换　D. 在借款银行抵押补偿性最低存款额

11. 在总收益互换中,(　　)。
    A. 买方和卖方的信用风险彼此之间相互抵消
    B. 总收益支付方承担了持有参考资产的风险
    C. 总收益接收方将持有参考资产的风险转移到总收益支付方
    D. 总收益支付方将持有参考资产的风险转移到总收益接收方

12. 假设某一固定收入投资组合的管理者购买了一项风险债券,该债券以面值100 000 000美元发行,且在1年内将到期,为了对冲信用风险,该债券的发行者并不会完全支付所有金额,该债券的持有者将基于发行公司的价值购买信用违约看跌期权。如果该风险公司的价值是80 000 000美元,那么持有该风险债券以及信用违约看跌期权的收益将会是多少?该风险债券收益是(　　)。
    A. 80 000 000美元,因为其是价外期权,所以信用违约看跌期权的收益是0美元
    B. 20 000 000美元,且信用违约看跌期权的收益是80 000 000美元
    C. 80 000 000美元,且信用违约看跌期权的收益是20 000 000美元
    D. 100 000 000美元,且信用违约看跌期权的收益是20 000 000美元

13. CDO的资产发生亏损时,(　　)分块最先承担损失。
    A. 优先块　　　B. 次优先块　　　C. 股本块　　　D. 无所谓

14. 合成CDO与现金流量型CDO的差异主要体现在(　　)方面。
    A. 发起方式　　B. 资产形成方式　　C. 分块方式　　D. 市场投资结构

15. 信用衍生品在进行现金付的时候,需要对买卖双方同时计算应付的费用,下列不属于买卖双方需结清的费用的是(　　)。
    A. 固定支付的现金流　　　　B. 即期支付的现金
    C. 交易手续税费　　　　　　D. 应计利息

二、多选题

1. 信用违约互换是境外金融市场较为常见的信用风险管理工具,在境内,与信用违约互换具有类似结构特征的工具是信用风险缓释工具,主要包括(　　)。
   A. 信用风险缓释合约　　　　B. 信用风险缓释凭证
   C. 信用风险评级制度　　　　D. 其他用于管理信用风险的信用衍生品

2. 某投资者认为因经济环境恶化和同业竞争加剧,A公司的经营受到影响,那么下列策略中,该投资者可能会采用的有(　　)。
   A. 卖出A公司的债券　　　　　　　　B. 买入A公司的债券
   C. 卖出以A公司债券为参考债务的CDS　D. 买入以A公司债券为参考债务的CDS

3. 作为TRS的买方可以获得卖方相应资产的全部收益,投资者之所以投资TRS而不是直接买入相应资产,可能的原因包括(　　)。
   A. TRS买方可能没有足够的资金直接购买资产
   B. TRS买方直接借贷成本比较高
   C. 可能出于监管的原因,TRS买方无法直接投资这种资产
   D. 使得资产还在TRS买方资产负债表中,有助于保持着与有关客户的业务往来

4. 总收益互换的构成要素包括(　　)。

A. 投资者承担标的资产的所有风险和现金流
   B. 银行支付标的资产的所有收益
   C. 投资者反过来要支付相应的融资成本
   D. 可以采取食物或现金交割的方式
   E. 投资者承担标的资产价格变动的所有风险
5. 通常 CDO 包括（　　）要素。
   A. 基础资产　　　B. 发行目的　　　C. 信用结构　　　D. 分档结构

三、辨析题

1. CDS 的清算模式是双边交易清算模式。（　　）
2. 标准 CDS 的违约事件通常包括破产、支付违约和重组事件，其中重组事件是不同地区 CDS 的主要区别。（　　）
3. TRS 中，可以用于交换的总收益包括本金利息、预付费用，但不包括因资产价格的有利变化带来的资本利得。（　　）
4. 在 CDO 中，无论是股本档的投资人还是债券档的投资人，都希望 CDO 投资资产的相关性比较高，这样可以获得更好的收益。（　　）
5. 随着次贷危机的爆发，信用衍生品的发展逐渐趋于简单化和基本化，一些复杂的信用衍生品在市场中的比重越来越小。（　　）

四、计算题

1. 一笔 CDS 距离最后一次息票支付已经过了 90 天。名义本金是 100 000 美元，参考价格是 100%。最后预期的价格是 40%，每年的息票利率是 8%。此 CDS 最后结算的现金是多少？
2. 某 CDS 付费为每半年一次，付费溢价为 60 个基点，本金为 3 亿美元，交割方式为现金形式，假设违约发生在 4 年零 2 个月后，而信用违约互换价格的计算方所估计的最便宜可交割债券在刚刚违约时的价格等于面值的 40%。列出此 CDS 出售方的现金流和支付时间。

五、案例分析题

假设银行 A 和证券 B 在 2010 年 3 月 1 日签订了以公司 C 优等债务为参考债务的 5 年期 CDS，名义本金为 1 亿元人民币。双方约定证券 B 每年按季度向银行 A 支付费用（后端支付，按照 30/360 计算费用），如果公司 C 发生违约，那么银行 A 将以现金交割的方式向证券 B 支付其损失。当时 C 公司优等债务的信用利差为 80 个基点。

（1）从 2010 年到 2013 年之间，公司 C 都没有违约，每年证券 B 需要向银行 A 支付多少费用？2011 年 9 月 1 日证券 B 向银行 A 支付多少人民币？

（2）如果 2013 年 10 月 1 日公司 C 发生债务违约，那么买卖双方应该如何结清相应的费用？假设回收率为 35%。

六、简答题

1. 总收益互换和信用违约互换最大的区别在哪里？
2. 依标的资产的不同，CDO 有哪两种形式？两者区别在哪里？
3. CDO 定价的核心观点是什么？

七、论述题

1. 什么是信用衍生品？有哪些分类？特点是什么？
2. 有人认为美国次贷危机的起因是信用衍生产品的过度发展，请阐述你的观点。

第十七章　金融机构整体风险测度

【本章提要】

金融机构进行风险测度的主要方法是风险价值(VaR)法。本章首先系统介绍风险价值理论以及风险价值计算的3种基本方法(正态求解法、历史模拟法、蒙特卡罗模拟法),并给出这些方法的相关评价。然后在VaR方法应用的案例中,将分别介绍单一资产VaR计算和投资组合风险价值的计算方法。最后介绍VaR方法在金融风险管理中的应用、VaR方法的局限及其最新进展。

【学习目标】

1. 了解风险价值的基本概念,能够按照习近平新时代中国特色社会主义思想相关要求对风险价值的内涵进行解释。
2. 理解风险价值的基本原理与计算方法,运用习近平新时代中国特色社会主义思想相关要求,对各类风险价值的计算方法进行分析,并探讨其是否适合我国当前金融风险管理的要求。
3. 掌握风险价值的3种基本计算方法。
4. 学会运用风险价值理论综合管理金融风险。
5. 熟悉我国金融机构运用风险价值的方法进行金融风险管理的情况。

【思政理念】

1. 大学生警惕网络平台贷款陷阱。
2. 中国全面建成小康社会。
3. 中国数字货币创新。

【案例导读】

从民生银行的金融风险事件看金融风险管理

习近平总书记强调:"金融管理部门要努力培育恪尽职守、敢于监管、精于监管、严格问责的监管精神,形成有风险没有及时发现就是失职、发现风险没有及时提示和处置就是渎职的严肃监管氛围。"①

2019年5月14日开始,多名小米金融用户在社交网络上的帖子将民生银行推向舆论风口。这些帖子称,"在正常还款情况下,却忽然收到了民生银行提醒逾期并将相关信息报送征信系统的短信。"

有用户反映,收到短信后自己曾分别多次致电小米金融和民生银行,然而双方对这一问题各自推诿,称应向对方寻求原因和解决办法。小米金融客服也表示,"应该是民生银行错发信息"。

---

① 2017年7月14日至15日,习近平在全国金融工作会议讲话。

随后，小米金融官方微博发布表示是小米金融用于和民生银行对接系统因故出现异常，导致少量用户的还款信息未及时更新。这一事件对试图构建"金融+科技"新生态的民生银行来说，无疑增加了外界对其风控能力的质疑。据业内人士向记者介绍，"小米金融"实际上在此次事件中扮演了"信息中介"的角色，将银行等金融机构的资金与有借款需求的借款者"撮合"起来，从中收取一定的佣金。根据合同约定，用户需要通过小米金融 App 进行还款操作，小米金融再将用户的还款转入放款银行。此次问题的出现可能主要是小米金融向银行还款过程中出现了问题，体现了民生银行金融风险管理的不足。

回顾民生银行的风险管理工作，虽然其屡屡在财报中宣称继续优化风险政策管理体系，加强信贷风险全过程控制，有效控制资产质量，但其在具体落实执行时却显得行动力不足。2018 年开年，民生银行便被罚 1.63 亿元，创下了银行业 2018 年单笔被罚数额最大纪录。这笔罚单正是因为民生银行厦门分行（新兴支付清算中心）违反了清算管理规定、人民币银行结算账户管理相关规定、非金融机构支付服务管理办法相关规定。进入 2019 年，民生银行仍然屡次被罚。据不完全统计，在 2019 年开始的短短 4 个月时间内，民生银行收到多次处罚，累计罚没金额近 1 500 万元。除了自身违规"爆雷"，民生银行似乎还具有"踩雷体质"。近几年，每一个重大踩雷事件，都有民生银行的影子，2017 年踩雷乐视、保千里，2018 年踩雷东方金钰，2021 年又踩雷中信国安集团。2019 年 4 月 16 日，大连市银保监局公布了一批罚单，其中民生银行独领 11 张，累计罚没金额 350 万元，4 位相关责任人被警告。涉及互联网支付业务、个人贷款资金被挪用、员工虚构借款用途获得贷款并挪作他用等问题。事实上，这并非偶然事件。此前还出现狂接巨额罚单、虚假理财案等事件，种种事件将民生银行在风控上的漏洞暴露无遗。频繁"爆雷"和"踩雷"，意味着民生银行存在不少风控漏洞，进一步发展成为民生银行不良贷款攀升的一个导火索。

2021 年 3 月 30 日晚间披露的民生银行 2020 年报告显示，截至 2020 年年末，该行不良贷款总额 700.49 亿元，比上年年末增加 156.15 亿元，增幅 28.69%；不良贷款率 1.82%，比上年年末上升 0.26 个百分点；关注类贷款总额 1146.76 亿元，比上年年末增加 113.91 亿元，增幅 11.03%；关注类贷款占比 2.98%，比上年年末上升 0.02 个百分点。在 2020 年，民生银行信用卡贷款风险加速暴露，不良率抬头最为显著，截至 2020 年年末，该行信用卡贷款不良率 3.28%，比上年年末上升 0.80 个百分点。截至 2020 年年末，该行拨备覆盖率为 139.38%，较上年减少 16.12 个百分点，且处于同业低位，风险抵御能力有待提高。这些财务信息也显示了民生银行未来风险管理之路并不平坦。

习近平总书记指出："要做好金融业综合统计，健全及时反映风险波动的信息系统。"①民生银行的事例说明了金融机构加强全面金融风险管理的重要性，而金融机构进行风险管理首先需要进行风险测度，风险价值法是目前国际通用的金融风险评估方法。那么，什么是风险价值？如何评估计算金融资产的风险价值？带着这些问题，我们进入本章的学习。

第一节 风险价值及其计算

一、风险价值的内涵

风险价值（Value-at-Risk，VaR），是指在正常的市场条件和一定的置信水平 α（通常是 95% 或 99%）下，某一金融资产或证券组合在未来特定的一段时间内所面临的最大可能损失。运用风

---

① 2019 年 2 月 22 日，习近平主持中共中央政治局第十三次集体学习。

险价值度量金融风险的方法是一种基于统计理论的风险测量方法,它可以有效地对于金融机构的整体风险进行准确测定及管理。

风险价值用数学公式可以表示为:

$$P[L(t) > VaR] = 1 - \alpha \tag{17-1}$$

式中,$L(t) = V(t) - V(t + \Delta t)$ 表示在 t 到 $t + \Delta t$ 时间内资产的损失绝对值,$V(t)$ 为 t 时刻资产的价值。

从概率统计的角度分析,VaR 实际上是一个资产(组合)在未来一定持有期内,损失分布的分位数,表明该资产(组合)在持有期内将有 α 的概率能保障损失最大不会超过 VaR 值。

例如,当持有期为 1 周,概率置信水平 95% 时,如果所估计的 VaR 值为 1 000 万元,则意味着该投资者估计资产在 1 周后发生的损失额超过 1 000 万元的概率不会超过 5%,然后凭这一估计的概率损失额投资者可以做出相关的决策。由此可见,这种基于概率意义上的 VaR 损失在概念上确实十分直观地描述了资产在未来时刻可能发生的损失数额。

对于 VaR 的定义,可以从数学上给出更为精确的解释。

假设金融市场中资产的价格是由若干市场因素所确定的,这些市场因素被称为风险因子假定市场中有 m 个风险因子:g_{1t}、g_{2t}、$\cdots g_{mt}$,构成风险因子向量 $g_t = (g_{1t}, g_{2t}, \cdots g_{mt})$,它是随时间推移而变化的随机向量。

t 时刻资产的市场价格 $V(t)$ 由风险因子向量 g_t 确定:$V(t) = V(g_t)$,其中 $V(\cdot)$ 是价格函数,为 $R_m^+ \to R$ 的函数,R_m^+ 为 m 维非负实数向量空间,R 为实数空间。

考虑基于离散时间的随机向量 $\{g_t\}$,$t = 0, 1, 2, \cdots$ 的情形。假设在 t 时刻,如果投资者持有资产并保持资产的结构和数量不变,则到了 $t+1$ 时刻由于风险因子向量的随机变化,资产的价格变为:$V(t+1) = V(g_{t+1})$,持有资产所发生的损失为:$L(t) = V(g_t) - V(g_{t+1})$。$\{L(t)\}_{t=0}^{+\infty}$ 称为资产的损失过程。当然,如果 $L(t) < 0$,则持有该资产不是发生损失,而是获得收益。

在 t 时刻,假定损失变量 $L(t)$ 所服从的概率密度函数为 $f_t(x)$,累积分布函数为 $F_t(x)$,那么在给定概率 p(例如 $p = 95\%$)的情况下,资产的风险价值 VaR 由下式定义:

$$\int_{-\infty}^{VaR} f_t(x) dx = p \tag{17-2}$$

即

$$VaR = F_t^{-1}(p)$$

其中 $F_t^{-1}(p)$ 为 $F_t(x)$ 的反函数。上式意味着:

$P(L(t) \leq VaR) = p$ 和 $P(L(t) > VaR) = 1 - p$,其中 $P(\cdot)$ 表示概率。VaR 损失如图 17-1 所示。

此时,VaR 是概率置信水平为 p 且持有期为 1 个时间单位的最大损失。由定义可知,VaR 刻画的是 t 时刻资产在 1 个时间单位后以置信概率 p 估计的损失数额,它涉及两个重要参数:持有期和置信水平。

由此可见,VaR 值可以简明地通过一个数值表明资产(组合)的市场风险的大小,简单易懂,而且 VaR 方法是一种具有前瞻性的计算事前风险的方法。另外,使用 VaR 还可以衡量全部投资组合的整体风险,这也是传统金融风险管理所不能做到的。VaR 方法的这些特点使得它逐渐成了度量金融风险的主流方法,越来越多的金融机构采用 VaR 测量市场风险,使用 VaR 作为风险限额。特别是监管当局也在使用 VaR 确定风险资本金,这使得许多金融机构及其业务部门在投资选择时,往往需要满足 VaR 约束。

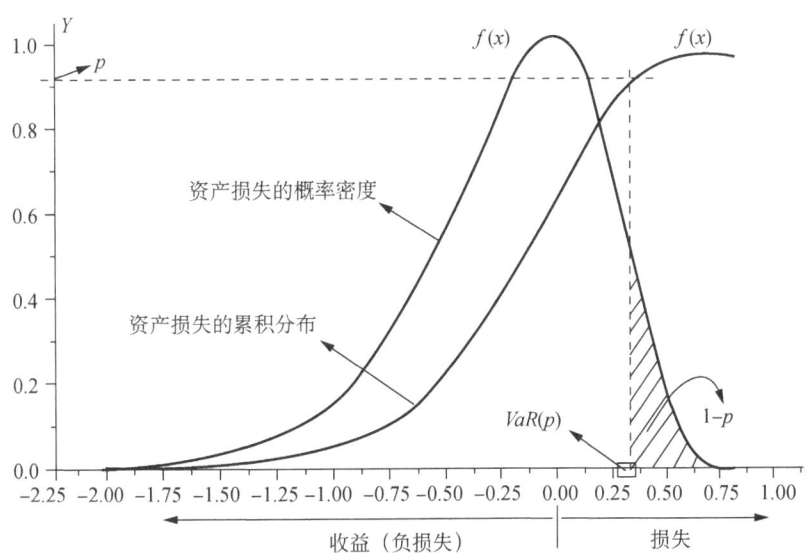

图 17-1 资产损失的概率密度与累计分布函数

在 VaR 定义中,有两个重要参数:持有期和置信水平。任何 VaR 只有在给定这两个参数的情况下才有意义。

1. 持有期

不同的持有期和置信水平对应于不同的 VaR 值。选择不同的持有期将会产生不同的资产损失分布,不同的置信水平将会在此损失分布基础上选择不同的分位数,进而产生不同的 VaR 值。持有期的确定需要计算 VaR 的时间周期,由于波动性与时间长度呈正相关,一般 VaR 随持有期的增加而增加。通常的持有期有 1 天、1 周、1 个月或更长。一般来讲,金融机构使用的最短持有期是 1 天,但理论上可以使用小于 1 天的持有期。选择持有期时,往往需要考虑 4 种因素:金融市场的流动性、收益的分布特性、头寸的可调整性以及可资利用的数据。

(1)金融市场的流动性。影响持有期选择的第一个因素是金融机构所处的金融市场的流动性。在不考虑其他因素的情况下,如果交易头寸能够快速流动,则可以选择较短的持有期;但如果流动性较差,由于交易时确定交易对手的时间较长,则选择较长的持有期更加合适。一般情况下,金融机构大多在多个市场上持有头寸,而在不同市场上达成交易的时间差别往往很大,这样,金融机构很难选择一个能最好地反映交易时间的持有期。通常,金融机构根据资产组合中比重最大的头寸的流动性来确定持有期。

(2)收益的分布特性。在计算 VaR 时,最通常的做法是假定收益呈正态分布。金融学的实证研究表明,时间跨度越短,实际的收益分布越接近正态分布。因此,选择较短的持有期更适合于收益呈正态分布的假设。

(3)头寸的可调整性。在实际的金融活动中,投资管理者根据市场状况会对其头寸和组合进行不断的调整。如果某一种头寸不断地出现发生损失的情况,管理者会把这种头寸调整为其他的头寸,持有期越长,投资管理者改变组合中头寸的可能性越大。而在 VaR 计算中,往往假定在给定持有期内组合的头寸保持不变,因此,持有期越短越容易满足组合头寸保持不变的假定。

(4)可资利用的数据。VaR 的计算往往需要大量不同资产收益的历史样本数据,以估计收益率的方差和波动性,选择的持有期越长,所需数据的历史时间跨度越长。因此,VaR 计算的数据样本量表明,持有期越短,得到大量样本数据的可能性越大。

2. 置信水平

置信水平的选择依赖于对 VaR 验证的需要、内部风险资本需求、外部监管要求以及在不同机构之间进行比较的需要。同时,正态分布或其他一些具有较好分布特征的分布形式(如 t 分布)也会影响置信水平的选择。在实际的最优投资组合计算中,置信水平一般都要求 $\alpha \geqslant 0.90$。当考虑 VaR 的有效性时,需要选择较低的置信水平;而内部风险资本需求则需要选择较高的置信水平;此外,对于统计和比较的目的,则需求需要选择中等或较高的置信水平。置信水平一般可以设置为 95% 或 99% 等。巴塞尔风险监管委员会对金融机构的要求通常是在 99% 的置信水平下计算持有期为 10 天的 VaR 值。

二、风险价值计算的方法

VaR 计算的主要内容是估计投资组合未来收益的统计分布或概率密度函数。大多数情况下,直接估计投资组合的未来收益分布几乎是不可能的,一是因为投资组合中往往包括种类繁多的金融资产和金融工具,二是无法保留估计过程中所需要的所有相关金融资产和金融工具收益的历史数据。因此,通常将投资组合的收益用其市场因子来表示(投资组合价值是其所有市场因子的函数)。映射(mapping)就是利用市场因子收益分布来估计投资组合的未来收益分布(或概率密度函数)。计算 VaR 时,首先根据市场因子的当前价格水平,利用金融资产和金融工具的定价公式对投资组合的价值进行估计(称为盯市),然后预测市场因子未来的一系列可能价格水平(是一个概率分布),并由此用定价公式估计投资组合未来可能价值的分布;在此基础上计算投资组合未来的价值变化和损益,由此得出投资组合的损益分布。根据这一分布就可求出给定置信水平下投资组合的 VaR。根据以上叙述,计算 VaR 的关键在于确定投资组合未来收益的统计分布或概率密度函数。这个过程由 3 个基本模块构成:①映射,分析组合的风险因子,把组合中每一种头寸的收益表示为这些市场因子的函数;②波动性估计,预测各市场因子的波动性;③形成收益分布,根据各市场因子的波动性,评估投资组合的价值变化,形成投资组合收益和分布。

在计算资产组合的 VaR 时需要考虑下述两个要素:

(1) 市场风险因子的选择。资产组合价值的变动是由那些影响每项金融资产和金融工具价格的市场因素的变动所造成的,市场因子的具体构成取决于资产组合的构成,对于简单的证券,如美元/欧元的远期合约,风险暴露的价值只受美元/欧元远期汇率的影响。但是对于美元/欧元的美式/欧式的期权来说,风险暴露不仅同远期汇率有关,还要受期权到期日美元/欧元利率变化以及美元/欧元汇率波动的影响。金融工具不同,影响其市场价格的市场因子也会不同。对一个股票的资产组合,风险因子为构成资产组合的每种股票的价格。对于债券组合来说,可以简单地认定每种债券的风险因子就是其到期收益率。

(2) 考虑将市场风险因子的波动纳入模型的方法。分析类方法,如正态求解法假定市场因子的收益服从对数正态分布。历史模拟法则对市场因子的收益分布不需要做任何假定,但要求有足够的历史样本数据,如 2~3 年的历史样本数据以便进行估计。蒙特卡罗模拟法可以选择任何形式的多变量随机分布来进行。

在实际工作中,当人们需要计算 VaR 值时,通常运用正态求解法、历史模拟法以及蒙特卡罗模拟法。

(一) 正态求解法

从 VaR 的定义知道,求解 VaR 的过程当中,损失函数的概率分布是关键的输入变量,在此基础上风险管理人员可以选择合适的置信水平来得到 VaR 值。一种传统的假设是认为资产收益率服从正态分布,从而资产的损失函数也会具有正态性质。资产损失的正态化假设具有一定程度的合理性,其优点在于能大大简化 VaR 的计算过程。因为在该假设下,仅需估计资产损失所服从的正态分布的参数(均值 μ 和标准差 σ),故而正态法是一种参数方法。

设投资组合或资产的收益率 R 服从以均值为 μ 和标准差为 σ 的正态分布,即收益率分布函数为:

$$f(R) = \frac{1}{\sqrt{2\pi}\sigma} e^{-\frac{(R-\mu)^2}{2\sigma^2}} \tag{17-3}$$

设 α 为给定的置信水平,则根据正态分布和标准正态分布之间的转换关系,投资组合或资产在给定置信水平下的最小收益率 R^* 可由下式决定:

$$prob(R \leqslant R^*) = \int_{-\infty}^{R^*} f(r) dr = prob\left(Z \leqslant \frac{(R^* - \mu)}{\sigma}\right) = 1 - \alpha \tag{17-4}$$

其中 Z 为服从标准正态分布的随机变量(均值为 0,标准差为 1 的正态分布)。给定置信水平 α 就可从标准正态分布的数据表上查出满足上式的分位数,记为 Z_α 值(见表 17-1)。

表 17-1 α 和 Z_α 常用值的对应表

α	99.97%	99.87%	99%	95%
Z_α	−3.43	−3.00	−2.33	−1.65

VaR 是一种预期损失的测度,相对 VaR 是资产价格相对于预期未来资产价格的损失,即 $|V_T - E(V_T)|$,绝对 VaR 是指资产价格相对于 0 的损失,即 $|V_T|$。

用 $W(t)$ 表示 t 时刻资产价值,假设资产的收益率 R 服从正态分布,$R \sim N(\mu, \sigma^2)$,则 $\mu - R \sim N(0, \sigma^2)$。相对损失为:

$$\begin{aligned} L(t+1) &= W(t)(1+\mu) - W(t+1) \\ &= W(t)(1+\mu) - W(t)(1+R) \\ &= W(t)(\mu - R) \end{aligned} \tag{17-5}$$

则相对 VaR 满足如下等式:

$$P[L(t+1) \leqslant VaR] = P(W(t)(\mu - R) \leqslant VaR) = p$$

即:

$$P\left[\frac{\mu - R}{\sigma} \leqslant \frac{VaR}{W(t)\sigma}\right] = p$$

有:

$$VaR = \alpha W(t)\sigma, \quad \alpha = \Phi^{-1}(p) \tag{17-6}$$

$\Phi^{-1}(*)$ 是标准正态分布函数的逆函数。这里我们计算的是相对 VaR。通常计算 VaR 时,持有期较短(如 1 天、1 周等),收益率的均值一般较小,可以忽略不计,绝对 VaR 和相对 VaR 差别不大。易知绝对 VaR 的表达式如下:

$$VaR = W(t)(\alpha\sigma - \mu), \quad \alpha = \Phi^{-1}(p) \tag{17-7}$$

可见在收益率正态分布的假设下,我们只需要知道分布的参数特征,即均值和方差就可以很方便地求解 VaR 了。通常 μ_t 的估计值 $\hat{\mu}$ 具有如下简单的形式:

$$\hat{\mu} = \frac{1}{n} \sum_{i=t-n}^{i=t-1} \mu_i \tag{17-8}$$

μ_i 为利用资产的历史价格数据所求得的收益率。根据大数定律，$\hat{\mu}_t$ 依概率收敛于 μ_i，通常在大多数情况下所，$\hat{\mu}_t \approx 0$，然而估计量 $\hat{\sigma}_t$ 的形式一般有如下两种形式：

1. 移动平均法

移动平均法认为历史样本数据中较前的数据对估计没有意义，只有较近的数据才对 σ_t 的估计有意义，因此历史较早的数据点被抛弃，仅利用较近的数据样本，同时移动平均法把这些数据对估计的影响作用看作是等同的，用相同的权重加以表示如下：

$$\hat{\sigma}_t = \sqrt{\frac{1}{n-1}\sum_{i=t-n}^{t-1}(\mu_i - \hat{\mu}_t)^2} \tag{17-9}$$

2. 指数加权法

指数加权法与上述移动平均法的区别在于如下两点：①对过去的所有的损失样本数据全部加以利用，充分利用数据所内含的市场信息；②但是对不同时期的数据加以区别对待，以不同的权重因子加以表示，较近的数据被赋予较大的权重因子，以强调其对未来损失估计的影响。

$$\hat{\sigma}_t = \sqrt{(1-\lambda)\sum_{i=t-n}^{t-1}\lambda^{t-i-1}(\mu_i - \hat{\mu}_t)^2} \tag{17-10}$$

其中参数 $1 > \lambda > 0$ 称为"衰减因子"，λ 越小权重系数 λ^{t-i-1} 随 i 的减小衰减得越快。由于权重系数满足：

$$\lim_{n\to\infty}(1-\lambda)\sum_{i=t-n}^{t-1}\lambda^{t-i-1} = (1-\lambda)\sum_{i=0}^{\infty}\lambda^i = 1 \tag{17-11}$$

所以在实际计算中，只有当损失样本数据较多时，指数加权法才会有意义。正态求解法最适合于单项资产 VaR 的求解，当考虑多项资产所构成的投资组合时，如果能够获得所有相关资产的历史价格数据，可以将该资产组合视为一个单独的资产，考虑上述的均值与标准差的估计，同样可以很容易地获得 VaR 损失的结果。然而，在实际中，金融机构所拥有的资产数量通常十分庞大，这种方法涉及的计算工作量很大，耗时很多，因此往往更倾向于采用正态求解法。

很多的实证分析表明，多数资产收益的分布实际上并不遵守正态分布，而是表现出厚峰尖尾的特征，在这种分布下，实际的观察值要比正态分布更多地偏离均值，尽管可以通过及时地对正态分布做变差来反映一些不可能事件，但厚尾分布还是一个问题。分布中出现厚尾意味着出现超额损失的概率高于正态分布预测的结果，这会让风险管理者尤为担心。所幸的是，这种情况对分散程度好的投资组合一般不会发生，这可以用中心极限定理来解释。该定理认为，在大样本的情况下，众多相互独立的随道机变量组成的集合在总体上会收敛于正态分布。这意味着，如果资产组合得到了很好的分散而且各风险因子的收益之间相互独立，那么即使这些收益本身不遵循正态分布，风险管理者还可以假定资产组合的收益服从正态分布。

(二) 历史模拟法

正态求解法求解 VaR 简捷易懂，使用者只需要得到正态参数，即可求解资产的风险价值。然而金融市场的数据证明，正态分布的假设并不完全正确，事实上经常能观察到收益分布的尖峰、厚尾、偏斜等非正态特征。尤其是 VaR 测度的资产价格分布的左尾，如果出现了厚尾的情况，正态分布求解得到的 VaR 将会出现较大的偏差。考虑另一种求解思路，我们不对资产收益率的分布作出任何假设，从历史数据中可以发现一些有用的信息，来帮助我们预测未来。这种方法就是历史模拟法。

历史模拟法计算 VaR 是一种简单的基于经验分布的方法，它不需要对资产收益的分布做出假设。它假设资产组合未来收益变化与过去是一致的，因此用收益的历史分布来代替收益的预期分布,以此来求得资产的 VaR 值。事实上,1993 年巴塞尔委员会制定的银行充足性资本协议的基础便采用了该方法。

历史模拟法利用求解次序统计量的方法对资产的 VaR 损失作出估计,因此它是模型独立(model-independent)的一种方法。例如在计算 $a=95\%$ 置信水平下的 VaR 值时,首先需要选择一个观测时间区间,假设考虑采用最近 M=100 天的损失数据来估计 VaR,即区间大小为 100。按照升序排列本区间内的资产损失,那么第 $aM=95$ 个损失数据即为 95% 置信水平下的 VaR 值。如果 aM 不是整数,例如 $aM=90.5$,则可以选择第 90 和第 91 个损失数据,并通过线性插值求得 VaR 值。

历史模拟法的计算步骤有:

(1)建立价格映射,即识别出基础的市场因子,收集市场因子适当时期的历史数据(典型的是 3 年到 5 年的日数据),并用市场因子表示出证券组合中各个金融工具的盯市价值。

(2)根据市场因子过去 N+1 个时期的价格时间序列,计算市场因子过去 N 个时期价格水平的实际变化。假定未来的价格变化与过去完全相似,即过去 N+1 个时期价格的 N 个变化在未来都可能出现,这样结合市场因子的当前价格水平可能直接估计市场因子未来一个时期的 N 种可能价格水平。

(3)利用证券定价公式,根据模拟出的市场因子的未来 N 种可能价格水平,求出证券组合的 N 种未来盯市价值,并与对应当前市场因子的证券组合价值比较,得到证券组合未来的 N 种潜在损益,即损益分布。

(4)根据损益分布,通过分位数求出给定置信水平下的 VaR。

历史模拟法是一个完全非参数化的方法,不考虑风险因子的收益是何种分布,也不必要考虑波动性和相关性,因为历史样本数据集本身已包含并反映了波动性和相关性的历史状况。此外历史模拟法也考虑并包含了厚尾问题,因为历史数据同样反映了市场中所有风险因子的同步变化。然而,历史模拟法基于这样一个假定,历史数据中的过去趋势在将来会重现,因而完全依赖于历史数据所提供的信息事实上,在过去时期发生的有些事件,尤其是一些偶然事件在将来不大可能重现。另外,对历史数据的依赖性要求有足够多的可靠数据,样本数据的不充分或不可靠都会影响结果的可信度。

(三)蒙特卡罗模拟法

正态法基于收益率的正态性假设,而历史模拟法则通过历史数据推断将来的资产损失分布,其主要区别在于选取不同的构造资产价格分布的方法,但是这两种方法都存在一定的缺陷。蒙特卡罗模拟方法提供了另一种模拟构造资产价格分布的思路。其基本思想是,重复模拟金融变量的变动、涵盖所有可能发生的情形的随机过程。假设我们知道这些变量服从预定的概率分布,因此随机模拟的过程就是重现投资组合价值分布的过程。由于我们知道,金融资产价格实际上是风险因子向量驱动的一个价值函数,蒙特卡罗模拟就是通过模拟这些风险因子的变动,进而模拟金融资产价格的变动,并建立资产价值变动损失的分布。蒙特卡罗模拟有单因子变量模拟和多因子向量模拟两种灵活的方式,并且在蒙特卡罗模拟下,可以突破传统的正态性假设。技术上说,我们可以作出任意的资产价值变动的分布形式,然后利用计算机进行模拟,得到资产价值变动在最终目标期的概率分布。单一风险因子下,运用蒙特卡罗模拟法计算 VaR,主要分为以下几步:

首先,选择一个随机模型,以反映价格的走势,并对其进行模拟。比如金融理论中的一个常用的模型就是假设资产价格服从几何布朗运动:

$$dS_t = \mu S_t dt + \sigma S_t dz \tag{17-12}$$

其中 dz 是均值为 0,标准差为 $\sqrt{t}$ 的正态随机变量。μ 和 σ 分别代表资产收益率的瞬时均值和瞬时标准差(这里假设μ和σ是时间不变量)。然后,分割整个持有期时间区间,在每个小时间区间上模拟资产价格的变动。例如可以把持有期$[0,T]$分割成一系列小的区间$[t_{i-1},t_i]$,$t_0=0$,区间长度$t=T/n$,然后对资产价格进行模拟。进行一次模拟,即假定在这样的n个时间段上相继发生价格变动,就近似地会产生一条资产价格变动的样本路径。通过足够多次的模拟,可以得到足够多的样本路径,最终形成一定数量的时刻T的资产价格的随机实现值,这样就模拟了S_T的概率分布。

在模拟单个资产或市场因子的价格变化轨迹时,为方便模拟,需要按如下方式离散化几何布朗运动模型:

$$\Delta S_t = S_{t-1}(\mu \Delta t + \sigma \varepsilon \sqrt{\Delta t}) \tag{17-13}$$

其中,ε是一个标准正态随机变量的随机实现值,均值为0,方差为1。$\Delta t=(T-t)/m$,t为当前时刻,T为到期时刻,m表示模拟时把模拟路径分成的段数,$\Delta S_t = S_{t+1}-S_t$,这样,式(17-13)可以改为:

$$S_{t+1} = S_t(1 + \mu \Delta t + \sigma \varepsilon \sqrt{\Delta t}) \tag{17-14}$$

为了模拟价格走势,我们可以从S_0出发,利用计算机模拟一系列的ε值,代入到式(17-14)中,得到资产价格S_1,继续同样的工作,得到S_2、S_3、$\cdots$、$S_n=S_T$。这样就完成了一个价格序列随机过程样本路径的模拟,重复多次就可以近似得到S_T的分布。

此时,根据已经模拟得到的大量的资产在目标时期的价格,依据选定的置信水平p,求解VaR的方法和历史模拟法完全相同。只不过这里的资产价格分布不是从历史数据中得到的,而是通过首先设定资产价格变动的随机过程,利用计算机技术模拟得到的。也即,此时我们需要选择一个分位数,使得资产价格小于分位数的数目是$1-p$,这个分位数就是所要求的VaR值。

而实际上,投资组合遭受的金融风险往往不止一种,通常需要综合考虑N个风险因子。我们可以通过合适的函数形式把资产价格写成这个N维风险向量的函数,然后通过对每个风险因子设定合适的随机过程,通过计算机模拟,得到一些基本因子的变动,然后得到资产价格的变动路径。通过大量的模拟,同样可以得到资产价格在目标时期的分布,据此就可以计算资产组合的VaR了。

蒙特卡罗模拟法在采取随机变量的形式上拥有较大的灵活性,既可以采取单个风险因子,也可以采取多维的风险向量来描述资产价格的变动。并且,选定了资产价格的风险因子之后,我们可以根据市场经验或者理论要求来随意设定因子所服从的分布,这些优点赋予蒙特卡洛模拟方法极大的灵活性。

从技术上来讲,我们可以在计算机上生成各种分布的随机变量。令$\{X_n\}$为一个随机过程,若$X_n=F_{X_n}^{-1}(Y)$,其中$Y\sim U(0,1)$。由概率论中的基本结论,我们知道,X_n的分布函数为$F_{X_n}(x)$。因此任何分布都可以表示为$(0,1)$上的均匀分布的函数。

假设资产价格服从某种分布$P_t(x)$,但有时候我们并不容易知道它,或者无法通过确切的解析形式来表达这种分布。一般来说可以对资产价格的变动做出某种假设。用X_t表示资产价格的变动过程,假设其服从分布$F_{X_t}(x)$,则$X_t=F_{X_t}^{-1}(U_t)$。这样可以通过对U_t的路径进行模拟进而得到X_t的路径。通过大量数据采样的随机模拟,就可以近似地刻画资产价格的分布$P_t(x)$。这样,我们就可以计算资产的VaR值了。

需要注意的是,实际应用中需要对资产价格的变动路径进行模拟,进而得出最终时刻资产价格的分布,但是往往我们并不能确切地将资产价格的分布用解析表达式表示出来,因此我们就需要用到蒙特卡罗方法来近似模拟出它的分布。一般的蒙特卡罗模拟方法的基本步骤如下:

(1) 针对实际问题建立一个简单且便于实现的概率统计模型,使所要求的解恰好是所建模的期望值。

（2）对模型中的随机变量建立抽样分布，在计算机上进行模拟试验，抽取足够的随机数，对有关的事件进行统计。

（3）对模拟试验结果加以分析，给出所求解变量的估计及其方差的估计。

（4）必要时，还应改进模型以提高估计精度和模拟计算的效率。

三、对风险价值计算方法的评价

计算 VaR 的 3 种主要方法，包括正态求解法（方差—协方差法）、历史模拟法和蒙特卡罗模拟法在国外商业银行都有一定的应用。由英国金融服务权威机构的一次调查发现，42%的银行使用正态求解法，31%的银行使用历史模拟法，23%的银行使用蒙特卡罗模拟法。各种方法的选用取决于商业银行的投资组合的结构。对于不含期权并且分布接近正态的概率密度函数，正态求解法可能是最好的选择，速度最快，计量也相对准确。因为正态求解法是分析性的，容易对 VaR 的计量结果作出简单的分析，使风险管理者易于作出解释。但由于存在正态分布和线性投资组合的假设，对于商业银行的具有期权头寸的投资组合不适用，此时只能采用历史模拟法和蒙特卡罗模拟法。前者不需要任何假设，易于实施，但难以解释。后者不要求线性投资组合，但计算和数据需求都比其他两种方法大，模型风险也相应增加。

市场风险的每种计算方法既有其优点，也有其局限性。银行和金融机构在选择和运用市场风险计量方法时，需要充分了解不同方法的优点、局限性和适用的假设前提，恰当理解和运用计量结果，并采用其他分析手段对所用的计量方法进行补充。下面对以上三大类主要的计算方法及其优缺点进行了总结，并加以比较。

（一）正态求解法的评价

正态求解法是 VaR 计算中最为常用的一种方法。它是一种非常简单的方法，而正是由于其简捷性，也使得它忽略了很多问题，存在很多的不足。

正态求解法的优点在于，首先是正态求解法操作简单，使用者只需要输入均值和标准差的估计值，就可以在正态分布假设下，对任意置信水平的 VaR 值进行计算。并且，正态求解法可以很方便地应用到具有线性性质的资产或资产组合上。当资产组合具有线性性质的时候，可以方便地计算出其方差—协方差矩阵，这样也就可以很方便地利用正态求解法求解 VaR 值。正态求解法也具有内在的缺点，最主要的问题在于假设资产收益率的分布为正态的。但实证中，资产收益率并不是标准的正态分布，而往往具有厚尾的性质。因此，当厚尾存在的时候，如果运用正态方法去求解 VaR 值，实际上将低估了风险。

（二）历史模拟法的评价

历史模拟法的核心在于根据市场因子的历史样本变化模拟证券组合的未来损益分布，利用分位数给出一定置信水平下的 VaR 估计。历史模拟法是一种非参数方法，它不需要假定市场因子的统计分布，因而可以较好地处理非正态分布。该方法是一种全值模拟，可有效地处理非线性组合（如包括期权的组合）。此外该方法简单直观、易于解释，常被监管者选作计算资本充足性的基本方法。

1. 历史模拟法的优点

（1）概念直观，计算简单、实施方便，容易被风险管理当局接受。

（2）历史模拟法是一种非参数法，不需要假定市场因子变化的统计分布，可以有效处理非对称和厚尾问题。

（3）无须估计波动性、相关性等各种参数，也就没有参数估计的模型风险。

（4）历史模拟法是全值估计方法，可以较好地处理非线性、市场大幅波动的情况，捕捉各种风险。

2. 历史模拟法的缺点

(1) 假定市场因子的未来变化与历史变化完全一致,服从独立同分布,概率密度函数不随时间而变化(或明显变化),这与实际金融市场的变化不一致。根据历史模拟法对历史样本的使用方式,不能预测和反映未来的突然变化和极端事件,而且历史模拟法可能存在严重的滞后效应。

(2) 需要大量的历史数据。如果历史数据太少,会导致 VaR 估计波动性大和不精确,通常认为历史模拟法需要的样本数据不能少于 1 500 个,如果是日数据,则相当于 6 年(以每年 250 个工作日计算)的数据,而实际上一方面金融市场数据很难满足这一要求,如在新兴市场国家没有如此多的数据;另一方面,太长的历史数据无法反映未来情形(信息陈旧),并且可能违反了同分布假设。

(3) 历史模拟法计算出的 VaR 波动性较大。当样本数据较大时,历史模拟法存在严重的滞后效应,尤其是含有异常样本数据时,滞后效应更加明显,这会导致 VaR 的严重高估。同时,异常数据进出样本时会造成 VaR 值的波动。由于市场因子的变化只是来自观测区间内的历史样本的相应变化,而 VaR 估计主要使用的是尾部概率,所以代表真实分布尾部的历史观测值的数目可能很少。特别是当置信度很高时,实际历史数据的分布呈高度离散化,VaR 值的跳跃性更加明显。

(4) 难于进行灵敏度分析。在实际应用中,通常需要考虑不同市场条件下 VaR 的变动情况,然而历史模拟法却只能局限于给定的环境条件,很难作出相应的调整。

(5) 历史模拟法对计算能力要求很高,特别是当组合较为庞大且结构复杂时。虽然在实际应用中,可以采用简化的方法来减少计算时间,但过多的简化会削弱全值估计法的优点。

对历史模拟法应用效果的实证分析结论并不一致。亨德里克斯(Hendricks)在对即期外汇组合的研究发现,在回报偏离正态分布的情形下,历史模拟法估计的 99% 置信度下的 VaR 的有效性高于解析方法,马奥尼(Mahoney)的研究也支持该结论。杰克逊(Jackson)等人的研究指出,在厚尾情况历史模拟法效果好于解析方法,特别是在尾部估计事件中,但库皮耶克(Kupiec)的研究结论却相反,他使用正态分布和 t 分布的模拟研究发现,当回报分布是厚尾时,历史模拟法估计的 VaR 具有大的变化和向上的偏差。

(三) 蒙特卡罗模拟法的评价

蒙特卡罗模拟法亦称作随机模拟法,其基本思想是,为了求解科学、工程和经济金融等方面的问题,首先建立一个概率模型或随机过程,使它的参数等于问题的解,然后通过对模型或过程的观察计算所求参数的统计特征,最后给出所求问题的近似值,解的精度可用估计值的标准差表示。蒙特卡罗模拟法可以很好地处理非线性和非正态性问题,其主要思路是建立一个概率模型或随机过程来反复模拟决定投资组合的价格,每次模拟都可以得到组合在持有期末的一个可能值,如果进行大量的模拟,那么组合价值的模拟分布将收敛于组合的真实分布。这样通过模拟分布可以导出真实分布,从而求出 VaR。

1. 蒙特卡罗模拟法的分类

蒙特卡罗模拟法可以解决多种类型的问题,视其是否涉及随机过程的形态和结果,该法的应用可分为两大类:

(1) 确定性问题。用蒙特卡罗模拟法求解该类问题的方法是,首先建立一个与所求解有关的概率模型,使所求的解就是所建模型的概率分布或数学期望;然后对这个模型进行随机抽样观察,即产生随机变量;最后是用其算术平均数作为所求解的近似估计值。计算多重积分、求逆矩阵、解线性方程组等都属于这类问题。

(2) 随机问题。对于这类问题,虽然有时可表示为多重积分或某些函数方程,并进而可考虑用随机抽样方法求解,然而一般情况下都不采用这种间接模拟法,而是采用直接模拟法,即根据实际情况的概率法则进行抽样试验。运筹学中的库存问题、随机服务系统中的排队问题以及模拟金融资产价值变化等都属于这类问题。

2. 蒙特卡罗模拟法的优点

(1) 产生的大量情景,比历史模拟方法更精确和可靠。

(2) 是一种全值估计方法,可以处理非线性、大幅波动及厚尾问题。

(3) 可模拟回报的不同行为(如白噪声、自回归和双线性等)和不同分布。

3. 蒙特卡罗模拟法的缺点

(1) 生成的数据序列是伪随机数,可能导致错误结果;随机数中存在群聚效应而浪费了大量的观测值,降低了模拟效率。

(2) 依赖于特定的随机过程和所选择的历史数据。

(3) 计算量大、计算时间长,比解析方法和历史模拟方法更复杂。

(4) 具有模型风险,一些模型(如几何布朗假设)不需要限制市场因子的变化过程是无套利的。

由于蒙特卡罗模拟方法的全值估计、无分布假定等特点及处理非线性、非正态问题的强大能力以及实际应用中的灵活性,近年来被广为应用,一些研究致力于改进传统的蒙特卡罗模拟法,试图提高其计算速度和准确性。

四、投资组合的风险价值计算方法

在实际中,投资机构往往持有多项资产构成的投资组合,根据 VaR 的定义,投资组合的 VaR 可以表示为:

$$P[L(t) > VaR] = 1 - p \tag{17-15}$$

式中,$L(t)$ 为投资组合在持有期内的损失;VaR 为置信水平 p 下处于风险中的价值。

从上面的定义中我们可以看出,VaR 有两个重要的参数:投资组合的持有期及置信水平。这两个参数对 VaR 的计算及应用都起着重要的作用。从投资者的角度来说,投资组合的持有期应由投资组合自身的特点来决定。资产的流动性越强,相应的持有期越短;反之,流动性越差,持有期则越长。国外商业银行由于其资产的高流动性,一般选择持有期为 1 个交易日;而各种养老基金所选择的持有期则较长,一般为 1 个月。在应用正态假设时,持有期选择得越短越好,因为投资组合的收益率不定服从正态分布,但在持有期非常短的情形下,收益率渐进服从正态分布,这时的持有期一般选为 1 天。另外,持有期越短,得到大量样本数据的可能性越大。同时,我们必须假设持有期内,投资组合内的头寸保持不变,以方便我们的分析。

投资组合置信水平的选取反映了投资主体对风险的厌恶程度,置信水平越高,厌恶风险的程度越大。同样的投资组合,由于选取的置信水平不同计算出的 VaR 值也不同。由 VaR 的定义可知,置信水平越高,投资组合的损失小于其 VaR 值的概率越大,也就是说,VaR 模型对于极端事件的发生进行预测时失败的可能性越小。

计算投资组合的 VaR 通常也有 3 种方法:方差—协方差法、历史模拟法以及蒙特卡罗模拟法。其中以方差—协方差法为代表的参数法是投资组合 VaR 计算中最为常用的方法,它利用投资组合的价值与市场因子间的函数(或近似函数)关系以及市场因子的统计分布参数(方差—协方差矩阵)简化 VaR 的计算根据将资产价值函数展开阶数的不同,参数法可以分为 Delta 类方法和 Gamma 类方法。在 Delta 类方法中,投资组合的价值取展开式的一阶近似。但不同模型中市场因子的统计分布假定不同,如 Delta 正态模型假定市场因子的收益服从多元正态分布,Delta 加权正态模重假定市场因子的收益服从多元加权正态分布,并用加权正态分布模型估计市场因子收益分布的方差—协方差矩阵,其中 Delta-GARCH 模型使用 GARCH 模型估计市场因子的波动性。

(一) 方差—协方差法

方差—协方差方法是基于资产收益率正态分布的假设下发展起来的。对于线性资产,如股票、远期利率协议等,Delta 类方法作为一阶方法,计算比较准确。为了更好地理解前述投资组合的 VaR 的概念,假定单个证券的收益率服从正态分布,则投资组合收益率(一个正态随机变量的线性组合)也是正态分布的。根据投资组合的相关知识可知,投资组合的 VaR 的数学表达式如下:

$$VaR_p = |\alpha| \sigma_p W \tag{17-16}$$

其中:

$$\sigma_p^2 = \sum_{i=1}^N w_i^2 \sigma_i^2 + \sum_{i=1}^N \sum_{j=1, j\neq i}^N w_i w_j \sigma_{ij} \tag{17-17}$$

用矩阵形式表示为:

$$\sigma_p^2 = \begin{bmatrix} w_1 & w_2 & \cdots & w_N \end{bmatrix} \begin{bmatrix} \sigma_{11} & \sigma_{12} & \cdots & \sigma_{1N} \\ \sigma_{21} & \sigma_{22} & \cdots & \sigma_{2N} \\ \vdots & \vdots & \ddots & \vdots \\ \sigma_{N1} & \sigma_{N2} & \cdots & \sigma_{NN} \end{bmatrix} \begin{bmatrix} w_1 \\ w_2 \\ \vdots \\ w_N \end{bmatrix} \tag{17-18}$$

式中,W 为投资组合的初始价值;α 为标准正态分布对应的分位数;σ_p 为投资组合收益率的方差;w_i 为组合中各项资产的权重。

由矩阵可知,投资组合收益率的方差 — 协方差矩阵共由 N 项方差项和 $N^2 - N$ 项协方差项构成。

当组合中仅有两项资产时,则投资组合收益率的方差为:

$$\sigma_p^2 = w_1^2 \sigma_1^2 + w_2^2 \sigma_2^2 + 2w_1 w_2 \rho_{12} \sigma_1 \sigma_2 \tag{17-19}$$

此时,投资组合的 VaR 为:

$$VaR_p = |\alpha| \sigma_p W = |\alpha| \sqrt{w_1^2 \sigma_1^2 + w_2^2 \sigma_2^2 + 2w_1 w_2 \rho_{12} \sigma_1 \sigma_2} w \tag{17-20}$$

当相关系数 ρ_{12} 为零时,投资组合的 VaR 可简化为:

$$VaR_p = \sqrt{VaR_1^2 + VaR_2^2} \tag{17-21}$$

此时投资组合的风险一定小于各个单项 VaR 值的总和,即:$VaR_p < VaR_1 + VaR_2$。这说明当组合中各项资产相互独立时,投资组合的风险将大为下降,而当两项资产的相关系数为 1 时,有:$VaR_p = VaR_1 + VaR_2$,即当组合中的资产完全相关时,投资组合的风险等于各项资产风险加总之和,此时投资组合无法达到降低风险的效果。

对于包含期权头寸的非线性资产,Delta 类方法计算的误差太大,因此需要将组合价值变动函数展开成二阶近似,这样就相应采用 Gamma 类方法。

(二) 历史模拟法

投资组合的历史模拟法求解 VaR,其基本思想就是将该项投资组合看作单一资产来求解,其利用的方法同本书前文中几乎一致。我们可以通过历史数据观察到该项投资组合在过去的一段时间里收益率的分布,以此构造该项组合的收益率分布,并相信历史能够预测未来,在此基础上选定置信水平,我们就可以在实际数据构造的资产组合价值分布基础上,获得一定置信水平下的投资组合 VaR。应用历史模拟法计算 VaR 不需要对投资组合收益的分布作出假设。该方法的本质是用收益率的历史分布来代替并预测收益率的真实分布,以此来求得投资组合的 VaR 值。

考虑一个投资组合,设影响该组合价值的市场因子为 $f_j, j=1,2,\cdots,k$,用历史模拟法计算其 95% 置信度下的日 VaR,首先估计市场因子的日波动性,选取各市场因子过去 $n+1(n>100)$ 个交易日的价格时间序列,可以得到市场因子价格的 n 个日变化:

$$\Delta f_j(t) = f_j(t) - f_j(t-1) \quad t=-1,\cdots,n, j=1,2,\cdots,k \tag{17-22}$$

历史模拟法假定这 n 个价格变化在未来一天内都有出现的可能,于是,对于每一个市场因子,将市场因子的当前值 $f_j(0), j=1,2,\cdots,k$ 和估计到的 n 个价格变化分别相加,可以得到市场因子在未来一天内的 n 个可能的日价格水平,用 $f_j(t), t=1,2,\cdots,k$ 来表示:

$$f_j(t) = f_j(0) - \Delta f_j(-t), t=1,2,\cdots,n, j=1,2,\cdots,k \tag{17-23}$$

再根据资产组合的相关定价公式(如资本资产定价模型等),计算出投资组合的当前价值 $w(0)$ 和未来一天内的可能的 n 个价值 $w_i(1), i=1,2,\cdots,n$,就可以确定投资组合的未来损益分布 Δw_i,其过程如下:

$$f_1(0), \cdots, f_k(0) \to w(0)$$
$$f_1(1), \cdots, f_k(1) \to w_1(1) \to \Delta w_1(1) = w_1(1) - w(0)$$
$$f_1(2), \cdots, f_k(2) \to w_2(1) \to \Delta w_2(1) = w_2(1) - w(0)$$
$$\cdots\cdots$$
$$f_1(n), \cdots, f_k(n) \to w_n(1) \to \Delta w_n(1) = w_n(1) - w(0)$$

其中 $w_i(1), i=1,2,\cdots,n$,表示投资组合未来一天的在第 i 种拟合情景下的可能价值,它是 k 个市场因子和时间的函数。对于线性资产,如股票,$w_i(1), i=1,2,\cdots,n$ 可以用资本资产定价模型(CAPM)或套利定价模型(APT)从 $f_j(t), t=1,2,\cdots,k, t=1,2,\cdots,n$ 来估计,对于非线性资产如期权,可以用 B-S 公式或二项式模型来计算,在估计好投资组合的未来损益分布 $\Delta w_i, i=1,2,\cdots,n$ 之后,将 n 个损益 $\Delta w_i, i=1,2,\cdots,n$ 按从小到大的递增次序排列,根据 95% 置信度下的分位数,就可以求出投资组合在给定置信水平下的 VaR 值。

(三) 蒙特卡罗模拟方法

蒙特卡罗模拟方法在投资组合当中的运用也可以简单地单项资产的蒙特卡罗模拟方法中发展。假设,资产组合中含有 n 种资产,市场中有 m 个风险因子 $g_{1t}, g_{2t}, \cdots, g_{mt}$,构成风险因子向量 $g_t = (g_{1t}, g_{2t}, \cdots, g_{mt})$ 它是随时间推移而变化的随机向量。考虑给每一种风险因子赋予一定的随机过程以确定其运动规律,然后通过如同前文中的模拟方法,我们可以对每一单项资产价格的变动进行数值模拟,进而得到大量的资产组合的价格运动路径,从而模拟该组合在目标时刻的价格概率分布,在此基础上选定一个置信水平,我们就可以得到资产组合的 VaR 了。

实际金融市场中,投资组合通常包括多种资产和多个市场因子,因此需要对多个随机变量进行模拟。多变量随机模拟的基本原理与单个变量的随机模拟基本相同,只是随机数的产生方法不同。考虑有 n 个随机变量(市场因子)的组合问题,如果这些随机变量间完全不相关,则可以分别独立地对这个因子分别进行随机模拟,即有随机模型:

$$\begin{aligned} P_{t+k\Delta t, j} &= P_{t+(k-1)\Delta t, j} \exp(\mu_j \Delta t + \sigma_j z_{kj} \sqrt{\Delta t}) \\ k &= 1, 2, \cdots, m \\ j &= 1, 2, \cdots, n \end{aligned} \tag{17-24}$$

其中 μ_j 和 σ_j 是第 j 个资产对数收益分布的均值和波动性，z_{kj} 是互不相关的随机产生的服从标准正态分布的随机变量。但是，实践中这样的 n 个风险因子不会是完全不相关的，因此要求产生的随机变量 z_{kj} 也能反映风险因子之间的相关性。

设 n 个风险因子 $f_1, f_2, \cdots, f_n$（随机变量）间存在相关性，反映它们之间相关性的方差—协方差阵为 $\sum$，即有 $E(ff^T) = \Sigma$，矩阵 $\sum$ 对称，通常半正定，对矩阵 $\sum$ 作 Cholesky 分解：

$$\Sigma = BB^T \tag{17-25}$$

其中 B 为 $n \times n$ 阶矩阵。再设 $u_1, u_2, \cdots, u_n$ 为 n 个相互独立且各自方差都为 1，均值为 0 的随机变量（服从标准正态分布），即有 $E[uu^T] = I$，其中 $u = (u_1, u_2, \cdots, u_n)^T$ 为相应的随机向量，I 为 $n \times n$ 阶单位矩阵考虑随机向量 $z = Bu$，则向量 z 之间的方差—协方差矩阵为：

$$E[zz^T] = E[Buu^T B^T] = BE[uu^T]B^T = BB^T \tag{17-26}$$

即随机向量 z 保留了随机向量 f 所具有的相关性。因此，只要我们已经知道了原有风险因子之间相关性的方差—协方差矩阵，并且半正定（最好正定），则通过计算该矩阵的 Cholesky 分解得分解矩阵 B，再对任意产生的相互独立的服从标准正态分布的随机变量向量 u 作变换：

$$z = Bu \tag{17-27}$$

就可得到保持原有随机变量相关性的 n 个随机变量 $z_1, z_2, \cdots, z_n$，再把它们分别代入原式就可以进行模拟运算，具体的模拟步骤如下：

(1) 对方差—协方差矩阵 $\sum$ 进行 Cholesky 分解 $\Sigma = BB^T$，得到下三角阵 B。

(2) 产生一个 $n \times 1$ 维随机向量 $g_t = (g_{1t}, g_{2t}, \cdots, g_{nt})^T$，$t = 1, 2, \cdots, m$，$g_{ti} \in N(0, 1)$ 且与 $g_{tj}, j \neq i$ 相互独立。

(3) 令在 $z_t = B g_t$ 得到需要的 z_t，$t = 1, 2, \cdots, m$。

在得到相关的随机向量 z_t 以后，分别将 z_{ti}，$i = 1, 2, \cdots, n$ 代入第 i 个市场因子的随机模拟过程，就可以与单变量模拟一样得到 T 时刻 n 个市场因子的多个可能价格，根据定价公式，得到资产组合的多个可能价格，由此计算出投益，得出损益的分布，再根据给定的置信度，计算分位数，就可以得到资产组合的 VaR 值。

（四）其他方法

除了以上三大类主要的计算方法之外，人们还提出了一些其他 VaR 计算方法。例如丹尼尔森（Daniellson）和卡斯珀（Casper）于 1997 年曾经用"极端值"理论（extreme value theory, EVT）对金融资产收益的尾部进行建模和分析，希望能够在刻画金融资产价格或收益的统计特性上有所突破，此后米尼尔（A. J. McNeil）、苏珊娜（Susanne）等也相继在此领域进行了研究；还有巴特勒（Butler）和沙赫特（Schachter）等曾提出了高斯核丽数（GaussianKemel）来修正历史模拟法的非参数方法等。同历史模拟法相比，它通过局部拟合技术使得分布函数曲线更加平滑，目前已经在实际的风险管理中得到了应用。但由于这些方法般都以复杂深奥的统计理论作为基础，不容易被理解和接受，并且只具有局部的适用性，因此目前还只是处于学术讨论的阶段，尚未被广泛地推广应用到金融机构的实际风险管理中。

第二节 风险价值方法应用的案例

一、单一资产风险价值计算的 3 种方法

我们以宝钢股份作为例子，运用 3 种主要的方法，计算单一资产的 VaR 值。数据选取 2006

年1月4日到2008年6月30日宝钢股份(600019)股票交易的每日收盘价。采用相邻两个交易日收盘价的对数,近似获得单日持有宝钢股份的收益率。

(一) 正态求解法

正态求解法首先假定资产价格服从过程:$\frac{dS}{S} = \mu dt + \sigma dz$,即 S 服从对数正态分布,这样资产的收益服从正态分布,$N(\mu, \sigma^2)$。

回想正态求解法下计算 VaR 的公式:

$$VaR = \alpha W(t) \sigma$$

式中,$W(t)$ 为资产总价值;σ 为收益率波动率;$\alpha = \Phi^{-1}(p)$;p 为置信度;$\Phi^{-1}(p)$ 是标准正态分布的分布函数的逆函数。

首先利用移动平均法估出收益率日波动率 $\sigma = 3.1084\%$。持有资产价值假定为 1 000 万元,然后运用公式,分别计算在 90%、95%、99% 置信度下的单日 VaR。

90% 置信度下:$VaR = 1\,000 \times 3.1084\% \times \Phi^{-1}(0.90) = 39.836$(万元)

95% 置信度下:$VaR = 1\,000 \times 3.1084\% \times \Phi^{-1}(0.95) = 51.129$(万元)

99% 置信度下:$VaR = 1\,000 \times 3.1084\% \times \Phi^{-1}(0.99) = 72.312$(万元)

这说明,持有宝钢股份 1 000 万元资产,一天之后的最大损失分别在 90%、95%、99% 的把握下为 39.836 万元、51.129 万元和 72.312 万元。

(二) 历史模拟法

考虑另一种求解思路,不对资产收益率的分布作出任何假设,假定过去包含了未来的重要信息,考虑用历史数据对未来资产价值及其收益率的变动进行估计,也即采用历史模拟法。

本例中,数据集样本量为 600,因此通过对历史收益率进行排序,获得最差第 6 个、第 30 个、第 60 个数据,即可分别获得对未来一天 99%、95%、90% 置信度下的 VaR 值。

90% 置信度下:$VaR = 36.424$(万元)

95% 置信度下:$VaR = 53.576$(万元)

99% 置信度下:$VaR = 85.304$(万元)

这说明,持有宝钢股份 1 000 万元资产,一天之后的最大损失分别在 90%、95%、99% 的把握下为 36.424 万元、53.576 万元和 85.304 万元。

可以看到历史模拟法下,90% 置信度的 VaR 小于正态求解法的结果,而 95% 和 99% 的结果均大于正态求解法的结果,说明收益率的真实分布的确存在着厚尾的特性,正态求解法并不能刻画这样一种分布的特性,因而在较高的置信度下就明显低估了风险。

(三) 蒙特卡罗模拟法

用模拟方法求解金融资产价格变动,其想法是假定资产价格分布是一个随机过程。如果能够明确地知道这个随机波动的过程,就可以通过随机模拟该过程的一个样本路径,最终将产生一个资产的价格。每次模拟都将产生这样一个结果,进行大量的若干次样本路径模拟,就可以得到一个最终资产价格的分布。利用这个分布,就可以对资产价格的性质进行分析。蒙特卡罗模拟就是这样一种计算机模拟技术,即通过对随机变量实现及样本路径进行模拟,进而达到模拟分布目的的一种仿真技术。这里的目的是通过大量模拟资产价格的样本路径,得到目标期资产价格的分布,进而获得 VaR 值。

下面,利用蒙特卡罗模拟方法计算宝钢股份的单日 VaR。

选用金融理论中的一个常用的模型,假设资产价格服从几何布朗运动:

$$dS_t = \mu S_t dt + \sigma S_t dz$$

式中，dz 是均值为 0，标准差为 $\sqrt{t}$ 小的正态随机变量；μ 和 σ 分别代表资产收益率的瞬时均值和标准差。

为了进行编程模拟，离散化后的几何布朗运动模型为：

$$\Delta S_t = S_{t-1}(\mu \Delta t + \sigma \varepsilon \sqrt{\Delta t})$$

可以据此运用蒙特卡罗模拟，通过将 1 天划分为足够多的小区间，在每个时间区间上模拟随机正态数 ε，可以获得股票价格的样本路径。通过大量的模拟，获得相应的 1 天后的股票价格的实现值。通过模拟出的分布，分别选出股价最低的 1%、5% 和 10% 的临界价格，也就是蒙特卡罗模拟的 VaR 值。

为了对比，分别利用计算机模拟 100 次、1 000 次和 100 000 次来构造股票价格的分布，表 17-2 为模拟后 VaR 的结果。

表 17-2 蒙特卡罗模拟 VaR 值的结果

模拟次数	90%置信度	95%置信度	99%置信度
100 次	1 000×3.890%=38.90 万元	1 000×4.922%=49.22 万元	1 000×7.068%=70.68 万元
1 000 次	1 000×3.764%=37.64 万元	1 000×5.211%=52.11 万元	1 000×5.71%=57.10 万元
10 000 次	1 000×3.900%=39.00 万元	1 000×5.157%=51.57 万元	1 000×7.247%=72.47 万元

可见，当模拟次数从 100 次逐渐增加到 10 000 次时，模拟的结果逐渐接近正态分布假设下的结果。应该注意，在本例中，如果假设的股票价格服从对数正态分布，实际上是可以求得股票价格的解析表达式的：

$$S_r = \exp\left\{\left(\mu - \frac{\sigma^2}{2}\right)t + \sigma\varepsilon\sqrt{t}\right\}$$

因此并不必要利用蒙特卡罗方法模拟。但是可以把模拟得出的结果同对数正态分布假设下的结果进行对比，进而了解蒙特卡罗方法的精度（见表 17-3）。

表 17-3 3 种方法结果的比较

方法	90%置信度	95%置信度	99%置信度
正态求解法	39.836 万元	51.129 万元	72.312 万元
历史模拟法	36.424 万元	53.576 万元	85.304 万元
蒙特卡罗模拟法	39.00 万元	51.57 万元	72.47 万元

二、运用蒙特卡洛模拟法计算单个资产的风险价值

设有一只股票，目前市场价格为 80 元，经估计得该股票对数收益的均值为 8%，波动性（标准差）为 25%，已知有一种以该股票为标的资产，执行期限为 1 年从买入期权，期权确定的执行价格为 88 元，已知无风险收益率为 6%，试用蒙特卡洛模拟法确定该买入期权的价格。

为用蒙特卡洛模拟法计算该期权的价格，首先要通过模拟得到该股票 1 年后的价格 P_{t+1} 的分布，再根据式 $f_{t+1} = \max(P_{t+1} - X, 0)$ 得出 1 年后期权内在价值 f_{t+1} 的不同分布，其中 X 为期权确定的股票在到期日的执行价格，由期权内在价值的不同分布可估计期权价值的期望值 $E(f_{t+1})$，再用无风险利率 r 将期望值折现，得到期权价格的一个估计：

$$V = E(f_{t+1})e^{-r\Delta t}$$

在这个例子中,我们取 $\Delta t = 1$ 年。为模拟1年后股票的价格,假定股票价格服从下列随机过程:

$$P_{t+\Delta t} = P_t \exp(\mu \Delta t + \sigma z \sqrt{\Delta t})$$

其中 μ 为股票对数收益率的平均值,σ 为股票对数收益率的波动性,z 为服从标准正态分布的随机数,P_t 为当前股票的价格。根据上述已知条件,1年后股票的价格分布由下式随机确定:

$$P_1 = P_0 \exp(\mu + \sigma z) = 80\exp(0.08 + 0.25z)$$

随机产生一系列标准正态分布的随机数 z,就可由上式确定1年后股票价格 P_1 一系列的分布,并由此得到期权内在价值 f_1 的一系列分布,模拟的次数越多,估计的股票价格越多,所得的期权内在价值的分布越接近于真实分布,表17-4给出了26个模拟结果。

表17-4 蒙特卡洛模拟的结果

z	P(元)	f	z	P(元)	f
−0.094 9	84.631 25	0	2.437 228	159.386 7	71.386 73
0.360 9	94.844 92	6.844 917	−0.008 27	86.483 93	0
−0.055 2	85.475 8	0	−0.276 97	80.865 16	0
−0.128 9	83.913 81	0	−0.567 46	75.200 74	0
−0.762 6	71.623 09	0	−2.283 52	48.966 97	0
1.539 9	127.356	39.355 98	−1.507 82	59.446 14	0
0.252 8	81.354 76	0	0.307 321	93.583 75	5.583 751
0.662 5	102.275 6	14.275 61	0.160 865	90.219 25	2.219 247
−0.458 9	77.266 84	0	2.035 504	144.156 9	56.156 94
0.635 5	101.589 6	13.589 58	0.597 761	100.631 7	12.631 65
0.605 8	100.835 9	12.835 9	−0.768 48	71.514 9	0
0.789 5	105.573 8	17.573 81	−0.423 68	77.953 06	0
0.172 4	90.483 33	2.483 334	1.096 18	113.985 5	25.985 54

由表17-4可算的期权内在价值的平均值为 $E(f_1)=10.80$,以无风险利率 $r=0.06$ 为折现率可得期权价值的一个估计为:

$$V = E(f_1)e^{-r} = 10.80 \times e^{-0.06} = 10.18(元)$$

这就是由蒙特卡洛模拟法估计得到的期权价格。

为使估计的期权价格尽可能地精确,要求随机产生的模拟股票价格尽可能涵盖股票价格的真实分布,这就要求:①在可能的条件下产生尽可能多的随机数;②产生的随机数要相互独立,且尽可能服从特定的概率分布。表17-5就上述例子给出了产生的随机数个数为1 000时估计得的期权内在价值和相应的现值。

表17-5 不同模拟次数确定的期权价格

随机数个数	26	100	500	1 000
内在价格(元)	10.80	12.13	8.90	9.86
期权现值(元)	10.18	11.42	8.38	9.29

上述过程,无论是产生26个随机数,还是产生100个或1 000个随机数,每次得出的只是期权价格的一个估计。要得到期权价格的可能分布,需要重复上述过程很多次,例如1 000次或10 000次,由此得到尽可能涵盖期权价格的分布,再计算这些期权价格估计的均值,以确定期权的价格。

在进行模拟时,所选的 $\Delta t=1$ 年,即假定股票价格1年改变1次,这同实际情况相差太远,实际上,股票价格可能在很短的一个时间间隔内就发生变化,也就是说,股票价格的变化是一条随机变化的连续曲线。上述方法实际上是用一条直线来近似该曲线,这往往会导致很大的误差。为改善这种近似的精度,一般通过把时间区间划分成若干个小的时段,并假定在每一个小的时段内股票价格保持不变,这相应于用一条连续的分段直线组成的折线来近似股票实际的价格曲线,分的时段数越多,近似的程度越高。设我们要估计股票在时间 $t+T$ 的价格分布,并把时间间隔 T 分成 m 个小的时段,则每一个时段的时间长度为 $\Delta t=T/m$,则用模拟股票在时间 $t+T$ 的价格应采用下述模拟过程:

$$P_{t+k\Delta t}=P_{t+(k-1)\Delta t}\exp(\mu\Delta t+\sigma z_k\sqrt{\Delta t}) \quad k=1,2,\cdots,m$$

其中 z_k 为模拟过程中随机产生的第 k 个服从标准正态分布的随机数。这个过程得出股票价格变化的序列 P_k,由此形成股票价格的一个走势,而在 $k=m$ 时模拟所得的 $P_{t+m\Delta t}=P_{t+T}$ 即为在时间 $t+T$ 的股票价格的估计,表17-6给出了上述例子在取 $m=250$ 时模拟所得的一个价格走势的部分数据:经多次模拟得出多个股票价格的走势,由此得出多个在指定时间的股票价格,再用同前述完全相同的过程确定期权的内在价值分布,取均值得出期权价格的估计。

表17-6 模拟法对股票价格的估算

k	z	P(元)
0	0.061 2	80
1	−0.254 9	80.10
2	0.570 1	79.81
3	2.698 4	80.55
...	...	...
246	−0.241 2	89.09
247	−0.977 1	90.05
248	1.678 2	92.97
249	−1.977 1	90.13
250	−1.515 6	88.03

总结上述过程,可以得出用蒙特卡罗模拟法模拟单个资产或资产组合价格分析并确定资产风险价值的过程如下:
(1)选择一个反映资产价格分布的随机模型,并确定模型中的相关参数。
(2)模拟资产价格的一个走势,以得到资产未来价格的一个估计。
(3)重复步骤(2)相当多的次数得到资产未来价格的一个分布。
(4)从资产未来价格的分布,根据给定的置信水平,确定分位数,得出给定置信水平下资产的风险价值。

在用蒙特卡罗模拟估计给定置信水平下资产风险价值的过程中存在模拟次数与计算精度之间的矛盾。为得到尽可能好的估计,要求模拟次数尽可能多,以便模拟所得的价格分布尽可能接近资产价格变动的真实分布。随着模拟次数以及时间区间个数的增加,计算工作量会大量增加。如果只考虑计算工作量,模拟次数太少,会影响估计的准确性。因此,在具体确定模拟的次数时,既要考虑计算的精度,又要考虑模拟的工作量,以便在两者之间取得某种程度的平衡。当然,随着计算机运算速度的不断提高,对于中小规模的投资组合问题,运算时间不会成为问题,对上述问题的考虑主要涉及大规模投资组合价值分布的估计和风险价值的估计。

三、对于单个资产风险价值的历史模拟法及与条件风险价值法计算结果的比较

假定已有一只股票的过去 101 个交易日的收盘价(见表 17-7 的第二列),现计算该股票下一个交易日,置信度为 95% 的 VaR 值,计算过程见表 17-7 第 3 列为计算所得的该股票每个交易日的损益,第 4 列表示按将第 3 列的损益按升序排列后的结果,最后一列是顺序编号,只是为了计算分位数方便。假设计算的置信度为 95% 下的 VaR,因此,只需要在第 5 列中找编号为 95 所对应第 4 列的损益,即 -0.35,取绝对值可得该股票下一个交易日在 95% 置信水平下的 VaR 为 0.35 元。此时的条件风险价值法 CVaR(CVaR 方法的内容详见本章第四节)为超过 VaR 的损失的平均值,即第 96~100 个损失的平均值:

$$CVaR = (0.52+0.51+0.43+0.39+0.37)/5 = 0.444$$

表 17-7　历史模拟法的模拟结果

交易日	日收盘价	日损益值	排列后的日损益值	顺序号
-100	18.48			
-99	18.61	0.13	-0.52	100
-98	18.50	-0.11	-0.51	99
-97	18.79	0.29	-0.43	98
-96	18.69	-0.10	-0.39	97
-95	18.49	-0.20	-0.37	96
-94	18.57	0.08	-0.35	95
⋮	⋮	⋮	⋮	⋮
-1	18.42	0.12	0.57	2
0	18.58	0.16	1.28	1

四、用正态求解法求解投资组合的风险价值

考虑由两只股票 S_1、S_2 组成的资产组合的风险价值,根据这两只股票的历史价格数据得到它们的日收益率分布的均值、标准差和相关系数分别为:

$$\mu_1 = 0.155\%,\ \sigma_1 = 2.42\%,\ \mu_2 = 0.0338\%,\ \sigma_2 = 1.68\%,\ \rho = 0.14$$

该资产组合包括 $n_1 = 100$ 股 S_1 股票,股价为 $P_1 = 91.7$ 元,$n_2 = 120$ 股 S_2 股票,股价为 $P_2 = 79.1$ 元,因而资产组合的总价值为:

$$V = n_1 P_1 + n_2 P_2 = 18\ 662(元)$$

该资产组合在每只股票上的投资比重为:

$$x_1 = \frac{n_1 P_1}{W} = 0.49$$

$$x_2 = \frac{n_2 P_2}{W} = 0.51$$

由此得到该组合日价值分布的均值和方差为：

$$\mu_p = x_1 \mu_1 + x_2 \mu_2 = 0.093\%$$
$$\sigma_p^2 = x_1^2 \sigma_1^2 + x_2^2 \sigma_2^2 + 2 x_1 x_2 \rho \sigma_1 \sigma_2 = 0.000\,24$$
$$\sigma_p = 1.55\%$$

由此得到 95% 置信水平下，该资产组合的日 VaR 值为：

$$VaR_p = 1.645 W \sigma_p = 478(元)$$

我们还可以计算两个资产各自在 95% 置信水平下的日 VaR 值：

$$VaR_1 = 1.645 \sigma_1 W_1 = 365(元)$$
$$VaR_2 = 1.645 \sigma_2 W_2 = 261(元)$$

两者之和为 626 元，与 478 元相差 148 元，这个差是由两个资产收益分布之间的不完全相关性引起的，称之为资产的组合效应。资产组合的风险价值对市场风险因子的相关性是很敏感的，表 17-8 给出了该资产组合在两个资产收益分布的相关系数不同时的风险价值。

表 17-8 资产组合不同相关系数下的风险价值

ρ	VaR_p(元)	资产组合效应(元)
1.0	626	0
0.5	545	81
0.0	449	177
-0.5	325	301
-1.0	103	523

在上述例子中，两资产各自的风险价值之和在投资组合理论中称为非分散风险价值，它基于这样一个事实，如果资产组合中的所有资产（或风险因子）的收益分布完全正相关（对所有资产都有 $\rho = 1$），采用分散投资的办法并不能减小组合的风险价值，因为在这种情况下组合的风险价值就是各资产风险价值的加权和，其权重为各资产在该组合中的投资比例。组合效应非零的投资组合的风险价值称为分散风险价值，这时各资产（或风险因子）收益分布呈不完全相关，乃至负相关，而且从上表可以看出，随着相关系数的减小，组合效应增大，风险价值变小，这是因为一旦对某个资产的投资出现损失，可以从对其他资产投资的收益获得补偿。

根据上面的分析，可以得出下述降低投资组合风险的基本原则：①选择收益分布之间相关系数低的资产进行组合投资；②对选定可进行投资的风险资产，通过调整组合比例，即选取有效的投资组合来以降低投资风险。

就上述例子在 $\rho = 0.14$ 的情况下，对两只股票的不同投资比例进行组合投资所得的组合风险价值和期望收益，从表 17-9 可以看出，随着对第一只股票投资比例的不断增加，组合的期望收益率呈单调递减趋势，但组合的风险价值并不表现出任何单调的变化，而是慢慢开始下降，到达 0.3 时，风险价值达到最小值，其后风险价值开始慢慢增加，这反映了投资组合风险价值非线性变化的特征。

表 17-9 期望收益和风险价值随投资比例变动的数值

对第一只的比例	对第二只的比例	期望收益	风险价值
0	1.0	0.000 338	0.016 8
0.1	0.9	0.000 495	0.015 43
0.2	0.8	0.000 58	0.014 909
0.3	0.7	0.000 702	0.014 66
0.4	0.6	0.000 823	0.014 921
0.5	0.5	0.000 944	0.015 666
0.6	0.4	0.001 065	0.016 832
0.7	0.3	0.001 186	0.018 338
0.8	0.2	0.001 308	0.020 108
0.9	0.1	0.001 429	0.022 078
1.0	0.0	0.001 55	0.024 2

五、运用历史模拟法求解资产组合的风险价值

设资产组合由一个 3 月期的美元/英镑买入期权组成,其现行价格为 1.80 美元,对于这样一个资产,其风险因子有美元/英镑汇率、美元和英镑各种的利率以及 3 月期美元/英镑汇率的波动性,这是一个多风险因子的资产,为简化讨论,我们只考虑汇率和汇率波动性这两个因子来说明历史模拟法对多因子情形的应用。首先选取这两个因子的过去若干个日期(如 100 天)的日观察值(见表 17-10)。根据表 17-10 的数据,利用 B-S 期权定价模型可以计算出该资产在这些日子的价格(见表 17-10 的第 2 列)。根据历史模拟法的原理,假定这 100 个价格在未来也可能出现,由此同该资产的现行价格 1.8 美元相比较可算出 100 个资产价格未来可能的变化(见,17~10 第 3 列),再把这 100 个价格变化按从小到大的次序重新排列(见表 17-10 第 5 列、第 4 列是新序列编号)。根据给定的置信度(如 98%),找出相应的分位数(新序列号 98)所对应的价格变化 −0.05 美元,即得该资产组合在 98% 置信度下的日 VaR 为 0.05 美元。

表 17-10 日观测数据与资产组合的价格与价格差

日期	汇率	汇率波动性	资产价格(美元)	价格差(美元)	新编序列号	重排价格差(美元)
−100	1.397 0	0.149	1.75	−0.05	100	−0.11
−99	1.396 0	0.149	1.73	−0.07	99	−0.07
−98	1.397 3	0.151	1.69	−0.11	98	−0.05
⋮	⋮	⋮	⋮	⋮	⋮	⋮
−2	1.401 5	0.163	1.87	0.07	2	0.07
−1	1.402 4	0.164	1.88	0.08	1	0.08

第三节 风险价值法在金融风险管理中的应用

一、用风险价值方法监控追踪金融风险

VaR 不仅仅可以用来度量风险,而且还可以作为一种风险监督和监控追踪的工具。通过设定 VaR 的限额,可以监控交易员的风险,VaR 限额可以作为对传统上名义额限制的一种补充。而且,这种限制可以用于整个机构的各个级别上。如果 VaR 系统可以较好地构建的话,投资者就有可能更好地监督和控制他们投资组合的风险。投资者利用 VaR 来监控风险,主要可以通过计算 VaR,将收益和风险一起衡量,从而更有效地进行投资。例如说,考虑一个投资于基金的投资者,总是在追求有着最高回报率的基金,并试图将资金交给具有最佳业绩的基金经理。但是这位投资者可能没有意识到这些基金之所以有高的回报率,是因为它的资产组合都暴露于同样的风险因子。例如说,最高的前 5% 的基金,都重仓暴露于高科技行业。如果是这样的话,这种配置会显著地增加投资组合的风险。为了避免类似事件发生,投资者应该要么计算组合的风险暴露,要么更简单地计算它的 VaR。

利用 VaR 方法来监控追踪金融风险,主要可以体现在两个层次上:监控企业的总体风险和监控具体业务的风险。

VaR 可以作为一种收益—风险权衡的函数来监控企业总体的风险。例如如果我们面对一种动荡的市场环境,一种很敏感的反应就是减少头寸的规模。如某银行的资产组合的日 VaR 在 2018 年间的变化显示,银行的 VaR 在 2018 年 1 月为 7 000 万美元,但在 2 月份却陡然地下降到 3 000 万美元,而在这一年的其他时期,除了很小的波动以外,大概都维持在这一水平。

对这种显著的变化可以做出如下的解释:该年的开始有一个全球性利率的陡然增加。企业对这种逆向的、无法解决的市场环境的应对措施是在 2018 年第一季度从它那巨大的市场头寸中,有序地撤退。发生在 2018 年 2 月间 VaR 的减少反映了由于利率波动的原因,企业决定减小它在交易和(衍生品)头寸账面上的暴露。而且,利率风险是那一年中唯一且最大的市场风险来源,平均的日价格波动为 2 900 万美元。相比较而言,企业在 2018 年相对所有市场风险的平均日价格波动仅为 3 500 万美元。

换句话说,撤退理由是由于固定收入市场上波动率的增加,它在 2018 年对企业总体风险的贡献最为显著。在同一期间短期利率的水平和期望波动率的情况,随着利率在 2018 年 2 月开始上升,波动率也开始增加。作为对其的反应,该银行大大地缩小了它的头寸,且其数额必须大于补偿波动率增加的部分。在这个过程中 VaR 被用于监控风险,从而帮助银行确定应该允许多大的金融风险暴露。

在具体的业务范畴或单位层面上,VaR 同样可以被用来设置交易员的头寸限制以及用来对资本金资源的配置做出限制,从而监控具体业务的风险。VaR 的最大好处是它创立了一种通用的度量单位来比较各种活动的风险。

传统上,头寸限制是以组合本金或者其他与可能招致的风险大小无关的单位来表示的。例如,一个美元债券投资组合的管理员会被告知不要持有超过价值 1 亿美元的美国国债。当然,在大多数情况下,这些措施也包括一些风险限制,经常表示为某特定到期日或久期限制(如限制条件是 1 亿美元与 2 年久期,则管理者将不允许投资 1 亿美元的 3 年久期等价债券)。以 VaR 的方式设置限制来监控风险有显著的优点:VaR 标尺成了不同市场上风险与头寸的函数,从而各种产品能够通过同一度量方法进行比较。如果没有一个共同的测量方法就需要了解用在不同资产上

的不同的风险测量标准,并且这些标准对不同类别的资产都不同,这将是很不方便的。而采用 VaR 作为统一的测度风险的指标,管理者就可以很方便地对会损失多少作出合理估计,从而监控对管理者就很有意义了。

表 17-11 给出了一个用 VaR 监控风险的例子,该企业的风险暴露于外汇和固定收益证券市场。两个商业单元在美元、欧元和日元上持有不同的头寸。该表显示了每个商业单元的外汇头寸以及所估计的 VaR 和给出的 VaR 限额。比如,资产组合 A 在 95% 置信水平下的 1 日 VaR 为 128 万美元,相对应的限额为 200 万美元。资产组合 B 有更高的外汇 VaR,273 万美元和 300 万美元的限额。这两个单位总的外汇 VaR 为 194 万美元,明显低于个别 VaR 的和,这是由于分散性的原因。总的外汇 VaR 限额为 400 万美元,这同样反映了对风险分散化的考虑。接下来的部分是关于 2 年期债券的头寸。总的利率 VaR 为 81 万美元,VaR 限额为 400 万美元。表格中的数字也体现了债券组合资产上的分散化效应。

最后,在最下面的一行中显示了每个资产组合(包括外汇和债券)的 VaR,对它们的限额为 500 万美元,总的组合的 VaR 为 201 万美元。这样的报告给出了关于资产头寸和风险的比较全面的信息。利用这张报告,人们能够简明扼要地获得关于风险的核心信息,并能够很容易地知道任何相对限额的异常(超出)情况,从而可以随时监控追踪金融风险。

表 17-11 VaR 追踪风险及限额管理的实例　　　　　　　　　　单位:万美元

	单元 A	单元 B	币种	总计
外汇暴露 (当期期权)	−15 000	12 000	美元	−3 000
	10 000	8 000	欧元	18 000
	5 000	−20 000	日元	−15 000
VaR	128	273	美元	194
限额	200	300		400
利率头寸 (2 年期期权)	−30 000	0	美元	−30 000
	9 000	15 000	欧元	24 000
	10 000	−50 000	日元	−40 000
VaR	68	67	美元	81
限额	200	300		400
总头寸				
VaR	127	274	美元	201
限额	300	450		500

二、用风险价值法披露金融风险

VaR 不仅已经成为了一种披露金融市场风险的标准方法,它还是一种向股东提供风险报告的简捷且用户友好的方式。VaR 还可以用来披露高级管理层在交易和投资操作中有关风险表现的信息。

巴塞尔协议中对于信息披露做出了如下的规定:"能够强化监管者的努力,在一个快速创新和复杂性不断增加的环境下培育金融市场的稳定性。如果能够提供真正有意义的信息,投资者、存款人、债权人以及对手方就可以对金融机构施加强有力的纪律,让他们以一种更加明智的形式和一种与他们的商业目标有一致性的方式来管理他们的交易和衍生品活动。"

这种观点认为,定期并定量披露关于市场风险信息是为建立市场纪律,或者说为股东、债权人和金融分析师检查风险提供了一种很有效的手段。如果企业无法披露这一信息,就可能受到市场的质疑,或谣言四起,就可能导致业务上的损失或融资的困难。市场应该能够证实人们"想从所投资的基金,或是所存入的银行得到高的回报,则就应该承担更多的风险"。关于市场风险的披露也是新巴塞尔协议指导书(1999)的三大支柱之一。

以下为我国五大国有商业银行在其2019年年报中运用风险披露的实例。

1. 中国建设银行

中国建设银行将所有表内外资产负债划分为交易账簿和银行账簿两大类。本行对交易账簿组合进行风险价值分析,以计量和监控由于利率、汇率及其他市场价格变动而引起的潜在持仓亏损。银行每日计算本外币交易账簿组合的风险价值(置信水平为99%,持有期为1个交易日)。表17-12列出于资产负债表日以及相关期间,中国建设银行交易账簿的风险价值分析。

表17-12　中国建设银行交易账簿的风险价值　　单位:百万元人民币

	2019年度				2018年度			
	12月31日	平均值	最大值	最小值	12月31日	平均值	最大值	最小值
交易账簿风险价值	253	302	341	227	327	179	336	92
利率风险	59	85	117	57	85	59	104	32
汇率风险	262	298	361	234	323	176	332	77
商品风险	4	12	31	——	——	6	39	——

资料来源:中国建设银行2019年年报。

2. 中国工商银行

中国工商银行采用历史模拟法,选取250天的历史市场数据按日计算,并监测交易性组合的风险价值(置信区间为99%,持有期为1天)。按照风险类别分类的交易账户风险价值分析概况如表17-13所示。

表17-13　中国工商银行交易账簿的风险价值　　单位:百万元人民币

	2019年度			
	年末	平均	最高	最低
利率风险	35	47	71	24
汇率风险	88	84	112	54
商品风险	15	40	77	6
总体风险价值	91	108	140	64
	2018年度			
	年末	平均	最高	最低
利率风险	32	28	42	15
汇率风险	66	64	115	43

(续表)

	2018 年度			
	年末	平均	最高	最低
商品风险	7	23	39	7
总体风险价值	88	74	113	52

资料来源：中国工商银行2019年年报。

3. 中国农业银行

中国农业银行采用VaR、限额管理、敏感性分析、久期、敞口分析、压力测试等多种方法管理交易账簿市场风险，采用历史模拟法(选取99%的置信区间、1天的持有期，250天历史数据)计量总行本部、境内外分行交易账簿的VaR。根据境内外不同市场的差异，选择合理的模型参数和风险因子，以反映真实的市场风险水平，并通过数据验证、平行建模以及对市场风险计量模型进行返回检验等措施，检验风险计量模型的准确性和可靠性。

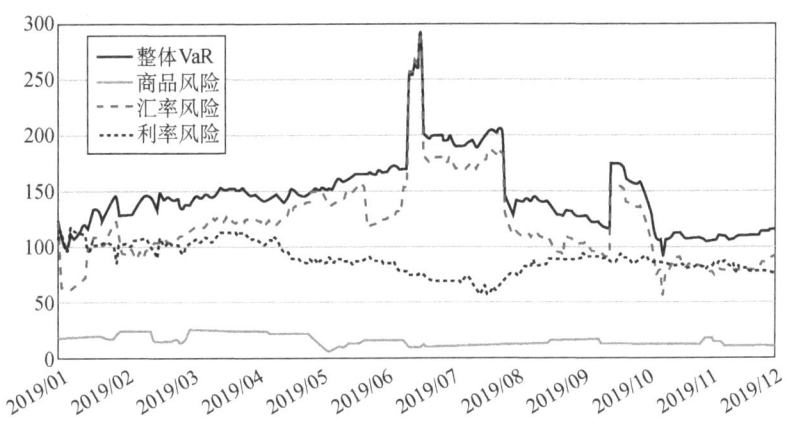

图 17-2 2019 年中国农业银行交易账簿的 VaR 变动图
(资料来源：中国农业银行2019年年报)

如图17-2所示，中国农业银行在2019年报告期内，债券交易组合平均规模保持稳定，组合期限有所缩短，利率风险VaR值略微下降；黄金价格上涨，境内外黄金持仓规模有所增加，汇率VaR值稍高于去年同期；白银交易组合规模有所增加，商品风险VaR值略高于同期水平。

4. 中国银行

中国银行通过风险价值估算在特定持有期和置信度内由于市场不利变动而导致的最大潜在损失。中国银行及承担市场风险的主要子公司中银香港(控股)和中银国际控股分别采用风险价值分析管理市场风险。为统一集团市场风险计量模型使用的参数，中国银行、中银香港(控股)和中银国际控股采用99%的置信水平(即实际损失超过风险价值估计结果的统计概率为1%)和历史模拟法计算风险价值。中国银行计算风险价值的持有期为1天。中国银行已实现了集团层面交易业务风险价值的每日计量，并搭建了集团市场风险数据集市，以加强集团市场风险的管理。银行每日对市场风险计量模型进行返回检验，以检验风险计量模型的准确性和可靠性，返回检验结果定期报告高级管理层(见表17-14)。

表 17-14　中国银行交易账簿的 VaR　　　　　　　　　单位：百万美元

	2019 年度			2018 年度		
	平均	高	低	平均	高	低
交易账户风险价值						
利率风险	18.70	23.50	13.24	17.26	23.85	12.24
汇率风险	18.00	26.69	9.80	10.19	17.66	4.99
波动风险	0.44	2.27	0.17	0.38	0.71	0.11
商品风险	1.77	6.26	0.75	1.14	5.55	0.13
风险价值总额	23.03	29.56	17.11	19.87	26.28	13.92

资料来源：中国银行 2019 年年报。

5. 中国交通银行

市场风险是指因利率、汇率、商品价格和股票价格等的不利变动而使银行表内外业务发生损失的风险。中国交通银行面临的主要市场风险是利率风险和汇率风险。中国交通银行对汇率风险和交易账簿的一般利率风险采用内部模型法计量，对内部模型法未覆盖部分的市场风险采用标准法计量。内部模型法采用历史模拟法计量风险价值(VaR)和压力风险价值(SVaR)，历史观察期均为 1 年，持有期为 10 个工作日，单尾置信区间为 99%。中国交通银行按照风险类别分类的汇率风险和交易账簿利率风险的风险价值分析概况如表 17-15 所示。

表 17-15　中国交通银行交易账簿的风险价值　　　　单位：百万人民币

	2019 年度			
	年末值	平均值	最大值	最小值
风险价值	464	586	788	462
利率风险	167	171	209	112
汇率风险	500	632	846	492
	2018 年度			
	年末值	平均值	最大值	最小值
风险价值	586	656	690	467
利率风险	176	159	218	68
汇率风险	625	538	701	442

资料来源：中国交通银行 2019 年年报。

三、用风险价值法评估金融风险

到目前为止，VaR 已经发展成为金融风险管理系统的基石。在理想的情况 VaR 适用于那些有一定的杠杆率、又同时暴露于多重风险来源的机构，VaR 可以对机构持有的资产组合进行综合的风险度量，为机构提供全面的风险信息。现在，VaR 已成为一种主动的风险管理工具。有了 VaR 工具，机构就能够决定如何在回报和风险间进行权衡，同时还可以用经风险调整的业绩衡量值对交易员的绩效进行评估。在那些最先进的机构中，它们利用 VaR 系统辨识那些具有竞争优势的领域以及发现能够增加经过风险调整的公司价值的部门。

此外,在做总体规划时 VaR 使风险管理者更好地控制所承担的风险,它使得管理者能够更好地对风险和收益进行权衡。当然,其目的并不是消除风险,而是从管理者所承担的风险中获取正常的报酬。

投资者可以运用 VaR 进行积极的风险管理。投资者早已认识到金融风险管理问题就是有关收益和风险的平衡关系问题。然而在 VaR 被广泛运用之前,各机构缺乏平衡营业项目风险和收益的工具,例如银行使用的是诸如资产收益率、净资产收益率等指标,常常忽视项目风险的衡量指标。自从 VaR 被广泛应用之后,建立在 VaR 基础之上的风险调整业绩衡量方法已成为现代金融风险管理的重要组成部分。

运用基于 VaR 基础之上的风险调整业绩衡量方法使我们能够对交易者、商业单位或投资组合进行比较,从而进行积极的风险管理(积极的风险管理的内容包括业绩评估、资本配置以及战略性业务决策),保证尽量用少量的显性资本创造出大量的收入。风险调整业绩衡量值(risk adjustment performance measure,RAPM)定义为利润除以经济资本:

$$RAPM = \frac{Rev}{EC} \tag{17-28}$$

式中,Rev(revenue)表示利润;EC(economic capital)表示经济资本,指的是为缓冲意外损失所需要的总资本。

由于 VaR 的数值可被看作支撑一项投资所必需的风险资本的数量,因此可以用 VaR 衡量经济资本,即 EC=VaR。如果要求年度 RAPM 的数值,可以用年利润除以日平均 VaR 值得出。

RAPM 使各机构能够对具有不同风险资本需求的项目进行比较,从而进行合理的资本配置。此外,RAPM 还可以用于业绩评估。举例来说,假设两个交易者上一年都获得了 1 000 万元的利润,我们如何比较他们的业绩?假设两个交易者分别为外汇交易商和债券交易商,他们分别被给予名义价值为 1 亿元和 2 亿元的初始投资,外汇市场和债券市场的年波动率分别为 12%和 4%,我们以 99%的置信水平计算出两个交易者一年内的风险资本分别为 2 800 万元和 1 900 万元,如表 17-16 所示,外汇交易商和债券交易商的 RAPM 分别为 36%和 53%,债券交易商的业绩好于外汇交易商。

表 17-16　RAPM 的计算　　　　　　　　　　单位:百万元人民币

	利润	初始投资	波动率	VaR	RAPM
外汇交易商	10	100	12%	28	36%
债券交易商	10	200	4%	19	53%

更进一步,VaR 可以用于战略性业务决策,风险调整业绩衡量方法可被用于分析整个公司中股东价值在哪里增加,从而确定一个商业部门是应该扩张、维持原样还是缩小规模,同时还可以决定具体应持有的最佳资本水平。

另外,VaR 在投资管理中也有广泛的应用。由于 VaR 全面考虑了杠杆作用和多样化,它是一种易于向管理者或受托人解释的风险管理工具。VaR 也可以用来更好地控制和管理金融风险,基于 VaR 基础之上的风险调整业绩衡量方法提供了用来防范投资经理为获得高额奖金而持有风险过大的头寸的办法。

利用 VaR 方法可以让投资者对可选择的投资进行风险调整的业绩评估,从而更好地管理投资组合的风险和收益。当两种资产有相近的预期收益率时,投资者应该选择边际 VaR 最小的资产进行投资,因为这样才会使投资组合的风险最小化。例如,假设投资者要对两种股票进行评估,公用事业股和网络股下一年的预期收益率都是20%。如果当前组合被大量投资于高科技股,则两种股票对投资组合风险的边际贡献会有很大的差别。例如公用事业股对当前组合的β系数为0.5,而网络股对当前组合的β系数为2,因此,公用事业股的股票会产生较低的边际VaR。在预期收益率相同时,很明显公用事业股是更好的选择。

基于VaR基础之上的风险调整业绩衡量法不仅可以用于对交易员的业绩进行评估,而且可用于对投资经理的业绩佣金进行管理。该方法允许管理者依据交易所带来的风险调整基金经理的绩效,然后决定应给予基金经理的报酬。RAPM的主要优点在于,它提供了一个解决基金经理道德风险的方法。传统的投资管理业将基金经理的奖金与利润挂钩,基金经理的报酬是一个不对称的支付方式,典型的业绩佣金是给予基金经理固定的底薪,超过基准利润后基金经理可获得他们创造利润的1%。如果没有VaR对风险的控制,基金经理可能会持有风险更大的头寸,因为如果他们在交易中损失了一大笔,仍然可以拿到底薪,而如果收益超过基准则可以得到大额回报。利用VaR监控投资风险则可以防止基金经理过分的冒险行为,在合理的风险水平上才对出色的投资管理者给予奖励。

第四节 风险价值法的局限及其最新进展

一、风险价值法与一致性风险度量

随着VaR的应用和推广,学术界和金融机构日益关注VaR度量风险的准确性,并对风险度量技术应该满足哪些基本的要求展开了进一步的研究。阿特泽(Artzer,1999)提出了著名的一致性公理(Coherent Axiom),从理论上全面阐述了风险计量方法的一致性要求,并指出不满足一致性要求的风险度量函数有可能颠倒风险之间的相对关系,从而隐藏真实的风险水平。

一致性风险度量的基本内容是:若某种风险计量满足次可加性(subadditivity)、正齐次性(positive homogeneity)、单调性(monotonicity)和传递不变性(translation in variance)4个条件,则该风险计量是一致性风险度量(coherent risk measures)。阿特泽等指出,只有满足一致性要求的风险计量方法才能充当投资组合管理工具。若用向量X、Y表示两个投资组合以货币形式表达的最终净值,$\rho(\cdot)$表示风险度量函数,则一致性公理的四大条件可以表示如下:

(1) 次可加性。$\rho(X+Y) \leqslant \rho(X)+\rho(Y)$。这个最重要的性质反映了投资组合具有分散风险的特点。因此,任投资组合的总风险应当不超过该组合中每个构成部分风险之和。

(2) 正齐次性。对于所有的$\lambda \geqslant 0$,均有$\rho(\lambda X)=\lambda \rho(X)$。这说明了风险度量不受风险计量单位的影响。另外,此性质也可被看作是次可加性的一个特例,反映了没有分散风险的情况。

(3) 单调性。若任意情况下都有$X \leqslant Y$,则$\rho(Y) \leqslant \rho(X)$。该式表明在所有可能的结果下,如果一个资产组合占优于另一个资产组合,即前者随机收益的各分量大于或等于后者随机收益所对应的分量,则前者的风险至少不大于后者。

(4) 传递不变性。又译为平移不变性,指的是对于任意确定收益的资产α,$\alpha \geqslant 0$,都有$\rho(X+\alpha r)=\rho(X)-\alpha$。其中,$r$为按无风险利率计算的终值系数,$\alpha \geqslant 0$。该性质表明若增加无风险头寸到投资组合中,则组合的风险随着无风险资产头寸的增加而减少。

一致性公理所提出的4个条件可以检验风险度量工具对资产组合中部分与整体的风险测度有无矛盾。只有完全符合这些条件,才能称之为一致性风险度量(。

在一致性公理的四大条件中,次可加性是最为重要的。若不满足次可加性,就不是凸性的风险计量，也就不能通过优化来求得最小风险投资组合。而且，当风险度量函数不满足次可加性时，投资组合的风险度量值会大于投资组合中各项资产的风险度量值的和，这将产生一个错误的风险规避策略：一个包含多个部门的金融机构只要将其资产分别划分给其下的各个部门，由各个部门分别计算风险度量值再求和，就能实现整个金融机构的风险降低。显然，违背次可加性将有可能给金融监管系统带来系统漏洞。

可以证明，当且仅当投资组合的收益呈正态分布时，VaR 才满足次可加性，进而满足一致性要求。但是，经过众多学者的理论探索与实证检验，无论是在国内或是国外的金融市场，投资组合的收益分布都是尖峰、厚尾和有偏的，即不满足正态分布。这也意味着，用 VaR 来衡量投资组合风险是不满足次可加性的，不符合一致性公理的要求。

二、风险价值法的局限性分析

尽管 VaR 提供了防御金融风险的第一道防线，但是它并不能解决所有风险问题。VaR 方法也有其局限性。VaR 方法衡量的主要是市场风险，如单纯依靠 VaR 方法，就会忽视其他种类的风险如信用风险。另外，从技术角度讲，VaR 值表明的是一定置信度内的最大损失，但并不能绝对排除高于 VaR 值的损失发生的可能性。例如，假设 1 天的 9% 置信度下的 VaR 为 1 000 万美元，损失超过 1 000 万美元的可能性仍有 1%。这种情况一旦发生，给经营单位带来的后果就是灾难性的。所以在金融风险管理中，VaR 方法并不能涵盖一切，仍需综合使用各种其他的定性、定量分析方法。1997 年爆发的亚洲金融危机，以及 2007 年来的美国次级贷款危机都提醒风险管理者——VaR 法并不能预测到投资组合的确切损失程度，也无法捕捉到市场风险与信用风险间的相互关系。

VaR 方法主要具有如下几个方面的限制：

(1) VaR 方法存在异常值过度的风险。VaR 方法最为明显的限制是它无法提供一种绝对最大的损失值。仅仅提供了一种在某一置信水平下的损失的估计值。因而，一定会有某些情况存在，即 VaR 的值会被超出。置信水平越低，VaR 度量的值就越低，但我们观察到异常值的可能性就越高。这就是为什么"回测检验"会成为 VaR 系统中最基本的成分之一。因为它可以随时地提醒我们，异常值将会要发生，并希望是以一种所选择的置信水平的比例下发生。

(2) VaR 方法存在头寸改变的风险。VaR 方法假定头寸在预测时段上是固定的。这也说明了为什么一般我们可以进行 VaR 的时段调整，仅仅是采用时间的平方根因子将一日的值调整到多日值的方法。但是，这种调整是忽略了交易头寸在预测时段上会因为市场条件的变化而发生改变的可能性。事实上，评估改变头寸对组合总 VaR 值的影响对于一项规模比较大，组成比较复杂的资产组合来说并不容易。

(3) VaR 方法存在事件风险和稳定性风险。VaR 方法的另一个缺陷是它是基于历史数据的方法，典型的如摩根大通的风险矩阵，即假定刚刚过去的是对未来不确定性的一个很好预测。然而我们应该知道，过去的数据以及经验事实，并不能说明未来不会发生一个过去从没有发生过的巨大的市场震荡，从而导致极端情形出现，让金融机构遭受重大损失。这种巨大的极端情形一般有两种形式，一种是一次性的事件，如贬值或违约；另一种是结构性的改变，如从固定汇率到浮动汇率。如果结构模式上出现了突然的改变，那么基于历史数据的模型就隐藏了一种非常巨大的风险。并且，市场上的相关系数的改变也会导致度量组合风险上的显著差别，这些种种的不稳定因素将会导致运用 VaR 模型的巨大失误。

(4) VaR 方法存在过渡期的风险。只要有很大的变化发生，例如说，在组织结构上的改变、向新市场或新产品的扩张，或是新的监管条例，就会存在一个发生潜在误差的可能性。现存的控制方式仅仅能应对现在的风险，它们在从一种状态变化到另一种状态的过渡期间可能不再是那么有效。过渡期风险是很难应对的,因为无法对其进行明确的建模,唯一保险的办法是在过渡期时增加警惕性。

(5) VaR 方法存在缺乏数据的风险。对于某些证券,尤其是那些交易不频繁的新兴市场的股票、私人领地、初始公开发行权以及一些小国的货币,有意义的市场出清价格可能并不存在。没有充足的价格信息,风险就不能够通过历史数据来评估,当然这里没有考虑隐含的数据。这样,在这些资产上的头寸所造成的潜在损失可能就无法量化。在缺乏数据的情况下,唯一可行的评估风险的方法是可以通过压力测试来完成。

(6) VaR 方法还存在模型风险。模型风险定义为使用不适当的模型估价证券,从而导致损失的风险。这可以是由于错误地估价组合从而也错误地估计它的风险所造成的。例如,B-S 模型要求输入隐含波动率,如果我们输入了错误的值将会导致重大的失误。还有种情况被称作参数风险,这种风险来自历史数据对参数的不精确的度量。即使是在一个完全稳定的环境下,我们也无法观察到"真正"的期望回报和波动率。因而,偶尔可能会由于抽样的变化,发生些随机的误差。绝大多数人将模型风险解释为模型选择风险。产生估价的偏误可能是由于为证券定价所选择的函数形式是不正确的。例如,期权定价的 B-S 模型,它是依赖于十分严格的一组假定的,如对数正态分布、常数的无风险利率和常数的波动率。即使对于传统的股票期权,偏离这些假定也并非少见的。还存在有些情况,模型本身就是完全错误的。如对于短期利率工具的期权,在这种情况下,要先对利率运动的随机过程进行建模,例如单因素模型,随后才可能通过数值或解析模型来估计期权的价值。但同样的问题是,它可能对某些类型的期权是适合的,而对另一些期权则不大可能是适合的;如对于基于期限结构的期权,就需要考虑利率动态特征更为丰富的一面。当工具变得越来越复杂时,模型风险就越大。例如对有质押的房地产抵押贷款义务(CMO)的定价就需要在开发模型上做出更加大的投入,因为在许多市场条件下,现存的模型都是有很大的局限性的。

三、风险价值法的改进

VaR 方法越来越为人们所熟知和认可,并广泛应用于金融系统的风险度量,但其本身又存在着一些不容忽视的缺陷:如 VaR 的计算结果不稳定;VaR 不满足次可加性,所以不是一致性风险度量;VaR 不满足凸性,其局部最优解不一定是全局最优解。为了克服 VaR 的内在不足,人们提出了各种改进方法。其中,罗克勒(Rokaller)和乌亚赛弗(Uryasev)(2000)提出了 VaR 的一种替代方法,即条件风险价值法(Conditional Value at Risk, CVaR)。CVaR 与 VaR 相比,无论是在理论上还是在优化计算上都有了很大改进。首先,CVaR 满足致性风险度量的 4 条公理;其次,CVaR 考虑了损失超过 VaR 的极端值的风险测度;最后,CVaR 的优化问题可转化为线性规划,计算简便,结果稳定,而且优化 CVaR 的同时可以得到最优的 VaR。

CVaR 是指在正常市场条件和一定的置信水平下,在给定的时间段内损失超过 VaR 值的条件均值,代表了超额损失的平均水平。CVaR 亦被称作平均超额损失(mean excess loss)、平均短缺(mean shortfall)或尾部 VaR。

令资产组合的随机损失为(此处 X 表示损失,负损失表示实际上获得了收益。即发生损失时 X 为正,实现收益时 X 为负),VaR 为置信水平 p 下的 VaR 值,则 CVaR 可表示为:

$$CVaR(X) = E(X \mid X \geqslant VaR) = \frac{1}{1-p} \int_{VaR}^{+\infty} X f(y) \mathrm{d}y \tag{17-29}$$

式中,$f(y)$ 是随机变量 X 的概率密度函数。

从数学意义上讲 CVaR 是一个条件期望,是大于 VaR 的极端损失的平均值,反映了损失超过 VaR 值时可能遭受的平均潜在损失的大小，可以更好地体现潜在的风险价值。与 VaR 相比，大量的理论研究与实证分析业已证实了 CVaR 具有更加良好的数学性质和可操作性。

首先，CVaR 具有次可加性和凸性，符合一致性风险度量的条件。次可加性意味着资产组合的分散化将降低总体 CVaR 值，即 $CVaR(X+Y) \leqslant CVaR(X)+CVaR(Y)$ 始终成立。在正态分布情况下，CVaR 和 VaR 两种度量是等价的，可得出同样的最优解。但是，对于非正态分布情形，CVaR 不仅满足次可加性的要求，而且是凸的，可以求得全局最优解。此时，VaR 仅为极小值点，可能不存在最优解，而 CVaR 为极小值。另外，在 CVaR 的计算过程当中，可以通过构造一个功能函数转化为凸函数的优化问题，在适当的条件下可用线性规划技术与优化算法来进行最小化，因此不仅数学上计算更加简便易行，而且在实践当中特别适宜用来处理大规模的组合工具和情况分析。

其次，CVaR 与 VaR 不同，它不是损失分布上单一的分位点，而是尾部损失的平均值，反映了损失超出 VaR 部分的相关信息。只有把大于 VaR 的所有尾部损失进行充分估计，才能用以计算 CVaR。因而，CVaR 测度过程中对损益分布的尾部损失度量是相对充分和完整的，尤其是在损益分布并非正态分布的情况（如厚尾、偏斜等）下，CVaR 比 VaR 能够更加全面、有效地刻画损失分布的数理特征。此外，由于 CVaR 的计算是建立在 VaR 基础之上的，所以在得到 CVaR 值的同时，也可以获得相应的 VaR 值，故而能够针对风险实施双重监测也便于相互校验。

依照上述理论分析容易看到，CVaR 较之 VaR 无疑是更加优秀的现代风险度量工具。而在实践当中，CVaR 主要应用于以下几个方面：

（1）度量和控制风险。这是 CVaR 最基本的功能。由于 CVaR 能够比 VaR 更加准确和全面地揭示真实的风险水平。因此，它能够为管理者及时提供整体与局部单元或产品服务的风险信息，便于风险管理决策的制定与实施，进而有利于整体风险管理系统的有效运转。而且，CVaR 还可以作为一种更为理想的信息披露工具，使外部投资者以及监管机构等相关利益群体或市场主体迅速掌握真实的动态风险状况，并判断其实际的风险管理控制水平。

（2）绩效度量。CVaR 不但可以反映整体风险状况和运营态势，从战略角度计量基于风险的公司绩效和股东价值增长，而且能够通过不同层面、不同模块的风险贡献分析（包括绝对风险贡献、相对风险贡献或边际风险贡献等不同形式）揭示某一分支机构、某类业务、某种产品或某一交易员等不同口径的风险水平，并通过 RAROC 进行收益调整和绩效考评，从而建立起基于 CVaR 的业绩度量框架，亦可通过整体与局部 CVaR 限额的设置来约束过度投机行为与平衡可容忍的风险水平。

最后，从根本上来说 CVaR 较 VaR 更为稳健，可以更好地满足监管机构的审慎性要求，也易得到这些机构的认可。所以说用 CVaR 替代 VaR 的充要条件已经完全具备。

其他的风险度量新方法还有许多，譬如阿特泽（2000）指出，传统的 VaR 方法采用统计概率测度计算某一置信水平下的损失值，这种方法并没有考虑到不同的经济个体由于财务状况的差别等原因，对同样的损失，风险感受是不一样的。而风险中性测度包含了个体对风险的态度、时间的偏好等信息，因此他们根据状态价格函数从经济定价的角度来测度风险，由此提出了在风险中性测度下的 VaR，即 E－VaR。通过实证检验，他们发现，统计概率测度和风险中性测度是有显著区别的。但是，相对于由历史统计数据计算的 S－VaR，E－VaR 的计算显然更加复杂。

也有学者根据传统的 VaR 方法过于偏重概率的缺点，在 VaR 模型概率的基础上引进另外两个要素，即价格和偏好，相应提出了 TRM 模型。3 个要素在 TRM 模型中都是关键性的：价格是经济主体为规避风险面必须支付的金额，概率用来衡量各种风险（包括衍生交易本身风险）的可能性，而偏好决定经济主体愿意承担和应该规避的风险的份额。TRM 模型修正了 VaR 模型单一变量的问题，谋求在概率、价格和偏好三要素上进行客观计量，从而达到均衡最优。这样不但可以对基础金融工具风险进行管理,而且也可以管理衍生工具可能带来的风险,从而实现对风险的全面管理。

 立德树人思考

在高质量发展中促进共同富裕统筹做好重大金融风险防范化解工作

中共中央总书记、国家主席、中央军委主席、中央财经委员会主任习近平2021年8月17日主持召开中央财经委员会第十次会议,研究扎实促进共同富裕问题,研究防范化解重大金融风险、做好金融稳定发展工作问题。习近平在会上发表重要讲话强调:"共同富裕是社会主义的本质要求,是中国式现代化的重要特征,要坚持以人民为中心的发展思想,在高质量发展中促进共同富裕;金融是现代经济的核心,关系发展和安全,要遵循市场化法治化原则,统筹做好重大金融风险防范化解工作。"

会议指出,改革开放后,我们党深刻总结正反两方面历史经验,认识到贫穷不是社会主义,打破传统体制束缚,允许一部分人、一部分地区先富起来,推动解放和发展社会生产力。党的十八大以来,党中央把逐步实现全体人民共同富裕摆在更加重要的位置上,采取有力措施保障和改善民生,打赢脱贫攻坚战,全面建成小康社会,为促进共同富裕创造了良好条件。我们正在向第二个百年奋斗目标迈进,适应我国社会主要矛盾的变化,更好满足人民日益增长的美好生活需要,必须把促进全体人民共同富裕作为为人民谋幸福的着力点,不断夯实党长期执政基础。

会议强调,共同富裕是全体人民的富裕,是人民群众物质生活和精神生活都富裕,不是少数人的富裕,也不是整齐划一的平均主义,要分阶段促进共同富裕。要鼓励勤劳创新致富,坚持在发展中保障和改善民生,为人民提高受教育程度、增强发展能力创造更加普惠公平的条件,畅通向上流动通道,给更多人创造致富机会,形成人人参与的发展环境。要坚持基本经济制度,立足社会主义初级阶段,坚持"两个毫不动摇",坚持公有制为主体、多种所有制经济共同发展,允许一部分人先富起来,先富带后富、帮后富,重点鼓励辛勤劳动、合法经营、敢于创业的致富带头人。要尽力而为量力而行,建立科学的公共政策体系,形成人人享有的合理分配格局,同时统筹需要和可能,把保障和改善民生建立在经济发展和财力可持续的基础之上,重点加强基础性、普惠性、兜底性民生保障建设。要坚持循序渐进,对共同富裕的长期性、艰巨性、复杂性有充分估计,鼓励各地因地制宜探索有效路径,总结经验,逐步推开。

会议指出,要坚持以人民为中心的发展思想,在高质量发展中促进共同富裕,正确处理效率和公平的关系,构建初次分配、再分配、三次分配协调配套的基础性制度安排,加大税收、社保、转移支付等调节力度并提高精准性,扩大中等收入群体比重,增加低收入群体收入,合理调节高收入,取缔非法收入,形成中间大、两头小的橄榄型分配结构,促进社会公平正义,促进人的全面发展,使全体人民朝着共同富裕目标扎实迈进。

会议指出,党的十九大把防范化解重大风险作为三大攻坚战之一,几年来,在党中央坚强领导下,国务院金融委按照"稳定大局、统筹协调、分类施策、精准拆弹"的基本方针推进工作,防范化解重大金融风险攻坚战取得重要阶段性成果,守住了不发生系统性金融风险的底线,有力维护了国家经济金融稳定和人民财产安全。

会议强调,确保经济金融大局稳定,意义十分重大。要坚持底线思维,增强系统观念,遵循市场化法治化原则,统筹做好重大金融风险防范化解工作。要夯实金融稳定的基础,处理好稳增长和防风险的关系,巩固经济恢复向好势头,以经济高质量发展化解系统性金融风险,防止在处置其他领域风险过程中引发次生金融风险。要落实地方党政同责,压实各方责任,畅通机制、明确职责、分工配合、形成合力。要落实全面从严治党要求,提升金融系统干部队伍监管能力,提高监管数字化智能化水平,一体推进惩治金融腐败和防控金融风险,加快重点领域改革,做好金融市场舆情引导。要加强金融法治和基础设施建设,深化信用体系建设,发挥信用在金融风险识别、监测、管理、处置等环节的基础作用。

(《习近平主持召开中央财经委员会第十次会议强调 在高质量发展中促进共同富裕 统筹做好重大金融风险防范化解工作》,央广网,2021年8月18日)

思考:
1. 如何理解实现共同富裕的重要意义。
2. 谈一谈你是如何理解"以经济高质量发展化解系统性金融风险"。

本章小结

1. 风险价值是指在正常的市场条件和一定的置信水平 α(通常是95%或99%)下,某一金融资产或证券组合在未来特定的一段时间 Δt 内所面临的最大可能损失。
2. 计算单个资产或投资组合 VaR 值时,通常运用正态求解法、历史模拟法以及蒙特卡罗模拟法3种方法。
3. 正态求解法计算 VaR 的基本思想是认为资产收益率服从正态分布,从而资产的损失函数也会具有正态性质。
4. 历史模拟法计算 VaR 的基本思想是认为资产收益率是一种简单的基于经验的分布,它不需要对资产收益的分布做出假设。
5. 蒙特卡罗模拟法计算 VaR 的基本思想是认为可以通过随机过程重复模拟金融变量的变动,从而涵盖所有可能发生的情形。
6. VaR 不仅仅可以用来度量风险,而且还可以作为一种风险监督和控制的工具。
7. VaR 已经成为一种披露金融市场风险的标准方法。
8. 在风险管理做总体规划时,VaR 使风险管理者更好地控制所承担的风险,它使得管理者能够更好地对风险和收益进行权衡。

练习题

一、单选题
1. (   )选项最可能是估算风险价值选择的置信水平。
   A. 95%　　　　B. 85%　　　　C. 60%　　　　D. 50%
2. 在实际工作中,当人们需要计算 VaR 值时,通常运用的方法不包括(   )。
   A. 正态求解法　　B. 二叉树法　　C. 历史模拟法　　D. 蒙特卡洛模拟法
3. 对于计算风险价值,不对资产收益率的分布作出任何假设的计算方法被称为(   )。
   A. 正态求解法　　B. 二叉树法　　C. 历史模拟法　　D. 蒙特卡洛模拟法
4. 我国五大国有商业银行计算风险价值主要采用的是(   )。
   A. 正态求解法　　B. 二叉树法　　C. 历史模拟法　　D. 蒙特卡洛模拟法
5. 我国五大国有商业银行计算风险价值主要采用的置信水平为(   )。
   A. 90%　　　　B. 95%　　　　C. 60%　　　　D. 99%

二、简答题
1. 什么是风险价值?它有什么具体意义?

2. 选择风险价值的持有期通常需要考虑的因素有哪些?
3. 试述计算风险价值主要有哪些方法?
4. 试述风险价值方法有哪些局限性?
5. 什么是 CVaR 模型?

三、计算题

1. 如果一项资产的风险价值为400,另一项资产风险价值为300,如果两资产组合的风险价值为700,那么两项资产的相关系数是多少?
2. 如果一项资产的风险价值为400,另一项资产风险价值为300,如果两资产组合的风险价值为500,那么两项资产的相关系数是多少?
3. 一项资产的风险价值为100,另一项资产风险价值为150,如果两资产组合的风险价值为220,那么两项资产的相关系数是多少?
4. 假定投资组合由价值为10万美元的资产A与价值为10万美元的资产B组成,假定两项资产日波动率均为1%,两资产收益的相关系数为0.3,求投资组合5天展望期的99%风险价值是多少?
5. 一银行持有市场价值为145万美元的证券组合,该组合的日收益率呈正态分布,其80%收益率分布在距离均值1.28个标准差的区间内,90%的收益率分布在距离均值1.65个标准差的区间内。假设银行投资组合日收益率的标准差为1.2%,求该投资组合在90%置信水平下一天的风险价值?

参考文献、阅读推荐与网络链接

第一章

[1] 朱顺泉. 金融衍生工具[M]. 北京:清华大学出版社,2019.
[2] 陈戚光. 金融衍生工具[M]. 武汉:武汉大学出版社,2013.
[3] 王晋忠. 衍生金融工具[M]. 北京:中国人民大学出版社,2014.
[4] 汪昌云. 金融衍生工具[M]. 北京:中国人民大学出版社,2013.
[5] 史永东,赵永刚,武军伟. 信用衍生品[M]. 北京:科学出版社,2012.
[6] 邹瑜骏,黄丽清,汤震宇. 金融衍生产品[M]. 北京:清华大学出版社,2007.
[7] 陈信华,叶龙森. 金融衍生品[M]. 上海:上海财经大学出版社,2007.
[8] 朱浩民. 衍生性金融商品[M]. 北京:中国人民大学出版社,2005.
[9] 尹灼. 信用衍生工具与风险管理[M]. 北京:社会科学文献出版社,2005.
[10] 叶永刚. 衍生金融工具[M]. 北京:中国金融出版社,2004.
[11] 郭辽,张庆君. 金融衍生工具复杂性降低了商业银行风险承担吗?[J]. 武汉金融,2020(12):8-19+47.
[12] 李济广. 论金融衍生工具套期保值风险管理功能的无效性[J]. 湖南财政经济学院学报,2020,36(05):70-82.
[13] 约翰·赫尔. 期权、期货及其他衍生产品(第8版)[M]. 北京:机械工业出版社,2012.
[14] 宋逢明. 金融工程原理:无套利均衡分析[M]. 北京:清华大学出版社,1999.
[15] 谭春枝,滕莉莉,谢玉华. 金融工程学理论与实务(第2版)[M]. 北京:北京大学出版社,2012.
[16] 吴可. 金融工程理论与方法[M]. 北京:清华大学出版社,2016.
[17] 张金林,李志生. 金融工程学[M]. 北京:高等教育出版社,2015.

第二章

[1] 谭春枝,岳桂宁,谢玉华. 金融工程学理论与实务[M]. 北京:中国农业大学出版社,2008.
[2] 朱孟楠. 国际金融学[M]. 厦门:厦门大学出版社,2006.
[3] 郑振龙. 金融工程[M]. 北京:高等教育出版社,2012.
[4] 翔高教育金融学教学研究中心. 金融学综合复习指南[M]. 北京:中国石化出版社,2011.

第三章

[1] 约翰·赫尔. 期权、期货及其他衍生产品(第8版)[M]. 北京:机械工业出版社,2012.
[2] 郑振龙. 金融工程[M]. 北京:高等教育出版社,2012.
[3] 全国期货从业人员资格考试辅导用书编写组. 期货基础知识[M]. 北京:中国经济出版社,2013.

第四章

[1] 约翰·赫尔. 期权、期货及其他衍生产品(第8版)[M]. 北京:机械工业出版社,2012.
[2] 郑振龙. 金融工程[M]. 北京:高等教育出版社,2012.
[3] 全国期货从业人员资格考试辅导用书编写组. 期货基础知识[M]. 北京:中国经济出版社,2013.

第五章

[1] 叶永刚,黄河. 从无套利定价理论看我国国债期货市场的过去与未来——兼析"3.27"国债期货事件的深层次原因[J]. 经济评论,2014(3).
[2] 李斌. 关于我国重启国债期货的必要性与可行性探讨[J]. 中国证券期货,2011,(4):36-37.
[3] 盖伦. D. 伯格哈特,特伦斯. M. 贝尔顿,莫顿·雷恩,约翰·帕帕. 国债基差交易——为避险者投资者和套利者提供的详解(第3版)[M]. 北京:中国金融出版社,2010.
[4] 叶永刚,黄河,胡燕. 国债期货[M]. 武汉:武汉大学出版社,2004.
[5] 王晋忠等. 金融工程案例[M]. 成都:西南大学出版社,2012.

第六章

[1] 叶永刚,彭红枫. 金融工程学[M]. 大连:东北财经大学出版社,2014.
[2] 刘吉. 中国股指期货分析[M]. 广州:广东经济出版社,2010.
[3] 田新民. 金融工程前沿[M]. 北京:首都经济贸易大学出版社,2010.
[4] 张容城. 股指期货投资入门[M]. 北京:北京理工大学出版社,2016.
[5] 李德荃,邹海娜,李宁. 金融工程学[M]. 北京:对外经济贸易大学出版社,2010.
[6] 沈悦. 金融市场学[M]. 北京:北京师范大学出版社,2012.
[7] 吕宝林,岳娟丽. 期货交易实务[M]. 成都:西南交通大学出版社,2016.
[8] 张俊岭. 股指期货理论实践全攻略[M]. 北京:金城出版社,2008.
[9] 陈威光. 金融衍生工具[M]. 武汉:武汉大学出版社,2013.
[10] 李中秋. 股指期货轻松入门[M]. 成都:电子科技大学出版社,2007.
[11] 王晋忠. 金融工程案例[M]. 重庆:西南财经大学出版社,2012.

第七章

[1] 闫福. 国际金融[M]. 北京:高等教育出版社,2016.
[2] 中国期货业协会. 外汇期货[M]. 北京:中国财政经济出版社,2013.
[3] 叶永刚,彭红枫. 金融工程学[M]. 大连:东北财经大学出版社,2014.
[4] 吴冲锋. 金融工程学[M]. 北京:高等教育出版社,2005.
[5] 张亦春,郑振龙,林海. 金融市场学[M]. 北京:高等教育出版社,2017.
[6] http://date.jobbole.com/fxschool/basic/50766.html

第八章

[1] 贝尼特·戈卢布. 固定收益市场的风险管理[M]. 北京:中国人民大学出版社,2005.
[2] Alan McDougall. 互换市场[M]. 上海:上海财经大学出版社,2002.
[3] 王晋忠等. 金融工程案例[M]. 成都:西南大学出版社,2012.
[4] 宋德舜,刘晓曙. 基于SHIBOR的利率互换定价研究[J]. 证券市场导报,2010(1).

［5］齐森.我国利率互换收益率曲线的构建及实证模拟［J］.世界经济情况,2009(10).
［6］钟政发.利率互换能否成为企业借贷的工具？——以法律分析为视角［J］.证券市场导报,2011(9).
［7］张劲帆,汤玮,刚华,樊林立.中国利率市场的价格发现——对国债现货、期货以及利率互换市场的研究［J］.金融研究,2019(1).
［8］霍华德·科伯著.申艳涛译.利率互换及其他衍生品［M］.北京:中国人民大学出版社,2017.
［9］http://www.chinamoney.com.cn/chinese/bkcurvfx/
［10］http://www.shibor.org/

第九章

［1］约翰·赫尔.期权、期货及其他衍生产品(第8版)［M］.北京:机械工业出版社,2012.
［2］宋逢明.金融工程原理——无套利均衡分析［M］.北京:清华大学出版社,1999.
［3］王晋中.金融工程案例［M］.成都:西南财经大学出版社,2012.
［4］保罗·威尔莫特.金融工程与风险管理技术［M］.北京:机械工业出版社,2009.
［5］叶永刚.金融工程学［M］.大连:东北财经大学出版社,2002.
［6］张雪慧.利用上证50ETF期权对冲个股风险［N］.期货日报,2019-3-13.
［7］田瑞.从历史角度看期权市场的发展［N］.期货日报,2018-6-28.
［8］余芳.全球期权市场发展呈现新趋势权益类期权成交量保持较快增长［N］.期货日报,2019-12-31.

第十章

［1］约翰·赫尔.期权、期货及其他衍生产品(第9版)［M］.北京:机械工业出版社,2014.
［2］姜礼尚.期权定价的数学模型和方法(第二版)［M］.北京:高等教育出版社,2008.
［3］宋蓬明.金融工程原理:无套利均衡分析［M］.北京:清华大学出版社,1999.
［4］吴鑫育,汪寿阳.期权定价模型与方法研究——基于中国权证与期权市场的实证［M］.北京:科学出版社,2019.
［5］谢尔登·纳坦恩伯格.期权波动率与定价:高级交易策略与技巧［M］.北京:机械工业出版社,2018.
［6］孙健.期权定价和交易［M］.上海:复旦大学出版社,2019.
［7］刘海龙,吴冲锋.期权定价方法综述［J］.管理科学学报.2002(4).
［8］罗开位,侯振挺,李致中.期权定价理论的产生与发展［J］.系统工程.2000(11).
［9］http://www.cffex.com.cn/
［10］https://stock.finance.sina.com.cn/option/quotes.html
［11］http://quote.hexun.com/

第十一章

［1］约翰·赫尔.期权、期货及其他衍生产品(第9版)［M］.北京:机械工业出版社,2014.
［2］王勇著.期权交易:核心策略与技巧解析［M］.北京:电子工业出版社,2016.
［3］上海证券交易所.期权交易策略十讲［M］.上海:上海人民出版社,2016.
［4］谢尔登·纳坦恩伯格.期权波动率与定价:高级交易策略与技巧［M］.北京:机械工业出版社,2018.
［5］尤安·辛克莱.波动率交易:期权量化交易员指南［M］.北京:机械工业出版社,2017.

[6] 盖伊·科恩. 期权策略[M]. 北京:机械工业出版社,2020.
[7] 丹尼斯·陈,斐济元·塞巴斯蒂安. 期权交易策略管理:像对冲基金经理一样思考[M]. 北京:机械工业出版社,2019.
[8] http://www.sse.com.cn/assortment/options/home/
[9] http://www.cffex.com.cn/
[10] http://quote.hexun.com/
[11] https://stock.finance.sina.com.cn/option/quotes.html

第十二章

[1] 约翰·赫尔. 期权、期货及其他衍生产品(第9版)[M]. 北京:机械工业出版社,2014.
[2] 约翰·马歇尔,维普尔·班塞尔. 金融工程[M]. 北京:清华大学出版社,1998.
[3] 谢剑平. 期货与期权——金融工程入门[M]. 北京:中国人民大学出版社,2004.
[4] 宋逢明. 金融工程原理——无套利均衡分析[M]. 北京:清华大学出版社,1999.
[5] 兹维·博迪,亚历克斯·凯恩,艾伦·马库斯. 投资学[M]. 北京:机械工业出版社,2002.
[6] 洛伦兹·格利茨. 金融工程学[M]. 北京:经济科学出版社,1998.
[7] 叶永刚. 金融工程学[M]. 大连:东北财经大学出版社,2002.

第十三章

[1] 中国期货业协会. 结构化产品[M]. 北京:中国财政经济出版社,2013.
[2] 叶永刚,黄河,胡燕等. 国债期货[M]. 武汉:武汉大学出版社,2004.
[3] 叶永刚,张培. 衍生金融工具[M]. 北京:中国金融出版社,2014.
[4] 迈哈伊·马图. 结构化衍生工具手册[M]. 北京:经济科学出版社,2000.
[5] 布赖恩.P.兰开斯特,格伦.M.舒尔茨,弗兰克.J.法博齐,等. 结构化产品和相关信用衍生品[M]. 北京:机械工业出版社,2016.
[6] 陈松男. 结构式金融产品设计与应用[M]. 北京:机械工业出版社,2014.
[7] 徐千惠. 结构性产品在国际金融衍生品市场上的发展及其启示[J]. 商场现代化,2018(04):116-117.
[8] 刘莹. 上市商业银行会计信息披露研究——以结构性金融产品为例[J]. 财会通讯,2014(22):25-27.
[9] 胡泽夫. 结构性金融衍生产品定价研究[J]. 科技创新导报,2014,11(17):221.
[10] 文玉春. 结构性金融衍生产品之探讨[J]. 金融理论与实践,2010(03):16-22.
[11] 汪筱琳. 从"原油宝穿仓事件"看金融衍生品的市场风险[J]. 企业观察家,2020(11):64-65.
[12] 吴巍. 国内结构性理财产品设计与定价研究[D]. 复旦大学,2012.
[13] 赵杰. 结构性金融衍生产品在我国的发展趋势[J]. 中小企业管理与科技(上旬刊),2009(01):65-66.
[14] 李畅,徐苏江. 结构性产品在国际金融衍生品市场上的发展及其启示[J]. 新金融,2007(03):56-59.
[15] http://www.qhrb.com.cn/articles/280019
[16] https://www.docin.com/p-798964608.html
[17] http://www.qhrb.com.cn/articles/282213

第十四章

[1] 郑振龙,陈蓉. 金融工程[M]. 北京:高等教育出版社,2016.

［2］曾啸波.期货交易实物［M］.北京:人民邮电出版社,2019.
［3］约翰·赫尔.期权、期货及其他衍生产品［M］.北京:机械工业出版社,2020.
［4］吴冲锋,刘海龙,冯芸,吴文锋.金融工程学［M］.北京:高等教育出版社,2016.
［5］应展宇,黄春妍.金融演进中的金融风险管理:回顾与反思［J］.中央财经大学学报,2019(09):24-34.
［6］宋凌峰,牛红燕.论农村金融资源配置——基于县域金融工程的视角［J］.江汉论坛,2016(11):11-16.
［7］吴刘杰,乔桂明.多元化盈利模式对商业银行绩效和风险的影响研究［J］.苏州大学学报(哲学社会科学版),2016,37(04):116-122+191-192.
［8］林黎.资产定价核还原方法的算符表述及其应用——以中国股票市场泡沫诊断为例［J］.预测,2016,35(01):68-74.
［9］陈思霞,卢盛峰.分权增加了民生性财政支出吗?——来自中国"省直管县"的自然实验［J］.经济学(季刊),2014,13(04):1261-1282.
［10］叶永刚.宏观金融工程研究［J］.武汉大学学报(哲学社会科学版),2013,66(04):76.
［11］刘琪林,李富有.资产证券化与银行资产流动性、盈利水平及风险水平［J］.金融论坛,2013,18(05):35-44.
［12］汪伟,艾春荣,曹晖.税费改革对农村居民消费的影响研究［J］.管理世界,2013(01):89-100.
［13］郑新业,王晗,赵益卓."省直管县"能促进经济增长吗?——双重差分方法［J］.管理世界,2011(08):34-44+65.
［14］罗珊.金融风险管理理论回顾与展望［J］.华东经济管理,2010,24(12):139-142.
［15］叶永刚.宏观金融工程与风险管理［J］.武汉大学学报(哲学社会科学版),2009,62(04):442.
［16］曹冰玉.我国农产品期货与农村金融工程建设［J］.商业研究,2009(04):192-196.

第十五章

［1］张金清.金融风险管理［M］.上海:复旦大学出版社,2011.
［2］周月刚.信用风险管理模型、度量、工具及应用［M］.北京:北京大学出版社,2017.
［3］赵晓菊.信用风险管理［M］.上海:上海财经大学出版社,2008.
［4］杨军战.金融工程应用与案例［M］.上海:复旦大学出版社,2013.
［5］约翰·赫尔.期权、期货及其他衍生产品［M］.北京:机械工业出版社,2020.
［6］周月刚.信用风险管理:从理论到实务［M］.北京:北京大学出版社,2017.
［7］王晋忠.金融工程案例［M］.成都:西南财经大学出版社,2012.
［8］成思危.美国金融危机的分析与启示［M］.北京:科学出版社,2012.
［9］王爽.次贷危机、金融危机与欧债危机［M］.北京:中国经济出版社,2012.
［10］吕江林.美国次贷危机:原因、对我国的影响及应对［M］.北京:北京大学出版社,2011.
［11］李延喜.次贷危机与房地产泡沫［M］.北京:中国经济出版社,2008.
［12］迪古,卡拉,崔梦婷.资产证券化:过去、现在及未来［M］.北京:中国金融出版社,2018.
［13］郭杰群.资产证券化:基础、创新与案例［M］.北京:中国金融出版社,2018.

第十六章

［1］Andersen L, Sidenius J. Extensions to the Gaussian copula: random recovery and random factor loadings［J］. Social Science Electronic Publishing, 2004, 1(1).

[2] 布赖恩.P.兰开斯特,格伦.M.舒尔茨,弗兰克.J.法博齐,等.结构化产品和相关信用衍生品[M].北京:机械工业出版社,2016.

[3] 陈田,秦学志.债务抵押债券(CDO)定价模型研究综述[J].管理学报,2008(04):616-624.

[4] 范希文.信用衍生品理论与实务[M].北京:中国经济出版社,2010.

[5] 方杰.金融工程学[M].厦门:厦门大学出版社,2016.

[6] J. Hull, A. White, 2005, The Perfect Copula.

[7] Jean-Paul Laurent, Sept 2003, Jon Gregory, Basket Default Swaps, CDO's and Factor Copulas

[8] 雎岚.中国信用衍生工具研究[M].北京:北京大学出版社,2015.

[9] 史永东,赵永刚,武军伟.信用衍生品:原理,定价与应用[M].北京:科学出版社,2012.

[10] 谭春枝,滕莉莉,谢玉华.金融工程学理论与实务(第2版)[M].北京:北京大学出版社,2012.

[11] 郯福秀.合成型CDO定价方法的改进及在我国商业银行信用风险管理中的应用研究[D].五邑大学,2014.

[12] 邬瑜骏,黄丽清,汤震宇.金融衍生产品:衍生金融工具理论与应用[M].北京:清华大学出版社,2007.

[13] 张金林,李志生.金融工程学[M].北京:高等教育出版社,2015.

[14] 郑振龙.衍生产品[M].武汉:武汉大学出版社,2008.

[15] 中国银行间市场交易商协会教材编写组.信用衍生品理论与实务[M].北京:北京大学出版社,2017.

第十七章

[1] 菲利普·乔瑞.风险价值VaR——金融风险管理新标准[M].北京:中信出版社,2010.

[2] 约翰·赫尔.风险管理与金融机构[M].北京:机械工业出版社,2012.

[3] 约翰·赫尔.期权、期货及其他衍生产品[M].北京:中国出版社,2012.

[4] 安东尼·桑德斯,马西娅·米伦·科尼特.金融风险管理[M].北京:人民邮电出版社,2012.

[5] 梁世栋.商业银行风险计量理论与实务[M].北京:中国金融出版社,2011.

[6] 巴曙松等.金融危机中的巴塞尔新资本协议:挑战与改进[M].北京:中国金融出版社,2010.

[7] 霍普金.风险管理[M].北京:中国铁道出版社,2013.

[8] 刘海龙,王惠.金融风险管理[M].北京:中国财政经济出版社,2009.

[9] 徐成贤,薛宏钢.金融工程——计算技术与方法[M].北京:科学出版社,2007.

练习题参考答案